国际公法：
和平时期的解释与适用
（第二版）

Public International Law
Its Interpretation and
Application in Time of Peace
2nd Edition

贾兵兵　著

清华大学出版社
北京

本书封面贴有清华大学出版社防伪标签，无标签者不得销售。
版权所有，侵权必究。举报：010-62782989，beiqinquan@tup.tsinghua.edu.cn。

图书在版编目(CIP)数据

国际公法：和平时期的解释与适用/贾兵兵著. —2版. —北京：清华大学出版社，2022.7
（2024.12重印）
ISBN 978-7-302-61021-2

Ⅰ. ①国… Ⅱ. ①贾… Ⅲ. ①国际公法－法律解释 ②国际公法－法律适用 Ⅳ. ①D99

中国版本图书馆 CIP 数据核字(2022)第 095400 号

责任编辑：李文彬
封面设计：傅瑞学
责任校对：赵丽敏
责任印制：宋　林

出版发行：清华大学出版社
　　　网　　址：https://www.tup.com.cn，https://www.wqxuetang.com
　　　地　　址：北京清华大学学研大厦 A 座　　邮　编：100084
　　　社 总 机：010-83470000　　邮　购：010-62786544
　　　投稿与读者服务：010-62776969，c-service@tup.tsinghua.edu.cn
　　　质量反馈：010-62772015，zhiliang@tup.tsinghua.edu.cn
印 装 者：小森印刷霸州有限公司
经　　销：全国新华书店
开　　本：170mm×240mm　　印　张：36.75　　字　数：678 千字
版　　次：2015 年 9 月第 1 版　　2022 年 8 月第 2 版　　印　次：2024 年 12 月第 4 次印刷
定　　价：128.00 元

产品编号：090419-01

前　言

本书是一套两本《国际公法》教科书的第二版,其涵盖国际公法在和平时期解释与适用的相关问题。与此对应,下卷将集中讨论国际公法在武装冲突中的解释与适用问题。

在当今国际社会中,国际公法是"国际法治"这一理念下实质内容的主要组成部分,它规范着国际秩序总体的有序运行,决定着国际政治权力的平稳划分和行使,支配着这一秩序中规则的创制、解释、适用、修订、废止,并通过《联合国宪章》的宪纲作用而建构一个真正意义上的法律体系。在这个体系中,中国应该怎样行为、发展,既是体系面临的重大命题,也是我国自身需要考虑的实际问题。

针对国际争端,应该如何通过使用国际法做出回应,展示大国的视野和胸怀,推进"国际法治"?在对此类问题的处理上,可以发挥出国际法律师(包括学者和实务工作者)的作用,即以法律论理锁定相关回应措施、说明所持立场的合法性、必要性,得到国际社会的尊重、理解和支持,同时创设具有中国特色的实践、理论、规则。

有关第二版的特点、方法和预期效果,有以下说明:

其一,出发点还是"国际公法是实用的学科"。在国际实践中,政府、国际组织需要深入了解国际公法的内容、程序、缺陷,以形成在法律政策上有说服力的立场和决定,在国际社会中得到理解、接受、支持。在学习中,上述出发点决定了理论与实践必须融合——特别是对中国实践要有了解,而参与、了解实践的程度决定了研究的范围和深度。

其二,第二版秉承了第一版的方法论,在讨论问题时,国家实践的实例是基本和首要的证据,而国际法渊源对于本书以至于从事本领域工作的人群来说至关重要。在此前提下可以说,本领域的学术著述有三个作用:

(1)提供了决策过程中需要考虑的先例;(2)使得初学者迅速了解当今国际公法的发展规律和已有规则出现的原因和目的;(3)提供了合理的、有充分事实根据的分析和建议。

这是国际上权威著作的共同特点,也是第二版努力的方向。

其三,第二版既有供讲述、研究的作用,也有供实务工作参考的功能。当然,第二版主要顾及前一种作用：在每章开始都有供扩展阅读的书目，在实证证据的选择、引用上较为严格，但同时又留下深入考察的余地。书中主要实证内容来自政府、国际组织官方网站或出版物。

其四，第二版在结构上做了调整，对第一版的内容有不少更新、修订，增加了国际环境法一章。

在此对清华大学出版社李文彬编审的支持和鼓励表示衷心感谢。同时，对伟文盛业文化发展有限公司(Wells)表示特别感谢，它一直是我购书的首选代理。

最后，再次对我家人的支持和关爱表示感谢！

2021年冬于清华大学法学院

名词缩写索引

AB	Appellate Body of the WTO
AC	Court of Appeal
AD	*Annual Digest of Public International Law Cases*, ed. by J. Williams, A, McNair, and H. Lauterpacht, Longmans, Green and Co.;《国际公法案件年度摘编》
AFDI	*Annuaire Français de Droit International*;《法国国际法年刊》
AJIL	*American Journal of International Law*;《美国国际法杂志》
BYIL	*British Yearbook of International Law*;《英国国际法年刊》
Chinese JIL	*Chinese Journal of International Law*, Oxford University Press;《中国国际法杂志》,牛津大学出版社出版
《中国国际法年刊》	中国国际法学会主编,中国对外翻译出版公司/法律出版社,1982年至今
CMLR	*Common Market Law Reports*;《共同市场法律报告》
CUP	Cambridge University Press;剑桥大学出版社
CYIL	*Canadian Yearbook of International Law*;《加拿大国际法年刊》
EC	The European Community;欧洲共同体
ECHR	European Court of Human Rights;欧洲人权法院
ECJ	European Court of Justice;欧洲法院
ECR	European Court Reports;《欧洲法院报告》
EEZ	Exclusive economic zone;专属经济区
EJIL	*European Journal of International Law*;《欧洲国际法杂志》
EPIL	*Encyclopedia of Public International Law*, published under the auspices of the Max Planck Institute for Comparative Public Law and International Law under the direction of Rudolf Bernhardt, Amsterdam: Elsevier, 1992—2003, 5 vols;《国际公法百科全书》

Enterprise	An organ of the International Seabed Authority, established by the UNCLOS；企业部
ETS	European Treaty Series；《欧洲条约集》
EU	The European Union；欧洲联盟
GATT	General Agreement on Tariffs and Trade；《关税贸易总协定》
GYIL	German Yearbook of International Law；《德国国际法年刊》
Ibid	上注所引
HL	House of Lords；英国贵族院
IACHR	Inter-American Court of Human Rights；美洲人权法院
ICC	International Criminal Court；国际刑事法院
ICJ	International Court of Justice；国际法院
ICJ Rep.	Reports of the International Court of Justice；《国际法院报告》
ICLQ	International and Comparative Law Quarterly；《国际法与比较法季刊》
ICSID	International Centre for Settlement of Invest Disputes；国际投资争端解决中心
IDI	Institut de droit international；国际法研究院
IDI Annuaire	Annuaire de l'Institut de Droit International；《国际法研究院年鉴》
IHL	International Humanitarian Law；国际人道法
IJMCL	The International Journal of Marine and Coastal Law；《国际海洋与海岸法杂志》
ILA	International Law Association；国际法协会
ILM	International Legal Materials；《国际法资料》
ILR	International Law Reports, H. Lauterpacht, E. Lauterpacht, C. Greenwood, published by the Grotius Publications Ltd. and later Cambridge University Press；《国际法案例报告》,格劳秀斯出版社/剑桥大学出版社出版
Indian JIL	Indian Journal of International Law；《印度国际法杂志》
Iran-US CTR	Iran-US Claims Tribunal Reports, published by the Grotius Publications Ltd. and later Cambridge University Press；《伊朗-美国求偿仲裁庭报告》,格劳秀斯出版社/剑桥大学出版社出版
IRRC	International Review of the Red Cross；《红十字国际评论》
ISA	International Seabed Authority；国际海底管理局

ITLOS	The International Tribunal for the Law of the Sea；国际海洋法法庭
Japanese YBIL	*Japanese Yearbook of International Law*；《日本国际法年刊》
JICJ	*Journal of International Criminal Justice*；《国际刑事司法杂志》
LJIL	*Leiden Journal of International Law*；《莱登国际法杂志》
LNTS	*League of Nations Treaty Series*；《国际联盟条约集》
LON	The League of Nations；国际联盟
LOS Bulletin	*The Law of the Sea Bulletin*, published by the Division for Ocean Affairs and the Law of the Sea, Office of Legal Affairs, the United Nations；《海洋法公告》
MPEPIL	*Max Planck Encyclopedia of Public International Law*, published with OUP on the website "Oxford Public International Law", under the auspices of the Max Planck Institute for Comparative Public Law and International Law, under the direction of Professor A. Peters (2021—) and Professor R. Wolfrum (2004—2020)；《马克斯-普朗克国际公法百科全书》（电子版）
MPYBUNL	*Max Planck Yearbook of United Nations Law*；《马克斯-普朗克联合国法年刊》
NILR	*Netherlands International Law Review*；《荷兰国际法评论》
NYIL	*Netherlands Yearbook of International Law*；《荷兰国际法年刊》
ODIL	*Ocean Development and International Law*；《海洋发展与国际法》
OJ	*Official Journal of the European Communities*；《欧洲共同体官方公报》
OR	Official Records；官方记录
OUP	Oxford University Press；牛津大学出版社
Para	Paragraph；段
Proelss's UNCLOS Commentary	Alexander Proelss (ed.), *United Nations Convention on the Law of the Sea 1982: A Commentary*, Munich: CH Beck, Oxford: Hart, Baden-Baden: Nomos, 2017；《普鲁斯编辑的联合国海洋法公约评注》
RdC	*Recueil des cours*；《海牙国际法学院演讲集》

Restatement (Third)
> Restatement of the Foreign Relations Law of the United States (Restatement of the Law Third), adopted and promulgated by the American Law Institute on 14 May 1986, American Law Institute Publishers, 1990;《美国对外关系法重述》(《第三次法律重述》),美国法律研究所于 1986 年 5 月 14 日通过并颁布,美国法律研究所出版社,1990 年出版

RGDIP Revue Générale de Droit International Public;《国际公法评论》

Roberts and Guelff
> Roberts and R. Guelff (eds.), Documents on the Laws of War, 3rd edn., OUP, 2000;《战争法文件集》

Rosenne, *The Law and Practice*
> Shabtai Rosenne, *The Law and Practice of the International Court*, 1920—2005, Martinus Nijhoff, 4th edn., 2006, 4 vols;《国际法院的法律与实践》

Sassòli and Bouvier
> Marco Sassòli and Antoine Bouvier, *How does Law Protect in War? (Cases, Documents and Teaching Materials on Contemporary Practice in International Humanitarian Law)*, 2nd expanded and updated edition, the ICRC, 2006, 2 vols.;《战争中法律如何行使保护的作用?》

S. Ct. *Supreme Court Reporter*, US Supreme Court;《最高法院报告》

UN United Nations;联合国

UNC Commentary
> A. Simma et al. (eds.), *The Charter of the United Nations: A Commentary*, OUP, 2nd edn., 2002;《联合国宪章:评注》

UNCITRAL United Nations Commission on International Trade Law;联合国贸易法委员会

UNCLOS *The United Nations Convention on the Law of the Sea*, 1982; 1982 年《联合国海洋法公约》

UNCLOS Commentary
> M. Norquist, S. Nandan, S. Rosenne et al. (eds.), *United Nations Convention on the Law of the Sea 1982: A Commentary*,

	Martinus Nijhoff, 1985—2002；《联合国海洋法公约：评注》
UNCLOS Ⅲ	The Third United Nations Conference on the Law of the Sea 1973—1982；第三次联合国海洋法大会
UNEP	United Nations Environment Programme；联合国环境规划署
UNGA	UN General Assembly；联合国大会
UNRIAA	*United Nations Reports of International Arbitral Awards*；《联合国国际仲裁裁决报告》
UNSC	UN Security Council；联合国安理会
UNTS	*United Nations Treaty Series*；《联合国条约集》
US	*US Supreme Court Reports*；《美国最高法院报告》
Virginia JIL	*Virginia Journal of International Law*；《弗吉尼亚国际法杂志》
WLR	*Weekly Law Reports*；《法律周报》
WTO	The World Trade Organization；世界贸易组织
YBILC	*Yearbook of the International Law Commission*；《联合国国际法委员会年刊》
ZaöRv	*Zeitschrift für ausländisches öffentliches Recht und Völkerrecht*；《外国公法与国际法杂志》
Zimmermann et al. (eds.), Commentary	A. Zimmermann, C. Tomuschat, K. Oeller-Frahm, and C. Tams (eds.), *The Statute of the International Court of Justice*, OUP, 2nd edn., 2012; 3rd edn., 2019；《国际法院规约：评注》

案 件 目 录

(Decisions, Orders, Awards and Advisory Opinions)

PCIJ

1. PCIJ, *Case concerning the Factory at Chorzów (Germany v. Poland) (Claim for Indemnity)*, Merits, Judgment of 13 September 1928, PCIJ Ser. A (1928), No. 17.
2. PCIJ, *Case of the S. S. Wimbledon (UK, France, Italy, Japan v. Germany)*, Judgment of 17 August 1923, PCIJ Ser. A, No. 1.
3. PCIJ, *Certain German Interests in Polish Upper Silesia*, PCIJ, Ser. A, No. 7 (1926).
4. PCIJ, *Customs Regime between Austria and Germany (Protocol of March 19th, 1931)*, Advisory Opinion of 5 September 1931, PCIJ Ser. A/B, No. 41.
5. PCIJ, *Diversion of Water from the Meuse (Netherlands v. Belgium)*, Judgment of 28 June 1937, Ser. A/B, No 70.
6. PCIJ, *Electricity Company of Sofia*, Preliminary Objections, Judgment of 4 April 1939, PCIJ Ser. A/B, No. 77.
7. PCIJ, *Exchange of Greek and Turkish Populations*, PCIJ, Ser. B, No. 10 (1925), 20.
8. PCIJ, *Free Zones of Upper Savoy and the District of Gex*, PCIJ, Ser. A/B, No. 46 (1932).
9. PCIJ, *Legal Status of Eastern Greenland (Denmark/Norway)*, PCIJ, Ser. A/B, No. 53.
10. PCIJ, *Lighthouses in Crete and Samos (Greece/Turkey)*, Judgment of 8 October 1937, PCIJ Ser. A/B, No. 71 (1937).
11. PCIJ, *The Mavrommatis Palestine Concessions (Greece/UK)*, Judgment of 30 August 1924, Ser. A, No. 2.
12. PCIJ, *Minority Schools in Albania*, Advisory Opinion of 6 April 1935, PCIJ

Ser. A/B, No. 64 (1935).

13. PCIJ, *Nationality Decrees in Tunis and Morocco*, Advisory Opinion of 7 February 1923, Ser. B, No. 4 (1923).

14. PCIJ, *Panevezys-Saldutiskis Railway* (Estonia/Lithuania), PCIJ, Ser. A/B (1939), No. 76.

15. PCIJ, *Payment in gold of the Brazilian Federal loans issued in France (France v. Brazil)*, PCIJ Ser. A, No. 21 (1929).

16. PCIJ, *Polish Nationals in Danzig*, PCIJ, Ser. A/B, No. 44 (1931).

17. PCIJ, *Polish Postal Service in Danzig*, PCIJ, Ser. B, No. 11 (1925).

18. PCIJ, *Rights of Minorities in Upper Silesia (Minority Schools)*, Judgment of 26 April 1928, PCIJ Ser. A, No. 15 (1928).

19. PCIJ, *Status of Eastern Carelia*, Advisory Opinion of 23 July of 1923, PCIJ, Ser. B, No. 5.

20. PCIJ, *The Case of the SS. Lotus (France v. Turkey)*, Judgment of 7 September 1927, PCIJ Ser. A, No. 10.

ICJ

21. ICJ, *Accordance with International Law of the Declaration of Independence in Respect of Kosovo*, Advisory Opinion of 22 July 2010, ICJ Rep. (2010) 403.

22. ICJ, *Admission of a State to the United Nations (Charter, Art. 4)*, Advisory Opinion of 28 May 1948, ICJ Rep. (1948) 57.

23. ICJ, *Aegean Sea Continental Shelf (Greece v. Turkey)*, Jurisdiction of the Court, Judgment of 19 December 1979, ICJ Rep. (1978) 3.

24. ICJ, *Ahmadou Sadio Diallo (Republic of Guinea v. Democratic Republic of the Congo)*, Compensation, Judgment of 19 June 2012, ICJ Rep. (2012) 324.

25. ICJ, *Anglo-Iranian Oil Co. (UK v. Iran)*, Provisional Measures, ICJ Rep. (1951) 89.

26. ICJ, *Anglo-Iranian Oil Co. (UK v. Iran)*, Preliminary Objection, Judgment of 22 July 1952, ICJ Rep. (1952) 93.

27. ICJ, *Applicability of Article VI, Section 22, of the Convention on the Privileges and Immunities of the United Nations*, Advisory Opinion of 15 De-

cember 1989, ICJ Rep. (1989) 177.
28. ICJ, *Applicability of the Obligation to Arbitrate under Section 21 of the United Nations Headquarters Agreement of 26 June 1947*, Advisory Opinion of 26 April 1988, ICJ Rep. (1988) 12.
29. ICJ, *Application for Review of Judgement No. 333 of the United Nations Administrative Tribunal*, Advisory Opinion of 27 May 1987, ICJ Rep. (1987) 18.
30. ICJ, *Application for Revision of the Judgment of 23 May 2008 in the Case concerning Sovereignty over Pedra Branca/Pulau Batu Puteh, Middle Rocks and South Ledge (Malaysia/Singapore) (Malaysia v. Singapore)*, Order of 29 May 2018, ICJ Rep. (2018) 284.
31. ICJ, *Application of the Convention on the Prevention and Punishment of the Crime of Genocide (Bosnia and Herzegovina v. Yugoslavia), Preliminary Objections*, Judgment of 11 July 1996, ICJ Rep. (1996) 595.
32. ICJ, *Application of the Convention on the Prevention and Punishment of the Crime of Genocide (Bosnia and Herzegovina v. Serbia and Montenegro)*, Judgment of 26 February 2007, ICJ Rep. (2007) 43.
33. ICJ, *Application of the Convention on the Prevention and Punishment of the Crime of Genocide (Croatia v. Serbia), Preliminary Objections*, Judgment of 18 November 2008, ICJ Rep. (2008) 412.
34. ICJ, *Application of the Convention on the Prevention and Punishment of the Crime of Genocide (Croatia v. Serbia)*, Judgment of 3 February 2015, ICJ Rep. (2015) 3.
35. ICJ, *Application of the Convention on the Prevention and Punishment of the Crime of Genocide (The Gambia v. Myanmar), Provisional Measures*, Order of 23 January 2020, I. C. J. Reports 2020) 3.
36. ICJ, *Application of the International Convention on the Elimination of All Forms of Racial Discrimination (Georgia v. Russian Federation)*, Preliminary Objections, Judgment of 1 April 2011, ICJ Rep. (2011) 70.
37. ICJ, *Application of the Interim Accord of 13 September 1995 (The Former Yugoslav Republic of Macedonia v. Greece)*, Judgment of 5 December 2011.

38. ICJ, *Armed Activities on the Territory of the Congo (Democratic Republic of the Congo v. Uganda)*, Judgment of 19 December 2005, ICJ Rep. (2005) 168.
39. ICJ, *Armed Activities on the Territory of the Congo (New Application: 2002) (Democratic Republic of the Congo v. Rwanda)*, Jurisdiction and Admissibility, Judgment of 3 February 2006, ICJ Rep. (2006) 18.
40. ICJ, *Arrest Warrant of 11 April 2000 (Democratic Republic of the Congo v. Belgium)*, Judgment of 14 February 2002, ICJ Rep. (2002) 3.
41. ICJ, *Asylum Case (Colombia/Peru)*, ICJ Rep. (1950) 266.
42. ICJ, *Barcelona Traction, Light and Power Company, Limited (Belgium v. Spain)*, Judgment of 5 February 1970, ICJ Rep. (1970) 3.
43. ICJ, *Border and Transborder Armed Actions (Nicaragua v. Honduras)*, Jurisdiction and Admissibility, Judgment of 20 December 1988, ICJ Rep. (1988) 69.
44. ICJ, *Case concerning Avena and Other Mexican Nationals (Mexico v. US)*, Judgment of 31 March 2004, ICJ Rep. (2004) 12.
45. ICJ, *Case Concerning the Aerial Incident of July 27th, 1955 (Israel v. Bulgaria)*, Preliminary Objections, Judgment of 26 May 1959, ICJ Rep. (1959) 127.
46. ICJ, *Case Concerning Certain Questions of Mutual Assistance in Criminal Matters (Djibouti v. France)*, Judgment of 4 June 2008, ICJ Rep. (2008) 177.
47. ICJ, *Case concerning Maritime Delimitation and Territorial Questions between Qatar and Bahrain (Qatar v. Bahrain)* (Jurisdiction and Admissibility), ICJ Rep. (1994) 112.
48. ICJ, *Case concerning Military and Paramilitary Activities in and against Nicaragua (Nicaragua v. US)*, Order of 26 September 1991, ICJ Rep. (1991) 47.
49. ICJ, *Case concerning Military and Paramilitary Activities in and Against Nicaragua (Nicaragua v. US)*, Judgment of 26 November 1984, ICJ Rep. (1984) 392.
50. ICJ, *Case concerning Military and Paramilitary Activities in and against Nicaragua (Nicaragua v. US)* Merits, Judgment of 27 June 1986, ICJ Rep.

(1986) 14.

51. ICJ, *Case concerning Passage Through the Great Belt* (*Finland v. Denmark*), Provisional Measures, Order of 29 July 1991, ICJ Rep. (1991) 12.

52. ICJ, *Case concerning the Arbitral Award made by the King of Spain on 23 December 1906* (*Honduras/Nicaragua*), Judgment of 18 November 1960, ICJ Rep. (1960) 192.

53. ICJ, *Case concerning the Northern Cameroons* (*Cameroon v. UK*), Preliminary Objections, Judgment of 2 December 1963, ICJ Rep. (1963) 15.

54. ICJ, *Case concerning Right of Passage over Indian Territory* (*Portugal v. India*), Preliminary Objections, Judgment of 26 November 1957, ICJ Rep. (1957) 125.

55. ICJ, *Case concerning Sovereignty over certain Frontier Land* (*Belgium/Netherlands*), Judgment of 20 June 1959, ICJ Rep. (1959) 209.

56. ICJ, *Case concerning the Temple of Preach Vihear* (*Cambodia/Thailand*), Merits, Judgment of 15 June 1962, ICJ Rep. (1962) 6.

57. ICJ, *Case of Certain Norwegian Loans* (*France v. Norway*), Preliminary Objections, Judgment of 6 July 1957, ICJ Rep. (1957) 9.

58. ICJ, *Certain expenses of the United Nations* (*Article 17, paragraph 2, of the Charter*), Advisory Opinion of 20 July 1962, ICJ Rep. (1962) 151.

59. ICJ, *Certain Questions of Mutual Assistance in Criminal Matters* (*Djibouti v. France*), Judgment of 4 June 2008, ICJ Rep. (2008) 177.

60. ICJ, *Colombian-Peruvian Asylum Case* (*Peru v. Colombia*), Judgment of 20 November 1950, ICJ Rep. (1950) 266.

61. ICJ, *Constitution of the Maritime Safety Committee of the Inter-Governmental Maritime Consultative Organisation*, Advisory Opinion of 8 June 1960, ICJ Rep. (1960) 150.

62. ICJ, *Continental Shelf* (*Libya/Malta*), Judgment of 3 June 1985, ICJ Rep. (1985) 13.

63. ICJ, *Continental Shelf* (*Tunisia v. Libya*), Judgment of 24 February 1982, ICJ Rep. (1982) 18.

64. ICJ, *Corfu Channel Case* (*UK v. Albania*), Judgment on Preliminary Objection, 25 March 1948, ICJ Rep. (1948) 15.

65. ICJ, *Corfu Channel Case* (*UK v. Albania*), Judgment of 9 April 1949, ICJ

Rep. (1949) 4.

66. ICJ, *Difference Relating to Immunity from Legal Process of a Special Rapporteur of the Commission on Human Rights*, Advisory Opinion of 29 April 1999, ICJ Rep. (1999) 62.

67. ICJ, *East Timor (Portugal v. Australia)*, Judgment of 30 June 1995, ICJ Rep. (1995) 90.

68. ICJ, *Effect of Awards of Compensation Made by the United Nations Administrative Tribunal*, Advisory Opinion of 13 July 1954, ICJ Rep. (1954) 47.

69. ICJ, *Elettronica Sicula S.P.A. (ELSI) (US v. Italy)*, Judgment of 20 July 1989, ICJ Rep. (1989) 15.

70. ICJ, *Fisheries Case (UK v. Norway)*, Judgment of 18 December 1951, ICJ Rep. (1951) 116.

71. ICJ, *Fisheries Jurisdiction (UK v. Iceland)*, Provisional Measures, Order of 17 August 1972, ICJ Rep. (1972) 12.

72. ICJ, *Frontier Dispute (Burkina Faso/Mali)*, Judgment of 22 December 1986, ICJ Rep. (1986) 554.

73. ICJ, *Gabcikovo-Nagymaros Project (Hungary/Slovakia)*, Judgment of 25 September 1997, ICJ Rep. (1997) 7.

74. ICJ, *Gulf of Maine (Canada v. US)*, ICJ Rep. (1984) 246.

75. ICJ, *Interhandel Case (Switzerland/US)*, Preliminary Objections, Judgment of 21 March 1959, ICJ Rep. (1959) 6.

76. ICJ, *Interpretation of Peace Treaties*, Advisory Opinion of 30 March 1950, ICJ Rep. (1950) 65.

77. ICJ, *Interpretation of the Agreement of 25 March 1951 between the WHO and Egypt*, Advisory Opinion of 20 December 1980, ICJ Rep. (1980) 73.

78. ICJ, *Jadhav (India v. Pakistan)*, Judgment of 17 July 2019, ICJ Rep (2019) 418.

79. ICJ, *Judgments of the Administrative Tribunal of the I.L.O. upon complaints made against the U.N.E.S.C.O.*, Advisory Opinion of 23 October 1956, ICJ Rep. (1956) 77.

80. ICJ, *Jurisdictional Immunities of the State (Germany v. Italy: Greece intervening)*, Judgment of 3 February 2012, ICJ Rep. (2012) 99.

81. ICJ, *Kasikili/Sedudu Island (Botswana/Namibia)*, Judgment of 13 December 1999, ICJ Rep. (1999) 1045.
82. ICJ, *LaGrand Case (Germany v. US)*, Provisional Measures, Order of 3 March 1999, ICJ Rep. (1999) 9.
83. ICJ, *LaGrand (Germany v. US)*, Judgment of 27 June 2001, ICJ Rep. (2001) 466.
84. ICJ, *Land and Maritime Boundary between Cameroon and Nigeria (Cameroon v. Nigeria: Equatorial Guinea Intervening)*, Judgment of 10 October 2002, ICJ Rep. (2002) 303.
85. ICJ, *Land, Island and Maritime Frontier Dispute (Application to Intervene) (El Salvadore/Honduras)*, Judgment of 11 September 1992, ICJ Rep. (1992) 92.
86. ICJ, *Legal Consequences for States of the Continued Presence of South Africa in Namibia (South West Africa) Notwithstanding Security Council Resolution 276 (1970)*, Advisory Opinion of 21 June 1971, ICJ Rep. (1971) 16.
87. ICJ, *Legal Consequences of the Separation of the Chagos Archipelago from Mauritius in 1965*, Advisory Opinion of 25 February 2019, ICJ Rep. (2019) 95.
88. ICJ, *Legality of Use by a State of Nuclear Weapons in Armed Conflict*, Advisory Opinion of 8 July 1996, ICJ Rep. (1996) 66.
89. ICJ, *Legality of Threat or Use of Nuclear Weapons*, Advisory Opinion of 8 July 1996, ICJ Rep. (1996) 226.
90. ICJ, *Maritime Dispute (Peru v. Chile)*, Judgment of 27 January 2014, ICJ Rep. (2014) 3.
91. ICJ, *Maritime Delimitation and Territorial Questions between Qatar and Bahrain (Qatar v. Bahrain)*, Jurisdiction and Admissibility, Judgment of 15 February 1995, ICJ Rep. (1995) 6.
92. ICJ, *Maritime Delimitation and Territorial Questions between Qatar and Bahrain (Qatar v. Bahrain)*, Merits, Judgment of 16 March 2001, ICJ Rep. (2001) 4.
93. ICJ, *Maritime Delimitation in the Area between Greenland and Jan Mayen (Denmark v. Norway)*, Judgment of 14 June 1993, ICJ Rep. (1993) 38.

94. ICJ, *Maritime Delimitation in the Black Sea* (*Romania v. Ukraine*), Judgment of 3 February 2009, ICJ Rep. (2009) 61.

95. ICJ, *Maritime Delimitation in the Indian Ocean* (*Somalia v. Kenya*), Preliminary Objections, Judgment of 2 February 2017, ICJ Rep. (2017) 3.

96. ICJ, *Maritime Delimitation in the Indian Ocean* (*Somalia v. Kenya*), Judgment of 12 October 2021: https://www.icj-cij.org/public/files/case-related/161/161-20211012-JUD-01-00-EN.pdf.

97. ICJ, *North Sea Continental Shelf* (*Federal Republic of Germany/Denmark; Federal Republic of Germany/Netherlands*), Judgment of 20 February 1969, ICJ Rep. (1969) 3.

98. ICJ, *Nottebohm Case* (*Guatemala v. Lichtenstein*), Preliminary Objections, Judgment of 18 November 1953, ICJ Rep. (1953) 111.

99. ICJ, *Nottebohm Case* (*Lichtenstein v. Guatemala*) (Second Phase), Judgment of 6 April 1955, ICJ Rep. (1955) 4.

100. ICJ, *Nuclear Tests* (*Australia v. France*), Judgment of 20 December 1974, ICJ Rep. (1974) 253.

101. ICJ, *Oil Platforms* (*Iran v. US*), Judgment of 6 November 2003, ICJ Rep. (2003) 161.

102. ICJ, *Questions of Interpretation and Application of the 1971 Montreal Convention arising from the Aerial Incident at Lockerbie* (*Libyan Arab Jamahiriya v. United Kingdom*), Provisional Measures, Order of 14 April 1992, ICJ Rep. (1992) 3.

103. ICJ, *Question of the Delimitation of the Continental Shelf between Nicaragua and Colombia beyond 200 Nautical Miles from the Nicaraguan Coast* (*Nicaragua v Colombia*), Preliminary Objections, Judgment of 17 March 2016, ICJ Rep. (2016) 136.

104. ICJ, *Questions relating to Seizure and Retention of Certain Documents and Data* (*Timor-Leste v. Australia*), Provisional Measures, Order of 3 March 2014, ICJ Rep. (2014) 147.

105. ICJ, *Questions relating to the Obligation to Prosecute or Extradite* (*Belgium v. Senegal*), Judgment of 20 July 2012, ICJ Rep. (2012) 422.

106. ICJ, *Reparation for Injuries Suffered in the Services of the United Nations*, Advisory Opinion of 11 April 1949, ICJ Rep. (1949) 174.

107. ICJ, *Request for an Examination of the Situation in Accordance with Paragraph 63 of the Court's Judgment of 20 December 1974 in the Nuclear Tests (New Zealand v. France) Case*, Order of 22 September 1995, ICJ Rep. (1995) 288.

108. ICJ, *Request for Interpretation of the Judgment of 15 June 1962 in the Case concerning the Temple of Preah Vihear (Cambodia v. Thailand) (Cambodia v. Thailand)*, Judgment of 11 November 2013, ICJ Rep. (2013) 281.

109. ICJ, *Reservations to the Convention on the Prevention and Punishment of the Crime of Genocide*, Advisory Opinion of 28 May 1951, ICJ Rep. (1951) 15.

110. ICJ, *Right of Passage over Indian Territory (Portugal v. India)*, Judgment of 12 April 1960, ICJ Rep. (1960) 6.

111. ICJ, *Rights of Nationals of the US in Morocco*, Judgment of 27 August 1952, ICJ Rep. (1952) 176.

112. ICJ, *South West Africa Cases (Ethiopia v. South Africa; Liberia v. South Africa)*, Preliinary Objections, Judgment of 21 December 1962, ICJ Rep. (1962) 319.

113. ICJ, *South West Africa (Second Phase) (Ethiopia v. South Africa; Liberia v. South Africa)*, Judgment of 18 July 1966, ICJ Rep. (1966) 6.

114. ICJ, *Sovereignty over Pulau Ligitan and Pulau Sipadan (Indonesia/Malaysia)*, ICJ Rep. (2002) 625.

115. ICJ, *Sovereignty over Pedra Branca/Pulau Batu Puteh, Middle Rocks and South Ledge (Malaysia/Singapore)*, Judgment of 23 May 2008, ICJ Rep. (2008) 12.

116. ICJ, *Territorial and Maritime Dispute between Nicaragua and Honduras in the Caribbean Sea (Nicaragua v. Honduras)*, Judgment of 8 October 2007, ICJ Rep. (2007) 659.

117. ICJ, *Territorial and Maritime Dispute (Nicaragua v. Colombia)*, Judgment of 19 November 2012, ICJ Rep. (2012) 624.

118. ICJ, *Territorial Dispute (Libya Arab Jamahiriya/Chad)*, ICJ Rep. (1994) 6.

119. ICJ, *The Minquiers and Ecrehos Case (France/UK)*, Judgment of 17 No-

vember 1953, ICJ Rep. (1953) 47.

120. ICJ, *US Diplomatic and Consular Staff in Tehran (US v. Iran)*, Judgment of 24 May 1980, ICJ Rep. (1980) 3.

121. ICJ, *Western Sahara*, Advisory Opinion of 16 October 1975, ICJ Rep. (1975) 12.

122. ICJ, *Whaling in the Antarctic (Australia v. Japan: New Zealand intervening)*, Judgment of 31 March 2014, ICJ Rep. (2014) 226.

ICTY And ICTR

123. ICTY, *Prosecutor v. Zlatko Alexsovski*, Case No. IT-95-14/1-A, Appeals Chamber, Judgment of 24 March 2000.

124. ICTR, *Prosecutor v. J.-P. Akayesu*, Case No. ICTR-96-4-T, Trial Judgment, 2 September 1998.

125. ICTY, *Prosecutor v. Tihomir Blaškić, Judgment on the Request of the Republic of Croatia for Review of the Decision of Trial Chamber II of 18 July 1997*, Case No. IT-95-14-AR108*bis*, Appeals Chamber, 29 October 1997.

126. ICTY, *Prosecutor v. Drazen Erdemović*, Case No. IT-96-22-A, Appeals Chamber, Judgment of 7 October 1997.

127. ICTY, *Prosecutor v. Anto Furundžija*, Case No. IT-95-17-1/T, Trial Judgment of 10 December 1998.

128. ICTY, *Prosecutor v. Stanislav Galić*, Case No. IT-98-29-T, Trial Judgment of 5 December 2003.

129. ICTY, *Prosecutor v. Slobodan Milošević*, Case No. IT-02-54-T, Trial Chamber, Decision on Motion for Judgment of Acquittal, 16 June 2004.

130. ICTY, *Prosecutor v. Dusko Tadić*, Case No. IT-94-I-AR72, *Decision on the Defence Motion for Interlocutory Appeal on Jurisdiction*, Appeals Chamber, 2 October 1995.

131. ICTY, *Prosecutor v. Dusko Tadić*, Case No. IT-94-1-A, Appeal Judgement, 15 July 1999.

ITLOS

132. ITLOS, *Delimitation of the maritime boundary in the Atlantic Ocean*

(*Ghana/Côte d'Ivoire*), Provisional Measures, Order, 25 April 2015, *ITLOS Reports* (2015), p. 146.

133. ITLOS, *Dispute concerning Delimitation of the Maritime Boundary between Bangladesh and Myanmar in the Bay of Bengal* (*Bangladesh/Myanmar*), Judgment of 14 March 2012, *ITLOS Reports* (2012), p. 4.
134. ITLOS, *The "Arctic Sunrise" Case* (*Netherlands v. Russia*), Provisional Measures, Order of 22 November 2013, *ITLOS Reports* (2013), p. 224.
135. ITLOS, *The "Camouco" Case* (*Panama v. France*), Prompt Release, Judgment of 7 February 2000, *ITLOS Reports* (2000), p. 10.
136. ITLOS, *The M/V "SAIGA" Case* (*Saint Vincent and the Grenadines v. Guinea*), Prompt Release, Judgment of 4 December 1997, *ITLOS Reports* (1997), p. 16.
137. ITLOS, *The M/V "Saiga"* (*No. 2*) *Case* (*Saint Vincent and the Grenadines v. Guinea*), Judgment of 1 July 1999, *ITLOS Reports* (1999), p. 10.
138. ITLOS, *Responsibilities and Obligations of States Sponsoring Persons and Entities with respect to Activities in the Area*, Seabed Disputes Chamber, Advisory Opinion of 1 February 2011, *ITLOS Reports* (2011), p. 10.
139. ITLOS, *Request for an advisory opinion submitted by the Sub-Regional Fisheries Commission* (*SRFC*), *ITLOS Reports* (2015), p. 4.
140. ITLOS, *The "Volga" Case* (*Russian Federation v. Australia*), Prompt Release, Judgment of 23 December 2002, *ITLOS Reports* (2002), p. 10.

Others

141. *A. Ahlstrom Oy et al. v. Commission*, [1989] 4 *CMLR* 901; [1993] 4 *CMLR* 407.
142. *Al-Adsani v. UK*, Application No. 35763/97, Judgment of 21 November 2001, ECHR, 123 *ILR* 24.
143. *Amministrazione delle Finanze delo Stato v. Simmenthal SpA*, Case 106/77, ECJ, [1978] ECR 629.
144. *Al Skeini v. Secretary of State for Defense*, [2007] UKHL 26.
145. *Arab Monetary Fund v. Hashim* (*No. 4*), [1996] 1 *Lloyd's Reports* 589.
146. *Argentine Republic v. Amerada Hess Shipping Corp.*, 448 US 428 (1989); 109 S. Ct. 683 (1989); 81 *ILR* 658.

147. *Attorney-General of the Government of Israel v. Eichmann*, 36 ILR 5.
148. *Banco Nacional de Cuba v. Sabbatino*, 376 US 423 (1964).
149. *Boos v. Barry*, 458 US 312 (1988).
150. *Breard v. Greene*, 523 US 371 (1998).
151. *Banković v. Belgium et al.*, Application No 52207/99, ECHR, 123 *ILR* 94.
152. *Buttes Gas and Oil Company v. Hammer*, [1982] AC 888.
153. *Costa v. ENEL*, Case 6/64, ECJ, [1964] ECR 585.
154. *De Wilde, Ooms and Versyp v. Belgium (no. 1)*, Merits, Judgment of 18 June 1971, ECHR, 1 *ECHR* 373.
155. *Duff Development Co. v. Government of Kelantan*, [1924] AC 797.
156. *Ex Bennett*, [1993] 3 All ER 138.
157. *Factortame Ltd. v. Secretary of State for Transport*, [1991] 1 AC 603, House of Lords, Judgment of 11 October 1990.
158. *Falen Gherebi v. Bush et al.*, 352 F. 3d. (9th Cir.) 1278 (2003), Judgment of 18 December 2003.
159. *Ferrini v. Germany*, Italian Corte di Cassazione, 11 March 2004, No. 5044, *Rivista di Diritto Internazionale* (2004) 539.
160. *FG Hemisphere Associates LLC v. Democratic Republic of the Congo et al.*, Court of Appeal, HKSAR, Judgment of 10 February 2010, http://legalref. judiciary. gov. hk/lrs/common/ju/ju _ frame. jsp? DIS = 69730&currpage=T.
161. *Foster and Elam v. Neilson*, 27 US (2 Pet) 253 at 314.
162. *French Republic v. Commission of the European Communities*, C-327/91, ECJ, 9 August 1994.
163. *Germany et al. v. Commission*, ECJ, [1987] ECR 3203.
164. *Goldwater v. Carter*, 617 F. 2d, 697 (DC Cir. 1979).
165. *Hartford Fire Insurance Co. v California*, 509 US 764 (1993).
166. *I Congreso del Parido*, [1978] 1 *QB* 500; 64 *ILR* 154.
167. *Interpretation of the American Declaration of the Rights and Duties of Man within the Framework of Article 64 of the American Convention on Human Rights*, Series A, No. 10, IACHR, 96 *ILR* 419.
168. *Situation in the People's Republic of Bangladesh/Republic of the Union

of Myamar, "Decision Pursuant to Article 15 of the Rome Statute on the Authorisation of an Investigation into the Situation in the People's Republic of Bangladesh/Republic of the Union of Myanmar (Public)", No. ICC-01/19, ICC, Pre-Trial Chamber Ⅲ, 14 November 2019.

169. ICC, *The Prosecutor v. Omar Hassan Ahmad Al-Bashir*, No. ICC-02/05-01/09 OA2, Appeals Chamber, *Judgment in the Jordan Referral re Al-Bashir Appeal (Public Document)*, 6 May 2019.

170. *In Re Arab Bank*, 808 F. 3d 144 (2d Cir. 2015).

171. Netherlands Supreme Court, *In re Flesche*, Judgment of 27 June 1949, 16 ILR 271.

172. *In re Piracy Jure Gentium* [1934] AC 586.

173. *Jesner v. Arab Bank*, 138 S. Ct. 1386 (2018).

174. *Jones v. Ministry of the Interior of the Kingdom of Saudi Arabia and Another*, [2006] UKHL 26, Opinions of 14 June 2006.

175. *Judgment No. 238-2014*, Italian Constitutional Court, 22 October 2014, 54 ILM, pp. 471-506.

176. *Kiobel v. Royal Dutch Petroleum Co.*, Judgment of 17 April 2013, 569 US 108 (2013); 133 S. Ct. 1659 (2013).

177. *Kuwait Airways Corp v. Iraqi Airways Co. (No. 2)*, [1995] 1 WLR 1147; [2001] 1 WLR 439.

178. *Loizidou* (Preliminary Objections), ECHR, 103 ILR 621.

179. *Luthor v. Sagor*, [1921] 3 KB 532.

180. *Maclaine Watson & Co. Ltd. v. Department of Trade and Industry*; *J H Rayner (Mining Lane) Ltd. v. Department of Trade and Industry*, Court of Appeal, England, Judgment of 27 April 1988, 80 ILR 49; House of Lords, England, Judgment of 26 October 1989, 81 ILR 671.

181. *Medellin v. Texas*, 552 US 491 (2008).

182. *Minister of Justice and Constitutional Development v Southern African Litigation Centre* (867/15) [2016] ZASCA 17.

183. *Murray v. Schooner Charming Betsy*, 6 US (2 Cranch) 64.

184. *Nestlé USA, Inc. v. Doe*, Judgment of 17 June 2021, 141 S. Ct. 1931 (2021).

185. *Netherlands v. Hasan Nuhanović*, 12/03324, First Chamber, the Supreme

Court of the Netherlands, Judgment of 6 September 2013, available at: (http://www. internationalcrimesdatabase. org/Case/1005/The-Netherlands-v-Nuhanovi%C4%87/).

186. *Parlement Belge* (1880) 5 PD 197.
187. *Piccoli v. Association of Italian Knights of the Order of Malta*, Court of Appeal, Rome, Judgment of 23 January 1978, 77 ILR 613.
188. *Prefecture of Voiotia v. Federal Republic of Germany* Case No. 11/2000, Judgment of 4 May 2000, 129 *ILR* 513 (Court of Cassation); Case No. 137/1997, Judgment of 30 October 1997, 92 *AJIL* (1998) 765 (Court of First Instance of Livadia) ("the Distomo Massacre Case").
189. *Public Prosecutor v. Haraldsson and Others*, Norwegian Supreme Court, 7 May 1996, 140 *ILR* 559.
190. *R v. Bow Street Metropolitan Stipendiary Magistrate and others, ex parte Pinochet Ugarte (Amnesty International and others intervening) (No. 3)*, 24 March 1999, [1999] 2 *All ER* 97; 119 *ILR* 135.
191. *Re Goering et al.*, IMT, Judgment and Sentences, 1 October 1946, 41 *AJIL* (1947), 249.
192. *Republic of Somalia v. Woodhouse Drake Carey Suisse S. A.*, [1993] QB 54 (Queen's Bench Division).
193. *Re Reference by the Governor in Council concerning Certain Questions Relating to the Secession of Quebec from Canada*, 115 *ILR* 536; 37 *ILM* (1998), 1342.
194. *RJR Nabisco, Inc. v. European Community*, 136 S. Ct. 2090 (2016).
195. *Saadi v. Italy*, Application no. 37201/06, ECHR, Judgment of 28 February 2008: http://hudoc. echr. coe. int/sites/eng/pages/search. aspx? i=001-85276#{"itemid":["001-85276"]}.
196. *Sanchez-Llamas v. Oregon*, 548 US 331, 347 (2006).
197. *Sei Fujii v. State of California*, 19 ILR 312.
198. *Siderman v. Republic of Argentina*, 965 F. 2d 699 (1992).
199. *Situation in the State of Palestine*, Pre-Trial Chamber I, "Decision on the 'Prosecution request pursuant to article 19(3) for a ruling on the Court's territorial jurisdiction in Palestine'", No ICC 01/18, 25 February 2021.
200. *Sosa v. Alvarez-Machain et al.*, 542 US (2004) 692; 159 L. Ed. 2d 718

(2004); 127 ILR 769.
201. *State v. Ebrahim*, 31 ILM 888.
202. *The Effect of Reservations on the Entry into Force of the American Convention (Arts. 74 and 75)*, IACHR, Advisory Opinion (OC-2/82) of 24 September 1982, 67 ILR 559.
203. The *Lozano* case (or the *Calipari* case), Corte di cassazione (Sez. Ⅰ penale), 24 July 2008, No. 31171, reported by G. Serra in: 18 *Italian Yearbook of International Law* (2008), at 346-351.
204. *The Paquete Habana*, 175 US 677 at 700 (1900).
205. IACHR, *The Right to Information on Consular Assistance*, Series A 16, OC-16/99, 1999.
206. *Thirty Hogsheads of Sugar v. Boyle*, 13 US (9 Cranch) 191, at 198 (1815).
207. *Trendtex Tading Corpn v. Central Bank of Nigeria*, [1977] 1 All ER 881.
208. *Triquet and Others v. Beth*, 97 *English Reports* 936, 3 Burr. 1478 (KB, 1764).
209. IACHR, *Velasquez Rodriguez Case* (Velasquez Rodriguez/Honduras), 95 ILR 259.
210. *Underhill v. Hernandez*, 168 US 250 (1890).
211. *US v. Aluminium Co. of America*, 148 F 2d 416 (2d Cir. 1945).
212. *US v. Alvarez-Machain*, 504 US 655 (1992).
213. *US. v. Belmont*, 301 US 324, 330-1 (1937).
214. *US v. Guy W. Capps, Inc.*, 204 F. 2d 655 (4th Cir. 1953).
215. *US v. Yunis*, 681 F. Supp 896 (1988).

ARBITRATION AND OTHER SETTLEMENTS

216. *Affaire de l'interprétation d'une disposition de la convention de commerce entre la France et la Suisse et du procès-verbal signés à Berne le 20 octobre* 1906(France/Suisse), Arbitral Tribunal, 11 UNRIAA 411.
217. *Affaire des forêts du Rhodope central (fond) (Greece v. Bulgaria)*, Award of 29 March 1933, 3 *UNRIAA* 1405 (1933).
218. *Amco v. Indonesia*, Decision on Annulment, 16 May 1986, 1 ICSID Re-

ports, 516/7.

219. *Amoco-Iran Oil Co. v. Iran* (1982), 1 *Iran-US CTR* 493.
220. *Argentine-Chile Frontier Case*, Arbitral Award of 24 November 1966, 38 *ILR* 10.
221. *Asian Agricultural Products Ltd v Sri Lanka* (1990), ICSID Case No. ARB/87/3, 106 *ILR* 416; 4 ICSID Rep. (1997) 526.
222. *Award between the United States and the United Kingdom relating to the rights of jurisdiction of United States in the Bering's sea and the preservation of fur seals*, Award and Decision of 15 August 1893, 28 *UNRIAA* 263.
223. *Awards of Interest*, UN Claims Commission, Decision 16, 4 January 1993, S/AC.26/1992/16.
224. *BP v. Libya*, 52 *ILR* 297.
225. *Camuzzi International S. A. v. The Argentine Republic*, ICSID Case No. ARB/03/2, *Decision on Objections to Jurisdiction*, 11 May 2005, at https://icsid.worldbank.org/ICSID/FrontServlet.
226. *Case concerning the Auditing of Accounts between the Kingdom of the Netherlands and the French Republic pursuant to the Additional Protocol of 25 September 1991 to the Convention on the Protection of the Rhine Against Pollution by Chlorides of 3 December 1976*, Award of 12 March 2004, 25 *UNRIAA*, 267-344.
227. *Case concerning the difference between New Zealand and France concerning the interpretation or application of two agreements, concluded on 9 July 1986 between the two States and which related to the problems arising from the Rainbow Warrior Affair*, Award of 30 April 1990, 20 *UNRIAA* 215.
228. *Cases of Dual Nationality*, the Anglo-Italian Conciliation Commission, Decision No. 22 of 8 May 1954, 14 *UNRIAA* 27.
229. *Claim of Finnish Shipowners against Great Britain in Respect of the Use of Certain Finnish Vessels during the War (Finland/Great Britain)*, Award of 9 May 1934, 3 *UNRIAA* 1479.
230. *Claimants v. Slovak Republic*, UNCITRAL, Final Award, 23 April 2012.
231. *Cutting Case*, in: J. Moore, *A Digest of International Law*, vol. ii (Wash-

ington: US Government Printing Office, 1906), 228.
232. *Dubai/Sharjah Border Arbitration*, Arbitral Award of 19 October 1981, 91 *ILR* 543.
233. *Case concerning the Delimitation of the Continental Shelf between the UK and France*, Award of 14 March 1978, 18 *UNRIAA* 295.
234. Conciliation Commission on the Continental Shelf Area between Iceland and Jan Mayen, *Report and Recommendations to the Governments of Iceland and Norway*, June 1981, 20 *ILM* (1981), pp. 797-842.
235. *Electrabel S. A. v. The Republic of Hungary*, ICSID, Case No. ARB/07/19, *Decision on Jurisdiction, Applicable Law and Liability*.
236. *Enron Corporation and Ponderosa Assets, L. P. v. Argentine Republic* (ICSID Case No. ARB/01/3), *Decision on Jurisdiction*, 14 January 2004, para. 52, at: http://www.asil.org/ilib/Enron.pdf.
237. *Eritrea v. Yemen*, Phase One, Award of 9 October 1998: https://pca-cpa.org/en/cases/81/.
238. *Jus ad Bellum (Ethiopia's Claims 1-8) (Eritrea v. Ethiopia)*, Eritrea Ethiopia Claims Commission, Partial Award of 19 December 2005, 45 *ILM* (2006) 430.
239. PCIJ, *The Free Zones of Upper Savoy and the District of Gex*, Arbitral Award, *PCIJ Annual Report*, Ser. E, No. 10.
240. *Georges Pinson v. United Mexican States*, Decision No. 6 by the French-Mexican Claims Commission of 24 April 1928, 5 *UNRIAA* 327.
241. *Gould Marketing, Inc. v. Ministry of National Defence of Iran*, Interlocutory Award No. ITL 24-49-2, 27 July 1983, 13 *Iran-US CTR* 199.
242. *G. Hamester GmbH KG v. Republic of Ghana*, ICSID, Case No. ARB/07/24, Award of 18 June 2010.
243. *Home Frontier and Foreign Missionary Society (US v. GB)*, Award of 18 December 1920, 6 *RIAA* 42.
244. *In the Arbitration Regarding the Iron Rhine ("Ijzeren Rijn") Railway (Belgium/Netherlands)*, Award of the Arbitral Tribunal, 24 May 2005, at pcacases.com.
245. *In the Matter of an Arbitration before an Arbitral Tribunal Constituted under Annex VII to the 1982 United Nations Convention on the Law of the*

Sea, between Ukraine and the Russian Federation in respect of a Dispute concerning Coastal State Rights in the Black Sea, Sea of Azov, and Kerch Strait, PCA Case No. 2017-06, initiated by Ukraine on 16 September 2016, Reply of the Russian Federation to the Written Observations and Submissions of Ukraine on Jurisdiction, 28 January 2019, vol. I; Award concerning the Preliminary Objections of the Russian Federation, 21 February 2020: https://pca-cpa.org/en/cases/149.

246. *In the Matter of the Chagos Marine Protected Area Arbitration (Mauritius v. UK)*, Award on 18 March 2015, para. 378: https://files.pca-cpa.org/pcadocs/MU-UK%2020150318%20Award.pdf.

247. *In the Matter of the Indus Waters Kishenganga Arbitration (Pakistan/India)*, Final Award, 20 December 2013, https://www.pcacases.com/web/sendAttach/48.

248. *Island of Clipperton (Mexico v. France)*, Award of 3 March 1909, 2 UNRIAA 1105.

249. *Island of Palmas (Netherlands/US)*, 2 UNRIAA 867.

250. *Jus ad Bellum* (Ethiopia's Claims 1-8), Eritrea Ethiopia Claims Commission, Partial Award, 19 December 2005, 45 *ILM* (2006) 430.

251. *Mergé Claim*, Italian-United States Conciliation Commission, Decision of 10 June 1955, 22 *ILR* 443.

252. *Responsabilité de l'Allemagne à raison des dommages causés dans les colonies portugaises du sud de l'Afrique (sentence sur le principe de la responsabilité) (Portugal v. Germany)*, Award of 31 July 1928, 2 UNRIAA 1011.

253. *Salem Case (Egypt/US)*, Award of 8 June 1932, 2 UNRIAA 1161.

254. *Schooner Exchange v. McFaddon*, (1812) Cranch 116.

255. *SEDCO v. National Iranian Oil Co.*, 10 *Iran-US CTR* 180.

256. *Southern Bluefin Tuna Case (Australia and New Zealand v. Japan)*, Award on Jurisdiction and Admissibility, 4 August 2000, 119 *ILR* 508.

257. *Suez, Sociedad General de Aguas de Barcelona S.A. & InterAgua Servicios Integrales del Agua S.A. v. The Argentine Republic*, ICSID, Case No. ARB/03/17, *Decision on Liability*, 30 July 2010.

258. *Texaco v. Libya*, 53 *ILR* (1977) 389.

259. *The Alleganean*, *Stetson v. US*, No. 3993, Class I, Second Court of Commissioners of the *Alabama Claims*, in: P. Jessup, *The Law of Territorial Waters and Maritime Jurisdiction* (New York: G. A. Jennings Co. Inc., 1927), 388-391.

260. *The Arctic Sunrise Arbitration* (*Netherlands v. Russia*), PCA Case No 2014-02, Award on Jurisdiction, 26 November 2014: http://www.pca-cpa.org/showpage.asp? pag_id=1556; Award on the Merits, 14 August 2015, https://pcacases.com/web/sendAttach/1438; Award on Compensation, 10 July 2017, https://pcacases.com/web/sendAttach/2214.

261. *The Border Dispute between Honduras and Nicaragua*, Award of 23 December 1906, XI *RIAA* 101.

262. *The Chamizal Arbitration*, 11 *UNRIAA* 316.

263. *The "Enrica Lexie" Incident* (*Italy v. India*), PCA Case No. 2015-28, Award of 21 May 2020: https://pca-cpa.org/en/cases/117.

264. The *Grisbadarna Arbitration*, Sentence Arbitrale rendue le 23 octobre 1909 dans la question de la délimitation d'une certaine partie de la frontière maeitime entre la Norvège et la Suède, 11 *UNRIAA* 161.

265. *The Indo-Pakistan Western Boundary Case* (*India v. Pakistan*), Arbitral Award of 19 February 1968, 50 *ILR* 500.

266. *The Red Crusader* (*Denmark-UK*), Report of 23 March 1962, 35 *ILR* 485.

267. *The Republic of Mauritius v. UK*, commencing 20 December 2010: http://www.pca-cpa.org/showpage.asp? pag_id=1429.

268. *The Republic of the Philippines v. China*, commencing 22 January 2013: http://www.pca-cpa.org/showpage.asp? pag_id=1529.

269. The *Robert E. Brown* Case (*US v. UK*), Award of 23 November 1923, 6 *UNRIAA* 120.

270. *The Zafiro* (1925), 6 *UNRIAA* 160.

271. *Total S. A. v. Argentine Republic*, ICSID, ARB/04/01, *Decision on Liability*, 27 December 2010.

272. *Trail Smelter Arbitration* (US/Canada), 9 *AD* 315.

273. *Tuna/Dolphin* Ⅰ, Report of the Panel (DS21/R-39S/155), 30 *ILM* (1991) 1594.

274. *Tuna/Dolphin* Ⅱ, Report of the Panel (DS29/R), 33 *ILM* (1994) 839.

275. *US—Definitive Anti-Dumping and Countervailing Duties on Certain Products from China*, Report of the AB, WTO, WT/DS379/AB/R, 11 March 2011.
276. *US—Import Prohibition of Certain Shrimp and Shrimp Products*, Report of the Panel, WT/DS68/R, 15 May 1998.
277. *US—Import Prohibition of Certain Shrimp and Shrimp Products*, Report of the Appellate Body, AB-1998-4, 12 October 1998, 33 *ILM* (1999) 118.
278. *United States-Sections 301-310 of the Trade Act of 1974*, WTO Doc WT/DS152/R, Report of the Panel, 22 December 1999.
279. *Waste Management v. Mexico*, Case N° ARB(AF)/00/3, Award of 30 April 2004, (2004) 11 *ICSID Reports* 361.

目　录

第一章　历史演进与基本问题 …………………………………… 1
　一、现代国际法的形成 …………………………………………… 2
　二、国际社会 ……………………………………………………… 7
　三、中国与国际法 ………………………………………………… 9
　四、国际法的性质和特征 ………………………………………… 12
　　（一）国际法的性质 …………………………………………… 12
　　（二）国际法的特征 …………………………………………… 14
　　（三）国际法究竟是不是法律 ………………………………… 14
　五、国际法效力的基础 …………………………………………… 16
　六、国际法的功能 ………………………………………………… 19
　七、国际法学界的理论派别 ……………………………………… 21
　八、研究方法 ……………………………………………………… 25
第二章　国际法的渊源 …………………………………………… 27
　一、渊源概述 ……………………………………………………… 28
　二、条约 …………………………………………………………… 31
　　（一）造法性条约 ……………………………………………… 31
　　（二）造法性条约与其他条约的对比 ………………………… 32
　　（三）建立国际组织的条约 …………………………………… 34
　　（四）作为实质渊源的条约集 ………………………………… 34
　三、习惯（法） …………………………………………………… 35
　　（一）国家实践 ………………………………………………… 36
　　（二）法律确信 ………………………………………………… 37
　　　1. 含义 ………………………………………………………… 37
　　　2. 法律确信的证明 …………………………………………… 38
　　　3. 地方或区域性习惯法 ……………………………………… 40
　　　4. 持续反对者 ………………………………………………… 41
　　　5. 条约和习惯的关系 ………………………………………… 43

四、普遍性法律原则和强行法 44
    （一）国际法基本原则和"文明国家"普遍承认的法律原则 44
    （二）规则和原则 45
    （三）如何确定和适用普遍性法律原则 45
    （四）衡平法（Equity） 47
    （五）普遍性法律原则的特殊性质 50
    （六）强行法与本节的相关性 50

五、司法判例 52
    （一）当今实践 52
    （二）司法判例对习惯法发展的影响 52
    （三）近些年的发展 53

六、公法学家的著作 54

七、联合国大会和安理会决议以及类似文件 55
    （一）联合国大会和安理会决议在《联合国宪章》下的地位 55
    （二）联合国大会决议可以作为国际法规则的证据 56
    （三）"软法" 57
    （四）安理会的造法行为 58

八、"公允及善良" 59

第三章　条约法 61

一、概说：条约的定义和种类 62
    （一）法律渊源 62
    （二）条约在当代社会中的广泛应用和重要性 62
    （三）条约法体系的原则 63
    （四）习惯法的作用 63
    （五）条约的定义 63
    （六）《公约》的适用范围 67
    （七）《公约》并未穷尽条约法 68

二、条约的缔结 68
    （一）全权证书 69
    （二）条约的议定 69
    （三）条约的认证 69
    （四）签署的效力 70

三、批准、接受、核准和加入 70

目录

  （一）表示同意接受条约约束的签字 ………………………… 71
  （二）同意接受条约约束的方式 …………………………………… 71
四、保留 ……………………………………………………………………… 72
  （一）含义 …………………………………………………………… 72
  （二）基本规则 ……………………………………………………… 73
  （三）对保留的接受 ………………………………………………… 74
  （四）保留的法律效力 ……………………………………………… 75
  （五）保留的撤回 …………………………………………………… 77
  （六）保留与人权条约 ……………………………………………… 77
五、条约的生效 …………………………………………………………… 79
  （一）含义 …………………………………………………………… 79
  （二）临时适用 ……………………………………………………… 80
  （三）保存 …………………………………………………………… 81
  （四）登记 …………………………………………………………… 81
六、条约的解释 …………………………………………………………… 82
  （一）主要规则 ……………………………………………………… 82
  （二）补充解释 ……………………………………………………… 84
  （三）多种语言版本的条约 ………………………………………… 84
  （四）实践 …………………………………………………………… 85
    1."领土争端案" ………………………………………………… 85
    2."塔地奇案" …………………………………………………… 86
七、条约的适用 …………………………………………………………… 86
  （一）一般规则 ……………………………………………………… 86
  （二）新旧条约同时适用的问题 …………………………………… 87
  （三）第三国 ………………………………………………………… 87
八、条约的修订 …………………………………………………………… 89
九、无效条约 ……………………………………………………………… 90
  （一）一般规则 ……………………………………………………… 90
  （二）条约无效的理由 ……………………………………………… 91
    1. 国内法 ………………………………………………………… 91
    2. 约文错误 ……………………………………………………… 91
    3. 欺诈 …………………………………………………………… 92
    4.（对官员的）贿赂 …………………………………………… 92

        5. 对官员的胁迫 ·· 92
        6. 武力强迫或武力威胁 ·· 92
        7. 国际强行法 ·· 93
    （三）程序 ··· 93
    （四）条约无效的后果 ·· 94
  十、终止与暂停执行条约 ·· 94
    （一）终止和暂停执行的限制条件 ·· 94
    （二）终止和暂停施行的基本规则（1）：相关条约自身的规定 ··· 95
    （三）终止和暂停执行的基本规则（2）：《公约》所反映的习惯法 ··· 96
        1. 规则一 ·· 96
        2. 规则二 ·· 96
        3. 规则三 ·· 97
        4. 规则四 ·· 98
        5. 规则五 ·· 100
        6. 规则六 ·· 100
    （四）争端解决 ··· 100
    （五）《公约》第五编某些条款的习惯法地位 ·························· 102
    （六）条约终止、暂停执行和缔约国退出条约的后果 ················ 102

第四章 国内法和国际法的关系 ·· 103
  一、学说 ·· 104
    （一）一元论与二元论 ·· 104
    （二）现代二元论 ·· 105
  二、《联合国宪章》和其他渊源中的相关国际法原则 ···················· 106
    （一）《联合国宪章》 ·· 106
    （二）其他渊源中的相关原则 ··· 106
  三、国家实践 ·· 108
    （一）导言 ·· 108
        1. 国际法进入国内法体系的路径 ···································· 108
        2. 国内法下的效力等级 ·· 109
        3. 个人 ·· 110
        4. 国际司法机构适用国内法 ·· 110
        5. 国内法院适用国际法 ·· 111
        6. 国际和国内判例法与既判力问题 ································· 112

（二）美国实践 ……………………………………………………… 113
　　　　1. 条约 …………………………………………………………… 113
　　　　2. 习惯法 ………………………………………………………… 117
　　　　3. 美国最高法院对国际法的解释 ……………………………… 117
　　（三）英国 ………………………………………………………… 118
　　　　1. 条约 …………………………………………………………… 118
　　　　2. 习惯法 ………………………………………………………… 119
　　（四）法国 ………………………………………………………… 119
　　　　1. 条约 …………………………………………………………… 119
　　　　2. 习惯法 ………………………………………………………… 120
　　（五）俄罗斯 ……………………………………………………… 121
　　（六）意大利和德国 ……………………………………………… 122
　　（七）小结 ………………………………………………………… 123
　四、中国实践 ………………………………………………………… 125
　　（一）我国法律体系下的相关程序：《宪法》《缔结条约程序法》与
　　　　《立法法》 …………………………………………………… 125
　　（二）条约作为国内法所具有的效力 …………………………… 127
　　（三）条约成为我国法律的方式：转化与纳入 ………………… 129
　　　　1. 条约的整体转化 ……………………………………………… 130
　　　　2. 条约条款的转化 ……………………………………………… 130
　　（四）条约的适用 ………………………………………………… 131
　　　　1. 中国政府建立条约执行机制 ………………………………… 131
　　　　2. 法院直接适用条约 …………………………………………… 131
　　（五）香港和澳门 ………………………………………………… 132
　　（六）习惯法 ……………………………………………………… 133
　　（七）结论 ………………………………………………………… 134
第五章　国际法意义上的人格与承认 ………………………………… 136
　一、国际法上的人格 ………………………………………………… 137
　　（一）含义 ………………………………………………………… 137
　　（二）国际人格的标准 …………………………………………… 138
　　（三）国家 ………………………………………………………… 142
　　　　1. 国家的标准 …………………………………………………… 142
　　　　2. 对外交往能力 ………………………………………………… 144

        3. 领土和人口标准:特殊国家 ················· 147
        4. 承认的问题 ················· 149
    (四)国际组织 ················· 149
        1. "赔偿案" ················· 149
        2. 欧盟 ················· 151
        3. 其他国际组织 ················· 153
  二、国际法上的承认行为 ················· 155
    (一)承认行为的性质 ················· 155
    (二)承认对象的分类 ················· 157
    (三)承认效果的分类 ················· 158
    (四)有关承认效果的两种学说 ················· 160
    (五)不承认、默示承认、过早承认、不再承认 ················· 160
    (六)集体承认 ················· 163
    (七)承认的现实意义 ················· 164

第六章 国际法上的继承问题 ················· 165
  一、继承的发生 ················· 166
    (一)国家延续与国家继承 ················· 166
    (二)有关继承的国际法规则的现状 ················· 167
  二、国家继承的基本概念 ················· 168
  三、条约的继承 ················· 169
    (一)涉及边界和领土的条约 ················· 169
    (二)与新独立国家相关的条约 ················· 170
        1. 多边条约 ················· 170
        2. 双边条约 ················· 171
        3. 新独立国家的实践给《公约》造成的问题 ················· 171
    (三)涉及领土合并、割让和分离的条约 ················· 172
        1. 合并 ················· 172
        2. 割让 ················· 172
        3. 分离 ················· 173
    (四)国际人权条约 ················· 174
  四、国家财产和档案的继承 ················· 174
  五、国家债务的继承 ················· 176
  六、其他事项的继承 ················· 178

（一）国际组织成员资格的继承 …………………………………… 178
　　（二）国籍的继承 ………………………………………………… 179

第七章　政府间国际组织 …………………………………………… 181
　一、政府间国际组织的产生与发展 ………………………………… 182
　二、特定功能性：政府间国际组织的基本特质 …………………… 185
　三、权力来源、种类及限制 ………………………………………… 186
　四、豁免待遇 ………………………………………………………… 195
　五、国际责任 ………………………………………………………… 197
　六、继承问题 ………………………………………………………… 200
　七、国际组织与会员国之间的争端解决 …………………………… 200

第八章　个人与国际人权法 ………………………………………… 202
　一、个人与国际法主体资格 ………………………………………… 203
　　（一）个人 ………………………………………………………… 203
　　（二）公司 ………………………………………………………… 206
　二、人权法的发展历程 ……………………………………………… 207
　三、联合国的人权保护机制 ………………………………………… 209
　　（一）基本文件 …………………………………………………… 209
　　（二）监督机构 …………………………………………………… 210
　四、地区性机制 ……………………………………………………… 212
　　（一）欧洲机制 …………………………………………………… 212
　　（二）美洲机制 …………………………………………………… 214
　　（三）非洲机制 …………………………………………………… 215
　五、国际实践中承认的人权 ………………………………………… 216
　　（一）第一至三代人权 …………………………………………… 217
　　（二）人民自决权 ………………………………………………… 218
　　　1. 定义及法律地位 …………………………………………… 218
　　　2. "人民"（people）的含义 …………………………………… 220
　　　3. 自决权的行使 ……………………………………………… 223
　　（三）总结 ………………………………………………………… 227
　六、国际法上的个人责任 …………………………………………… 228
　　（一）背景 ………………………………………………………… 228
　　（二）导致个人责任的国际罪行 ………………………………… 229
　　（三）决定个人责任的法律机制 ………………………………… 230

第九章　领土主权的取得与变更 ………………………………… 231
一、领土主权 ……………………………………………………… 232
（一）相关概念 ………………………………………………… 232
1. 主权 …………………………………………………… 232
2. 两个相关概念 ………………………………………… 233
（二）主权行使中的例外情况 ………………………………… 234
（三）领土主权的存在形式 …………………………………… 235
（四）领土的组成部分 ………………………………………… 236
（五）不确定的主权 …………………………………………… 237
（六）剩余主权 ………………………………………………… 238
（七）租借以及永久使用 ……………………………………… 240
（八）共管 ……………………………………………………… 241
（九）权源的概念 ……………………………………………… 241
（十）相互竞争的权源 ………………………………………… 242
（十一）"没有则不能给付"原则 ……………………………… 243
二、领土主权的取得、转移和确定 ……………………………… 244
（一）时际法 …………………………………………………… 244
（二）关键日期 ………………………………………………… 246
（三）传统和现代的领土取得方式：不同的权源 …………… 247
1. 传统方式 ……………………………………………… 247
2. 现代方式 ……………………………………………… 248
（四）条约、"旧有边界不变"原则与国际判决 ……………… 249
（五）发现和象征性兼并 ……………………………………… 250
（六）占领 ……………………………………………………… 251
（七）时效 ……………………………………………………… 254
（八）有瑕疵权源的合法化：默许、承认和禁止反言 ……… 255
（九）历史性权利（historic title） …………………………… 257
（十）与领土处置有关的国际程序 …………………………… 260
（十一）地图及其他类似证据 ………………………………… 261
（十二）小结 …………………………………………………… 262

第十章　管辖权 …………………………………………………… 263
一、基本概念和原则 ……………………………………………… 264
（一）管辖权的概念 …………………………………………… 264

目录

　　（二）基本原则 …… 264
　　（三）管辖权的种类 …… 266
二、民事和刑事管辖权 …… 266
三、行使管辖权的法律基础：五个原则 …… 267
　　（一）属地原则 …… 268
　　（二）属人原则 …… 271
　　（三）被动国籍原则 …… 273
　　（四）保护性原则 …… 274
　　（五）普遍管辖权 …… 275
　　（六）以上原则在实践中的局限性 …… 277
四、国际性管辖权 …… 279
五、域外管辖权 …… 280
　　（一）美国实践 …… 280
　　（二）行使域外刑事管辖权的后果 …… 283
六、引渡 …… 284

第十一章　豁免权与其他特权 …… 286
一、国家豁免权 …… 287
　　（一）主权平等 …… 287
　　（二）两种基本制度 …… 289
　　（三）两个相关概念 …… 291
　　　　1. 国家行为 …… 291
　　　　2. 不可审判 …… 291
　　（四）商业行为 …… 292
　　（五）国家元首等官员的豁免权 …… 294
　　（六）豁免权与判决的执行 …… 299
　　（七）豁免权的放弃 …… 300
二、外交豁免权与特权 …… 301
　　（一）概述 …… 301
　　（二）"不可侵犯"原则 …… 303
　　（三）使馆馆舍 …… 303
　　　　1. 馆舍的不可侵犯 …… 303
　　　　2. 使馆的功能 …… 305
　　（四）外交职员 …… 305

         1. 使馆人员分类 ……………………………… 305
         2. 使馆馆长 …………………………………… 306
         3. 外交代表的派遣与招回 …………………… 306
         4. 豁免权与特权 ……………………………… 306
         5. 与特权相关的义务 ………………………… 307
     (五) 使馆财产 …………………………………………… 307
     (六) 豁免的放弃 ………………………………………… 308
     (七) 领事特权 …………………………………………… 308
     (八) 受国际保护人(Internationally Protected Persons) ………… 310

第十二章　国家责任 ……………………………………………… 312
  一、国家责任法律的历史演进 ………………………………… 313
     (一) 引言 ………………………………………………… 313
     (二) 外国人的待遇 ……………………………………… 313
     (三) 外国财产的征用 …………………………………… 315
     (四) 联合国国际法委员会对法律的编纂与发展 ……… 318
  二、国际不法行为的基本概念 ………………………………… 319
  三、国家责任的基本原则 ……………………………………… 321
  四、归因于国家的行为 ………………………………………… 322
     (一) 国家机关 …………………………………………… 323
     (二) 行使政府权力的个人或实体 ……………………… 324
     (三) 由另一国支配的政府机关 ………………………… 324
     (四) 越权行为 …………………………………………… 325
     (五) 受到国家控制或指挥的行为 ……………………… 325
     (六) 政府不存在时的国家行为 ………………………… 327
     (七) 叛乱行为或其他行为 ……………………………… 328
     (八) 国家事后承认并接受的行为 ……………………… 328
  五、排除不法性的理由 ………………………………………… 329
     (一) 同意 ………………………………………………… 329
     (二) 自卫 ………………………………………………… 330
     (三) 反措施 ……………………………………………… 330
     (四) 不可抗力与危难 …………………………………… 331
     (五) 紧急情况(Necessity) ……………………………… 332
  六、国家责任的提起 …………………………………………… 334

（一）第44条第一款 ... 334
（二）第44条第二款 ... 336
  1. 本规则内容 ... 336
  2. 本规则性质 ... 336
  3. 救济形式 ... 337
  4. 如何判断该规则的要求是否得到满足 ... 338
  5. 该规则不适用的情况 ... 340
  6. 人权案件 ... 340
（三）集体诉讼的问题 ... 341
七、国际不法行为的后果 ... 343

第十三章　国际海洋法 ... 346

一、海洋法的发展 ... 347

二、领海基线 ... 350

三、内水、海湾、港口、河口与历史性水域 ... 353
（一）内水 ... 353
（二）海湾 ... 353
（三）港口 ... 354
（四）河口 ... 356
（五）中国内水中的航行规则 ... 356
（六）历史性水域 ... 356

四、领海和毗连区 ... 360
（一）领海法律地位 ... 360
（二）无害通过权 ... 360
（三）沿岸国权利和义务 ... 363
（四）毗连区 ... 365

五、海峡和群岛制度 ... 366
（一）《海洋法公约》意义上的国际海峡 ... 366
（二）群岛制度 ... 368
（三）中国实践 ... 370

六、专属经济区 ... 371
（一）法律地位和范围 ... 371
（二）沿岸国和其他国家的权利和义务 ... 371
  1.《海洋法公约》 ... 371

  2. 捕鱼活动 ··· 372
  3. 人工设施 ··· 375
  4. 专属经济区内国家的权利与义务 ············· 376
  5. 地理不利国 ··· 377
 （三）专属经济区划界 ··· 378
  1. 有关划界的规则 ···································· 378
  2. 中国实践 ··· 379
七、大陆架 ··· 380
 （一）定义和范围 ··· 380
 （二）大陆架上权利的性质 ································· 382
 （三）各国在大陆架上的权利和义务 ················· 383
 （四）大陆架划界 ··· 383
  1. 基本原则 ··· 383
  2. 习惯法规则的发展 ································· 384
 （五）大陆架的外部界限 ····································· 388
八、岛屿 ··· 389
九、公海 ··· 392
 （一）基本原则 ··· 392
 （二）船舶的国籍和管辖问题 ····························· 392
 （三）船旗国管辖权的例外 ································· 393
十、深海海底 ··· 395
 （一）1994年《协定》 ······································· 395
 （二）中国实践 ··· 398
 （三）赞助国责任问题 ······································· 399
 （四）外大陆架的开采制度 ································· 399
 （五）其他问题 ··· 401
十一、海洋科学研究 ··· 402
 （一）法律框架 ··· 402
 （二）中国实践 ··· 403
十二、海洋污染和海洋环境 ······································· 404
 （一）法律制度 ··· 404
 （二）中国实践 ··· 406
十三、《海洋法公约》下的争端解决 ························· 407

（一）第 15 部分第一节：普遍义务 …………………………… 407
　　　（二）第 15 部分第二节：强制程序 …………………………… 410
　　　（三）强制程序的三种限制和三种例外 ………………………… 411
　　　（四）国际海洋法法庭 …………………………………………… 413

第十四章　外层空间法 ……………………………………………… 416
　一、21 世纪国际空间活动的新发展 ……………………………… 417
　二、中国航天与登月计划 …………………………………………… 419
　三、《外空条约》……………………………………………………… 420
　　　（一）制订过程 …………………………………………………… 420
　　　（二）《外空条约》基本原则 …………………………………… 422
　四、《月球协定》……………………………………………………… 425
　　　（一）《月球协定》的谈判 ……………………………………… 426
　　　（二）《月球协定》的意义 ……………………………………… 428
　　　（三）月球军事化问题 …………………………………………… 428
　　　（四）裁军问题 …………………………………………………… 432
　　　（五）告知与登记 ………………………………………………… 433
　　　（六）月球资源共有化问题 ……………………………………… 435
　　　（七）月球自然资源的自由开发与成果分享 …………………… 444
　　　（八）禁止对空间活动与月球环境采取侵害行为 ……………… 447
　　　（九）用于探月及类似目的的空间物体所导致的责任问题 …… 448
　　　（十）航天器及宇航员的营救 …………………………………… 452
　　　（十一）争端解决 ………………………………………………… 453
　　　（十二）国际组织的权利与义务 ………………………………… 454

第十五章　国际环境法 ……………………………………………… 457
　一、引言 ……………………………………………………………… 458
　二、国家责任与环境问题 …………………………………………… 462
　三、国家的环境行为标准 …………………………………………… 463
　四、环境法的基本原则 ……………………………………………… 464
　　　（一）针对自然资源的主权原则 ………………………………… 464
　　　（二）预防原则 …………………………………………………… 466
　　　（三）谨慎原则/风险预防原则 ………………………………… 466
　　　（四）"污染者付费"原则 ……………………………………… 468
　　　（五）"共同但有区别的责任"原则 …………………………… 469

（六）其他相关问题 ··· 470
　五、主要条约体系 ·· 471
　　（一）大气污染 ·· 472
　　（二）海洋污染 ·· 473
　　（三）有害物质与其他废物 ··· 476
　　（四）物种与生态 ·· 477
　　　1. 物种 ··· 477
　　　2. 生态 ··· 479
　　　3. 生物多样性 ·· 479
　　（五）条约执行问题 ·· 480
　六、结论 ··· 481

第十六章　和平解决争端 ·· 483
　一、普遍性义务 ··· 484
　二、解决争端的外交途径 ·· 485
　　（一）谈判 ··· 485
　　（二）调查 ··· 487
　　（三）斡旋（good offices）和调停（mediation） ················ 488
　　（四）调解（或和解）（conciliation） ······························ 489
　三、仲裁 ··· 490
　　（一）历史演变 ··· 490
　　（二）常设仲裁院规则 ··· 492
　　（三）仲裁主题事项、适用法与裁决的执行 ····················· 493
　　（四）仲裁与司法程序的区别 ······································ 494
　　（五）《联合国海洋法公约》附件七仲裁程序 ··················· 495
　　（六）投资仲裁 ··· 498
　四、司法解决方式：国际法院 ·· 500
　　（一）简要介绍 ··· 500
　　（二）法院的组成 ·· 500
　　（三）初始阶段：1）管辖权 ·· 501
　　（四）初始阶段：2）受理性 ·· 506
　　（五）案件实体阶段 ·· 507
　　（六）咨询程序 ··· 508
　　（七）修改判决 ··· 511

　　　　（八）临时措施（provisional or interim measures） …… 512
　五、国际案例法形成的可能与统一性的问题 …… 513
　六、结论 …… 515

第十七章　诉诸战争权与相关问题 …… 517
　一、诉诸战争权 …… 518
　二、"诉诸战争权"的原则性规定 …… 519
　　　　（一）1945年以来普遍接受的原则 …… 519
　　　　（二）《联合国宪章》第2条第三款与第四款 …… 520
　三、武装冲突的概念 …… 522
　　　　（一）武装冲突 …… 522
　　　　（二）武装冲突何时产生 …… 522
　四、侵略行为与侵略罪 …… 524
　　　　（一）侵略的概念 …… 524
　　　　（二）1998年《罗马规约》 …… 526
　五、自卫权 …… 527
　　　　（一）基本规则 …… 527
　　　　（二）集体自卫 …… 531
　　　　（三）预防性自卫 …… 532
　六、联合国安理会授权使用武力的情况 …… 534
　七、其他使用武力的情形 …… 536
　　　　（一）报复 …… 536
　　　　（二）人道主义干涉 …… 537
　　　　（三）反恐行动 …… 538

第一章 历史演进与基本问题

扩展阅读

A. Nussbaum, *A Concise History of the Law of Nations*, New York: The Macmillan Company, 1950; H. Waldock (ed.), *J. Brierly's The Law of Nations*, 6th edn., Oxford: Clarendon Press, 1963; Ch. De Visscher, *Theory and Reality in Public International Law*, revised edn., trans. by P. Corbett, Princeton: Princeton University Press, 1968; L. Henkin, *How Nations Behave: Law and Foreign Policy*, 2nd edn., New York: Columbia University Press, 1979; R. P. Anand, *International Law and the Developing Countries*, Boston: Martinus Nijhoff Publishers, 1987; R. Higgins, *Problems and Process*, Oxford: Clarendon Press, 1994; T. Franck, *Fairness in International Law and Institutions*, New York: OUP, 1995; 王铁崖:《国际法引论》,北京大学出版社,1998年出版; I. Brownlie, *The Rule of Law in International Affairs*, Boston: Martinus Nijhoff, 1998; 田涛:《国际法输入与晚清中国》,济南出版社,2001年出版; M. Koskenniemi, *The Gentle Civilizer of Nations: the Rise and Fall of International Law, 1870—1960*, Cambridge: CUP, 2002; A. Anghie, *Imperialism, Sovereignty and the Making of International Law*, Cambridge: CUP, 2004; A. Cassese, *International Law*, 2nd edn., Oxford and New York: OUP, 2005; M. Koskenniemi, *From Apology to Utopia*, 2nd edn., Cambridge: CUP, 2005; A. Boyle and C. Chinkin, *The Making of International Law*, Oxford and New York: OUP, 2007; V. Lowe, *International Law*, Oxford and New York: OUP, 2007; I. Brownlie, *Principles of Public International Law*, 7th edn., Oxford and New York: OUP, 2008; B. Fassbender and A. Peters (eds.), *The Oxford Handbook of the History of International Law*, Oxford: OUP, 2012; J. Crawford and M. Koskenniemi (eds.), *The Cambridge Companion to International Law*, Cambridge: CUP, 2012; H. Q. Xue, "Chinese Contemporary Perspectives on International Law: History, Culture and International Law", 355 *RdC* (2011),

41; A. Altman, *Tracing the Earliest Recorded Concepts of International Law: The Ancient Near East (2500-330 BCE)*, Leiden: Martinus Nijhoff, 2012; A. Cançado Trindade, *International Law for Humankind: Towards a New Jus Gentium*, 2nd rev. edn., Leiden and Boston: Martinus Nijhoff, 2013; M. Shaw, *International Law*, 8th edn., Cambridge: CUP, 2017; M. Evans (ed.), *International Law*, Oxford: OUP, 2018; J. Crawford (ed.), *Brownlie's Principles of Public International Law*, 9th edn., Oxford: OUP, 2019.

一、现代国际法的形成

众所周知,现代国际法是欧洲政治经济水平高度发展后的产物。但是,作为主权国家间的法律体系,其最初的存在能追溯到久远的古代[1]。早在公元前2450年左右,美索不达米亚的乌玛(Umma)和拉加什(Lagash 或 Lagaš)两个城邦国家之间就缔结过划分两国疆界、互不侵犯的条约,并进行过仲裁[2]。另外,埃及、印度、中国、希腊古代历史上都曾有过国际关系的雏形,比如希腊城邦国家或中国诸侯国之间存在的一定交往规则[3]。但是,这些早期实践只不过是发生于世界不同地区的、彼此孤立的事件,且当时不存在现代意义上的"国际社会",所以不存在调整各国之间关系的法律。

在古希腊时期,各城邦之间距离相近,文化同源,具有较强的商业和政治联系,并已经开始以条约来调整彼此之间的关系,因此这一时期的外交使节享有较高的社会地位。继古希腊之后,罗马帝国承袭了希腊文明并将其发扬光大,罗马人尤其重视社会的组织和法律的建设,这对于维系庞大的帝国和众多殖民地之间的关系非常关键。在当时,罗马公民之间适用的是公民法(*jus civile*),而罗马公民与外国人之间的争端,以及外国人之间的纠纷则适用万民法(*jus gentium*)[4]。

---

[1] 至于亚非国家在后来历史发展中所享有的地位的变化,参看: C. Alexandrowicz, "The Afro-Asian World and the Law of Nations", 123 *RdC* (1968) 121.

[2] A. Altman, *Tracing the Earliest Recorded Concepts of International Law: The Ancient Near East (2500-330 BCE)* (Leiden: Martinus Nijhoff, 2012), 3-4, and 7-9.

[3] R. P. Anand, *International Law and the Developing Countries* (Dordrecht/Boston: Martinus Nijhoff Publishers, 1987), 2-4.

[4] W. Grewe, *The Epochs of International Law* (translated and revised by M. Byers, Berlin: Walter de Gruyter, 2000), 24.

发展到后来，万民法开始通行适用于整个罗马帝国境内。罗马人吸收了希腊"斯多葛学派"在公元前3世纪创立的自然法理念，提出自然法由一系列规则构成，而这些规则以人类智慧为源泉，其适用效力无所不在。这种普适性观念正是现代国际法，尤其是当代人权法的基本要素。斯多葛学派特别强调人类发现法律的逻辑能力，这为后来欧洲理性哲学的发展埋下了伏笔。其实，罗马法中最靠近现代国际法的部分是由特定祭司所适用的宣战与和平法（*jus fetiale*），这部分法律涉及的是罗马与其他民族之间进入战争状态与恢复和平等内容，之后在罗马帝国的扩张过程中被万民法所取代[5]。

公元7世纪，伊斯兰国家在阿拉伯半岛崛起，出于对抗非伊斯兰国家以及内部团结的需要，它们也开始利用国际法，于是，条约在这一地区得到了遵守，外交人员也开始受到相应的保护[6]。

在中世纪，以欧洲实践为中心的商法和海事法律得到了充分发展。那时候的经济交往多基于当时少数主权者（国王/皇帝）之间，或主权者与非主权统治者（比如：主教、公爵和其他贵族），以及后者之间订立的贸易协定，这些协定（即条约）的存在使商人作为私人得以与外国人或机构进行交易。通过这些协定，各国间逐渐产生了"最惠国待遇"这一做法[7]。可见国际经济交往从一开始就是国际公法规范的对象之一。更具普遍意义的事实，是条约与协定在中世纪已经成为各国主权者或其他统治者之间交往的固定方式[8]。

有关主权的学说在16世纪悄然兴起。在《共和六论》（*Six Livres de la République*）一书中，让·博丹（Jean Bodin）强调国家立法权的重要性，同时他还认为，国家主权不受实在法的约束，但要遵从上帝和自然之法[9]。

真正揭开现代国际法发展序幕的是一名西班牙人——弗朗西斯科·德·维托利亚（Francisco de Vitoria，1480—1546年），此人系萨拉曼卡大学（Salamanca University）一名神学教授，他的著作基本都是死后发表的[10]。在 *De Indis Noviter*

5　F. Hinsley, *Sovereignty* (2nd edn., Cambridge: CUP, 1986), 162-163.

6　A. Nussbaum, *A Concise History of the Law of Nations* (New York: The Macmillan Company, 1950), 27.

7　Ibid., 24.

8　Ibid., 30-31.

9　H. Laski, *The Foundations of Sovereignty and Other Essays* (New Haven: Yale University Press, 1921), 17-18.

10　A. Nussbaum, *A Concise History of the Law of Nations* (1950), 58.

Inventis 的讲座中[11]，他指出：只有在有正当理由的情况下，才可以发动战争；国际法的基础是具有普适性的自然法，因此国际法对于所有民族或国家——包括当时正同西班牙处于战争状态的南美洲印第安部落——均可适用；印第安人同样具有通过理性把握自然法规则的能力；国际法并非神法，它由主权者付诸实施。不过他认为，印第安人禁止西班牙国民在当地传教的做法可以作为发动战争的正当理由；因为根据万民法，西班牙人有在这些地区旅行、逗留、传教和经商的权利。在西班牙和当地社会及文化存在诸多差异的情况下，印第安人必须接受西班牙的习惯，因为在他看来，这些习惯是遵从普遍性国际法规范的结果，而拒绝接受之就会违反国际法，成为西班牙发动战争的正当理由。他进一步指出，既然印第安人已经违反了国际法，那么就无权发动正义战争，而基督教国家则恰恰相反。

另一名神学教授弗朗西斯科·苏亚雷斯（Francisco Suárez，1548—1617 年）同样认为，国际法的强制性是以自然法为基础的[12]。此外还应提到意大利人艾尔贝里科·真替里（Alberico Gentili，1552—1608 年），他从意大利逃亡到英格兰，成为一名新教徒，并于1581 年被聘为牛津大学罗马法教授，之后在 1598 年出版了《战争法》（*De Jure Belli*）一书，这是第一部系统研究战争法的综合性专著。他的基本观念仍与传统的自然法学派有关系，在他看来，国际法的有效性并非仅是合意的结果，还基于它是对从理性衍伸出来的自然法规则的反映[13]。

在现代国际法先贤中，荷兰人休果·格劳秀斯（Hugo Grotius，1583—1645 年）对这个学科的缔造和成型做出了根本性贡献。他的主要著作《战争与和平法》（*De Jure Belli ac Pacis*）在 1623—1624 年间于法国完成，这本巨著很快就成了欧洲大学法学院通用的教科书。格劳秀斯认为，自然法的唯一渊源是人类理性，且自然法的存在与上帝是否存在无关；国际法与自然法不同，它规范的是主权者之间的关系，不是自然人之间的关系，其渊源是国家间的合意[14]。他对自然国际法和实证国际法的阐发，在客观上对中世纪之前和"启蒙运动"之后的国际法理论

---

11 译为"最近发现的印第安人"，收录在一个名为 *Reflectiones Theologicae*（XII）的文集中；此外还有一个讲座章节，名为《西班牙和野蛮部落战争中的法律》（*De Jure Bellis Hispanorum in Barbaros*）。这两个章节由比利时公法学者 Ernest Nys 编辑、英国律师 John Bate 翻译成英文，于 1917 年由设在美国华盛顿的卡内基研究所出版。这两部文稿被公认为现代国际法的奠基之作。

12 A. Nussbaum, *A Concise History of the Law of Nations* (1950), 66.

13 B. Kingsbury and B. Straumann (eds.), *Alberico Gentili: The Wars of the Romans* (Oxford and New York: OUP, 2011), xx-xxi.

14 S. Neff, "A Short History of International Law", in: M Evans (ed.), *International Law* (2nd edn., Oxford and New York: OUP, 2006), 34-35.

的发展,起了承前启后的重要作用,从这个意义上说是现代国际法之父[15]。同时,他主张"公海自由",反对葡萄牙在东印度贸易中把持垄断地位[16]。简言之,后世对他的高度评价是基于他对现代国际法各个领域的全面涉猎[17]。

在格劳秀斯之后国际法理论的发展过程中,出现了两个值得注意的学派,其中一个是以德国人萨缪尔·普芬多夫(Samuel Pufendorf,1632—1694年)为代表的"自然法学"派,这个学派不关心国家实践,而着力于构建以自然法为基础的绝对价值观,认为国际法只不过是自然法的一个分支[18]。另一个则是"实证法学"派,以英国人理查德·祖石(Richard Zouche,1590—1660年)和荷兰人克涅里叶斯·范·宾刻舒克(Cornelius van Bynkershoek,1673—1743年)为主要代表。祖石基本摒弃了自然法的观念,潜心研究国家实践,但也承认国家受"世俗化"后的自然法的约束[19]。宾刻舒克同样强调国家实践的重要意义[20]。现在看来,"实证法学"派跟文艺复兴时期产生的经验主义哲学有着千丝万缕的联系。另一方面,这两派的基本观点既反映出格劳修斯的影响,也是对格劳修斯理论体系的发展。

随着1648年《威斯特伐利亚和约》(含明斯特和奥斯纳布吕克两个条约)的签署,现代意义上的民族国家体系初现端倪[21]。

在《万国法》(*Droit de Gens*)一书中,瑞士法学家艾梅·德·瓦太尔(Emer de Vattel,1714—1767年)将国家主权平等原则引入了国际法,这样的立场来源于他对自然法的认知,在他眼中,各个国家在自然法下是平等的主体[22]。他的上述著

---

[15] L. Oppenheim, "The Science of International Law: Its Task and Method", 2 *AJIL* (1908) 313, 328-329.

[16] H. Grotius, *The Free Seas* (translated by R. Hakluyt in 1609), reprinted by Liberty Fund, 2004; D. O'Connell, *The International Law of the Sea*, vol. i(ed. by I. Shearer, Oxford: Clarendon Press, 1982), 9-10.

[17] J. Stone, *Legal Controls of International Conflict: A Treatise on the Dynamics of Disputes-and War-Law* (New York and London: Garland Publishing Inc. 1973), 10-11. 斯通教授对格劳秀斯在现代国际法发展过程中的历史地位有中肯的评价。

[18] K. Haakonssen, "Samuel Pufendorf(1632—1694)", in: B. Fassbender and A. Peters (eds.), *The Oxford Handbook of the History of International Law* (Oxford: OUP, 2012), 1103.

[19] F. Hinsley, *Sovereignty* (2nd edn., Cambridge: CUP, 1986), 185.

[20] K. Akashi, "Cornelius van Bynkershoek(1673—1743)", in: B. Fassbender and A. Peters(eds.), *The Oxford Handbook of the History of International Law* (Oxford: OUP, 2012), 1111.

[21] W. Grewe, *The Epochs of International Law* (2000), 275; A. Cassese, *International Law* (2nd edn., New York: OUP, 2005), 24-25.

[22] E. Jouannet, "Emer de Vattel(1714—1767)", in: B. Fassbender and A. Peters(eds.), *The Oxford Handbook of the History of International Law* (Oxford: OUP, 2012), 1119.

作实用性很强,但在研究方法上缺乏一定的系统性和专业性[23]。

"拿破仑战争"之后,19世纪的欧洲新秩序辗转形成。当时国际法的适用一直局限在基督教国家之间,从这种意义上来说,它是以欧洲国际关系为中心的体系。随着欧洲工业革命的发展、民主理念的传播和民族主义的兴起,当时的国际社会发生了天翻地覆的变化,一大批或官方或民间的国际机构和国际会议如雨后春笋般迅速涌现。19世纪是实证主义的天下,法律被视为主权者的命令,一切伦理及道德问题均与法律无关。在这种背景下,黑格尔的"国家意志"理论也新鲜出炉,提出个人从属于国家,而国家在对外关系上拥有至高无上的主权[24]。

当时,在国家和国际法的关系方面存在着一元论和二元论两个思想流派[25]。一元论认为国际法和国内法乃是基于同一原则,比如社会连带关系或者"约定必须遵守"(pacta sunt servanda)。二元论则强调"合意"因素,例如,德国的特里佩尔(Triepel)就认为国际法是国家之间的协议,由相关国家的共同意志决定,其中任何一方均无权单方面进行改变[26]。问题在于,如果单个国家的意志必须遵从各国的共同意志的话,那么对于共同意志所创立的规则,各国岂不是都无力控制?由此可见,国际法的实质并不是合意,而是其他因素。

20世纪国际法最重要的发展是联合国组织的创立,此前1919年的《凡尔赛和约》也曾经创立了一个类似的组织——国际联盟,但是效果有限,也未能阻止第二次世界大战的爆发。在1921年,常设国际法院成立,直到1946年为现在的国际法院所承继。随后,"冷战"、非殖民化运动以及建立国际经济新秩序的努力纷至沓来,不同国家集团之间的角逐,不同意识形态之间的较量在联合国这个国际大舞台上不断上演[27]。20世纪90年代起,随着苏联集团的瓦解,"全球化"奔腾不息的大潮接踵而来[28]。进入21世纪之后,则出现了应对气候变化[29]、新冠疫情这

---

23 A. Nussbaum, *A Concise History of the Law of Nations* (1950), 159.

24 J. Verzijl, *International Law in Historical Perspective*, vol. i (Leyden: Sijthoff, 1968), 261.

25 参看本书第四章。

26 H. Triepel, "Les rapports entre le droit interne et le droit international", 1 *RdC* (1923) 73.

27 "七十七国集团"的实践代表着第三世界对世界经济秩序变革的整体策略的发展和演变: K. Sauvant, *The Group of 77: Evolution, Structure, Organization* (New York: Oceana Publications, 1981), 2, 3-10.

28 针对全球化的复杂影响,参看 C. Tomuschat, "International Law: Ensuring the Survival of Mankind on the Eve of a New Century", 281 *RdC* (1999), 40-43.

29 X. H. Wu, "Chronology of Practice: Chinese Practice in Public International Law in 2016", 16 *Chinese JIL* (2017) 547, at 549; "China-US Joint Presidential Statement on Climate Change". 还可参看: L. Rajamani, "Innovation and Experimentation in the International Climate Change Regime", 404 *RdC* (2020) 9-234.

样艰巨的挑战[30],每一个挑战都是对现有国际治理体系的质疑。最终,人类及其生活方式的存续取决于及时、科学、可行的应对策略和实际行动。

在当今动荡变化的国际局势中,世界各国对于国际法律制度,以及作为其基础的国际法规则的有效性,都给予了普遍承认,这就为"世界法治秩序"的建立奠定了基础。作为实用的法律体系和研究学科,国际法在这样动态的背景下得以蓬勃发展[31]。但同时也应该看到,对于现行法律秩序的威胁,以及当前国际和平和安全局势里的不稳定因素都在与日俱增,而违反法律使用武力的情况也不罕见,如美国在2003年发动的"伊拉克战争",以色列为了在黎巴嫩-以色列边境地区清除"真主党"游击队而入侵黎巴嫩[32],非洲大湖区持续的武装冲突[33],等等。在这样的环境里,有些国家处理新问题的手段倾向于重拾殖民时代的方法——包括"人道主义干涉"和征服等手段[34];不过,这些手段一直面临着对其合法性的质疑[35]。

二、国际社会

国际社会是国际法发挥作用的客观环境。现代国际法出现伊始,就已经把相对独立的政治实体的存在作为自己存在的前提,但同时也对这样的实体提出要求:在彼此关系中遵循法律规则。如果这个体系的成员对规则漠视,混乱和破坏是必然的结果,且其范围很可能及于世界的每一个角落。这里讲的实体不一定限于民族国家,当今国际社会就是多重实体构成的体系。准确地说,"国际社会"

---

30 ILA, Resolution No. 2/2020, "Global Health Law". 还可参看:联大决议 A/RES/74/270, 2 April 2020(坚持践行国际合作与多边主义,强力支持联合国在全球应对新冠疫情行动中的中心作用);联大决议 A/RES/74/307, 11 September 2020(加强合作和多边努力,包括新冠疫情情报分享、病理与临床数据交流、共享研发材料、执行《国际健康条例》(2005)等方面)。

31 当然,新国家与旧有体制的矛盾是不可避免的;和平共存是"二战"结束时国际体制的特点,而新独立国家需要的是于现有国家间的和平合作:R. P. Anand, *International Law and the Developing Countries*(1987), 44-45.

32 UNSC S/RES/1701(2006), 11 August 2006.

33 ICJ, *Armed Activities on the Territory of the Congo (Democratic Republic of the Congo v. Uganda)*, Judgment, ICJ Rep. (2005) 168, paras. 26-41. 还可参看:*Report of the Secretary-General*, "Implementation of the Peace, Security and Cooperation Framework for the Democratic Republic of the Congo and the Region", UN Doc. S/2021/836, 30 September 2021, section B.

34 A. Anghie, *Imperialism, Sovereignty and the Making of International Law*(Cambridge: CUP, 2004), 309.

35 Committee of Privy Counsellors (headed by Sir J. Chilcot), *The Report of the Iraq Inquiry, Executive Summary*, London: HMS Stationery Office, 2016, 62-63, at: www.gov.uk/government/publications(浏览于2020年11月4日)。

(international society)的表述比"国际共同体"(international community)的表述要贴切得多[36]，原因在于，英文中"社会"一词强调的是独立成员之间存在的联系、组织并不能掩盖彼此独立这一特性，所形成的社会只是由于彼此间没有达到融合，因此社会是调整彼此间不同利益的机制。而英文中"共同体"一词则强调独立成员之间有机、紧密的联合这一事实，尽管成员具有独立性，但联合形成的实体有共同的传统、语言、宗教，甚至属于同一种族类型[37]。当然，学界对此有不同看法[38]。

实践表明：除国家之外，构成国际社会的还有其他实体。历史上国际法的变革、发展和传承并不仅仅依靠国家，国家并不是这个法律体系里的唯一主体[39]。不过，只有国际法（包括《联合国宪章》）这一法律体系能够胜任维系这个国际社会的任务，而这一点是联合国成员国的共识[40]。

以主权平等为基石的联合国组织对于今天国际社会的稳定存在来说至关重要，它的会员国目前已经达到193个[41]。自1945年以来，联合国一直在争取世界各国的加入，并在这方面取得了实质性进展。在它逾半个世纪的历史中，只有印尼曾短暂退出[42]。除此之外，再也没有发生其他会员国退出的情况。2002年9月10日，连宣布过永久中立的瑞士也加入了联合国组织[43]。联合国在国际体系中的重要性不仅仅体现在其《宪章》是国际社会的宪法性文件这一事实上[44]，也是其成立

36　中文表述中一般不做这样的区分：王铁崖等译，王铁崖校：《奥本海国际法》（第9版），第一卷，第一分册，中国大百科全书出版社1995年版，第48-49页。

37　PCIJ, *The Greco-Bulgarian "Communities"*, Ser. B, No. 17, Advisory Opinion of 31 July 1930, 21. 参见：G. Schwarzenberger, "The Rule of Law and the Disintegration of the International Society", 33 *AJIL* (1939) 56, 60-61.

38　H. Mosler, "The International Society as a Legal Community", 140 *RdC* (1974) 11; C. Tomuschat, "Obligations Arising for States without or against Their Will", 241 *RdC* (1993) 195.

39　参看本书第七、八章。

40　参见联大第60/1号决议，"2005世界峰会结论"，2005年10月24日通过，第Ⅰ部分，第二个原则。

41　2006年6月3日黑山国民议会通过了独立宣言，据此，《黑山和塞尔维亚国家联盟宪章》第60条开始生效，根据该条，联盟在联合国及其所有机构和组织的会员关系由塞尔维亚共和国予以继承。2006年6月28日联合国大会通过了第60/264号决议，纳入黑山共和国为联合国新成员。2011年1月，南苏丹通过公民投票宣布独立，7月14日，被联大接纳为联合国大会新成员。

42　1965年1月20日，印度尼西亚致函联合国，宣布"在现阶段和当前的情况下"退出联合国；至1966年9月19日再度致电，决定"全面恢复与联合国的合作，并重新参与其各项活动"。同年9月28日，联大审议了这一决定，并由大会主席邀请印度尼西亚代表重返大会。

43　瑞士于1812年宣布永久中立；在1815年维也纳会议上，欧洲国家承认了这一中立地位。

44　A. Verdross and B. Simma, *Universelles Völkerrecht: Theorie und Praxis* (Berlin: Duncker & Humblot, 3rd edn., 1984), vii-viii, 72, and 221.

76年以来自身实践所充分证明了的事实[45]。联合国体制的改革不可避免地要考虑到其《宪章》所建立的权力结构、根本目的和宗旨、体制的发展方向这些实在的问题[46]。

在当代国际关系中,其他实体(特别是政府间国际组织)的作用不可小视。国际红十字委员会在国际人道法的发展和完善过程中一直起到重大作用[47]。1998年罗马外交大会通过了《国际刑事法院规约》,会议期间就有超过800多个非政府组织参与,这些组织对于该条约许多条款的通过(比如:针对妇女的犯罪行为的规定;对女性法官适当比例的要求等)都产生了非常重要的影响,并为参会的小国提供法律咨询服务[48]。在国际经济大潮中,跨国公司的影响不可忽视;它们的实践直接对国际法中的外交保护、国有化、环境、国际责任几方面的规则的发展造成影响。有关这一主体的问题,本书在第五和第八章中都将再作论述。

三、中国与国际法

对这个话题,很多中国学者已经作过详细深入的探讨[49]。在此,本书仅就几个具有里程碑意义的事件略作概述,以此来大体展现中国引进和采纳国际法,并进而积极推动其发展的历史过程。

中国在封建社会早期就存在过错综复杂的诸侯国关系,但是接受现代意义上的国际法则是晚近的事情。据已故的前南法庭法官王铁崖先生考证,直到19世纪中叶,现代国际法才被系统地介绍到中国,尽管早在清朝康熙年间中国就开始接触国际法[50]。在1662年至1690年期间,荷兰曾寻求与清帝谈判,当时,为了使清政府给予其特使外交豁免权,荷兰代表援引了万国法,而清朝官员对此一无所

---

[45] ICJ, *Reservations to the Convention on the Prevention and Punishment of the Crime of Genocide*, Advisory Opinion of 1951, ICJ Rep. (1951) 15, at 51(Separate Opinion of J. Alvarez)(其中特别提到,国际社会中存在着具有普遍性的条约,是国际社会的"宪法",造就的是新型"宪法体系")。

[46] M. Reisman,"The Constitutional Crisis in the United Nations",87 *AJIL* (1993) 83.

[47] M. Sassòli and A. Bouvier, *How Does Law Protect in War?* (Geneva: ICRC, 2nd edn., 2006), Chapter 15.

[48] A. Boyle and C. Chinkin, *The Making of International Law* (Oxford and New York: OUP, 2007), 72-74.

[49] T. Y. Wang,"International Law in China: Historical and Contemporary Perspectives",221 *RdC* (1990),195-369, H. Q. Xue,"Chinese Contemporary Perspectives on International Law: History, Culture and International Law",355 *RdC* (2011),41-234.

[50] T. Y. Wang,"International Law in China: Historical and Contemporary Perspectives",221 *RdC* (1990),195,226.

知,对于荷兰人提出的所谓国家主权平等的说法也是闻所未闻[51]。1689年,俄国政府与清朝政府之间缔结了《尼布楚条约》,这是中国政府与外国政府间缔结的第一个现代意义上的条约,它的订立过程完全符合国家主权平等的现代国际法理念,同时也完全遵循了当时条约法中的缔约程序[52]。条约以拉丁文为官方正式文本,当时中方代表团由徐日升和张诚两位教父担任翻译和顾问工作。然而,在1689年到1839年的整整一个半个世纪中,不论是清朝官方文献还是非官方文献,都再未提到过国际法。

国际法方面的著作被系统地翻译、介绍到中国是19世纪60年代的事情,当时,曾经为英国驻华大使担任翻译的传教士丁韪良(William Martin),把美国人亨利·惠顿(Henry Wheaton)的《国际法原理》一书翻译成了中文,他随后到同文馆(外语学堂)讲授国际公法,在1879年,有9名中国学生修习了这门课程[53]。

关于历史上的不平等条约,前人著述颇多,此处不再赘言[54]。

现代有三个历史事件值得关注,它们对国际法在我国的发展有着非同小可的意义。

其一是1971年中华人民共和国政府回到联合国体系之中。1971年10月25日,联合国大会第1967次会议通过了一份历史性决议,承认中华人民共和国政府作为代表中国的唯一合法政府,及其在联合国体系内的正当地位,这份著名的决议如下[55]:

> "联大第2758(XXVI)号决议:恢复中华人民共和国在联合国的合法权利
>
> 兹鉴于中华人民共和国合法权利之恢复,对于保护宪章及促进宪章范围内联合国各项事业均属必要,大会特依《联合国宪章》诸原则,决议如下:
>
> 1. 承认中华人民共和国政府之代表为中国驻联合国之唯一合法代表,中华人民共和国为安全理事会五个常任理事国之一;
>
> 2. 决定恢复中华人民共和国之一切权利,并承认其政府之代表为中国驻联合国唯一合法代表,同时立即驱逐蒋介石政府之代表,剥夺其在联合国及一切相关组织内非法窃居之席位。"

---

51 T. Y. Wang, "International Law in China: Historical and Contemporary Perspectives", 221 *RdC* (1990), 195, 226.

52 Ibid., 227.

53 王铁崖:《国际法引论》,北京大学出版社1998年版,第378-381页。

54 同上书,第383-400页。

55 全文可在联合国官方网站上找到。

这个决议开启了中国与联合国体系以及其成员国全面交往和合作的新时代，自此，中国在推动联合国以及相关组织各项工作、促进国际社会共同进步方面发挥着越来越重要的作用。

在以联合国为代表的国际治理体系中，作为一个大国，中国在国际法规则的参与、制定方面的影响有待加强，这一点从在联合国组织里的代表程度就可见一斑[56]。如何积极参与国际法的创制和修改，保持对最新实践的深入了解，合理应对实践中不断出现的新问题，提出为各国都可以接受、支持的道理和观念，在国际社会中发挥应有的作用和影响，是我国国际法实务界与学界亟待解决的问题。不过，这种状况已经有所改观。2009年12月，中国政府代表团于1949年后第一次出现在联合国国际法院，在"科索沃咨询案"中就政治实体从母国分离这一问题做出口头陈述，表达了中国政府对此重要问题的法律意见[57]。2013年，中国政府参加了国际海洋法法庭的程序，提出自己对相关法律问题的意见[58]。近年来，中国在重要国际组织的领导层也逐渐扩大影响[59]。可以预期的是，随着中国在世界上影响的持续扩展、巩固，在国际法立法、解释、适用过程中将获得越来越多的话语权。

在恢复联合国组织中合法地位之后不久，中国政府于1979年开始实行改革开放的政策，这一国内政策标志着中国开始跨入对外全面合作的新时期[60]。

国际法学科在中国的发展也随之进入了一个崭新的阶段，1980年，王铁崖与宦乡两位先生引领创建了中国国际法学会，1982年，王铁崖和陈体强两位教授联手创办了《中国国际法年刊》[61]。在改革开放的过程中，中国在2001年加入世界贸易组织（World Trade Organization），融入世界贸易体系，经过20年的合作与发展，成为国际经济关系中主要国家之一[62]。中国对世界经济与贸易的贡献飞速提升，官方数据表明："2016年，按照汇率法计算，中国国内生产总值占世界的比重

---

[56] 中国人力资源与社会保障部国际司，"为什么在国际组织中的中国人不多？"，2020年7月2日发布（http://io.mohrss.gov.cn/a/2020/07/02/0378200.html）。其中提到，尽管中国在缴纳会费的排名中列第二位（12.01%），"截至2018年年底，联合国秘书处专业及以上职类，中国籍职员的数量适当范围是169～229人，实际职员只有89人，离低限差80人"。

[57] 参看：www.icj-cij.org.

[58] 参看：https://www.itlos.org/en/main/cases/list-of-cases/case-no-21/，中国政府书面发言，2013年11月26日。

[59] 参看上注56：在联合国17个专门机构中，中国代表是其中四个的总干事。

[60] 王宗来，胡斌：《中国改革开放与国际法》，载《中国国际法年刊》(2008)，第209-218页。

[61] 参看《中国国际法年刊》(1982)中宦乡先生的发刊词；饶戈平：《王铁崖先生和北大国际法研究所》，载《中国国际法年刊》(2012)，第8-16页。

[62] 中国国务院新闻办公室：《中国与世界贸易组织》（白皮书），2018年6月28日发表：http://www.scio.gov.cn/ztk/dtzt/37868/38521/38523/Document/1632360/1632360.htm（浏览于2021年7月20日）。

达到14.8%,较2001年提高10.7个百分点。自2002年以来,中国对世界经济增长的平均贡献率接近30%,是拉动世界经济复苏和增长的重要引擎"。同时,通过世贸组织的机制,中国对国际贸易、投资法律的贡献也十分可观[63]。

今天,中国已经成为一个世界大国,在联合国安理会拥有重要的否决权,并在国际事务中发挥着非同一般的作用[64],比如中国现在是联合国维和行动的中坚力量[65]。中国一向严格遵守国际法原则和规则,并从中受益良多,实践也证明,作为国际舞台上一个负责任的大国,恪守国际法对于维护我国利益来说至关重要[66]。在尊重以《联合国宪章》为核心的现行法律秩序的基础上,中国政府宣布施行的政策方针——比如2013年由中国国家主席习近平宣布的"一带一路"重大倡议[67]——能够在国际实践中获得更为理想的效果[68],从而更好地维护国家利益,推进世界和平。

四、国际法的性质和特征

(一)国际法的性质

国际法是理解、规范国际关系的基础,它包含适用于外交、经贸、商业、安全、

---

63 王倩慧:《中国对世界贸易组织裁决的执行》,载《中国国际法年刊》(2019),第163-190页。

64 Z. L. Wang and B. Hu, "China's Reform and Opening-Up and International Law", 9 *Chinese JIL* (2010), 193, 194; B. B. Jia, "A Synthesis of the Notion of Sovereignty and the Ideal of the Rule of Law: Reflections on the Contemporary Chinese Approach to International Law", 53 *GYIL* (2010) 11, 13.

65 在2020—2021双年度维和预算中,中国资助的比例在联合国会员国排名中占第二位(15.21%):https://peacekeeping.un.org/en/how-we-are-funded(浏览于2021年7月13日)。

66 中国实践的快速增加和发展,可以从近年来《中国国际法年刊》实践部分中体现出来。比如《中国国际法年刊》(2018)在第721-928页上、《中国国际法年刊》(2019)在第473-600页上转载了中国代表在政府间国际会议上发言以及中国政府立场文件,体现出中国对世界事务的全面参与,并在其中做出积极的贡献。又见:H. Q. Xue, "Chinese Contemporary Perspectives on International Law", 355 *RdC* (2011) 41, at 200.

67 国家发展改革委、外交部、商务部(经国务院授权发布),"推动共建丝绸之路经济带和21世纪海上丝绸之路的愿景与行动",2015年3月,特别值得注意的是"共建原则",参见: https://www.yidaiyilu.gov.cn/wcm.files/upload/CMSydylgw/201702/201702070519013.pdf(浏览于2021年6月15日)。参看 WH Shan, S Zhang and JY Su(eds.), *China and International Dispute Resolution in the Context of the "Belt and Road Initiative"* (Cambridge: CUP, 2020),特别是该书第一章(J. Crawford, "China and the Development of an International Dispute Resolution Mechanism for the Belt and Road Construction"),从国际法律师的角度对"一带一路"计划中的争端解决机制问题作了全面的讨论。

68 中国外长与俄罗斯外长签署、发布"关于当前全球治理若干问题的联合声明",2021年3月23日:http://www.gov.cn/xinwen/2021-03/23/content_5595229.htm(浏览于2021年7月8日),其中提到"国际法是人类社会发展的基石。各国无一例外均应坚定维护以联合国为核心的国际体系、以国际法为基础的国际秩序",同时"重申《联合国宪章》具有关键意义"。

个人、种族及其他各类国际法律关系的日常法则。正如詹宁斯和瓦茨在《奥本海国际法》一书中所言,国际法是对国际社会中国家及其他国际法主体有法律拘束力的规则的总体[69]。这个定义得到了普遍认可[70]。它既是和平共处的法律,也是合作互利的法律[71]。

国际法一般是指国际公法,与此相对应的学科是国际私法,又名冲突法。国际公法兴起于国家之间的相互交往,而国际私法则缘始于各国法律体系之间的互动。国际私法关注的基本是那些具有涉外因素的私人案件。它的研究对象具有三重性:在什么条件下法庭对于特定的案件具有管辖权;为每类案件指定某一国内法作为准据法,并据此确定当事方的权利、义务;规定在何种条件下:(1)承认外国判决就某一争议所具有的效力;(2)根据外国判决所取得的既得权利在本国是否可以强制执行[72]。国际私法规则是国内法的一部分,但国内法庭所处理的问题难免会涉及一些与外国法律密切相关的行为、事件,此时就有必要考虑外国法律,于是国际私法开始发挥作用[73]。国际私法有时也会涉及国际公法的某些部分——比如条约法,这是世界各国在冲突法规则方面相互协调、相互融合的必要途径(典型的例子是 1980 年《联合国国际货物销售合同公约》[74])。另外,国际私法在适用过程中还可能触及国际公法意义上国家的权利和义务,例如在牵涉到外国人财产或者国家管辖权范围的情形下,国际公法下的国家豁免规则就可能被国内法庭适用于涉外案件之中。

至于在世贸组织出现后蓬勃发展的国际经济法,从开始就被视为国际公法的分支[75]。I. 赛德-霍恩维尔登教授在 1999 年指出,"从最广义上来说,国际经济法指的是那些直接涉及国际法主体间经济交往的国际公法规则"[76]。截至 1999 年,

---

69　R. Jennings and A. Watts, *Oppenheim's International Law*, vol. 1(9th edn., London and New York: Longman, 1992), 4.

70　王铁崖主编:《国际法》,法律出版社 1995 年版,第 1 页。

71　G. Abi-Saab, "Whither the International Community?" 9 *EJIL*(1998), 248-265.

72　*Cheshire and North's Private International Law* (12th ed., London: Butterworths, 1992), 3.

73　Ibid., 5.

74　全文参看:http://www.uncitral.org/uncitral/en/uncitral_texts/sale_goods/1980CISG.html(联合国贸易法委员会官方网址)。

75　G. Schwarzenberger, "The Province and Standards of International Economic Law", 2 *International Law Quarterly*(1948), 408-409. 又见:G. Schwarzenberger, "The Principles and Standards of International Economic Law", 177 *RdC*(1966, Ⅰ), 5-98.

76　I. Seidl-Hohenveldern, *International Economic Law*(Dordrecht: Kluwer Law International, 1999), 1. 还可参见:同一作者, "International Economic Law-General Course on Public International Law", 198 *RdC*(1986, Ⅲ), 9-264.

他在这个领域里的实践和研究已有50年的经历。J. 杰克逊等重要学者也都承认,国际经济法只是更特别的国际公法而已,特别之处在于它处理的是国际经济问题[77]。

(二) 国际法的特征

国际法与国内法不同。第一,国际法中的"人"主要是指主权国家以及由国家组成的政府间国际组织。第二,国际法中不存在立法机构之说,它的"制定"主要是以条约和习惯法这两种形式完成的,在当今这个时代出现了特别的部门法自成体系的现象[78]。第三,尽管目前存在着众多国际司法机构[79],但实际上国际法领域中并没有一套具有强制性权力的、完整的司法系统,各个国际法庭之间也不像国内法院那样上下等级分明,从而造成彼此之间就同一法律问题结论不一的事实[80];另外,由于国际法在司法层面上的运用大多发生在国内法院,而后者的实践各有传统、特性,从而加剧了国际司法判例的不统一。第四,早期国际法下没有一个中央行政机构来对违法者予以制裁,而只是允许针对违犯国际法的行为实施特定的"自助"行为,并对此类行为进行调整和规制,作为传统意义上的争端解决手段,单边"制裁"措施在双边关系中还是有效的;当然,随着"二战"后联合国和其他政府间国际组织的兴起,通过联合国以及地区性国际组织采取的集体执法行动已经成为事实。

上述差异的存在,使得学者们对国际法是否是法律提出了质疑。

(三) 国际法究竟是不是法律

很明显,提此问者是将国际法与国内法进行着对比。大凡学习国际法者此前必都学习了国内法的知识,并由此对于"法律体系"的概念有了一定认识。而以国内法体系的存在标准来评判国际法,正是人们对国际法的法律性质产生怀疑的原因之所在。不过,需要事先说明的是,这个问题在国际实践中没有实际意义,因为

---

[77] J. Jackson, W. Davey, and A. Sykes, Jr., *Legal Problems of International Economic Relations* (3rd edn., Minn.: West Group, 1995), 244.

[78] 联合国国际法委员会, "Fragmentation of International Law: Difficulties Arising from the Diversification and Expansion of International Law", UN Doc. A/CN. 4/L. 702, 18 July 2006, 6.

[79] 如联合国国际法院、南斯拉夫国际刑事法庭、解决投资争议国际中心、国际海洋法法庭、伊朗-美国求偿法庭,以及其他诸多的仲裁法庭,等等。

[80] P. M. Dupuy, "L'unité de l'ordre juridique internationale. Cours général de droit international public", 297 *RdC* (2002), 9-489.

国际法当然是法律；这一问题的存在只是在国际法发展过程中的一个插曲，没有对国际实践的走向造成任何重大影响。

从某种意义上来说，对这一问题的争论是由19世纪英国学者J.奥斯汀（John Austin）挑起的。在他看来，

> "每一个实证法都是由一个主权者规定给处于从属地位的个人的。而我已经说过，在国家之间适用的法律不是准确意义上的'法律'，因为它是由【——各个国家所持的】普遍看法确定的。它所确立的义务由于道德的强制力才得以执行：即产生于对如果国家违反普遍接受和尊重的基本原则，会引起大范围武力冲突、很可能导致灾难性的后果这一未来的惧怕。"[81]

奥斯汀将"法律"定义为以制裁和惩罚为后盾的、主权者的命令，据此公式，国际法只能算是一种实证性道德[82]。他对法律的定义因为过于夸大法律的强制性而招致了广泛的批评，其难以解释的一个问题是：相对于自己所发布的命令而言，主权者是居乎其上还是受制于斯呢？如果是前者，"国际法治"的概念就没有存在的意义了。继而言之，国内法也并不都是以制裁为后盾的，例如赋予个人以裁判权或立法权的授权性法律就是如此，不接受此类任命也不会导致拒绝者受到法律的制裁。另外，国际法和国内法存在的环境有所不同。在可比性不足的情况下将两者强加对比显然是不合适的。可以说，奥斯汀的模式对于法律概念的解释缺乏说服力；但类似的怀疑态度无独有偶[83]。

要回答国际法是不是法律这一问题，关键还是看如何定义"法律"这一词组的含义，而这后者是法理学所要解决的首要问题。在这里无需从法理层面上作长篇累牍的赘述[84]，而只需对众所周知的两个事实加以强调，即：1）各国在遵守国际法时主观上具有将其作为法律的意思表示，说明国际法是作为法律来约束各国行为的；2）尽管存在着违犯国际法的事实，但总体而言，国际法在国际生活中的实施是非常顺利的，维护了国际社会的和谐和秩序。想用一个普遍适用的法律定义来套国际法，会像对原始社会的习惯法进行定义一样，在法理学中也是难以做到滴水不漏的。没有一个法理学者能够以一己之说赋予国际法规则以效力，因为这个

---

81 J. Austin, *The Province of Jurisprudence Determined* (ed. by W. Rumble)，中国政法大学出版社2003年翻印，第五讲，第171页。

82 同上书，第112页。

83 其他法理学者的著述如：H. L. A. Hart, *The Concept of Law* (2nd edn., Oxford: OUP, 1994), 214.

84 G. Williams, "International Law and the Controversy concerning the Word 'Law'", 22 *BYIL* (1945), 146, 162-163.

效力最终来源于国家的合意。

五、国际法效力的基础

在政治和经济利益迥异的情况下，为什么主权国家会遵守国际法呢？这个问题的存在一方面反映出人们对于国际法性质的理解有一个演化的过程；另一方面也说明人们承认国际法与国内法之间有着根本性不同。从下文的论述中不难发现，对国际法权威之所在的考量在相当程度上是独立于法理学探索"法"的内涵这个一般性问题的。

纵观历史，对于国际法效力基础的解释，最初是诉诸上帝意志和自然法，进而发展到实证主义和"国家意志"理论[85]，随后又继之以国际社会成员"相互依存的必需"来说解[86]。

本书的观点是：国际法效力的基础与人类社会存在所依赖的那些基本原则和规则大体相同；如果没有一套法律制度作为支撑，则任何一个社会或者民族都很难存续下去，因为这样的法律制度为社会生活的稳定性和可预期性提供了保障。可以说，法律对于人类社会的存在是必需的制度，而国际社会作为社会形态之一也不例外。

一般来说，国际法的效力源自于"合意"，且各国不会接受其所反对的规则。这个命题会造成逻辑上的困境，即如果说国际法是各国选择接受的规则的话，那么它就难以对各国的行为产生客观的约束力，那么违反国际法的现象就不可避免。当然，这一现象的存在不是国际法体系的错误，而是其规则产生的特殊途径所致。但如果说国际法的效力基础不是国家之间的"合意"，那么它应该对各国的行为具有客观的约束力，那么国家一律受超越其意志的法律的约束，可是国际法在实践中确实会受到冷遇和违反，即使有制裁、国际责任的机制存在，国际法强制力也是有限的[87]。

其实，这两种说法都未免言过其实。

---

[85] 这些说法是对法理学中相关学说的折射：R. Pound, "Fifty Years of Jurisprudence", 51 *Harvard Law Review*(1937—1938), 444, at 457.

[86] L. Duguit, *Le droit social, le droit individuel, et la transformation de l'état: conferences faites a l'école des hautes études sociales* (2e ed., Paris: Felix Alcan, Editeur, 1911), lecture Ⅱ.

[87] K. Zemanek, "Does the Prospect of Incurring Responsibility Improve the Observance of International Law?" in: M. Ragazzi(ed.), *International Responsibility Today: Essays in Memory of Oscar Schachter* (Leiden: Martinus Nijhoff, 2005), 132.

前一种说法沿袭了19世纪的传统理论,将国际法的效力类比为合同得到了当事方同意后所产生的法律效力,这种效力及于合同各方,于是由此产生了"国家遵守国际法从而自我限制国家意志"的说法。据此,各国之所以感觉有遵守国际法规则的强制性义务,只是因为它们首先同意去接受这种义务。然而,这一理论存在着缺陷,很难经得住实践的考验,例如:20世纪以来,没有哪个新独立的国家能宣称自己不受既存国际法的约束;又如:实践中一国宣布撤销其对于某个国际法规则的同意并不影响该规则的持续有效性,包括对该国而言也仍然有效。进而言之,像"条约必须遵守"这样的规则,它们的存在并不取决于国家之间合意。由此可以断言,国际法规则效力的基础不在于合意,而在于其以外的某种因素。

后一种说法的不妥之处在于,事实上,国际法规则的合意性质在《国际法院规约》第38条所列的国际法渊源中的确有所体现,三个主要渊源(条约、习惯法、普遍性法律原则)实际上都在某种程度上体现出合意的特征,但在每一个渊源中合意所起到的作用不尽相同。可以确定的是,各国只有首先认为一项规则反映了某种国际法义务(可表现为条约条款或者习惯法规则)才可能同意受其约束。在它们看来,国际法规则的内容往往会显示出一定的强制性;那些看来毫无强制性可言的规则,它们是不大可能接受为义务的。

本书认为,这些说法之所以有漏洞的原因,在于它们将法律渊源与法律效力的渊源这两个问题混淆在一起。法律效力的渊源是先于法律渊源的问题,是个法理学的范畴,而后者是客观存在的法律体系的固有部分之一。换句话说,"合意"只针对前者而言;后者具有的法律效力,来源于其自身所处法律体系对此效力的承认,比如民法是法律渊源之一,从中找到的规则当然是有拘束力的。如果每一个国际法规则都需要合意的存在才能生效,那么上述的第一个说法就有道理,且会排除第二个说法的存在。如果国际法规则的产生只从上述《国际法院规约》第38条下的三个主要渊源来看,那么第二个说法就是讲得通的,只是这个说法诠释不了第一个说法,后者依然存在而无法解答。

本书提出的答案是,上述两种说法展示的是一个上旋发展的推理过程,但任何推理最终要归结于一个结论。这个结论是:法律的效力源于非法律的因素或法律体系存在的前提条件之中,而这些因素或前提条件是约定俗成的观念、原则、定律。国际法界早已接受这个结论[88],前国际法院法官沃道克(也曾是牛津大学国际法教授)对这个结论的原理有如下精炼的阐述:

88　K. Strupp, "Les Règles Générales du Droit de la Paix", 47 *RdC* (1934) 263, 298-299.

"所有的法律之所以具有拘束力，其原因均可解释为，不管是作为一个单独的个体，还是作为一国社会群体的一员，任何人只要具备一定的理性，都不得不相信：对于他所存活的这个世界而言，起支配作用的原则是秩序，而不是混乱。"[89]

　　其实在罗马法下，就已有"*ubi societas, ibi jus*"这样的法律格言。无独有偶，弗里德曼曾认为："【国际法体系】的约束力只会存在于以下事实中：1)国际社会对此约束力的普遍承认，2)过去两个世纪民族国家国内法下绝对、无条件的主权理论并不必然适用于当今的国际社会。"[90]这一说法是对沃道克观点的呼应，进一步说明了该观点的合理性。

　　以上对法律(包括国际法)何以具有法律拘束力的论述，若放在国际法的语境中，就是以下的理论：组成国际社会的各国之间存在着合意，即他们一致公认国际法体系(包括国际法渊源这一部分内容)是有拘束力的法律体系。这种"合意"是针对某个特定时期整个国际法体系笼统而言的，而并非细化具体到每一个规则，否则难免会出现各国在接受规则时挑挑拣拣的情况，所以，作为国际社会的成员，各国只需对国际法规则整体上表示接受，就完整地回应了国际法效力的问题，任何国家均无权单方面对既存国际法规则加以变更。现实也说明这个说法的有效性，只有对国际社会的法律体系整体上表示认同(比如批准《联合国宪章》)，才可成为国际社会的一员，然后各成员国可通过现有体系下的程序来影响法律体系的发展和内容上的修改。实际上，很多新独立国家正是以这种方式来推动国际法的发展[91]。例如，在国际经济新秩序这一概念和国家间友好关系原则的创立和发展方面，新兴的第三世界国家就表现得较有影响[92]。把法律视为主权者向其子民发出的强制性命令的说法已经不足为信；其他对国际法拘束力的说法虽然或多或少有些道理，但是很可能是对旧理论的翻版[93]，不如本书的说法更合乎国际社会的现实情况。

　　"国际法拘束力的基础"这一问题具有浓厚的"形而上"特性。可以说，效力的基础是各种法律体系所共同面对的问题，纯粹从国际法本身的特殊性对此加以阐

89　H. Waldock, *Brierly's The Law of Nations*(6th edn., Oxford: OUP, 1963), 56.
90　W. Friedmann, *Legal Theory*(5th edn., London: Stevens & Sons, 1967), 579.
91　H. Thirlway, *International Customary Law and Codification*(Leiden: A. Sijthoff, 1972), 5-6.
92　R. P. Anand, *International Law and the Developing Countries* (Dordrecht/Boston: Martinus Nijhoff Publishers, 1987), 110-124.
93　比如：国家遵守国际法是出于自我利益。参看 D. Bederman, *The Spirit of International Law* (Athens, Georgia: University of Georgia Press, 2002), 20-21.

发意义不大,也会是片面的努力,最终的答案要在法哲学里寻觅。实践中,各国政府均承认国际法的法律性质和效力,并且认为自己的行为受到国际法约束,也与后者相符[94]。

最后要提醒的是,上面探讨的说法虽然符合事实,但可能不是无懈可击的。再有,国际法规则或原则必然源于某一个形式渊源,而每一个形式渊源确实都有合意因素的影子。

六、国际法的功能

一方面,国际法是一个任意性的规则体系,各国选择加入和退出都在它的允许范围之内。在争端发生时,当事国运用国际法规则把争端抽象为一个法律问题,运用相关法律规则阐发自己的立场和相应的解决方法,同时博得其他国家的支持,这样能够使冲突各方的现实力量的对比发生变化,这一点对小国来说格外重要;而对大国来说,重要性在于影响相关规则的制定和解释。

国际法实践中常会遇到以下两种问题。其一,相关国际法规则往往不够清晰(包括"法律不明"的情况),或者会出现规则间互相冲突的情况,这要求适用法律者对法律的了解深入、全面、简明、准确,才能有效地使用法律,引领事态的发展方向。比如,国际法院在1996年"威胁或使用核武器"咨询意见的结论中,对国家处于生死存亡状态下使用核武器进行自卫的问题无法做出合法或非法的判断,也从一个侧面反映了相关国际法规则的局限性[95];不过,在绝大多数情况下国际法规则的效力是毋庸置疑的。其二,当一个国家认为自身根本利益面临威胁之时,国际法的作用可能十分有限,比如美国国务卿艾奇逊在美国采取封锁古巴的行动时所作的演讲就是个例子[96]。

另一方面,国际法在实践中运作良好、行之有效。在"全球化"尚未退潮的今天,它时时刻刻都在影响着我们生活的方方面面。各国政府、国际组织、国际司法

---

94 C. Tomuschat, "International Law: Ensuring the Survival of Mankind on the Eve of a New Century", 281 *RdC* (1999), 48-49.

95 ICJ, *Legality of the Threat or Use of Nuclear Weapons*, Advisory Opinion, ICJ Rep. (1996) 226, para. 105. 但是要注意的是,国际法的细化也只是到了一定程度,许多争端的产生就是因为相关规则不够细化:V. Lowe, "The Limits of the Law", 379 *RdC* (2016) 9, 28-32. 不够细化在国内法体系中会造成对国际规则的怠慢。

96 M. Dixon and R. McCorquodale, *Cases and Materials on International Law* (4th edn., Oxford: OUP, 2003), 2. 美国在1984年退出"尼加拉瓜"案实体程序时,宣称这个案件涉及的是"政治性"问题,法院无权处理:24 *ILM* (1985) 246.

机构每天都在使用国际法规则。国际法领域的实际工作多是由各国外交部(条法司、国际司、地区司、使领馆等)来承担的,这项工作本身并不那么惊天动地,然而,对于特定的利益集团或者个人来说,却可能至关重要。例如,对于渔民、海洋科学研究人员以及矿业开发公司而言,国家间的海洋边界划定无疑非常重要;国际法在这方面所牵涉的利益可以非常广泛,而这些利益的得失很可能对一国甚至国际政治产生极大冲击。20世纪70年代,英国和冰岛之间就因专属渔区问题爆发了"鳕鱼战争",期间甚至动用了军舰[97]。正是有鉴于此,沃道克略为悲观地指出,国际法是"有用的",它在国际生活中的一个重要作用就是保证各国的商业活动能够按计划有序而顺利地进行,他认为这才是各国使用国际法的真正目的[98]。他之所以如此定论,某种程度上是受到了当时"冷战"局势的影响;在当时的环境下,国际法并未能象《联合国宪章》所描述的那样有效地维护国际和平。亨金(L. Henkin)认为,严重违反国际法的行为通常涉及处理政治问题的法律规则和协议,在这种问题的压力下,行为国不可能就违法行为的利弊得失进行比较理性的权衡;但他同时也注意到,各国实际上还是遵守那些最为重要的国际法原则和规则,因为没有哪个国家想最终卷入战争[99]。时至今日,再去争论各国是否遵守以及为什么会遵守国际法已经没有太大的意义,它们如此行为丝毫不带有主观的成分,然而从这种行为本身又足以看出,即使在主观上,它们也是接受国际法的。当然,对于那些整天与国际法具体问题打交道的人来讲,国际法是不是法律、各国是否遵守国际法,这些根本就不是问题。即便是在违反了国际法的情况下,有关国家也往往会从国际法的角度来为自己的行为辩解。

总体而言,国际法是个法律体系,但它存在的现实世界中也存在其他规范体系,与它同时发挥作用,比如:国际政治关系的博弈。国际法体系没有取代这些并行的体系,相反,政治性因素和国家利益是影响国际法制定、发挥作用、发展的重要因素,法律规则本身是不能迫使国家去一贯遵循它的[100]。但是,国际法既是规范国家行为的法律体系,也是解决国际争端的和平方法,它具有其他体系所不具有的确定性、客观性、可预期性和权威性。这也是为什么联合国大会在21世纪初把"国际法治"上升到该组织的基本价值观念和基本原则的高度,而这个制度的

---

[97] ICJ, *Fisheries Jurisdiction Case* (*Jurisdiction*) (*UK v. Iceland*), ICJ Rep. (1973) 3.

[98] H. Waldock, *Brierly's The Law of Nations* (6th edn., Oxford: OUP, 1963), 78.

[99] L. Henkin, *How Nations Behave: Law and Foreign Policy* (2nd edn., New York: Council on Foreign Relations, 1979), 320-321.

[100] R. MacLean, "The Proper Function of International Law in the Determination of Global Behaviour", 27 *CYIL* (1989) 57, 77.

基石是《联合国宪章》、1970 年的《国际法原则宣言》[101]和 2005 年的《世界峰会结论》[102]。"法治"理念本身,已经成为普遍性法律原则之一[103]。

七、国际法学界的理论派别

对于传统的自然法学派和实证法学派,前面已有所述,本节扼要介绍一下在当代有影响的几个流派[104]。

实证法学派到奥地利学者 H. 凯尔森时代发展到了顶峰,凯尔森的"纯粹法学理论",完全把政治、社会以及历史等因素排斥在法学之外,他认为这样才能透视出法律的本来面貌,在他看来,法律是一门规范性科学,这门科学由一系列调整人们行为的规则构成,而所有这些规则的效力均来自于一个基本规范:就国际法而论,他认为这个规范就是"约定必须遵守"(pacta sunt servanda)[105]。他的理论依靠的前提是逻辑必要性,如果对这个基本原则的约束力也不承认,那么国际法体系也不存在了。当然,这种理论自然无法解释习惯法效力的基础,因为习惯法规则并不一定包含这么一个"约定",它也无法解释这个基本规范本身的基础在哪里这一问题。此外,凯尔森本人属于一元论者,他认为国际法的地位高于国内法[106]。

在美国,现实主义法学派以 R. 庞德为领袖之一[107]。庞德认为,法律是一种社会管理过程,它以最为有效的方式来平衡各种社会利益,在个人私欲的无限与物

101　UNGA Res. 2625（XXV）of 24 October 1970, with the annexed "Declaration on Principles of International Law concerning Friendly Relations and Co-operation among States in accordance with the Charter of the United Nations"（以下简称《国际法原则宣言》）. 参看: J. Crawford, "Multilateral Rights and Obligations in International Law", 319 *RdC*（2006）325, 383.

102　联大对此问题的讨论始于 1992 年,到 2006 年再次开始升温。参见联大第 60/1 号决议,第Ⅰ部分,第 11 段。又见: Report of the Secretary-General, "The Rule of Law and Transitional Justice in Conflict and Post-conflict Societies", UN Doc. S/2004/616, 23 August 2004, para. 6; Report of the Secretary-General, "Strengthening and coordinating United Nations rule of law activities", UN Doc. A/63/226, 6 August 2008, para. 25.

103　A. Dicey, *Introduction to the Study of the Law on the Constitution*（10th edn., by E. Wade, London: MacMillan & Co. Ltd., 1964）, 188-189, 202-203.

104　至于历史上曾出现的各种思潮和权威学者,参看王铁崖:《国际法引论》,北京大学出版社 1998 年版,第 305-357 页;也可参看: M. Koskenniemi, *The Gentle Civilizer of Nations: the Rise and Fall of International Law, 1870—1960*（Cambridge: CUP, 2002）.

105　H. Kelsen, "Pure Theory of Law", 50 *The Law Quarterly Review*（1934）, 477-485.

106　M. Koskenniemi, *The Gentle Civilizer of Nations: the Rise and Fall of International Law, 1870—1960*（Cambridge: CUP, 2002）, 240-249.

107　参见: R. Pound, "Fifty Years of Jurisprudence", 51 *Harvard Law Review*（1937/38）444.

质资源的有限之间保证所有人尽可能地得到最多,因此法律是社会中承担一系列特定工作的机制[108]。其次,现实主义法学派对于法院和政府的行为有一种全新的理解,法官不再仅被视为法律规则的诠释者,而被视为公共决策中的主动因素之一;在这里,法律是一个动态的过程,而法学研究必须结合具体的社会环境进行[109]。庞德的理论很快就在美国国际法学界开花结果,代表人物是 H. 摩根索,后者在对 19 世纪盛行的"实证主义"无法再反映国际实践的致命错误做了批判之后,提出:"真正科学意义上的国际法理论必须避免这些错误,才能接近现实;称此理论为现实主义较为恰当。"[110]他的观点是,现实主义融合了几种新思潮,以阐释法律与社会力量之间的功能性关系作为目标,从而衍伸出一套"功能主义"法理学。不过,摩根索的国际法理论在某些方面接近奥斯汀的学说[111]。

后来,M. 麦克杜格尔和他的同事在国际法领域中将现实主义演变为"政策定向学"[112]。这一理论把法律看成一个综合决策过程,而不是一套死板的规则体系;国际法是运行于特定世界秩序之下的一个动态系统,它随着决策者的目光和学识不断地迁转变化。"政策定向学派"特别强调各种基本的价值和利益,认为决策者在决策时必须对这些价值和利益加以考量,同时还要对来自社会生活的各种压力和影响做出反应,而这里讲的价值正是人权。这个说法有积极的、动态的视角,也强调决策过程中程序的重要,以此来说明这种动态的过程仍是一个法律过程,而在此过程中,法官的作用得到彰显;到此其逻辑是一气呵成的[113]。不过,这个学派似乎忽视了各国确实适用国际法规则这一事实,另外,它的早期代表人物所提及的"超越既存国际法规则的价值"常与美国政府的立场吻合,不免造成为后者辩护的印象,难道为了这样的价值就可以无视通过国际实践而确立的规则?难道"权威决策者"只能是某一特定国家?其他学者已经注意到这种模糊之处[114]。

进入 21 世纪以后,在"冷战"结束、"全球化"上升的历史背景下,"纽黑文学

---

108 R. Pound, *The Spirit of the Common Law* (with a new introduction by N. Hamilton and M. Jaren) (New Jersey: Transaction Publishers, 1999), 195-196.

109 Ibid., 172 and 214.

110 H. Morgenthau, "Positivism, Functionalism, and International Law", 34 *AJIL* (1940) 260, 273.

111 Ibid., 273-274, 276.

112 M. McDougal and W. Reisman, "International Law in Policy-Oriented Perspective", in: R. St-J. Macdonald and D. Johnston (eds.), *The Structure and Process of International Law* (The Hague: Martinus Nijhoff, 1983), 122.

113 R. Higgins, "Policy Considerations and the International Judicial Process", 17 *ICLQ* (1968), 58-59.

114 I. Brownlie, "International Law at the Fiftieth Anniversary of the United Nations", 255 *RdC* (1995), 29.

派"自我更新,产生了"新纽黑文学派",在北美、欧洲和南亚都造成影响[115]。这一新兴学派不再只注意分析现有规则和制度,而是着重于体系的基本结构、概念的演变,研究范围也从国际法规则扩展到跨学科研究(包括国际关系、社会学、文化、经济学与合理选择、地理、历史等),但是从研究题目来说,并没有超出原有的分类。

与"纽黑文学派"并存的"国际法律过程学派"以哈佛法学院为基地,把国际法与哈佛法学院的"法律过程学"融合一起,研究在国际社会中调整利益、达成决策的法律过程的性质和表现,以及国际法律师(包括学院派和实务界)的作用[116]。

除此之外,其他各派思想也是流彩纷呈,这里简单介绍几种:

(1) T. 弗兰克的"规则合法性"理论。他认为一个法律规则效力的强弱是由该规则合法性大小决定的[117]。各国遵守国际法规则是因为它们认为这样的规则具有足够的合法性,从而产生遵守决的动力;而合法性一般是通过合法程序来保证的。

(2) 批判法学派。这个学派的代表人物是 M. 考斯肯涅米。他们同意国际法不只是一套静态规则的观点,但同时又过分强调法律的不确定性以及所代表的政治力量的分野,而没有意识到法律由各种处理矛盾的规范组成,从中也必须要做出取舍,以适用正确的规则来解决具体问题。考斯肯涅米的 *From Apology to Utopia* 是当代国际法理论的经典著作,代表了他对国际法在国际社会中地位所存在的两种极端看法的批判和解构[118]。在此后参与国际实践的基础上,他在 2011 年对国际法律师提出了中肯的建议:律师需要专注国际问题的法律方面,除了在技术层面上做一个专家之外,还需要学会在具体实践、案件中衡量不同利益[119]。他注意到国际法领域中日益涌现的、"功能各异的全球治理与控制的各种制度",对国际法律师成为这些特殊制度中的"经理人"持怀疑态度[120]。

---

115 H. H. J. Koh,"American Schools of International Law",410 *RdC* (2020) 9,at 53-59; the same,"Is There a 'New' New Haven School of International Law?",32 *Yale J IL* (2007) 106.

116 A. Chayes,T. Ehrlich,A. Lowenfeld,*International Legal Process: Materials for an Introductory Course* (Boston: Little Brown, 1969), 2 vols. 对比: Ph. Jessup, *Transnational Law* (New Haven: Yale University Press, 1956).

117 T. Franck,"Legitimacy in the International System",82 *AJIL* (1988),711-712.

118 M. Koskenniemi, *From Apology to Utopia: The Structure of International Legal Argument. Reissued with a new Epilogue* (Cambridge: CUP, 2005), 552-555. 该书最初出版于 1989 年。

119 M. Koskenniemi, *The Politics of International Law* (Oxford and Portland, Oregon: Hart Publishing, 2011), 218, 221, 253.

120 Ibid., 324, 383.

(3) 女权主义学派。该派以 H. 查尔斯沃斯和 C. 钦肯为代表。它旨在打破"父系"制度、观念和方法在国际法领域中的支配地位,加强女性权利的保护[121]。

(4) 人权主义学派,以 F. 泰松为代表。他认为尊重国家乃是由尊重个人派生而来的,国家主权须以其在国内的合法性为基础,同样,国际正义原则也必须与国内正义原则相一致[122]。

(5) "第三世界"学派(TWAIL)。它试图构建一种没有霸权的国际法体系[123]。本章扩展阅读书目中 A. 安吉的著作就深入讨论了这种观点[124]。但是,这派学者在早期著作中并非对现有法律秩序持完全否定态度,而是认为即便在现行国际体制之内,第三世界国家同样能够有效地改变这种体制,因为各民族都可以创造自己的历史[125]。不过,近些年来,这个学派的"第二代"已经开始以更加批判性的眼光看待国际法体系,认为"殖民主义"对于现代国际法的产生、发展、维持起到的是一种举足轻重的作用[126]。

(6) "跨国法律过程学派"。从 20 世纪 90 年代开始,在美国国际法学界逐渐凸显的学派,这一发展的推动力来源于跨国政治学和法律过程理论。这一学说认为非国家实体可以推动各国遵守国际法[127]。不过,这一学派的渊源可以追溯到 1968 年,当时的哈佛法学院的斯泰纳和瓦茨提出了"跨国法律问题"的说法[128],研究的对象是公法和私法意义上的实体(包括国家、国际组织、跨国公司、非政府组织和个人)在各种公、私、国内、国际场合互动,从而制订、解释、内化和执行跨国规则。

---

[121] H. Charlesworth, C. Chinkin, and S. Wright, "Feminist Approaches to International Law", 85 *AJIL* (1991) 644. Charlesworth 于 2021 年成功当选为国际法院法官,使得国际法院中的女性法官达到四人。

[122] F. Tesón, *A Philosophy of International Law* (Oxford: Westview Press, 1998), 55-58.

[123] J. d'Aspremont, "International Law in Asia: the Limits to the Western Constitutionalist and Liberal Doctrines", 13 *Asian Yearbook of International Law* (2007), 27.

[124] *Imperialism, Sovereignty and the Making of International Law* (Cambridge: CUP, 2004). 还可参看王铁崖:《第三世界与国际法》,载《中国国际法年刊》(1982),第 9-36 页。

[125] J. J. G. Syatauw, *Some Newly Established Asian States and the Development of International Law* (The Hague: Sijthoff, 1961); F. Snyder and S. Sathirathai (eds.), *Third World Attitudes toward International Law: An Introduction* (Dordrecht and Boston: Martinus Nijhoff, 1987).

[126] A. Anghie and B. Chimni, "Third World Approaches to International Law and Individual Responsibility in Internal Conflicts" 2 *Chinese JIL* (2003), 83-84.

[127] I. Mann, "Dialectic of Transnationalism: Unauthorized Migration and Human Rights, 1993—2013", 54 *Harvard International Law Journal* (2013) 315.

[128] H. Steiner and D. Vagts, *Transnational Legal Problems* (NY: Foundation Press, 1968).

另外，还存在着不易归类、但造成国际影响的个人学说[129]。

八、研究方法

上一节是对流派或有影响的理论的介绍，本节则是对现有研究方法的梳理。不可避免的是，流派与研究方法有重合之处，流派的存在往往是由于倡导者的研究方法与熟知的方法不同，不同的方法带来了对实体问题的不同解析和结论，形成了流派。反过来说，流派的存在也可以是因为倡导者采取了熟知的研究方法，但是采取了不同的视角，从而导致对实体问题的不同解答。

1999年，《美国国际法杂志》曾经组织、出版了7篇文章[130]，代表了在当时具有国际影响的7个研究国际法的方法，并针对每一个方法选出代表性作者，就同一实体问题分头进行论述，依据他们论述所得结论，对这些研究方法进行了对比、归纳，组织者(A-M. 斯洛特和S. 拉特纳)的结论是这些方法定义了国际法学者以及国际法学科应包含的内容。组织者提出的实体问题是内战中个人刑事责任问题。实证主义者(B. 西马和A. 泡鲁斯)视国际法为国家实践的产物，在缺乏实践证据时，依靠国际案例来锁定相关规则，表现出对国际性司法机构造法趋势的肯定。女权主义者(H. 查尔斯沃斯)认为传统国际人道法倾向于保护男性所尊重的价值，而女性国际法学者则成功地在这一传统特征里融入了女性珍视的价值。政策定向学者(S. 威斯纳和A. 维拉德)视国际法为一系列的权威性决定，法律文件则成为决策者的工具，以实现最低程度的世界秩序这一目的。法律过程论者(M. E. 奥康诺)关心的不是具体规则的解释，而是它们如何在决策过程中被运用，如何在这一过程中限制决策者，如何反映国际社会所重视的价值。法经济学者(J. 当诺夫和J. 特拉赫曼)认为法律规则反映个人价值观，但最终是要反映经济学意义上最为有效的规则，针对组织者提出的问题，他们假设存在着禁止相关罪行的最终目的，并借助激励、禁止机制和规则达到这一目的。对于国际关系/国际法学者(K. 阿伯特)来说，研究重点在于现有的规则(比如1949年日内瓦人道法四公约)

129　Y. Onuma, "A Transcivilizational Perspective on International Law: Questioning Prevalent Cognitive Frameworks in the Emerging Multi-Polar and Multi-Civilizational World of the Twenty-First Century", 342 *RdC* (2010), 77-418(国际社会的发展方向是在从西方中心转向多极、多种文明的世界，那么对国际法的视角也是逐渐远离国家中心论，而更多地从历史、文化、传统这些文明的因素入手——即从"跨文明"的角度来分析、适用国际法，以解决当今的问题)。

130　S. Ratner and A.-M. Slaughter, "Symposium: On Method in International Law", 93 *AJIL* (1999) 291-423.

是如何产生、如何适用、如何影响国家实践,而所有的分析都植根于国际政治学研究之中,在国际法研究中融入国际关系学的相关视角和观念。批判法学者(M. 考斯肯涅米)则认为国际法只是一种特殊语言,国际法律师通过运用相关概念为委托人利益辩护,这一派的侧重点在于强调国际法的矛盾之处与弱点。

上述方法在今天的学界仍然有较大影响。新的方法仍在出现[131],但影响程度尚未达到上述方法的高度。

本书认为,研究方法是个人选择,比如:本作者所采取的方法是实证法学的方法,但基于后来的个人经历,现在已经不再局限于实证法学的研究方法[132]。这一不断渐进的方法也是本教科书写作的方法。之所以持"个人选择"这一看法,主要是因为国际法研究是目的导向的,如何研究国际法律问题取决于研究者的目的是参与实践还是作学术研究。前者要求对国家实践和司法判例有深入的了解,后者则要求对国际法作为一门学科进行分析、整理、批判、归纳、对比,特别是对基本问题提出自己的创见。本作者的方法受个人发展轨迹的影响,接近于实践导向的研究和写作方法(即国际法是实践的科学),但也融合了其他方法,比如政策定向学派的理念,属于实践与学理并举的方法。

---

[131] A. Roberts, *Is International Law International?* (Oxford: OUP, 2017), 19-23(引入"比较国际法"的研究方法来对比、分析地区性、安理会常任理事国对国际法的态度,指出共同与不同,更好地了解国际法适用中存在的问题,并寻求解决方法);A. Chilton, T. Ginsburg, and D. Abebe, "The Social Science Approach to International Law", 22 *Chicago JIL* (2021) 1-23.

[132] B. B. Jia, "A Matter of Personal Choice", 22 *Chicago JIL* (2021), 128-135.

第二章 国际法的渊源

扩展阅读

M. Virally,"The Sources of International Law", in: M. Sorensen (ed.), *Manual of International Law*, New York: St. Martin's Press, 1968, 116; R. Baxter,"Treaties and Custom", 129 *RdC*(1970) 61; A. D'Amato, *The Concept of Custom in International Law*, Ithaca: Cornell University Press, 1971; H. Thirlway, *International Customary Law and Codification*, Leiden: A. Sijthoff, 1972; M. Akehurst, "Custom as a Source of International Law", 47 *BYIL* (1974—1975) 53; M. Akehurst, "Equity and General Principles of Law", 25 *ICLQ*(1976) 801; M. Bos,"The Identification of Custom in International Law", 25 *GYIL*（1982) 9; P. Weil, "Towards Relative Normativity in International Law", 77 *AJIL*(1983) 413; J. Charney, "The Persistent Objector Rule and the Development of Customary Law", 56 *BYIL*（1985) 1; B. Sloan, "General Assembly Resolutions Revisited", 58 *BYIL*（1987), 93; B. Cheng, *General Principles as Applied by International Courts and Tribunals*. Cambridge: CUP, 1993; K. Wolfke, *Custom in Present International Law*, 2nd rev. ed., Dordrecht and Boston: Martinus Nijhoff, 1993; 李浩培:《国际法的概念和渊源》,贵州人民出版社,1994 年; B. Cheng,"United Nations Resolutions on Outer Space: 'Instant' International Customary Law?" in: B. Cheng(ed.), *Studies in International Space Law*, Oxford: Clarendon Press, 1997, 125; M. Villiger, *Customary International Law and Treaties: A Manual on the Theory and Practice of the Interrelation of Sources*, 2nd edn., Martinus Nijhoff, 1997; M. Mendelson,"The Formation of Customary International Law", 272 *RdC*(1998) 155; M. Byers, *Custom, Power and Power of Rules*, Cambridge: CUP, 1999; International Law Association, "Statement of Principles Applicable to the formation of General Customary International Law", Report of the 69th Conference, London, 2000; J. Beckett, "Behind Relative Normativity: Rules and

Process as Prerequisites of Law", 12 *EJIL* (2001) 627; A. Roberts, "Traditional and Modern Approaches to Customary International Law: A Reconciliation", 95 *AJIL* (2001) 757; A. Roberts, G. Norman and J. Trachtman, "The Customary International Law Game", 99 *AJIL* (2005) 541; A. Boyle and C. Chinkin, *The Making of International Law*, Oxford: OUP, 2007; B. B. Jia, "The Relations between Treaties and Custom", 9 *Chinese JIL* (2010) 81; A. Buss, "The *Preah Vihear* Case and Regional Customary Law", 9 *Chinese JIL* (2010) 111; B. Lepard, *Customary International Law: A New Theory with Practical Application*, New York: CUP, 2010; J. Goldsmith and E. Posner, "Theory of Customary International Law", in: J. Weiler and A. Nissel(eds.), *International Law*, vol. 6 (London: Routledge, 2011), 104; M. Scharf, *Customary International Law in Times of Fundamental Change*, Cambridge: CUP, 2013; H. Thirlway, *The Sources of International Law*, Oxford: OUP, 2014; B. B. Jia, "International Case Law in the Development of International Law", 382 *RdC* (2015) 175; L. Pineschi(ed.), *General Principles of Law-The Role of the Judiciary*, Springer, 2015; A. Pellet and D. Müller, "Article 38", in: A. Zimmermann, C. Tams, C. Tomuschat, K. Oeller-Frahm(eds.), *The Statute of the International Court of Justice*, *A Commentary*, 3rd edn., Oxford: OUP, 2019, 819-962.

一、渊源概述

本章探讨的国际法渊源这一问题,相关著作众多,反映了该问题对国际实践和国际法研究的重要影响。联合国国际法院在判决中总会把渊源作为首要问题来对待,其实践证明:可适用的法律是解决任何案件的关键步骤。国际法律师、学者毫无例外地将这个问题作为国际法学的必修部分来研究、关注。从这个角度出发,几乎没有哪个国际法的分支领域能够免提渊源问题;对这个问题的处理方式是国际法研究、运用中采取实证方法还是其他方法之间的分水岭[1]。

这一章不但将探讨习惯法规则的产生、发展和对习惯法规则的反对者——即"持续反对者"——等重要问题,还将涉及条约和习惯法的关系、普遍性法律原则

---

[1] W. Holdsworth, "Charles Viner and the Abridgment of English Law", 39 *Law Quarterly Review* (1923) 17, at 37.

的性质、司法判例及公法学家的学说的作用等问题。以下讨论的起点是《国际法院规约》第38条。这一条相关规定如下：

"1. 法院对于陈诉各项争端，应依国际法裁判之，裁判时应适用：

(1) 不论普通或特别国际协约，确立诉讼当事国明白承认之规条者。

(2) 国际习惯，作为通例之证明而经接受为法律者。

(3) 为文明各国所承认之普遍性法律原则。

(4) 在第59条规定之下，司法判例及各国权威最高之公法学家学说，作为确定法律原则之补助资料者。

2. 前项规定不妨碍法院经当事国同意本'公允及善良'原则裁判案件之权。"

通常认为《国际法院规约》第38条第一款确立了国际法的渊源体系。这些渊源在该条款中出现的顺序既体现了特殊规则和一般规则的关系，也体现了国际法基于"合意"的特征。但是这个顺序不是刚性的；这些渊源在实践中如何运用，取决于需要解决的法律问题是什么，且受到该问题存在的客观事实背景的限制[2]。这样看来，第38条的渊源体系在使用上有相当的灵活性；这是其对渊源的分类在现代国际法发展中保持主流地位的原因。

为理解方便起见，我们可以将渊源分为形式渊源和实质渊源。形式渊源是法律规则取得其法律效力或拘束力的方式或途径。由于法律体系通过立法或习惯的承认，这类渊源直接提供法律规则，比如：议会法案根据宪法成为具有拘束力的法律。所谓"形式"是就规则形成和表现方式而言的。实质渊源是某一国际法规则存在的证据，换言之，这些渊源提供了该法律规则产生的背景、佐证和基本要素这些"原料"，制定或解释法律者会根据这些原料来确定法律规则的基本内容和其代表的理念。

针对二者之间的区别，萨尔蒙认为："形式渊源是法律规则的效力和有效性的出处……另一方面，实质渊源是引申法律规则内容之所在，它提供规则的实体内容，而形式渊源赋予该规则以效力和法律性质"[3]。《国际法院规约》第38条下的渊源不但提供了国际法规则的表现形式和来源，而且还提供了针对具体规则和

---

2 *South West Africa*, Second Phase, Judgment of 18 July 1966, ICJ Rep. (1966), 250 at 300 (Dissenting Opinion of J. Tanaka).

3 J. Salmond, *Jurisprudence or the Theory of the Law* (London: Stevens & Haynes, 1902; reprinted by Forgotten Books, 2012), 99. Scelle曾提出，法律的渊源只有一个，就是社会现实或社会连带关系：G. Scelle, *Précis de droit des gens* (Paris: Dalloz, 2008), 6.

实践上国家合意是否存在的证据，因此这些渊源似乎同时具备形式渊源和实质渊源的特征。说到底，第 38 条本身就是国际法规则，因为它是一个多边条约的条款，因而具有条约的效力。如果《联合国宪章》可以被视为国际社会的宪法性文件，那么，第 38 条就近乎国内宪法中有关国内法渊源的规则[4]。

从历史角度看，渊源的理论影响了国际法方法论的发展。就方法论而言，国际法研究主要是通过"归纳法"方法来确认有效的法律规则的，客观、科学地运用国际法渊源，要求对国家实践和其法律确信做出全面而深入的分析[5]。《国际法院规约》第 38 条所体现的正是这种方法论，鉴于联合国成员国均是该规约的缔约国[6]，可以说它在国际实践中已被普遍接受。当然，其他分析方法也并非没有作用，奥本海曾经说过："正确的方法达至最好的结果，而后者正是我们的目标。"[7] 他这里讲到的方法，是国际法作为一个独立科学类别的研究方法。历史上存在的研究方法均与研究者所持的基本理论观点直接相关，有什么立场，就有相应的研究方法去配合[8]。所以，自然法学派、格劳秀斯派、实证学派等各有自己的研究方法。

是否存在"其他国际法渊源"呢？例如以宣言或行动计划的形式出现的多边会议的决议和国际组织的决议等，还是存在争议的问题[9]。但是，这些"候补渊源"似乎都可以被归结到《国际法院规约》第 38 条之下，与之有关联的规则可以通过第 38 条下所列举的渊源来确认。

《国际法院规约》第 38 条第二款中的"公允及善良"原则是指公平、平等、合理判断等概念。由于公平等概念的适用取决于法官主观上的良知，这个原则的弹性既是优点又是缺点。但当争端当事方由于案件的特殊情况而排除国际法规则的适用时，法院或仲裁庭就可以根据当事方的意愿以"公允及善良"原则裁决案件[10]。从效果上说，依此原则断案有"法官造法"的可能，所以第 38 条扩展了法官

---

[4] 《联合国宪章》第 92 条规定：《国际法院规约》是《联合国宪章》的一部分。

[5] G. Schwarzenberger, *The Inductive Approach to International Law* (London: Stevens & Sons, 1965); A. D'Amato, "The Inductive Approach Revisited", 6 *Indian JIL* (1966) 509.

[6] 《联合国宪章》第 93 条。

[7] L. Oppenheim, "The Science of International Law: Its Task and Method", 2 *AJIL* (1908) 313, 327.

[8] 对比本书第一章第八节。

[9] H. Thirlway, "The Sources of International Law", in: M. Evans(ed.) *International Law* (2nd edn., New York: OUP, 2006), 134-138.

[10] H. Lauterpacht, *The Function of Law in the International Community* (Oxford and New York: OUP, 2011), 321-323.

的权力。在领土争端中,这一原则的威力就更为明显,比如在"安第斯山脊仲裁案"中,智利与阿根廷事先要求仲裁庭做出"妥协"的决定,而在庭审中,仲裁庭不止一次被双方提请考虑当地的地理形态和社会经济状况等非法律因素,使得最终的裁决明显受到这些因素的影响[11],而这很明显是通过"公允及善良"来解决本案中的划界问题。

二、条　约

条约在实践中的称谓很多,有关内容请见本书第三章。从渊源的角度来看,条约包括双边条约、多边条约。多边条约可以分成"造法性"多边条约、编纂性多边条约和建立国际组织的多边条约。本质上,条约作为法律渊源,意味着条约本身就可以是法律,特别是在缔约国之间。在国际司法实践中,常可以见到以下的说法:

"索马里和肯尼亚是《联合国海洋法公约》的缔约国,因此,在决定两国之间的海洋边界时,本法院因此必须适用公约的条款。"[12]

上述说法出现在该案件判决中的"适用法律"的标题下。实践中对形式和实质渊源并不做区别,而《国际法院规约》第38条下的列举确实更贴近于形式渊源——如果这一点被视为具有重要性的话。

(一) 造法性条约

造法性条约为众多缔约方以及非缔约方创造具有拘束力的规则[13]。例如,《联合国宪章》中不涉及该组织内部运作的规则,以及确立陆地和海上战争规则的1899年和1907年《海牙公约》,就具有这种性质。它们在国际社会中产生了鲜明的造法影响,各国均遵循其中条款。不过,非缔约国之所以遵守这些条约,并非因为它们认为这些条约对其有拘束力(事实上,这些条约对非成员国确实没有拘束

11　The *Cordillera of the Andes Boundary* Arbitration, IX *RIAA*, 29-49, 20 November 1902. 参看: A. Munkman, "Adjudication and Adjustment-International Judicial Decision and the Settlement of Territorial and Boundary Disputes", 46 *BYIL* (1972-73) 1, 32-33.

12　ICJ, *Maritime Delimitation in the Indian Ocean (Somalia v. Kenya)*, Judgment of 12 October 2021, para. 92, at: https://www.icj-cij.org/public/files/case-related/161/161-20211012-JUD-01-00-EN.pdf(浏览于2021年10月20日).

13　或称为"集体性条约"或"普遍性多边条约": M. Virally, "The Sources of International Law" in: M. Sorensen(ed.), *Manual of International Law* (New York: St. Martin's Press, 1968), 126.

力),而是因为这些条约的内容反映了习惯法。但是,1949年的4个《日内瓦公约》(涉及武装冲突法)的缔约国自2006年开始包括世界上所有194个国家[14],那么即使其中有些条款不是习惯法,也同样对所有缔约国适用。对所有194个缔约国来说,这4个条约毫无疑问是造法性条约。

实践中如何判断造法性条约或某些条约的造法部分呢?在"北海大陆架案"中,国际法院指出,有些条约条款允许缔约国在签字、批准或加入时单方面对其做出保留,而有些条款则不然,这后一种条款包含对国际社会所有成员具有同等拘束力的普遍性或习惯国际法规则或义务,比如1958年《大陆架公约》第1条至第3条被认为反映或明确了既定的或至少是正在形成中的习惯法规则,因此该公约第12条禁止缔约国对这些条款做出保留[15]。这是判断造法性条约的一种方法。此外,当一个条约称其目的是创制国际法规则时,该条约会因此具有造法性,这是判断造法性条约的另一种方法,1982年《联合国海洋法公约》就在前言里提到"在本公约中所达成的对海洋法的编纂和逐渐发展","逐渐发展"的部分就是造法功能的结果,而第309条下禁止《公约》所允许的保留之外再做保留的规定,进一步证明了上述解读的正确性。

当然,上述只是对实践中可用的鉴别方式作一介绍,无意穷尽所有鉴别方式。

(二) 造法性条约与其他条约的对比

众所周知,条约只约束缔约方,只为缔约方创设权利和义务。有鉴于此,"造法性条约"的概念与条约效力范围之间的关系,就是个有意思的问题。前国际法院法官菲茨莫里斯认为,因为条约只在缔约方之间创设义务,因此它类似于国内法里的合同[16],所以条约并不创造法律。如果说任何条约都是建立在某个法律原则的基础上,那么该原则就是"约定必须遵守"原则。因此,条约是义务的渊源,而非法律的渊源。国际法院在"北海大陆架案"中认可了这种观点[17]。法理上,法律规则具有普遍适用性,并非仅仅适用于某个人或某一个特定行为,所以一个法条自始就是法律规则,而一个条约只反映某些法律规则或促进新法律规则的形成,其本身却不是法律。因此,此时的条约是法律规则的证据。实践中多边条约可以

---

14 参看国际红十字委员会网址: icrc-annual-report-map-conven-a3. pdf(浏览于2020年12月31日)。

15 ICJ, *North Sea Continental Shelf Cases* (*Federal Republic of Germany/Denmark*; *Federal Republic of Germany/Netherlands*), ICJ Rep. (1969) 3, para. 63.

16 G. Fitzmaurice, "Some Problems Regarding the Formal Sources of International Law", in: F. M. van Asbeck et al. (eds.), *Symbolae Verzijl* (The Hague: Martinus Nijhoff, 1958), 153.

17 ICJ Rep. (1969) 3, paras. 27-28.

编撰习惯法规则,它们以更精确的文字将既有实践表现出来,指出未来国家实践的发展方向;从功效来说,它们记录或宣示了既存的国际法规则。

但是,上述说法并不能完整地反映当今国际实践;随着国际法体系的发展和不断成熟,立法的压力与日俱增。

首先,某些多边条约(比如《联合国宪章》)在通过时就有意为"所有国家"创制义务和权利,规范所有国家在某个领域里的行为,那么第三国对此举提出异议的可能性不可能长时间存在。对于世界上的国家和其他政治实体来说,这些义务与权利决定了是否具有能够在联合国体系中存在的资格,而这个资格对于所有这些国家或实体来说都不可或缺。这类条约的造法性毋庸置疑。

其次,造法性条约还有以下特性:条约所包含规则的效力不会随着缔约方对条约义务的履行完毕而消失,相反,这种规则会成长为习惯法的一部分而独立存在于条约之外。例如,1948年的《灭种公约》宣布灭种是国际罪行,在当时这等于宣示了一个超越条约范围的普遍性国际法规则;今天,禁止灭种已经成为一项习惯法甚至强行法的义务[18]。因此,从《灭种公约》缔结之后的实践来看,该公约第1条在其出现时确实创造了国际法规则,也许条约的规定开始只有潜在的造法可能或是暗含的造法意图[19],是否能够最终造成法律,要看条约通过之后的实践,那么,这样的规定实际上是通过习惯法的途径走完了造法过程;这与一开始就宣布造法的条约有微妙的区别[20]。

在实践中还有第三种造法条约。这类条约对常设国际司法机构的实体问题管辖权、实体规则、基本程序在该机构运转之前就硬性规定下来,第三国可以长久不与此机构发生关系,但一旦求助于斯,则必须遵守那些硬性规定。1998年《国际刑事法院的罗马规约》就是这样的例子[21],《罗马规约》的造法性条款对于出庭的被告个人来说,毫无疑问是普遍适用的法律,不管其国籍为何,都必然受到其约束。但是,第三国并不受这个条约的约束。

实践中还存在这种情况,即一个双边条约表明了缔约国所同意的做法,后来具有相似用语的双边条约在别的国家之间缔结,从而使该实践发展成为国际法规则。但是,最初的双边条约并不具有造法性,即它并没有期待所有其他国家都会

---

[18] A. Cassese, *International Criminal Law* (New York: OUP, 2003), 98.

[19] 国际法院在"对《灭种公约》保留咨询意见"中,就提到"公约的起因显示了联合国将灭种罪作为一个'国际罪行'来谴责、惩罚的意图,而作为《公约》基石的原则是文明国家所承认的、有拘束力的原则,即使没有公约义务(要求它们这样承认)":ICJ Rep. (1951) 16, 23.

[20] 依照《公约》第15条规定,该公约是可能失效的。

[21] 全文参看:http://www.icc-cpi.int.

遵循这种做法的意图,所以双边条约不应视作"造法性"条约。因此,它更像平等双方之间的合同,明确双方各自的权利和义务。只有在某个实践上存在多个具有相同或相似条款的双边条约时,这些条约才会成为创造普遍习惯法规则的因素。

可以说,造法性条约只涉及多边条约,对象是国际社会的共同利益。我们讲到"造法"条约,是指条约为法律体系中所有同类主体做出了有法律效力的规范,或者至少有为同类主体做出这类规范的意图。主体可以是国家、国际组织,也可以是个人,条约规范的对象可以是其中任何一种,也可以是兼顾。多边条约要么是编撰性的,记录了既存的习惯法规则,要么在严格意义上是造法性的,所提供的新规则可以通过习惯法的生成方式最后发展成为习惯法。但是,上述两种多边条约中的规则终归只约束缔约方,并且只调整缔约方之间发生的与该规则的适用有关的纠纷,从这个角度出发,对国际社会来说,条约并非国际社会的法律,而只是缔约方之间的法律。只有当所有国家都加入某一条约时,该条约中的规则才会成为对国际社会成员均适用的法律。

要强调的是,所有条约(包括双边条约)都至少为缔约国创制了规则,对于这些国家来说,条约提供了解决相关问题的法律;《国际法院规约》第 38 条第一款(a)项的规定就是这个意思。最后值得一提的是,当今的国际条约很少只具有造法性特征;它们往往同时具有包括编撰性在内。

(三) 建立国际组织的条约

在建立国际组织的条约中,《联合国宪章》是一个典范,其第 2 条确定了联合国组织的基本原则。《宪章》在起草之初,起草者期待这个组织能够发展成为集体安全体系,在这方面的集权程度超越国际联盟,而在其他领域则规定、鼓励平等主权国家之间的合作互利[22]。在涉及相关问题时,本书还会对这个条约进行详细的分析。

另外,《建立世界贸易组织的马拉喀什协定》(1994 年)是近期的例子[23]。

(四) 作为实质渊源的条约集

以下两种基本条约集(包括电子版)是国际法图书馆必备的:《联合国条约

---

[22] *Bowett's Law of International Institutions* (5th edn., by P. Sands and P. Klein, London: Sweet & Maxwell, 2001), 24.

[23] 见该条约第 1、2 条;www.wto.org.参见:M. Matsushita, T. Schoenbaum and P. Mavroidis, *The World Trade Organization: Law, Practice, and Policy* (2nd edn., Oxford and New York: OUP, 2006), 6-12.

集》(United Nations Treaty Series)和它的前身《国际联盟条约集》(League of Nations Treaty Series)。

学者编辑的条约集也有重要的研究价值,比如:英国学者帕里(C. Parry)汇编的《整合条约集》(Consolidated Treaty Series)[24]。但这种私人编制的合集在《联合国条约集》出现后就较为罕见了。不过,现存的经典合集对研究国际法发展的历史有较大意义,比如: G. F. Martens 和 L. Hertslet 以及 E. Herslet 就是19世纪两个规模宏大的条约集的编辑者。

各国政府出版的条约集(如《英国条约集》(United Kingdom Treaty Series)),在搜索相关规则和国家实践证据时,也是很好的资料。对于中国学者而言,可以参考由外交部条法司汇编、世界知识出版社出版的《中华人民共和国条约集》和随后由法律出版社出版的《中华人民共和国多边条约集》(1987年至今)。

另外,查找条约还可以使用:1)美国国际法学会出版的《国际法律资料》(International Legal Materials);2)重要的国际法杂志后的国际实践栏目;以及3)以条约为基础建立的国际组织的官方网站[25]。

对于学生来说,使用世界著名法学出版社出版的《案件与资料汇编》(Cases and Materials)或《基本文件集》(Basic Documents)也是一个方便途径;因为编辑者多是国际法界较为认可的专家。

三、习惯(法)

当实践中的行为方式满足了国际法中习惯法构成要件时,就会成为一个国际法规则。在19世纪之前,现代国际法主要是由建立在欧洲国家实践基础上的习惯法构成的。1919年以后,尽管条约逐渐覆盖国际关系的各个领域,习惯法仍然发挥着重要作用,并对国际社会产生着普遍而且深刻的影响。

著名的"尼加拉瓜军事和准军事行动案"表明,习惯法可以成为一国在国际法院的诉讼中取得胜败的关键因素,在本案中,国际法院以12比3的票数认定美国通过"训练、武装、装备、资助或补给反政府军力量,或通过其他方式鼓励、支持、协助在尼加拉瓜境内的,或反对尼加拉瓜的军事和准军事活动,违反了它在国际习惯法下对尼加拉瓜负有的不干涉别国事务的义务。"[26]

---

[24] Oceana Publications 出版于1969—1981年间,达231卷,涵盖1648—1919年中的双边和多边条约。

[25] 比如,联合国法律部条约司的主页: treaties. un. org.

[26] ICJ Rep. (1986) 14, para. 292.

可以说，国际法本质上就是习惯法[27]，也是国际社会的"普通法"[28]。习惯法具有客观和主观要素，即形成惯例的国家实践和法律确信。

（一）国家实践

我们可以通过两种方式定义国家实践。从习惯法的性质或特征可知，普遍的、广泛的、具有代表性的国家实践的存在，是习惯法生成的必要条件。"普遍实践"这一用语并没有精确的含义，但是它至少应该包括特定行为下利益受到特别影响的主要国家的统一实践，不应存在大量的、相反的国家实践。在一个实践究竟经过多久可以发展成为习惯法规则的问题上，国际法并无定论。《杜鲁门宣言》于1945年第一次提出了大陆架属于沿岸国的主张，而到1958年时大陆架已经成为国际法上明确确立的概念[29]。

布朗利对国家实践的种类做出如下列举：外交文书、政策声明、新闻发布、政府法律顾问在正式场合表达的观点、有关法律问题的官方手册、行政决定和实际做法、向武装部队下达的命令、国家对国际法委员会起草的草案所作评论、国家立法、国际和国内的司法判例、条约和其他国际文件的内容、国际组织实践、联合国大会有关法律问题的决议等[30]。

此外，还有一些可以作为国家实践证据的资料，如议会辩论的记录、联合国会议的官方记录、国际性报纸，以及各国国际法实践的汇编，如英国国际法资料[31]、美国国际法实践汇编[32]、中国国际法资料[33]等。值得注意还有《联合国立法集》《国际法委员会报告》《国际法律资料》《国际法院报告》（包括当事方诉状和口头陈述）《联合国国际仲裁裁决报告》《国际法报告》和《伊朗—美国求偿法庭报

---

[27] I. Brownlie, "International Law at the Fiftieth Anniversary of the United Nations", 255 *RdC* (1995), 36.

[28] C. De Visscher, *Théories et Réalités en Droit International Public* (4e ed., Paris: Éditions A. Pedone, 1970), 172. "普通法"的说法在英国法律史上是指"普遍适用的法律"，但早已在内容上有所发展，现代英国法律体系的三个支柱是立法、判例法、衡平法，其中第二个支柱就是过去所说的"普通法"：B. Garner (ed.), *Black's Law Dictionary* (7th edn., St. Paul, Minn.: West Group, 1999).

[29] 参见本书第十三章。

[30] I. Brownlie, *Principles of Public International Law* (7th edn., Oxford and New York: OUP, 2008), 6; J. Combacau, S. Sur, *Droit international public* (4e édn., Paris: Montchrestien, 1999), 61-64.

[31] 该内容发表在《英国国际法年刊》上。

[32] 参看：*Digests of International Law* by J. B. Moore (1906), G. Hackworth (1940—1944) and M. Whiteman (1963—1974); *Digest of US Practice in International Law* (1973—2000; 2009—　).

[33] 参看每期《中国国际法年刊》和 Chinese Journal of International Law 的相关部分。

告》,等等。

(二) 法律确信

1. 含义

自"北海大陆架案"之后[34],"法律确信"成为一个常见术语。在众多的相关评论和解释中,国际法院在该案中对它的阐述是最权威的。

案件的简要描述如下:丹麦和荷兰分别在1967年与联邦德国签订了临时协议,将彼此之间所毗连的北海大陆架划界的争端提交给国际法院。国际法院于1968年4月26日做出决定,将两案合并审理。争端的三个当事方一方面请求国际法院指出可以适用于大陆架划界的国际法原则和规则;另一方面保证在判决基础上进行划界。

国际法院以11票对6票对这两个案件做出判决。判决分析了当事方争议中的大陆架法律制度和大陆架划界问题,丹麦和荷兰主张按照1958年《大陆架公约》第6条的"等距离原则"进行划界,法院驳回了该主张,原因是:第一,联邦德国没有批准该公约,因此在法律上不受其第6条约束;第二,"等距离原则"不是大陆架权利概念出现后的必然结果,从《大陆架公约》缔结后的国家实践来看,它在该公约缔结之前和之后都不是习惯法规则[35]。法院同时驳回了联邦德国提出的说法:每个沿岸国都应在与其毗连的大陆架上取得公平和公正的份额,它指出,每个国家都对构成其陆地领土向大海自然延伸的大陆架享有原始权利,因此不存在对大陆架区域进行分配或均分的问题,国际法院只需对其进行划界[36]。

荷兰和丹麦还主张《大陆架公约》第6条中的规则在该公约缔结之后已经发展成为习惯法规则。法院否认了该主张,并认为:

> "这个问题的核心是……即使关于公约非缔约方划界活动的例子比实际进行的此类活动多,这些例子加总一起也不足以构成法律确信;因为法律确信的存在需要两个构成条件。它不仅要求相关行为已经成为确定的实践,而且要求必须有证据证明相关国家这样行为是因为确信法律上有规则要求这样行为。这种信念作为一个主观要素而存在之必要隐含于'必要的法律确信'的概念之中。因此,相关国家必须认为它们是在遵守法律上的义务。行

34　ICJ Rep. (1969) 3.
35　ICJ Rep. (1969) 3, para. 81.
36　Ibid., para. 18.

为的频繁程度,甚至具有惯常性的特征,都不足以证明法律确信的存在。"[37]
主张某一习惯法规则存在的当事方需要证明法律确信的存在,但是在实践中要证明这一点并非易事。

2. 法律确信的证明

在"北海大陆架案"中,田中法官(Tanaka)在其反对意见里提到判断法律确信的存在与否是非常困难的[38]。沙赫特教授(Schachter)曾经这样解释说:"习惯始于某些已经成为稳定的实践的'行为',随后这个实践可使人形成一种确信,即确信该实践具有法律的拘束力。"[39]但是,这种观点的缺陷也很明显,即使它是正确的,证明法律确信的难度并没有依此而降低。欧洲人权法院法官索伦森教授(Sørensen)曾认为,某一实践产生的起因是在考虑了相关各国在某一领域中或问题上的不同利益后达成的一个合理的解决办法,这个办法在实践过程中逐渐确立和巩固,各国对此实践赋予法律上的认知,直到它成为所有国家的确念的一部分[40]。但这只是对确念形成的一般性描述,与沙赫特教授的看法别无二致。索伦森注意到,在讨论这个问题时,国际法院的做法是:如果它认为某个习惯法规则存在,就不会提到确念的证明问题;若它认为该规则不存在,才会讨论这个主观要件[41]。由此看来,国际法院的裁量权还是相当可观的。

国际法院对待这个问题时所采用的分析方法值得学习。在"北海大陆架案"中,国际法院援引了常设国际法院在"荷花号案"判决中的说法来说明如何证明法律确信的存在:

> "即使仅有的少数司法判例能够充分证明[一法国,著者加]所主张的情况,这也只能证明在实践中国家往往免于启动刑事程序,而不能证明国家认为自己有义务这样做;只有在它们认为自己具有免于起诉的义务从而不起诉时,才有可能谈到国际习惯的问题。我们不但不能根据本案中提到的事实得出国家认为自己具有这种法律义务的推论;相反,其他的相关情形加总起来却能证明相反的推论。"[42]

---

[37] ICJ Rep. (1969) 3, para. 77.

[38] Ibid., 176.

[39] O. Schachter, "New Custom, Opinio Juris and Contrary Practice", in: J. Makarczyk (ed.), *Theory of International Law at the Threshold of the 21st Century: Essays in Honour of K. Skubiszewski* (The Hague: Kluwer Law International, 1996), 531.

[40] M. Sørensen, "Principes de droit international public (cours général)", 101 *RdC* (1960), 50-51.

[41] Ibid., 51.

[42] ICJ Rep. (1969) 3, para. 78, referring to PCIJ, Ser. A, no. 10 (1927), 28.

在缺少法律确信的情况下,即使是一致的国家实践也不能创造国际法规则。例如,在公海上对外国军舰行礼是惯常做法,但却不是习惯法规则。不过,各国在某一问题上的一贯做法是证明法律确信最重要的证据。在"北海大陆架案"中,国际法院认为,没有证据表明国家根据等距离原则划界"是因为它们认为由于习惯法规则的存在自己具有如此划界的法律义务——特别需要注意的是,驱使它们采用这种划界方法的有可能是其他显而易见的因素"。[43] 如果实践本身就表现出不确定性,甚至有相反的实践,那么国际法院或其他国际司法机构是不会宣布存在法律确信的"[44]。如果一致、稳定的实践维护的是国际社会的共同利益,那么就可以判断该实践是习惯法或至少在形成习惯法规则的过程中。

如果不存在一致的国家实践,那么任何习惯法规则的提法都站不住脚。在"庇护权案"中,就哥伦比亚政府所坚持的、单方面对庇护对象相关行为的性质做出约束秘鲁政府的法律判断的权利,国际法院指出,

> "法院所掌握的事实表明,外交庇护的行使和在不同场合所表达的相关政府观点上,存在着如此的不确定性、矛盾性、不稳定性和差异性,而且在短时间内先后出现的、涉及庇护问题的条约之间存在着如此的不同,它们既得到一些国家的批准,也遭到另一些国家的反对,并且很多实例中的庇护实践在很大程度上取决于政治权宜的考虑,以至于不可能从所有这些事实中发现【针对这一权利——著者加】存在着任何恒定、一致、被接受为法律的惯例。"[45]

此外,对外国权利主张的默许(默示承认)或反对,也是表明法律确信存在与否的又一类重要证据。国际法院在"缅因湾案"中,将"默许"定义为"【一方——著者加】通过单边行为表现出来的、另一方可以将其解释为同意的默示承认"[46]。如果没有其他国家反对,就可以据此推断其他国家接受了相关行为的合法性。"尼加拉瓜案"实体阶段判决中,国际法院在考虑习惯法中是否存在禁止使用武力的规则时,依靠一系列联合国大会决议对此规则予以肯定这一事实,认为存在法律确念[47]。

到此可以说,证明法律确念的工作并没有想象中那么复杂;上述分析实际上

---

43 ICJ Rep. (1969) 3, para. 78.

44 C. De Visscher, *Théories et Réalités en Droit International Public* (4e edition, Paris: Éditions A. Pedone, 1970), 171-172.

45 ICJ, *Asylum Case (Colombia/Peru)*, ICJ Rep. (1950) 266, 274, 277.

46 ICJ, *Gulf of Maine (Canada v. USA)*, ICJ Rep. (1984) 246, para. 130.

47 ICJ, *Military and Paramilitary Activities in and against Nicaragua (Nicaragua v. USA)*, ICJ Rep. (1986) 14, para. 188.

勾勒出了基本做法：即这一主观因素存在的首要依据还是从国际司法机构的案例中寻觅[48]。至今没有一个国际案件中的法官或仲裁员公开承认，无法找到习惯法法律确信是因为没办法找出证据；相反，经常发生的情况是他们有办法但仍然找不到相关证据，或找到证据后所适用的可采标准不一，以至于所推断出的习惯法规则不准确或不存在。

在面临法律确信的问题时，一致、稳定的国际实践实际上提供了初始证据，在没有相反实践的情况下，就可以说确信已经形成。因此，确定法律确信在很大程度上是个证据问题。在证据的不断取舍、比较之中，最终可以达到一个确定结论：习惯法规则要么存在，要么不存在。如果不存在，法官或仲裁员可以通过其他形式渊源来寻找可适用的规则，从而解决争端。

田中法官在"北海大陆架案"中的反对意见中包括这样几句：

> "确认法律确信的方法只能从该习惯规则的外部表现以及国际社会感到此规则存在的必要性两方面来判断，而不是去为每一个国家实践寻找主观因素的证据——这是不可能做到的。"[49]

他的看法与本书上述观点是吻合的，而国际法院或其他国际司法机构在实践中就是采取这样一个办法。

2018年，国际法委员会通过了《识别习惯国际法的结论草案》，并提交联大讨论，后者通过决议提请各国和其他相关人士注意这一成果[50]。结论10就简单列举了证明法律确信的证据种类，包括政府公开声明、官方文件、政府出具的法律意见、外交书信、国内法院判决、条约条款、依据国际组织或政府间会议通过的决议采取的行动[51]。这一列举并未穷尽所有证据种类，而且在内容上与结论六重合，再次说明上述田中法官与本书所持共同看法的正确性。

3. 地方或区域性习惯法

某些习惯法规则仅适用于世界上某些区域，它们是"地方"或"区域"习惯法。需要强调的是，这种习惯法具有普遍习惯法所具有的所有效力。主张地方习惯法存在的国家需要提供证据。在"庇护权案"中，国际法院指出：

---

[48] 不过，国际法委员会还是比较谨慎："《识别习惯国际法的结论草案》以及评论"，《联合国国际法委员会年刊》(2018)，第二卷，第二部分，A/73/10，结论13(认为司法判例只是识别习惯法及其内容的"辅助性"方式)。

[49] ICJ Rep. (1969) 3, 176.

[50] A/RES/73/203, 20 December 2018.

[51] 国际法委员会：《〈识别习惯国际法的结论草案〉以及评论》，载《联合国国际法委员会年刊》(2018)，第二卷，第二部分，A/73/10，结论10，评论(4)-(7)。

"哥伦比亚政府最后援引了'一般意义上的美洲国际法'……它依据的是一个所谓拉丁美洲国家之间特殊的区域或地方性习惯。主张这种习惯存在的争端一方必须证明该习惯确立的方式表明，它对争端另一方也具有拘束力。哥伦比亚政府必须证明它所援引的规则符合相关国家间稳定的、一致的惯例，该惯例表明庇护授予国享有权利，且东道国承担相应义务。"[52]

由于证据的缺乏，国际法院驳回了哥伦比亚有关地方习惯的这一主张。

但是正如国际法院在"印度领土过境权案"中指出的，地方习惯法在实践中确实存在[53]。在这个案件中，国际法院认为当事双方之间存在着稳定、一致的自由过境的惯例，而且这个惯例已经被双方接受为法律，因此创造了权利和相关义务[54]。

4. 持续反对者

(1) 含义

如果一国自某个实践出现时起，就持续不断地持明确的反对态度，那么这个实践所导致的习惯法规则就不会对该国产生拘束力。这一概念是"二战"后才出现的，在1951年的"英挪渔业案"中，当事双方都认可了这个概念；国际法院认为由于挪威的持续反对，传统的"低潮线"规则不应适用于挪威海岸[55]。"持续反对"的做法之所以能产生这种效力，是因为其他国家接受这一立场，因此对某一实践不予反对会导致一个新的实践，以致新习惯法规则的产生。

(2) "持续反对"规则的现状

持续反对的做法和地方性习惯法的存在，可能会导致几类不同习惯法义务并存的局面。一方面，在坚持不同立场的国家之间的利益平衡发生变化时，习惯法内容也会发生变化；另一方面，从长远来看，单一国家无法抵挡迫使其遵守习惯法的压力，例如：当代国际法的立法行为通常以缔结条约的方式进行，在世界性外交会议通过国际法规则之前，各谈判国家政府必然已经就该规则进行了详细的审查、磋商，在这种情况下，很难出现持续反对的做法——特别是对会议通过的条约草案持全盘否定的立场。

这一概念在1951年以后的国际实践中显示了持续的生命力。不过，适用这一概念的国家行为的结果并不理想。比如拉美国家对国家责任习惯法部分内容

52　ICJ Rep. (1950) 266, 276.
53　ICJ, *Right of Passage over Indian Territory* (Portugal v. India), ICJ Rep. (1960) 6.
54　Ibid., 40.
55　ICJ, *Fisheries Case* (UK v. Norway), ICJ Rep. (1951) 116, 131.

（特别是涉及"国有化征收"的国际最低标准）的反对，就遭到西方国家的抵制，无法付诸于实践之中[56]。另一方面，美国法学所1986年出版的《法律再述》（美国对外关系法）第三版中，第一次在这个出版物中加入了"持续反对"的理论；加入这一内容的背景是在1984年"尼加拉瓜案"中国际法院针对管辖权问题的判决公布之后，编著者与美国国务院法律顾问就此进行了讨论[57]。

　　在某些情况下，习惯法规则是否允许持续反对者存在，是有争议的问题[58]。但一些国家持续反对"禁止在武装冲突中对平民施行报复"这一规则，是合适的例子。英国和爱尔兰在签署1977年《第一附加议定书》时，对该条约第51条第六款做出保留，声称有权"为了达到迫使敌方停止对被保留的条款的继续违反的唯一目的，在其认为必要时，采取这些条款所禁止的行动；但是这必须是在敌方无视其发出的要求停止继续违反的正式警告之后，而且必须是在得到其政府最高决策机构的授权情况下。"[59]上述声明表明，这两个国家保留了对敌方平民居民和民用物体采取报复手段的权利，代表了国家实践中的一种做法[60]。尽管报复这种战争手段仍然是习惯法规则所允许的，但是由于存在着不同做法，它在实践中的行使就可能与《第一附加议定书》不符。对于那些对禁止报复的条约规则做出保留的国家而言，它们可能会不顾其他国家的反对，不论《第一附加议定书》第51条第六款是否会成为习惯法规则，坚持根据自己的理解行使报复权。

　　国家利益的不同是一个事实，因此持续反对者在未来实践中还有出现的可能；但是要小心的是，如果相关习惯法规则成为强行法规范，则持续反对的效力将不复存在。在这里还有一个较为现实的问题：如果某一规则成为习惯法一部分，那么反对的效力能够持续多久？如果该规则出于造法条约，其范围及于第三方的权利和义务，那么后者的反对有何种效力？事实上，一旦某些条约规则成为习惯法，持续反对的立场就会失去有效性，而不管持反对立场的国家在实力上如

56　J. Kelly,"The Twilight of Customary International Law",40 *Virginia JIL*(2000) 449,515.

57　Ibid.,514.

58　参看联合国安理会于2006年12月27日一致通过的决议第1737号；涉及1968年《不扩散核武器条约》的执行；伊朗是缔约国之一。国际原子能机构（IAEA）敦促伊朗政府遵守联合国安理会与IAEA理事会决议；决议第GOV/2012/50号,13 September 2013,载：www.iaea.org（最后浏览于2014年1月24日）。

59　A. Roberts and R. Guelff(eds.),*Documents on the Law of Law*(3rd edn., New York：OUP, 2000),506,511.这些"条款"包括《第一附加议定书》第51-55条。

60　The UK Ministry of Defence,*The Manual of the Law of Armed Conflict*,Oxford University Press,2004,421,n. 62. 又见：德国、意大利、荷兰、新西兰和西班牙的声明。A. Roberts and R. Guelff (eds.),*Documents on the Law of Law*(3rd edn.,New York：OUP,2000),505,507,508,509.

何强大,比如海洋法中三海里领海宽度的支持者美国和英国,在"二战"后极短时间里就不得不放弃这一规则,转而支持其一直反对的 12 海里宽度[61]。

5. 条约和习惯的关系

在以下三种情况下,条约规则可能同时具有习惯法的效力。第一,这些条约规则是对习惯法的编撰;第二,条约文字明确体现了一个正在形成的习惯法规则;第三,条约创制了新规则,而后者向习惯法规则快速转变(即通过惯例和法律确信的过程)。在这些情况下,条约成了证明某个既存或孕育的习惯法规则的证据,为国际司法机构或政府找到习惯法规则提供资料。

习惯和条约可以并行存在,彼此并不互相取代。在"尼加拉瓜案"中,国际法院指出:

"本法院在'北海大陆架案'中已经明确指出,相同的规则可以同时存在于国际条约和习惯国际法中……从更一般的意义上讲,当习惯国际法包含与条约相同的规则、后者就会'取代'前者而习惯国际法本身将不复存在的这一主张,是没有根据的。"[62]

条约规则可以发展成为习惯法规则,但是它本质上必须是造法性的,并且必须有充分的、伴随有法律确信的国家实践的支持。在这种情况下,条约规则和习惯法规则并存。当然,假如所有国家皆为某一条约的缔约国,那么这个条约是否同时还是习惯法的意义就不大了;实际情况是,这样的条约数量屈指可数,所以本节所讨论的问题是有实践意义的。

此外,强行法作为习惯法的一部分效力优于条约[63],《维也纳条约法公约》第 53 条对条约和强行法的关系做了如下规定:

"条约在缔结时与一般国际法强制规律抵触者无效。就适用本公约而言,普遍国际法强制规则指国家之国际社会全体接受并公认为不许损抑且仅有以后具有同等性质之一般国际法规律始得更改之规则。"

此外,新国际法强行规则产生时,任何现有条约与该项规则抵触者将失效而终止施行[64]。

---

[61] J. Charney,"The Persistent Objector Rule and the Development of Customary Law",56 *BYIL* (1985),24.

[62] ICJ Rep.(1986) 14,para. 177.

[63] 参看下面一节对强行法的讨论。

[64] 《维也纳条约法公约》第 64 条。

四、普遍性法律原则和强行法

(一) 国际法基本原则和"文明国家"普遍承认的法律原则

两种原则之间的区别很难定义,前者是普遍国际法或说习惯法的一部分,后者存在于国内法律制度中(至少它最初源于国内法)。翻译上,"普遍性法律原则"更贴近英文原意,也更准确地反映这种原则在国际实践中的特征[65]。

在《国际法院规约》第38条第一款(C)项下,这两种原则之间有重合部分,即从国内法中起源的原则可以发展成为国际法原则[66],例如国际司法判决或仲裁裁决的"终局性"原则、"善意"原则等[67]。但是,从国内法规则中抽出的普遍性法律原则只有通过具体规则的形式表现出来后才能被适用,所以,是这些具体规则构成了实在国际法的一部分。如果在这些规则推动下,形成了一致、普遍的国家实践,那么该规则赖以存在的法律原则与该规则一样,均成为习惯法的一部分。

另一方面,国际法基本原则也包含国际习惯法所体现出来的原则。例如,中国提出的"和平共处五项原则"就属于这一类[68],要证明这种基本原则的存在需要同时证明普遍性实践和法律确信的存在,而要证明第38第一款(C)项下的法律原则的存在是不需要证明法律确信的存在的。其实,在讨论这个问题时,没有必要严格坚持不同种类渊源之间的区别。当实践成熟时,就会产生相应的国际法基本原则,而在这一过程中,国际司法机构对普遍性法律原则的适用,可能会成为这种实践所代表的习惯法规则存在的证据。

此外,这里提到的"法律"一词并非仅指公法。根据具体案件的不同类型,可适用法律也可以包括冲突法或其他的国家间法律的规则[69]。在"塞尔维亚和巴西贷款案"中,常设国际法院适用的是"国内法院在没有解决法律冲突的国内法的情

---

[65] 联合国国际法委员会起草委员会,"结论1、2、4草案",A/CN.4/L.955,2021年7月28日,结论二规定:"一个普遍性法律原则必须为各国共同体所承认"。

[66] *Delimitation of the Abyei Area between the Government of Sudan and the Sudan People's Liberation Movement/Army*, Final Award of 22 July 2009, 30 *UNRIAA*, para 430("【现在】存在着一种广泛被接受的理解,即在边界争端中,'普遍法律原则'说法包括国际法的普遍原则",因为"国内法一般对这类争端没有相关规定")。

[67] 联合国秘书处:《普遍性法律原则备忘录》,A/CN.4/742,2020年5月12日,第72段。

[68] 刘振民:《遵循五项原则携手构建命运共同体》,载《中国国际法年刊》(2014),第3-6页。

[69] W. Friedmann, *Legal Theory* (5th edn., London: Stevens and Sons, 1967), 526-527: on the law on international contract.

况下所采取的、与实践相一致的法律原则"[70]。

(二) 规则和原则

郑斌教授曾援引"意大利—委内瑞拉混合求偿委员会"在1903年"坚蒂尼案"裁决中的如下说法：

> "规则……本质上是实用的和有拘束力的,……而原则只提供指引我们行动的普遍性真理,是我们生活中各种行为的理论基础,其在现实生活中的适用会导致某种特定的结果。"[71]

也许可以说,规则是具有拘束力和强制性的,但是原则只提供了一种指南,所以在适用某一原则的时候,行为者有选择如何行为的余地[72]。当然,对于这种观点也存在着质疑,曼教授认为一个技术性的规则也可以成为一个原则；在他看来,"是规则适用的普遍性、而非该规则背后的法律理念的普遍性,决定了它是不是一个基本原则"[73]。

(三) 如何确定和适用普遍性法律原则

普遍性法律原则必须是主要国内法系普遍承认的原则；它们存在于所有,或几乎所有国家的国内法中,并且应该是国内法实践中比较成熟的原则[74]。对国际法律师而言,只要证明最有代表性的国内法律制度都包含某一原则就足以证明后者是普遍法律原则[75]。这种做法考虑到语言和文化、历史、政治等传统上的差异与相似性[76]；但更主要的是考虑到国际法体系的特殊要求。另外,此类法律原则存在的事实,并不会因为构成该类原则的规则在不同情况下具有相似的、但并非

---

[70] PCIJ, Ser. A, no. 20/21, 41.

[71] B. Cheng, *General Principles of Law: As Applied by International Courts and Tribunals* (Cambridge: Grotius Publications, 1987), 24.

[72] K. Zemanek, "Basic Principles of UN Charter", in: R. St. J. Macdonald and D. Johnston (eds.), *Towards World Constitutionalism* (Leiden: Martinus Nijhoff, 2005), 401.

[73] F. A. Mann, "Reflection on a Commercial Law of Nations", 33 *BYIL* (1957), 36.

[74] Ibid., 38. See his criticism of the Award in the *Diverted Cargoes Arbitration* between Greece and the UK: ibid., 41-48.

[75] J. Stevenson, "The Relationship of Private International Law to Public International Law", 52 *Columbia Law Review* (1952), 570.

[76] G. Dannemann, "Comparative Law: Study of Similarities or Differences?" In: M. Reimann and R. Zimmermann (eds.), *The Oxford Handbook of Comparative Law* (New York: OUP, 2006), 409-411.

完全相同的表现形式而改变[77]。所以,寻找这些原则的方法是比较法的方法。尽管比较法很少被称为国际法的渊源,但是它确实至少是一种实质渊源[78]。

郑斌教授认为普遍法律原则包括:"既判力"原则、"善意"原则、"法不禁止即允许"原则、"禁止权利滥用"原则、"特别法优于一般法"原则等,根据是在《常设国际法院规约》的起草过程中,所有这些原则都曾被负责起草的法学家咨询委员会(Advisory Committee of Jurists)所提及[79]。这里还可以加上国际刑事司法中的免责理由,以及公司法中公司组成的规则。

国际司法机构在对待普遍法律原则的问题时,多采取谨慎态度;因为国家间争端所需考虑的因素,与国内法院需要考虑的因素大为不同。布朗利教授指出,国际法庭通过运用司法推理和与私法类比的方法,使国际法成为一个能够适用于司法程序的法律体系[80]。但是,国际法庭只会适用那些可以适用于国家间关系的国内法规则,而不是将国内法概念全盘照搬过来。曼教授指出,所有的法律制度都包含了,或建立在一些众所周知的法律概念的基础上,如英国衡平法和《法国民法典》第1134条(依法成立之契约在缔结契约的当事人之间有相当于法律的效力)和《德国民法典》第242条所规定的债务人有义务依诚实和信用,并参照交易习惯来履行给付等[81]。

在实践中,与国际仲裁庭的做法不同,常设国际法院和国际法院很少在其判决中适用普遍法律原则,更多情况下,国际法院将普遍性法律原则作为法律推理的一部分,特别是在证据和程序方面适用这类原则。但是,在国际法的某些领域,这些原则的作用不仅仅体现在法律推理过程中。在"霍左夫工厂案(实质阶段)"判决中,常设国际法院指出:"任何违约行为都会导致赔偿的义务,这是国际法基本原则,甚至是个普遍性法律概念。"[82]国际法院对这类法律原则的援引更多体现在涉及私人利益的案件中,它在"巴塞罗那动力公司案"就引用了国内法上"有限责任公司"的概念,而这个概念在当时的国际法中是不存在的[83]。

---

77 R. Pound,"Fifty Years of Jurisprudence",50 *Harvard Law Review*(1937),557,at 565.
78 F. A. Mann,"Reflection on a Commercial Law of Nations",33 *BYIL*(1957),36.
79 B. Cheng, *General Principles of Law: As Applied by International Courts and Tribunals* (Cambridge: Grotius Publications,1987),25-26.
80 I. Brownlie, *Principles of Public International Law*(5th edn., New York: OUP,2003),16.
81 F. A. Mann,"Reflection on a Commercial Law of Nations",33 *BYIL*(1957),34-39.
82 PCIJ, *Case concerning the Factory at Chorzów (Germany v. Poland)*, Merits, Judgment of 13 September 1928, Ser. A, no. 17, 29.
83 ICJ, *Barcelona Traction, Light and Power Company*, Limited, Judgment of 5 February 1970, ICJ Rep. (1970) 3, para. 50.

当今实践表明,国际司法机构也会在国际法规则模糊或缺失的情况下适用普遍性法律原则。1997年前南法庭上诉庭处理的"检察官诉艾德莫维奇案"就是在国际刑法领域引用此类法律原则的例子[84]。这一案件涉及"胁迫"(duress)这个有争议的法律原则,作为普遍法律原则,"胁迫"可以被适用到国际司法程序中,但是表达这一原则的具体规则要依据程序的特点来确定。上诉庭最后认定,对于被控犯有"杀害无辜者"这样严重的罪行的士兵而言(判决本可以使用"平民"这一法律术语的),"胁迫"不构成免责理由[85]。

值得一提的是,即使无法通过比较法研究从几个法律体系里面找到普遍性法律原则,判案法官也必须找到案件的解决方法,这可能会导致普遍性法律原则的产生[86]。

(四) 衡平法(Equity)

一般而言,成熟的法律体系往往都会保留一定程度的司法裁量权,以救济严格适用法律规则所造成的、有争议的后果。在英国,衡平法就是为了减轻普通法规则的严苛性而发展起来的一个法律体系。起初,当普通法法院的审判无法实现正义时,衡平法院就会接过管辖权,并通过行使国王所拥有的自由裁量权为公民伸张正义;虽然衡平法并非实现正义的唯一途径,它存在的基础是正义和良知的原则[87]。在英国法系中,衡平规则毫无疑问是一种法律。

相类似的是,公平原则早已存在于国际法领域之中,自始其作用就是对法律的空白进行补缺或对适用法律所造成的不公平结果进行修正[88]。补缺时,它起到的是国际法"补充渊源"的作用;修正法律时,它显示出法律作为人类智慧的产物也具有人类智慧的弱点,从而需要融入更高层次的原则来达到法律所要达到的理想—正义。不过,在国内法实践中衡平规则要高于普通法效力;在国际法中,这一规则却没有明确地确立起来,衡平规则的优先性只可从具体案件中推演出来。

---

84 ICTY, Case No. IT-96-22-A, Appeals Chamber, Judgment of 7 October 1997, Joint Opinion of JJ. McDonald and Vohrah, para. 58.

85 这是判决中第四个结论;法官们以三比二的投票比例做出了这个判定。

86 H. Lauterpacht, *The Development of International Law by International Court* (Cambridge: CUP, 1996), 165-167.

87 J. Martin(ed.), *Hanbury & Martin Modern Equity* (15th edn., London: Sweet & Maxwell, 1997), 4.

88 *Georges Pinson v. United Mexican States*, Decision No. 6 by the French-Mexican Claims Commission of 24 April 1928, 5 *UNRIAA* 327, 355.

在1912年结束的法国与瑞士的仲裁案中[89]，仲裁庭就法国立法违反案件双方之间商贸条约的问题做出裁决，认为法国立法应该与条约相符，不应对瑞士制造的蒸汽涡轮机收取不同的海关税，但是考虑到瑞士受损的间接利益无法准确计算，还考虑到双方之间的友好关系，不应该"严格"追究上述违约行为的法律后果，所以没有做出赔偿的判决。这反映了国际关系中衡平规则的存在与国内法中衡平法的存在与否没有必然关系；上述两个国家都秉承大陆法系的传统，但是在国际仲裁中却接受了衡平的效果。

在常设国际法院审理的"缪斯河案"中，哈德森（Hudson）法官在其个人意见中谈到了衡平规则的作用[90]。他认为，国际司法实践要求同时适用法律和衡平原则，根据之一是常设仲裁庭于1922年10月13日做出的关于美国和挪威的"造船合同征用案"的裁决。在那个仲裁裁决中，由瓦勒顿、安德森和沃特组成的仲裁庭指出："大多数国际法律师似乎都同意，与那些只存在于特定案例法或国内法体系中的概念不同的是，这些词代表了一般意义上的正义原则。"[91]哈德森法官认为，依照法院规约第38条，常设国际法院可以将衡平原则作为国际法的一部分来适用；"平等"这一衡平原则就是适用于该案的，因为在他看来，如果当事方之一不遵守相关条约下的义务，那么它就不能要求条约其他缔约方必须履行其在该条约下的义务[92]。

在1954年英国与意大利之间的调解裁决中，也存在着作为仲裁根据的条约中含有"正义与衡平"的规则，但其影响在仲裁庭看来并不在于可以扩张相关协定性条款的外延，以至于涵盖一方未同意仲裁庭管辖权的争端[93]。

国际法院在"北海大陆架案"中指出："这不是个简单地将衡平原则作为一种抽象正义的概念来适用的问题，而是适用法律规则的问题，该规则本身要求要在考虑大陆架法律制度赖以发展的基本理念的基础上，对本案提出的问题适用衡平

89　Arbitral Tribunal, *Affaire de l'interprétation d'une disposition de la convention de commerce entre la France et la Suisse et du procès-verbal signés à Berne le 20 octobre 1906*（France/Suisse），11 *UNRIAA*，411-420.

90　PCIJ, *Diversion of Water from the Meuse*（Netherlands v. Belgium），Judgment of 28 June 1937, Ser. A/B, no 70, 76-77.

91　1 *ILR* 370. "这些词"指的是"法律与衡平规则"这一用语，后者出现在1921年美国-挪威特别仲裁协定里，该协定是上述仲裁程序的基础。

92　PCIJ, Ser. A/B, no 70, 77.

93　The Anglo-Italian Conciliation Commission, *Cases of Dual Nationality*, Decision No. 22 of 8 May 1954, 14 *UNRIAA* 27, 35.

原则。"⁹⁴法院认为,本案中的衡平原则包括:(1)大陆架划界中不存在重塑地理特征或弥补自然存在的地理不平等的问题;(2)一国不能侵犯别国根据自然延伸原则所享有的权利,即在相关情形下,一国完全地享有国际法所赋予的、对毗连大陆架的主权权利;(3)大陆架划界过程中应该考虑所有相关情形;(4)尽管各国在法律上地位平等,且应被平等对待,但是"公平并非意味着平等。"⁹⁵适用这些原则既是实现公平结果的方法,也具有普遍效力,它们清楚地展现了衡平规则的性质⁹⁶。

在"突尼斯和利比亚大陆架划界案"中,国际法院指出:"作为一个法律概念,衡平概念是正义理念的直接产物。"⁹⁷

在布基纳法索和马里之间的"边境争端案"中,双方就衡平规则在本案中的运用进行了辩论⁹⁸。由于没有当事方的授权,国际法院没有适用"公允及善良"原则,而是将衡平规则作为法律解释规则来解释现有法律,从而通过适用现有法律找到了公平的解决方法⁹⁹。在本案中,法院适用衡平规则是为了通过法律解释来实现公平的处理结果;这是一种在法律规则的适用范围之内适用衡平规则对规则做出适当解释的做法(infra legem)。

因此,布朗利教授认为衡平法是为了更合理地适用某些确定的国际法规则而必须考虑的公正、理性和政策因素¹⁰⁰。弗里德曼教授认为公平原则是"所有现代民法体系中核心的、普遍的解释原则;它在现代普通法体系中也具有同样重要的地位,它有各种不同的表达方式,如'合理'、'公正',甚至是'自然正义';它是所有现代司法体系运作中的重要部分。"¹⁰¹阿克赫斯特博士将衡平规则的作用简单地总结为以下几点:(1)将法律适用到事实上;(2)填补法律空白;(3)对造成不公正结果的法律规则不予适用¹⁰²。他同时注意到适用衡平法是有危险的,因为一方面它提供了法律规则的例外情况;另一方面它的适用具有主观性,换言之,不

94　ICJ Rep. (1969) 3,para. 85.
95　ICJ Rep. (1969) 3,para. 91.
96　ICJ,*Continental Shelf Case(Libya/Malta)*,ICJ Rep. (1985) 13,Judgment of 3 June 1985,para. 43.
97　ICJ Rep. (1982) 18,60,para. 71.
98　ICJ,*Frontier Dispute(Burkina Faso/Mali)*,Judgment of 26 December 1986,ICJ Rep. (1986) 554,para. 27.
99　Ibid. ,para. 28.
100　I. Brownlie,*Principles of Public International Law* (7ᵗʰ edn. ,New York:OUP,2008),25.
101　W. Friedmann,*The Changing Structure of International Law*(New York:Columbia University Press,1964),197,excerpted in:L. Henkin,R. Pugh,O. Schachter,and H. Smit(eds.) *International Law Cases and Materials*(St. Paul,Minn. :West Group,1980),83.
102　M. Akehurst,"Equity and General Principles of Law",25 *ICLQ* (1976),801-802.

同的人在适用该类规则时可能会对事实做出不同评价,而适用结果可能对争端一方是公平的,对另一方却不公平。司法审判的结果具有一定的不可预见性,而如果在审判过程中融入衡平规则,这种不可预见性可能会加剧。

国际司法实践倾向于这样的看法:作为国际法中具有发展潜力的概念,衡平法出于《国际法院规约》第38条第一款(C)项下的渊源,而非出于第38条第二款下的渊源[103]。因为衡平的规则是法律的一部分,而不是取决于当事方合意下的"公允及善良"。不过,常说的公平原则既可以是衡平法的一部分,也可以是"公允及善良"原则的一部分[104];取决于具体案件中对适用法律的界定。当争端的解决涉及《国际法院规约》第38条第一款的适用时,当事方在将案件提交给国际法院时就已经将选择法律的权利交给了法院,此时,只有法院有权选择适用于案件的规则或原则[105]。

(五)普遍性法律原则的特殊性质

这类法律原则不但在内容上具有弹性,而且还具有将多种不确定因素纳入争议解决过程的能力。事实上,没有哪个国际争端是纯法律性或纯政治性的;国际争端总是涉及多种国内和国际的利益、因素。国际法院的现有实践表明,它常常要综合考虑各种因素以便为每个案件找到公平的解决办法。

联合国国际法委员会正在研究这一法律渊源,相信会对有关这一题目的实践做出进一步的总结[106]。

(六)强行法与本节的相关性

从起源说,强行法的概念是罗马法的产物,在相关国内法体系中是为人熟知的概念。基本法理是,当一个规则或实践被提升到强行法的高度后,呈现的是抽象的表征,即表现为普遍性原则。这意味着,普遍意义上的强行法规范与普遍性法律原则产生的基础是同一个,即国内法实践,如果其中出现某些不可损抑的因

---

103 PCIJ, Ser. A/B, no 70, 77 (*per* Hudson J.); ICJ, *Frontier Dispute* (*Burkina Faso/Mali*), Judgment of 26 December 1986, ICJ Rep. (1986) 554, para. 28.

104 *Amco v. Indonesia*, Decision on Annulment, 16 May 1986, 1 ICSID Reports, 516/7, paras. 26-28.

105 T. Sugihara, "The Principle of *Jura Novit Curia* in the International Court of Justice, with reference to Recent Decisions", 55 *Japanese Ybk* (2012), 77-109; L. Fumagalli, "Jura Novit Curia", MPEiPRO, 2018.

106 国际法委员会在2018年正式指派了特别报告员,开始对这一题目的研究和讨论:A/73/10, para 363.

素,后者就可能成为国际强行法的一部分[107],前提当然是它们被运用在国际法体系之内。某些普遍性法律原则,如"善意"或"诚信"原则,在某种程度上可以被视为是强行法[108]。此类原则附属于实体法律问题[109],但其所维护的利益对国际社会来说具有共同性和不可更改性,使其在效力等级上可以超越条约或习惯法。

在国际法中,强行法是指国际社会公认为具有强行性且不得损抑(包括通过缔结条约的方式来修订)、仅有相同性质的规范才能对其进行变更的法律规范(含有规则和原则)。这也是为什么学者们久已有将强行法与自然法联系起来的做法[110];但是,这种做法与这里讲的观点有区别,因为本书讲的是从实践(具体)到原则(抽象),而前者做法则是从原则(抽象)到原则(抽象)。

在国际法体系中,强行法概念是20世纪中出现的,而相关实践主要是"二战"后才出现的[111]。但是,哪些规则或原则是强行法,还是不确定的问题[112]。国际法院认为,强行法规范的确定取决于该规范的法律性质[113];前南刑庭第二审判庭在"富荣基雅案"中指出,强行规范的特质在于其所保护的特殊价值观[114]。可以说,具有这样个性的规范会成为强行法或至少是候补规则。

在这里要提到1970年国际法院所裁决的"巴塞罗那动力公司"案。在本案中,国际法院认为所有国家都承担维护某些权利的义务,因为这些权利对所有国家都很重要——这种义务是对国际社会整体所承担的义务(erga omnes)[115]。法院判决中提到侵略、种族灭绝、奴隶制度以及种族歧视等行为均违反了对国际社会整体所承担的某些特定义务。必须指出,该案提到的这类义务,在数量上要多于强行法规则;它们与后者并不能轻易划等号。

---

107 ICJ, *Barcelona Traction, Light and Power Company*, Limited, Judgment of 5 February 1970, ICJ Rep. (1970) 3, 32.

108 G. Schwarzenberger, *International Law as Applied by International Courts and Tribunals*, vol. i (3rd edn., London: Stevens & Sons, 1957), 426.

109 A. Orakhelashvili, *Peremptory Norms in International Law* (New York: OUP, 2006), 45.

110 J. Frowein, "Jus Cogens", in: 3 *Encyclopedia* (1997), 66.

111 E. Schwelb, "Some Aspects of International Jus Cogens as Formulated by the International Law Commission", 61 *AJIL* (1967), 949.

112 A. Orakhelashvili, *Peremptory Norms in International Law* (New York: OUP, 2006), 40-66.

113 ICJ, *Legality of the Threat or Use of Nuclear Weapons*, Advisory Opinion, ICJ Rep. (1996) 226, 258.

114 ICTY, *Prosecutor v. A. Fuzundžija*, Case No. IT-95-17/1-T, Trial Chamber II, Judgment of 10 Dec. 1998, para. 154.

115 ICJ, *Barcelona Traction, Light and Power Company, Limited* (*Belgium v. Spain*), ICJ Rep. (1970) 3, para. 33.

国际强行法产生的路径与普遍性法律原则成为习惯法的路径一样。不过，强行法规则还可以通过国际实践产生、明确，上升到强行法的高度，这是国际强行法特有的形成方式，与普遍性法律原则没有必然联系。比如国家间禁止使用武力的原则，就起源来说就不是普遍性法律原则，而只存在于国际法体系中。所以，强行法不构成国际法的形式渊源[116]，尽管其包含的是强制性规则和原则；这也表明对于国际法体系而言，它自成一个次级的规则范畴。

鉴于上述对国际强行法形成的分析，本书将不对从国际实践中产生的强行法规则作过多表述[117]，只强调一点：强行法概念的国内法起源，可以为国际法下对应概念的理解提供坐标。

五、司法判例

（一）当今实践

在《国际法院规约》第38条第一款(d)项下，司法判例是确定国际法规则的辅助方法，而不是国际法的形式渊源，因为它不创造法律。由于"遵循先例"原则的存在，普通法体系中存在判例法；在这个前提下，司法判例的确可以创造普通法规则。但是，国际司法机构的判决，多数情况下仅适用于案件当事方。《国际法院规约》第59条规定："法院之裁判除对于当事国及本案外，无拘束力。"该规则就是为了避免国际法院在某一案件中所做的判决，对非当事方或其他案件产生法律拘束力[118]。在这里，具有拘束力的部分，或说 res judicata，一般是指判决的结论部分（dispositif），而不是推理过程中的论述[119]。

（二）司法判例对习惯法发展的影响

国际法院的判决会影响习惯法的发展是个不争的事实。1951年的"英挪渔

---

116 在罗马法中它也不是法律的形式渊源：E. Schwelb,"Some Aspects of International Jus Cogens as Formulated by the International Law Commission",61 *AJIL* (1967),948.

117 参看：ILC,"Draft Conclusions on Peremptory Norms of General International Law(*Jus Cogens*)", 71st Session(29 April-7 June and 8 July-9 August 2019),UN Doc A/74/10.

118 PCIJ,*German Interests in Polish Upper Silesia* (1926),PCIJ,Ser. A,no.7,19.

119 Arbitral Tribunal,*Case concerning the Delimitation of the Continental Shelf between the UK and France*,Award of 14 March 1978,18 *UNRIAA* 295.

业案"和1955年的"诺特波姆案"就是这方面的典型事例[120]。司法判例的主要作用体现在为习惯法的存在提供证据,这些司法判例不仅包括国际法院或法庭的判决,还包括国内法院的运用国际法规则所作的判决。例如,国内法院判决对引渡、战争罪、交战占领、交战状态的承认、豁免和捕获法等国际法领域的发展起到了重要作用;而国际法院或法庭的判决则影响了被告在人权法上的权利、个人责任、战争罪、遵守国际义务与坚持国家主权之间的关系的法律规则的发展。

需要强调的是这些司法判例在国际法上一直具有习惯法规则证据的价值。

(三) 近些年的发展

一般而言,在平行而非垂直结构的国际司法体制中建立"遵循先例"制度是不现实的。但近些年来,有些国际司法机构在一定程度上承认了"遵循先例"(stare decisis)原则,强化了不同级别分庭判决之间效力等级的划分。比如,前南刑庭的"检察官诉阿列克索夫斯基案"的上诉判决在该法庭内部确立了"遵循先例"制度[121],但是,该判决并没有在前南刑庭(和卢旺达刑庭)之外推行这种制度的意图。

其次,在国际刑法领域中,司法判例作为法律渊源具有必然性,即在没有成文法或习惯法时,司法机构必须做出判定。军事指挥官对其下属行为负责的指挥官责任原则就是在"二战"后进行的军事审判判决的基础上发展而来的[122]。

再次,建立司法机构的根本性条约可能承认判例法的存在,比如:1998年《罗马规约》的第21条第二款规定,国际刑事法院有权适用其过去所作判决中的原则和法律规则,从而为判例法在该法院的确立提供了法律基础。又如,2001年《查瓜拉马斯条约(修订版)》第221条规定,加勒比法院(Caribbean Court of Justice)的判决对于在法院出庭的争端方而言,均构成具有法律拘束力的先例[123]。

---

[120] 参看本书第十章和第十三章中的相关论述。

[121] ICTY, *Prosecutor v. Alexsovski*, Case No. IT-95-14/1-A, Appeals Chamber, Judgment of 24 March 2000, para. 107.

[122] B. B. Jia, "The Doctrine of Command Responsibility Revisited", 3 *Chinese JIL* (2004), 7-12.

[123] 这个法院成立于2001年;于2005年开始受理案件。上述条约最早于1973年7月4日由加勒比共同体和共同市场国家通过,与1973年8月1日生效。修订版出现于2001年7月5日,生效于2002年2月4日,这个修订的条约建立了加勒比共同体(包括Caricom单一市场与经济)(共同体成员国包括14个加勒比地区的国家)(相关条约原文参见法院网址:www.caribbeancourtofjustice.org.)参看:J. Haynes, "The Emergence of a Doctrine of *de jure horizontal stare decisis* at the Caribbean Court of Justice: Fragmentation or Pluralism of International Law?" 5 *Journal of International Disputes Settlement* (2014) 498.

六、公法学家的著作

公法学家的著作不是形式渊源。20世纪以前,学说确实能够对国际法实践产生重大影响。例如,在1864年的"渤海湾事件"中,普鲁士政府由于清政府的抗议释放了其军舰在渤海湾中抓捕的丹麦商船,美国学者惠顿(H. Wheaton)的国际法著作在该事件的处理中发挥了重要作用[124],而法国学者基德尔的观点推动了海洋法中"毗连区"概念和制度的发展[125]。但是,随着国际法体系与实践在20世纪中的成熟,国际法的主体和处理的问题都发生了深刻变化,主权国家和国际组织成为国际法立法过程中的主导力量,而司法机关在很大程度上决定着国际法规则的解释和国际法争议的裁判结果,这使学者著作在国际法的立法和司法过程中的影响日益边缘化。但是,学者著作的重要性的降低并非意味着其作用已经荡然无存,实际上,国际法官仍然会在其附加于司法判决多数意见后的反对意见或个人意见中提到学者著作,但学者著作本身不再能成为解决案件的法律规则的来源。

在实践中,国内法院和国际司法、仲裁机构都曾经在判决中引用过奥本海、布朗利等人的著作[126];在国内法院,这种情况就更常见一些[127],原因是国内法院在处理国际法问题时需要依靠国际法权威著作来说明某一具体规则的现状和在本案中适用的可能;国内法院法官对这方面的储备必然是有限的[128],而参考权威著作(包括学术文章)是公认的捷径。

某些领域的专家,比如人道法领域里的国际红十字委员会就某些条约发表的著作或评论,可能被引用到判决或外交部法律意见中,因为法庭可能会根据某个

---

124 有关1864年这一涉及中国、普鲁士、丹麦的事件,参看 T. Y. Wang,"International Law in China:Historical and Contemporary Perspectives",221 *RdC*(1990),232-234.

125 G. Gidel,*Le Droit International Public de la Mer*(*Le Temps de Paix*)(Paris:Recueil Sirey,1934),iii.

126 M. Peil,"Scholarly Writings as a Source of Law:A Survey of the Use of Doctrine by the International Court of Justice",1 *Cambridge Journal of International and Comparative Law*(2012) 136.

127 比如:在 In re Flesche 案件(16 ILR 271)中,荷兰特别最高法院1949年6月27日的判决中就引用了奥本海-劳特派特《国际法》教科书的第六版(1944年)、J. Kunz《战争与中立法》(1935年)等书。在"皮诺切特案"(119 ILR 45)1998年10月28日的判决中,英国首席法官宾根姆勋爵就引用了布朗利教授的国际法教科书来解释"国家行为"的概念和规则;贵族院司法委员会在该案上诉阶段第一次判决中(119 ILR 62),斯林勋爵引用了瓦茨爵士《奥本海国际法》第九版两个编辑之一)在海牙国际法学院的讲演来解释国家元首豁免权的外延。

128 国际法委员会:《〈识别习惯国际法的结论草案〉以及评论》,载《联合国国际法委员会年刊》(2018),第二卷,第二部分,A/73/10,结论13,评论(7)。

作者对某个具体规则的专门知识来寻求推理的逻辑与证据。此外，著名学术团体——比如国际法研究院（l'Institut de Droit International or IDI）的报告也可能被国际司法机构引用。由联合国大会选举产生的、由独立专家组成的国际法委员会（International Law Commission）发表的报告，也往往会在国际实践中起到重要的证据作用，用来确定可适用的规则[129]。

另外，通过向决策者解释某种理念，权威著作往往能够影响政府或国际性司法机构的决策取向，在国际组织、外交机关、国际会议、司法实践中发挥作用。本书绝没有认为只有某些作者的著作才是权威的意思，实际上，英美法体系中的"权威"二字，是有一定评判标准的，比如：成为国家实践的指南；对所处时代中流行的理论、惯例、习惯的集大成；对法律规则的解释准确、谨慎、专业；跟踪介绍某一法律领域的发展和演进[130]。对于学者来说，达到这些标准的难度显而易见。

最后可以说，第38条第一款（d）项提及的公法学家著作，对国际法学习和研究的方法论来说具有重要意义。这个规定不仅是一个条约的条款，具有法律效力；它也清楚地指出对于一个国际法律师来说，要从什么样的著作（包括教科书、专著、文章、咨询报告）中得到帮助，找到适用的法律规则和指南。如果国际法院或联合国法律部或各国外交部条约法律部门在处理具体问题时，总是依靠某些书籍、学术杂志，那么对于从事国际法教学和研究的人来说，也应该给予这些出版物以首要地位，避免在较为次要的出版物上投入时间和精力。从学术角度来说，研究的质量从著作、文章、报告写作过程中所引用的著作种类、取舍上就可以看出来。

七、联合国大会和安理会决议以及类似文件

（一）联合国大会和安理会决议在《联合国宪章》下的地位

根据《联合国宪章》的规定，联合国大会根据宪章第4条第二款、第5、6、17条做出的决议和安理会根据第25、39、41、42条做出的决议对联合国成员国具有法律效力，但是绝大多数的联合国大会决议是没有法律效力的。

---

[129] S. Schwebel, "The Inter-active Influence of the International Court of Justice ad the International Law Commission", in: C. A. Armas Barea et al. (eds.), *Liber Amicorum "In Memoriam" of Judge José María Ruda* (The Hague/London/Boston, Kluwer Law International, 2000), 479-505.

[130] Oppenheim, 本章注7, 第345页.

现有文献多从大会决议角度谈此问题[131],主要原因是:大会作为联合国组织的代表性机构,最贴近国内法中议会的角色,而在绝大多数国家,造法是通过议会来进行的。另一方面,安理会决议虽然在效力对比上更有优势,但是一来其权力限于维护安全与和平,二来安理会从开始就没有被设计成为立法机构[132]。

本书认为,根据近年来的发展,安理会决议的作用属于渊源理论的一部分,因为,在很多问题上安理会决议对国际法的发展所造成的影响比实践更为深远。比如1993年安理会第827号决议批准成立的前南刑庭,以及通过该决议通过的该刑庭规约,其中就有关于习惯人道法规则的确认,对后来《国际刑事法院的罗马规约》及相关文件的起草具有重大影响[133]。而且,由于安理会拥有对国际和平与安全问题的首要决定权,它所做出的决议不仅对联合国成员国有约束力[134],也对非成员国有约束力,在这个意义上说,它的决议与国内立法在效力上是非常接近的。虽然在代表性上存在差距,但这个机构的权力是《联合国宪章》这一具有立法性的文件所确立的。

(二) 联合国大会决议可以作为国际法规则的证据

作为国际法规则的证据[135],联合国大会决议具有不同的证明力,一般取决于决议通过时的投票情况和决议的内容。当联合国大会全体成员一致同意或绝大多数成员同意通过一个决议时,该决议的内容就具有权威性。如果同意是以"基本一致同意"(consensus)方式来表示的,而未通过投票表决,那么,决议与法律确信的关系就显得模糊,后续国家实践是否、在多大程度上支持决议的内容就成为重要问题[136]。再有,以多数票所通过的决议就很难与法律确信联系起来。当投票过程中出现很多弃权票时,就表明成员国不愿意认可该决议的内容;某些国家可

---

[131] H. Thirlway, *International Customary Law and Codification* (Leiden: A. Sijthoff,1972), Chapter 5.

[132] D. Bowett,"The Impact of Security Council Decisions on Disputes Settlement Procedures",5 *EJIL* (1994),92.

[133] Cf. P. Saland, "International Criminal Law Principles", in: R. Lee (ed.), *The International Criminal Court: The Making of the Rome Statute* (The Hague: Kluwer Law International,1999),190-191; C. Steains,"Gender Issues", *ibid.*,359.

[134] 参看:安理会决议第662号(1990)(要求"所有国家"不得在法律上承认伊拉克侵略科威特后对科威特领土的兼并)。

[135] R. Higgins, *Problems and Process: International Law and How We Use It* (Oxford: Clarendon Press,1994),22-24.

[136] R. Rosenstock,"The Declaration of Principles of International Law Concerning Friendly Relations: A Survey",65 *AJIL* (1971),713.

能据此得出结论,认为该决议没有反映针对某个规则的法律确信。总之,虽然联合国大会决议既可以用来证明习惯法的存在,也可以明确那些正在形成中的习惯法规则,其证明力不是决定性的,此类决议只是整体证据的一部分而已。

联合国大会通过的宣言性决议可以创造某种预期,引导国家实践在与其相一致的方向上发展。当实践发展成熟时,该决议的内容就会成为习惯法规则。在"尼加拉瓜军事和准军事活动案"中,国际法院将当事方对案件的态度以及其他国家对联合国大会决议的态度作为判断法律确信的证据,并据此断定禁止使用武力是习惯法原则[137];不过,应该指出的是,该法院在这样评论联大决议第2625号时并没有明确解释为什么联合国成员国——特别是本案当事国之一的美国——接受这一决议的事实反映了它们的法律确信。法院只是在稍后提到,美国在过去相关的决议(联大决议第2131号)通过时,声明它对之接受的前提是决议表明的是政治意图而非一个法律规则;而在第2625号通过时,美国没有作类似的声明[138]。这一说法似乎要求每一个成员国在联大决议通过时都须谨慎小心,保证自己的立场为大会所知;否则会导致法律上的禁止反言。这是否合乎国家行为的一贯轨迹是个有争议的问题。

(三)"软法"

"软法"这一术语反映了联合国大会决议或多边宣言的性质[139],即它虽然有影响力,但却没有普遍的法律拘束力(除了针对该组织内部特定事项)。除了那些明确规定主体间权利、义务关系的法律规则的决议外,国际组织实践中还存在相当数量的内容模糊、只具有指导性的决议。例如,国家可能会同意在某个领域进行合作并尽快采取行动,但是相关决议却不确定具体的行为准则、程序、时限或责任。这种情况不是联合国组织所独有,而是国际组织所共有的。

尽管存在上述问题,但是有些国际组织的法律文件在国际实践中具有实质性的、长久的影响。它们在起草之初并没有创造法律规则的意图,但是却体现了被国家实践普遍认可或被后续实践所公认的原则,从而在国际法发展过程中获得一种特殊的地位。例如,1970年联合国大会通过的《国际法原则宣言》和1975年欧安会通过的《赫尔辛基最后议定书》,它们对联合国成员国或后者的签署国没有法律拘束力,但是却宣示了国际习惯法。有评价说,《国际法原则宣言》确立了"不可

---

137 ICJ Rep(1986) 14,para. 188.
138 Ibid. ,para. 203.
139 这里也包括没有拘束力的"协定",比如1998年《关于北爱尔兰未来的贝尔法斯特协定》。参看:H. Hillgenberg,"A Fresh Look at Soft Law",10 *EJIL*(1999),501.

克减之国际法原则的核心",随后各国才能在此基础上通过彼此合意建立了"新国际秩序"[140]。更为令人深思的,是宣言展示了国际社会从"共存"状态到"合作"状态这一变化的复杂性,而其中包括了从"欧洲中心论"过渡到越来越明显的、在"解放了的世界"中规范法律关系的"普遍"适用的模式[141]。

由于此类文件的存在,关于"软法"的说法才有一定意义。另外,这些文件的谈判一般都通过正式的外交会议程序来进行,其文字也是几经斟酌才予以敲定,绝不是草率成文的结果,因而至少具有相当的政治影响力[142]。

但是,"软法"并不是法,也不指通常意义上创造法律的一种途径;作为习惯法的证据,它可以通过公认的国际法形式渊源成为法律[143]。从这个意义上讲,"软法"并不是一个恰当的表述方式。一个规则要么是法律,要么不是法律。"软法"这种似是而非的表述方式没有准确地反映出国际法具有法律拘束力的性质。

(四) 安理会的造法行为

如果联合国大会的决议只是习惯法的证据,那么安理会的决议是否可以造法呢[144]?上面已经讨论了为什么安理会决议没有被多数学者视为与渊源相关的问题[145]。其实,还有一点需要指出:即很难说服联合国成员国接受安理会为它们造法的说法。毕竟安理会只有15个常任理事国,不能代表其他成员国。从这点来说,安理会的作用更倾向于维持和平秩序这个具体任务,而不是建立新的制度。另外,安理会职能的有限也是一个障碍:毕竟联合国所处理的问题不是都能归结于安全、和平,否则就不必设立经社理事会去管辖众多的社会、经济问题。在"塔地奇案"中,前南刑庭上诉庭特别提到,在《联合国宪章》下不存在一个正式的、可

---

[140] V. Lowe, *International Law* (New York: OUP, 2007), 100. 阿比-萨布认为,1970年《国际法原则宣言》体现了新独立国家在文件谈判过程中所取得的成果,比如同时承认实证意义上的主权与更公正、公平对权利与资源进行分配的需要: G. Abi-Saab, "The Third World and the Future of the International Legal Order", 29 *Revue égyptienne de droit international* (1973) 27, 59-62.

[141] S. Moyn and U. Özsu, "The Historical Origins and Setting of the Friendly Relations Declarations", in: J. Viñuales(ed.), *The UN Friendly Relations Declaration at* 50 (Cambridge: CUP, 2020), 23, at 45.

[142] *Ibid.*, at 32-44.

[143] 相反意见可参看 A. Boyle and C. Chinkin, *The Making of International Law* (New York: OUP, 2007), 211-212.

[144] A. Pellet, "La Formation du Droit International dans le Cadre des Nations Unies", 6 *EJIL* (1995) 401.

[145] 参看 S. Talmon, "The Security Council as World Legislature", 99 *AJIL* (2005) 175.

以为国际法主体立法的机构[146]。所以，尽管我们曾提到安理会决议可以对国际法的发展发挥重大影响，但考虑到此类实践尚处于发展初期，所以现在的判断是，这类决议与联大决议一样，都是习惯法规则的证据[147]。

八、"公允及善良"

这个术语来源于罗马法，它的含义是"根据正义和公正"或"根据公平或良心"。它是一种超越了实在法律的、特殊的衡平法原则；适用该类原则很可能导致背离现有法律，目的是实现公平的结果[148]。从这个意义上讲，它不是实在法的渊源[149]。

在1920年起草《常设国际法院规约》第38条第二款时，法学家咨询委员会希望未来的国际法院在当事方同意时，能够根据对"正义的感觉"来审理案件，这正是"公允及善良"原则的作用："在国际法上衡平规则相当于实在法律的补充，使法律的适用能够产生公平的结果。"[150]

虽然在涉及国家间争议的案件中，该类原则极少被适用，但是在涉及个人争议的案件中，情况就不同了，这可能与该类原则的私法起源有关。在国际组织的实践中，附属的行政法庭会根据"公允及善良"裁决案件[151]，这样的案件常涉及国际组织与其雇员之间雇佣合同的争议。再有，《关于解决国家和他国国民之间投资争端公约》第42条第三款规定：

"第一款和第二款的规定不得损害仲裁庭在双方同意时按公允及善良原

146　ICTY, *Prosecutor v. Tadić*, Case No. IT-94-1-AR72, Appeals Chamber, Decision on Jurisdiction, 2 Oct. 1995, para. 43.

147　但是安理会决议下指定的反恐措施"可能"具有立法性：A. Orakhelashvili, *Peremptory Norms in International Law* (New York: OUP, 2006), 418.

148　ICJ, *Case concerning Maritime Delimitation in the Area between Greenland and Jan Mayen (Denmark v. Norway)*, Judgment of 14 June 1993, 99 ILR 396, and Separate Opinion of Judge Weeramantry, 99 ILR 595, para. 55.

149　I. Brownlie, *Principles of Public International Law* (7th edn., Oxford and New York: OUP, 2008), 25-27.

150　Supra note 147, Separate Opinion of Judge Weeramantry, 99 ILR 595, para. 73.

151　ICJ, *Judgments of the Administrative Tribunal of the I.L.O. upon complaints made against the U.N.E.S.C.O.*, Advisory Opinion of 23 October 1956, ICJ Rep. (1956) 77, at 100 ("as the true measure of compensation and the reasonable figure of such compensation"). Also see P. Jessup, *Transnational Law* (New Haven: Yale University Press, 1956), 88-89.

则对争端做出裁决的权力。"[152]

在解决投资争议国际中心的实践中,当事方可以授权该中心在"公允及善良"原则的基础上审理案件[153]。有意思的是,在这种情况下,该中心既有适用衡平规则的裁量权,也有适用法律原则的权力[154]。绍尔教授指出,该中心至今只在两个案件中适用了"公允及善良"原则,而且其适用对象仅限于计算赔偿金(包括利息)数额的问题[155]。值得注意的是,当该中心的裁决中出现"公平"一词时,往往表明这个裁决是根据上述原则做出的。上述特点也正是衡平规则的特点[156];这也是为什么在本节开始时提到"公允及善良"是一种特殊的衡平法原则,其实它是对衡平法内容的拓展,但也因此在适用程序上受到更严格的限制。

最后,国际商事仲裁规则中会反映这一原则,比如联合国贸易法委员会所起草的《国际商事仲裁模范法》的第28条第三款规定,仲裁案件双方可以明确授权仲裁庭适用"公允及善良"或作为"*amiable compositeur*"(可译为"调停人")来做出仲裁裁决[157]。这两个名词的含义在此语境中是统一的。

---

[152] 该条约于1966年10月14日生效。截至2021年11月4日,该公约共有156个签约国,其中143个国家递交了批准书。中国于1993年1月7日批准了该公约。参见:http://www.worldbank.org/icsid.

[153] 《关于解决国家和他国国民之间投资争端公约示范条款》(1993)第11条。

[154] C. Schreuer, *The ICSID Convention: A Commentary* (Cambridge: CUP, 2001), 638-640.

[155] 同上注,642-643。

[156] M. Akehurst, "Equity and General Principles of Law", 25 *ICLQ* (1976), 802.

[157] 参见:http://www.uncitral.org/pdf/english/texts/arbitration/ml-arb/06-54671_Ebook.pdf(委员会官方网站;浏览于2020年11月2日)。

第三章 条约法

扩展阅读

A. McNair, *Law of Treaties*, Oxford: OUP, 1961; T. O. Elias, "Problems concerning the validity of treaties", 134 *RdC* (1971) 333; I. Sinclair, *The Vienna Convention on the Law of Treaties*, 2nd edn., Manchester: Manchester University Press, 1984; Sh. Rosenne et al. (eds.), *Developments in the Law of Treaties 1945—1986*, Cambridge: CUP, 1989; H. Thirlway, "The Law and Procedure of the International Court of Justice 1960—1989: Treaty Interpretation and other Treaty Points", 62 *BYIL* (1991), 2; the same, 63 *BYIL* (1992), 1; the same, 71 *BYIL* (2000) 71; J. Klabber, *The Concept of Treaty in International Law*, New York: Springer, 1996; R. Goodman, "Human Rights Treaties, Invalid Reservations, and State Consent", 96 *AJIL* (2002), 531; 李浩培著:《条约法概论》, 第二版, 北京, 法律出版社, 2003年; S. Davidson, *The Law of Treaties*. Dartmouth: Ashgate, 2004; D. Hollis et al. (eds.), *National Treaty Law and Practice: Dedicated to the Memory of Monroe Leigh*, Leiden: Brill Academic Publishers, 2005; M. Villiger, *Commentary on the 1969 Vienna Convention on the Law of Treaties*, The Hague, 2009; O. Corten and P. Klein (eds.), *The Vienna Convention on the Law of Treaties: A Commentary*, New York: OUP, 2011; E. Cannizzaro (ed.), *The Law of Treaties beyond the Vienna Convention*, New York: OUP, 2011; O. Dorr and K. Schmalenbach (eds.), *Vienna Convention on the Law of Treaties: A Commentary*, Berlin and Heidelberg: Springer, 2012; A. Aust, *Modern Treaty Law and Practice*, Cambridge: CUP, 3rd edn., 2013; C. Tams, A. Tzanakopoulos, and A. Zimmermann (eds.), *Research Handbook on the Law of Treaties*, Cheltenham: Elgar, 2014; G. Nolte, "Treaties and Their Practice—Symptoms of Their Rise or Decline", 392 *RdC* (2017) 205; D. Hollis, *The Oxford Guide to Treaties*, 2nd edn., Oxford: OUP, 2020.

一、概说：条约的定义和种类

(一) 法律渊源

1969 年的《维也纳条约法公约》(以下简称《公约》)反映了当今习惯法,该条约约文脱胎于 1949 年至 1966 年间联合国国际法委员会完成的草案。联合国大会在 1966 年 12 月 5 日通过第 2166 号决议、在 1967 年 12 月 6 日通过第 2287 号决议,决定召开联合国条约法大会。大会第一轮会议从 1968 年 3 月 26 日开至同年 5 月 24 日,第二轮从 1969 年 4 月 9 日开至同年 5 月 22 日,举行地点都在奥地利首都维也纳的新霍夫堡(Neue Hofburg)。《公约》分别于 1969 年 5 月 22 日和 23 日通过和开放签字[1]。大会除通过了《维也纳条约法公约》之外,还通过了"最后文件"和一些声明和决议。经过大会参与国的一致同意,"最后文件"的原始文本存放于奥地利外交部档案馆。

《公约》依据第 84 条第一款于 1980 年 1 月 27 日生效[2]。

截至 2021 年 7 月 5 日,《公约》共有 116 个缔约国,包括联合国安理会"五大国"中的三个：中国、英国和俄国[3]。在 1969 年条约法大会结束时,法国代表团投票反对该公约的通过,而美国在 1970 年 4 月签字后至今尚未批准。中国于 1997 年 9 月 3 日加入该《公约》并对第 66 条做出了保留。

(二) 条约在当代社会中的广泛应用和重要性

在当今世界上,条约的重要性已经超越了其作为国际法渊源的地位,以至于《联合国宪章》这样的条约被视为"世界宪法"[4],并依此性质对其条款的功能做出相应解释[5]。《维也纳条约法公约》在序言中写道：

"本公约各个当事国,鉴于条约在国际关系史上的根本性作用,承认条约

---

[1] 《联合国条约法大会官方文件》,第一轮会议,A/CONF. 39/11；第二轮会议,A/CONF. 39/11/Add. 1 和 A/CONF. 39/11/Add. 2。

[2] 公约全文见《联合国条约集》第 1155 卷,第 331 页。

[3] 可登录联合国法律部条约司官方网站：http://treaties. un. org/Pages/ViewDetailsⅢ. aspx？&src=TREATY&mtsdg_no=XIII~1&chapter=23&Temp=mtdsg3&lang=en。

[4] B. Fassbender, "The United Nations Charter as Constitution of the International Community", 36 *Columbia Journal of International Law* (1998), 529.

[5] ICJ, *Certain Expenses of the United Nations*, Advisory Opinion, ICJ Rep. (1962), 151, 167-168.

作为一种国际法渊源,并且作为无论各国宪政和社会制度之间的差异而促使各国之间发展和平合作的一种方式,其重要性日益增加。"

《公约》缔结时,以上序言的内容反映了这一领域中不断增强的趋势,而联合国秘书长发布的《千禧年宣言》指出:"如果更多的国家签署并批准国际条约和公约,国际法制将得到增强。"[6]

(三) 条约法体系的原则

依据以上序言里的宗旨,《公约》起草者将条约法领域里的基本实践法典化,例如:"自由合意"原则、"诚信"原则、"条约必须遵守"原则等都出现在相关条款中。值得注意的是,这些原则不仅仅是原则,更因为出现在条款中而成为国际法规则,有明确的法律效力。另外,《联合国宪章》所包含的国际法原则也是条约法领域实践的一部分,对于条约的解释和有效性问题具有重要的影响[7]。这些原则包括:各民族享有平等权利和自决权的原则、主权平等与独立原则、不干涉内政原则、禁止使用和威胁使用武力原则,以及尊重人权和基本自由原则。

(四) 习惯法的作用

虽然《公约》在各国实践中被广泛接受为规则,但它并没有穷尽现有条约法的所有内容。它在序言中承认,习惯法将适用于《公约》没有做出规定的情况。可以说《公约》不仅是对现有习惯法的编纂[8],同时也包括对习惯法的逐渐发展。当然,该条约下的新规则是否能成为习惯法,取决于后续的相关国际实践。

"逐渐发展"在《国际法委员会规约》的第 15 条中被定义为"对现有国际法未规定的,或现有国家实践中国际法尚未充分发展的主题准备条约草案",而"编纂"则被定义为"对已有广泛的国家实践、先例和相关规则的国际法领域所进行的更为精确的编辑和系统化。"[9]

(五) 条约的定义

《公约》第 2 条这样定义:条约是由国家书面缔结的、由国际法规范的国际协

6　Report of the Secretary-General, "We the peoples: the role of the United Nations in the 21st century"(A/54/2000).
7　《联合国宪章》第 1 条和第 2 条。
8　见本章第十节第(五)分节。
9　参见国际法委员会网址:www.un.org/law/ilc。

定。这种国际协定可以是一个单一文件,也可以是两个或两个以上相关联的文件组成,以何种名称存在并不重要。《公约》的适用范围限定于国家之间签订的条约[10]。就该条语句中的"国际协定"的表现形式而言,由于国际关系的特殊性,它可以体现在单方面声明之中[11],比如:埃及政府在1957年发表继续执行苏伊士运河现有通行制度的单方声明,发表后该政府随即在联合国秘书处对声明进行了登记[12]。这一声明的存在提出了单方面声明与条约的关系的问题。

这类声明属于在国际实践中一直存在的单方面行为中的一种[13],这一少有研究的题目引发了国际法委员会对其法律地位和作用的关注,该委员会对此进行了研究后,于2006年向联大提交了有关单方面声明的"指导性原则"的报告[14],第1条原则就规定:"公开做出的、反映受其约束的意愿的声明,可能导致法律义务。"从某种意义上讲,外交领域里的大量声明可能要在性质上模糊得多,特别是在受约束的意思表示上。但是,一旦单方面声明满足国际法下的相关条件,就会产生法律义务,比如1958年9月4日,中国政府公布了《关于领海的声明》,第1条就规定中国领土包括南海诸岛(东沙、西沙、中沙、南沙四群岛)以及其他属于中国的岛屿,越南民主共和国总理范文同在当年9月14日向中国外交部转达了外交照会,其中正式地宣布:"越南民主共和国政府承认和赞同中华人民共和国政府一九五八年九月四日关于领海决定的声明"[15]。对于一个我国国内立法,对越南北方领土具有有效控制的越南政府表示承认和赞同,形成了一个有拘束力的单方声明。

两个单方面声明汇合一起也可以构成协定,比如在《国际法院规约》第36条第二款下提交的声明,会被联合国秘书处当作国际协定登记在案[16]。

在《联合国海洋法公约》下第281条第一款中,提到"协议"一词,在实践中可能会造成争议,但是,根据公约的起草过程和基本的目的来分析,这一协议不一定必须反映在条约里,而是可能通过相关国家间的双方或多方官方声明或行为,从

---

10 见《公约》第1条。

11 D. P. O'Connell, *International Law*, vol. 1(2nd edn., London: Stevens & Sons,1970),198-201.

12 265 *UNTS* 299.

13 2 *YBILC* (1997),Part Ⅱ,para. 198.

14 "Guiding Principles applicable to unilateral declarations of States capable of creating legal obligations, with commentaries thereto", A/61/10,2 *YBILC* (2006),Part Ⅱ,369.

15 "2014年6月9日中国常驻联合国代表团代理代表给秘书长的信",A/68/907,2014年6月9日,附件二和附件三。

16 Treaty Section,Office of Legal Affairs,UN,*Treaty Handbook* (UN,reprint 2006),para. 5.5.3.

而符合该条款的要求[17]。

上述对条约所体现的"协定"一词的讨论,也解释了为什么在实践中条约可以有不同的名称。当然,过往案例表明,针对协定载体的不同称谓会引起针对其法律性质的问题。

在"西南非洲案"中,国际法院认为南非对西南非洲的委任统治书在事实上、法律上都是一个国际条约[18],它解释说:

> "【这个文件】包括了一个给予、接受对西南非洲委任统治的明确协议;一个主要和次要盟国之间对委任统治书内容所达成的、将会提交国联理事会讨论的临时协议;以及一个对由国联理事会明确规定、由这个代表国联及其成员国的理事会与受委任国所一致接受的委任书内容的正式确认。它是一个具有条约或公约性质的、承载着由理事会所规定、受委任国所接受的国际承诺的文件"[19]。

国际法院还指出,虽然委任书最后一段提到自己是宣言,但这个说法并不能改变其作为条约的性质,特别是考虑到当时委任书名字五花八门这一历史事实[20]。

在"爱琴海大陆架案件"管辖权阶段的判决中,国际法院认为:"国际法下从未有禁止一个联合公报(joint communiqué)被看作是将争端提交仲裁或者司法解决的国际协定的规则。因此,1975 年 5 月 31 日签署的布鲁塞尔联合公报(Brussels Communiqué)是否构成这样一个协定是由该公报本身所表达的行为或交易的性质所决定的"[21]。在本案中,希腊认为该公报构成一个国际协定,表达了希、土两国总理在签署公报时有意将两国间大陆架的划界争议提交给国际法院,所以两国之一单方面申请就可以确立国际法院的管辖权;但是,土耳其则对此解释持否定态度[22]。于是,国际法院考查了公报谈判、起草的过程,以及在公报问世前后双方立场表述的一贯性,发现不但公报中存在着双方需进一步磋商的意向(比如:双方"决定"提前安排专家就爱琴海大陆架问题进行会谈),且双方在公报

17　B. B. Jia, "The Issue of Admissibility in Inter-State Arbitration", in: S. Talmon and B. B. Jia (eds.), *The South China Sea Arbitration: A Chinese Perspective* (Oxford: Hart Publishing, 2014), 111-116.

18　ICJ, *South West Africa Cases (Ethiopia v. South Africa; Liberia v. South Africa)*, ICJ Rep. (1962) 319, 331.

19　Ibid.

20　Ibid.

21　ICJ, *Aegean Sea Continental Shelf Case (Greece v. Turkey)*, ICJ Rep. (1978) 8, para. 96.

22　Ibid., paras. 98-99.

出炉前后的正式场合上都表示过要通过特别协定(compromis)将争议提交国际法院[23]，所以法院的结论是：当事国在上述公报中没有做出无条件的、单方面将争端提交法院的承诺[24]。

在"卡塔尔诉巴林"(涉及海洋划界和领土问题)一案的管辖权和受理性阶段中，国际法院认为双方外交部长(以及沙特王国外交部长)于1990年12月25日签署的"会议记录"("Minutes")构成了一份确定双方权利义务的国际协定，因为该文件不是简单的会议记录，未停留在记载会议讨论内容和归纳双方的共同点与分歧点的层次上，而是列举了双方的承诺，创制了国际法下的权利和义务，所以构成了国际法意义上的协定[25]。虽然此记录没有根据《联合国宪章》第102条的规定在联合国秘书处登记，但这丝毫不影响其所包含协定的有效性，"该协定对双方的效力没有减损"[26]。

在"边界争端案"中，国际法院强调该案中缺乏显示争议双方达成了一致意思表示的证据，并认为马里总统的相关言论只不过是"国家首脑经常在新闻发布会上所说的一些俏皮话而已"，因而不构成产生法律义务的国家行为[27]。但是，在菲律宾提起的"南海仲裁案"中，事实上，存在着中菲双方国家元首所发布的联合声明，其中表达了双方对采取谈判解决南海争端的承诺和决心，已经不再是"俏皮话"，而是构成国家义务的意思表示[28]。

因为种种原因，条约拥有各种有趣的名字。但一般来说，可以依照条约的功能而分作三类[29]；这一点我们在第二章讨论国际法渊源时就提过，在此不再赘述。

《公约》第2条里"由国际法规范"这一用语表明：条约包含有依据国际法确定相互间权利义务或创立法律关系的意思表示。如果没有这样的意图，一个协定就不构成条约[30]。如果一个文件仅仅记载双方的"谅解"或其他没有法律拘束力

---

23 ICJ, *Aegean Sea Continental Shelf Case* (*Greece v. Turkey*), ICJ Rep. (1978) 8, paras. 100-103.
24 Ibid., para. 107.
25 ICJ, *Case concerning Maritime Delimitation and Territorial Questions between Qatar and Bahrain*, (*Qatar v. Bahrain*) (Jurisdiction and Admissibility), ICJ Rep. (1994) 112, para. 25.
26 Ibid., paras. 29-30.
27 ICJ, *Case concerning the Frontier Dispute* (*Burkina Faso v. Mali*), ICJ Rep. (1986) 554, para. 39. 本案中的情况与菲律宾总统在2011年对中国进行国事访问时与中国国家主席发表的《联合声明》，形成对比：http://www.chinadaily.com.cn/china/2011-09/01/content_13599709.htm.
28 B. B. Jia, "The Issue of Admissibility in Inter-State Arbitration", in S. Talmon and B. B. Jia(eds.), *The South China Sea Arbitration: A Chinese Perspective* (Oxford: Hart Publishing, 2014), 131-134.
29 参看：I. Brownlie, *Principles of Public International Law* (6th edn., New York: OUP, 2003, 608-609.
30 *Pactum de contrahendo*：这类协定的意图是订立后续条约，即本身就是在表达带有法律约束性的承诺。但有争议：A. Aust, *Modern Treaty Law and Practice* (3rd edn., Cambridge: CUP, 2013), 26.

的承诺,则不是条约。

在实践中,出于简便和保密性的考虑,各国政府部门之间也经常签订"谅解备忘录"。的确,这种文件形式简单、易于修改、无需仲裁、无需经过国内立法机关的批准生效,只要双方同意就能马上执行、修订。如果当事国不想缔结一个具有法律效力的协议,而仅仅想签订一个体现政策的谅解备忘录,他们会使用"将会"和"开始施行"等字样。实践中,大部分的谅解备忘录是双边的。这里,上面讲到的"协议"的问题也是相关的,因为即使是谅解备忘录,也可以承载具有法律效力的协议。

(六)《公约》的适用范围

《公约》第3条规定,它不适用于国家与其他国际法主体之间或者其他国际法主体之间签订的协议,也不适用于非书面协定。但是,这个规定并不影响:(a)这些其他协议的法律效力;(b)那些虽然包含于现有《公约》中,但同时独立存在于《公约》之外、可以适用于这些协议的国际习惯法规则;对于这些协议来说,后者仍然适用;(c)当某些条约的缔约方包括国家和其他国际法主体时,本《公约》对这些国家之间建立在该条约之下的条约关系的适用。

对此本书有以下评论:

第一,"其他国际法主体"主要是政府间国际组织。那些在《公约》中得到反映的习惯法适用于这些组织间所签订的条约,因为这些习惯法规则独立存在于《公约》之外。当某些条约的当事方既有国家又有其他国际法主体时,《公约》的规则在那些作为该条约缔约方的国家之间适用。

第二,《公约》第3条照顾到在国际实践中存在的订立"口头协定"的做法。口头协定有可能确立具有法律约束力的权利与义务。"东格陵兰岛法律地位"案就是一个例子[31]。本案中的争议涉及格陵兰岛东部地区的主权归属问题。挪威于1931年7月10日宣布其有意占领格陵兰岛东部的一部分领土,丹麦则声称挪威已经在"伊伦声明"("Ihlen Declaration")中承认了丹麦对于该地区的主权。"伊伦声明"出现在1919年7月14日挪威外交部长伊伦与丹麦大使在奥斯陆举行的正式谈话过程中,在该谈话发生之前,丹麦政府曾要求挪威政府承认其对于格陵兰岛的主权,对于当时的挪威政府来说,它是否承认丹麦对格陵兰岛行使主权会决定丹麦对斯皮茨比尔根岛(Spitzbergen)地位的态度,所以,在7月14日的谈话中,挪威外交部长承认两国立场间存在这样的相连关系,从而在事实上形成一个

31　PCIJ, *Legal Status of Eastern Greenland* (Denmark v. Norway), PCIJ, Series A/B, No. 53(1933).

口头双边协议,而且,伊伦于 1919 年 7 月 22 日进一步声明:"我今天已经告知丹麦大使,挪威政府不会在格陵兰岛问题上给丹麦造成麻烦。"关于 1919 年 7 月 22 日的这份声明,常设国际法院认为它是在另一国外交官要求的情况下做出的,属于发言者职权范围之内,因而对双方具有法律约束力[32]。由此,挪威"承担不再反对丹麦对格陵兰岛享有主权的义务,以及当然不能占领格陵兰岛任何部分的义务"[33]。

第三,《公约》第 4 条规定:"本公约仅适用于当事国在本公约生效之后所缔结的条约,但不影响那些独立于本公约而作为国际法规则应当适用于条约的那些规则的适用。"这是一个"禁止溯及既往"的规定。

第四,针对设立国际组织的章程的这一类条约和国际组织内议定的条约,第 5 条规定:"本公约适用于作为国际组织设立文件的条约以及在国际组织内部议定的条约,但不妨碍该国际组织自身任何相关规则的适用。"

(七)《公约》并未穷尽条约法

《公约》并不是所有条约法规则集大成的文件。除此尚有:1)1978 年的《关于国家继承条约的维也纳公约》[34],该条约于 1996 年 11 月 6 日生效,至今为止有 23 个缔约国,其中没有安理会常任理事国;2)1986 年的《关于国家和国际组织间或国际组织之间条约法的维也纳公约》[35],尽管有 45 个缔约方,但其中缔约国数量是 33 个,少于法定的 35 个缔约国的要求,所以该公约迄今尚未生效,安理会常任理事国中仅英国批准了该条约;不过,联合国于 1998 年 12 月 21 日成为该条约的缔约方。

二、条约的缔结

缔结条约的程序有三步:谈判、议定,以及约文认证。要完成这些步骤,除了国际法下特定的官员,参与者必须要握有全权证书。

---

[32] PCIJ, Series A/B. No. 53(1933), 71. 这也是一个国家单方面行为的例子。
[33] Ibid., 73.
[34] The Vienna Convention on Succession of States in Respect of Treaties, 1946 *UNTS* 3.
[35] The Vienna Convention on the Law of Treaties between States and International Organisations or between International Organisations: UN Doc. A/CONF. 129/15; 25 *ILM* 543.

(一) 全权证书

根据《公约》第 2 条的规定,"全权证书"指一国权力机关签发的、指定一人或数人代表该国政府参与条约的谈判、议定或约文认证,或者代表该国表示接受条约约束,或完成有关条约的任何其他行为的文件。全权证书上应该包括国家所派代表的姓名、条约名称,以及国家元首、政府首脑或外交部长的签名、签发时间和地点以及签章。政府可以将普遍适用的全权证书赋予给其在国际组织的常任代表,由此避免因需要授权而多次签发证书的做法。

《公约》第 7 条规定了能够代表国家来议定和认证条约约文的代表的种类,包括:1)被认为是代表国家为议定、认证约文的目的,或者是为表示该国愿受条约约束的人,他们需要提供全权证书;或者事实显示某国已承认该人为这些目的代表该国行为;2)那些因其所任职务无须出示全权证书即可被认为代表国家的人,含(a)国家元首、政府首脑和外交部长;(b)大使(主要是为了议定派遣国和接受国之间的条约);(c)国家向国际会议或者国际组织或其下属机关派遣的代表,以议定该会议、组织或其机关框架下的条约。

(二) 条约的议定

条约约文的议定或接受通常要经过投票来完成。《公约》第 9 条规定:

"1. 除第二段规定的情形外,条约约文由参与起草该约文的全体国家的同意而议定。

2. 在国际会议上通过议定的条约约文需要由出席并投票的国家的三分之二多数通过而议定,除非这些国家以同一多数决定适用另一规则。"[36]

(三) 条约的认证

《公约》第 10 条规定:

"作准和确定的条约约文的确定:

(a)要按照条约约文中规定的程序,或者按照参与约文起草的各国所约定的程序;或者

(b)如果没有以上程序,条约约文按照各国代表在该约文上,或载有该约文的会议最后文件上所实行的签署、待核准的签署以及草签来确定。"

---

[36] 第一款的规定是"二战"前实践的体现,但之后主要使用于双边条约或缔约方数量有限的多边条约。

待核准的签署指的是在签署后面加上"待核准"字样；这样的签字会将条约对签字方的生效日期推迟到该签字得到确认成为正式签字之日。

(四) 签署的效力

这里需要强调的一点是，签署国在《公约》第 18 条下负有不能违背条约目的和宗旨而行为的义务。这种义务在以下情况下存在：当某一国代表签署了该条约，或已交换构成该条约的文本，但该条约尚待批准、接受或核准，且在该国明示其不愿成为条约缔约国之前[37]；或者该国已表示其同意受条约约束，但该条约尚未生效并且条约的生效不会被过度迟延。

在实践中，第 18 条的效果可能会受到国内法体系的制约，比如：条约未成为国内法律时，国内法院无法在具体案件中适用之，这种情况在坚持"转化"政策的国家中会不可避免地存在。《公约》对此没有规定特别的强制措施，是否会引起国家责任是实践中的未决问题。一般来说，如果违反条约的目的与宗旨的行为使得条约生效后执行其条款的行为成为不可能，或在条约生效后构成对条约条款的实质性违反，那么，除了《公约》相关规定之外，它会同时成为违反第 18 条的行为[38]。

三、批准、接受、核准和加入

这些名词所表达的均是确定接受条约约束的意思。这种意思表示有多种表达方法，选择哪种表达方法是由条约约文所体现的缔约方意图，或者他们在缔约时和之后的行为所决定的。有一点需要提及的是，《公约》第 2 条下有"谈判国"(negotiating State)[39]、"缔约国"(contracting State)[40]、和"缔约方"(party)[41]的不同提法。

---

[37] 在 2002 年 5 月 6 日，美国政府向联合国秘书长提交声明：美国不想成为《国际刑事法院的罗马规约》的缔约方，所以其 2001 年 12 月 31 日的签字将不产生法律义务。参看联合国法律部条约司的网站：https://treaties.un.org/pages/ViewDetails.aspx?src=TREATY&mtdsg_no=XVIII-10&chapter=18&lang=en#11。

[38] A. Aust, *Modern Treaty Law and Practice* (3rd edn., 2013), 107-109.

[39] "谈判国"指的是一个参与条约约文的起草和议定的国家。

[40] "缔约国"指的是无论条约是否已生效都已经同意接受条约约束的国家。

[41] "缔约方"在公约的语境中指的是已经表示同意接受条约约束而条约对其已经生效的国家。对照公约的第 1 条。

（一）表示同意接受条约约束的签字

如果《公约》第12条所规定的条件得到满足，签署的行为可以表示签署国同意接受条约的约束。在下列情形下，国家代表签署条约的行为即表明该国同意接受条约约束：

（a）条约规定签署具有该效果[42]；

（b）其他证据表明谈判各国同意签署具有此效果；或者

（c）谈判代表的全权证书上注明，或者其在谈判时明确表示其政府同意签署具有此效果。

如果谈判国之间有明确约定，那么对约文的草签也可以构成对条约的正式签署，而一国代表对条约做出"待核准"的签署后，经该国政府核准后，即成为对条约的正式签署。

（二）同意接受条约约束的方式

只要签署国规定清楚交换相关文书具有此效果，或者以其他方法能够确定它们一致同意文书的交换可以具有此效果，那么签署国可以通过交换相关文书的方式宣示其同意受条约约束。

实践中常见的是国家通过批准、接受、核准和加入的方式来表示其同意接受条约的约束。在《公约》第2条下，"批准""接受""核准"和"加入"几个词均指代一个国家同意接受条约约束的国际行为。之所以会有不同的说法来表示同一个意思，原因是各国国内法下存在不同的措辞方式[43]。根据《公约》第14条，在下列情况下，接受条约约束的意思表示通过"批准"的方式来表达（该条的标题表明，其规定的适用条件对"接受"或"核准"的方式同样适用）：1）该条约本身规定以批准方式来表示同意接受其约束；2）谈判国在条约约文之外，一致同意以批准方式来表示同意接受其约束；3）在条约签署时，谈判代表声明需通过批准方式来表达接受条约约束的意思；或者4）谈判代表的全权证书上写明，或者其在谈判时明确表示，本国受条约的约束需要经过批准。

---

[42] 比如：Art. 40, *Convention on the Determination of the Minimal Conditions for Access and Exploitation of Marine Resources within the Maritime Areas under Jurisdiction of the Member States of the Sub-Regional Fisheries Commission* (SRFC), 8 June 2012; www.itlos.org(Case No. 21).

[43] 国际实践中，"接受"和"核准"是国际组织权力机构在起草、制定多边条约经常使用的用语，比如联合国大会在完成新条约起草后会通过决议"接受"或"核准"，然后向成员国推荐"批准"。这种机构并不能制定法律，但是通过这个做法却起到立法者的作用。

需要注意的是,"批准"在国际法中是一个国际行为,与国内法下的宪法程序不同[44]。《公约》第2条对此的定义值得深思:"'批准'……指代……具有相应名称的国际行为,国家借之在国际层面上确立受某条约约束的同意。"

"加入"的方法适用于某国未能在条约所规定的开放签字时间内签署条约,但又愿意接受条约约束这一情况。在条约生效前或者是生效后均可能发生"加入"该条约的行为。《公约》第15条规定了国家"加入"条约的条件。实践中,这个方式的适用相当常见。在加入世界贸易组织(World Trade Organization 或 WTO)时,中国政府表示其签署"加入议定书"这一行为即代表中国愿意接受 WTO 条约的约束。2001年11月10日,WTO部长会议同意中国政府加入WTO,WTO组织与中国政府议定"加入议定书"[45],中国政府代表于次日签署该议定书[46]。此前,中国人大常委会在2000年8月25日做出了批准加入WTO组织的决定,依此,中国国家主席于2001年11月1日签发批准书。2001年12月11日,WTO条约对中国生效。

实践中,加入可以只对某一类国家开放适用,比如:如果某特定国际行为取决于一个国家在科学技术方面的发达程度,那么相关国际条约就会附加相应的加入要求[47]。

根据《公约》第16条,批准书、接受书、核准书或加入书会规定某国从下列时刻起同意接受条约的约束:1)缔约国之间交换这些文书时;2)这类文书交存到条约保管机关时;3)在有事先约定的情况下,已就这些文书通知其他缔约国或者保管机关时。

四、保　　留

(一) 含义

根据《公约》第2条第一款,对条约的保留是指国家代表或相关机构在签署、批准、接受、核准、加入条约时所作的、目的在于排除或者修改条约中某些条款对缔约国法律效果的单方面声明,而不论其措辞或名称。

---

[44] A. Aust, *Modern Treaty Law and Practice* (3rd edn., 2013), 95-96.
[45] 参见:WT/L/432, 10 November 2001,载:www.wto.org。
[46] 参见全国人大常委会办公厅公报编辑室:《中国加入世界贸易组织法律文件及有关国际条约》,中国民主与法制出版社2002年版,第3页。(批准书全文)
[47] 比如,1980年《维护南极海洋生物资源公约》第29条就是这样要求的:402 UNTS, 71.

一般来说，保留本身不是条约的一部分，而是提交保留的缔约国作为其同意接受条约约束的意思表示的条件。条约对各方的权利和义务做出了相关的规定，保留是对这些规定的适用效果做出缔约国认为必要的修正，但不是对条约条文的修改，除非保留的效果直接影响到条约的目的与宗旨的实现。实践中，保留的提起时间一般没有限制，既可以在签约时提出，也可以在批准或之后加入时提出。假如保留是条约的一部分，那么就会出现缔约国要不断把带有新保留的该条约文本提交本国立法机构批准的现象，这是不可能做到的。比如，有关人道法的1949年《日内瓦四公约》，直到2006年还有新的缔约国加入，那么难道我国人大需要在近60年的过程中不断批准带有新保留的该组公约？事实决非如此。进一步说，假如保留是条约的一部分，那么如果既有的其他缔约国之中一个或多个对保留提出反对，那么这个条约是否还能有效存在？再进一步说，假如保留是条约的一部分，而保留是缔约国单方面行为，可以在国际法允许的范围内自由行使，那么为什么每一个多边条约都包含特别的修订和批准程序，需要某种比例的缔约国参与，才能使修订的部分生效？

在讨论严格意义上的保留声明前，需要指出，实践中存在着提交"解释性声明"的做法[48]。这类声明在效力上能否等同于对条约做出的保留呢？在"贝利罗斯诉瑞士案"中，涉及瑞士政府对《欧洲人权公约》第6条所作的一个解释性声明的地位问题。欧洲人权法院认为：该声明在效果上构成对该条约的保留[49]。法院在判决第49段写道，《欧洲人权公约》只允许缔约国作保留；瑞士在批准公约时不仅提出了保留，还作了解释性声明，因此，判断解释性声明是否构成保留就必须看声明的实质内容。法院在判决第60段中指出，瑞士的声明不符合《公约》第64条下保留的两个构成要件，因此实质上不构成《公约》意义上的保留。因此，这个声明不具有保留的作用。这一问题并不限于欧洲人权公约体系[50]。

（二）基本规则

《公约》第19条规定了有关保留的基本规则。该条规定，一个国家在签署、批准、接受、核准和加入一个条约的时候可以做出保留，除非条约本身禁止保

---

48 ILC, *Report on the Work of its Sixty-Third Session*, UNGA Official Records, Supplement No. 10 (A/66/10 and Add. 1), 2011, Chap. Ⅴ, 21, para. 1.2(definition of interpretative declarations). 该建议强调的是此类声明具有的特性是对条约或其某些条款的范围或含义做出的澄清、特定。

49 *Belilos v. Switzerland*, ECHR(1988), vol. 132.

50 P. T. B. Kohona, "Some Notable Developments in the Practice of the UN Secretary-General as a Depositary of Multilateral Treaties: Reservations and Declarations", 99 *AJIL* (2005), 433.

留,或者条约仅允许缔约国作特定的保留,再或者所作保留与条约宗旨和目的不符。

国际法院在"关于《灭种公约》保留问题"的咨询意见对此条文的起草具有决定性作用。在咨询意见中,国际法院认为有关保留的规则是国际习惯法的一部分[51]。在1951年前,国家实践倾向于保留要经所有其他缔约国同意后才能生效、才能使保留国随之成为缔约国之一;而在1951年咨询意见中,国际法院多数法官的意见是"灭种公约"是特殊性质的条约,需要尽可能多的国家批准才能保证其目的与宗旨的实现,因此它的目的和宗旨决定了法官意见的走向[52]。同时,多数意见认为"一致接受保留"的要求不是习惯法规则,所以,"一致接受保留"不是该适用的法律[53]。少数法官的意见是,法院的任务是指出既存法律对此问题的规则是什么,而不是指出最好的规则应该是什么[54]。

虽然本案中多数、少数法官的看法均有道理,但后《公约》时代的实践表明,各国还是倾向于较为灵活的做法[55],也就是法院多数意见所阐发的"与条约的宗旨与目的吻合"的理论,所以,多数意见代表了习惯法规则,而这一点在《维也纳条约法公约》第19条里得到确认。

(三) 对保留的接受

《公约》第20条规定了保留被提出后几种可能出现的情况:1)除非条约另有约定,只要条约明确规定可以做出的保留,一旦做出,不需经其他缔约国接受才能生效;2)当谈判国的数量有限或者条约宗旨与目的表明,条约作为一个整体在所有缔约国之间生效是每个缔约国同意接受条约约束的根本条件时,缔约国之一所作保留需要得到所有其他缔约国的同意;3)当条约是一个国际组织的组织规章时,除非另有规定,对这种条约的保留需要经过该组织权力机关的批准;4)除上述之外其他情形下,除非条约另有约定:

(a) 如果其他缔约国之一接受了保留国所作保留,且如果条约在这两个缔约国之间已经生效的话,那么保留国相对于接受国之而言是缔约国;

(b) 如果其他缔约国之一对保留表示反对,这不会妨碍条约在反对国与

---

[51] ICJ, *Reservations to the Convention on the Prevention and Punishment of Genocide*, Advisory Opinion, 28 May 1951, ICJ Rep. (1951), 15.

[52] Ibid., 24, 29(最后法官们在对联大提出的三个咨询问题投票时,结果都是7对5).

[53] Ibid., 24-25.

[54] Ibid., 31(JJ. Guerrero, McNair, Read, and Hsu).

[55] 2 *YBILC* (1966), 187 at 204-205.

保留国之间生效,除非反对国明确否认其与保留国之间是缔约国关系;

(c) 一旦有至少一个其他缔约国接受保留国所作保留,该保留和保留国接受条约约束的行为即同时生效。

实践中虽然存在其他缔约国明确否认保留国是缔约方的事例,但也存在很多反对国实际上视条约在它们与保留国之间生效的例子[56]。在这里,规则的明确性并没有产生指导实践的结果,而规则的灵活性却引起实践的多变性[57]。

此外,除非条约另有规定,一个缔约国在接到保留国做出保留的通知后12个月的期限届满之日或者在它表示同意接受条约约束之日,未对保留提出反对者,则视该缔约国承认该保留的有效。在这两个期限中,以后达者为准。不过,这一规定在实践中尚未成为习惯法规则[58]。

(四) 保留的法律效力

保留的法律效力由《公约》第21条规定。依据《公约》第19、20条和第23条在保留国与其他缔约方之间生效的保留:

1) 对保留国来说,保留涉及的条款依保留的要求修订其适用效力;且

2) 对接受国而言,保留涉及的条款依保留的要求效力受到同等程度的修订。

《公约》第21条第三款规定:

"当反对保留国未反对该条约在其与保留国之间生效时,该保留所涉及条款在保留范围内对两国不适用。"

但是,根据第21条第二款,生效的保留并不影响被保留条款在其他缔约国之间的完整适用(即后者不受这一保留的影响)。

在"英吉利海峡仲裁案"中,仲裁庭在1977年6月30日第一号仲裁决定中讨论了条约保留的效力问题[59]。英国在1964年5月11日批准了1958年《大陆架公约》,法国则于1965年6月14日加入了该公约。法国政府在加入该公约时提出了保留,针对的是《大陆架公约》的第6条第一款和第二款。其内容如下:

---

[56] A. Aust, *Modern Treaty Law and Practice* (2nd edn., 2007), 142.

[57] C. Redgwell, "Universality or Integrity? Some Reflections on Reservations to General Multilateral Treaties", 64 *BYIL* (1993) 245.

[58] 相反意见参看: 2 *YBILC* (1966), 208.

[59] *English Channel Arbitration* (UK/France), 54 *ILR* 6.

"在没有特别协议的情况下,法国政府不接受其他国家以适用等距离线原则划分大陆架界线为根据对法国所提出的划界要求:

——如果该界线是根据1958年4月29日以后确定的基线所划定的;

——如果该界线超越了200米等深线;

——如果该界线处于法国政府认为有第6条第一款和第二款所规定的'特殊情形'的区域内,即比斯开湾、格兰维尔湾以及多佛海峡海域和法国海岸外的北海区域。"[60]

1966年1月14日,英国政府宣布:"英国不接受法国对公约第6条第一款和第二款所提出的保留。"[61]

在解决这个争端时,仲裁庭首先考虑了法国的主张,法国认为,在没有特别说明条约是否继续在两国间生效的情况下,英国的反对具有阻止1958年《大陆架公约》或者至少该公约第6条在两国之间生效的效果[62]。仲裁庭认为,该公约在两当事国之间仍旧生效[63]。法国还主张:当事双方在缔结条约时的同意是效力对等的,如果一方反对某条款(经过保留后)的实质内容,会使得条款在彼此之间不再适用[64];英国反驳道,其反对已使法国保留对英国失效,因此第6条应当如公约其他条款一样在两国之间完全适用,丝毫不受相关保留的影响。英国进一步主张,其对保留的反对不能被视为是对第6条整体内容的否定[65]。

裁决的第61段写道:

"法国的保留和英国的反对产生了一种综合效果。这种效果既不能使公约第6条如法国主张一样在两国间完全不适用,也不能使该条如英国主张那样在两国间完全适用。这种综合效果应该是该条在保留范围内不适用于双方。这正是《维也纳条约法公约》第21条第3款针对这样的案件所应该产生的效果,也是对等原则所应该达致的结果。"

这个推理逻辑清楚、合理,依据是《公约》第21条第三款所反映的规则,说明了后者对实践的重大影响。

60　*English Channel Arbitration* (UK/France),54 ILR 6,para. 33.
61　Ibid.,para. 34.
62　Ibid.,para. 36.
63　Ibid.,para. 48.
64　Ibid.,para. 57.
65　Ibid.,para. 58.

（五）保留的撤回

《公约》第 22 条允许撤回保留；第 23 条则规定了相关的撤回程序。保留、对保留的明示接受以及对保留的反对，都必须以书面形式表达并通告其他缔约国（以及可能成为该条约缔约国的国家）。保留的撤回，以及反对意见的撤回也必须以书面形式来传达。

比如：在 1989 年 11 月 25 日通过的《儿童权利公约》中[66]，第 1 条把"儿童"定义为不满 18 岁的人。中国政府对此做出了保留，中方会遵守《公约》第 6 条的义务，但要与中国《宪法》第 25 条关于计划生育的规定相一致，同时与 1991 年《未成年人保护法》第 2 条相一致（后者规定未成年人是不足 18 周岁的人）[67]。当我国将此公约在 1997 年 6 月 10 日适用于香港特别行政区后，附加了有关适用问题的声明，而在 2003 年 4 月，以书面形式撤销了该声明中的部分内容。

可以说，第 19～23 条反映了习惯法，而联合国国际法委员会针对保留问题的编纂与发展的成果，对上述条款是补充，而非否定[68]。

（六）保留与人权条约

由于保留是否符合条约的目的和宗旨是由各缔约国来决定的，所以相关标准的适用结果具有不确定性[69]。就人权条约而言，实践中存在着一种特别的做法。

在"关于条约保留对《美洲人权公约》生效之影响"的咨询意见中[70]，美洲人权法院提出，该公约第 75 条中所提及的《维也纳条约法公约》，实际上指的是后者中第 19 条 C 款[71]。但对于《美洲人权公约》的第 74 条和第 75 条的适用来说，只有《维也纳条约法公约》第 20 条第 1 和第 4 款才是相关条款[72]，且美洲人权委员会在

66　联合国大会在上述日期以第 44/25 号决议通过，于 1990 年 9 月 2 日生效，至今有 192 个成员。中国于 1992 年 3 月 2 日批准了该公约；缔约方中不包括索马里和美国。

67　https://treaties.un.org/pages/ViewDetails.aspx?src=TREATY&mtdsg_no=IV-11&chapter=4&lang=en#4（浏览于 2014 年 10 月 2 日）。

68　M. Villiger,"The 1969 Vienna Convention on the law of treaties：40 years after",344 *RdC* (2009) 9,at 185. 参看：ILC,"Guide to Practice on Reservations to Treaties",2 *YBILC*(2011),Part. II ,26.

69　联合国秘书长做为保存方时，对这一问题不作评论。

70　*The Effect of Reservations on the Entry into Force of the American Convention*(*Arts. 74 and 75*), Advisory Opinion(OC-2/82) of 24 September 1982,67 *ILR* 559. This opinion was given under Article 64 of the American Convention.

71　67 *ILR* 559,para. 22.

72　Ibid.,para. 27.

征求法院咨询意见时,特别提到了第20条。因此,该法院认为:

> "现代人权条约——特别是《美洲人权公约》——并不是传统意义上的多边条约。传统意义上的多边条约是为了缔约国之间的相互受益而缔结的,以达到对等权利的置换;而现代人权条约的宗旨和目的则是为了保护个人的基本人权,无论其国籍为何,受这类条约保护的个人均可依靠之来对抗自己的母国以及其他任何缔约国。在缔结这类条约时,出于人类共同利益,缔约国接受法律规则的约束并承担了义务。这种义务并非是针对其他缔约国而承担的,而是各缔约国分别向本国境内的个人所承担的"[73]。

法院总结说,既然第75条授权缔约国"作各种保留——只要这些保留与条约的宗旨和目的相符",那么这些保留应由《维也纳条约法公约》第20条第一款来规范,而无需任何其他缔约国接受才能生效[74]。

无独有偶,《公民与政治权利国际公约》下设的人权委员会于1994年发布的第24号"一般性意见",表达了相同看法[75]。该意见涉及的是批准或加入《公民与政治权利公约》及选择性议定书时所提出的保留,以及该条约第41条所规范的声明的问题。针对缔约国该如何处置应予以反对的保留的问题,委员会提出了指导性建议。鉴于《公民与政治权利国际公约》既没有禁止缔约国提出保留,也没有规定缔约国可以提出哪种保留,委员会指出:

> "公约没有禁止缔约国提出保留并不意味着缔约国可以提出任何保留。有关公约和第一选择议定书的保留问题应当由国际法来规范。《维也纳条约法公约》第19条第三款提供了相关指南。"[76]

在该页的脚注中,委员会认为《维也纳条约法公约》的相关条款反映了国际习惯法。在上述意见的第八段中,委员会认为:

> "虽然那种作为国家之间相互交换义务的公约允许缔约国对于普遍国际法做出保留,但是人权条约是不同的。人权条约的目的是为了保护各国境内的个人。因此,对《公民与政治权利国际公约》中那些反映国际习惯法的条款(如果这些条款具有国际强行法的性质时就更加如此)不能提出保留。"

委员会在第17段中说:

---

[73] 67 *ILR* 559, para. 29.
[74] 67 *ILR* 559, para. 35.
[75] 107 *ILR* 65.
[76] 107 *ILR* 65, para. 6.

"以《公民与政治权利国际公约》为典型代表的这类条约（现代人权条约）并不是国家之间义务的相互交换。他们赋予个人以权利……由于传统条约法中的保留制度明显缺乏针对这类条约的适用性，各国常常不觉有利益或必要来反对对这类公约提出的保留。但没有缔约国对就本公约提出的保留表示反对并不表示这项保留符合或者不符合本公约的宗旨和目的。"

但是，人权条约在性质上与其他多边条约是否有根本性区别还是个问题[77]。

在1993年到2011年之间，联合国国际法委员会在对保留问题展开研究，并在2011年的年度报告里向联合国大会提交了结论性报告——《条约保留实践指南》[78]。在这个过程中，国家实践的趋势并未给予人权条约以特殊考虑，相反肯定了《维也纳条约法公约》对此类条约一概适用的说法[79]。指南已经在联合国成员国间散发，未来的发展取决于国家实践对它的接受程度[80]。

上述第24号意见的第18段还谈道："在一个不可接受的保留被提出后，通常后果并不是使公约对保留国失效。实际上，这样的保留通常是能够与条约分离开的，也就是说公约对保留方依旧适用，且保留方不能依靠所作的保留得益。"

在欧洲人权法院的实践中，也存在将保留与条约分离的例子[81]。但这种做法是有争议的。

在实践中，有些条约直接禁止任何保留，因此避免了以上问题的产生。比如，《国际刑事法院的罗马规约》第120条禁止缔约国对其作任何保留，而1982年《联合国海洋法公约》第309条则规定除公约中特殊条款外，对其他条款均不得附加保留。

五、条约的生效

（一）含义

条约生效的方式和生效时间，按照条约本身的规定或缔约国之间的约定来判断。如果条约本身没有规定，而缔约国之间也无约定，那么条约在所有缔约国做

---

[77] A. Aust, *Modern Treaty Law and Practice* (3rd edn., 2013), 131-134.

[78] *Report on the Work of its Sixty-Third Session*, UNGA Official Records, Supplement No. 10 (A/66/10 and Add. 1), 2011, Chap. V.

[79] 107 *ILR* 65, para. 53.

[80] UNGA, A/RES/68/111, 16 December 2013.

[81] *Loizidou* (Preliminary Objections), ECHR, 103 *ILR* 621.

出愿意接受条约约束的意思表示时起开始生效。如果一个国家在条约生效之后表示愿意接受该条约约束,那么条约在这个国家做出意思表示之日起开始对其生效,除非条约另有规定[82]。例如,《公约》的最后条款规定:该公约自第 35 件批准书或加入书交存之日后起第 30 天起开始生效。汤加国在 1979 年 12 月 28 日交存了第 35 件批准书,所以《公约》于 1980 年 1 月 27 日生效。

根据《公约》第 2 条,在《公约》生效后,缔约国被称为"缔约方"。条约缔约方是指一个已表示愿意接受条约约束并且条约对其也生效了的国家。

(二) 临时适用

条约临时适用的规则,产生于实践中存在的、生效需经缔约国批准却又急需被执行的条约这一事实。

一个条约或者其部分条款在条约生效之前可以临时适用,如果:1)该条约本身如此规定;或者 2)条约谈判国以其他方式就此达成协议[83]。除非条约另有规定或者谈判国另有约定,在其中一国不愿成为缔约国并将此意愿通知其他临时适用该条约的国家时,条约对该国的临时适用终止。

也许可以这样说,上面的 1) 适用于条约本身含有临时适用条款的情况。一国遵守临时适用条款的义务是由其参加条约议定这一事实所决定的。1994 年缔结的《关于执行〈联合国海洋法公约〉第 11 部分的协定》第 7 条规定:如果本协定没有在 1994 年 11 月 16 日之前生效(而事实上它确实未在此日期前生效),那么本协定对签署国以及接受本协定最后议定文本的国家临时适用,除非这些国家向条约保存机构表达了拒绝临时适用的意向。

如果一个条约缺乏临时适用条款,暂时适用该条约的义务可能在上文 2) 下出现,比如:谈判国通过投票接受了包含临时适用义务的决议或者会议最后文件。承担临时适用义务的意思表示必须由缔约国正式做出。临时适用开始的日期可以是约文议定日,或者条约签署日期,也可以是谈判国约定的其他时间。例如,1947 年"关贸总协定"(GATT)根据其"临时适用议定书"而被临时适用了几十年[84]。1969 年《维也纳条约法公约》缔结时,临时适用的例子并不多见。再有,不排除谈判国可能会要求此类临时适用的条款或者条约经过本国议会批准后才能生效的可能。

---

[82] 《公约》第 24 条。
[83] 《公约》第 25 条。
[84] 55 *UNTS* 171, No. 814(b), and No. 814(c).

联合国国际法委员会从 2012 年起开始对"条约的临时适用"这一题目进行研究,起草委员会在 2021 年完成最终文件——"条约临时适用指南"——的二读并通过了这份文件[85]。在这份指南中,值得注意的部分包括第六项指南,它表述的是临时适用的法律效果,即"条约全部或部分的临时适用在相关国家或国际组织之间产生适用该条约或部分的法律义务,除非该条约另有规定或缔约方另有协议。"临时适用作为一个条约规定或其他形式的协议的结果是个法律义务(第三项指南),这一点显而易见,但是在实践中容易被忽略。另外,第八项指南规定,违反临时适用的条约或其任一部分中所规定的义务,产生国际法上的国际责任。有关这份文件的进一步发展需要看国际法委员会此后出版的 2021 年度报告。

(三) 保存

条约的保存机构由谈判国商定,保存机构可以是一个或者几个国家,也可以是一个国际组织或者该组织的行政首长[86]。条约保存机构的职能具有国际性,必须公正地执行该职能。即使该条约在某些缔约国之间还没有生效,或者一个缔约国与保存机构就后者的职能发生争议,保存机构的这种职能也不受影响。

保存机构的职能包括[87]:1)保存交它保管的条约约文原本和全权证书;2)准备与条约原本相符的副本和可能的其他语言的版本,并发放给缔约国和有权成为缔约国的其他各国;3)接受对条约的签署,接受和保存有关该条约的任何文件、通知、通报;4)检查条约的签字,或者任何文件、通知、通报是否处于妥善状态;在必要时,将相关事宜提请有关国家注意;5)将有关该条约的措施、通知、通报报告给缔约方以及有权成为缔约方的其他国家;6)当为使条约生效所需要的签字、批准书、接受书、核准书或者加入书的数量达到规定要求时,保存机构在收到或保存这些文件后应通知有权成为缔约方的国家;7)在联合国秘书处登记该条约;8)履行本条约其他条款所规定的职能。

(四) 登记

有关条约登记的规则早在《国际联盟盟约》的第 18 条中就已出现,这一条的起草受到美国总统威尔逊"国会咨文十四点"第一点的影响。第 18 条规定,联盟会员国所订立的条约或者协议应该立即交由联盟秘书处登记,并由秘书处尽快公

---

[85] UNGA, A/CN.4/L.952/Rev.1, 15 July 2021.
[86] 《公约》第 76 条。
[87] 《公约》第 77 条。

布,国际条约或者协议未经登记者不发生效力。

有关条约登记的规则主要是,在生效之后,所有条约都应当送请联合国秘书处登记、存档和记录,并予以公布[88]。条约保存机构行使以上职能无需进一步授权。比如,《联合国宪章》第102条规定:"本宪章生效后,联合国任何会员国所缔结的一切条约及国际协定应尽快在秘书处登记,并由秘书处将其公布。当事国对未经本条第一项规定登记的条约或国际协定,不得向联合国任何机关援引之。"当然,不能在联合国机构中援引,并不等于不能在其他国际机构或缔约国本国的法院里援引;从这个意义上说,未在秘书处登记的条约仍然可以有效。

与登记这一正式程序相对[89],是联合国秘书处实践中的"存档和记录"这一做法,适用于所有《宪章》第102条不适用的国际条约,比如:联合国组织与其专门机构所订立的或与非联合国会员国所订立的条约,国际组织之间所订立的条约、或者是联合国会员国在《宪章》生效前订立的,但未被国际联盟条约集所收录的条约[90]。

六、条约的解释

权威说法是:"当今对条约的解释可主要归纳为三派:主观解释学派、约文解释学派和目的解释学派。这些学派的观点并不完全是相互抵触的,这些方法可以而且实际上也经常融合在一起应用。"[91] 由于《公约》第三部分第三节("条约的解释")在维也纳大会上通过时没有遇到反对票,可以说它的下属规则是对习惯法的宣告[92]。

(一) 主要规则

根据《公约》第31条第一款,条约应依据其措辞的上下文及其宗旨和目的、以其用语的通常意义来给予解释。在第二款下,"上下文"除包括连同序言及附件在

---

[88]　《公约》第80条。

[89]　相关实践可参看:*Report of the Secretary-General*, A/33/258, 2 Oct. 1978, paras. 3-7; UNGA, A/RES/52/153, 12 Dec. 1997.

[90]　参看: Treaty Section of the Office of Legal Affairs, UN, *Treaty Handbook* (UN, 2006), 29.

[91]　G. Fitzmaurice, "The Law and Procedures of the International Court of Justice: Treaty Interpretation and Certain Other Points", 28 *BYIL* (1951) 1.

[92]　E. Jiménez de Aréchaga, "International Law in the Past Third of a Century", 159 *RdC* (1978, I), 1, 42.

内的约文外,还应当包括:

    1)该条约缔约方就该条约的缔结而达成的任何其他协议;

    2)一个或几个缔约方为条约缔结而做出的,并经其他缔约方确认与条约相关的任何文件。

第三款规定,应当与上下文一同被考虑的还包括:

    1)嗣后缔约方之间存在的、有关条约解释或适用的任何协定;

    2)通过嗣后实践确立起来的、缔约方用来解释该条约的任何协议;

    3)适用于缔约方之间关系的任何相关国际法规则。

如果缔约方之间有约定,那么某个用语应当按照此约定所赋予的特殊含义来理解。可以说,《公约》第31条是关于条约解释的一般规则,但很明显,它并没有严格区分各种条约解释学派,而是将他们融合到一起。

上述第三款下的关键用语有三个,首先就是抬头部分的"应被考虑"[93],这意味着嗣后协议或实践对缔约方来说都不具有拘束力,即应该被考虑,但不一定作准。其次,"协议"一词也不一定是条约,否则就容易与《公约》里的第59条混淆起来,所以,这里的"协议"要求存在着所有缔约方之间有意而为之的共同做法或承诺[94]。最后,与"协议"相区别,嗣后"实践"则是所有缔约方各自的行为或不作为,而最终指向一个涉及条约解释的协议或理解[95]。

区别协议与实践这一做法具有实际意义[96]。比如,国际法院对"嗣后实践"这一概念的理解就呈现出创新,在"哥斯达黎加诉尼加拉瓜案"中,法院提到,就双方对双边条约中特定用语的解释,在适用第31条第三款(b)项时,缔约时双方的意思表示中包括赋予文字可继续演化的含义,之后才能反映国际法领域的新发展[97]。

至于嗣后实践是否可以修改条约的问题,争议一直存在[98]。联合国国际法委

---

[93] "Draft conclusions on subsequent agreements and subsequent practice in relation to the interpretation of treaties, with commentaries", 2 *YBILC* (2018), Part Ⅱ, Conclusion 2, para. (7).

[94] 同上注,Conclusion 4, para. (10).

[95] 同上注,Conclusion 4, paras. (11) and (16).

[96] 同上注,Conclusion 6.

[97] *Dispute regarding Navigational and Related Rights*(*Costa Rica v. Nicaragua*), Judgment of 13 July 2009, ICJ Rep. (2009) 213, para. 64.

[98] G. Nolte, "Treaties and Their Practice—Symptoms of Their Rise or Decline", 392 *RdC* (2017) 205, 348-351.

员会在2018年的"结论草案"中,提到普遍被接受的看法:"一般的假设是,通过以适用条约为目的的协议或实践,条约缔约方意在解释该条约,而非修改或修订条约。通过嗣后实践修改或修订条约的可能性并没有得到普遍承认。"[99]

(二) 补充解释

《公约》第32条规定,为确认适用第31条后所得的解释,或者当存在着依照第31条对条约含义所作解释不明或者有歧义,或导致解释的结果明显荒谬或不合情理的情况时,可以采用其他方法进行补充解释。

这些方法包括使用条约起草过程的记载,以及缔约情况的记录。在实践中,这种做法并不是各国都接受的,比如:英国的传统是法院在解释法律时摒弃法律起草记录与争论记录[100]。但是,第32条的适用环境是国际法体系,在国际实践中它所宣示的规则有很实在的用处[101]。该条使用了留有余地的语言,显示出格外的谨慎[102]。

国际法委员会曾提出,第32条下也包括缔约国的、非第31条第三款意义上的行为,而这种行为也是嗣后行为(即在条约已经缔结后采取的行为)[103]。这种"嗣后实践"作为补充性解释方法存在于第32条之下,这时它指代的是缔约方中的一个或多个的适用条约的行为,这些行为不一定指向缔约方共同的意思[104],而可能是适用条约的任何行为[105]。

(三) 多种语言版本的条约

当一个条约使用两种或更多种语言认证时,各种语言认证的版本均享同等作准的效力,除非条约另有规定,或缔约方特别约定在出现分歧的情况下以某个语

---

99 "Draft conclusions on subsequent agreements and subsequent practice in relation to the interpretation of treaties, with commentaries", 2 *YBILC* (2018), Part Ⅱ, Conclusion 7, paras(23)-(38).

100 A. McNair, *The Law of Treaties* (1961), 411.

101 *Bankovic v Belgium and Others*, ECHR, 123 *ILR* (1990), paras. 63-65.

102 G. Nolte, 上注98, 第359页。

103 "Draft conclusions on subsequent agreements and subsequent practice in relation to the interpretation of treaties, with commentaries", 2 *YBILC* (2018), Part Ⅱ, Conclusion 4, para(21), citing to 2 *YBILC* (1964), A/5809, 204, para. (13).

104 同上注, Conclusion 4, paras. (33) and (35). *Kasikili/Sedudu Island (Botswana/Namibia)*, Judgment of 13 December 1999, ICJ Rep(1999) 1045, para. 55.

105 "Draft conclusions on subsequent agreements and subsequent practice in relation to the interpretation of treaties, with commentaries", 2 *YBILC* (2018), Part Ⅱ, Conclusion 4, para. (24).

种的版本作准[106]。其他语种版本的约文只有在条约另有规定或者缔约方另有约定时才能成为作准版本。虽然有语言差别,但是在各作准文本中,条约的某一用语被推定为具有相同意思。但是,如果在比较几个作准文本之后意思仍然不同,而该分歧也无法通过适用第 31 条和第 32 条得到解决,那么在符合条约目的与宗旨的范围内、最能够调和这些约文的意思的解释应当被采纳。采纳的方式一般通过嗣后另立的条约或修订议定书。

实践中还存在着标点符号引起争议的事例;上述规则对这种情况也是适用的[107]。

(四) 实践

1. "领土争端案"[108]

根据 1989 年"阿尔及尔框架协议"(Accord-Cadre)第 2 条,在政治调解无效的情况下,协议的两个缔约国利比亚和乍得"决定将争端提交国际法院解决",并分别于 1990 年 8 月 31 日和 9 月 3 日向法院提交了立案申请。

本案中,1955 年《法国-利比亚友好条约》第 3 条规定,两国间国界将由"载于【附于该条约之后的】互换信函(附件一)中所列的、在利比亚联合王国成立时即已生效的国际文书"来划定。法院认为:"任何其他的解释都是违反第 3 条用语的含义,并将导致依照附件一中所列文书的规定来划界的规则完全失效"[109]。这个结论是适用尚存在争议的"有效性"原则的一则实例[110],因为国际法院在判决里认为该原则"是有关条约解释的最重要原则之一"[111]。

利比亚主张:由于附件一中所列的协定在 1951 年已经失效,相关并且当时仍在生效的其他协定或者文件也可以用作确定疆界走向的根据,即使后者没有被包括在附件中。乍得认为,附件中所列文件在上述《友好条约》所限定日期内都有效。法院驳回了利比亚的主张,而采纳了乍得的说法;法院认为:"很明显,为达成第 3 条的目的,当事国已经同意附件中所列是有效文件,因为如果不是这样,双

---

106 第 33 条第一款。

107 参看美、英、法、苏四国修订 1945 年《国际军事法庭宪章》的议定书,针对的是《宪章》第 6 条里使用的分号;议定书将之改为逗号:http://avalon.law.yale.edu/imt/imtprot.asp。

108 ICJ, *Territorial Dispute*(Libya v. Chad), ICJ Rep.(1994) 6.

109 Ibid., para. 47.

110 A. McNair, *The Law of Treaties*(1961), 383-385.

111 ICJ, *Territorial Dispute*(Libya v. Chad), ICJ Rep.(1994) 6, para. 51. 另外,这个原则也在国际法院所处理的有关国际组织职能范围的案件中被引用过,比如 1949 年"为联合国服务而受损害的赔偿问题"的咨询意见(ICJ Rep.(1949), 174)以及 1962 年"联合国某些支出"咨询意见(ICJ Rep.(1962), 151)。

方就不会在条约里提及附件中列出的文件"[112]。既然这样,法院只需要依照条约约文适用第 3 条即可解决双方争议[113]。

2. "塔地奇案"[114]

前南国际刑庭上诉庭在考虑《1949 年关于战时保护平民的日内瓦公约》在本案中的适用性时认为:该公约第 4 条第二款保护的对象是平民。这里的"平民"是指战时处于敌国控制下的,并不具有敌国国籍的人,以及无国籍人[115]。但是上诉庭发现,该条约谈判过程中的会议记录表明,谈判国在使用"平民"这一用语时有意使其包含逃离国籍国或者被驱逐出境的难民,而且,如果中立国或者盟国在某一交战国境内未驻扎外交代表,其国民也是公约意义上的"被保护人"[116]。上诉庭认为,在现代武装冲突中,种族界限而非国籍才是战争中效忠的基础,"在这种武装冲突的背景下,不仅本公约的约文或者其缔结历史、更重要的是公约的目的和宗旨都在提醒我们,区分个人是否成为公约保护对象的关键很可能要看其是否效忠战争中的一方并由该方所控制"[117]。这个结论非常具有创造性,有可以借鉴和思考之处。

七、条约的适用

(一) 一般规则

首先,《公约》第 26 条规定了条约适用的主要原则:"凡生效条约对其缔约方均具有约束力,缔约方应当诚意履行条约义务。"

应该注意的是:条约必须生效才能约束缔约方。第 26 条也对"约定必须遵守"这条法谚作了诠释。相关的规则是,缔约方不能以其国内法为由而不履行条约义务[118]。当然,这一条不会减损《公约》第 46 条的效力。

其次,除非条约另有意图或者另经确定,在条约生效日之前发生的行为、事实

---

112 ICJ, *Territorial Dispute* (*Libya v. Chad*), ICJ Rep. (1994) 6, para. 50.
113 Ibid., paras. 50-51.
114 ICTY, *Prosecutor v. Dusko Tadić*, Case No. IT-94-1-A, Appeals Chamber, Judgment of 15 July 1999.
115 Ibid., para. 164.
116 Ibid., para. 165.
117 Ibid., para. 166.
118 《公约》第 27 条。

或者在生效日期前存在的情况均不受该条约约束[119]。这可以被称为"条约效力的不溯及既往性"。

最后,除非条约约文另有意图或者另经确定,一个条约在所有缔约方全部领土范围内具有约束力[120]。

(二) 新旧条约同时适用的问题

对针对同一对象先后所订条约的缔约方权利和义务,《公约》在第30条中提到三种情况。其一,当条约明确表示其从属于先前或者嗣后订立的条约,或特别规定其不能被视为与先前或嗣后某条约不相容时,该先前或嗣后条约的约文具有优先效力。其二,当所有先前条约的缔约方同时也是嗣后条约的缔约方,而且先前条约没有依照《公约》第59条的规定而终止或暂停适用时,先前条约只在其与嗣后条约相符的范围内适用,如果嗣后条约的缔约方并不包括先前条约的全体缔约方时,在同是这两个条约缔约方的国家之间,上述规则也适用。其三,如果某个争端中的一方是两个条约的缔约方,而另一方只是其中一个条约的缔约方,两国同为缔约方的那个条约将决定双方的权利义务。

上述这些规定不影响《公约》第41条的效力,也不影响条约依第60条终止或停止适用,更不影响一国缔结或适用某个条约而因此与该国在另一条约下所负义务不相容而发生的国际责任问题。

实践中,有的条约会直接规定其具有超越其他任何条约的地位,比如:《联合国宪章》第103条规定,对于联合国成员国来说,它们在《宪章》下承担的义务优先于它们在任何其他国际条约下的义务。又如,在1949年4月4日缔结的《北大西洋条约》第8条,要求缔约国承诺不加入任何与此条约相冲突的条约[121]。应该说,这种明确优先地位的规则在条约实践中还不多见[122]。

(三) 第三国

在1969年《公约》之下,非条约缔约国即为第三国。有关第三国的基本规则

---

[119] 《公约》第28条。

[120] 《公约》第29条。

[121] 参看北约官方网站:http://www.nato.int/cps/en/natolive/official_texts_17120.htm(访问时间2018年1月5日)。

[122] 《联合国海洋法公约》第311条第一款只规定该公约在缔约方之间优先于1958年《日内瓦海洋法公约》,第二款则保证不触动缔约方在任何与该公约融洽的条约下的权利与义务。

是：未经其同意,一个条约既不为其创造权利也不设定义务[123]。1951年美国及48个盟国与日本所订立的《和平条约》的缔约方中不包括中国,当时中国政府甚至没有在条约上面签字[124]。有些人认为这说明当时台湾省的地位因此没有确定[125];这样说不准确,该条约与中国对台湾省的主权问题无关,因为立约之时缔约各国就没有处理这一问题的意图,更何况中国是该条约的第三方。

但是,如果缔约方有意使该条约的某条款为第三国设定义务,而且该第三国也书面明示接受时,该条款下的义务对该国有效[126]。比如,1936年《蒙特娄公约》的第1条规定了第三国在土耳其海峡享有过境通行的自由[127];但第三国所享有的这个权利也同时受到条约的限制,包括商船通过时需要交纳灯标维护费,排水量超过500吨重的船舶在通行之前需要提前通知当地政府并经批准后才能通行[128]。这样的义务只能在缔约方和该第三国都同意的前提下才能被撤销或修改[129]。

另一方面,如果缔约方意在使条约为第三国或其所属的国家联盟或整个世界所有国家创设一项权利,而第三国表示同意接受此权利时,该项权利对后者生效[130]。如果第三国没有相反表示,即应推定其对此权利表示同意。在第三国行使该项权利的时候,同时必须遵守条约所规定或依条约创设的条件。如果权利创设时缔约方就表示该项权利在未经第三国同意时不得被撤销或更改,那么,缔约方在未经第三国同意的情况下,就不能撤销或更改该权利。但这并不表示被创设的权利在任何情况下都不能被撤销或改动。如果条约规定了可以撤销或改动,那么条约的规定作准。例如,美国和利比里亚曾于2004年2月11日订立《防止大规模杀伤性武器扩散、运输的协定》,双方根据该条约第17条第2款从缔结条约当日起开始临时适用之,但是条约直到当年的12月9日才正式生效[131]。该条约第18条第一款规定,缔约双方同意利比里亚政府在合适时,将条约规定的权利赋予具有利比里亚国籍的船只;前提是相关第三国需要遵守条约中规定的享有这些权利时所需遵守的一切条件;第18条第三款规定,利比里亚和相关第三国可以

---

[123] 《公约》第34条。

[124] 136 *UNTS* 45(于1952年4月23日生效)。

[125] J. Crawford, *The Creation of States in International Law* (2nd edn., New York: OUP, 2006), 208.

[126] 《公约》第35条。

[127] 173 *LNTS* 219.

[128] B. B. Jia, *The Regime of Straits in International Law* (Oxford: Clarendon Press, 1998), 113-114.

[129] 《公约》第37条。

[130] 《公约》第36条。

[131] A. Strati, Gavouneli M., and Skourtos N. (eds.), *Unresolved Issues and New Challenges to the Law of the Sea* (The Hague: Martinus Nijhoff, 2006), 303, Annex Ⅱ(B).

书面方式撤销这些权利。

可以说，为第三国设定的权利和义务的撤销或更改都需要得到第三国的事先同意才能有效。

实践中的问题是，相当多此类条约同时规定第三国的权利与义务。比如上面提及的1936年《蒙特娄公约》。在面对这样的情况时，有人建议应采取《维也纳条约法公约》第35条这种较为严格的规则[132]。本书则认为，对这些情况同样可以适用第36条第二款，因为后者规定了第三国在享受条约权利时，有义务履行条约下包含的，或与条约相符而设立的一切条件，这些条件当然可以包括条约里的各种义务。那么，既然可以假定存在第三国对《蒙特娄公约》下权利的承认，不需要书面证据，对此条约同时适用第35条与第36条的规定时就会发生问题，解决方法只能是在二者中择一适用。

最后要说，以上的规则不妨碍条约条款作为习惯法规则约束第三国的情况[133]。

八、条约的修订

基本规则是：条约可以通过缔约国之间的协定而得到修订[134]。

有关多边条约的修订，《公约》第40条做出了规定。除非条约另有规定，任一缔约国修订条约的提议应当告知其他全体缔约国；所有缔约国均有权参与针对该提议所采取行动的决定，并有权参与为修订条约而举行的谈判和缔结其他协定的讨论。凡有权成为该条约缔约方的国家也有权成为修订之后的新条约的缔约方。在修正条约的协议生效之后成为缔约方的国家，如果没有不同的意思表示，应当被视为新条约的缔约方；但是，对于那些不受修正条约协议约束的国家，应当继续被视为旧条约的缔约方。

例如，《联合国宪章》第108条规定，"《联合国宪章》之所有修正案经联合国成员国三分之二以上票数通过并经三分之二以上会员国、包括安理会常任理事国各依其宪法程序批准后生效。"这个条款的重要性在于：被修改的《联合国宪章》条款对于那些投反对票的成员国也同样具有拘束力。又如，《国际刑事法院的罗马规约》的第一次修订于2010年6月在乌干达首都坎帕拉结束。当时，"审查大会"

---

[132] I. Sinclair, *The Vienna Convention on the Law of Treaties* (2nd edn., 1983), 103.
[133] 《公约》第38条。
[134] 《公约》第39条。

以决议形式通过修正案[135]，添加了侵略罪定义（第 8bis 条）和法院可以对此类罪名行使管辖权的条件（第 15bis 和 15ter 条）[136]。针对第 5—8 条修正案的生效问题，该条约第 121 条第 5 款没有对必需的批准国数字加以规定[137]，而是规定了递交了批准或接受书起一年后对之生效；当然，未批准此类修正案的缔约方不受其约束。此外，任一缔约方可以向法院的秘书官长提交声明，不承认法院对此类罪行的管辖权[138]。实践中还有"简易程序"的做法，省去缔约国大会、投票的步骤[139]。

进一步说，只要条约允许或者没有禁止，条约的两个或者更多缔约国可以在彼此之间对该条约进行修改。在条约没有明确禁止这种修改行为时，条约修正案既不影响其他缔约国在该条约下的权利与义务，也不能妨碍公约宗旨和目的之实现。

九、无效条约

（一）一般规则

第一，对条约的有效性，或一国接受条约约束的意思表示的有效性地质疑，只能依照《公约》的规定提起[140]。条约无效这一事实并不解除各国履行该条约所反映的、没有该条约也可独立存在的国际习惯法的义务。

第二，条约无效的理由只可以针对整个条约援引，除非条约约文是可分割的[141]。

第三，一国在知晓相关情况后，如果明示同意该条约有效或者继续有效或者继续施行，或因其行为可被视为默认该条约的有效性或持续生效，则该国不得援引《公约》所列无效理由来否定该条约效力[142]。

---

[135] 《国际刑事法院的罗马规约》第 121 条第三款。

[136] 决议第 RC/Res. 6 号，在 6 月 11 日以"基本一致同意"的方式被大会通过。原文参见：http://www.icc-cpi.int/iccdocs/asp_docs/Resolutions/RC-Res.6-ENG.pdf。

[137] 但对其他条款的修正案只有在占八分之七多数的缔约方提交批准书一年后才对所有缔约方生效：第 121 条第四款。

[138] 参见修正案第 15bis 条第四款。

[139] 1982 年《联合国海洋法公约》第 313 条。

[140] 《公约》第 42 条第一款。

[141] 《公约》第 44 条。

[142] 《公约》第 45 条。

(二) 条约无效的理由

1. 国内法

基本规定是：一国不得以其"同意受条约约束的意思表示违反了其国内法关于缔约权限的规定"的理由来主张条约无效，除非违反行为显而易见，且违反的是该国具有根本重要性的国内法[143]。如果对于处于同样境地、依通行惯例并诚意行为的任何其他国家而言，这个行为的非法性都是客观可见的话，它即是明显的违反行为。具有根本重要性的国内法包括规范缔约权利的法律[144]。

2. 约文错误

因约文错误致使条约无效的例子比较少见。一国可以援引约文的实质性错误来主张其接受条约约束的意思表示无效[145]，但该错误必须与该国在缔约时假定存在的事实或者情况有关，且此事实或者情况构成该国同意受条约约束的基础[146]。

在此需要区分的情况是，针对认定后约文用语的错误，可以适用《公约》第79条[147]。这也是第48条第三款的要求。

在第79条下，在认证后（参见《公约》第10条）签署国和缔约国一致认为条约文字在理解上会产生错误时，可以对约文适当修改以纠正错误，更正后还需经授权代表于更正处草签，或者订立或互换记载所作更正的文件，或按照原有约文缔结所经过的同样程序制作条约全文的修订本。除非签署国和缔约国另有约定，更正后的约文应当自始代替有错误的约文。对已在联合国秘书处登记的条约完成的更正，应当通知联合国秘书处。

第48条第三款下的这一规定，只涉及不影响条约有效性的错误文字的更改。一旦超越这一限制，则第一款下的规则就可以适用。

依据第48条第二款，如果错误是由某国自身行为所引起，则第一款下的规则不适用。在"隆端寺案"中[148]，国际法院指出，当出现一国因自身行为造成约文错

---

[143] 《公约》第46条。

[144] ICJ, *Case Concerning the Land and Maritime Boundary between Cameroon and Nigeria (Cameroon v. Nigeria: Equatorial Guinea Intervening)*, Judgment of 10 October 2002, ICJ Rep. (2002) 203, para. 265.

[145] I. Sinclair, *The Vienna Convention on the Law of Treaties* (2nd edn., 1984), 172.

[146] 《公约》第48条。

[147] A. Aust, *Modern Treaty Law and Practice* (3rd edn., 2013), 293-295.

[148] ICJ, *The Temple of Preah Vihear Case (Cambodia v. Thailand)*, ICJ Rep. (1962) 6.

误或者当时情势足以引起该国警觉却无所作为时,该国不能援引条约错误来主张其同意受条约约束的意思表示无效[149]。本案中,经泰国(当时还称为暹罗)政府授权的划界委员会成员审阅了1904年法国(当时法国是柬埔寨的保护国)——暹罗划界委员会所制定的附件 I 地图,而后者将隆端寺画在柬埔寨境内;再有,当时绘制地图的法国官员也是暹罗政府所委派的。在这种情况下,暹罗政府没有反对即接受了该官员制作的这份地图。由此,泰国丧失了否认该地图效力的权利,从而无法主张该条约有约文错误,进而否定有关划界结果的有效性。

3. 欺诈

如果一谈判国因另一谈判国的欺诈行为而缔结条约,前者可援引存在"欺诈"这一理由,宣布其同意受条约约束的意思表示无效[150]。值得注意的是,联合国国际法委员会认为,虽然"欺诈"这个概念在所有法系中都存在,但其内含与外延都不尽相同,再加之国际法上有关的案例较少,委员会认为有关该概念范畴的问题应当留给国家实践和国际司法机构的判例来解决[151]。

4. (对官员的)贿赂

如果因为某一谈判国直接或间接贿赂另一谈判国代表而使之做出本国同意受条约约束的意思表示,其政府可援引贿赂来主张该意思表示的无效[152]。

5. 对官员的胁迫

如一国同意接受条约约束是因为其谈判代表受到针对他个人的、通过行为或威胁而造成的胁迫,该意思表示将无任何法律效力[153]。制定这个规则的目的,是针对谈判代表被威胁或强迫以至于影响他作为个人而非政府代表正常生活的那些情况[154]。另外,这种强迫或威胁也可以针对代表的家庭成员或其事业发展[155]。

6. 武力强迫或武力威胁

违反《联合国宪章》中的国际法原则、以武力或威胁使用武力而强迫缔结的条约无效[156]。在《国际联盟盟约》缔结之前,条约的效力不会因为它产生于武力或武

---

149 ICJ, *The Temple of Preah Vihear Case* (*Cambodia v. Thailand*), ICJ Rep. (1962), 26-27.
150 《公约》第 49 条。
151 2 *YBILC* (1966), 244.
152 《公约》第 50 条。参看 A. Aust, *Modern Treaty Law and Practice* (3rd edn., 2013), 277.
153 《公约》第 51 条。
154 2 *YBILC* (1966), 246.
155 Ibid.
156 《公约》第 52 条。

力威胁之下而受到影响[157],因为当时的国际法并未将使用武力解决国际争端视为违法。国际法委员会认为,对于受害方而言,因武力或武力威胁而缔结的条约必须被视为无效条约,而不仅是"可撤销"的条约[158]。《公约》第52条反映了国际强行法规则,所以任何违反本规定的条约都无效。

7. 国际强行法

在介绍国际法渊源时,本书已讨论过国际强行法这一概念[159]。这里的规则是,如果条约在缔结时违反了国际强行法规则,那么该条约无效。这个概念出现在《公约》里的起因,源于1966年联合国国际法委员会对此问题的讨论。但问题是,对哪些国际法规则构成强行法的归纳十分困难。国际法委员会认为:"某一国际法规则之所以能成为强行法的规则,不取决于它的形式,而是它所规范问题的特定性质。"[160]在1969年的维也纳条约法大会上,发展中国家和社会主义国家支持增加这个概念,而西方国家最终有条件地接受了在《公约》下规定国际法院对于涉及该问题争端的管辖权。

这里还要指出,联合国国际法委员会曾考虑过在《公约》里不仅体现强行法的内容,还要加上新国际习惯法对条约的终止、退出或者暂停施行的影响,但最终作罢,因为新习惯法自动废除既存条约的做法不仅在实践中尚未被各国普遍接受,且很可能违反条约以合意为基础的国际法基本原则[161]。

(三) 程序

在缔约国援引其同意接受条约约束时的意思表示中存在的缺陷,或上述列举的条约无效的理由用以否定条约的有效性,或要求终止、退出或者暂停施行该条约时,应通知其他缔约方[162]。如果在通告后3个月届满时没有收到任何反对意见,通报国可以终止既存条约关系或者退出条约。如果在其他缔约国提出反对意见之后12个月内争端未能得到解决,且如果争端涉及《公约》第53条和第64条的适用或解释,任一当事方可以书面形式将争端提交国际法院,但争端各当事国一

---

157 A. McNair, *The Law of Treaties* (1961), 207-208; I. Brownlie, *International Law and the Use of Force by States* (Oxford: Clarendon Press, 1963), 404-405.

158 2 *YBILC*(1966), 246-247.

159 参看本书第二章。

160 2 *YBILC*(1966), 247-248.

161 N. Kontou, *The Termination and Revision of Treaties in the Light of New Customary International Law*(Oxford: Clarendon Press, 1994), 134-139.

162 《公约》第65条第一款。

致同意提交仲裁的争端除外[163]。另外,有关《公约》第五部分其他条款的争议也可以通过联合国秘书长的调解程序来解决。

宣告条约无效、终止、暂停施行或退出的通知必须是书面形式,但在其生效前可以随时撤销。

(四) 条约无效的后果

有关条约无效后果的一般规则是:依《公约》规定无效的条约是无效的,其条款没有法律效力[164]。如果已经有缔约方依据该条约的规则去行为,那么每一个缔约方都可以要求相关缔约方尽可能地将彼此之间关系恢复到该行为实施之前的状态。但是,在提出条约无效立场之前已经善意实施了的行为,不因为条约嗣后的无效而成为非法行为。

如果条约依《公约》第53条规定无效,那么缔约方应该尽力消除依照与国际强行法相抵触的条款所实施的任何行为的后果,并依第71条使彼此间关系符合强行法要求。如果条约依《公约》第64条规定无效并被终止,条约的终止解除了缔约方履行该条约的义务,但是这不影响条约被终止前缔约方依照条约而创设的权利、义务或者法律状态,条件是这些权利、义务或法律状态不与国际强行法相违背。

十、终止与暂停执行条约

(一) 终止和暂停执行的限制条件

任一缔约方在以下情况下不许终止、退出或暂停执行条约:如果该国已明示同意该条约有效、继续有效或继续适用,或该国的行为表明它默认该条约有效、继续有效或继续适用[165]。另外,条约无效、终止、缔约方退出或条约暂停执行的理由,都只能针对整个条约来援引,除非存在《公约》允许的情形[166]。这些其他情形包括:针对条约的某些特别条款提出此类理由,而这些条款可以同条约其他条款分离开来适用;这些特别条款不是其他缔约方同意受条约约束的基础;或者除这

---

163 《公约》第66条。
164 《公约》第69条。
165 《公约》第45条。
166 《公约》第44条第一、二款。

些条款外,条约其他部分的继续履行不会导致有失公平的结果。但是,对于涉及第 51—53 条所规定情形(强迫或者违背国际强行法)的条约,要提出条约无效、终止、缔约国退出或条约暂停施行的要求时,条约的个别条款是不能与条约整体分离来对待的[167]。

(二) 终止和暂停施行的基本规则(1):相关条约自身的规定

条约关系的终止可以表现为:条约自行终止、单方解约或缔约方退出条约。两个基本规则是上述情况需符合:1)相关条约自身的规定;或者 2)《公约》所反映的习惯法,才能达到终止的效果[168]。退出条约一般来说是单方面行为,合法的退出行为可以终止条约关系。当然,退出双边条约会导致条约立即失效;但退出多边条约不一定会有同样的结果。

如果提出终止条约的声明依照的是该条约自身的规定,或者全体缔约方协商后的合意,那么条约当然可以被终止或者缔约方合法退出条约[169]。但是,多边条约并不仅因为其缔约方数量减少到使其生效所必需的数目之下而终止施行。另外,条约关系终止或者缔约方退出条约均不影响各国履行相关条约所反映的国际习惯法下的义务[170]。

上述规则同样适用于条约的暂停执行。依照条约本身规定,或者所有缔约国商定同意后,该条约可以针对一个或多个缔约国暂停执行[171]。另外,在符合某些条件时,多边条约的两个或者以上的缔约国可以相互之间缔结协定,以求在这些当事国之间暂停执行该多边条约。

以上所述规则针对的是那种含有条约终止、退出或暂停施行条款的条约。如果一个条约没有关于条约终止的规定,也未规定解约或者退出条约的程序,那么在《公约》之下,该条约不得被解除,而缔约方也不得退出条约,除非条约缔约方允许解约或退出条约的情况发生;或条约的性质暗示缔约方有解约或退出条约的权利[172]。这一点反映了习惯法[173]。

---

167 《公约》第 44 条第五款。
168 J. de Arechaga, "International Law in the Past Third of the Century", 159 *RdC*(1978), 70.
169 《公约》第 54 条。
170 《公约》第 43 条。
171 《公约》第 57 条。
172 《公约》第 56 条。
173 I. Sinclair, *The Vienna Convention on the Law of Treaties*(2nd edn., 1984), 186.

(三) 终止和暂停执行的基本规则(2)：《公约》所反映的习惯法

《公约》下还编纂了习惯法中终止或暂停执行的规则。依据这些规则，无论条约有没有相关终止或暂停施行的条款，该条约都有可能被终止或暂停执行。

1. 规则一

如果所有缔约国就条约所规范的事项缔结了新条约，并且新条约满足下列情形其一时，旧条约应当被视为已经终止：1) 新条约规定或经其他方式可以确定：旧条约的所有缔约方愿意将该事项置于新条约下来处理；或 2) 新条约与旧条约文字的不相容致使两条约无法同时适用。同样，如果新条约表明，或者经其他方式可以确定旧条约缔约方意图是旧条约暂停执行时，旧条约暂停执行[174]。

这条规则与《公约》第 30 条有直接关系。但是，两者的适用次序有先后：第 59 条优先，而只有在其不适用于两个先后存在的条约时，才有第 30 条适用的可能。原因是第 59 条的意图是解决旧条约是否失效的问题，而第 30 条意图解决新、旧条约同时有效时应该适用哪一个条约的问题[175]。

2. 规则二

如果双边条约的缔约方之一实质性违约，另一方可以此为由要求整个条约或条约一部分终止或者暂停执行[176]。多边条约的缔约方之一实质性违约时，其他缔约方有权在一致同意的前提下，暂停执行整个条约或条约某一部分，或者终止该条约。条约的暂停执行和终止可以发生在其他缔约方与违约方之间，也可发生在所有缔约方之间。当然，受违约行为严重影响的缔约方可以此为由，在其与违约方之间的关系之中部分或者全部暂停执行条约。

根据《公约》的规定，实质性违约指以下两种情形之一：1) 未经《公约》允许废弃条约；2) 违反对条约目的与宗旨来说至关重要的条款。

但是，以上终止或者暂停执行的规定不适用于人道法条约中有关人身保护的条款，尤其不适用于后者中禁止对"受保护人"进行报复的规则[177]。这意味着，后者即使在出现一方违约的情况下，仍然对所有其他缔约方在彼此之间继续适用，目的是继续对受这些条约保护的人群提供法律保障。另一方面，可以说这个排除

174　《公约》第 59 条。
175　2 *YBILC*(1966), 253.
176　《公约》第 60 条。
177　《公约》第 60 条第五款。

条款没有要求其他缔约方对违约方继续适用这些条约[178]，那么，违约方的国民就可能失去条约的保护。

在"纳米比亚"咨询意见中，国际法院指出，联合国大会认为南非的实质违约行为表现为单方废弃具有条约性质的委任统治书[179]。法官们从一开始就清楚地看到，从事实和法律的角度来说，委任统治书是一个条约[180]。在他们看来，虽然"委任统治"是一种制度，但这个制度本身依靠着创制它的国际协定来运作，而后者包含国家间的相关协议[181]。

3. 规则三

如果为适用条约而不可或缺的标的物灭失或毁损，以致不能再履行该条约时，缔约方可以援引"无法履行"作为条约终止或退出条约的理由。如果不能履行的状态只是暂时性的，则它只能作为暂停执行条约的理由。如不能履行是缔约方违反其条约义务或者违反其对该条约其他缔约方所负任何其他国际义务而造成的，前者不得援引此规则终止、退出或暂停执行条约。

也许可以说，作为终止条约关系的理由，灭失或毁损的是实体标的物或者法律状态，而这些标的物或法律状态则是构成条约权利义务存在的基石[182]。联合国国际法委员会就此给出的例子都是标的物所发生的物理意义上的灭失或毁损，比如：岛屿沉没、河流干涸、铁路毁损、水力发电设备毁损等；其他例子包括基于条约而组建的关税联盟的解散[183]。国际法委员会还认为，虽然说有些案件到底是要适用"无法履行"还是应当"情势变更"并不清楚，但这两种理由的适用标准不同[184]。

1992年5月15日，匈牙利宣布废止其与捷克斯洛伐克在1977年签订的一个

178　相反意见参见：I. Sinclair, *The Vienna Convention on the Law of Treaties* (2nd edn., 1984), 190. 原因是这些条约里的相关条款体现的是"绝对的"义务；这实际上是说这些义务具有强行法性质。

179　ICJ, *Legal Consequences for States of the Continued Presence of South Africa in Namibia (South West Africa) notwithstanding Security Council Resolution 276 (1970)*, Advisory Opinion, 21 June 1971, ICJ Rep. (1971) 16, para 94.

180　ICJ, *South West Africa Cases (Ethiopia v. South Africa; Liberia v. South Africa)*, ICJ Rep. (1962) 319, 330 and 331.

181　Ibid. 162, para 94.

182　*Report of the ILC on the Work of its Fifteenth Session*, 6 May-12 July 1963, UNGAOR, 18th Sess., Supp. No. 9(A/5509), 19.

183　Ibid.

184　Ibid.

条约[185],而匈牙利与斯洛伐克当时正依据1977年条约建设加布奇科沃-纳吉马罗斯项目。匈牙利援引"无法履行"要求终止条约,它认为本条约最重要标的物是由两国共同建设、经营一个与环境保护目的相符的投资项目,而该标的物却永久性灭失了,从而使履行条约成为不可能[186]。国际法院认为,本案中没有必要就"标的物"是否包含一种法律制度的问题进行过多分析,但即使标的物确实包含这样的制度,1977年条约下建立的制度也没有完全消失,该条约第15、19条和第20条为双方提供了随时通过协商来调整经济利益与生态需要之间矛盾的必要措施,而且该条约"无法履行"首先是因为匈牙利没有履行条约义务所致[187]。所以,匈牙利不能援引"无法履行"终止条约。

4. 规则四

"情势根本变更"在国际法中也被称为"rebus sic stantibus"理论,意指条约订立时的客观情势决定了条约内容,所以,"情势"是指那些在缔结条约时存在的、对条约的继续生效具有根本性影响的情况。如果这些情势不构成缔约方同意受条约约束的基础,他们的变更不能作为终止条约或退出条约的理由。"情势变更"原则中所指的变更,是指缔约方在订立条约时未能预见而后来发生的变化,变化的后果将根本改变条约下尚待履行义务的范围和程度。

值得注意的是,《公约》包含这一规则的考虑,是实践中存在的不含自动废止条款的条约,或者是因为某一缔约方拒绝修正而使其他缔约方无法摆脱的旧条约,因为这两类条约在情势已变的情况下都会成为所有缔约方的累赘,从而迫使心怀不满的缔约方使用法律之外的手段来结束条约关系,对国际条约关系来说这个做法无疑是必须避免的[188]。再有,在《公约》这一部分草案定型时,国际法委员会特别指出,有关这一规则在当时是否反映习惯法的问题尚无明确答案[189]。可以说委员会将之融入《公约》草案时有造法的意味。

《公约》第62条所规定援引该原则的条件是叠加性的,从而限制了对该原则的援引。在"加布奇科沃-纳吉马罗斯项目"案中,国际法院从条约关系稳定性出

---

185 ICJ, *Dabube Dam Case* (*Gabcikovo-Nagymaros Project*) (*Hungary v. Slovakia*), Judgment of 25 September 1997, ICJ Rep. (1997) 7, para. 102.

186 Ibid., para. 103.

187 Ibid.

188 *Report of the ILC on the Work of its Fifteenth Session*, 6 May-12 July 1963, UNGAOR, 18th Sess., Supp. No. 9(A/5509), 209.

189 Ibid., 207-208.

发,肯定了对该原则的援引应予以限制这一规则的合理性[190]。但是第62条还规定,在某些情况下,即使情势已经变更,缔约国也不能以此为由而终止或退出条约,这些情况包括:当条约是划定边界的条约时,或者情势根本变更是由援引国自身违反条约义务或者违反对条约其他缔约国所负的任何其他国际义务所致。

最后,如果情势变更可以作为终止条约的理由,那么同样可以作为条约暂停执行的理由。

在这里要提及"渔业管辖权"案[191]。案件起源于冰岛以"情势变更"为由将其渔业管辖区从12海里扩展为50海里,从而违反其与英国在1961年所签订的换文(该换文于1961年6月8日在联合国秘书处登记,因而构成条约)。本案中,冰岛将所主张的情势变更归因于其附近海域中渔业资源的过渡开发[192]。国际法院认为,该原则中情势的变更必须是根本性的、至关重要的,并因此危及援引者的生存和发展[193],并且这一变更必须使条约下尚待履行的权利和义务的范围和程度发生根本改变:"这样的变更必须已经增加了当事国所要履行的义务的程度,从而完全超越了其在缔结条约时所愿意承担的义务"[194]。法院认为任一当事方均可以将有关冰岛扩张渔业管辖区的问题提交给法院;而双方在1961年条约下所承担的接受国际法院管辖权的义务并没有发生根本变更[195]。这个结论可以从换文相关条款中得到有力佐证:"冰岛政府声明其将继续推行1959年5月5日冰岛议会所作相关决议中扩展冰岛周围渔业管辖区的内容,但会在管辖区扩展的六个月前通知英国政府。如发生有关渔业管辖区扩张的争议,条约双方中任何一方都可以将之提交给国际法院"[196]。

在"加布奇科沃-纳吉马罗斯项目"案中,匈牙利也以"情势变更"为由要求终止其与捷克斯洛伐克于1977年签订的条约[197]。匈牙利称,在该案中变更的情势是政治性的,即本案双方在当时正处于向市场经济过渡的时期,过去存在的"社会主义一体化"的实践已经消亡。具体来说,情势变更体现在该项目日益减少的经济

---

[190] *Report of the ILC on the Work of its Fifteenth Session*, 6 May-12 July 1963, UNGAOR, 18th Sess., Supp. No. 9(A/5509), 168, ICJ Rep. (1997) 7, para. 104.

[191] ICJ, *Fisheries Jurisdiction Case (Jurisdiction)(UK v. Iceland)*, Judgment of 2 February 1973, ICJ Rep. (1973) 3.

[192] Ibid., para. 35.

[193] Ibid., para. 38.

[194] Ibid., para. 43.

[195] Ibid.

[196] Ibid., para. 13.

[197] ICJ Rep. (1997) 7, para. 104.

可行性、对环境保护了解的进一步加深、国际环境法新规则和理念的出现。法院认为,该项目以生产能源、控制洪水以及改进多瑙河航运为目的,1977年时两国国内政治环境并不构成他们订立条约的基础,情势后来的变更并没有根本性地改变依条约尚待履行的义务的范围和程度,经济可行性的降低也没有根本性地改变这些义务[198]。并且,环境的改变也并不是1977年时完全不能预见的,根据条约第15、19条以及第20条的规定,缔约方可以在这些情势发生变更的情况下依旧履行条约义务。因此,匈牙利没有成功地证明本案中存在着情势的根本变更。

需要补充的是,在某些案件里,条约关系中不可或缺的标的物在条约适用期间被割让给了另一主权国家(比如:割让一个岛屿),这种情况既可以归于"情势根本变更"也可以算作"无法履行"[199],在这种情况下,条约标的物并不像国际法委员会所理解的那样消失或者毁损[200]。

5. 规则五

缔约国之间外交或领事关系的断绝并不必然影响它们之间已经建立的条约法律关系,除非外交或领事关系对某些条约的实施不可或缺[201]。另外,两国或者多个国家之间外交或领事关系的断绝或缺失,也并不妨碍这些国家之间缔结条约。一般来说,缔结条约本身并不影响外交或领事关系。这一点从以色列与阿拉伯国家同是1949年四个有关人道法的《日内瓦公约》的缔约方这一事例上就可以得到佐证[202]。

6. 规则六

如果有新的国际强行法规则出现,任何现行条约只要与该规则抵触即无效并终止施行[203]。

(四) 争端解决

《公约》第五部分针对的是条约的无效、终止和暂停执行,其中包含争端解决

---

[198] ICJ Rep. (1997) 7, para. 104.
[199] 李浩培:《条约法概论》(第二版),法律出版社2003年版,第427页。
[200] 2 YBILC(1966),256.
[201] 《公约》第63条。
[202] 以色列自1951年7月6日起成为这四个公约的缔约方;埃及自1954年10月11日起、叙利亚自1953年11月2日起也成为四个公约的缔约方。可参看国际红十字委员会的官网:http://www.icrc.org/eng/war-and-law/treaties-customary-law/index.jsp。而以色列与埃及建交于1979年;叙利亚至今不承认以色列。
[203] 《公约》第64条。

规则。第 66 条规定[204]，如果对退出、终止或暂停执行条约的通知提出反对后 12 个月内仍无法依《公约》第 65 条第三款得到解决争端[205]，则应当依下列程序进行：

　　1）有关第 53 条或第 64 条的适用或解释的争议，当事国任何一方均可以书面申请方式提交国际法院，由后者做出裁定，除非当事国一致同意将争端交付仲裁[206]；

　　2）有关本公约第五部分任何其他条文的适用或解释的争议，当事国任何一方可向联合国秘书长提出请求，启动本公约附件中所载程序。

首先，上述第 2)点所提及的程序允许争端任一当事国启动《公约》附件里的程序，其他当事国无论反对与否，都必须接受这个程序。这种规定对某些国家而言是有争议的，特别是苏联和东欧国家以及一些亚非国家[207]。

其次，《公约》在规定缔约方参与争端解决程序这一义务时是比较谨慎的，因为《公约》附件里的调解程序是司法解决程序的替代方式。这一替代方式是由争端当事国共同组建特别调解委员会，该委员会成员名单将由联合国秘书长保管；每一个联合国会员国或者《公约》缔约方都可以提名两位调解委员会成员，任期五年。一旦争议当事国向联合国秘书长表示愿意选择这种方式解决争端，就可以成立一个调解委员会。该委员会成员由争议当事国从联合国秘书长保管的名单中指定，每国可指定两人；被选择的委员则会从名单中再选出第五人来担任该委员会主席。调解委员会可以规定调解程序，可以参考当事国的意思。委员会应当在 12 个月之内向联合国秘书长提交报告。该报告应当就争议事实以及所适用的法律给出结论；该报告对于争议双方无强制约束力，仅具建议作用。委员会处理争端的费用由联合国负担。这个条款对因非强行法规则而引起的争议提供了非司法程序的替代性解决方案，但却未明确规定在该替代方案未能解决争议时应如果处理。

最后，上述解决争端的替代程序仅限于处理因《公约》第五部分除第 53 条或第 64 条之外条文的适用或解释而产生的争端，即排除了涉及强行法问题的争端。

　　204　I. Sinclair, *The Vienna Convention on the Law of Treaties* (2nd edn., 1984), 227.

　　205　第 65 条第三款指引要求争议国依照《联合国宪章》第 33 条规定的方式来解决争端。这些方式包括：谈判、调查、调停、和解、仲裁、司法解决、区域机关或区域办法之利用，或各国自行选择的其他和平解决方法。

　　206　这是所谓"协议条款"(the compromissory clause)，参见本书第 16 章。

　　207　I. Sinclair, *The Vienna Convention on the Law of Treaties* (2nd edn., 1984), 228. 当然，对法院的信任随着 1986 年"尼加拉瓜案"得到了恢复。

(五)《公约》第五编某些条款的习惯法地位

《公约》第 62 条"情势变更"原则,以及与之相关的条件和例外,被视为是对习惯法的编纂[208]。在"西南非洲案"中[209],国际法院认为,"《维也纳条约法公约》有关因一方违约而终止条约关系的条款在很多方面可以被视为是对现有国际习惯法在这个问题上的一种编纂"[210]。在"加布奇科沃-纳吉马罗斯项目"一案中,国际法院认为:

> "法院无须就《维也纳条约法公约》在本案中的适用性再做赘述。本院曾多次表明,《维也纳条约法公约》的某些规定是对国际习惯法的编纂。本院认为,这些反映国际习惯法规则的条款就包括公约中第 60 条至第 63 条下条约终止和暂停执行的条款"[211]。

其他第五部分的条款在性质上仍然属于条约规则[212]。

(六) 条约终止、暂停执行和缔约国退出条约的后果

除非条约另有规定或者缔约国另有约定,条约终止即解除缔约方继续履行条约的义务,但不影响缔约方在条约终止前因适用条约而创造的权利、义务或者法律关系[213]。一国退出多边条约时,以上规则于退出行为生效日起,在该国与条约其他缔约方之间关系中适用。以上规则也同样适用于条约暂停执行的情况。在条约暂停执行期间,缔约国应当避免采取阻碍条约恢复执行的措施。

---

[208] ICJ, *Fisheries Jurisdiction Case (Jurisdiction) (UK v. Iceland)*, Judgment of 2 February 1973, ICJ Rep. (1973) 3, para. 180.

[209] ICJ, *Legal Consequences for States of the Continued Presence of South Africa in Namibia (South West Africa) Notwithstanding Security Council Resolution* 276(1970), Advisory Opinion of 21 June 1971, ICJ Rep. (1971) 16.

[210] Ibid., para. 47.

[211] ICJ Rep. (1997) 7, para. 46.

[212] 更为负面的结论是:整个第五部分都未宣示习惯法。参看 M. Villiger, "The 1969 Vienna Convention on the law of treaties: 40 years after", 344 *RdC* (2009) 9, at 184.

[213] 《公约》第 64 条。

第四章 国内法和国际法的关系

扩展阅读

H. Kelsen, *Principles of International Law*, 2nd edn., revised and edited by W. Tucker, New York: Holt, Rinehart and Winston, Inc., 1966, 551-588; J. Starke, "Monism and Dualism in the Theory of International Law", 17 *BYIL* (1936), 66; I. Seidl-Hohenveldern, "Transformation or Adoption of International Law into Municipal Law", 12 *ICLQ* (1963), 88; C. Schreuer, "The Interpretation of Treaties by Domestic Courts", 45 *BYIL* (1971), 255; C. Schreuer, "The Implementation of International Judicial Decisions by Domestic Courts", 24 *ICLQ* (1975), 153; A. Cassese, "Modern Constitutions and International Law", 192 *RdC* (1985), 331; J. Jackson, "Status of Treaties in Domestic Legal Systems: A Policy Analysis", 86 *AJIL* (1992), 310; B. Conforti, *International Law and the Role of Domestic Legal Systems*, The Hague: Martinus Nijhoff, 1993; J. Paust, *International Law as Law of the United States*, Durham, NC, 1996; P.-M. Dupuy, *Droit international public*, 5e éd., Paris: Dalloz, 2000, pp. 385 ff; A. Cassese, *International Law*, 2nd edn., New York: OUP, 2005, Chapter 1; R. Lee(ed.), *States' Response to Issues arising from the ICC Statute: Constitutional, Sovereignty, Judicial Cooperation and Criminal Law*, New York: Transnational Publishers, 2005; Y. Shany, "Jurisdictional Competition between National and International Courts: Could International Jurisdiction-Regulating Rules Apply?" 37 *NYIL* (2006), 3; D. Shelton(ed.), *International Law and Domestic Legal Systems: Incorporation, Transformation, and Persuasion*, Oxford: OUP, 2011; A. Nollkaemper, *National Courts and the International Rule of Law*, Oxford: OUP, 2012.

一、学　说

(一) 一元论与二元论

历史上有三个学派的学说为大家所熟知，它们分别是提倡国内法至上的一元论、二元论和强调国际法至上的一元论。

传统的一元论出现在18世纪。J. 摩泽(Johann Moser, 1701—1785年)第一个提倡此学说[1]。受黑格尔学派影响的这一学说，认为国内法包含国际法，而国际法只不过是表现在外的国内法，因此，作为法律，国际法是不存在的，存在的只是一套易被强国任意忽视的指导方针。对德国法学家来说，法律反映了国家意志，而这一意志是不受任何规则限制的。这个理论是对当时在强国中流行的极端民族主义和集权主义思潮的反映。

1899年，另一位德国学者H. 特里佩尔(Heinrich Triepel, 1868—1946年)提出了二元论学说，之后意大利学者D. 安奇洛第(Dionisio Anzilotti, 1869—1950年)也对此理论进行了重要、详细的阐述[2]。这一学说的前提是国内法和国际法在截然不同的领域中发挥作用，它们所包含的法律规则在渊源、目标和内容等方面都是不同的。国际法不能直接适用于国内环境，除非它被国内立法所转化，国内法和国际法二者都不能改变或否定另一方。在今天的德国和意大利，上述二元传统仍然对本国实践具有影响[3]。

一元论在第三个德国学者W. 考夫曼(Wilhelm Kaufmann, 1858—1926年)手中得到新的发展。他在1899年写道，国际法不仅影响国家，而且也影响个人和国际组织；国际法作为国家意志的复合超越每个国家单独的意志；国际法可以直接被适用于个人；而国际法作为至高无上的法，将使任何与之相冲突的国内法作废[4]。这一形式的一元论在第一次世界大战后通过奥地利人H. 凯尔森(Hans Kelsen, 1881—1973年)得到进一步发展[5]。随后又被奥地利学者A. 费德罗斯

---

[1] A. Cassese, *International Law* (2nd edn., New York: OUP, 2005), 213-214.

[2] J. Starke, "Monism and Dualism in the Theory of International Law" 17 *BYIL* (1936), 70-74.

[3] 但是在欧洲共同体法出现后，两个国家同样接受欧共同体法(后来的欧盟法)的至高无上地位，二元论的传统根据新的实践有了相应的发展。

[4] A. Cassese, *International Law* (2nd edn., New York: OUP, 2005), 215.

[5] *Principles of International Law* (2nd edn., ed. by Tucker R. New York: Holt, Rinehart and Winston, Inc., 1966), 573-588.

(Alfred Verdross,1890—1980 年)和法国学者 G. 谢勒(Georg Scelle,1878—1961 年)所采纳。对这些学者来说,世上只存在一个单一的法律体系,国际法在其中位于体系金字塔的顶端,是其他规则有效或无效的基础。因此,国内法必须始终与国际法相一致,没有必要把国际法转化为国内法。更进一步说,国际法和国内法的主体没有区别。另一个需要被提到的名字是奥地利人 H. 劳特派特(Hersch Lauterpacht,1897—1960 年),他在 1950 年就提出即使在国内领域里国际法的地位仍然至高无上,个人也是国际法主体[6]。

(二) 现代二元论

进入 20 世纪后半叶后,越来越多的学者试图避免一元论、二元论的两分法,原因是依据两种理论的逻辑所作结论都与国际组织、各国政府机构及国内外法院的实践相冲突。英国学者 G. 菲茨莫里斯(Gerald Fitzmaurice,1901—1982 年)认为,两分法的基本缺陷在于这两种学说都假定国际法和国内法有一个共同的适用领域,即针对着同一套关系和交易[7]。他认为两个体系之间是不存在冲突的,因为它们在不同的领域里发挥作用,国际法和国内法都只在各自的领域里至高无上,而对于国际法实务界和学界来说,唯一值得关注的就是国际法在国际层面上至高无上[8],且这一地位渗透到国际法的每一个分支领域[9],因此,谈论两个体系之间的高下这样抽象的问题是没有意义的。但是,当国家不能依国际法所要求的方式行事时,就可能存在国内法与国际义务间的冲突。不过,这只导致国家责任,而不造成国内法的无效[10]。虽然他不认为自己是一元论者或二元论者,但他的上述观点明显地产生于安奇洛第的二元论[11],持相同立场的学者不在少数[12]。

国际法院在 1988 年的咨询意见中的结论,似乎也支持上述理论。针对本案中美国政府在国际法下的义务与美国国内法冲突的事实,法院说:"在此只要指

6　H. Lauterpacht, *International Law*(*Collected Papers*), vol. 2(The Law of Peace)(ed. by E. Lauterpacht,Cambridge: CUP,1975),510-518,548-549.

7　"The General Principles of International Law",92 *RdC*(1957) 5,at 68-94,esp. 71.

8　Ibid. ,79.

9　Ibid. ,85.

10　Ibid. ,80.

11　Ibid. ,72. 参看: *Oppenheim's International Law*(9th edn. by R. Jennings and A. Watts,London: Longman,1992),vol. i,53.

12　Nguyen,Daillier,Forteau,*Droit international public*(8e éd. ,Paris: LGDJ,2009),107-109.

出：国际法的根本原则是国际法优于国内法。"[13]法院引用了案例来支持这一结论，包括对常设国际法院判决的引用，说明国际法院认为上述结论适用于国际法律关系之中[14]。

二、《联合国宪章》和其他渊源中的相关国际法原则

在国际法体系中，这两个法律体系的关系是由某些基本原则所决定的。在进一步地解读这两种法的关系之前，我们需要先熟悉这些原则。

（一）《联合国宪章》

《宪章》第2条规定了成员国在以《宪章》为基础的体系内必须遵守的基本原则，第2条第七款规定了对本质上属于"任何国家"国内管辖之事联合国组织不得加以干涉的原则，并且，它明确否认"要求联合国成员国将此类事项提交联合国来处理"这一义务的存在，除非该事项涉及《宪章》第七章下安理会决定采取的强制执行措施。换句话说，"不干涉原则"是国际法基本原则[15]。

"不干涉原则"基于主权原则而存在，并且与后者和其他相关原则一起维系世界秩序。如果尊重主权是独立国家之间国际关系的基石[16]，那么"不干涉内政"就是这一尊重的直接表现，外交保护制度中的"卡尔沃条款"就是基于这一尊重而提出的[17]。

（二）其他渊源中的相关原则

1969年《维也纳条约法公约》第27条规定，条约缔约方无权援引其国内法条款作为其不履行条约的理由。这一规则的存在不影响该公约第46条的适用，后

13　ICJ, *Applicability of the Obligation to Arbitrate under Section 21 of the United Nations Headquarters Agreement of 26 June 1947*, Advisory Opinion of 26 April 1988, ICJ Rep. (1988) 12, para. 57.

14　*Greco-Bulgarian "Communities"*, Advisory Opinion of 31 July 1930, PCIJ, Ser. B, No. 17, 32.

15　ICJ, *Military and Paramilitary Activities in and against Nicaragua* (*Nicaragua v. US*), Merits, Judgment of 27 June 1986, ICJ Rep. (1986) 14, para. 202. *Also see* M. Jamnejad and M. Wood, "The Principle of Non-Intervention", 22 *Leiden Journal of International Law* (2009), 345.

16　ICJ, *Corfu Channel Case* (*UK v. Albania*), Judgment of 9 April 1949, ICJ Rep (1949) 4, 35.

17　"卡尔沃条款"，是指在一个合同或投资协议中加入这样的条款，要求缔约方中的个人投资者在发生涉及协议或合同适用、解释的纠纷时，不得寻求自己国家政府的外交保护，而要将相关纠纷提交东道国当地司法机构来解决。参看贾兵兵：《"外交保护"的法律现状和实践问题》，《中国国际法年刊》(2008)，第3-32页，特别是第4-5页。

者规范的情形是,一国代表在作同意接受条约约束的意思表示时,可能因违反了该国国内法的根本原则而无效。第 27 条这一规定被认为是国际法规则[18]。

在《维也纳条约法公约》出现前,第 27 条所体现的规则就已经存在于实践中。在瑞士和法国之间的"自由区案"中,常设国际法院指出:"毫无疑问,法国不能通过其本国立法来限制其所承担国际义务的范围"[19]。在"希腊—保加利亚少数民族案"的咨询意见中,该法院认为:"在条约缔约国关系中,国内法的规定不能超越条约条款,这是一项普遍接受的国际法原则"[20]。在"但泽波兰国民案"中,常设国际法院指出:"一国不能援引其本国宪法来对抗另一国【的指责】,以规避其依据国际法或有效国际条约应承担的国际义务。"[21]

与此相关,常设国际法院曾经认为实践中存在一个习惯法义务,要求各国应使国内法与其国际义务相一致[22]。但当时的实践显示这个普遍义务并不存在[23]。国内法若与国际法不一致是违反国际法的,但其他国家一般只是请求停止继续这样行为或就违反行为进行赔偿,因为他们只对争议中的义务的履行或不履行感兴趣。

但是,上述常设国际法院的说法在之后的国际实践中得到越来越广泛的支持[24]。首先,条约明确要求缔约方通过国内立法来执行条约的规定,比如:1949 年订立的在武装冲突中保护平民权利的日内瓦第四公约的第 146 条,要求缔约方制订法律来制裁严重违反公约的行为;在同时制定的其他三个公约中也能找到相似的规定。进一步说,即使条约本身没有明确上述义务,这个义务也可以从条约的性质和目的上推演出来,假如条约不必遵守,那么存在的意义何在? 可以说,"条约必须遵守"这一国际法基本原则,要求缔约国或缔约方必须遵守条约。举例说,《联合国宪章》第 4 条第一款要求申请国在申请成员国资格时,不仅要"接受"《宪章》下的义务,且"情愿"履行这些义务[25]。实践中,申请国的申请中都会包括

---

[18] 同样的规则反映在 2001 年联合国国际法委员会通过的《国家责任条款》草案第 3 和 32 条之中:UNGA, A/Res/56/83,12 December 2001,circulated 28 January 2002.

[19] *Free Zones of Upper Savoy and the District of Gex*,PCIJ,Ser. A/B,No. 46(1932),167.

[20] *The Greco-Bulgarian "Communities": Interpretation of the Convention Between Greece and Bulgaria Respecting Reciprocal Emigration*,Signed at Neuilly-Sur-Seine on November 27th,1919 PCIJ,Ser. B,No. 17(1930),32.

[21] *Polish Nationals in Danzig*,PCIJ,Ser. A/B,No. 44(1931),24.

[22] *Exchange of Greek and Turkish Populations*,PCIJ,Ser. B,No. 10(1925),20.

[23] G. Fitzmaurice,"The General Principles of International Law",92 *RdC*(1957),89.

[24] H. Mosler,"Supra-National Judicial Decisions and National Courts",4 *Hastings International and Comparative Law*(1980—1981),425,at 448.

[25] ICJ,*Admission of a State to the United Nations*(Charter,Art. 4),Advisory Opinion of 28 May 1948,ICJ Rep. (1948) 57,at 62.

接受《宪章》义务的正式承诺,也即条约法中的"同意接受约束"[26],那么,在国内法层面上批准或加入《宪章》是这一过程中不可避免的步骤。其次,强行法规则要求各国必须遵守,包括通过立法来反映这类规则,比如:在"富荣基雅案"中,联合国前南刑庭的第二审判庭就宣称禁止酷刑的强行法要求各国立法来防止酷刑的出现,这一要求被视为该国际强行法规则下所确立的法律义务中不可分割的一部分[27]。

但是,不管条约是否明确要求缔约方在国内法中体现其规则,国际法自身并不包含任何具体的执行条款,而是留待各国自行决定如何在国内层面履行其国际义务。因此,虽然这方面的国家实践相当成熟,但国际法没有一个使各国实践协调一致的规则,除了"条约必须遵守"的基本原则。

事实上,很多国家政府认为,本国立法机构的决定才是确立哪一个规则优先的最终渊源,国内法院也因此会在涉及国际义务的案件中采取相应的方法来保证立法机构的决定得到实施[28]。这一事实中的做法使得本章的题目在某种程度上成为比较法题目[29]。国内法院的作用并不只是单一化地执行本国法律,它们在实践中、特别是涉及国际法的国内案件中,具有维护国际法权威的重要作用[30]。

三、国家实践

(一) 导言

1. 国际法进入国内法体系的路径

一般来说,实践中国际法规则进入国内法体系时遵循两种路径,要么"纳入",

---

[26] K. Ginther, "Article 4", in: B. Simma(ed.), *The Charter of the United Nartions: A Commentary* (2nd edn., Oxford: OUP, 2002), 183.

[27] ICTY, *Prosecutor v. Anto Furundžija*, Case No. IT-95-17-1/T, Judgment of 10 December 1998, paras. 148-149.

[28] *US v. Younis*, 924 F. 2d 1086 (1991). Also see A. Nollkaemper, *National Courts and the International Rule of Law*(Oxford: OUP, 2012), 282-286.

[29] M. Tushnet, "Comparative Constitutional Law", in: M. Reimann and R. Zimmermann(eds.), *The Oxford Handbook of Comparative Law*(Oxford: OUP, 2006), 1233.

[30] R. Jennings, "The Judiciary, International and National, and the Development of International LAw", 45 *ICLQ* (1996) 1; A. Nollkaemper, *National Courts and the International Rule of Law*(Oxford: OUP, 2012), 9-10.

要么通过立法"转化"[31],这两种路径实质上都是通过国内法赋予国际法规则以国内施行的效力。这两种路径在各国实践中常见,但不一定是仅有的路径。

第一个路径是在一国宪法中或其他的法律(包括判例法)中明确规定国际法(全部或部分)适用于该国,这样就没有必要每次要适用国际法规则时,都新增立法来将之并入国内法体系。有了这样的制度,国家机构和国内法体系就可以根据情况不断地自动适应国际规则的要求。第二个路径下,国际法只有在国内新增立法赋予它可适用性之后才能在国内法体系中适用,即国家立法机构通过立法行为把国际法规则转变化为详细的法案条款,或者仅仅立法规定条约的可适用性而不再另起草详细的新规则,但可以在法案后增加附件,通常称为"附录",将整个条约的约文收录进去。

要注意的是,世界各国不只单一采用"纳入"法或"转化"法,多数国家以国际规则的来源和重要性为标准,交换或同时使用这两种方法。所以,没有必要将国家或国家实践依照上述路径分类。

2. 国内法下的效力等级

一旦国际法成为国内法的一部分,它与国内立法之间效力比较的问题就凸显出来。

一些国家对国际法和国内法一视同仁,因此适用国内法案之间相互关系的一般规则,包括:1)新法优于旧法(新法废除、修改或者在某种程度上替代了旧法);2)特别法优于一般法(特别问题的立法与一般立法相比,效力优先);3)新的一般法不优先于旧的特别法或新的一般法不减损旧有特别立法。在这种情况下,立法机构可能会通过立法来否定国际规则,因此导致国际层面上的法律责任。

还有一些国家则赋予国际法高于国内法中一般法案的地位,实际上承认它的宪法或准宪法地位。这种方式的采用与否取决于宪法的性质和传统。当然,这种情况下,国际法的地位只会高于普遍适用的法律,而不会超越宪法的地位。但是,由于国际法在这种情况下的特殊地位,当新增立法要改变已成为国内法的国际法规则时,很可能需要通过类似修宪的程序才能使新立法通过并生效;而由于这种程序的特殊性[32],可以使上述国际法规则在国内的有效性在长时间内难以动摇。

31　I. Brownlie, *Principels of Public International Law* (7th edn., New York: OUP, 2008), 41.

32　举例说,我国《宪法》第64条规定了宪法的修改程序,只有在全国人民代表大会常务委员会或者1/5以上的全国人民代表大会代表提议,并由全国人民代表大会以全体代表的2/3以上多数通过后,修订案才能生效;而其他法律的修订案可以由全国人民代表大会全体代表多数通过或常务委员会全体委员多数通过而生效。

3. 个人

视个人为国际法主体的做法毫无疑问出现于 20 世纪[33]。不过,国际法规范对个人的直接适用,包括赋予个人权利的规则,可以至少追溯到 1864 年《日内瓦公约》[34]和 1890 年《布鲁塞尔禁奴公约》[35]。常设国际法院在 1928 年 3 月 3 日所作的咨询意见中指出,波兰和但泽自由市之间所订立的一个条约为但泽市官员创设了直接权利,并可以要求但泽法院保证这些权利的执行[36]。在另一方面,国际法也直接为个人规定了义务,国内法院和国际法庭可以依此审判个人违反国际法的罪行,对国际法意义上的"海盗罪"的惩罚至少可以追溯到 19 世纪初[37]。

一般来说,多数国际法规则最终以国内法形式来影响个人。当一国政府不在国内执行国际条约的规定,或者不在外国管辖范围内维护其国民权利时,个人在国际法下的权利可能受到影响[38]。

4. 国际司法机构适用国内法

"波兰上塞里西亚区的德国人利益案"中,常设国际法院认为,从国际法的角度来看,与司法判决或行政措施一样,国内法律是表达国家意志、构成国家行为的事实[39]。在"巴西贷款案"中,针对巴西政府所贷款项,常设国际法院认为:"一旦法院做出有必要适用某一国家的国内法的结论,那么它就要像在该国里适用这种法律一样地去适用它……那么法院就必须绝对尊重该国法院的判决,因为只有依靠该国法院判例的帮助,本法院才能判断在该国适用的什么规则可以在眼前的案件中适用。"[40]可以说,在这种情况下,国内法院对本国法律的解释对国际司法机

---

[33] H. Lauterpacht, *International Law (Collected Papers)*, vol. 2 (The Law of Peace) (ed. by E. Lauterpacht, Cambridge: CUP, 1975), 548.

[34] D. Bujard, "The Geneva Convention of 1864 and the Brussels Conference of 1874", *IRRC* (1974), 527, 531-533.

[35] J. Starke, "Monism and Dualism in the Theory of International Law" 17 *BYIL* (1936), 71. 另参看本书第八章。

[36] PCIJ, Ser. B, No. 15, 15.

[37] G. E. White, "The Marshall Court and International Law: The Piracy Cases", 83 *AJIL* (1989) 727-735. 国内法对"海盗罪"的惩罚始于 1536 年英国颁布的《海上罪行法》,将此类罪行纳入"普通法"之下。参看 *In re Piracy Jure Gentium* [1934] AC 586; L. Bento, "Toward an International Law of Piracy Sui Generis: How the Dual Nature of Maritime Piracy Law Enables Piracy to Flourish", 29 *Berkeley Journal of International Law* (2011) 399, 401-403.

[38] 参看本书第八章。

[39] *Certain German Interests in Polish Upper Silesia*, PCIJ, Ser. A, No. 7(1926), 19.

[40] *Payment in gold of the Brazilian Federal loans issued in France* (France v. Brazil), PCIJ Ser. A, No. 21(1929), 124.

构有法律拘束力；否则就没有判例的问题。

在国际实践中，对国内法规则不能采用"司法认知"的做法；国际司法机构一般会听取争议双方所提供的有关国内法规则的证据或者自己去研究、分析有关的国内实践，所以，国内法是被作为案件的事实来对待的[41]。

需要注意的是，在适用国内法规则时，国际司法机构需避免对法律的有效性做判断、评价，以防闯入国内法的"保留区域"。

5. 国内法院适用国际法

有些国内法院对国际法规则给予"司法认知"[42]，而不需要当事方当庭辩论或出示证据，只要国际法不与国内法相冲突。这就是说，如果国内法院认为习惯法或条约规则可以适用于面前的案件，就会将其作为"法院地法"来适用[43]。这也是美国加利福尼亚最高法院在 1952 年所做的一个判决中所表达的意思[44]。

在该案中，一个不具有美国公民身份的日本人声称一项使他不能拥有土地的加州法律与《联合国宪章》和美国《宪法》相悖，因此没有效力。该法院认为：

> "毋庸置疑，《宪章》是一个条约，而我们的联邦宪法规定合众国授权下缔结的条约是我国领土内最高效力法律的一部分，每个州的法官都必须遵守。但条约并不能自动地取代与之不一致的地方法，除非条约的规定可以自我执行……要让国际条约不需立法转化而直接适用、像国内法一样具有约束力，条约的制定者必须意图明确地制定一项仅凭自身规定就能够在国内法院得到实施的规则……很明显，原告称《外侨土地法》与《联合国宪章》的导言和第 1 条的规定相冲突，但后二者不能自我执行。它们申明了一般原则和联合国的目标，但不旨在为每个成员国创设法律义务，或为私人创设权利。同样明显的是，原告依据的其他条款也没有一条能够自我执行。"[45]

对国际习惯法规则的确定或者对条约的解释，对国内法院来说是一个法律问题，而不是交由陪审团决定的事实问题[46]。国内法院常常不需证据而对习惯法采取司法认知，但这一做法不排除国内法院就国际法问题接受案件一方提供专家证

---

[41] C. Santulli, *Le statut international de l'ordre juridique étatique : étude de traitement du droit interne par le droit international* (Paris: Pedone, 2001).

[42] I. Brownlie, *Principles of Public International Law* (7th edn., 2008), 40.

[43] H. Mosler, "Supra-National Judicial Decisions and National Courts", 4 *Hastings International and Comparative Law* (1980—1981), 425, at 464.

[44] *Sei Fujii v. State of California*, 19 ILR 312.

[45] 此判决提到原告援引了有关人权的《宪章》第 55 条。

[46] *The Paquete Habana*, 175 US 677, 708 (1900).

词的实践[47]。

另外,在20世纪上半叶曾经有过"双重功能"的说法,来描述公权力机构(包括国内法院)同时适用国内法、国际法的事实,这一点就国内法院来说格外重要,因为通过适用、甚至以判例创立国际法规则,它们实际上成为"准国际性法院"[48]。不过,在20世纪里多数国内法院对此作用持谨慎态度[49]。

在这里需要解释的是本节所讲方法为何不同于国际司法机构适用国内法的方法。主要原因是国内法院处理涉及个人之间的争议,而国际司法机构审理涉及国家的案件。在后一种情况之中,国际法官必须在将一国国内法适用于主权国家之间的案件前,确保自己对于相关国内法的精确把握。

6. 国际和国内判例法与既判力问题

在此考虑这个问题是因为后面章节要谈到起源于公认渊源的国际法在国内法体系中的地位。作为一种辅助渊源的司法判决,对于国际法的确定和解释具有极大重要性,对国际法形成有重要影响[50]。

就国际法实践而言,国内法院的判决不存在既判力效果;相反也一样,国际法院的判决对国内法院来说是不具有约束力,即使出现在两个法院的案件完全是一样的。如果发生上述情况,那么需要考虑的是"一案不二审"这样的一般法律原则,或者条约解释的规则,以便分清哪一种管辖权优先适用[51]。不过,国内法院会承认国际法院所作判决具有适当的说服力[52]。

在上述前提之下,可以说,国内法判例对国际法中某些问题的适用法提供了先例:对国家、政府、交战团体的承认,或国家与政府的继承问题,等等[53]。这样的

---

[47] A. Bayefsky, *Self-Determination in International Law* (*Quebec and Lessons Learned*) (The Hague: Kluwer Law International, 2000). 本书汇集了在加拿大最高法院"魁北克"案中加拿大政府所请专家所做的有关自决权国际实践的咨询报告;报告与联邦政府的事实说辞(factum)一起由 后者提交给法院。

[48] G. Scelle, *Précis de droit des gens: principes et systématique*, vol. i (Paris: Sirey, 1932), 43, 54-56, 217.

[49] Y. Shany, "No Longer a Weak Department of Power? Reflections on the Emergence of a New International Judiciary", 20 *EJIL* (2009) 73, 74-75.

[50] B. B. Jia, "International Case Law in the Development of International Law", 382 *RdC* (2015), 175-397.

[51] 比如: *Medellin v. Texas*, 552 US 491 (2008) (多数意见认为,假如国际法院判决会对美国州法律产生影响,那么其规约的缔约方应该明确表示出来;否则判决不构成联邦法律)。

[52] *Sanchez-Llamas v. Oregon*, 548 US 331, 347 (2006) ("慎重考虑"国际法院的看法)。

[53] H. Lauterpacht, "Decisions of Municipal Courts as a Source of International Law", in: E. Lauterpacht, *Collected Papers of Hersch Lauterpacht*, vol. 2 (The Law of Peace) (Cambridge: CUP, 1975), 238, at 242.

判例构成国家行为,既可以是习惯法形成的证据,也可以是具有"禁止反言"作用的国家实践的具体事例,还可以是国内判例法的组成部分。

在与占领和战争罪有关的案件中,纽伦堡国际军事法庭的判决一直被许多国内法院作为确认最终导致占领的战争的非法性的证据,甚至是决定性证据,比如"二战"后设在纽伦堡的12个美国军事法庭的审判就是最好的例子[54]。

著名的"皮诺切特案"判决则引用了联合国前南刑庭审判庭在"富荣基雅案"中的判决,来证明支持酷刑是违反国际强行法的国际罪行。此外,在国际刑事程序中,一些国家最高法院的判决经常被引用。因此美国最高法院、英国刑事上诉法院和上议院司法委员会,以及法国最高法院的判决都经常被引用。当然,在大部分案件中,引用的是这些法院判决所适用的程序法,从而起到明确"普遍法律原则"、以帮助司法机构找到承载这类原则的具体规则的作用[55]。

(二) 美国实践

1. 条约

(1) "最高效力条款"

1787年美国《宪法》的第6条第二段规定,"依合众国权力制订或者将要制订的条约是美国领土内最高效力的法律,因此各州法官都应受其约束,即使各州宪法或法律中有规定与之相反"。这是对美国各州法院的要求。在实践中,法院可以不经议会立法或总统命令而直接适用国际法或国际协议[56]。

制订条约是总统在宪法下的权力,但条件是该权力要在参议院的建议和同意的前提下行使。这个权力与国会的立法权是平行的,因此批准条约的过程与国会无关。当然,条约批准生效后,必然与国内法发生碰撞、互动。

条约是美国国内效力最高的法律的一种,但是《法律重述》提到,如果其与美国《宪法》不一致,国际法规则或者美国参加的国际条约在美国不具有法律效

---

[54] K. Heller, *The Nuremberg Military Tribunals and the Origins of International Criminal Law* (Oxford: OUP, 2011).

[55] 参看本书第二章。

[56] The American Law Institute, *Restatement of the Law Third* (*The Foreign Relations Law of the United States*), vol. 1 (St. Paul, Minn.: American Law Institute Publishers, 1987) ("Restatement"), 43; C. Bradley and J. Goldsmith, *Foreign Relations Law* (4th edn., New York: Wolters Kluwer, 2011) (hereinafter "Bradley and Goldsmith"); The American Law Institute, *Restatement of the Law Fourth* (*The Foreign Relations Law of the United States*), (St. Paul, Minn.: American Law Institute Publishers, 2018) ("Restatement Fourth").

力[57]。针对这种情况,可以适用美国法院的通常做法,即在面临条约和国会法案相冲突时,假定国会并无意图违反美国的国际义务,或使美国不能履行其义务,且国会制定的法律与美国作为缔约国的条约规定相一致[58]。当然,如果不能调和,美国法院的做法是,当条约规定与国内法相抵触时,生效时间在后的规定优先适用[59]。但被取代的国际法规则或者条约规则并不能解除美国的国际义务,或者消除违反义务的后果[60]。

上述这一点在"美国诉巴解组织案"中有所体现,此案涉及美国对联合国承担的条约义务和影响巴解组织驻纽约使团的国会法案之间关系的问题[61]。争议始于美国1988年3月21日公布的《反恐法案》,第三部分禁止在美国境内建立和维持任何巴解组织办事处,这将导致巴解组织在纽约代表团的驻地被关闭(1974年联大3237(XXIX)号决议邀请巴解组织为联合国大会的观察员)[62]。美国联邦法院认为,"观察员使团"不同于对巴解组织其他的办事处,相关法案的条款就使团地位的规定过于模糊,所以不适用于巴解使团。美国政府对这个判决没有提出上诉[63]。这个法案也促使联大在1988年通过第42/229B号决议请求国际法院提供咨询意见,国际法院认为,在1947年6月26日联合国与美国之间订立的《联合国总部协议》第21段下,美国承担义务应就双方执行该协议过程中出现的任何争议进行仲裁[64]。值得注意的是,美国司法部长在这个时期的官方信件中,特别提到美国最高法院的判例实践确立了国会法案可以超越条约和国际法这一原则,所以他会秉承这一精神来执行本案中涉及的国会法案(生效于1988年3月21日)[65]。

(2) 自我执行条约/条款

或许因为美国《宪法》规定的宽泛,在司法实践中产生了"自我执行"这个概

57　*Restatement*, s. 105, 63.

58　*Restatement*(*Fourth*), ss. 309(1) and 406.

59　*Breard v. Greene*, 523 US 371, 376(1998).

60　*Restatement*(*Fourth*), s. 406(b).

61　695 F. Supp. 1456 SDNY(1988).

62　ICJ, *Applicability of the Obligation to Arbitrate under Section 21 of the United Nations Headquarters Agreement of 26 June 1947*, Advisory Opinion of 26 April 1988, ICJ Rep. (1988), 12, para. 10-18.

63　E. Koenig, "US v. Palestine Liberation Organisation", 82 *AJIL*(1988), 833, 836. 美国参加的国际协议是美国法律;根据美国《宪法》第2条第二款,总统作为最高指挥官,又是国家对外关系的唯一机关,有义务和必要的权力尽力确保国际协议得到忠实执行。但是这同样意味着总统可能采取违背国际法的措施。

64　ICJ, *Applicability of the Obligation to Arbitrate under Section 21 of the United Nations Headquarters Agreement of 26 June 1947*, Advisory Opinion, ICJ Rep. (1988), 12.

65　Ibid., 第27段。

念。在1892年,美国最高法院首席法官马歇尔在"福斯特和埃兰诉尼尔森"案中声明:

> "我们的宪法宣布条约是这片土地的法律,因此,当条约不需要立法性条款的帮助就能自动执行时,在法院里条约应被视为等同于立法机关的法案。但当条约引入了一个合同,当缔约任何一方答应从事一个特定行为时,条约针对的是政府部门,而非司法部门,而这时就需要立法机关执行这一合同,使它成为法院可以遵守的规则。"[66]

上面提到的"藤井正诉加利福尼亚州案"对"自我执行"概念的含义也有极清楚的解释[67]。

美国实践中基本确立的做法是,美国政府缔约时的意图可以决定一个条约是否可以在美国境内自动执行,或者需等立法或者相应的执法、行政措施来加以执行[68]。这一做法特别适用于那些不经国内立法就很难在美国国内直接适用的条约,比如,条约所规范的问题处于国会根据《宪法》享有排他立法权的领域之中[69];或规定美国需要出资的国际协议,那么就必须由国会拨款[70],然后协议规定的支付行为才能生效;或者条约规定了国际罪行,或是要求缔约国通过国内法惩罚某种行为,那么只有国会制定了相应的法律,才能在美国境内进行对这类犯罪的审判或惩罚。在这个过程中,"自我执行"的问题可以只针对条约的某些条款而产生。

在国会通过了执行性立法之后,法院会在所立法案、而不是待执行的条约中寻求可适用的规则。如果执行部门没有请求执行性立法而国会也没有制定这样的立法,则可以假定这个条约被政府认为可以自我执行的。

简而言之,在美国实践中,决定条约是否自我执行的标准是多方面的,包括缔约方的意图、条约语言是否是鼓动性或者不确定的、条约是否意在创设私人权利,等,但以国会管辖权内事项为调整对象的条约通常被视为非自我执行条约。

美国实践至今奉行"自我执行"的概念[71]。著名的"索萨诉阿瓦雷兹-马凯恩及

---

[66] *Foster and Elam v. Neilson*, 27 US(2 Pet) 253 at 314.
[67] *Sei Fujii v. State of California*, 19 ILR 312.
[68] *Restatement*(Fourth), s. 310, comment on 88.
[69] *Bradley and Goldsmith*, 494.
[70] *Bradley and Goldsmith*, 201-203(国会的拨款权是专属性的,总统无权超越:《宪法》第1条第9段第七款)。
[71] 这种理念在别的法律体系中也存在,比如法国、俄罗斯法律体系就承认这一做法,见下面针对两国实践的讨论。

其他人"一案缘起于美国最高法院1992年的判决,该判决将案件发回到地区法院重新审理;之后,阿瓦雷兹因证据不足而被宣告无罪[72]。在返回墨西哥之后,阿瓦雷兹于1993年向美国法院提起民事诉讼,依《联邦侵权索赔法案》要求美国政府就其被错误逮捕这一事实对他予以赔偿,并依《外国人侵权法》状告绑架他的索萨等人犯下了任意逮捕和拘禁两项违反国际法的行为。2004年7月29日,美国最高法院在判决中明确表示,1948年《世界人权宣言》并未规定国际法上的义务,而美国参议院批准1966年《公民与政治权利公约》时就附有该条约不能在美国境内自我执行的条件,因此它不能创设可在美国联邦法院得到强制执行的义务[73]。之后的"麦德林"案中,最高法院再次提到:"【联合国宪章第94条】对国内法院来说不是指令",它既没有要求美国'应该'或'必须'遵守国际法院判决,也没提出参议院的批准行为会为国内法院带来此类判决的拘束力,所以这一条款不是可以自动执行的[74]。

(3)"条约式"协定

首先,美国实践中广泛存在着订立"国会-政府协定"的做法,而此做法的《宪法》依据仍是个有争议的问题[75]。这种协定的制订来自于总统和国会联合授权,总统要争取国会两院联合决议对这一协定的认可,这样的决议以简单多数通过即可使得协议生效,因此程序上区别于参议院以2/3多数批准的条约。这种做法使得自我执行的问题得到解决;当然,这个方便不足以使此做法取代依《宪法》确立的正常批准程序[76]。这类条约式协定可能会涉及国会权力下的事项,比如确立与外国的商贸关系、与外国开战或向外国政治实体或组织提供资助,那么它的生效与否是由国会控制的,后者在表决决议前就会对协定内容进行审查,一旦它与国会法案冲突,则没有效力[77]。

其次,美国实践中存在"政府协定"的做法[78]。这种协定涉及的问题包括:承认外国新政府、建立外交关系、解决美国公民与外国政府间的求偿请求、与外国政

---

[72] *Sosa v. Alvarez-Machain et al.*, 159 L. Ed. 2d 718(2004); 127 *ILR* 769.
[73] 127 *ILR*, 795-796.
[74] *Medellin v. Texas*, 552 US 491(2008), per CJ Roberts, 508.
[75] L. Henkin, *Foreign Affairs and the US Constitution* (New York: OUP, 1996), 217.
[76] Ibid., 218.
[77] *US v. Guy W. Capps, Inc.*, 204 F. 2d 655(4th Cir. 1953).
[78] Department of State, *Foreign Affairs Manual*, as revised 1966, cited in: Henkin L, Pugh R, Schachter O, and Smit H(eds.), *International Law: Cases and Materials* (St Paul, Minn: West Publishing Co. 1980), 149.

府订立军事协定[79]。尽管参议院试图限制总统签订政府协定的数量和范围,但是后者在这方面的权力是"巨大而未划定的"[80],因为总统、国务卿或大使或其他经授权官员都可以订立这样的协定,而无需走参议院批准这个步骤。这样的协定与联邦法案或条约的效力等级一致,优于各州法律[81],但可以被新的国会法案或条约所取代。不过,这种协定是否可以取代既存的国会-政府协定或参议院批准生效的条约,则是个有争议的问题[82]。如果这种协定的主题属于国会权力范围之内,而既存国会所立法律与之相左,则协定会在美国国内失去效力。

最后,美国实践中存在着总统依照既存条约签订国际协定的做法。这时他所签订的协定与条约具有同等效力。

2. 习惯法

在1900年的"哈瓦那号案"中,美国最高法院格雷法官指出:

> "国际法是我【国】法律的一部分,必须由具有管辖权的法院来确认和执行,正如依据国际法存在的权利的问题常常被提交给这些法院来决定一样。为此,当法院面临没有条约、权威性行政命令或法案或判例时,必然求助于文明国家的习惯和惯例,以及证明此类习惯和惯例的法学家和学者的著作……不为了解学者关于法律应该是什么所做的猜测,而是为找到法律实际状况的可靠证据。"[83]

现在,美国国内法并没有规定国际习惯法的地位高于国内法,习惯法被看作联邦法律的一部分而且地位优于各州法律[84]。如果后来的立法与习惯法规则相冲突,后来法优先。新订立的政府协议可以取代习惯法规则[85]。

3. 美国最高法院对国际法的解释

最高法院关于国际法规则的决定对各州和各州法院都具有约束力[86],这同样适用于最高法院对国际法规则所作的解释,该法院在适当时候会考虑外国法院的司法判决来决定和解释国际法规则[87]。

79　*US. v. Belmont*,301 US 324,330-331(1937).
80　L. Henkin,*Foreign Affairs and the US Constitution*(New York:OUP,1996),219.
81　Ibid.,228.
82　*Restatement*,at 65,162.
83　*The Paquete Habana*,175 US 677 at 700(1900).
84　*Restatement*,44.
85　Ibid.
86　Ibid.
87　*Thirty Hogsheads of Sugar v. Boyle*,13 US(9 Cranch) 191,at 198(1815).

(三) 英国

1. 条约

在英国实践中,缔结和批准条约的权力专属国王(通过政府),条约在"转化"为国内法之前在国内没有效力,之后也不是具有最高效力的法律,议会可以制定与之不一致的立法。"转化"在英国存在的原因,是行政机构不能僭越立法机构在国内立法的权力[88]。

英国存在着三种类型的转化性立法。第一种立法将条约并入议会法案,通常作为法案的附件颁布。第二种立法还是议会法案,授权政府部门履行未来同种类别和性质的条约,而不需要每次订立新约都重新立法来"转化"条约。第三种立法仍是议会法案,规定授权的框架,在框架下可以通过二级立法使某一类别的条约生效,这种二级立法通常由英国国王在枢密院(Privy Council)中完成,程序简短,比如,1946年《联合国法案》授权国王在枢密院中颁布法令来执行联合国安理会决议中的措施,这种权力被广泛地运用于联合国安理会依《宪章》第七章所作决议的执行。但是,假如这类法令的执行会影响英国公民的权利和义务,则必须向议会两院提交草案以求批准,此类法令能够被同样法令或议会法案所推翻。

不过,英国议会法案可以取代条约的做法不适用于英国所承担的欧盟法/共同体法义务[89]。在英国于1973年加入共同体前,"共同体法最高效力"原则就已在共同体中确立[90],而英国议会在1972年通过《欧洲共同体法案》时就接受了这个原则。英国上议院司法委员会就曾说:"欧洲法院判决曾指出英国立法中未能执行理事会指令的地方。此后,英国议会总是忠实地履行自己的义务,对这样的地方做出适当、及时的修正。所以,赋予可适用的共同体法以最高效力的做法并不含有创新的成分。"[91]可以说,英国法院必须首先适用共同体法。

继英国2016年6月23日脱欧公投之后,根据英国与欧盟之间签订的《脱离

---

88 *Parlement Belge* [1879] 4 PD 129,154.

89 参看:Art. 189,the EC Treaty of 1957.

90 ECR,*Costa v. ENEL*,Case 6/64 [1964] ECR 585 at 593-594(欧共体法院指出:共同体成员国将共同体法律融合入本国的法律体系之中,以及共同体成立条约的精神、文字所示,都使得成员国"不可能"再赋予本国单方、后续的法律以超越其在对等基础上所接受的法律体系的效力)。这一原则到了1978年的Simmenthal案件判决出台后,得到进一步的诠释:ECR,Case 106/77,*Amministrazione delle Finanze delo Stato v. Simmenthal SpA*,[1978] ECR 629,643-645(欧共体法院认为:国内法院必须"主动"拒绝适用与共同体法律相左的国内法律,不管后者出现于与之相左的共同体法律出现之前或之后)。

91 *Factortame Ltd. v. Secretary of State for Transport*,[1991] 1 AC 603,House of Lords,Judgment of 11 October 1990,659.

协议》，英国在2019年12月31日正式脱离欧盟[92]。英国议会在2020年1月23日通过《欧盟（脱离协议）法案2020》，正式将协议转化为国内法[93]。在这一法律下，"共同体法最高效力"的原则面临着"冷藏"以至消失的命运[94]，因为英国议会可以自脱欧之日起，通过新的法案来取代依照欧盟法律制定的英国立法。

2. 习惯法

通常情况下，习惯法被认为是英国国内法的一部分并得到执行[95]，条件是习惯法在纳入时与议会法案不一致者除外[96]。英国法不承认习惯法高于国内法的效力地位。如果议会新通过的法案与既存习惯法规则相冲突，法案优先。

另外，如果习惯法与最高法院的判决不相冲突，那么法院可以适用习惯法；但现在，依照旧习惯法的判例会被依照新习惯的判例所替代[97]。

（四）法国

1. 条约

首先，在法国宪法体系中，对主权的尊重并不妨碍法国与其他国家订立条约和协定。1946年10月27日《宪法》的前言宣布，法兰西共和国要遵守"国际公法的规则"，这一说法在实践中直接影响到国际条约在法国国内的地位。这个前言在1958年10月4日《宪法》前言中得到重申。

1958年10月4日《宪法》的第55条规定，"合法批准和核准的条约和协议应当自公布之日起拥有高于法律的权威，条件是就每一项协议或条约来说，缔约另一方都适用该协议或条约"[98]。这一限制性条款在1958年是一项创新，当时主要适用于双边条约。1975年1月15日，法国宪法委员会[99]决定把这一规则扩展到

---

[92] *Agreement on the withdrawal of the United Kingdom of Great Britain and Northern Ireland from the European Union and the European Atomic Energy Community*, *Official Journal of the European Union*, 2019/C 384 I/01, 12 November 2019（2019年10月17日订立；2020年2月1日生效）。

[93] https://www.legislation.gov.uk/ukpga/2020/1/enacted/data.pdf（浏览于2021年7月31日）。

[94] 同上注，第一、二节。另参看《欧盟（脱离）法案2018》，后者废除了1972年《欧洲共同体法案》，特别注意第五节第一、第二小节（废止了"共同体法最高效力"原则）。

[95] *Triquet and Others v. Beth*, 97 *English Reports* 936, 3 Burr. 1478(KB, 1764).

[96] I. Brownlie, *Principels of Public International Law* (7th edn., New York: OUP, 2008), 40.

[97] *Trendtex Tading Corpn v. Central Bank of Nigeria*, [1977] 1 All ER 881 at 890.

[98] 全文（修订于2009年10月1日）参见法国政府网址：http://www.legifrance.gouv.fr/affichTexte.do?cidTexte=LEGITEXT000006071194#LEGIARTI000006527（浏览于2014年7月21日）。

[99] 这一委员会由9个由政府任命的法官组成，依据1958年《宪法》第56条至第63条成立。它的使命主要在于控制《宪法》所规定的议会和政府之间立法权的分权，并确保会不超越权限；它也能依照宪政规则考查议会立法的合宪性，并决定国际条约是否与《宪法》相符。

适用于多边条约[100]。依《宪法》规定，当一个条约是否与《宪法》相冲突成为问题时，在条约被批准前，宪法委员会要依据第 54 条来决定合宪性问题。如果委员会认为条约与《宪法》相冲突，宪法必须在条约签署前得到修改[101]。所以如果将第 54 条和第 55 条一起解读的话，我们会发现条约比议会立法、即第 55 条提到的"法律"具有更高的效力。实践也似乎支持这一解读。

在《宪法》第 52 条下，法国总统具有缔约与批准的权力，但是这个权力涉及某些特定领域问题时（比如：国际组织，或导致修改国内法，或条约条款会影响法国公民地位等等），需要议会立法来批准[102]。

在批准《国际刑事法院的罗马规约》前，在法国总统和总理的请求下，宪法委员会于 1999 年 1 月 22 日通过第 98-408DC 号决议，审查了一系列问题，最后认为批准《罗马规约》前需要修改《宪法》[103]。委员会发现《罗马规约》包含了一些违反法国主权的条款，比如第 27 条与法国《宪法》第 26、68 条中确立的共和国总统、政府成员和议会成员刑事责任的特殊制度相左，因此需要宪法修正案。该修正案见于 1999 年 7 月 8 日《宪政法律》第 99-568 号之中，并被收入《宪法》之中，反映了宪法委员会的建议[104]，新的条文（第 53-2 条）规定"共和国可以承认其于 1998 年 7 月 18 日签署的条约中所规定的国际刑事法院的管辖权"；法国于 2000 年 7 月 9 日批准了《罗马规约》。

法国最高法院在 2000 年第 450 号决定中宣布国际条约在效力上不能超越《宪法》条款[105]。

在法国实践中，也存在着法院判断条约是否可以自我执行的做法[106]。

2. 习惯法

法国《宪法》第 55 条没有涉及习惯法问题。然而，上述 1958 年《宪法》的前言

---

100 P.-M. Dupuy, *Droit International Public* (5th edn., Paris: Dalloz, 2000), 393.

101 A. West et al., *The French Legal System* (2nd ed., London: Butterworths, 1998), 44.

102 第 53 条。

103 参看：法国宪法委员会官网：http://www.conseil-constitutionnel.fr/conseil-constitutionnel/francais/les-decisions/acces-par-date/decisions-depuis-1959/1999/98-408-dc/decision-n-98-408-dc-du-22-janvier-1999.11823.html（浏览于 2017 年 10 月 21 日）。

104 参看：http://www.conseil-constitutionnel.fr/conseil-constitutionnel/francais/la-constitution/les-revisions-constitutionnelles/loi-constitutionnelle-n-99-568-du-8-juillet-1999.138003.html（浏览于 2016 年 10 月 21 日）。

105 该法院是法国法院体系中的最高法院，由 135 个法官组成，成立于 1790 年。法院只审理民事和刑事上诉案的法律问题，其职责是确保在全法国范围内解释和适用法律的统一性。

106 Nguyen, Daillier, Forteau, Pellet, *Droit international public* (8e éd., Paris: LGDJ, 2009), 254-255.

可以说反映了法国对国际法（包括国际习惯法）的政策和立场[107]；实践中，法院并不回避适用国际法的一般规则或原则[108]，但是谨慎的倾向亦然存在[109]。

可以说，法国国内法没有规定习惯法地位高于国内法，其国内法院倾向于把某一习惯法规则与相关条约联系起来，从而解决其内容与国内法冲突的问题，原因是《宪法》第55条赋予条约以优先与一般国内法的地位[110]。如果后来的立法与习惯法规则相冲突，成文法优先。

（五）俄罗斯

1993年俄罗斯《宪法》第15条第四款规定："普遍承认的国际法原则和规则以及俄罗斯联邦参加的国际条约应当构成其法律制度不可分割的一部分"，"如果俄罗斯联邦参加的国际条约创设了国内法规则以外的规则，应适用这些国际条约的规则"。1995年7月2日生效的《联邦条约法》第5条规定："俄罗斯联邦参加的、其正式公布的、不需要其采纳国际行为来适用的国际条约的条款，直接适用；而俄罗斯联邦参加的国际条约下的其他规定，需采用相应的立法来适用之。"第5条反映了自我执行的概念。

俄国《宪法》提及的普遍承认的国际法规则和原则，可以在1970年《国际法原则宣言》中找到[111]。国际人权法规则一旦整合到俄罗斯法律体系中，同样可以在俄国法律体系中享有特殊的重要性[112]。

俄罗斯法律不具有追溯适用的效力。俄罗斯宪法法院在1995年7月31日的一项判决中，在考查有关车臣形势的总统令和联邦政府决议的合宪性时触及这个问题。法院认为车臣冲突受1977年日内瓦《第二附加议定书》中以下规则的约束：人道主义待遇、保护平民和伤病员、保护对平民生存至关重要的设施或者包含危险能量设施、保护文化财产[113]。因此，法院承认该武装冲突是国内武装冲突；然而法院认为，上述规定没有得到冲突双方的尊重是由于在修改国内立法来执行条

107　Nguyen, Daillier, Forteau, Pellet, *Droit international public* (8e éd., Paris: LGDJ, 2009), 376.

108　P. -M. Dupuy, *Droit International Public* (5th edn., Paris: Dalloz, 2000), 399.

109　法国法官还是更习惯于适用成文法：Nguyen, Daillier, Forteau, Pellet, *Droit international public* (8e éd., Paris: LGDJ, 2009), 377.

110　Ibid., 378.

111　W. Butler, *Russian Law* (2nd edn., New York: OUP, 2003), 620.

112　Ibid., 621.

113　M. Sassòli and A. Bouvier, *How does Law Protect in War*? (2nd edn., Geneva: ICRC, 2006), 2429.

约时所造成的延迟所致,因为俄罗斯在1989年9月29日才批准《第二附加议定书》,从此才作为缔约方受约束。法院的结论是,它无权就冲突双方行为与《第二附加议定书》条款的符合与否做出判断;并把改进国内立法的任务交给俄罗斯杜马。

(六) 意大利和德国

这两个国家长期以来受二元论的影响,实践中则采用混合的方法。意大利使用转化的方式,将条约文本附于法案之后或通过立法细化,使之适用于国内[114]。2001年10月18日生效的宪法法律第三号规定,国际条约在意大利具有超越一般国内法的地位,但低于《宪法》[115]。意大利《宪法》第10条第一款规定意大利法律体系与国际习惯法相适应,这意味着习惯法优于国内成文法[116]。当就某事项国内法没有规定而国际条约有所规定时,实践中意大利会暂停适用这一条约的相关规定,直到国内法中的空白被新的法案所填补。2007年,意大利宪法法院宣告:依据《宪法》第117条第1段,《欧洲人权公约》的效力地位是在宪法与一般国内法之间,而《公约》没有赋予意大利国内法院以直接适用其条款的权力;也没有赋予意大利国内法院在《公约》与意国内法冲突时优先适用前者的权力[117]。

在2014年第238号判决中,鉴于国际法院在2012年"德国诉意大利案"的判决,意大利宪法法院决定,只有在和《宪法》中所规定的基本权利相吻合时,有关国家豁免的国际习惯法规则才能在意大利法律体系中被适用[118]。

1949年5月23日颁布的德国《宪法》或《基本法》(*Grundgesetz*)第25条规定,国际法的普遍规则构成联邦法律的一部分,且优于联邦法,并赋与德国领土上居民以权利和义务。这表明德国实践承认个人是国际法主体。不过,条约或习惯法不能优于《基本法》[119]。就条约而言,《基本法》第59条要求调整国家政治关系和关于联邦立法范围内事项的条约受联邦法律支配,然后才能被国内法院适用[120],

---

[114] G. Cataldi,"Italy",in: D. Shelton(ed.),*International Law and Domestic Legal Systems*(Oxford,OUP,2011),346.

[115] Ibid.,347.

[116] Ibid.,342-343.

[117] Italian Constitutional Court,24 October 2007,Judgments Nos. 348 and 349: www. cortecostituzionale. it (浏览于2014年10月20日)。又见 F. Biondi dal Monte and F. Fontanelli,"The Decisions No. 348 and 349/2007 of the Italian Constitutional Court: The Efficacy of the European Convention in the Italian Legal System",9 *German Law Journal* (2008),889.

[118] 54 *ILM* 471.

[119] N. Foster and S. Sule,*German Legal System and Laws*(3rd edn.,New York: OUP,2002),56.

[120] R. Jennings and A. Watts,*Oppenheim International Law*,vol. i(9th edn.,London: Longman),65.

所以此两类国际条约需要经过转化才能在德国法律体系中生效[121]。另外,联邦宪法法院承认欧盟法优于《基本法》[122]。

(七) 小结

对条约来说,国家实践是混合型的,既可能是"纳入",也可能是"转化",最常见的是二者兼备,应该对具体问题作具体分析。比如,比利时对待所有国际协定都需要"转化",但在"转化"过程中,做法接近于法国的实践;但两国实践的相似处仅此而已。举例说,比利时国务委员会在审查了1998年的《罗马规约》后,于1999年4月21日做出《关于批准〈国际刑事法院罗马规约〉的立法建议意见》,其中指出《罗马规约》存在与本国《宪法》规定不一致的地方[123],但比利时政府还是在对《宪法》修正前批准了该条约。为了避免修订过多条款而使《宪法》难以理解,委员会建议在其中新增一条规定:"国家遵守1998年7月17日于罗马通过的《国际刑事法院规约》"。当时,比利时政府估计既然《罗马规约》生效需要至少60个国家的批准,比利时有时间对宪法和法律进行必要的修改,而且不管怎样,只要比利时批准了该条约,条约的规定在国内法体系中有直接效果,胜过任何相反的法律规定,包括《宪法》条文[124]。

日本1946年《宪法》第98条第二款要求必须遵守日本所订立的国际条约以及确立的国际法规则。日本学者的主流看法认为,这是"纳入"的做法[125],且条约(以及习惯法)优于国内法[126],但是国内法院有权审查条约的违宪与否的问题[127]。

就习惯法而言,世界上多数国家接受了"纳入"的做法。不过,一些国家在宪

---

121 H. Schumann, "Criminal Law", in: J. Zekoll and M. Reimann(eds.). *Introduction to German Law* (2nd edn., Boston: Kluwer Law International, 2005), 423.

122 N. Foster and S. Sule, *German Legal System and Laws* (3rd edn., New York: OUP, 2002), 153.

123 *Avis du Conseil d'Etat du 21 avril 1999 sur un projet de loi portant assentiment au Statut de Rome de la Cour pénale internationale, fait à Rome le 17 juillet 1998*, in *Parliamentary Document* 2-239 (1999/2000), 94; http://www.senate.be/www/? MIval=/index_senate&MENUID=22101&LANG=fr(浏览于2014年10月30日;这是比利时参议院的官方网站)。

124 *Rapport fait au nom de la Commission des relations extérieures et de la défense, Exposé introductif du Vice-premier Ministre et Ministre des Affaires étrangères*, in *Parliamentary Document* 2-329/2 (1999/2000), 1-5; http://www.senate.be/www/? MIval=/index_senate&MENUID=22101&LANG=fr(浏览于2014年10月30日)。

125 Y. Iwasawa, "The Relationship between International Law and National Law: Japanese Experience", 64 *BYIL* (1993) 333, at 345.

126 Ibid., 356, 372, 389.

127 Ibid., 377.

法或司法判决中声明习惯法优先于一切普通国内立法，比如德国、意大利、日本、希腊——当然前提是相关习惯法规则的内容清楚且可以适用，德国、意大利和日本通过宪法法院来确保习惯法与本国宪法的规定一致，并负责审查国内立法与国际法的一致性[128]。其他国家（比如比利时和南非）则不在国内体中给予习惯法以特殊地位，当成文法和习惯法存在冲突时，前者优先，如果这一冲突存在于一个宪法规则和一个习惯规则之间，前者优先[129]。还有一些国家（如法国和俄国）因为习惯法规则模糊的特点对此持谨慎的态度。

当国际义务和国内法可能存在冲突时，各国法院一般倾向于遵守以下原则：对本国法律的解释不与国际法内容相冲突[130]。比利时最高法院和意大利宪法法院都支持国际条约由于其自身性质优先于国内立法的观点[131]。

通常，国内立法不规定执行国际组织决议的问题。不过，荷兰、希腊和西班牙是例外，比如，西班牙国务委员会（Consejo de Estado）在1993年第984/1993号意见中规定，联合国安理会在《宪章》第七章下通过的第827号决议可以被作为条约来对待，而且有约束力的联合国安理会决议会在西班牙政府公报上一经颁布，在全国范围内都有约束力[132]。

除了个别例外，国家选择不在宪法或者法律里做出确定和不可撤销的、遵守所有国际规则的承诺。在这些例外中，需要特别提到荷兰的实践。1953年荷兰《宪法》在1987年经过修正，于1999年固定下来[133]，第94条规定：如果与条约或"对所有人都有约束力的"国际组织决议的规定相冲突，荷兰法律就不能适用。但是第91条以条约被荷兰议会核准作为第94条所规定的条约地位至上的条件。进一步说，在第91条第三款下，当条约规定与《宪法》相冲突时，条约需要议会2/3以上赞成票才能被核准，此后这一规定甚至有高于《宪法》的地位。

---

[128] 参看：D. Shelton(ed.), *International Law and Domestic Legal Systems*(Oxford,OUP,2011)中相关国家的章节。

[129] 参看1996年《南非宪法》第232节。

[130] *Al Skeini v. Secretary of State for Defense*,[2007] UKHL,26；*Murray v. Schooner Charming Betsy*,6 US(2 Cranch) 64.

[131] A. Cassese,*International Law*(2nd edn., New York：OUP,2005),177.

[132] *Consulta sobre introducción en el Derecho Interno Español de la Resolución 827 del Consejo de Seguridad de las Naciones Unidas sobre Tribunal Penal Internacional para castigo crímenes internacionales en la antigua YUGOSLAVIA*：http://www.boe.es/buscar/doc.php?id=CE-D-1993-984（浏览于2014年10月20日，这是国务委员会的官网）。

[133] 宪法全文参见：C. Kortmann and P. Bovend'Eer,*Dutch Constitutional Law*(The Hague：Kluwer Law International,2000).

国际法在国内执行的方式通常受到某一国家对这一体系的公平性的理解的影响。比如，泰国自国际法院判决其在"隆端寺"案中败诉以来一直对国际法的适用持怀疑态度，并禁止国内法院或其国民引用国际条约，除非后者被立法明确"转化"为泰国国内法。今天，越来越多的国际规则直接适用于个人，这个趋势会对这方面的国家实践产生影响。

四、中国实践

现在我国还不存在定期报道和发表司法判决的做法，而正如中国学者注意到的那样，我国法院很少就为什么特定条约被作为准据法适用提供较为全面的解释[134]。本节以对中国法典的解读和分析作为论述的主要根据。

条约在中国国内的效力是个实践中存在的问题，比如，中国代表在1991年11月14日联大第三次会议上声明，就中国批准或加入并对其生效的条约，中国会履行其义务而不需"转化"[135]。2003年8月18日，在1972年《生化武器公约》缔约国第三次会议成立的政府专家临时小组所作的声明中，中国政府声明，中国为充分地遵守该条约的规定，已经颁布了一系列法律和规章[136]，更重要的是，该声明在一开始就指出，根据中国的实践和法律制度，中国参加的条约一旦得到批准或认可，在国内立即生效。这种态度在其他场合也得到重申，比如：在全国人大于2005年10月27日批准《联合国反腐败公约》后，中国政府明确表示会以积极和严肃的态度遵守之[137]。1991年来，中国缔结了大量条约，特别是双边条约的数量超过了15000个[138]。

那么，这些条约怎么在我国国内适用？与国内法什么关系？我国法律体系中是否存在普适性的条约适用的规则？

（一）我国法律体系下的相关程序：《宪法》《缔结条约程序法》与《立法法》

我国《宪法》中没有规定国际法在中国国内法体系中的地位。不过，第67条对全国人民大会常务委员会的权力范围有所规定，其中第14款授权常委会决批

134　Z. J. Li,"The Effect of Treaties in the Municipal Law of the People's Republic of China: Practice and Problems",4 *Asian Yearbook of International Law*(1995) 185,at 203.

135　UN Doc. A/C. 3/46/SR. 41,para. 12.

136　《中国国际法年刊》(2002—2003)，第630页。

137　中华人民共和国外交部政策研究司编：《中国外交》，世界知识出版社2006年版，第320页。

138　外交部条法司编著：《中国国际法实践案例选编》，世界知识出版社2018年版，第83页。

准或终止中国与外国缔结的条约以及"重要协议"的权力。这在全国人大常委会1990年12月28日通过、同日由国家主席令公布并生效的《缔结条约程序法》的第3条中得到了重申和诠释[139]。

1990年法律的第3条对国家主席、全国人大常委会和国务院的相关权力予以划分：国务院缔结条约，人大常委会"决定"批准或废除条约，国家主席依常委会的决定（宣布）批准或废除条约，并以批准书的形式来执行上述决定[140]。由外交部或政府其他相关部委以国家名义或以中国政府名义缔结条约，并将条约草案呈给国务院决定是否要提交人大常委会批准；此外，相关部委也可以以自己名义缔结条约。1990年法律第7条列举了需要人大常委会批准的"条约与重要协议"的种类。第16条要求外交部编制中国同他国所缔结所有条约的名录，第15条规定，经认可需要全国人大常委会批准的重要条约必须在常委会公报上公布[141]，而其他条约的公布由国务院决定。

这里需要注意三个问题。其一是"缔结"一词的含义，因为它的解释影响到下面讨论条约在我国国内生效、执行的问题。在1990年《缔结条约程序法》之下，第3条似乎只把国务院的作用归结为"缔结"，这在第3条的标题中也显示出来，"缔结"与"决定""批准和废除""管理机构"相并列，表达了平等而有区分的含义。但是，假如本法大标题中"缔结"一词的理解至此为止，那么，就会有实践中的问题，比如下面要讨论的原《民法通则》中第142条中提到"缔结或者参加"的条约，但问题是条约缔结后，可能尚未依照《缔结条约程序法》得到人大常委会的批准，那么条约在我国国内是无效的；这期间如果立即适用于具体案件之中，会产生僭越立法权的困难（尽管可以说是对条约的临时适用[142]）。

其二，上述1990年法律对条约和协定做了区分：1）需要人大常委会批准的条约和重要协定（第7条）；2）不需要人大常委会批准或国务院核准的协定（第9条）。第2）类协定在国务院公布之后生效，可以说，这类协定具有直接适用的效力，但是它们在国内法体系中的地位问题，需要相关法律的特别规定[143]。

---

[139] The Legislative Affairs Commission of the Standing Committee, *The Laws of the PRC* (1990—1992) (Beijing: Science Press, 1993).

[140] 该法第2条规定："本法适用于中华人民共和国同外国缔结的双边和多边条约、协定和其他具有条约、协定性质的文件。""条约"的含义是较为宽泛的。第7条规定了制作批准书的程序。

[141] 可参看公开出版的条约批准的名册：全国人大外事委员会法案室编：《全国人大常委会决定批准或加入的条约和重要协定概览》（2009年版；2013年版），中国民主法制出版社2010年版；2013年）。

[142] 参看本书第三章关于《维也纳条约法公约》第18条的讨论。

[143] 比如，我国1982年的《商标法》（2001年修正）的第17条就允许适用"协议"或条约或对等原则来处理涉及外国人或外国企业在中国申请商标的情况。

最后，我国缔约程序的完整使用，需要国务院（特别是外交部）、人大常委会、国家主席的合作。这一合作是条约和协定在我国顺利生效、适用的基本前提。

除了《宪法》和《缔结条约程序法》之外，2000年《中华人民共和国立法法》也很重要[144]。第7条重申了《宪法》第58条的规定：立法权属于人大和它的常委会。这个法律的第78条还明确了《宪法》第5条下提到的《宪法》的最高法律效力。可以说，在本语境下，既然立法权属于人大常委会，那么其行为或职权只能是基于立法权；那么它做的决定、决议也都是（广义上的）法律[145]。另外，《立法法》第43条明确规定：法律解释权属于人大常委会；第47条规定法律解释与法律具有同等效力[146]。

（二）条约作为国内法所具有的效力

就一般原则而言，《立法法》第83条规定："同一机关制定的法律、行政法规、地方性法规、自治条例和单行条例、规章，特别规定与一般规定不一致的，适用特别规定；新的规定与旧的规定不一致的，适用新的规定。"第85条还特地赋予人大常委会权力，裁决新（一般法）旧（特别法）法律之间冲突的问题。这个原则对通过人大常委会批准"转化"来的条约（或其条款）来说，直接适用。

不过，我国实践中还存在着可直接适用的条约和重要协定与国内法之间相对效力的问题。这里以曾经适用的1986年《民法通则》的有关规定为例来说明[147]。第142条规定："中华人民共和国缔结或者参加的国际条约同中华人民共和国的民事法律有不同规定的，适用国际条约的规定，但中华人民共和国声明保留的条款除外。"[148]这一规定被公认是关于民事案件的，但考虑到它是全国人大通过的一

---

144 2000年3月15日，由第九届人大第三次会议通过，同日以国家主席令第31号公布；于同一年7月1日起施行。

145 决定或决议只是《宪法》所赋予的决定权（立法权）的表现方式：http://www.npc.gov.cn/npc/xinwen/2013-06/25/content_1798342.htm(中国人大常委会办公厅网站，浏览于2014年11月4日)。这篇文章的题目是"全国人大常委会的组织制度和议事规则"，作者是人大常委会副秘书长李飞。当然，常委会通过的决定、决议与法律在公告方式上有一定区别。

146 http://www.npc.gov.cn/npc/flsyywd/xianfa/node_13475.htm(浏览于2014年11月10日)。上述网址上的《宪法》通释认为，司法解释限于"如何运用和适用法律，其效力层次低于全国人大常委会的法律解释"。

147 全国人民代表大会1986年4月12日通过，1987年1月1日生效。在2020年5月28日全国人民代表大会第十三届大会第三次会议上通过的《民法典》，其中没有类似的条款。依据第1260条，《民法典》于2021年1月1日施行，同时废止《民法通则》。

148 The Legislative Affairs Commission of the Standing Committee, *The Laws of the PRC* (1983—1986) (Beijing: Science Press, 1987), 247.

部主要部门法中的规定,所以清楚地表明了中国对国际法的态度。

其他法律中也有类似规则。《民事诉讼法》第260条同样规定,"中华人民共和国缔结或者参加的国际条约同本法有不同规定的,适用该国际条约的规定,但中华人民共和国声明保留的条款除外"[149]。当然还有其他一些法律使用了同样的文字。如1992年《海商法》第268条(至今未修订),以及1995年《中华人民共和国民用航空法》第184条[150]。修订于1983年、2001年、2013年和2019年的1982年《商标法》第17条则有细微的差别,该条规定,外国人和外国企业在中国申请商标注册的,应当按其所属国和中国签订的协议或者共同参加的国际条约办理,或者按对等原则办理[151]。

所有这些立法适用于国内法的特定领域,且只是一般性规定国际条约如何适用,这是一种有特色的"转化"的情况。如果每个法律都针对其涉及的特定事项适用,那么在该法律规定中涉及的条约也必然与此特定事项有关;换句话说,每个法律都涉及且只涉及一种特定类别的条约。

相对来说,《刑法》是个不同而有趣的现象。1997年修订的《刑法》第9条接受了"普遍管辖"原则,它规定:对于国际条约所规定的犯罪、中国在所承担条约义务的范围内可以对之行使刑事管辖权的,适用中国刑法[152]。这一规定在1996年修订的1979年《刑事诉讼法》中并没有再现。然而,最高人民法院在1998年发布了《关于执行〈中华人民共和国刑事诉讼法〉若干问题的司法解释》[153]。最高人民法院的解释第7条宣布,中国对国际条约所规定的罪行在所承担的条约义务范围内行使刑事管辖权。这与全国人大常委会1987年通过的、关于对国际条约规定的罪行行使刑事管辖权的决定是一致的[154],1987年决定规定,中国政府有权"在中国缔结或加入的国际条约的义务范围内行使刑事管辖权",决定后附加了一系列条约规定的列表,这些规定都要求缔约国在其领土内行使刑事管辖权。这个决定至今没有被废止,所以仍然有效。

---

149 全国人民代表大会1991年4月4日通过并生效,2007年第一次修订,2012年第二次修订,2017年第三次修订,参看国家法律法规数据库:https://flk.npc.gov.cn/detail2.html?MmM5MDlmZGQ2Nzhi-ZjE3OTAxNjc4YmY4NTY5MTBhMDU%3D(浏览于2021年8月3日)。

150 参看国家法律法规数据库,同上注(该法到2021年已经经过六次修订)。

151 司法部官网:http://www.moj.gov.cn/Department/content/2019-06/11/592_236648.html(浏览于2021年7月13日)。

152 2020年《刑法》第十一次修订后,仍保留了这条规定。

153 1998年6月29日通过,1998年9月8日生效。

154 决议通过的时间是1987年6月23日。法律出版社法规中心编:《法律小全书》(第3版),法律出版社2004年版,第7-14页。

如果国际罪行不是国内法的一部分,要履行惩罚这种罪行的条约义务,就需要修改现有国内法条文,但应该如何修改,实践中做法还不太直观。这里的建议是,可以是把条约规定的罪名直接并入《刑法》,也可以通过新增罪名来修订《刑法》。无论是哪种情况,如果现有国际条约允许缔约国行使刑事管辖权,中国法院就有管辖权处理此类国际罪行;但中国法院惩罚条约规定的犯罪行为,还需要有国内立法的授权,也就会发生"转化"。这一点与《缔结条约程序法》第7条第四款规定相辅相成,后者明确规定:"同中华人民共和国法律有不同规定的条约、协定"需要人大常委会批准。再有,这一点也反映了《立法法》第8条第四款的规定,即针对"犯罪与刑罚"这一事项"只能制定法律"。假如某一国际条约规定了我国《刑法》下没有包含的罪名,那么该罪名只有在人大或人大常委会立法之后才能在我国国内生效,进一步说,假如该条约只经过人大常委会的批准,没有以法律形式来体现,那么,人大常委会的批准——通常以决定方式体现——就是立法行为,而决定就是法律。

作为小结,可以说条约和重要协议在经过批准后,在效力上与人大或其常委会所通过的法律可以处于同一等级,甚至在某些领域里优于后者。可以直接适用的协定,效力与国内法的关系需要特定法律的规定。所以,涉及效力优先的问题时,我国法律体系处理的主要方式是立法,此外似乎不存在一个普遍适用于整个体系的总原则。

(三) 条约成为我国法律的方式:转化与纳入

如上所述,条约在中国的执行是按部门法进行的[155]。我国实践的这个特点,若细加分析,可以说是"转化"与"纳入"的成分兼有。比如:过去《民法通则》第142条既是关于条约与国内法之间相对效力的条款,也是对此类条约在我国国内直接适用的授权。那么,对于民事关系领域来说,第142条起到"纳入"的作用,即:只要条约符合它的条件,就可以超越民法效力来施行,但是对于中国法律体系而言,则起到"转化"的作用,因为这种超越性的直接适用的授权只限于民事法律关系,不适用于整个体系。再有,需要考虑到每一个条约或重要协定都需要人大常委会批准才能进入我国法律体系,那么,我国体系的"转化"特质就更为强化。这一分析也适用于上述的其他部门法;但刑法除外,这个部门法实践只以"转化"

---

[155] 同样观点,参见邵津主编:《国际法》,高等教育出版社2000年版,第26-28页;周忠海主编:《国际法》,中国政法大学出版社2004年版,第64-72页;H. Q. Xue and Q. Jin, "International Treaties in the Chinese Domestic Legal System", 8 *Chinese JIL* (2009), 299, 304-305.

为主要方式。

"纳入"的做法往往会适用于无需立法机构批准或国务院核准的协定,对此下面不作特别论述。

取决于条约、协定的重要性且特别是条约条款的可操作性(清楚地规定了权利、义务、责任),我国的转化实践有相当的特点。

1. 条约的整体转化

以1979年《消除对妇女一切形式歧视公约》为例,中国于1980年9月29日批准了该《公约》,《公约》于1981年9月3日生效,且在当天对我国生效[156]。由于《公约》只是呼吁或承诺采取一切适当措施消除各种形式的歧视[157],而将具体实施措施留给缔约国自行规定,中国需要通过立法来履行条约下的义务;为此,全国人大于1992年4月3日通过了《妇女权益保障法》,该法有54条,详细规定了妇女权利;但该法并不要求直接适用公约,而体现了中国对《公约》义务的解释[158]。这是转化的做法;而由于《公约》把施行措施留给缔约方来确立,所以它具有"非自我执行"的性质。

2. 条约条款的转化

中国在实践中也会通过国内法的条文澄清条约中模糊的规定,起到了解释性效果,同时也起到转化的效果。比如,1992年《领海和毗连区法》第6条特别要求外国军舰在中国领海中行使无害通过权之前,取得中国政府的同意,这一规定在1996年中国批准1982年《联合国海洋法公约》时得到重申[159]。由于《公约》相关规定没有明确规定,而实践中各国做法也不统一,所以不能说第6条违反了《公约》。

为执行1972年《关于禁止研制、生产和储存细菌和生化武器及其销毁公约》,中国修改了国内法[160],这体现在2001年刑法第三修正案之中[161]。修正案的对象是《刑法》第125条,目的是反映《公约》第1条下的禁止性义务。修正案宣布生产、销售、购买、运输、储存、递送、盗窃和抢劫此类物质应该判处3~10年有期徒刑的

---

156 参看:http://www.un.org/womenwatch/daw/cedaw/history.htm("联合国性别平等与妇女权力实体"官方网站,该机构由联大建立于2010年7月)。

157 参看《公约》第2-8条、第10-16条、第24条。

158 2005年8月28日,人大常委会对该法做了修订,同年12月1日新版(共61条)开始施行。2018年,人大常委会第三次修订后,还是维持在61个条款。

159 国家海洋局政策法规办公室编:《中华人民共和国海洋法规选编》(修订版),海洋出版社1998年版,第8页。

160 全文见http://www.opbw.org。1975年3月26日生效;中国于1984年11月15日加入该条约。

161 该修正案由全国人民代表大会常务委员会于2001年12月29日通过并在同日经国家主席签署生效。

犯罪,如果情节严重,可能被判处 10 年以上有期徒刑直至无期徒刑,甚至死刑。2002 年 10 月 14 日,中国政府通过了《中华人民共和国生物两用品及相关设备和技术出口管理条例》,《条例》于同年 12 月 1 日生效,中国政府代表向《公约》下设的政府专家临时小组及时通报了这些步骤[162]。

(四) 条约的适用

条约成为我国法律一部分之后,适用的方式既可以是政府部门以行政方式适用条款的内容,也可以是法院直接适用条款。下面的论述无意穷尽实践中的做法,而只是就主要方式做一简单梳理。

1. 中国政府建立条约执行机制

以中国对 1992 年《联合国关于气候变化框架公约》和 1997 年《京都议定书》的执行为例。中国于 1992 年 6 月 11 日签署并于 1993 年 1 月 5 日批准了《公约》,后者于 1994 年 3 月 21 日对中国生效;随后中国于 1998 年 5 月 29 日签署并于 2002 年 8 月 30 日批准了《京都议定书》,后者于 2005 年 2 月 16 日对中国生效。但中国政府对此早做了准备:1990 年 2 月,国务院建立了全国气候变化协调小组,负责政策制定和协调;1998 年,该工作组经过改组由国家发改委领导,联合了 13 个部委的相关人员(包括外交部、财政部、气象行政部门、海洋行政部门、科技部、林业行政部门等);这个小组成为中国环境政策的焦点,负责总管中国对相关条约的遵守。2004 年 12 月 10 日,中国政府向《公约》秘书处递交了第一份通报[163],记载了上述发展。

同样,国务院在其权限内会要求下属部委在含涉外因素的事务中依条约(或惯例)履行国际义务,比如涉及国际海上货物运输,或联合国和其他驻中国的国际组织职员豁免和特权的问题[164]。

2. 法院直接适用条约

应当注意的是,除了相关法律条文要求遵守国际条约或协定之外,最高人民法院在其权限内有时会颁布司法解释要求下级法院遵守中国批准或加入的国际条约[165]。比如,在《关于国际贸易案件若干问题的司法解释》中,最高人民法院要

---

[162] 《中国国际法年刊》(2002—2003),第 630 页。

[163] 国家气候变化对策协调小组办公室:《中华人民共和国气候变化初始国家信息通报》,第 12 页。全文见 http://www.ccchina.gov.cn,"中国气候变化信息网"。

[164] 周忠海主编:《国际法》,中国政法大学出版社 2004 年版,第 68 页。

[165] 见《中华人民共和国人民法院组织法》第 33 条,该条授权最高人民法院对于如何具体应用法律、法令的问题进行解释,历年的司法解释可参看最高人民法院网站:http://www.court.gov.cn。

求各级法院在法律或规章的规定有两种或多种合理解释时,采纳与中国缔结或加入的条约中相关规定相一致的解释,除非中国政府对条约条文做出保留[166]。实践中,最高法院司法解释进一步充实了相关法律的规定,二者结合起来,可以推进下级法院遵守、适用国际条约和协定[167],但是相关司法解释也保留了在某些情况下国内法院适用何种法律的裁量权[168]。

(五) 香港和澳门

对可能影响中国的特别行政区的条约,通常需要考虑在条约适用于这两个特区时是否需要做某些有针对性的修改。1997 年 6 月 23 日,中华人民共和国政府照会联合国秘书长,就有关香港特别行政区的条约的问题作了四点说明[169],其一,所有罗列于本照会附件一中的条约(中华人民共和国一律是缔约国),自 1997 年 7 月 1 日起适用于香港特别行政区,只要条约在上述日前就适用于香港特别行政区,或条约属于外交或国防领域,或其性质要求必须适用于国家的全部领土,或已决定在上述日期起适用于香港特别行政区;其二,在 1997 年 7 月 1 日前适用于香港、但中华人民共和国尚未成为缔约方的条约(罗列于本照会附件二),在上述日期后仍然适用于香港特别行政区;其三,针对附件中适用于香港特别行政区的条约,中华人民共和国政府已经单独完成了适用所需的程序;其四,对于未列入附件的条约,如果中华人民共和国是或将成为缔约国,且如果条约将会适用于香港特别行政区,中华人民共和国政府将单独完成这一适用所需的程序,除非条约涉及外交、国防,或性质上属于适用于缔约国全部领土的类型。在澳门回归之后,联合国秘书长在 1999 年年底也收到中国政府的类似照会[170]。

---

[166] 最高人民法院 2002 年 8 月 27 日通过,2002 年 10 月 1 日生效。法律出版社法规中心编:《法律小全书》(第 3 版),法律出版社 2004 年版,第 7-179 页。

[167] H. Q. Xue and Q. Jin, "International Treaties in the Chinese Domestic Legal System", 8 *Chinese JIL* (2009), 299, 310-313.

[168] "当事人在合同中援引尚未对中华人民共和国生效的国际条约的,人民法院可以根据该国际条约的内容确定当事人之间的权利义务,但违反中华人民共和国社会公共利益或中华人民共和国法律、行政法规强制性规定的除外";"最高人民法院关于适用《中华人民共和国涉外民事关系法律适用法》若干问题的解释(一)"(2012 年 12 月 10 日最高人民法院审判委员会第 1563 次会议通过,根据 2020 年 12 月 23 日最高人民法院审判委员会第 1823 次会议通过的《最高人民法院关于修改〈最高人民法院关于破产企业国有划拨土地使用权应否列入破产财产等问题的批复〉等二十九件商事类司法解释的决定》修正),第 7 条。

[169] 联合国法律部条约司:https://treaties.un.org/Pages/HistoricalInfo.aspx?clang=_en#China(浏览于 2020 年 11 月 3 日)。

[170] 同上注。

以中国加入 1976 年 ENMOD 公约为例[171]，相关照会的标准用语会包括以下文字：

"遵照《中华人民共和国香港特别行政区基本法》第 153 条和《中华人民共和国澳门特别行政区基本法》第 138 条，中华人民共和国政府决定《公约》适用于中华人民共和国的香港特别行政区和澳门特别行政区。"[172]

国际条约在香港和澳门特别行政区具体适用的方式，也是值得研究的问题[173]。

（六）习惯法

《海商法》第 268 条规定："中华人民共和国法律和中华人民共和国缔结或者参加的国际条约没有规定的，可以适用国际惯例。"因为国际公法中"惯例"不是法律，上一条款中的"国际惯例"（international usage）这一术语中的"惯例"含义如何？中国学者在此问题上的意见是有分歧的[174]。

就我国实践来说，这个用语的确切意思最好是由人大常委会或者最高人民法院来解释[175]。不过本书在这里试着提供一个解释，供参考之用。国际惯例需经过各国接受才能在其本国法院里引用，那么，国内法规则当然可以规定任何通行做法是国内法，而"通行做法"当然就可能包含除习惯法之外的国际惯例，例如：对国际上通行的、没有法律约束力的商业准则或惯例（像"国际商业术语 2000"）进行转化，使之在国内司法程序中生效，此时，国内法院适用的是"转化"为国内法律的惯例。这个思路在我国和其他民法体系国家的实践中都可以找到证据。

---

[171] 《禁止为军事或任何其他敌对目的使用改变环境的技术的公约》（*The Convention on the Prohibition of Military or Any Other Hostile Use of Environmental Modification Techniques*）。联大 1976 年 12 月 10 日以 31/72 号决议通过并于 1978 年 10 月 5 日生效。全文见《联合国条约集》第 1108 卷，第 151 页。截至 2021 年 8 月 3 日，有 78 个缔约国。中国于 2005 年 6 月 8 日加入。

[172] 第 153 条规定："中华人民共和国缔结的国际协议，中央人民政府可根据香港特别行政区的情况和需要，在征询香港特别行政区的意见后，决定是否适用于香港特别行政区。中华人民共和国尚未参加但已适用于香港的国际协议仍可继续适用。中央人民政府根据需要授权或协助香港特别行政区政府做出适当安排，使其他相关国际协议适用于香港特别行政区。"《澳门基本法》第 138 条使用同样的措辞。

[173] M. Ramsden, "Using the ICESCR in Hong Kong Courts", 42 *Hong Kong Law Journal* (2012) 839.

[174] 徐东根：《国际私法的趋势论》，北京大学出版社 2005 年版，第 145-147 页。

[175] 参看《最高人民法院关于设立国际商事法庭若干问题的规定》，2018 年 6 月 25 日由最高人民法院审判委员会第 1743 次会议通过，2018 年 6 月 27 日公布，自 2018 年 7 月 1 日起施行。第 4 条："国际商事法庭法官由最高人民法院在具有丰富审判工作经验、熟悉国际条约、国际惯例以及国际贸易投资实务、能够同时熟练运用中文和英文作为工作语言的资深法官中选任。"选人标准里就有熟悉"国际惯例"这一项：http://www.court.gov.cn/zixun-xiangqing-104602.html（浏览于 2021 年 5 月 24 日）。

其实，许多惯例本身就是条约条款，构成特定意义上的国际法规则。中国是1980年《国际货物买卖合同公约》缔约国[176]，该条约第9条第一款规定：合同当事方受彼此所同意适用的"惯例"（usage），以及彼此间形成的"做法"（practices）的约束。该条没有对"惯例""做法"做任何解释或定义，但是从条约上下文来分析，它们所反映的是国际商业交往中为企业、公司所熟知的意义。一般来说，可以通过研究以下问题来找到适当的解释：1）相关合同的用语；2）如果合同用语不清，相关的冲突法规范；3）如果就合同所产生的问题而言，没有可适用的条约或中国法律，则考查国际习惯法或国际惯例。

最终，对"惯例"这一用语的理解取决于其所出现的法律语境。在涉及公法的语境之中时，很可能需要将之解读为"习惯法"，即国际公法意义上的习惯法，比如，在《最高人民法院关于适用〈中华人民共和国刑事诉讼法〉的解释》中[177]，第480条规定：

"需要向有关国家驻华使领馆通知有关事项的，应当层报高级人民法院，由高级人民法院按照下列规定通知：

（一）外国籍当事人国籍国与我国签订有双边领事条约的，根据条约规定办理；未与我国签订双边领事条约，但参加《维也纳领事关系公约》的，根据公约规定办理；未与我国签订领事条约，也未参加《维也纳领事关系公约》，但与我国有外交关系的，可以根据外事主管部门的意见，按照互惠原则，根据有关规定和国际惯例办理；……"

在外交关系的前提下，外事主管部门应该指代外交部，它才是与外国使馆接洽的部门，而外交关系则是典型的对外行政权力，发生在政府之间，那么上述文字中的"惯例"自然靠近国际公法，外交毕竟是国际法历史悠久的国与国之间的关系[178]。

（七）结论

简而言之，条约和重要协定在中国国内适用之前需要转化，除了可以直接适

---

176 全文参看 http://www.uncitral.org/uncitral/en/uncitral_texts/sale_goods/1980CISG_status.html（联合国贸易法委员会官方网站；浏览于2021年6月20日）。截至2021年6月20日，共有94个缔约方。

177 法释〔2021〕1号，2020年12月7日由最高人民法院审判委员会第1820次会议通过，2021年1月26日公布，自2021年3月1日起施行：http://www.court.gov.cn/fabu-xiangqing-286491.html（浏览于2021年8月1日）。

178 J. Crawford, *Brownlie's Principles of Public International Law* (9th edn., Oxford: OUP, 2019), 381.

用的协定[179]。转化常发生在 1)根本性法律明确规定了立法的领域或事项[180];2)条约条款不够明确、细致、可操作性欠缺的情况下。

本节的讨论也考虑到了可适用的其他方式,意在呈现出较为全面的轮廓,但实践中的问题千变万化,只去用标题、定义去套,是过于简单的做法。

我们知道,在类似过去《民法通则》第142条的规定之下,国内法院适用的可以被视为是"转化"为中国法律的条约,即使判决中直接引用的是条约条文。那么,这一效果是否出现在其他部门法领域里?与此有关的一个假想问题是,是否可以说,既然每一个条约和重要协定都需要人大常委会批准,那么适用《缔结条约程序法》下批准程序在效果上接近于"转化"?

上述问题的提出,原因是人大常委会的决定是我国法律的一部分,而条约和重要协定进入我国法律体系的途径,是人大常委会的批准决定,所以,批准条约的决定很像 1)某些国家以法案附件形式使得条约"转化"的做法;或者 2)近似于部分立法机构参与条约批准过程的做法。当然,我国实践考虑的是具体国情的需要和我国立法传统,与其他国家实践相近只是巧合。另一方面,与上述其他国家的两种做法不同的是:就1)而言,相近在于人大常委会的决定涵盖了条约(标题加整体内容),但是人大或人大常委会可能需要在批准后再立法,使得条约的规定可以操作,那么批准决定就不足以完成"转化"过程。当然可以说这是"双重转化",而"转化"作为主要的方式毋庸置疑;就2)而言,人大常委会的批准或废除条约权力只有一种,且是其专有的权力,没有部分、整体权力之分的问题。

在我国实践中,假如涉及的是不需批准或核准的协定,"纳入"是没有问题的;在这里,就要考虑相关部门法中对此类协定的特别规定[181]。

此外,除中国做出条约保留的情形外,条约的地位高于国内某些部门法,但是条约不能超越《宪法》。在这些部门法领域中,条约除保留外优于国内法律的原则存在了相当长时间[182]。

至于习惯法,尽管它们在中国是可能适用的——尤其是当国内法和中国参加的国际条约都没有规定的情况下,但就这些习惯法规则和国内法的冲突来说,并没有固定规则。这个问题的解决有待立法实践的进一步发展。

---

179 王铁崖:《条约在中国法律制度中的地位》,载《中国国际法年刊》(1994),第7页;李浩培:《条约法概论》(第2版),法律出版社2003年版,第316-317页。

180 《立法法》第8条。

181 《缔结条约程序法》第10条。

182 王铁崖:《条约在中国法律制度中的地位》,载《中国国际法年刊》(1994),第13页;周忠海主编:《国际法》,中国政法大学出版社2004年版,第71页。

第五章　国际法意义上的人格与承认

扩展阅读

T. C. Chen, *International Law of Recognition*, London: Stevens and Sons, 1951; K. Marek, *Identity and Continuity of States in Public International Law*, Geneva: Librairie de Droz, 1954; T. Poulose, "India as an Autonomous International Person(1919—1947)", 44 *BYIL* (1970), 202; J. Rapaport, *Small States and Territories: Status and Problems*, New York: Arno Press, 1971; J. Verhoeven, *La reconnaissance internationale dans la pratique contemporaine*, Paris: Pédone, 1975; I. Brownlie, "Recognition in Theory and Practice", 53 *BYIL* (1982), 197; M. Peterson, "Recognition of Governments should not be abolished", 77 *AJIL* (1983), 31; J. Dugard, *Recognition and the United Nations*, Cambridge: CUP, 1987; J. Prince, "The International Legal Implications of the November 1988 Palestinian Declaration of Statehood", 25 *Stanford Journal of International Law* (1988—1989), 681; R. Jennings and A. Watts(eds.), *Oppenheim's International Law*, London: Longman, 1992, vol. i, 208; R. Mullerson, "The Continuity and Succession of States by Reference to the Former USSR and Yugoslavia", 42 *ICLQ* (1993), 473; R. Rich, "Recognition of States: the Collapse of Yugoslavia and the Soviet Union", 4 *EJIL* (1993), 36; S. Talmon, *Recognition of Governments in International Law*, Oxford: OUP, 1998; N. Schrijver, "The Changing Nature of State Sovereignty", 70 *BYIL* (1999), 65; S. Murphy, "Democratic Legitimacy and Recognition of States and Governments", 48 *ICLQ* (1999), 545; T. Grant, *Recognition of States: Law and Practice in Debate and Evolution*, Westport, CI: Praeger, 1999; S. Talmon, *Recognition in International Law: A Bibliography*, Leiden: Martinus Nijhoff, 2000; R. Wilde, "From Danzig to East Timor and beyond", 95 *AJIL* (2001), 583; R. Ramcharan, *Forging a Singaporean Statehood* 1965—1995, The Hague: Kluwer Law International, 2002; J. Crawford, *Creation of States in*

International Law, Oxford: OUP, 1978; 2nd edition, New York and Oxford: OUP, 2006; R. Portmann, *Legal Personality in International Law*, Cambridge: CUP, 2010; E. Wyler, Théorie pratique de la reconnaissance d'*État*, Brussels: Bruylant, 2013; S. Talmon, "Recognition of Opposition Groups as the Legitimate Representative of a People", 12 *Chinese JIL* (2013) 219; J. Vidmar, "The Concept of the State and its Right of Existence", 4 *CJICL* (2015) 547; M. Shaw, *International Law*, 8th edn., Cambridge: CUP, 2017, Chapters 5 and 8.

一、国际法上的人格

(一) 含义

在任何现代法律制度中,法律往往规定个人、公司或者其他实体具备享有和行使权利、履行义务的能力,这些主体就是法律制度下的"法律人格者"。法律人格的概念还包含其他因素,诸如地位、权能、资格以及特定权利和义务的性质和范围。这些概念以及由之而产生的后果、权利和义务,均由法律加以规定。在法律人格者参与法律关系的过程中,其拥有的权利和义务具有强制效力,并最终得以实现,达到预期的效果。参与社会关系、并得到社会其他成员的认可,这是法律人格者是否存在的两个标志。

作为一个法律体系,国际法也包括类似的基本规定,法律人格的概念在国际法中同样存在。没有法律人格,也就谈不上权利的行使、义务的履行和法律施行所追求的效果。实践中,国际关系的参与者为数众多,其中哪些能够成为国际法律人格者,取决于法律的规定。

可以说,"国际法主体"和"国际人格者"这两个词在学术上以及实践中是可以互换的。国际法主体或者说国际人格者是指能够享有国际法上的权利,承担国际法下的义务,而且能通过国际求偿程序来维护自身权利的实体。与国内法不太一样的地方,是国际法中承认这一做法的效果,即承认是否能够证明法律人格的存在,国际实践对此问题的回答仍处于发展过程之中。

一般认为,国家和政府间国际组织具有国际法意义上的人格。国际生活中其他实体在某种程度上对国际法有影响,但这种影响迄今为止比较有限,其人格的内含因而也是受限的。

(二) 国际人格的标准

国际人格者或者说国际法主体的标准有以下几条：能够在国际层面上缔结有效的条约和协议；能够承担、履行国际义务；在因其他主体未履行国际义务而受到的损失时，有能力进行求偿、索赔；能够享有主权者之间对等的豁免和特权。

在实践中，拥有国际法意义上的人格并不要求某一实体同时满足以上四个标准。再有，某个实体可能具备人格所要求的行为能力，但这种能力是有限的，不是完全意义上的行为能力，也就是说，现实中可能存在具备有限行为能力的国际人格者，例如，在第一次世界大战后依据《凡尔赛和约》第100—108条成立的"但泽自由市"就享有极大程度的自治权，而作为国际领土，它依据该条约享有特殊的国际地位，受到国际联盟保护，且具有足够的独立程度和与其特殊地位相适应的法律权能，它有确定的领土和人口，拥有自己的国籍法。因此，其人格得到了国际常设法院的承认[1]。另一方面，其人格的有限性体现在其外交关系由波兰政府负责[2]。

在联合国实践中，世界上有些领土被视为处于非法占领状态中，其人民有权走向独立，为此联合国可能会在这样的地区设立临时性过渡机构进行独立前的管理。例如，根据1999年10月25日安理会第1272(1999)号决议，联合国在东帝汶设立了"过渡机构"，以促成东帝汶独立为宗旨，并全面行使该地区的立法及行政职权，后来，经过大选，东帝汶于2002年最终获得独立，并于2002年9月27日成为联合国第191个会员国。在行使职权期间，联合国驻东帝汶过渡机构具有同国际人格者类似的权能，然而，这并不能说明该机构是一个新型的法人，因为它只是代理联合国行事而已，即作为联合国组织代理当地事务。

除此之外，具有有限能力的国际人格者还有很多。

第一类是非自治领土。根据对《联合国宪章》第11章的分析，非自治领土具有一定程度的法律人格（第11章标题为"关于非自治领土之宣言"）[3]。第73条针对的是那些"其人民尚未臻自治之充分程度"的领土，而根据1960年12月14日

1　PCIJ, *Treatment of Polish Nationals and Other Persons of Polish Origin or Speech in the Danzig Territory*, Advisory Opinion of 4 February 1932, PCIJ, Ser. A/B, No.44(1931)。判决中提到波兰与但泽市之间所订立的一个条约；而且，法院认为，但泽《宪法》对于波兰来说，是"一个外国的宪法"，而但泽法院违反但泽市的国际义务的行为，会导致但泽市的国际责任。

2　但泽市于1945年并入波兰版图。

3　U. Fastenrath, "Article 73", in: B. Simma, D.-E. Khan, G. Nolte, and A. Paulus (eds.), *The Charter of the United Nations*, vol. ii(3rd edn., Oxford: OUP, 2012), 1830.

联大第1514（XV）号决议（即《给予殖民地国家和人民独立宣言》）[4]，此类领土主要包括殖民地、被保护国等，通常以独立、与其他国家自由联合或者自愿并入其他国家这三种形式实现"完全自治"[5]。

就此类领土的法律地位，国际法院在"纳米比亚"咨询意见中指出：

"关于非自治领土方面的国际法，包括《联合国宪章》中的相关规定，已经发展到承认民族自决原则对于所有这些领土同样适用。托管这个概念在法律上也已经得到肯定，并可以扩大适用于所有那些'其人民尚未臻自治之充分程度'的领土（《联合国宪章》第73条）。因此，很明显，托管制度对于各类殖民地也同样可以适用……进一步的发展体现在《给予殖民地国家和人民独立宣言》之中，宣言所针对的是所有'尚未取得独立'的民族和领土。在这里不能忽视委任统治的历史。实际上，除纳米比亚外，所有那些未获独立的领土都处于托管之下。今天，除纳米比亚之外的15个此类领土中，仅有两个仍处于联合国托管之下。以上所描述的只是众多新国家诞生这一趋势中的一个方面。"[6]

就上述法院的意见，有三点说明。其一，第73条并未提到"人民自决"原则，但是第73条确实包括了"神圣委托"的义务[7]，使得这些领土与委任统治或托管领土联系在一起，而后者所依赖的制度都包括"独立"作为最终目标之一[8]。那么，适用第73条的实际效果与托管制度没有区别，都可以导致独立，而"人民自决"原则同时是二者的法律基础[9]。上面引用的国际法院的咨询意见也持同样看法，1945年之后国际实践的发展，已经使得"人民自决"原则同样适用于非自治领土。多数学者也持同样看法[10]。再有，联大决议1541（XV）的附件中第6条原则，列举了非自治领土达到"完全自治"的情况：1)成为独立国家；2)自由与现有国家联合；或3)加入现有国家，这说明"人民自决"原则适用于这类领土。再次，联大

---

4 该决议以89票赞成，零票反对，九票弃权得以通过。

5 参见1960年12月15日联大第1541（XV）号决议附件中的第六个原则。该决议以69票赞成，两票反对，21票弃权得以通过。

6 ICJ, *Legal Consequences for States of the Continued Presence of South Africa in Namibia (South West Africa) Notwithstanding Security Council Resolution 276 (1970)*, ICJ Rep. (1971)16, para. 52.

7 这是委任统治的基本特征——对比《国际联盟盟约》第22条的规定。

8 参见《联合国宪章》第76条第b款。

9 ICJ, *Legal Consequences for States of the Continued Presence of South Africa in Namibia (South West Africa) Notwithstanding Security Council Resolution 276 (1970)*, ICJ Rep. (1971)16, para. 53.

10 J. Crawford, *The Creation of States in International Law* (2nd edn., Oxford and New York: OUP, 2006), 116.

1514(ⅩⅤ)号决议明确宣告:"所有人民都享有自决权",而没有做出任何基于地位的区分。最后,联大第2625(ⅩⅩⅤ)号决议(即1970年《国际法原则宣言》)结论性地宣布:殖民地或其他非自治领土在《宪章》下具有的独立和不同的(法律)地位将一直保持到该领土上的"人民"在《宪章》下行使了自己的自决权。总之,联合国实践表明,第73条下暗含了、甚至必然包括"人民自决"这一原则。因为这一权利的必然存在,所以,非自治领土具有法律人格是应有之义[11]。

其二,《宪章》第11章采用了宣言的形式,这是1945年《宪章》制订过程中英、法两国坚决反对的结果,因为当时两国并不想接受国际监督的义务。但是,第11章称为"宣言"本身,不影响其内容作为条约条款的法律效力,比如:联大决议1541(ⅩⅤ)的附件中第3条原则,就明确指出"第73条e款下的规则是一个国际义务,"应该在尊重国际法的前提下得到履行。

其三,"非自治领土"在概念上可以包括托管地(也就包括委任统治地),但是在《宪章》下二者属于不同的章节,主要原因还是在待遇的区别上。托管地制度需要托管协议来建立和管理,但非自治领土并不一定要受制于托管制度。所以,在这里也分开讨论[12]。

第二类是委任统治地和托管地。第一次世界大战后,根据《国际联盟盟约》第22、118条和第119条,"协约国"集团就瓜分奥图曼土耳其领土,以及德国殖民地创立了一套制度[13]。基于"其自身福祉及发展是文明的神圣委托"这一原则,"此等民族有被托管于先进各国之必要",国联理事会认可了对上述两个国家相关领土的监理统治权[14]。第二次世界大战结束时,上述委任统治制度转变成了《联合国宪章》(第12章和第13章)之下的托管制度。《宪章》第77条第一款规定,托管制度"必须"适用于目前处于委任统治之下的领土、因为"二战"而自敌国割离的领土,和其他监管国自愿置于托管制度下的领土。第77条下的领土特别包括此前

---

[11] J. Crawford, *The Creation of States in International Law* (2nd edn., Oxford and New York: OUP, 2006), 618.

[12] 参看 J. Crawford, *The Creation of States in International Law* (2nd edn., Oxford: OUP, 2006), Appendixes 2 and 3. 另外,还可参看 http://www.un.org/en/decolonization/nonselfgovterritories.shtml (这是联合国大会1961年所设的"非殖民化委员会"的官网,其上列出17块非自治领土)(浏览于2014年10月31日)。

[13] A类委任统治地在1923年《洛桑条约》订立前属于土耳其,由国联理事会批准成为委任托管地;B类委任统治地是"一战"前德国在非洲的领土;C类委任统治地则是德国在太平洋上,以及西南非洲的领土: J. Crawford, *The Creation of States in International Law* (2nd edn., Oxford: OUP, 2006), Appendix 2.

[14] C. Alexandrowicz, "The Juridical Expression of the Sacred Trust of Civilization", 65 *AJIL* (1971), 149-159.

根据《国际联盟盟约》第22条适用委任统治制度的领土,这样做的目的在于,通过在第77条下所订立的协定,把尚未独立的委任统治领土纳入托管制度之下。这些协定须经联合国安理会和大会通过才能生效[15]。

在这方面有影响的实例是西南非洲或称纳米比亚问题。起初该地区属于南非的委任统治领土,1966年联大以南非未尽职责为由终止了委任统治,并任命特别委员会来监管这一地区;安理会要求南非从这一地区撤出[16]。之后,安理会于1970年7月29日通过第284(1970)号决议要求国际法院就纳米比亚问题发表咨询意见。国际法院认为,鉴于南非从根本上违反了委任统治的义务,它在这一地区的存在已属非法,因此必须撤离[17]。安理会赞成这一观点,并据此咨询意见通过第301(1978)号决议。1978年,南非接受了美国及其他一些国家的调解方案,而纳米比亚也最终于1990年4月23日获得独立。当然,在纳米比亚独立之前,这个事件所涉及的并不是国家资格问题,而仅仅是法律人格问题。

1994年5月25日,联合国托管理事会通过决议,决定修改其议事规则,取消每年举行的例会,并同意根据理事会或理事会主席的决定,或根据理事会多数成员、联合国大会或安全理事会的要求,视需要举行会议。1994年10月1日,联合国的最后一块托管领土帕劳宣布独立。随后,托管理事会于同年11月1日正式停止运作[18]。可以说,到今天,不论是作为独立国家,还是并入其他国家,所有托管领土都已经实现自治,托管制度的使命已经完成。

第三类是民族解放运动。1974年,联合国大会及其他一些地区性国际组织均表示,承认安哥拉、莫桑比克、巴勒斯坦以及罗德西亚地区的民族解放运动[19]。《关于各国依联合国宪章建立友好关系及相互合作的国际法原则宣言》和"人民自决"原则为这些运动的存在提供了政治和法律基础[20]。这些组织有权缔结条约,也可以在国际人道法条约下享有权利、承担义务[21]。此外,它们在联合国系统内拥有观察员地位。比较突出的例子是巴勒斯坦解放组织,在联合国大会决议A/RES/67/19中[22],联大赋予巴勒斯坦以"非会员国观察员国"的地位,而不影响

---

15 《联合国宪章》第83条和第85条。
16 参见联合国安理会第276(1970)号决议;联合国大会决议第2145(XXI)号。
17 ICJ Rep. (1971) 16.
18 参见 http://www.un.org/en/mainbodies/trusteeship(托管理事会的官方网页)。
19 比如:1974年11月22日通过的联大第3237(XXI)号决议。
20 参见:1970年10月24日联大第2625(XV)号决议(全体成员国一致通过)。
21 参见《日内瓦公约》第一附加议定书,1977年6月8日通过,第1条第四款。
22 通过于2012年11月29日。当时承认巴勒斯坦国的国家已经达到132个。

巴勒斯坦解放组织作为巴勒斯坦人民的代表而在联合国组织里所享有的特权、权利和功能,并且再次重申了巴勒斯坦人民的"人民自决权",希望安理会能够给予巴勒斯坦国在 2011 年 9 月 23 日提交的加入联合国组织的申请以肯定的答复[23]。

第四类包括交战团体和叛乱团体,这些组织可以成为有限能力的国际人格者,前提是它们存在于"人民自决"原则和非自治领土这些限制条件之内。

第五类是流亡政府,它们可能具备某些特定的行为能力[24],但是其法律地位取决于它所代表的社会群体(比如某一领土上的人民)所拥有的权利。

第六类是联邦制国家的组成单位,这些政治实体很可能具有宪法所赋予的缔约权力,或在实践中是联邦政府在某一国际法律关系中的代表。

除了以上的类型外,我国香港是一个特别情况。根据《中华人民共和国香港特别行政区基本法》,香港特别行政区可在经济、贸易、金融、航运、通信、旅游、文化、体育等领域以"中国香港"的名义,单独地同世界各国、地区及有关国际组织保持和发展关系,签订和履行有关协议[25]。正是这种明确的授权,使得香港在特定法律领域中获得了一定程度的国际人格。

至此可以说,就特定目的享有有限国际人格的实体为数的确不少。但是同样明确的是,国家才是首要的国际法主体。

(三) 国家

1. 国家的标准

什么是国家?一个政治实体要成为国家需要满足什么标准?具备相应的法律人格并不是成为国家的充分条件,不能使一个实体成为国际法意义上的国家。另一方面,在实践中有关国家存在与否的问题,通常只着眼于事实的认定,而不涉及法律标准。理论界有关国家主权和平等的争论,最多只跟国家产生这一事实有关,不涉及国家产生的判断标准。

一般认为,国家资格的标准反映在 1933 年《蒙得维的亚国家权利及义务公约》第 1 条中[26]。公约对美国及拉美国家有效,进一步说,根据第 15 条规定,该条

---

[23] R. Barnidge, Jr., *Self-Determination, Statehood, and the Law of Negotiation: the Case of Palestine* (Oxford: Hart Publishing, 2016), Chap. 4.

[24] J. Crawford, *Brownlie's Principles of Public International Law* (9th edn., Oxford: OUP, 2019), 125.

[25] 该《基本法》由第七届全国人民代表大会第三次会议通过,1997 年 7 月 1 日正式生效。

[26] 165 *LNTS*, No. 3802.

约至今仍然有效[27]。这些标准早已成为相关国际实践中首先适用的标准[28]。第1条规定:"国家作为国际法人格者应当具备以下条件:(1)常住人口;(2)确定领土;(3)政府;(4)具备与其他国家交往的能力。""应当"("should")这一措辞表明,该条款在性质上只是一般的标准。国际实践公认上述这四个标准[29];不过,它们虽然构成讨论国家资格的基本因素,但不代表所有需要考虑的因素。

上述四条标准中,人口和领土标准需要结合起来考察。一个政治团体不仅要能够代表一定地理范围内的人口,还必须对后者所赖以生存的领土加以有效控制。另外,该政治团体必须有立法、行政、司法机关,能维持一定的法律秩序。但是,这并不是说有效政府的存在是国家资格的必然要求,比如1919年前后的波兰就是例子,当时波兰是国家独立在先,尔后才建立起政府。很多学者认为,在上述四个标准中的第四个最为重要,对外交往的能力通常又称作独立权或者主权,它意味着一国完全有能力维持自身的福祉和发展,既不削损和侵害其他国家的合法权利,同时也不受它国支配[30]。在地球某一片区域里,国家享有专门的、排它性的行政权和立法权,独立于其他国家的权威之外,不受任何其他国家或国际机构的干涉。但是,这种意义上的独立地位与该国遵守国际法规则并不抵触。

另外,就统治有效性来说,巴勒斯坦国在2012年被联大承认为"非会员国观察员国",有一个重要的指标值得注意:2011年4月,临时联络委员会[31]与主要捐款国在布鲁塞尔开会时,提到他们根据世界银行、国际货币基金组织和联合国的报告,认为"巴勒斯坦当局"在主要(经济社会)领域已经跨过了"正常运转的国家"的"门槛"[32]。那么是否可以说,有效政府的判断标准是国民经济的支柱领域达到了正常运转的现代国家的标准?

除了上面的基本(但不是全部)标准外,在国家资格判定中还有其他一些相关

---

[27] 依据第14条,该条约按照相关国家交存批准书的顺序对缔约各方依次生效,第15条规定:本条约将永久有效。缔约方可以退出条约,但须提前一年通知泛美联盟,并由联盟将此转达其他缔约方;自一年期限届满之日起,该缔约方不再受条约之约束,但条约在其余缔约方之间仍然有效。

[28] E. Dickinson, *The Equality of States in International Law* (Cambridge, MA: Harvard University Press, 1920), 189.

[29] ICTY, *Prosecutor v. Milošević*, Case No. IT-02-54-T, Trial Chamber, "Decision on Motion for Judgment of Acquittal", 16 June 2004, paras. 87-88.

[30] ILC, "Draft Declaration on the Rights and Duties of States", 2 *YBILC* (1949) 286.

[31] 这个由15个捐款国成立的委员会由挪威政府牵头,欧盟和美国赞助,协调被占领巴勒斯坦领土发展进行资助的政策,有联合国、国际货币基金组织和世界银行的参与,主要协调对象是巴勒斯坦当局、以色列政府和捐款国:https://unsco.unmissions.org/ahlc-socioeconomic-reports.

[32] UNGA, A/RES/67/19, 29 November 2012, preamble.

因素。就此，布朗利教授列出了以下几个因素：一定程度的持久性；自愿遵守国际法；有一定文明程度[33]。其实，存在的持久性并不是一个标准，英属索马里在并入索马里之前只存在了几天时间，即从1960年6月26日至7月1日。自愿遵循国际法也只是国家独立后，在加入国际组织（特别是联合国）时需要满足的一个条件，同样不能作为判断其资格的标准。而所谓"文明程度"的要求反映的也不过是历史上曾经存在的一种说法，在今天不再具有法律效力。

2. 对外交往能力

（1）受保护国/受保护地

"一战"后的但泽自由市可以被视为被保护国（protected State），受国际联盟的保护，而外交事务则交由波兰处理。受保护国的主要特征是保留了国家资格，同时将某些内政以及外交职能交由另一国行使[34]，1912年与法国签订《非斯条约》后的摩洛哥就属于这种情况。相比较而言，被保护地（protectorate）情况不同，作为一个受保护的实体，被保护地具有独立的法律人格，但不是一个国家[35]。不过，这种区别也许过于细致，其实，被保护地完全可以被视为法律意义上的国家，"但泽自由市"就是个例子。

可以说，被保护国作为附属国（dependent State）的一种，已是历史陈迹，但是这一保护制度所代表的法律关系以及后果并不必然消失。比如，1883年8月25日，第一次《顺化条约》（原名《法越新订条约》）订立，法国正式成为越南的保护国，控制了越南的外交、部分国防；1884年6月6日，第二次《顺化条约》（又称《巴德诺条约》）订立，更为全面地确立了法国的保护国地位，对外交、国防、甚至关税进行全面控制，越南主权名存实亡[36]。截至至1956年法国撤出越南南部，越南的外交、国防事务完全属于法国政府掌握之中。对于中国与越南就某些南海岛屿主权所发生的争议来说，上述事实到今天仍然具有重要意义[37]。

在某些条件下，保护制度还可以被适用到即将分离的一国领土的组成部分上。科索沃在2008年2月17日宣布独立、从塞尔维亚分离出去之前，也是被保

---

[33] I. Brownlie, *Principles of Public International Law* (6th edn., New York: OUP, 2003), 75.

[34] ICJ, *Rights of Nationals of the US in Morocco*, Judgment of 27 August 1952, ICJ Rep. (1952) 176, 188.

[35] J. Crawford, *The Creation of States in International Law* (2nd edn., Oxford and New York: OUP, 2006), 287.

[36] A. Billot, *L'affaire du Tonkin: histoire diplomatique de l'établissement de notre protectorat sur l'Annam et de notre conflit avec la Chine*, 1882—1885, par un diplomate (Paris, 1888), 411-415, 418-421.

[37] 参看本书第九章。

护地[38]。1999年6月10日联合国安理会通过第1244号决议,将科索沃置于国际监管(即保护制度)之下。2001年,联合国科索沃使团颁布了"宪政框架",组织了科索沃议会和自治政府的选举。但是,根据第1244号决议,联合国科索沃使团仍保留了决定性的主权权力,其在科索沃领土上从事的一切治理措施,都以第1244号决议为基础。

1999年后的科索沃,其法律地位在国际实践中是独特的现象。这主要体现在联合国安理会是基于《联合国宪章》第七章,以决议方式确立对当地进行国际治理并期待对科索沃地位的政治解决。国际治理制度的设立是国际法体系中不常见的举措[39],但这一措施得到了南斯拉夫联邦共和国的明确同意(见该决议前言);在表示这一同意时,有俄罗斯联邦和欧盟的代表在场见证[40]。

2007年3月26日联合国秘书长特使阿提撒里通过秘书长向安理会提交了解决科索沃地位的报告[41]。该报告的主要建议是科索沃在国际监督下独立。这个建议的出炉,是基于阿提撒里此前一年多时间中与塞尔维亚政府和科索沃临时政府的谈判。从法律上说,这个建议在安理会授权范围之内。安理会不仅在第1244号决议中对最终政治解决方案没有做出任何规定,而且在2005年曾通过主席声明表示科索沃局势已经发展到一个新阶段,即确定其未来地位的阶段,并要求秘书长定期向安理会提交有关进展的报告,从而扩展了第1244号决议的授权范围[42]。阿提撒里正是在2005年这一声明后被联合国秘书长任命为特使的。

科索沃问题是国际法实践中的特例,不具有任何法律先例的意义。正如联合国秘书长特使在"阿提撒里报告"第15段中所说,科索沃问题"独一无二","不成为其他未解决冲突的先例"。因此,联合国组织的用意十分明确:独立作为解决方法仅仅是针对科索沃问题的,不适用于世界其他地区。

而法律上"科索沃模式"也不能随意适用于其他地区。因为,如果没有联合国安理会授权或承认,在科索沃事态中起决定作用的国际治理制度是不可能在其他地区建立起来的,而安理会出于维护国际秩序的稳定和对《联合国宪章》中所明确

---

38 ICJ, *Accordance with International Law of the Unilateral Declaration of Independence in Respect of Kosovo*, Advisory Opinion of 22 July 2010, ICJ Rep. (2010) 403.

39 参阅国际法研究院就此问题在2021年9月4日线上双年会上所作决议的第1条:L'administration territoriale par les Nations Unies et d'autres institutions internationales autorisées par les Nations Unies: https://www.idi-iil.org/app/uploads/2021/09/2021_online_13_fr.pdf(浏览于2021年10月7日)。

40 S/1999/649.

41 S/2007/168.

42 S/PRST/2005/51.

的国际法基本原则的恪守,在决定采用这种措施与否的问题上,必然会采取十分谨慎的态度。被保护地制度的基础是条约,或母国同意由外国或国际组织来处理被保护地的事务[43],或是普遍性或区域性国际组织在某一领土上建立起国际治理机制。

(2) 联邦国家

联邦国家本身属于国际法主体,这一点毫无疑问,但是围绕着联邦国家下属的组成州府或共和国的地位则有争议。有些联邦国家允许各州享有缔约权,如德国和瑞士;但这些州通常是代表整个联邦去签订条约,实际上它们只是联邦的代理人。根据美国《宪法》第 1 条第 10 节,美国联邦各州有权与其他国家缔结条约之外的协定,但须经国会同意[44]。与此不同的是,在苏联存续期间,作为苏联的加盟共和国,乌克兰和白俄罗斯享有独立的国际法律人格,它们独立自主地与其他国家缔约,同时也是联合国成员国。然而,无论如何,组成联邦国家的各州或共和国都不是国际法意义上的国家,其外交事务通常依联邦宪法由联邦政府来负责。

(3) 其他类型

实践中某些政治团体可能已经控制领土,并具备了一定自保和存续能力,逐渐获得国家资格,可以称为"正在形成中的国家"(States in statu nascendi)。在合适条件下,国际社会可能会承认某个代表特定人民的政治组织具有政府资格,在联合国的支持和庇护下,这种过渡最终会发展到独立。例如:联合国安理会曾以第 242(1967)号决议敦促以色列武装力量撤出 1967 年冲突中所占领的巴勒斯坦领土,尔后又以第 338(1973)号决议呼吁相关各方遵守第 242 号决议[45]。1974 年 11 月 22 日,联大在 3236(XXIX)号决议承认了巴勒斯坦人民的自决权(以及人民独立与主权的权利——即建立独立国家的权利),并在之后多次重申这一承认,而巴勒斯坦民族委员会在 1988 年 11 月 15 日宣布成立"巴勒斯坦国",迄今已有 139 个联合国成员国承认这一法律人格或保持双边关系[46]。

2012 年 11 月 29 日,联大以决议形式"决定"赋予巴勒斯坦(这是 1988 年巴勒

43　J. Crawford, *The Creation of States in International Law* (2nd edn., New York and Oxford: OUP, 2006), 558-559(Kosovo) and 560-562(on the administration of East Timor).

44　L. Henkin, *Foreign Affairs and the US Constitution* (2nd edn., Oxford: Clarendon Press, 1996), 152.

45　后续安理会决议名单参见联大决议 A/67/L.28, 26 Nov. 2012。

46　参看巴勒斯坦国常驻联合国观察代表团官网:http://palestineun.org/about-palestine/diplomatic-relations/#:~:text=Diplomatic%20Relations%20%20%20State%20,6%20December%201988%20%2046%20more%20rows%20(浏览于 2021 年 7 月 29 日)。

斯坦国宣告独立后在联合国系统内取代"巴勒斯坦解放组织"的新称呼)以"(联合国)非成员国观察员国"的地位[47]。在这个过程中,安理会下设的新成员委员会的报告中,就考虑了上述 1933 年《蒙得维的亚公约》和《联合国宪章》第 4 条的标准[48]。这一发展导致了连锁反应,2015 年 1 月 1 日,巴勒斯坦国在《罗马规约》第 12 条第三款下提交声明,接受国际刑事法院的管辖权,对象是"自 2014 年 6 月 13 日以来,在被占领的巴勒斯坦领土(包括东耶路撒冷)上被指控犯下的罪行";1 月 2 日,依照《罗马规约》的第 125 条第三款,巴勒斯坦向联合国秘书长提交加入《罗马规约》的正式文件;5 月 22 日,巴勒斯坦向国际刑事法院检察官提交了"巴勒斯坦国的局势";5 月 24 日,院长委员会将局势指派给第一预审分庭[49]。预审分庭在 2021 年认定,巴勒斯坦属于《罗马规约》意义上的缔约国[50]。

巴勒斯坦国逐渐获得属于国家的权利,是国家资格取得实践中的典型例子,这一进程也显示了国家资格作为一个复杂的概念在现实中的适用方式和所面临的困难。即使经过国际刑事法院的认可,与此局势有关的国际实践仍然处于分裂的状态,为后续的研究提供了很好的前提条件。

3. 领土和人口标准:特殊国家

(1) 马耳他教团

在公元 1050 年,这个教团只是一个简单的宗教团体,以帮助和救济前往圣地朝圣的穷病人员为己任,后来,该组织在耶路撒冷成立修道院和医院,并在此基础上逐渐发展起来,其全名最终定为"耶路撒冷、罗得岛及马耳他的圣约翰主权、军事、医护教团"[51]。1113 年,罗马教皇饬令允许该团体在选举自身领袖时不受任何世俗权力和宗教权力的干涉,1310 年,教团撤到希腊罗得岛,继续与中东地区的穆斯林武装作战。教团不仅被罗马教廷赋予了独立权,同时其拥有和派遣军队的权力也得到了各国普遍认可,这二者是它的主权自始得以存续下来的基础。1530

---

[47] A/RES/67/19。在决议通过时的投票结果是:138 票赞成,9 票反对(含以色列、美国),41 票弃权。

[48] "Report of the Committee on the Admission of New Members concerning the application of Palestine for admission to membership in the United Nations", S/2011/705, 11 November 2011, para. 5, 9-14, 15-18.

[49] Pre-Trial Chamber I, "Decision on the 'Prosecution request pursuant to article 19(3) for a ruling on the Court's territorial jurisdiction in Palestine'", *Situation in the State of Palestine*, No ICC 01/18, 25 February 2021, paras. 1-4.

[50] 同上注,结论部分。

[51] H. Sire, *The Knights of Malta* (New Haven, Conn.: Yale University Press, 1994); B. Theutenberg, *The Holy See, the Order of Malta and International Law* (Skara: Johnny Hagberg and Skara stiftshistoriska sällskap, 2003).

年,教团迁往马耳他,后于1834年在罗马重建总部并逐渐稳定下来。

在1957年意大利罗马地方法院所处理的一宗案子中,马耳他教团的法律地位是争议的焦点[52]。该案原告曾经以医生身份受雇于教团,他请求法院判定教团违反了他们之间的雇用合同。原告认为意大利法院对教团具有管辖权,而被告在抗辩中指出,在双方的雇用关系中,教团是以主权者的身份行事,因为根据其《宪章》规定,教团的首要职责之一就是救助伤病及贫困人员。法院指出,教团毫无疑问属于国际法上的主权实体,虽然相对于完全意义上的国际法主体,教团所拥有的主权权力和享受特权的程度无法与之相匹,但它仍不失为一个国际法主体。法院认为,骑士团在享有权利方面受到诸多限制,一方面原因是它在领土和人口方面的不足;另一方面则是其特殊的宗教性质,但这些限制并不能否定它的主权者的资格。骑士团有独立的法院和行政部门,同样享有派驻使节的权利,医护工作一直被视作骑士团的主要公共职能,也是它得以存在的根本宗旨。据此,法院宣布它对此案没有管辖权。

客观来讲,尽管它没有属于自己的领土,也没有永久居住的人口,教团是一个主权者,且在实践中被作为国家来对待[53]。目前,教团已经与世界上97个国家建立了外交关系,教团成员的数量大体在10000人左右[54]。

(2) 罗马教廷/梵蒂冈

数个世纪以来,意大利境内存在着一个以罗马为首都的教皇国,但在1870年,意大利军队攻占罗马,教皇国的主权就此终结。1929年2月11日,教廷与意大利政府签订了三个《拉特兰条约》,据此,意大利承认梵蒂冈城是独立国家,并承认教廷对外拥有主权的特殊性质,以示尊重历史传统,满足教廷在世界范围内执行其使命的要求[55]。罗马教廷和梵蒂冈只不过是同一个实体的不同称谓而已。如今,教廷已是众多国际条约的缔约方[56],并且是万国邮政联盟等国际组织的成员国[57]。此外,它在联合国具有永久观察员身份,包括美国在内的许多国家都于罗马设立了专门驻节教廷的大使馆。

---

[52] *Scarfo v. Sovereign Order of Malta*, 24 ILR 1.

[53] *Piccoli v. Association of Italian Knights of the Order of Malta*, Court of Appeal, Rome, Judgment of 23 January 1978, 77 ILR 613, 615. 这个法院引用了意大利最高法院的判决,后者也承认教团是国际法主体。

[54] 以上资料可从教团官方网站上查到: www.orderofmalta.org。

[55] 130 BFSP 1018.

[56] 例如,教廷是1961年《维也纳外交关系公约》的缔约方(1964年6月17日对之生效)。

[57] 梵蒂冈于1958年加入联合国教科文组织。

(3) 微型/袖珍国家

一国的面积大小和人口多少对于国家的法律人格来说并不重要,尽管联合国确实要求其会员国具备履行《宪章》义务的能力[58]。小型国家,例如安提瓜和巴布达(440平方公里,80000居民)和塞舌尔(280平方公里,70000居民),同样只有有限的国家实力[59]。这类国家或者说实体,只要满足作为国家的法律标准,那么就是名正言顺的国家。正如布朗利教授所言[60],这些微型国家,不论是其存在这一事实本身,还是在联合国体系内,都会引发一些问题,其中一个问题就是,有没有必要将其在国际组织的身份限定为"准会员",以表明其作为微型国家的事实。但如果这样限定的话,恐怕会引起另外一个问题,即普通成员或者说正式成员的标准应如何界定。对于准会员权限的种种限制,比如不准在安理会拥有席位、无权在联大投票等,对于各个微型国家来说都很难接受,毕竟它们也是满怀期望才加入一个以主权平等作为首要原则的国际组织的[61]。

4. 承认的问题

实践证明,既存国家对新政治实体地位的承认是很重要的问题。对后者来说,要取得公认的国家能力,成为一个全球性政府间国际组织的成员国是十分重要的问题。虽然承认行为不是国家资格的一个标准,但可以说,承认新实体与否这一决定必然是依据判断国家的标准所做出的。如果承认是在决定后做出的,那么承认国必然认为新实体符合国际法中国家资格的标准。当然,承认这一行为,受到国际法相关规则的约束:见下面有关承认的论述。

(四) 国际组织

1. "赔偿案"

早在1949年的"履行联合国相关职务所受损害之赔偿案"中,国际法院就已对国际组织的人格问题有了定论[62]。1948年,受雇于联合国的一位瑞典籍公职人员伯纳多特伯爵在耶路撒冷遭到暗杀,当时该城处于以色列军队事实控制之下。1948年12月3日,联合国大会要求国际法院就下面的问题发表咨询意见,即作为一个组织,联合国有没有能力针对一个法律上或者事实上的政府提出国际求偿

---

58 《宪章》第4条。

59 R. Wolfrum and C. Philipp (eds.), *United Nations: Law, Policies and Practice* (Groningen: Martinus Nijhoff, 1995), vol. 2, 879.

60 I. Brownlie, *Principles of Public International Law* (6th edn., New York: OUP, 2003), 83.

61 《宪章》第2条第一款。

62 ICJ Rep. (1949), 174.

请求,以弥补(a)联合国及(b)联合国人员或受害者亲属因此遭受的损失。法院就此认为:"国际求偿能力是指,相关主体有能力按照国际法所承认的习惯方法来确定、提出并解决求偿问题……国家理所当然具备这一能力。"[63]

法院对《联合国宪章》作了认真研究,以确定其是否赋予了联合国以这项能力,而《宪章》对此只字未提。为了找到答案,法院转而对该组织的特性进行了深入考查:

> "在任何一个法律体系内,各个法律主体并不必然具有同样的性质或者权利,它们的性质取决于社会发展的需要。国际法的发展历史深受国际生活诸多要求的影响,国家集体活动的日益增加使得一些非国家实体开始在国际层面上行为。"[64]

法院认为缔造联合国这一组织的目的并未局限于打造一个"为达致共同目的而协调各国行动"的中心[65]。《宪章》为这个"中心"预设了诸多机构,并赋予特殊的使命。此外,《宪章》界定和厘清了联合国组织与其成员国之间的关系,赋予联合国相应的法律能力,使其在各成员国领域内享受特权和豁免,并能够与各成员国缔结协定[66]。

由此国际法院发现,联合国实际上游离于其各个成员国之外,具有独立的地位。于是它进一步推论:

> "法院认为,创造该组织的意图在于履行特定职责和享受特定权利,且它事实上已这样行事,而其所行使及享有的此等职责与权利只能表示该组织已经在相当程度上具备国际人格及国际行为能力。可以说,联合国是目前最高级的国际组织。对于它而言,如果相应的国际人格缺失的话,那么创始国成就它的一番美意就会化作泡影。通过赋予其特定功能、相应义务和责任,各成员国已经为联合国披上了一层能力的外衣,使它有效地实现那些功能。"[67]

由此可见,联合国的确具有国际人格,但这并不足以说明它与主权国家的地位等同;相反,它所拥有的权利和义务的范围仍不足以与主权国家相提并论。因

---

63 ICJ Rep. (1949),177.
64 Ibid. ,178.
65 《联合国宪章》第1条第四款。
66 ICJ Rep. (1949),178-179.
67 Ibid. ,179.

为,国家享有和承担国际法上全部的国际权利和义务,而联合国这类实体享有权利和承担义务的范围必须视其目的及职责而定,这些目的和职责通常被明确规定于,或者暗含于这类实体成立时的基本文件中,或者在其实践中发展而来。职责和功能决定了国际组织自身权力和所享特权的程度[68]。

法院认为,联合国各个成员国已经授予其提起国际求偿的能力,条件是求偿请求源于履行自身职责的需要。因此,联合国成员国理所当然可以作为这种求偿的对象。在此基础上,法院进一步说:

"作为国际社会多数成员之代表,50个国家有权据国际法创建一个具有客观国际人格的实体,该实体在人格上和国际求偿的能力上不应仅为这些国家所承认。"[69]

最终的结论是,联合国可就其自身或其雇员或其亲属所受到的损害向任何国家提起国际求偿,不管是联合国成员国或者非成员国。本案的结果是以色列于1950年向联合国支付了一笔赔款。

上述结论在实践中得到了广泛承认。在"威胁使用或使用核武器的合法性案"中,国际法院再次重申了这一结论[70]。它说,国际组织由"特殊性原则"(principle of specialty)来规范,也就是说,其创设都是为了一定的特殊目的,各成员国也正是基于这一目的来赋予其各项职能的。

此后,1986年《关于国家和国际组织间或国际组织相互间条约法的维也纳公约》对于国际组织的人格给予了进一步确认[71]。

在联合国实践中,它与美国和瑞士政府之间,以及其专门机构(如世界卫生组织)与瑞士之间所订立的总部协议都将这些组织等同于外交使团来对待,所给予的豁免及特权都超越了国际习惯法所承认的范围[72]。因此,对联合国雇员的雇用合同所适用的法律是该组织内部条例,不是东道国法律,作为刑事惩罚措施,从总部区域驱逐某人的权力在联合国手中[73]。

2. 欧盟

欧洲共同体在国际关系中具有的法律人格得到了广泛承认。在欧共体的奠

---

[68] D. O'Connell, *International Law* (2nd edn., London: Stevens & Sons, 1970), vol. i, 98-100.
[69] ICJ Rep. (1949) 185.
[70] ICJ Rep. (1996) 66.
[71] UN Doc. A/CONF. 129/15, 21 March 1986.
[72] 比如联合国与美国所订立的《总部协定》: 11 *UNTS* 11。
[73] 参看上述《总部协定》第十节。

基性文件——《欧共体条约》——的第 210 条下对此有明确的规定[74]。1960 年 11 月,欧洲议会通过决议,承认欧共体享有派遣和接受使节的权利[75]。另外,欧共体是 1982 年《联合国海洋法公约》的缔约方[76],并在联合国大会拥有观察员地位。在 1994 年 8 月 9 日的"法国诉欧共体委员会"一案中,欧共体法院认为,共同体具有国际法意义上的法律人格[77]。在 1989 年的"麦克林·沃森诉英国贸易工业部"或称"国际锡业理事会"一案中,英国上诉法院法官克尔就认为,欧共体具有国际法人格,它同主权国家一样行使权力并履行职责,它有权向其他国家派遣使团,并接纳这些国家的常驻代表团;同样,它有权与各国及国际组织缔结条约或者参加已有的条约[78]。欧盟已经向至少 130 个非成员国家派驻了使团,同时各国派驻布鲁塞尔欧盟总部的外交使团至少有 169 个[79]。

1992 年 2 月 7 日,《马斯特里赫特条约》即《欧洲联盟条约》开放签字,1993 年 11 月 1 日,随着该条约正式生效,欧盟宣布成立。其成员国至今已达 27 个[80]。条约在 A 条中写道:"以此约为契机,缔约各方将在彼此之间创建一个欧洲联盟,下文简称'联盟'。本条约标志着欧洲各国人民在打造一个更加紧密的联盟方面迈入了一个新阶段,欧盟决策权的行使须尽可能地贴近欧盟公民。联盟之创立将以欧洲共同体为基础,并由本条约所规定的各项政策及各种合作形式加以补充。"

条约还引入了成员国政府之间合作的新形式,囊括 1)含既存三个共同体(欧洲煤钢联营、欧洲(经济)共同体和欧洲原子能共同体)在内的经济、财政及货币领域中的合作;2)共同外交和安全政策;3)司法和内部事务合作。这就是所谓的欧盟体系的三个"支柱"。《马斯特里赫特条约》在此前的共同体制度的基础上增加了各国政府之间的合作力度,可以说打造出了一个全新的发展框架。

---

[74] 它规定:"共同体具有法律人格。"第 211 条规定:"共同体在每个成员国里具有后者国内法赋予法人的所有法律上的行为能力,特别包括取得、处置动产与不动产、参与诉讼程序的能力。为此目的,委员会是它的代表。"全文参看:B. Rudden and D. Wyatt (eds.), *Basic Community Laws* (4th edn., Oxford: Clarendon Press, 1993), 24.

[75] 于 1960 年 11 月 19 日被通过,参看:《官方公报》第 1496/60 号。

[76] 于 1998 年 4 月 1 日加入。

[77] *French Republic v. Commission of the European Communities*, C-327/91, 9 August 1994.

[78] *International Tin Council*, or *Maclaine Watson v. Department of Trade and Industry* [1989] Ch. 72.

[79] H. Schermers and N. Blokker, *International Institutional Law* (4th rev. edn., Boston: Martinus Nijhoff Publishers, 2003), ss. 1153, 1836.

[80] 在欧盟委员会的官方网址上可以查到相关条约、立法及最新进展的详细资料:http://europa.eu。英国与 2020 年 1 月 31 日退出欧盟。

法律上，欧盟组织无权向其成员国之外的国家派驻使节，其外交关系由理事会和欧共体/欧盟委员会处理[81]。目前，欧盟委员会在130多个非欧盟成员国设有办事处[82]，其驻外代表团团长享受大使级待遇。欧盟通过欧盟委员会对外派遣代表，其依据是1965年的《合并条约》，欧共体单一理事会和单一委员会正是在这个条约的基础上成立的，并正式取代了欧洲煤钢联营最高权力机构和欧洲经济共同体和欧洲原子能共同体的委员会。为了保障条约的有效实施，欧盟委员会有权将违反共同体条约的成员国诉至欧洲法院，有权以决定的形式制定立法[83]，同时它还负责执行共同体的各项政策，并代表之参加外交谈判。

2001年2月26日签订的《尼斯条约》合并了1992年和1957年的条约，并于2003年2月1日正式生效[84]。

2004年6月17日至18日，《欧盟宪法条约》草案最后文本在布鲁塞尔会议上获得一致通过；同年10月29日，相关各国领导人在罗马签署了这一文件[85]。根据其规定，条约将在得到所有成员国全部批准后生效，但这一结果迄今尚未实现。因此，欧盟退而求其次：其现有的框架是由2007年12月13日《里斯本条约》所规范的；后者于2009年12月1日生效[86]。

《里斯本条约》第46A条确认了欧盟的国际法人格[87]。当然，实践中欧盟早已经被视为具有独立的法律人格[88]。

3. 其他国际组织

现实中还存在其他基于合意和主权平等而组成的国家团体。如果团体里各国之间的关系由其成立文件（基本都是条约）加以调整，这类实体实际上属于通常意义上的政府间国际组织。独联体（Commonwealth of Independent States）就是一个例子，它具有国际法人格。它最初是由俄罗斯、白俄罗斯和乌克兰于1991年12月8日发起成立的，截至1993年10月8日格鲁吉亚加入，该组织已有九个成员国和两个参与国[89]。1993年6月22日，独联体《宪章》正式通过，它实际上是一

---

[81] 《欧洲联盟条约》第18条。

[82] H. Schemers and N. Blokker, *International Institutional Law*(3rd edn., Boston: Martinus Nijhoff, 1995), s. 1836.

[83] 其立法的形式有指令、条例和狭义上的决定。

[84] 参看：http://europa.eu/eu-law/decision-making/treaties(欧盟官网)。

[85] 同上注。

[86] 参看：http://europa.eu/scadplus/constitution/final_en.htm。

[87] 条约原文参见：*Official Journal of the European Union*, C 306, vol. 50, 7 December 2007.

[88] *Wyatt and Dashwood's European Union Law*(5th edn., London: Sweet & Maxwell, 2006), 348.

[89] 参看：http://www.cis.minsk.by。

个国际条约[90]。实践中,独联体各国出于共同利益,在很多不同的领域开展互助协作,被视为一个国际组织[91]。

现在,许多国际条约明确赋予国际组织以法律人格。1998 年《罗马规约》第 4 条规定,国际刑事法院具有国际法(意义上)人格,并具备履行各项职责及实现各项宗旨所必须的各项能力。国际海底管理局是在 1982 年《联合国海洋法公约》所规划的框架内设立的,根据公约第 176 条的规定,海底局同样具有法律人格。它的使命是组织和控制国际海底区域的相关活动,以实现对海底资源的有效管理。

另外的一种情况是,团体各个成员仍然保有原先的法律权能和法律人格,这种联合体就像是英联邦(现在称为"国家共同体"——Commonwealth of Nations)那样比较松散的组织,通常是因为相关国家之间特定的历史联系,并出于某些共同利益而形成的[92]。这种联合体并不具有独立的法律人格,因为它所起的作用仅仅相当于一个论坛,其内部的各种关系并不具有法律拘束力。

在 1945 年以后,特别是"赔偿案"咨询意见公布后,国际上出现一种说法:国际组织的权力并不总是出于组织的成立文件,而是应被视为组织固有(inherent)的权力,即只要是政府间国际组织,就必须具有相应的权力来履行其义务、实现其宗旨,只是此类组织所拥有的权力是受限制的[93]。不过,也有学者将国际组织归为国际法体系中的"派生"主体[94]。

除了政府间国际组织之外,世界上还有很多非政府间国际组织。这类组织一般是依据国内法建立,实际上属于自发性、自治性实体[95]。狭义的概念将其定义为属于非政府间的、不以赢利为目的并具有国内法人资格的组织[96]。有些此类组织获得了参与国际关系的有限能力。《联合国宪章》第 71 条规定,经社理事会"可

---

[90] 34 *ILM* (1995),1279.

[91] M. Shaw,*International Law* (8th edn.,Cambridge:CUP,2017),2385-2386.

[92] M. Shaw,*International Law* (8th edn.,Cambridge:CUP,2017),614.

[93] F. Seyersted,*Common Law of International Organizations* (Leiden:Martinus Nijhoff,2008),376-377.

[94] H. Hahn,"Euratom:The Conception of an International Personality",71 *Harvard Law Review* (1958) 1001.

[95] Council of Europe,"Fundamental Principles on the Status of Non-Governmental Organizations in Europe",adopted by the council at multilateral meetings in Strasbourg in 2001 and 2002,cited in A.-K. Lindblom,*Non-Governmental Organisations in International Law*(Cambridge:CUP,2005),41-42. 该书第 36-46 页对非政府组织的定义作了广泛考察。

[96] A.-K. Lindblom,*Non-Governmental Organisations in International Law* (Cambridge:CUP,2005),52.

以"采取适当办法,就本理事会职权范围内的各种事项与非政府间国际组织进行磋商;如遇后者为国内组织之情形,经与联合国相关成员国会商后,也可与该组织进行协商。这种规定使得此类实体在参与联合国工作方面获得了一定的资格。1996年7月25日,经社理事会通过第1996/31号决议,题为"关于联合国与非政府组织之协商关系",该决议对这些组织进行了界定:"任何非由政府性质的实体设立或非经政府间协定而设立的此类组织,均应视为非政府间组织,包括那些接纳政府指派人员的组织,只要这种安排无碍于该组织意志之自由表达。"

根据1950年《欧洲保护人权和基本自由公约》第25条的规定,欧洲人权委员会可以受理"由于缔约国一方破坏本公约所规定的权利而受到损害的任何个人、非政府组织或者个人团体,向欧洲理事会秘书长所提出的申诉,但是,必须以被指控的缔约国已经声明承认委员会具有受理上述案件的权限为前提。凡已做出此项声明的各缔约国,不得以任何方式妨碍本项权利之行使。"上述非政府组织中包括公司在内。1998年第11号议定书第34条再次重申了这一权利,允许这些组织针对由于违反条约权利行为所受损失直接向欧洲人权法院寻求救济。

1986年,欧洲理事会通过了《关于承认国际非政府组织法律人格公约》,截至2021年8月缔约国已达到12个[97]。《公约》适用于各种协会、基金会和其他私人机构,条件是具有非赢利目的、依据缔约国国内法设立、在两个以上国家进行活动、在任一缔约方领土内设有法定办公机构且在该缔约方或另一缔约方领土内拥有管理和控制中心[98]。《公约》第2条要求缔约方承认这些组织的能力及法律人格,正如它们在法定办公机构所在地国被承认的那样。

二、国际法上的承认行为

(一)承认行为的性质

承认是国家行使公权力的行为,它具有政治性和自愿性的特点,但不属于法律义务。在某些情况下,一个实体可能在特征上已经接近于国家,那么对于其他

---

[97] 《欧洲条约集》第124号,该条约于1986年4月24日通过,1991年1月1日生效,https://www.coe.int/en/web/conventions/cets-number-/-abridged-title-known? module = signatures-by-treaty&treatynum = 124(浏览于2021年8月10日)。

[98] 见《公约》第1条。

国家而言,无视这一事实难免会给自身带来风险[99]。例如,以色列周边的阿拉伯国家不可能永久将其视为一个"非实体",实际上,这些国家以及联合国机构都承认以色列受《联合国宪章》中"禁止使用武力"原则的保护和约束。但是,这种"承认"并不等同于具有法律意义的、对其国家资格的公开承认,不意味着相关国家愿意与以色列建立外交关系。反之亦然,以色列也不急于承认巴勒斯坦为一个国家,所以,在1993年"奥斯陆和平进程"的结论性文件中,也只是使用了"双方"("sides"或者"parties")的字眼,而在承认巴解组织作为巴勒斯坦人民的代表、可以与之谈判时,以色列政府对其法律人格没有做任何表示[100]。在1993年《华盛顿协定》,即《奥斯陆和平协定》第1条中规定:

> "以色列和巴勒斯坦就当前中东和平进程进行谈判之宗旨,乃为在不超过五年的过渡期内,为约旦河西岸及加沙地带的巴勒斯坦人民建立巴勒斯坦临时自治政府,创设议会,并最终在安理会第242和338号决议的基础上寻求一种永久性的解决方案。"[101]

这个"方案"最终要求以色列承认巴勒斯坦的国家地位,而巴勒斯坦已经在1993年的承认换文中承认了以色列国生存的权利[102]。

典型意义上的承认行为具有两重含义或者说两种功能。第一,它通常会用于国家资格的判定,或者用于判定某个行政当局是否属于国际法意义上的政府,能否获得政府的法律地位关系到相关实体能否作为政府存续下去。第二,承认与否往往表示是否愿意与对方建立正式的双边关系,包括外交关系和条约关系。不过,"承认"的这两层含义并不总是同时存在的。例如,苏联政府建立于1917年"十月革命"之后,到1923年已获得了17个国家事实上或者法律上的承认,直到1933年11月,美国政府才正式承认苏联政府,而美国政府明白,在它给予承认之苏联政府就早已存在。可见,承认对方政府的法律地位,并不意味着愿意与之建

---

[99] 相反的情况是,在一个新政权对领土的控制不明朗的时候,外国政府就予以承认,这样新政权就可以动用国家的资产:2011年7月,利比亚反政府武装(称为"国家过渡委员会")被组成"利比亚联系小组"的32个外国政府同时承认为利比亚的合法政府后,马上就被允许动用在外国银行里的利比亚国家资产。参看 D. Akande, "Recognition of Libyan National Transitional Council as Government of Libya", 23 July 2011, at: https://www.ejiltalk.org/recognition-of-libyan-national-transitional-council-as-government-of-libya/ (浏览于2021年8月6日)。

[100] *Exchange of Letters between PM Rabin and Chairman Arafat*, 9 September 1993; A/48/486-S/26250, annex; 还可参见: http://unispal.un.org/UNISPAL.NSF/0/36917473237100E285257028006C0BC5.

[101] 32 *ILM* (1993), 1525.

[102] 参见上注98。

立外交关系。

(二) 承认对象的分类

实践中存在着国家和政府的双重承认问题,且政府承认问题通常会取代对国家资格的承认,因为政府对于国家是不可或缺的,并且政府的存在通常与国家资格中的独立或主权标准息息相关,但是,国家的承认与政府的承认并不完全一致,不承认某个政府或政权,并不必然等同于不承认该政府所声称代表的国家。

现在很多国家采用"只承认国家,不承认政府"的政策[103],是"埃斯特拉达主义"的现代版本。埃斯特拉达曾任墨西哥外交部部长,他在1930年提出了在政权更迭的情况下不再对新政府给予承认的政策[104]。当代的典型做法是,只对国家给予承认,而不再对政府给予承认。也就是说,当一个已经获得承认的国家发生违反宪法程序的政府更迭时,其他各国政府必须自己决定应与该新政权保持何种关系,并就新政权是否具备,或者在多大程度上具备作为其本国政府的资格来表明立场。很多国家之所以采取这种政策的原因在于,新政府在夺取政权的过程中可能会存在缺乏合法性的行为,如果对这样的政府给予承认,就意味着承认国对于此种行为表示支持。

国家承认的实践仍然存在。1991年12月,欧共体就苏联及东欧地区出现的新国家的承认问题宣布了以下方针:

> "欧共体及其成员国确认,将根据国际实践惯例,结合每一个事件的政治局势,对新国家给予承认,只要这些国家在历史变革的背景下,以民主为立基之本,承担适当的国际义务,并有追求和平之热忱及积极谈判之诚意。在给予这些新国家承认方面,欧共体及其成员国将统一立场,为此特别要求:
>
> ——尊重《联合国宪章》之规定,履行《赫尔辛基最后文件》及《巴黎宪章》之义务,尤其要奉行法治、民主及人权诸原则;
>
> ——根据欧安会框架内之各项规定,保证各种族、民族及少数民族之权利;
>
> ——尊重各国边界神圣不可侵犯原则,任何边界之改变均须以和平手段且经由共同协议为之;
>
> ……

---

[103] 法国和比利时1965年开始采用这一政策,而英国于1980年也采取同样做法:M. Shaw, *International Law*(8th edn.,Cambridge:CUP,2017),966.

[104] M. Whiteman, *Digest of International Law*(Washington, D. C.:U. S. Government Printing Office,1963),vol. 2,85-86.

对于那些因侵略而成立的实体,共同体将不予承认。……

以上这些原则为欧共体及其成员国承认其他国家、并与相关国家建交开辟了道路。"[105]

除以上各项指导方针外,1991年12月16日,欧共体在有关南斯拉夫局势的声明中还宣称:

"在给予承认之前,共同体及各成员国要求任一南斯拉夫共和国先行采取宪法及政治保障措施,以确保它对于邻近的共同体各成员国无领土要求,保证自己不针对任何邻近共同体国家进行有敌意的宣传的活动,包括使用任何暗含领土要求的国家名称。"[106]

2008年2月17日,科索沃宣布独立,在一个月内就得到28个国家的承认,包括16个欧盟国家[107],国际法院在2010年7月22日做出独立不违法的判断[108],到了2021年2月,以色列成为第117个承认科索沃国家资格的国家[109]。

如果说国家承认的做法经过国际实践的洗礼,可以参照比较确定的标准来进行,那么政府承认的实践就处于发展状态中。传统的做法是看新政府是否对领土具有有效控制,但是至少在学界已经出现了新标准的说法,这样的标准并非"应然法",而是扎根于有影响的国家实践[110],问题在于相关实践是否已经达到习惯法的高度;现在回答还是否定的。

(三) 承认效果的分类

实践中,官方文件或声明中所使用的有关承认的术语并不一致,这些术语包括:法律承认、事实承认、正式承认和完全外交承认。布朗利教授认为,"法律上的/事实上的承认"与"承认为法律上的/事实上的政府"并没有实质性的区别,因

---

[105] 4 *EJIL* (1993), 72;《巴黎宪章》(即《新欧洲巴黎宪章》),于1990年11月21日由欧洲安全和合作会议通过,涉及人权、民主、法治等内容。

[106] 同上注。

[107] M. Shaw, *International Law* (8th edn., Cambridge: CUP, 2017), 1001, note 33.

[108] ICJ, *Accordance with International Law of the Unilateral Declaration of Independence in Respect of Kosovo*, Advisory Opinion of 22 July 2010, ICJ Rep. (2010) 403, para. 123.

[109] https://news.yahoo.com/kosovo-israel-establish-diplomatic-ties-153444996.html(浏览于2021年8月2日)。

[110] O. Okafor, "Democratic Legitimacy as a Criterion for the Recognition of Governments: A Response to Professor Erika de Wet", 108 *AJIL Unbound* (2015) 228. Also see O. Okafor, "The Concept of Legitimate Governance in the Contemporary International Legal System", 44 *NILR* (1997) 33.

为实质问题是意图和法律后果[111],任何区别只有政治意义。当然,实践中政治意义有时会显得至关重要,比如1939—1945年德国控制奥地利,以及1936—1941年意大利控制埃塞俄比亚就是例子,因为实际情势是由非法占领所造成的,所以各国一般不会给予法律上的承认。但是,另一方面,这种情势却可能得到各国事实承认,甚至有些国家会随后给予法律承认[112]。

塔尔蒙教授对法律承认和事实承认进行了清楚的区分。他认为,对于承认国来说,法律承认意味着被承认的政府是一个主权者,也就是说是一个主权国家的政府,同时也意味着承认国愿意与对方在主权平等的基础上进行交往,建立和维持正常的政府间国际关系[113]。从此可以推论,"事实承认"至少有以下两种含义:1)在承认国看来,被承认的政府并不是一个主权者;2)它可能表明承认国愿意与其保持一般关系的意思。在个别国家的实践中,"事实承认"只是一种简单表示知道某个政府客观存在、并实际控制着一定的人口和领土的情况的做法[114];在这种情况下,从"事实承认"这一概念本身,很难看出承认国和被承认国之间要维持哪种官方关系,以及在多大程度上维持这种关系[115]。例如,在1948年,美国政府拒绝了以色列"事实"政府有关互派外交代表的请求,只同意与以色列交换"特别代表",以与后者的"事实上政府"这一地位相适应[116]。给人的感觉是,"事实承认"可能意味着在给予承认的政府看来,作为承认对象的政府尚不具备主权者的资格。

在"法律承认"和"事实承认"这两个概念的解释和区分上,过去通行参照"永久的、最终的、明确的、完全的以及不可撤销的",或者"临时的、有条件的、默示的以及可撤销的"的特征罗列来判断,而塔尔蒙教授所介绍的做法更便于适用[117]。旧有的系列特征并没有给"承认"一个完整的定义,而只是从不同角度对它加以描述。实践表明,即便是"法律承认"也是可以撤销的,如1981年2月14日,澳大利

111　I. Brownlie, *Principles of Public International Law* (7th edn., New York: OUP, 2008), 88.

112　但是这种承认最终被国际社会所放弃,并以条约形式确认了埃塞俄比亚国家资格自始至终(即从意大利入侵埃塞俄比亚的1935年10月3日起算)的有效性: K. Marek, *Identity and Continuity of States in Public International Law* (Geneva: Librairie Droz, 1968), 275-281.

113　S. Talmon, *Recognition of Governments in International Law: With Particular Reference to Governments in Exile* (Oxford: Clarendon Press, 1998), 76.

114　Ibid., 88.

115　Ibid., 85.

116　Ibid., 62.

117　例如1933年《蒙得维的亚公约》第6条就规定,"国家承认"表示承认国接受被承认国的人格,承认它享有和承担国际法上的权利和义务,而这种承认须是无条件,且不可撤销的。但第3条也规定,国家在"政治意义上的存在"不取决于其他国家的承认。

亚就撤销了它对于民主柬埔寨(红色高棉)政府的法律承认[118]。

在研究与承认有关的问题时,最重要的还是探究相关政府承认行为所展示的意图,在考虑了所有有关的事实和法律规则后,再对是否存在承认的事实做一判断。由于政府承认行为的自主性,在实践中其所采取的处理方式可以多种多样,甚至不一定要提到"承认"二字。

(四) 有关承认效果的两种学说

针对承认的法律效果,存在着两种学说。"宣告说"认为,承认的法律效果是有限的,因为承认只不过是对既存法律和事实状态的承认或宣告,而此前国际法就已经赋予了相应的法律人格。1923年"提诺科仲裁案"就持这种观点(见下文所引)。与此相对的是"构成说",根据这一学说,承认这一政治行为是相关国家享有法律权利的前提;在极个别情况下,一国法律人格的取得要取决于其他国家的政治决定,就此布莱尔利曾经指出:

> "'构成说'合理性的最主要理据来源于国际法缺乏一套集中统一的机构这一事实。它把这种缺乏视为国际法制度的本质特征,而不是将其看作国际法在特定发展阶段的特殊情形。"[119]

主流理论以及绝大多数国家的实践,都充分证明了"宣告说"的合理性。尽管如此,我们仍要注意避免将问题过分简单化。上文所提到的欧共体宣言,多少有使"构成说"重新抬头的效果。若要得到欧共体及其成员国的承认,新国家必须履行一定的法律义务,在这种情况下,这些额外的条件可以被视为对方获得国家资格的标准。

(五) 不承认、默示承认、过早承认、不再承认

是否对新国家或政府给予承认是各国自由决定的事情,国际法并不要求各国必须这么做,可以说,决定是否给予承认具有很强的政治性和自愿性。

不承认是表示反对和抵制的一种方式。对于政府的不承认通常具有两层含义:一是该政府缺乏必要的独立性和有效性;二是做出不承认表示的外国政府不愿意与该政府建立正常关系。而对国家的不承认,则会使得不予以承认的国家在国际关系承担更多的风险,因为它们与不被承认的国家的政府接触时缺乏法律

---

[118] 10 *Australian Yearbook of International Law* (1987), 286-291.

[119] J. Brierly, *The Law of Nations* (6th edn., by H. Waldock, Oxford: OUP, 1963), 139.

保护。

在"提诺科案"中,独任仲裁员威廉·塔夫特(美国最高法院首席法官)曾经指出:

> "'不承认'一个以国家代表自居的政府,通常表明它尚未达到国际法对这样的代表所要求达到的独立程度以及对相关领土的控制程度。但是,在有关国家对一个政府做出不承认的决定时,如果其所考虑的只是这个政府在产生方式上存在着非法性或者不正常,而不是着眼于该政府是否拥有事实上的主权,以及是否对相关国家领土拥有完全的控制权,那么,在这种情况下,这些国家的不承认行为本身就在一定程度上失去了对于这个问题的证明力,此时判断对方是否具备政府资格的唯一标准乃是国际法规则……这种'不承认'的做法,不论其出于何种理由,都不能推翻我面前记录所显示的、依据国际法标准在事实上存在的蒂诺科政府的证据。"[120]

塔夫特的观点是,在本案的具体情况下,判断标准应该是事实而非政治倾向;一旦有足够证据表明一个政权对某一领土行使事实上的、完全的控制,法官或仲裁员的结论只能是这个政权拥有事实主权,"不承认"政策也不能改变这一事实。

"不承认理论"在20世纪30年代可以说是煊赫一时。那时,如果造成某种情势的行为本身在道德上和法律上都难以立足的话,该情势就不会得到各国承认。当年日本侵占中国东北之时,国际联盟并未对这一情势给予承认,这一点与"史汀生理论"(Stimson Doctrine)毫无二致[121]。当然实践并不总是如此一致,后来意大利侵占埃塞俄比亚就得到了其他国家法律上和事实上的承认。

"二战"结束后,不承认原则在实践中的影响更为清晰。1965年11月11日南罗得西亚(今津巴布韦)在史密斯种族隔离统治下宣告独立[122],12日,联合国安理会通过第216(1965)号决议,决定号召"所有国家不承认南罗得西亚这一少数种族主义政权,并不对该非法政权提供任何援助"。1970年3月15日,联合国安理会第277(1970)号决议重申了上述决议的内容,并根据《宪章》第七章,"决定各成员国不得承认这一非法政权,并不得为其提供任何援助",同时呼吁各成员国在本国采取适当措施,保证史密斯政权的任何官方行为都"得不到本国有关部门的

120　I UNRIAA(1923),369.

121　I. Brownlie, *International Law and the Use of Force by States* (Oxford: Clarendon Press, 1963), 411-412.

122　M. McDougal and M. Reisman, "Rhodesia and the Untied Nations: The Lawfulness of International Concern", 62 *AJIL* (1968), 3.

任何承认,不论是官方的还是其他形式的,包括司法传唤"。

1983年11月18日,联合国安理会通过第541号决议,号召所有国家不承认"北塞浦路斯土耳其共和国",因为这个政权是土耳其通过对塞浦路斯非法使用武力建立的。

默示承认是承认的一种形式。承认可以明示,也可以默示。国家的任何行为,只要暗含着对新国家给予承认的意图,就会产生默示承认的效果。国家实践表明,与未被承认的政治实体进行各种形式的谈判、建立非官方代表机构、参加同一个多边条约、加入同一个国际组织或者出席同一个国际会议,这些并不构成对相关主体的默示承认[123]。

过早承认是指在一个政权通过某种途径稳定了其对某片领土的控制后、但合法性尚存争议的情况下,就对其表示支持的政治行为。承认与干涉他国国内事务是有区别的,但是实践中往往难以清楚划分开来。以克罗地亚的宣布独立为例,1992年1月15日欧共体及其成员国对于克罗地亚的承认就未免为时过早,因为此后几年内,克罗地亚对其大约1/3的国土无法施行有效控制。1992年1月11日,南斯拉夫问题仲裁委员会发表第五号意见,认为克罗地亚尚未完全符合欧洲共同体1991年12月16日"关于承认问题指导方针"里的条件,因为克罗地亚《宪法》没有完全反映出上述方针中有关人权和少数民族权利的规定[124]。

但是,如果承认行为在短时间里扩展到整个国际社会,则过早承认所带来的问题就不会造成国际关系交往上的困难,克罗地亚在1992年5月22日成为联合国成员国后的情况就说明了这一点[125]。

承认的撤销(de-recognition)多发生于新的政权被承认为某国主权的唯一合法代表、而原来的政府不再得到承认的场合。在1992年的"纽约中文电视节目公司诉美东影视公司案"中,美国联邦上诉法院指出,"鉴于中华人民共和国和中华民国都声称自己是唯一的一个'中国',美国不能主张这两个政府都对整个中国拥有主权。因此,承认了中华人民共和国,就等于不再承认中华民国。"[126]在1979年的"戈德华特诉卡特案"中,美国政府的答辩也反映了这一观点,而联邦上诉法院再次重申:"毫无疑问,《宪法》赋予总统以全权去承认中华人民共和国而撤销对

---

[123] J. Crawford, *Brownlie's Principles of Public International Law* (9th edn., Oxford: OUP, 2019), 139.

[124] 92 ILR 178.

[125] 联合国大会决议 A/RES/46/238。

[126] 954 F. 2d 847(2nd Cir. 1992), at 850.

中华民国的承认。"[127]该案后来上诉到了美国最高法院,最高法院认为诉因不存在,因为涉及的争议是总统与国会在权力上的分野,而只有到双方在宪法下所有权力发生碰撞才有宪法审查的可能[128]。

承认撤销的情形大致有以下几种：(1)已做出承认的政府公开宣布撤销承认[129]；(2)从法律上承认一国消亡[130]；(3)与反对政府建立外交关系[131]。实践中,不论是事实承认,还是法律承认,都是可以撤销的。

(六) 集体承认

这个说法是描述性的,它可以由若干个国家以联合声明的形式做出,也可以通过允许一个新国家加入某个多边、管理政治事务的条约来表示。当然,允许新国家加入某个国际组织也是集体承认的一种方式,因为接纳该国家为国际组织的成员国,是对其国家资格表示承认的初步可信证据[132]；但是成员资格不能替代每个成员国的承认行为[133]。一方面,这种承认的方式政治意味较淡,因为国际组织里不同的利益都有所代表,那么对其作为国家存在这一事实做出的决定也就更客观一些[134]；另一方面,除非成员国将自己承认的权力明确转让给该组织,授权其代表自己如此行为,"集体承认"的效力仅限于承认新国家在本组织里活动的能力。至于该申请国在本组织外的地位、能力问题,则完全超出了组织章程的范围,那么,加入一个政府间国际组织并没有改变该国在国际关系中的地位。

实际上,各国都希望在承认方面保持自主权,像欧盟那样在这方面采取协调

127　*Goldwater v. Carter*, 617 F. 2d, 697(DC Cir. 1979), Part Ⅱ, para. 9.

128　444 US 996(1979), 997.

129　1979年12月6日,英国就宣布撤销对民主柬埔寨政府的承认。

130　例如1936—1941年间的埃塞俄比亚。

131　1945年6月28日,波兰民族统一政府在华沙成立,许多国家对此给予承认；英国政府于同年7月5日表示承认,这些国家对于波兰在伦敦的流亡政府的承认也就此终结。

132　南斯拉夫社会主义联邦共和国是联合国的创始会员国之一,1945年6月26日其代表签署了《联合国宪章》,同年10月19日,宪章获得该国议会批准。共和国解体后继之而起的是波斯尼亚-黑塞哥维纳、克罗地亚共和国、斯洛文尼亚共和国、南斯拉夫马其顿共和国以及南斯拉夫联邦共和国,这些国家陆续加入了联合国。2000年11月1日,联大通过第 A/RES/55/12 号决议,接纳南斯拉夫联邦共和国加入联合国。参看：Y. Blum, "Was Yugoslavia a Member of the United Nations in the Years 1992—2000?" 101 *AJIL* (2007) 800。2003年2月4日,南斯拉夫联邦共和国议会通过并颁布了《塞尔维亚和黑山宪章》,国名也随之更名为"塞尔维亚和黑山"。到2006年,在黑山独立后,再次易名为塞尔维亚。

133　C. Warbrick, "States and Recognition in International Law", in: M. Evans(ed.), *International Law* (2nd edn., New York: OUP, 2006), 260-263.

134　*Sixth Report on Unilateral Acts of States*, by Victor Rodriguez Cedeño, to the ILC, A/CN/4/534, 30 May 2003, para. 30.

一致行动的实践,可以说是一种例外情形;且即使是欧盟,也承认成员国单独承认的权力,因为双边关系的开展仍然主要是国与国之间的事情,欧盟委员会和各成员国政府分别派出和接受外国使团的做法就足以说明这一点的正确性[135]。

(七) 承认的现实意义

现在,新国家的出现以及政府更替仍时有发生,"承认"仍不失为一个具有现实意义的概念[136]。再者,当一国国内发生违反国际法的政府更迭时,联合国安理会依然会要求各成员国不承认这种情势。这种"不承认"可以视为对相关政府的一种制裁。

此外,承认总会在国内法层面上引起问题。在普通法系国家,法院经常要考虑到国家资格和承认问题,此时,法院的意见通常会与行政部门保持一致[137]。那些得不到承认的国家或政府不能享有司法豁免权,因此可能成为诉讼对象,另外,这些国家或政府的法律(可能涉及婚姻和财产等私人关系)在前者法院里不被作为外国法律对待,除非法院地国对此另有规定。

---

[135] 《里斯本条约》第 16 条。

[136] J. Gathii,"Introduction to the AJIL Unbound Symposium on Recognition of Governments and Customary International Law",108 *AJIL Unbound* (2014),199-200.

[137] 英国实践就是这样的。参见:*Duff Development Co. v. Government of Kelantan*,[1924] A. C. 797; *Republic of Somalia v. Woodhouse Drake Carey Suisse S. A.*,[1993] Q. B. 54 (Queen's Bench Division).

第六章 国际法上的继承问题

扩展阅读

K. Marek, *Identity and Continuity of States in Public International Law*, Geneva: Librairie de Droz, 1954; D. P. O'Connell, *State Succession in Municipal Law and International Law*, Cambridge: CUP, 2 vols., 1967; The United Nations, *Materials on State Succession in respect of Matters other than Treaties*, New York: the UN, 1978; I. Sinclair, "Some Reflections on the Vienna Convention on Succession of States in respect of Treaties", in: the Finnish Branch of the International Law Association (ed.), *Essays in Honour of E. Castren*, Helsinki, 1979; J. Monnier, "La Convention de Vienne sur la succession d'État en matière de biens, archives et dettes d'État", 30 *AFDI* (1984), 221; W. Czaplinski, "State Succession and State Responsibility", 28 *CYIL* (1991), 339; R. Mullerson, "The Continuity and Succession of States by Reference to the Former USSR and Yugoslavia", 42 *ICLQ* (1993), 473; P. Williams, "State Succession and the International Financial Institutions: Political Criteria v Protection of Outstanding Financial Obligations", 43 *ICLQ* (1994), 776; M. Shaw, "State Succession Revisited", 34 *Finnish Yearbook of International Law* (1994), 5; R. Mullerson, *International Law, Rights and Politics: Developments in Eastern Europe and the CIS*, London: Routledge, 1994; O. Ribbelink, "On the Uniting of States in respect of Treaties", 26 *NYIL* (1995), 139; B. Stern, "La succession d'Etats", 262 *RdC* (1996), 9; M. Craven, "The Problem of State Succession and the Identity of States in International Law", 9 *EJIL* (1998), 142; I. Brownlie, *Principles of Public International Law*, New York and Oxford: OUP, 7th edn., 2008, Chapter 29; S. Talmon, *Recognition of Governments in International Law*, Oxford: OUP, 1998; M. Craven, "The Genocide Case, the law of treaties and state succession", 68 *BYIL* (1998), 127; J. Klabbers, M. Koskenniemi, O. Ribbelink and A. Zimmermann (eds.), *State Practice regarding*

State Succession and Issues of Recognition: *the Pilot Project of the Council of Europe*,Leiden：Kluwer Law International,1999；M. Mrak(ed.).*Succession of States*, Leiden：Martinus Nijhoff,1999；R. Wilde,"From Danzig to East Timor and beyond", 95 *AJIL*（2001）,583；J. Crawford,*Creation of States in International Law*,Oxford：OUP,1978；2nd edition,New York and Oxford：OUP,2006；I. Ziemele,*State Continuity And Nationality*：*Baltic States And Russia*,Leiden：Martinus Nijhoff,2005；M. Craven,*The Decolonization of International Law*：*State Succession and the Law of Treaties*,Oxford：Oxford University Press,2007；A. Sarvarian,"Codifying the Law of Succession：A Futile Endeavour?",27 *EJIL*（2016）,789-812.

一、继承的发生

（一）国家延续与国家继承

国家继承是国际法上一个复杂而又现实的问题。不论是在理论上还是在实践中,都有对(国家资格)延续(continuity or identity)与继承的区分[1]。若要了解和把握国家继承问题,就有必要首先弄清这两个概念之间的区别。国家继承是指一个国际人格者由另外一个国际人格者以联合、合法合并或其他形式所替代,因此会涉及相关主体在法律权利和地位上的重大变化；而在国家延续的情况下,相关主体的法律人格和地位则会保持不变。总之,原有的法律关系发生中断是继承的主要特征,而延续发生时原有法律关系则继续存在。在发生政府继承,或者一国部分领土或人口发生变化的情况下,上述差别就表现得非常明显。"延续"这个词意味着,国家元首、政府内部形式发生改变,甚至于领土或者人口方面发生变化,都不会对国家在国际法下的权利、义务和责任产生任何影响[2]。在一段时期内,如果一国的领土、政府结构或者体系没有发生显著的变化,那么可以视为国家延续。然而,多数情况下,相关国家依其国内法宣布延续的声明才是最关键的因

---

[1] *Report of the ILC on the work of its 26th Session*,UNGAOR,26th Sess.,Supp. No. 10(A/9610/Rev. 1),9,para. 49；J. Crawford, *The Creation of States in International Law*(2nd edn.,New York：OUP,2006),chap. 16；K. Buhler, *State Succession and Membership in International Organizations* (Boston：Kluwer Law International,2001),Chap.Ⅱ(1).

[2] J. Crawford,ibid.,667-668.

素,其他国家通常都会对此意愿表示尊重[3]。比如,出于国家统一的目的,联邦德国于 1990 年合并了民主德国,并保留了此前"德意志联邦共和国"这个称谓;合并后的德国被认为是此前联邦德国的延续。这既是德国宪法问题,同时也具有国际法上的意义[4]。

另一方面,国家延续也可以由相关各方以某种正式形式来确认,或者由国际组织的相关机构宣告。"二战"期间,尽管意大利在 1936 年吞并了埃塞俄比亚,并得到很多国家法律或者事实上的承认,但埃塞俄比亚仍一直是国际联盟的成员[5],并且在 1941 年获得解放后,被视为英国和同盟国的战时盟友。1991 年 12 月 21 日,"独联体"首脑会议通过决议,苏联境内的新独立各国表示承认俄罗斯联邦是苏联的延续,同时支持俄罗斯替代苏联继续保有在联合国安理会的常任理事国席位[6]。1992 年,联合国安理会第 777(1992)号决议宣布:"此前所谓的南斯拉夫社会主义联邦共和国已经终止存在","南斯拉夫联邦共和国不能自动延续前南斯拉夫社会主义联邦共和国在联合国的成员资格。"南联盟政府不得不以新成员身份申请加入联合国;2000 年 11 月 1 日,联大以 55/12 号决议正式批准该申请。

(二) 有关继承的国际法规则的现状

有关继承问题习惯法的著作繁多。20 世纪 60、70 年代新独立国家的大量涌现,以及 90 年代一些国家的解体,极大地促进了该领域国际法实践的发展。"非殖民化"过程中新国家的不断出现,直接导致了 1978 年和 1983 年有关国家继承的两个维也纳条约的通过(见这两个条约的序言)[7]。

20 世纪 90 年代,世界上发生了多起国家合并、统一或解体的事件,比如:1990 年 5 月 22 日,阿拉伯也门共和国和也门人民民主共和国合并,双方在 4 月 22 日的协议中明确使用了"合并"字样,合并后的国家正式定名为"也门共和国"[8]。

---

3 J. Crawford, ibid., 668.

4 Ibid., 674-675.

5 D. P. O'Connell, *International Law* (2nd edn. London: Stevens and Sons, 1970), vol. i, 156.

6 31 *ILM* 151.

7 *Vienna Convention on Succession of States in Respect of Treaties*, adopted 23 August 1978 and entering into force 6 November 1996, 1946 UNTS 3; *Vienna Convention on Succession of States in respect of State Property, Archives and Debts* (Doc. A/CONF. 117/14), adopted 8 April 1983, and with seven parties as of 28 May 2021, not yet in force (see Art. 35, which requires the deposit of 15 instruments of ratification or accession for that purpose).

8 30 *ILM* 820.

国家统一的情形则发生在德国,整个过程经过数轮努力[9]。首先,1990年5月,东、西德之间建立了货币、经济和社会联盟;随后,两国同意将1990年10月3日作为"统一日";1992年9月12日,两国及四个"二战"后占领德国的同盟国共同签署了最终解决德国问题的条约[10],四个同盟国终止了对柏林及整个德国所承担的有关权利和责任[11]。这个事件的特殊性在于,两国统一是以民主德国并入联邦德国的形式实现的,没有遇到太大阻力。整个事件涉及国家人格的延续问题(联邦德国)和国家继承问题(民主德国)。1991年8月31日通过的《统一条约》在措辞上使用了民主德国"加入"(accession)联邦德国的提法,从而使联邦德国延续下去。此外,国家解体或分裂的情形在苏联和南斯拉夫局势中都出现过[12]。

继承问题之所以复杂,部分原因在于针对国家延续和继承的条件和程序,目前尚且缺乏公认的规则。正如南斯拉夫问题仲裁委员会所说,"在国家继承方面,成熟的国际法原则还为数不多。这些原则的适用在很大程度上要根据个案的情况而定,尽管1978年和1983年的维也纳公约为此指出了一定的方向"[13]。另一方面,1978年的《关于国家在条约方面的继承的维也纳公约》(以下简称"1978年《公约》")和1983年的《关于国家对国家财产、档案及债务的继承的维也纳公约》(以下简称"1983年《公约》"),很大程度上是对习惯法规则编纂的成果。可惜的是,这些条约在实践中并没有受到足够重视,而缔约方的数量十分有限[14]。

二、国家继承的基本概念

某种意义上,1978年和1983年两个条约的存在表明了与国家继承相关的国际法,在实践中处于比较稳定的状态。在这两个公约中,有些基本概念可以说反映了习惯法。根据1978年《公约》,"国家继承"是指一国将涉及其领土的国际关系中所担负的责任转由另一国承担。其中"责任"这个词必须与"领土的国际关系"一词结合起来理解,这种搭配在国际实践中很常见,它适用于任何情况,而不论相关领土具有何种地位、属于何种性质。从这个意义上来讲,"对领土的国际关

9　W. Czaplinski,"Quelques aspects sur la Réunification de l'Allemagne",*AFDI*(1990),89.
10　29 *ILM* 1186.
11　F. Elbe,"Resolving the External Aspects: The 'Two Plus Four Process'",36 *GYIL* (1993),371.
12　Y. Blum,"Russia Takes over the Soviet Union's Seat at the United Nations",3 *EJIL* (1992),354;"UN Membership of the 'New' Yugoslavia",86 *AJIL* (1992),830.
13　Opinion No. 13,96 *ILR* 726,at 728.
14　虽然1978年《公约》已经生效,但截至2021年7月31日,只有23个缔约方。

系所负责任"这种表述具有中立性。另外,应该注意将"责任"这个词在此的意思与在"国家责任"中的意思区分开来[15]。总体上看,这两个公约第 2 条中的概念,比如"被继承国""继承国""继承通知"等,理解起来都比较容易。

在上述这些概念中,"新独立国家"这一概念可以说不仅与继承问题相关,而且还涉及国家资格问题。对此,两个公约采用的是同一个定义,"新独立国家"是指"其领土在国家继承日期之前具有附属领土的性质,而该领土之国际关系此前由被继承国负责的国家"。这个定义实际上也对"附属领土"(dependent territory)做出了界定,反映了国际法中主权概念的外延。

需要说明的是,国际法上的继承行为还可能发生在其他类型的主体之间,比如国际组织之间就有可能发生这种关系[16]。

三、条约的继承

这方面的法律主要来源于习惯法和条约,后者指 1978 年《公约》。1978 年《公约》于 1996 年 11 月 6 日(也就是在其签订将近 20 年之后)正式生效。截至 2021 年 7 月 31 日,共有 23 个国家批准或加入[17]。在这里需要指出,条约继承受到国际法规则的限制而可能根本不发生,特别是:1)某条约对继承国领土的适用与条约本身的目的和宗旨不符;或者 2)对继承国领土的适用该条约这一做法将根本改变条约的实施条件,引发情势根本变更,造成条约关系终止或中断。

(一)涉及边界和领土的条约

1978 年《公约》第 11 条规定,国家继承不影响现有条约所确定的领土边界,也不影响现有条约所确定的与边界制度有关的义务和权利。这一规则不论是在实践还是学者中都已经得到肯定。

"法定占有原则"(*uti possidetis juris*)就是一个习惯法规则。对于那些刚脱离殖民统治或者刚摆脱依附关系的新国家来说,这个原则具有特别重要的意义。该原则的主要含义是,在殖民地独立时,殖民时期划定的行政边界保持不变。20

15　*Report of the ILC on the work of its 26th Session*, UNGAOR, 26th sess., Suppl. No. 10(A/9610/Rev. 1),17.

16　K. Bühler, *State Succession and Membership in International Organizations* (Leiden: Martinus Nijhoff),2001.

17　参看联合国法律部条约司官网:https://treaties.un.org/Pages/ViewDetails.aspx?src=TREATY&mtdsg_no=XXIII-2&chapter=23&lang=en。

世纪 60 年代的"非殖民化运动"造就了大量的非洲国家,上述原则得到了这些非洲国家的公认和支持。在"利比亚诉乍得"一案中,国际法院强调,"经条约所确定的边界因此具有永久的效力,而相关条约本身的效力却未必如此。条约失效对于边界之继续存在没有任何影响……倘若一条边界系由某项协议确定,该边界是否继续有效并不取决于协议本身的效力是否仍在持续。"[18]

第 11 条的规定也呼应了 1969 年《维也纳条约法公约》第 62 条第二款中的习惯法规则。在"加布奇科沃-纳基马洛斯工程"案中,国际法院认为,1978 年《公约》第 12 条反映了习惯法[19]。该条规定,国家继承行为本身不影响所涉及条约为某一外国领土受益而创设的、有关任何领土的使用或限制性使用的义务和权利。另外,该条同样规定,国家继承行为本身不影响所涉及条约为几个国家或所有国家受益而规定的、有关这些领土使用或限制性使用的义务和权利。

(二)与新独立国家相关的条约

1978 年《公约》第 16 条是一项重要规则。根据它的规定,对于任何条约,不能仅因为其于继承发生之日对继承所涉领土有效的事实,新独立国家就有义务维持该条约的效力或者成为该条约的缔约国。在继承行为发生之时,现有条约的任何内容对于这类国家来说都不必然有效。至于现有条约对于继承所涉领土是否仍然有效或有效到何种程度,《公约》对此未作说明。

1. 多边条约

在国家继承行为发生之时,任何与继承所涉领土相关的多边条约,不论已经生效或尚未生效,或者已经签署但尚须批准、接受或同意,新独立国家均可就这些条约发出继承通知,从而成为条约的缔约国。但是,倘若这种继承与条约的目的和宗旨不符,或者由于条约谈判国数目有限,或者条约的目标与宗旨需要,继承行为须经其他缔约国同意时,以上规定不再适用。

所以,根据此类国际法规则,新独立国家对于涉及自己领土的条约有自由处理的权力。同样,新独立国家可以对所要继承的条约自由做出保留,只要这种保留不属于 1969 年《维也纳条约法公约》第 19 条第(a)(b)(c)三款所禁止的情形[20]。

从 1978 年《公约》第 22 条的规定来看,继承通知似乎是条约继承发生必不可

18　ICJ,*Case concerning the Territorial Dispute（Libya/Chad）*,Judgment of 3 February 1994,ICJ Rep. (1994) 6,para. 73.

19　ICJ,*Gabčikovo-Nagymaros Project（Hungary/Slovakia）*,Judgment of 25 September 1997,ICJ Rep. (1997) 7,para. 123.

20　1978 年《公约》第 20 条第(2)款。

少的步骤。从逻辑上来讲,并不是说一旦有新国家独立,就必然发生条约继承,因为新独立国家对相关条约有自由处理的决定权。继承条约的决定是以通知的形式告知于世的;如果新独立国家没有发出继承通知,那么条约在该国与其他缔约方之间将视为暂停实施[21]。1992年12月31日,波黑共和国政府向瑞士政府递交声明,宣布继承1949年日内瓦四公约及1977年的两项附加议定书;声明还表示,上述条约对波黑的效力可追溯到1992年3月6日波黑宣布独立之时[22]。这个要求追溯既往的单方面条件也从一个侧面反映了新国家所拥有的自由处理继承问题权力。

新独立国家还可以通知多边条约其他缔约方,在继承所涉领土上临时适用该条约[23]。如果新独立国家由两部分或者以上的领土组成,而某项条约在国家继承日期对于其中部分领土有效,那么其效力将扩展到新独立国家的全部领土,除非这种做法与相关条约的目的和宗旨不符,或者可能使条约的履行条件发生根本改变,或者继承通知已经对既有条约的适用范围有所限定[24]。

2. 双边条约

1978年《公约》第24条对双边条约的继承问题有明确规定。在继承日期对继承所涉领土有效的双边条约,在新独立国家与另一缔约方之间仍然有效,只要双方对此明确认可,或者由双方行为可以得出这个结论[25]。但是,依据第25条,第24条的规定在新独立国家与被继承国之间不必然适用。另外,条约在新独立国家与另一国家之间的适用,不受被继承国有关该条约的任何后续行为的影响[26]。

双边条约也可以临时适用于继承所涉领土,只要新独立国家与另一缔约国对此明确表示同意,或者从双方行为可以明显推断出这种意思[27]。

3. 新独立国家的实践给《公约》造成的问题

1978年《公约》的条款究竟是否反映习惯法?这一问题的解答在很大程度上取决于与新独立国家继承问题有关的国际法规则的性质。现在较为统一的认识是,涉及这类国家的实践会降低继承规则的确定性,从而导致这一领域缺乏明确的规则。具有讽刺意味的是,像1978年《公约》这样的条约,其本来的目标就在于

21　1978年《公约》第23条第(2)款。
22　IRRC (1993), No. 293, 182.
23　1978年《公约》第27条第(1)款。
24　1978年《公约》第30条第(2)款。
25　1978年《公约》第24条第一款。
26　1978年《公约》第26条。
27　1978年《公约》第28条。

解决非殖民化运动所带来的各种问题,却因新独立国家问题的牵扯而妨碍了自身向习惯法的发展。公约各个条款最终能否成为习惯法的一部分,这一点目前还很难说。

(三) 涉及领土合并、割让和分离的条约

1. 合并

1978年《公约》第31条规定,在两个或两个以上的国家合并组成一个新国家时,在国家继承日对于其中任何一国有效的任何条约,对于新国家(继承国)继续有效,除非继承国与条约的其他缔约国另有协议,或者相关条约对继承国的继续适用明显与该条约的目的和宗旨不符,或者会导致该条约的适用条件发生根本改变。在继承发生之日仅对继承国部分领土适用的条约,其适用应继续限制于该领土,除非在该双边或者多边条约的缔约国数目有限的情况下,各方另有协议,或者当该条约为多边条约时,继承国声明将其适用范围扩展到该国的全部领土。

合并包括统一的情形在内,东、西德的合并就属于这种情况。根据1990年8月31日的《统一条约》第11条,除涉及北约事宜的几个条约外,原联邦德国所参加的所有条约均适用于统一后德国的全部领土。然而,根据该条约第12条的规定,原民主德国所参加的条约对于统一后的德国却并不当然适用。此时,这些条约各缔约方应参照德国《统一条约》所规定的各项条件,就这些条约的继续适用问题与统一后德国的政府进行协商。对民主德国条约的安排,反映了适用第31条的相关实践中存在着与该条的基本规定相左的做法,这也说明其基本规定很可能没有成为习惯法[28]。

2. 割让

对此,1978年《公约》第15条规定,自国家继承发生之日起,被继承国的各项条约在继承所涉领土上停止生效;同时,对继承国有效的条约对继承所涉领土开始生效,但如果某条约对该领土的适用与条约本身的目的和宗旨不符,或者将根本改变条约的实施条件,那么以上规定不再适用。这条规则反映了相关的国家实践。例如,在1898年吞并夏威夷群岛之后,美国便宣布其参与的条约对夏威夷群岛同样适用[29]。

---

[28] O. Ribbelink, "On the Uniting of States in respect of Treaties", 26 *NYIL* (1995) 139, 167-168. 也门的实践也说明上述观点的有效性。

[29] M. Shaw, *International Law* (8th edn., Cambridge: CUP, 2017), 1824.

割让行为并不影响被继承国所参加的条约继续对后者有效[30]。

3. 分离

分离一般导致独立国家的出现,比如 2008 年科索沃宣布独立[31];当然,正如第五章已经讨论过的,对此事实的承认与否属于各主权国家的权利,而非义务。分离在上述事例中以"宣布独立"的模糊说法出现[32],但是在 1978 年《公约》下不因此而存在两个不同的规则。

根据 1978 年《公约》第 34 条的规定,在国家继承发生之日对被继承国全部领土有效的任何条约,对于分离之后的各个继承国继续有效;在继承发生之日只对被继承国部分领土有效的条约,分离后仍然只对该部分领土所对应的继承国有效。但是,如果相关各国另有协议,或者条约对继承国的适用将与其自身的目的和宗旨不符,或者将根本改变条约的事实条件,那么以上规则不再适用。

第 34 条所包含的规则与既有实践并不符合,针对分离这种情况,实践强调的做法一直是所谓"白板规则"(clean slate)。"一战"后,当芬兰脱离俄国独立时,美英两国就主张对于沙俄所订立的与芬兰有关的任何现存条约,芬兰均不再受其约束[33]。

1978 年《公约》是在国际法委员会条款草案的基础上制定通过的,草案认为,在领土分离的情况下,应当把条约继续适用作为一项基本原则,以维护多边条约制度和相关条约关系的稳定性[34]。问题是该条款究竟有没有反映习惯法[35]?比如,在涉及裁军和核不扩散等问题的情况时,即使是出于政治现实的考虑,第 34 条也应该享有广泛的支持,但在苏联解体后,美国分别与乌克兰、白俄罗斯和哈萨克斯坦重新签订了武器控制协议,尽管这些国家已经同意遵守苏联时期的各项相关条约的义务[36]。这从一个侧面反映出相关国家对第 34 条所包含规则的怀疑态度,进而放慢该规则成为习惯法的过程。

---

30 I. Brownlie, *Principles of Public International Law* (7th edn., New York: OUP, 2008), 666.

31 参看:http://www.icj-cij.org/docket/files/141/15038.pdf(科索沃独立宣言)。

32 ICJ, *Accordance with International Law of the Unilateral Declaration of Independence in Respect of Kosovo*, Advisory Opinion of 22 July 2010, ICJ Rep. (2010) 403, para. 79(相关国家实践"不能证明已出现了一个国际法新规则禁止发布独立宣言")。

33 R. Jennings and A. Watts(eds.), *Oppenheim's International Law*(London: Longman, 1992), Part I, 208.

34 YBILC(1974, ii), Part 1, 169.

35 M. Shaw, *International Law*(8th edn., Cambridge: CUP, 2017), 1826.

36 *US-CIS Protocol to START Treaty*, 86 AJIL(1993), 799.

(四) 国际人权条约

这类条约地位比较特殊，因为它们的制订目的是直接对个人适用[37]，而不论这些个人的国籍国持续存在、还是发生了主权变更。当一国处于四分五裂的状态，或者一个新国家刚刚从其他国家分离、独立出来时，如果没有人权法的保护，那么该国的个人就会在动荡中面临种种危险。在发布于 1997 年 12 月 8 日的第 26 号"一般评论"中，《公民和政治权利国际公约》人权委员会"始终认为，就像长期实践所表明的那样，人民依《公约》所享有的各项权利一旦受到保护，则这一保护即随领土之迁转而仍归这些人享有，而不管相关缔约国政府发生何种变化，包括解体成一个以上的国家，或者发生国家继承；且该国为剥夺《公约》权利之目的而为的任何后续行为统归无效。"[38]其实，国际法院在处理"灭种罪公约之适用案"时，就有法官在个人意见中对这一观点表示支持[39]。但是，说这方面的实践已经成型为习惯法还为时过早。

四、国家财产和档案的继承

涉及国家财产和档案的继承，通常由相关国家以协议解决，这是国家财产和档案继承的首要原则。在缺乏协议的情况下，相关国际法规则目前只能在习惯法和 1983 年《关于国家对国家财产、档案和债务之继承的维也纳公约》中寻觅。上述 1983 年《公约》尚未生效，目前只有 7 个缔约国[40]。尽管如此，《公约》中有些一般条款，如涉及领土割让、分离、解体和统一的那些条款，还是反映了习惯法[41]。正如 1978 年《公约》所面临的困境一样，由于涉及新独立国家的规则使得这些国家处于"极度特权的地位"[42]，1983 年《公约》同样缺乏各国间广泛的支持。此外，国际法协会还认为，这种现状在一定程度上也归咎于该公约所提出的解决争端方法

---

37 参看本书第 3 章的相关内容。

38 CCPR/C/21/Rev. 1/Add. 8/Rev. 1；A/53/40，annex Ⅶ。

39 *Application on the Convention o the Prevention and Punishment of the Crime of Genocide* (Preliminary Objections), *Bosnia and Herzegovina v. Yugoslavia*, Judgment of 11 July 1996, ICJ Rep. (1996) 595, para. 20 and Judge Weeramentry's Separate Opinion, 635-636.

40 联合国召开的缔约大会于 1983 年 4 月 8 日通过；UN Doc. A/CONF. 117/14。批准状态截至 2021 年 5 月 28 日。

41 ILA Report, "Aspects of the Law of State Succession", Berlin Conference, 2004, www. ila-hq. org, "Conclusions".

42 Ibid.

(如"公平比例"标准)过于抽象[43]。

1983年《公约》将"国家财产"定义为"在国家继承之日按照被继承国国内法的规定为该国所拥有的财产、权利和利益"[44]。这个表述的采用,是考虑到国际法上还没有现成的定义可以适用。1993年8月13日,南斯拉夫问题仲裁委员会在第14号意见中指出,相关财产、债务和档案的所有权须参照国家继承发生之时南斯拉夫社会主义联邦共和国的国内法来确定,特别是该国1974年《宪法》[45]。

如上所述,这类继承的发生通常由相关国家以协议规定。比如:2001年6月29日,南斯拉夫社会主义联邦共和国的五个继承国就继承问题在维也纳举行会议,并就相关问题达成了协议;与会的五个继承国分别是克罗地亚、波黑、南斯拉夫联邦共和国、斯洛文尼亚和前南斯拉夫马其顿共和国[46]。2004年6月2日,在五个国家分别向联合国秘书长交存批准书之后,该继承协议正式生效。

被继承国在继承所涉领土上的公共财产归继承国所有;这些财产随领土一并转移,这是一条习惯法规则。

在领土割让,或者一国的部分领土转让给另一国的情况下,国家财产的转移一般由被继承国和继承国通过协议解决。在没有协议的情况下,相关领土上的不动产应当转属继承国所有,与被继承国涉及该领土的活动有关的动产,也应当由继承国予以继承[47]。

遇有国家合并时,被继承国的国家财产由新国家继承[48]。

在国家分离时,《公约》第17条规定:如果没有相关协议,那么位于继承所涉领土上的不动产应由继承国继承;与被继承国涉及该领土的活动有关的动产,应当归继承国所有;除此之外的其他动产,也应当按照公平比例转属继承国[49]。对于国家解体这种情况,除必要时稍作变动外,上述规则直接适用。

另外,位于继承行为所涉领土之外的不动产,应当按照公平比例分配给各个继承国[50]。

43　ILA Report,"Aspects of the Law of State Succession",Berlin Conference,2004,www.ila-hq.org,"Conclusions".

44　1983年《公约》第8条。

45　96 *ILR* 732.

46　2262 *UNTS* 251;2001年6月29日签订。参看 C. Stahn,"The Agreement on Succession Issues of the Former Socialist Federal Republic of Yugoslavia",96 *AJIL*(2002),379-397.

47　1983年《公约》第14条。

48　1983年《公约》第16条。

49　1983年《公约》第17条。

50　1983年《公约》第18条。

《公约》第17条和18条的原则对新独立国家同样适用[51]。但是,对于这些国家来说,如果相关领土在动产和不动产创造过程中有所贡献的话,那么可以根据贡献的比例大小继承相应的份额。当然,这方面的协议不得影响各个民族对于自己的财富和自然资源享有的永久主权[52]。

在实践中,国家财产的继承问题多以协议解决,同时也有各个继承国之间按各自的人口比例来分配的情况,捷克和斯洛伐克的继承就采用了这种方式(两国的继承比例是2比1)[53]。

1983年《公约》第三部分规定了有关国家档案继承的一般规则。第20条对"国家档案"的概念给出如下定义:国家档案是指被继承国为执行国家职能而编制或收集的,且在国家继承之日按照被继承国国内法属于该国所有,并出于种种目的作为档案由该国直接保存或控制的一切文件,不论其日期和种类为何。

这些档案在继承之日应无偿转移给继承国所有。被继承国有义务采取各种措施,防止继承国所继承的国家档案受到损害或破坏[54]。国家档案的继承应以协议形式处理,在没有协议的情况下,相关档案应交由继承国保管,以便继承所涉领土的正常管理。被继承国和继承国都有义务应对方请求,就自己所继承和占有的国家档案向对方提供复制本,费用由请求国自行承担。上述这些规定对于新独立国家、国家分离和解体的情形也同样使用[55]。当两个或两个以上的国家合并成一个新的国家时,相关国家档案直接由前者移转给后者即可[56]。

上述这些规则在实践中都得到遵守,例如2001年有关前南斯拉夫地区的《继承协议》就是一个典型例子。

五、国家债务的继承

按照1983年《公约》第32条的定义,"国家债务"是指"被继承国根据国际法向另一个国家、国际组织或者任何其他国际法主体所承担的所有融资义务"。虽

---

[51] 1983年《公约》第15条。
[52] 1983年《公约》第15条第四款。
[53] J. Klabbers, M. Koskenniemi, O. Ribbelink, and A. Zimmermann(eds.), *State Practice regarding State Succession and Issues of Recognition: the Pilot Project of the Council of Europe* (Boston: Kluwer Law International,1999),138.
[54] 1983年《公约》第26条。
[55] 相关规定分别参见1983年《公约》第28、30及31条。
[56] 1983年《公约》第29条。

然说国家继承是发生在国家之间,但国家债务所牵扯到的主体却不限于国家。

国家债务继承是一个极具争议的问题,是否存在着普遍性规则还难以断定[57]。但是,由于这类债务总是牵涉到第三国,而第三国往往又不愿意接受债权人发生改变而造成的不确定性,于是"债务的推定延续"规则便应运而生——或许可以被视为这方面的一条习惯法规则;1983年《公约》也同样承认国家继承本身不影响债权人的权利和义务[58]。进一步说,与继承所涉领土相关的债务关系随同该领土一并转移,不论相关领土成为一个新国家还是仅仅作为新国家的一部分。

对于那些本来由被继承国整体来承担的国家债务来说,这种债务在各个继承国之间如何分配是一个问题。针对领土割让和分离情况下国家债务的分配,1983年《公约》提供了一般原则。首先,这类债务应该由被继承国和各个继承国之间以协议解决;其次,如果没有此类协议,相关债务应由继承国按照公平的比例分担。然而实践似乎表明,被继承国总体债务的责任在继承发生后仍然由它自己来承担。当1903年巴拿马脱离哥伦比亚宣布独立时,它并没有承担哥伦比亚的任何债务;而1947年印度独立时,印巴双方协议则规定,由印度作为唯一债务国承担英属印度殖民地的所有债务[59]。2011年7月9日,南苏丹共和国宣布从苏丹共和国分离,双方与2012年9月27日签订一系列合作协议,包括就财产与债务的分割所达成的协议,依据协议,苏丹共和国承担所有的既存债务,条件是它在协定生效两年里通过"高度负债穷国"计划得到经济援助;而假如在此期间中未得到该计划的支持,则双方重新考虑债务的分割[60]。不过,实践中也存在着其他分割比例[61]。

新独立国家的债务继承与上述规则又有所不同。在这里不存在债务的自动继承,而且这种情况下所达成的任何协议,都不得违反这些民族对自身掌握的财富和自然资源所享有的永久主权[62]。至于这条规定是否反映了习惯法规则,目前尚不清楚[63]。

57　A. Stanić,"Financial Aspects of State Succession: The Case of Yugoslavia", 12 *EJIL* (2001),751.

58　1983年《公约》第36条。

59　D. P. O'Connell, *State Succession in Municipal Law and International Law* (Cambridge: CUP, 1967),vol. 1,404-406.

60　相关条约条款的内容,参看:http://sites.tufts.edu/reinventingpeace/files/2012/09/The-Cooperation-Agreement-Between-Sudan-and-South-Sudan0001.pdf.

61　M. Shaw, *International Law* (8th edn.,Cambridge: CUP,2017),1842—1843(提到苏联解体时,俄罗斯与其他继承国以协议方式分割财产与债务的相关比例)。

62　1983年《公约》第38条。

63　M. Shaw, *International Law* (8th edn.,Cambridge: CUP,2017),1851.

另外,当发生国家合并时,相关国家债务直接转属于继承国,这一点毫无争议。而在国家解体时,除各个继承国之间另有协议外,被继承国的国家债务应按照公平的比例转属各继承国。2001年的有关南斯拉夫地区的《继承协议》附件C第2条第(一)款b项可以看作适用本条规定的例子。

六、其他事项的继承

(一)国际组织成员资格的继承

在实践中,随着国家主权发生变更而出现的新国家通常会以新成员的身份申请加入国际组织,联大第六委员会对这种做法早有预判[64]。1993年1月19日,新独立的捷克和斯洛伐克就作为新成员国加入了联合国。另外一个例子是成立于1992年4月27日的南斯拉夫联盟共和国,即后来的"塞尔维亚和黑山",该国声称自己是前南斯拉夫社会主义联邦共和国的延续,但是独立后的前南斯拉夫其他加盟共和国对此表示异议,就此联大在第777(1992)号决议中表示,南斯拉夫社会主义联邦共和国已经停止存在,南斯拉夫联邦共和国不能自动继承其在联合国的席位。最终,南斯拉夫联邦共和国以新成员身份申请加入联合国,经安理会决议推荐,该申请于2000年11月1日由联大第55/12号决议批准接受。2003年2月4日,它正式更名为"塞尔维亚和黑山"。由于2006年6月3日黑山国民议会通过独立宣言,根据塞尔维亚和黑山《宪章》第60条的规定,原塞尔维亚和黑山国家联盟在联合国、包括联合国所有机关和组织的一切席位由塞尔维亚共和国继承。2006年6月28日,联大通过第60/264号决议,决定接受黑山共和国为联合国成员。

当然,实践中还存在着其他情况,比如俄罗斯联邦对于苏联在联合国席位的继承。1991年12月21日,独联体各国首脑会议通过决议,签字各国表示支持俄罗斯继承苏联在联合国的一切席位,包括安理会常任理事国席位及其在其他国际组织的席位[65]。另外,作为联合国的创始会员国,乌克兰和白俄罗斯继续享有联合国成员资格,1991年8月苏联的解体对它们在联合国的地位并没有产生任何

64　D. P. O'Connell, *State Succession in Municipal Law and International Law* (Cambridge: CUP, 1967), vol. 1, 187(quoting A/CN. 4/149, 8).

65　31 *ILM* 151.

影响[66]。

(二)国籍的继承

有关国籍继承的一般规则是:国籍随主权的变更而变更,但是,那些在继承所涉领土上新出生的人、新定居的人,以及父母为被继承国国民而其本人出生于该国领土之外的人,其国籍要按照新政府的相关规则确定[67]。国际法承认每个自然人都有拥有国籍的权利[68]。一般来说,在发生国家继承的场合,被继承国国民有权选择自己的国籍[69]。这一点在实践中得到了肯定。《世界人权宣言》第15条宣告:人人都有权享有和改变国籍;而1961年《减少无国籍状态公约》第1条同样对这一权利表示肯定[70]。

在1992年1月11日的第二号意见中,南斯拉夫问题仲裁委员会指出,"(前南斯拉夫)各共和国必须使各少数民族和种族的成员享有国际法上的各项人权及基本自由,适当时包括自行选择国籍的权利[71]。"1997年,欧洲理事会通过《欧洲国籍公约》[72],其中第19条规定:

"在发生国家继承的情况下,缔约国应就与国籍有关的各种事项尽量以协议处理;如有可能,缔约国与其他国家之间的同类事项也应如此处理。此类协议须尊重本章所规定或援引的各项原则和规则。"

该《公约》与国籍继承有关的规则主要集中在第18条中:

"在发生国家继承的情况下,缔约国在决定是否授予国籍或保留国籍时,应特别考虑以下几个因素:

(a) 相关个人与本国是否具有真实而有效的联系;

(b) 国家继承发生之时,相关个人的惯常居所位于何处;

---

66 *United Nations Judicial Yearbook* (1992), ST/LEG/SER. C/30, 435 (the opinion given by the UN Legal Counsel).

67 M. Shaw, *International Law* (8th edn., Cambridge: CUP, 2017), 1854-1855.

68 Art. 1, *Draft Articles on Nationality of Natural Persons in relation to a Succession of States*, Report of the ILC, 51st Sess., A/54/10, 1999, 12.

69 P. Dumberry, "Obsolete and Unjust: The Rule of Continuous Nationality in the Context of State Succession", 76 *Nordic Journal of International Law* (2007), 153.

70 该公约于1961年8月30日由联合国召开的外交大会通过;于1975年12月13日生效。截至2014年4月11日共有55个缔约国。其条款原文参见:989 *UNTS* 175。

71 92 *ILR* 169.

72 见欧洲理事会网站条约专栏;网址:http://conventions.coe.int。

(c) 相关个人的意愿；

(d) 相关个人的出生地。"

在上述条款下处理这一问题时的基础是法治原则、《公约》第 4 条和第 5 条所规定其他各项人权原则、避免无国籍状态原则。

1999 年,国际法委员会向联大提交了《关于国家继承中自然人国籍问题的条款草案》,反映了"国籍随同继承所涉领土一同变更"的原则。其中规定,继承国应当允许相关个人自由选择国籍[73]。这些个人一旦选择新国籍,被继承国就应当撤销他们所拥有的本国国籍。惯常居所位于继承所涉领土的范围内,是相关个人取得继承国国籍的主要依据。另外,如果某个自然人与继承所涉领土具有适当的法律联系,那么他同样有权取得继承国国籍[74]。

以上这些条款与 1962 年《减少无国籍状态公约》第 10 条第二款的规定看起来并不一致。后者规定,在没有相关条约的情况下,接受领土或者以其他方式取得领土的缔约国,对于那些因上述领土变化即将处于无国籍状态的个人,必须赋予他们本国国籍。上述的"必须"赋予某个国籍的要求不等于国际法委员会和实践所承认的"有权选择国籍"。这种法律上的细微差别会在实践中造成明显不同的后果,而当事人可能因不接受强加的国籍而面临成为无国籍人的风险。

---

[73] 见草案第 11 条。

[74] 见草案第 22 条和第 24 条。

第七章 政府间国际组织

扩展阅读

C. Eagleton, *International Government*, 3rd edn., New York: The Ronald Press Co., 1957; W. Jenks, *The Proper Law of International Organizations*, London: Stevens and Sons, 1962; H. D. Chiu, *The Capacity of international Organizations to Conclude Treaties, and the Special Legal Aspects of the Treaties so Concluded*, The Hague: Martinus Nijhoff, 1966; M. Rama-Montaldo, "International Legal Personality and Implied Powers of International Organizations", 44 *BYIL* (1970), 111; F. Morgenstern, *Legal Problems of International Organizations*, Cambridge: CUP, 1986; F. Kirgis, *International Organizations in Their Legal Setting*, 2nd edn., St. Paul: West Publishing Co., 1993; P. Myers, *Succession between International Organizations*, London: Routledge, 1993; C. F. Amerasinghe, *The Law of the International Civil Service (as Applied by International Administrative Tribunals)*, Oxford: Clarendon Press, 1994; the same, *Principles of the Institutional Law of International Organizations*, 2nd edn., Cambridge: CUP, 2005; N. D. White, *The Law of International Organisations*, Manchester: Manchester University Press, 1996; R. -J. Dupuy, *A Handbook of International Organizations*, 2nd edn., The Hague: Kluwer Law International, 1998; A. Reinisch, *International Organisations before National Courts*, Cambridge: CUP, 2000; P. Sands and P. Klein (eds.), *Bowett's Law of International Institutions*, London: Sweet & Maxwell, 2001; K. Wellens, *Remedies against International Organisations*, Cambridge: CUP, 2002; J. Alvarez, *International Organizations as Law-Makers*, New York: OUP, 2005; D. Sarooshi, *International Organizations and their Exercise of Sovereign Powers*, Oxford: OUP, 2005; J. Klabbers, *An Introduction to International Institutional Law*, 2nd edn., Cambridge: CUP, 2009; H. Schermers and N. Blokker, *International Institutional Law*, 5th rev.

edn. ,Boston/Leiden: Martinus Nijhoff,2011; A. Duxberry,*The Participation of States in International Organizations*,Cambridge: CUP,2011; B. Reinalda (ed.),*Routledge Handbook of International Organization*,London and New York: Routledge,2012; V. Engström,*Constructing the Powers of International Institutions*,Leiden: Martinus Nijhoff,2012; J. Klabbers,"The Emergence of Functionalism in International Institutional Law: Colonial Inspirations",25 *EJIL*(2014),645; J. Cogan, I. Hurd, and I. Johnstone(eds.),*The Oxford Handbook of International Organizations*(Oxford Handbooks),Oxford: OUP, 2016; J. Alvarez,*The Impact of International Organisations on International Law*,Leiden: Brill,2017; I. Hurd,*International Organizations: Politics,Law, Practice*,Cambridge: CUP,4th edn. ,2021.

一、政府间国际组织的产生与发展

本章所使用的"国际组织"的概念,来源于1986年《有关国家与国际组织之间和国际组织之间条约法的维也纳公约》第2条,指代政府间国际组织[1]。在国际法委员会2011年有关国际组织国际责任的条款草案中[2],"国际组织"的概念的内涵有所扩展,根据第2条(a)款规定:

> "'国际组织'意味着通过条约或其他国际法文件建立的、具有国际法律人格的组织。国际组织的成员除了国家之外,还可以包括其他实体。"

国际法委员会评论道,这里的"其他实体"可以指代国际组织,比如联合国组织与塞拉利昂政府建立的国际组织——塞拉利昂特别法庭[3]。本章主要讨论的是国家间的国际组织,因为尽管国际法委员会扩展了的概念反映了实践中存在的一种现象,但是从规模、广度、成熟度、影响度来看,持续参与国际关系的主要还是政府间国际组织。

现代国际法中"政府间国际组织"这一概念,起源于19世纪初期欧洲国际秩

---

[1] UN Doc. A/CONF. 129/15,21 March 1986.

[2] ILC,"Draft articles on the responsibility of international organizations,with commentaries(2011)", *YBILC*(2011),vol. ii,Part Ⅱ(以下简称"2011年条款草案",共有67条). 参看联大决议 A/RES/66/100, 2011年12月9日通过.

[3] 同上注,第2条,评论第12)-14)段. 其中引用了 *Agreement between the United Nations and the Government of Sierra Leone on the establishment of a Special Court for Sierra Leone* (Freetown,on 16 January 2002),2178 *UNTS* 137,No. 38342;注意第11条的规定.

序的整合⁴,原因是在"拿破仑战争"结束之后,欧洲国家在战争之中建立的联盟,仍然被视为之后调整国家之间关系的有效合作方式,而采取的合作平台是"欧洲共同体"(Concert of Europe)⁵。现在看来,这个平台只具有半常设性质,除了每年的例会,并不存在成员国特别为此组成的单独机构,也不是参与国进行辩论的场所,会议最终结果通常反映在条约之中,也使得会议效果变得较为死板,对不断发展的现实问题难以做快速反应。例会的做法很快就失去了吸引力,被临时会议的形式所取代。但最重要的问题在于,上述例会的结果需要全体参会国的一致同意才能通过,造成"一票否决"的可能,与逐渐发展、成熟的"少数服从多数"的国际组织议事规则截然相左。

与此发展并行的是,在技术领域里的国际合作迅速发展,使得在这样的领域里的国际组织的出现成为必然。这些组织有政府间和非政府组织之分。后者包括1840年出现的"世界反奴隶制大会"、更为著名的"国际红十字委员会"(成立于1863年);而前者则包括"莱茵河委员会"(创立于1815年),委员会甚至拥有一个上诉法院,来听取各沿岸国法院就有关《莱茵河公约》的争议所做判决的上诉。其他早期著名的政府间组织包括国际电信联盟(成立于1865年)和"万国邮政联盟"(创立于1874年),二者均有常设秘书处⁶。但是"秘书处"(secretariat)作为一个固定指代一个独立机构的称呼,则始于国际联盟⁷。

谈到1945年后的国际秩序,国际实践发展的最主要成就是联合国组织的建立⁸。虽然在1919年到联合国组织建立之前,存在着国际联盟,但是在成员数量、政治影响上,都远逊于后来的联合国⁹。不过,国际联盟时期的做法、程序、机构、权力的分配、争端解决的机制都对联合国以及其他"二战"后出现的国际组织产生了巨大的影响,比如:联合国国际法院的规约几乎就是常设国际法院规约的翻版¹⁰。国际组织在当今世界中的重要性表现为在主权国家间存在众多的此类组

---

4 在本章中,为论述方便起见,"政府间国际组织"与"国际组织"二词同义。

5 P. Sands and P. Klein, *Bowett's Law of International Institutions* (5ʳᵈ edn., London: Sweet & Maxwell,2001),2-3.

6 C. Eagleton, *International Government* (3ʳᵈ edn., New York: The Ronald,1957),167-170.

7 H. Schermers and N. Blokker, *International Institutional Law* (Boston: Martinus Nijghoff,4ᵗʰ rev. edn.,2003),sect. 435.

8 J. Frowein,"United Nations",in: 4 *EPIL* (2000) 1029,at 1037.

9 饶戈平主编:《国际组织法》,北京大学出版社1996年版,第33-34页。

10 Jennings/Higgins,"General Introduction",in: A. Zimmermann et al. (eds.), *Commentary*, at 4.

织[11]。另外,国际组织的地域化趋势在"二战"后也逐渐明显,欧洲联盟(European Union)就是典型的例子[12];东南亚国家联盟(Association of South East Asian Nations)是与我国联系紧密的地域性国际组织[13]:中国于2003年10月8日加入了《东南亚友好合作条约》[14]。对国际组织进行分类的标准多变[15],而从本章架构来看,如何分类的实践意义有限,所以对此不做深究。

在当今的国际组织法领域中已经出现新的发展趋势。这些新发展的动机是旧有体制、规则无法适应新的问题和挑战,但是新发展带来的后果首先是整个体系的动荡和分化,如何达到成熟、平衡是体系下具有主体资格的实体所最为关切的题目。值得注意的新发展有两个:其一是"全球行政法"理论的出现;其二是"国际体系宪法化"这一说法激起的又一轮广泛讨论[16]。

"全球行政法"被称为是"复兴的万民法"[17],它囊括了由国家、国际组织、非正式的政府间规范和协调机制、跨国公司、公私一体化的管制机构、私人性质的跨国监督机构、个人所带来的规则,其体系包括"各种机制、原则和社会意识,均会影响全球性行政机构的责任,且会保证后者充分遵守透明、参与、理性决策、合法性的标准,并对后者所创制的规则、决定给予有效监督"[18]。在当今国际社会中,全球性行政机构还是、也只能是以国际组织形式存在。

"宪法化"的说法实质上是以主权国家的政治体制为蓝本而衍生出来的,正如国家拥有宪法,国际组织也应拥有宪法[19],而宪法制度往往包括相关的法律、判

---

11 我国所参加的国际组织就已经超过 130 个:Z. L. WANG and B. HU,"China's Reform and Opening-up and International Law",9 *Chinese JIL* (2010) 193,para. 3.

12 T. Hartley,*The Foundations of European Community Law*(7th edn. ,Oxford:OUP,2010); D. Wyatt and A. Dashwood,*European Union Law* (6th edn. ,Oxford:OUP,2011). *Also see* http://europa. eu/index_en. htm.

13 官方网站:www. asean. org。

14 中国政府的加入书全文参看:http://www. asean. org/news/item/instrument-of-accession-to-the-treaty-of-amity-and-cooperation-in-southeast-asia-2。人大常委会:《全国人民代表大会常务委员会公报》(2011年),第6期,第594页。

15 H. Schermers and N. Blokker,*International Institutional Law* (Boston:Martinus Nijghoff,4th rev. edn. ,2003),Chapter 1(Ⅲ). *Also see* N. White,*The Law of International Organisations* (Manchester:Manchester University Press,1996),chapters 6,8,9,and 10.

16 E. Stein,"Lawyers,Judges,and the Making of a Transnational Constitution",75 *AJIL*(1981) 1.

17 B. Kingsbury,N. Krisch,and R. Stewart,"The Emergence of Global Administrative Law",68 *Law and Contemporary Problems*(2005) 15,at 29.

18 Ibid. ,17.

19 B. Fassbender,"The United Nations Charter as Constitution of the International Community",36 *Columbia Journal of Transnational Law*(1998) 529,at 569-576.

例,所以国际组织"宪法化"也可以包括这些相关内容。"宪法化"的考虑主要是基于两点：1)将技术性规范置于宪法性规则体系之内,可以进一步加强国际法的合法性[20];2)成熟的法律体系必须有基本法/宪法作为核心,所以宪法性文件是一个稳定的国际组织(其本身可以形成一个次级的规范体系,比如 WTO)理应具备的[21]。

上述两种学说都是对 20 世纪国际组织法的发展所作的重新审视,并在瞄准了这一法律体系中的弱点之后,对之提出了改革措施。但是,国际社会的基石仍然未变,主权国家还是这一社会的主要塑造者。国际治理体系面临的问题似乎也不是更换视角就能穷尽并解决的[22]。

二、特定功能性：政府间国际组织的基本特质

有关政府间国际组织的人格问题,在本书第五章已经有所论述,在此不再赘述。本节讨论的问题是此类国际组织的特质和行为方式的法律后果,即为什么国家会组成国际组织并赋予它在国际关系中行为的资格、与此资格相匹配的权力的范围,以及如此行为后在国际关系中所带来的后果。

应该指出,国际组织的会员国资格对组织的功能有一定影响,但影响有限[23]。国际组织对于会员资格的要求可以是原则性的[24],也可以有自身特别的要求[25]。会员资格对于会员国的意义往往大于对于组织的意义[26]。

在 1996 年"在武装冲突中使用核武器合法性案"中,国际法院面对世界卫生

---

20 J. Klabbers, *An Introduction to International Institutional Law* (Cambridge: CUP, 2nd edn., 2009), 314-315.

21 D. Cass, *The Constitutionalization of the World Trade Organization: Legitimacy, Democracy, and Community in the International Trading System* (New York: OUP, 2005), 177.

22 A. Roberts and B. Kingsbury (eds.), *United Nations, Divided World: The UN's Roles in International Relations* (Oxford: OUP, 2nd edn., 1994).

23 特别是某些国际组织或机构下有"联系会员"的制度,意味着在组织或机构的运作中此类会员只有有限的参与权：粮农组织《宪章》,第Ⅱ条第三款。另外,会员国可能因为某种原因撤出组织,不过多数此类行为都是暂时的举措,且对组织的存在不造成实质性的负面影响：B. Conforti, *The Law and Practice of the United Nations* (The Hague: Martinus Nijhoff, 1997), 38.

24 《联合国宪章》第 4 条第一款要求申请国是"热爱和平"的国家,接受《宪章》下的义务,并可以且愿意履行这些义务。

25 联合国专门机构之一——粮农组织(FAO)就接纳欧盟作为会员(粮农组织《宪章》,第Ⅱ条第三款),而世贸组织接纳单独关税区作为会员(比如：中国香港就是例子)。

26 特别反映在国家继承实践里——参看本书第六章相关小节。

组织所提出的咨询问题,首先考虑的是法院对此问题是否有管辖权[27],而管辖权问题是与《联合国宪章》(以下简称"《宪章》")第96条第二款的解释联系在一起的。就第二款下对相关国际组织活动范围的规定,国际法院有下面的论述:

>"法院不需要特别指出:国际组织是国际法主体,但与国家不同的是,它们不具有普遍意义上的行为能力。国际组织是由'特定原则'规制的,即他们被创建它们的国家赋予权力,而这一权力受这些国家通过该组织来推进的共同利益的相应限制。常设国际法院谈到这一基本原则时,曾这样说过:
>
>'既然欧洲委员会不是国家,而是一个用于特殊目的的国际组织,那么它只拥有成立规约所赋予的功能,以实现这个特殊目的;但它具有彻底履行上述功能的权力——只要规约对此没有限制。'(PCIJ,'多瑙河欧洲委员会的管辖权'案,PCIJ Series B, No. 14, p. 64.)"[28]

在这样的前提之下,法院认为,假如承认世界卫生组织有资格提出有关核武器合法性的问题,那么就构成对该组织所要实现的特定目的的漠视,违反"特定原则"[29]。

从逻辑角度看,特定目的决定了某一国际组织所拥有的权力的范围,是再自然不过的道理。联合国组织的设计从开始就是以"分权制功能主义"为指南的[30],这与该组织的主要功能(维持国际和平与安全)有关,这一功能的政治性超出了许多技术层面上功能的范围[31],而其重要性与全局性是无法替代的。可以说,专门机构的存在使得国际体系能更好地分配权力,深化专业知识,提高运作效率,达到优化组合[32]。

在特定目的决定了权力的范围之后,连带而来的是对应的特权与豁免权、国际责任。

三、权力来源、种类及限制

为实现其特定目的,国际组织被国家赋予特定的权力。但是,这一权力的范

---

[27] ICJ, *Legality of Use by a State of Nuclear Weapons in Armed Conflict*, Advisory Opinion of 8 July 1996, ICJ Rep. (1996) 66, para. 10.

[28] Ibid., para. 25.

[29] Ibid.

[30] H. Schermers and N. Blokker, *International Institutional Law* (Boston: Martinus Nijghoff, 5th rev. edn., 2011), sect. 1692.

[31] I. Hurd, *International Organizations* (4th edn., Cambridge: CUP, 2021), 36-40.

[32] ECOSOC Res. 1768(LIV), V; UN Doc. E/5524/Add. 1(1973).

围是怎样的？可以由国际组织自己推论、扩展吗？该组织是否有权力解释自己的权力范围呢？可以说，国际组织的权力至少有两种：成立文件赋予的权力；暗含权力。后者是有争议的问题："暗含"的范围是怎样确立的？

1996年"在武装冲突中使用核武器合法性案"中，国际法院就上述问题给出了咨询意见。就成立文件的性质，国际法院解释说：

> "从形式上看，国际组织的成立文件是多边条约，确立的条约解释规则对之适用……但此类条约也具有特殊性，它们的目的是在于创设独立的、新的法律实体，组成实体的各方托付给它们实现共同目标的任务。基于其具有的协议性和组织性特点，此种条约可能为条约解释带来特别的问题；被创设组织的特性、创设者的目标、有效行使其职能的必需，以及组织自身的实践，都是解释此类条约时特别需要注意的因素。"[33]

在此可以做一对比。1986年《有关国家与国际组织之间和国际组织之间条约法的维也纳公约》第2条第一款第九项对"国际组织的规则"做了界定，这些包括组织的成立文件、组织依据成立文件所做的决定和决议，以及组织自身的实践。上述公约并没有使用"宪法"一词来指代成立文件，主要是考虑到既有实践的现成做法[34]。

针对暗含权力，国际法院在上述1996年咨询意见中指出：

> "国际组织的权力通常由成立组织的文件来设立。不过，国际生活的要求可能使得国际组织需要获得补充性权力以实现其目的，而这种权力并未在成立文件中被明确提及。国际实践普遍接受这种权力的存在，称为'暗含权力'"[35]。

其实，"暗含权力"的存在源泉才是争议的所在，假如这种权力产生于组织成立文件的目的和宗旨，或成立文件中某一条款，那么在实践中发生争议的可能性就很小。在"赔偿案"中，国际法院这样描述联合国组织的权力：

> "在国际法体系中，联合国组织必须被视为具有完成其义务所按理必需

---

[33] ICJ, *Legality of Use by a State of Nuclear Weapons in Armed Conflict*, Advisory Opinion of 8 July 1996, ICJ Rep. (1996) 66, para. 19.

[34] YBILC(1982, Ⅱ-2) 17, Commentary on Article 2(1)(j), paras. 24-25.

[35] ICJ, *Legality of Use by a State of Nuclear Weapons in Armed Conflict*, Advisory Opinion of 8 July 1996, ICJ Rep. (1996) 66, para. 25.

的权力,尽管《宪章》中对此没有明确规定。"[36]

这一推理当然具有合理性。不过,对于成员国或非成员国来说,"必需"可能意味着在某些情况下,联合国扩充权力之举有"僭越"之嫌。由于《宪章》的解释属于条约解释的范畴,那么任何对此"暗含权力"的争议,均属于该条约的解释范畴,而国际法院是可以做出解释的机构;即使"国家同意"是否存在的问题会对其管辖权造成限制,但只要联合国大会或安理会提起咨询意见程序,还是可以把此类争议提交给国际法院处理,成员国可以影响司法解释权威性的可能极小。当然,这一事实是所有加入联合国组织的国家事先能够预见到的,因为加入该组织首先就要接受《宪章》下的义务[37]。

国际法院在其他场合也适用了上述推理,比如,法院认为联大在《宪章》之下必然握有在系统内建立行政法庭的权力[38]。可以说,这种必需性/必然性适用于整个组织的行为和与此配套的组织结构[39]。

就国际法院本身是否拥有暗含权力的问题,法院也是持肯定态度的[40]。其实,司法机构与其他机构一样需要此类权力,以完成司法使命,这类权力一般不在建立司法机构的文件中明确提及[41]。国际法院作过这样阐述:

"需要强调的是,法院拥有使得它能够采取必要措施的固有权力,以便保证它能够行使针对案件实体问题的、确立了的管辖权,且方便它能够处理争端的所有方面,来保证它既可遵守对其司法职能的固有限制条件,也可保持其司法特性……而这一固有权力——法院因之可以做出任何满足上述目的决断——来源于法院作为司法机构的事实,它的赋予保证了法院基本司法职

---

[36] ICJ, *Reparation for Injuries Suffered in the Service of the United Nations*, Advisory Opinion of 11 April 1949, ICJ Rep. (1949) 174, 182-183. 又见:ICJ, *Effect of Awards of Compensation Made by the United Nations Administrative Tribunal*, Advisory Opinion of 13 July 1954, ICJ Rep. (1954) 47, at 57.

[37] 《联合国宪章》第4条第一款。

[38] ICJ, *Effects of Awards of Compensation by Made by the UN Administrative Tribunal*, Advisory Opinion of 13 July 1954, ICJ Rep. (1954) 47, 56-57.

[39] ICJ, *Certain expenses of the United Nations (Article 17, paragraph 2, of the Charter)*, Advisory Opinion of 20 July 1962, ICJ Rep. (1962) 151, at 168.

[40] A. Campbell, "The Limits of the Powers of International Organizations", 32 *ICLQ* (1983) 523, 524-529, 532-533.

[41] ICTY, *Prosecutor v. Tihomir Blaškić, Judgment on the Request of the Republic of Croatia for Review of the Decision of Trial Chamber II of 18 July 1997*, Case No. IT-95-14-AR108*bis*, Appeals Chamber, 29 October 1997, para. 25, n 27.

能得以实现。"[42]

在作上述论述时,法院的用意在于考察是否存在不属于严格意义上的管辖权或可受理性范畴,但是必须在之前解决的问题,而处理这样的问题需要的管辖权与案件实体问题管辖权是不同的概念[43]。这种管辖权被视为"法院正常运作的必要条件"[44],是附属性质的权力。但也正是因为这一特点,此类暗含权力最常见的地方就是出现程序问题的时候[45]。与此类似,欧洲法院在案例法中也认可从欧盟机构所拥有的普遍权力(基于组织成立条约)中推演出特别权力的做法[46]。

暗含权力的理论有自己的问题,但是在对它的存在基础没有更好的解释时[47],不失为一个可以接受的立论。

一般来说,国际组织在成立文件下被赋予的权力[48],以及经其实践所确立的暗含权力,可以比照国内法下公权力的种类来分类,比如:立法权、行政权、司法权。每一种权力都有对内、对外两方面内容。以下做一概要说明:

其一,立法权。国际组织具有独立的法人资格和独立的行为能力,所以,在立法方面也会具有相应的独立权力,体现在所制定的条约、决议之中[49]。为方便起见,行使立法权的结果可以分为两种:国际法和国际组织内部法[50]。国际组织创制国际法规则的基础也是该组织成立文件,后者明确了该组织机构的权力范围,比如《联合国宪章》第25条规定,会员国"同意"接受并执行安理会依据《宪章》所

---

[42] ICJ, *Nuclear Tests*(*Australia v. France*), Judgment of 20 December 1974, ICJ Rep. (1974) 253, para. 23.

[43] Ibid., para. 22.

[44] ICJ, *Case concerning the Northern Cameroons*(*Cameroon v. UK*), Preliminary Objections, Judgment of 2 December 1963, ICJ Rep. (1963) 15, 97 (Separate Opinion of Judge Fitzmaurice), at 103.

[45] C. Brown, "The Inherent Powers of International Courts and Tribunals", 76 *BYIL* (2005) 195, 211-222.

[46] ECJ, *Germany et al. v. Commission*, [1987] *ECR* 3203.

[47] Seyersted曾提出过"固有权力"(inherent powers)的说法,认为国际组织的存在本身就赋予它们以必要的权力,只要所涉及的权力不超越组织成立文件的范围: F. Seyersted, *Common Law of International Organizations* (Leiden: Martinus Nijhoff, 2008), 65-70.

[48] F. Morgenstern, *Legal Problems of International Organizations* (Cambridge: Grotius Publications Ltd. 1986), 3.

[49] M. Hudson (ed.), *International Legislation. A Collection of the Texts of Multipartite International Instruments of General Interest* (Washington: Carnegie Endowment for International Peace, 1931—1950). Also see K. Skubiszewski, "Enactment of Law by International Organizations", 41 *BYIL* (1965—1966) 198, 201-204 (只承认具有拘束力的决议是造法行为的结果), 220-222.

[50] K. Skubiszewski, "Enactment of Law by International Organizations", 41 *BYIL* (1965-66) 198, 226.

做的"决定";而这样的决定通常以决议的方式出现,其内容涉及安理会在《宪章》第6章至第8章和第12章下的权力[51]。安理会决议对会员国来说是命令、决定,也可以有立法的效果[52];更有趣的问题,是安理会决议对国际社会中所有成员来说是否同样有立法性?这里讲到的是具有普遍适用性的安理会决议。

就国际立法而言,这是个有争议的问题,毕竟联合国不是一个凌驾于主权国家之上的"超国家"实体[53]。与欧盟立法权相比[54],联合国或其他政府间国际组织的立法权受更为严格的限制[55]。但是安理会近10年来的崭新实践,已经在联合国会员国中引起对其立法权力范围的争议[56]。从某种意义上说,安理会的决议开始显现出欧盟体系中"普遍规则"的特点[57],既是组织内部法律,也是组织外部法律——国际法——的组成部分[58]。

就国际组织内部法而言,由于国际组织相关机构具有类似国内法立法机构所拥有的立法权,它可以在组织内部制定法律,这里还是以联合国安理会为例。在通过了第1373号决议后,安理会轮值主席指出,此决议是"第一步",以后将有更多的立法工作要做[59];而2004年4月28日通过的第1540号决议的起草过程,则被他视为是"为联合国会员国立法的、重要的第一步"[60]。不过,内部法律的主要部分是行政法,涉及的是组织作为一个实体所拥有的行政权力[61]。这种法律也可以具有习惯法性质,即产生于组织实践之中,而非某个正式文件——有时可以直接与正式文件相左[62]。

---

51 《联合国宪章》第24条第二款。

52 对此有"单一问题立法权"的描述:S. Talmon, "The Security Council as World Legislature", 99 *AJIL* (2005) 175, 182.

53 ICJ, *Reparation for Injuries Suffered in the Service of the United Nations*, Advisory Opinion of 11 April 1949, ICJ Rep. (1949) 174, at 179.

54 H. Schermers and N. Blokker, *International Institutional Law* (Boston: Martinus Nijghoff, 4th rev. edn., 2003), sects. 1326, 1332-1334.

55 P. Szasz, "The Security Council Starts Legislating", 96 *AJIL* (2002) 901, 901-902.

56 S. Talmon, "The Security Council as World Legislature", 99 *AJIL* (2005) 175, 178-179.

57 Consolidated Version of the Treaty on the Functioning of the European Union, *Official Journal of the EU*, C 326/57, 26 October 2012, Art. 288.

58 H. Schermers and N. Blokker, *International Institutional Law* (Boston: Martinus Nijghoff, 4th rev. edn., 2003), sect. 1334.

59 P. Szasz, "The Security Council Starts Legislating", 96 *AJIL* (2002) 901, 902.

60 S. Talmon, "The Security Council as World Legislature", 99 *AJIL* (2005) 175.

61 J. Castañeda, "Valeur juridique des résolutions des Nations Unies", 129 *RdC* (1970) 211, at 227.

62 比如《宪章》第27(3)条的适用:L. Gross, "Voting in the Security Council: Abstention in the Post-1965 Amendment Phase and its Impact on Article 25 of the Charter", 62 *AJIL* (1965) 315.

其二，国际组织的行政/执行权一般由相关执行机构或首席行政长官—秘书长（以及其所任命的助手、代表，即秘书处雇员）—来代表该组织去行使[63]，也因此会导致组织的国际责任[64]。这类权力也有内部、外部之分。

国际组织中的执行机构一般是理事会（比如：联合国里）或委员会（比如：欧盟里），其所负有的使命不同：可以影响国际局势全局，也可以主要来规范会员国在某些领域里的行为。不过，这里要注意的是，执行机构的决定可能是立法性质，也可能是行政性质，这二者之间的关系似乎并没有明确的划分。安理会既有需要常任理事国一致同意（或不反对）的决定，也有不需要它们一致同意的决定[65]，那么是否可以说后者才是行政性的？而前者是立法性的？考虑的因素是以决定的目的和实质内容为主要分类标准，以投票方式作为辅助性标准。

作为国际组织日常行政的主导单位[66]，秘书处下设司、处，而调整组织与雇员之间的法律是该组织大会所通过的"雇员规章"（Staff Regulations）和行政长官颁布的"雇员规则"（Staff Rules），后者是前者的实施细则。这两本文件在雇佣合同签字时交给新雇员。在这里的问题，往往是会员国对秘书长或雇员职能范围的质疑[67]；以及雇员对国际组织就雇佣关系所产生的争议（见下一节的论述）。

行政权力覆盖的领域，包括国际组织会员国大会所掌握的预算权[68]。这个权力的重要性毋庸置疑[69]，在联合国系统内，具体实施程序由大会决议批准的"大会日程设计条例与规则"[70]和"联合国财政条例与规则"[71]来规范。针对每次预算案的批准权力的行使，是通过大会决议的方式来实现的，而此类决议具有法律拘束

---

63 比如：《宪章》第 97 条。

64 ICJ, *Effects of Awards of Compensation by Made by the UN Administrative Tribunal*, Advisory Opinion of 13 July 1954, ICJ Rep. (1954) 47, at 53.

65 《宪章》第 27 条。

66 《宪章》第 97-99 条。

67 J. Perez de Cuellar, "The Role of the UN Secretary-General", in A. Roberts and B. Kingsbury (eds.), *United Nations, Divided World* (Oxford: OUP, 2nd edn., 1993), 125.

68 2014 年 12 月 29 日，联合国大会通过决议第 A/RES/69/263 号，公布了 2014—2015 双年度预算，总支出预计在 55 亿美元左右。2020 年的预算为 30 亿美元左右：A/RES/74/264 A-C, 27 December 2019. 2019—2021 年，中国是联合国经常性预算的第二大来源国，占总额的 12.005%（2016—2018 年，占 7.92%）：联大决议 A/RES/73/271, 2018 年 12 月 22 日通过。

69 国际组织经常性预算的 90% 以上来自于会员国的会费：C. F. Amerasinghe, *Principles of the Institutional Law of International Organizations* (Cambridge: CUP, 2nd edn., 2005), 359. 但是，多数国际组织也都接受自愿捐款。

70 ST/SGB/2000/819（由联合国秘书长颁布于 2000 年 4 月 19 日）。

71 ST/SGB/2013/4（由联合国秘书长颁布于 2013 年 7 月 1 日）。

力[72]。在通过决议前,大会讨论其下设的预算委员会所做的评估、建议,具体说,联合国大会下设的第五委员会就是处理行政和预算事务的主要机构,它在处理相关事项前的评估和意见则是由行政与预算咨询委员会来具体操作的,后者对联合国秘书长所提出的预算案做审查并向大会报告[73]。会费比例表是大会决定的,会照顾到会员国的支付能力,从1972年开始,联合国任一会员国的会费最高不得超过联合国经常性预算的25%[74]。不过,联合国的经常性预算(以及维持和平行动的预算)主要还是来源于少数国家的会费[75]。

要注意的是,一个组织的预算(与行政预算不同但包括行政预算)可以涵盖实际支出,这也是国际法院在"特定经费咨询案"中的主要观点[76],在法院看来,在《宪章》第17条第二款下,"实际支出"就是"用来支付实现本组织目标所造成的开销"[77]。在这里,实际支出不必是"行政性"的,而联合国的实际预算总是包括日常行政之外的支出[78]。与会费相连的是会员资格[79],在联合国实践中,《宪章》第19条的适用较为罕见(两年不交会费就中止在大会的投票权,除非大会特别允许),其效力也为会员国承认,但拖欠会费的行为和类似做法频率较高[80],以至美国政府在自行消减会费后[81],曾以存在类似实践为由来证明其做法的合法性[82]。在这

---

[72] 《宪章》第17条。

[73] 由联合国大会决议第14(Ⅰ)A号成立于1946年2月13日。

[74] 联合国大会决议第2961(XXⅥ)B号,1972年12月13日通过(通过时的投票记录很有趣:81票赞成,27票反对,22票弃权)。比如:2019—2021年,美国是联合国经常性预算的第一大来源国,占总额的22%:联大决议A/RES/73/271,2018年12月22日通过。

[75] 据联合国维和办公室数据,2020—2021年预算超过70%的部分来源于10个国家:https://peacekeeping.un.org/en/how-we-are-funded(浏览于2021年8月5日)。

[76] ICJ, *Certain expenses of the United Nations* (Article 17, paragraph 2, of the Charter), Advisory Opinion of 20 July 1962, ICJ Rep. (1962) 151, at 158 and 178.

[77] Ibid., 179.

[78] Ibid., 160. *Also see* C. F. Amerasinghe, *Principles of the Institutional Law of International Organizations* (Cambridge: CUP, 2nd edn., 2005), 374-375. 联合国经常性预算只支付大约该组织所有实际支出的40%: W. Koschorreck, "Article 17", in *UNC Commentary*, vol. i, at 335, margin 6.

[79] A. Gerson, "Multilateralism à la Carte: The Consequences of Unilateral 'Pick and Pay' Approaches", 11 *EJIL* (2000) 61.

[80] H. Schermers and N. Blokker, *International Institutional Law* (Boston: Martinus Nijghoff, 5th rev. edn., 2011), sect. 1015.

[81] 在1985年8月16日,美国国会通过了"Kassebaum-Solomon修正案",将美国对联合国经常性预算的贡献消减了20%,直到该组织以及其专门机构在处理预算问题时给予会员国与其会费额相应的投票权:*Foreign Relations Authorization Act*, *Fiscal Years 1986 and 1987*, sect. 143, Public Law No. 99-93.

[82] E. Zoller, "The 'Corporate Will' of the United Nations and the Rights of the Minority", 81 *AJIL* (1987) 610, 615.

个问题上存在两个相对的看法：1)拖欠行为本身从始至终就是违反《宪章》的行为，不管理由为何[83]；2)选择性拖欠行为可以成立，只要会员国对联合国机构的行为或行动是否违反《宪章》或国际法的怀疑是合理的[84]。

在国际组织的对外关系中，执行权可以体现在国际条约的订立上。如何行使这一权力，可以看组织的成立文件中的相关规定[85]，这一权力的法律基础有逐渐明确的趋势，可以包括：组织的成立文件[86]；依照成立文件所作的决定和决议；组织的既有实践[87]。不过，实践中国际组织订立条约并不一定明确以组织的成立文件作为基础[88]。

在这方面的实践中，很多国际组织没有特别的缔约规则，而是遵循秘书官长（包括秘书长和总干事）进行缔约、签字的一般规则；不过，秘书长一般是在组织内相关机构的授权下去启动、参与谈判和缔约程序的。实践中，理事会（也是执行机构）主席或会员国选举产生的组织的主席，以至于组织在某一地区设立的分支，都可能有缔约资格[89]。条约的生效一般取决于国际组织大会的批准或同意[90]。

另外，对外的执行权在相当程度上取决于会员国的合作，主要原因是国际组织没有足够的执行能力。安理会在《宪章》第7章下所作决议的施行，只能靠联合国会员国来实现。实践中，许多国际组织的成立文件中包括要求会员国通力协作、实现其在文件下所承担义务的规定[91]。

其三，在联合国体系中，司法权主要由两个机构来行使：1)联合国国际法院；2)联合国行政法庭（已被争端法庭和上诉法庭取代）。国际法院不仅在国际关系

83　E. Zoller,"The 'Corporate Will' of the United Nations and the Rights of the Minority", 81 *AJIL* (1987), 617-618, 629-630.

84　F. Francioni, "Multilateralism à la Carte: The Limits to Unilateral Withholdings of Assessed Contributions to the UN Budget", 11 *EJIL* (2000) 43, 58.

85　1986年《有关国家与国际组织之间和国际组织之间条约法的维也纳公约》第6条；《宪章》第43条、第57条和第63条、第83条第一款、第85条第一款、第105条。

86　H. D. Chiu, *The Capacity of international Organizations to Conclude Treaties, and the Special Legal Aspects of the Treaties so Concluded* (The Hague: Martinus Nijhoff, 1966), 123-128.

87　1986年《有关国家与国际组织之间和国际组织之间条约法的维也纳公约》第2条。

88　《国际联盟盟约》就没有涉及缔约权力的条款，而联合国与美国政府于1947年6月26日订立的《总部协定》也没有《宪章》条款明确的依托：11 UNTS 11. Also see F. Seyersted, *Common Law of International Organizations* (Leiden: Martinus Nijhoff, 2008), 401-405.

89　H. D. Chiu, *The Capacity of international Organizations to Conclude Treaties, and the Special Legal Aspects of the Treaties so Concluded* (The Hague: Martinus Nijhoff, 1966), 91-97.

90　《国际刑事法院罗马规约》第3条第二款。

91　欧洲理事会《规约》第3条（1949年5月5日订立：http://conventions.coe.int/Treaty/en/Treaties/Html/001.htm）；《国际原子能机构规约》第4条第(c)款（1956年10月26日通过）。

中具有独特的重要地位(即解决国际争端)[92]，而且作为联合国主要司法机构，它担负着对《宪章》进行司法解释的重任[93]——包括解决联合国行政法庭判决引发的《宪章》解释的争议[94]，以及作为国际劳工组织行政法庭上诉庭的特别职能[95]。所以，它的司法职能也具有对外、对内的分别。

1949年11月24日，联合国大会通过第351 A(Ⅳ)号决议建立了行政法庭，通过了法庭规约，来处理联合国雇员和联合国组织之间就不遵守雇佣合同和岗位要求(terms of appointment)而产生的争端[96]。国际法院曾在相关案件中指出，该法庭作为一个独立的司法机构，所作的裁决对于当事方来说具有既判力(res judicata)和拘束力[97]。

2008年12月24日，联大通过第63/253号决议，建立了"联合国争端法庭"，同时通过了法庭的规约；该决议还建立了"联合国上诉法庭"，并通过了该法庭的规约[98]。这一决议开启了联合国系统内部行政法新制度[99]，取代了现有的机制[100]。原有的联合国行政法庭从2009年12月31日被废止，而取而代之的争端法庭和上诉法庭从2009年7月1日开始运转[101]。

争端法庭的管辖权范围包括联合国雇员、前雇员或雇员的亲属[102]：1)针对秘书长行政决定进行申诉的申请；2)在申请过程中要求中止有争议的行政决定执行的申请；3)针对专门组织的申请；4)以及(临时性的)从现有内部准司法或司法

---

[92] 参看本书第16章。

[93] 这一任务还可以通过咨询意见的方式来完成：《宪章》第96条。

[94] ICJ, *Application for Review of Judgement No. 333 of the United Nations Administrative Tribunal*, Advisory Opinion of 27 May 1987, ICJ Rep. (1987) 18, para. 23. 这一实践从1950年开始一直持续到2009年：UNGA Res. 351 A(Ⅳ), 24 November 1949; UNGA, A/RES/63/253, 17 March 2009.

[95] International Labour Organization, *Statute of the Administrative Tribunal of the International Labour Organization*, Article Ⅻ; ICJ, *Judgment No. 2867 of the Administrative Tribunal of the International Labour Organization upon a Complaint Filed against the International Fund for Agricultural Development*, Advisory Opinion of 1 February 2012, ICJ Rep. (2012) 10, para. 28).

[96] 《规约》第2条。

[97] ICJ, *Effects of Awards of Compensation by Made by the UN Administrative Tribunal*, Advisory Opinion of 1954, ICJ Rep. (1954) 47, at 53.

[98] 在2011年12月24日，联大通过决议66/237号对规约的文本做了修正。

[99] 有关新旧系统的区别，参看：http://www.un.org/en/oaj/unjs/oldnew.shtml.

[100] 联大第63/253号决议前言提到从2003年4月开始，联大就着手改革现有的内部行政法律系统，目的是建立一个"崭新、独立、透明、专业化、资金充足、分权制的内部行政法律体系"。

[101] 联大第63/253号决议，第27、42-43段。

[102] 《规约》第3条第一款。

机构移交的案件[103]。上诉法庭被授权听取针对以下事项的上诉申请：1)"联合国争端法庭"判决；2)联合国雇员养老金委员会的常设委员会所作决定；3)专门组织[104]。

应该说，行政法庭或仲裁庭是国际组织正常运转所不可缺少的机构，且不一定只处理雇员的申诉：美洲国家组织就设有常设仲裁庭来处理个人诉该组织的申请，后者既可以是基于合同，也可以是非合同的申诉[105]。

另外，出于组织平稳运作的考虑，成立文件常将对之进行条约解释的权力交予司法机构[106]，而不是交由政治性或执行机构来完成[107]。

国际组织在其体系下还可以成立临时司法机构，以实现组织的目的与宗旨[108]。前南刑庭就是联合国安理会通过第827号决议建立起来的，对此，前南刑庭上诉庭指出，刑庭的建立符合《宪章》第41条下"非武力措施"的限制性要求[109]。

四、豁免待遇

豁免权与法律人格是相互依存的，只要有法律所承认的主体资格和行为能力，就可能产生豁免的问题。政府间国际组织的产生和发展，已经清楚地说明这是一种在国际法意义上独立的、全新的人格者。这类组织所具有的特殊使命，决定了它参与国际关系的必要性和对国际关系的重要影响。豁免权的存在，是它存在和发挥应有作用的基本保证。

正如国家需要豁免权来保护其代表、财产和档案一样，政府间国际组织也需要同样的待遇，以实现其目的和宗旨[110]。不过，对于这类组织来说，考虑到其根本

---

103 《规约》第2条。

104 《规约》第2条。

105 P. Klein, *La Responsabilité des organisations internationales dans les ordres juridiques internes et en droit des gens* (Brussels: Editions Bruylant et Editions de l'Université Libre de Bruxelles, 1998), 253.

106 H. Schermers and N. Blokker, *International Institutional Law* (Boston: Martinus Nijhoff, 4th rev. edn., 2003), sects. 1363-1378.

107 例如：the Lisbon Treaty of 2007, Article 263；UNCLOS, Article 288(1)。不过，解释成立文件的权力普遍存在于文件所建立的系统之中，司法程序只是行使此权力的机构之一：H. Schermers and N. Blokker, *International Institutional Law* (Boston: Martinus Nijhoff, 4th rev. edn., 2003), sects. 1355-1362.

108 ICJ, *Effect of Awards of Compensation Made by the United Nations Administrative Tribunal*, Advisory Opinion of 13 July 1954, ICJ Rep. (1954) 47, at 61.

109 ICTY, *Prosecutor v. Duško Tadić*, Case No. IT-94-1-AR72, *Decision on the Defence Motion for Interlocutory Appeal on Jurisdiction*, Appeals Chamber, 2 October 1995, para. 36.

110 参看《联合国宪章》第105条。联合国建立伊始，就订立了《联合国特权与豁免权公约》(1946)和《专门机构特权与豁免权公约》(1947)。

特质是政府间组织,将其行为分为商业活动和非商业活动就不合适了,因为商业活动一般来说与其成立的目的与宗旨不符。不过,国际实践中还是存在着将国际组织与国家进行类比的做法,从而把"公权行为"(iure imperii)与"私权行为"(iure gestionis)加以区别,导致不同的结果[111]。

在这方面的实践中,联合国组织的经验最为典型[112]。《宪章》第104条规定,联合国组织在会员国领土上享有为实现其目的、履行其职能而必需的法律资格,第105条规定,联合国组织在会员国领土上享有为实现其目的而必需的特权和豁免权,其官员同样享有特权和豁免权,以独立地去实现与组织相关的功能。为此,联合国与会员国之间存在着《联合国特权与豁免权公约》[113],第1条确立了联合国的法律人格,第2条对联合国的财产(包括档案)、资金、资产给予全面的司法豁免权(除非联合国放弃豁免),第4条则承认联合国会员国的代表派往联合国机构或参与联合国召开的大会时享有的各种特权与豁免权,第5条规定的是联合国官员(以及家属)的各种特权与豁免权,其中第20节强调这些权利是为了联合国的利益而赋予官员的,后者不得借此谋私利。1947年,联合国大会又通过了《专门机构特权与豁免权公约》[114]。这两个条约在后续实践中得到东道国协议、总部协议的补充。

国际法院的案例法中有两个案件与本节内容有关。其一是在1989年的咨询意见中,法院指出:经社理事会下设委员会所指派的特别报告员,不是联合国官员,也不是会员国派驻组织的代表,而属于上述1946年公约下第22节中的"出使专家"(experts on mission),因而享受公约下相应的特权与豁免权[115]。其二是在1999年的咨询意见中,国际法院提到,涉案的联合国人权委员会特别报告员也属于1946年公约下第22节中的专家,其在第22节下所发表的言论或行为享受豁免权,而马来西亚政府在《宪章》第105条和1946年公约下有义务向其法院系统

---

[111] F. Morgenstern, *Legal Problems of International Organizations* (Cambridge: Grotius Publications Ltd. 1986), 6-8. Also see J. Kalbbers, *An Introduction to International Institutional Law* (Cambridge: CUP, 2nd edn., 2009), 32-35.

[112] M. Shaw, *International Law* (Cambridge: CUP, 8th edn., 2017), 2411-2412.

[113] 联大决议第22 A(I)号,于1946年2月13日通过。全文参看:1 UNTS 15; 90 UNTS 327。截至2015年2月8日,有161个缔约国。

[114] 联大决议第179(Ⅱ)号,于1947年11月21日通过。全文参看:33 UNTS 261。截至2015年2月8日,有126个缔约国。

[115] ICJ, *Applicability of Article Ⅵ, Section 22, of the Convention on the Privileges and Immunities of the United Nations*, Advisory Opinion of 15 December 1989, ICJ Rep. (1989) 177, para. 55.

通报联合国秘书长就此事件所持立场[116]。

此外,考虑到国际组织在东道国设立总部的普遍做法,其在国内法院的特权与豁免权问题,也是值得注意的实际问题[117],特别是国内法院赋予对东道国协定的字面解释以突出地位的做法[118];以及国内法院在处理涉外豁免争议时将国内法规则、理念扩展适用的倾向[119]。

与上述国际组织在主权国家(特别是东道国)里所享受的特权和豁免权相对应的问题是东道国法律适用的范围和程度。即使国际法下的特权与豁免权是公认的事实,但国际组织存在于东道国领土之上同样也是事实,后者会引发国际法与国内法两个体系碰撞的后果[120]。假如国际组织会员国的代表可以依照相关豁免协定(通常是在组织与会员国之间订立)出现在东道国领土上去参加该组织的活动,并且此类协定参照外交官的特权与豁免权来对待上述代表,那么对国际组织的观察员组织的代表的对待就不会达到同样的高度;代表主权国家与否确实会影响在东道国法律体系中所享的特权和豁免权的范围[121]。除了国际组织豁免协定外,还有东道国协定来进一步补充、明确前者的内容和具体实施的规则。联合国与美国所订立的东道国协定就明确规定:美国联邦法院的管辖权及于联合国总部区域,除非东道国协定另有安排[122]。

五、国际责任

国际组织的责任问题是对国际法中国家责任问题的折射,适用的规则甚至包

116　ICJ, *Difference Relating to Immunity from Legal Process of a Special Rapporteur of the Commission on Human Rights*, Advisory Opinion of 29 April 1999, ICJ Rep. (1999) 62, paras. 62-63.

117　A. Reinisch(ed.), *The Privileges and Immunities of International Organizations in Domestic Courts*(Oxford: OUP, 2013).

118　A. Reinisch and R. Janik, "The Personality, Privileges, and Immunities of International Organizations before National Courts-Room for Dialogue", *ibid.*, 329 at 331.

119　C. Brower Ⅱ, "United States", *ibid.*, 303, at 323-327.

120　A. Reinisch, "Accountability of International Organizations according to National Courts", 36 NYIL(2005) 119.

121　J. Klabbers, *An Introduction to International Institutional Law* (Cambridge: CUP, 2nd edn., 2009), 141.

122　Article Ⅲ, sect. 7(b), *Agreement between the United Nations and the United States of America regarding the Headquarters of the United Nations*, adopted 26 June 1946, entering into force 21 November 1947, annexed to UNGA Res. 169(Ⅱ), 31 October 1947.

括国家责任法律的相关规则,但是,独立的法律人格必然导致国际组织自己的国际责任,因为其独立行为会产生独立的国际法律后果。早在1949年的"赔偿案"中,国际法院就对此问题有所分析,它认为国际组织有权利向加害国(特别是其会员国)索求赔偿[123]。这一责任是加害国对于该组织所负的国际责任。后来,随着联合国卷入危机局势的频率的增多——特别是在维和行动中,联合国雇员或授权介入某局势的人员不断面临不法行为的现实,要么是非法行为的对象,要么是从事非法行为的主体[124]。

2011年,联合国国际法委员会向联大提交了一组67个条款草案,专门制定了这方面的规则。从草案的基本原则而来看[125],是委员会2001年国家不法行为责任草案的翻版[126]。

实践中,较为突出的问题是相关责任在国际组织与成员国之间的分摊[127]。这个问题与国际组织的法律人格有密切关系,后者决定了国际组织的独立地位,也就决定了其义务和责任的独立性[128];相对而言,没有独立人格的国际组织所带来的责任会直接由会员国承担。但是,国际法没有规定会员国对具有独立人格的国际组织所负责任负有一份平行的、个别的、连带的责任[129];相反,现有的实践倾向于由国际组织自己承担其组成机构或代表行为所带来的国际责任[130]。在联合国组织开始部署维持和平行动后,马上就面临维和人员在行动中造成当地的人员伤亡、财产损失的事实,在当时,联合国对这些伤亡、损失均给予赔偿;维和部队造成的责任,归属于联合国组织[131]。

实践逐渐明确了以下原则,国际组织的责任来源于成立文件、国际习惯法,或

---

[123] ICJ, *Reparation for Injuries Suffered in the Service of the United Nations*, Advisory Opinion of 11 April 1949, ICJ Rep. (1949) 174, at 184.

[124] C. Chinkin, "United Nations Accountability for Violations of International Human Rights Law", 395 *RdC* (2019) 203, at 214-231.

[125] 比如"2011年条款草案",第3-5条或者第三部分的内容。

[126] 对比本书第十二章。

[127] 比如,国际组织要付出赔偿时,赔偿从会费中支取,会员国并不需要独立出资;IDI, 66(1) *Annuaire* (1995), Resolution on "The Legal Consequences for Member States of the Non-fulfilment by International Organizations of their Obligations toward Third Parties", Art. 9(3).

[128] C. Amerasinghe, "Liability to Third Parties of Member States of International Organizations: Practice, Principle and Judicial Precedent", 85 *AJIL* (1991) 259, at 276.

[129] K. Wellens, *Remedies against International Organisations* (Cambridge: CUP, 2002), 46-47.

[130] "2011年条款草案",第6条。

[131] F. Seyersted, "United Nations Forces: Some Legal Problems", 37 *BYIL* (1961) 351, 420-421.

组织所参加的国际条约[132]。不过,这方面的实践一直较少[133],所以国际组织所承担的责任是比照国家所担负的责任类比设计、划分的。

国际法委员会起草的有关国际组织不法行为责任条款草案或"2011年条款草案"也因此面临着编纂与发展交替的问题[134]。这一草案在诸多方面与2001年国际法委员会通过的有关国家不法行为的责任草案相似,只是规范的对象是国际组织[135]。

除了"2011年条款草案"第二部分第二章的归责条款外,第五部分的内容从一定程度上规定了国家(包括国际组织会员国)对其在国际组织不法行为中的作用所应付的连带责任,其中第58条(国家协助、帮助国际组织从事不法行为)、第59条(国家指挥、控制国际组织从事不法行为)、第60条(国家胁迫国际组织从事不法行为)责任分配问题,都是国际组织责任制度比较有特点的地方[136],而第61条(国家借国际组织会员资格逃避自身的国际义务)和第62条(会员国接受国际组织的责任)的解释相对较为不易,特别是第62条,它涉及一个重要问题,会员国是否会因为会员资格而承担连带责任? 在相关条约缺乏规定的前提下,也即缺乏第62条所列举的两种特殊情形时,国际实践对此问题的回答暂时是否定的[137]。

有关国际组织责任的具体内容体现在"2011年条款草案"的第三部分里,特别是第28—31条。第31条规定的是"充分赔偿"的义务,主要针对的是国际组织单独负责的情况[138],而这类组织与某一国家一起违法的情况,属于第14条规定的范围之内(这一条针对的是国际组织协助、帮助(aids or assists)某一国家或另一个国际组织从事不法行为的情况),这后一规定也是该草案与国家责任制度有区别的地方,因为它引入了个人刑事责任理论中协同犯罪的理念,似乎在预示,国际组织的地位介于国家和个人之间,其行为与国家、个人的行为有交集,但不重合。

---

[132] ICJ, *Interpretation of the Agreement of 25 March 1951 between the WHO and Egypt*, Advisory Opinion of 20 December 1980, ICJ Rep. (1980) 73, para. 37.

[133] K. Daugirdas, "Reputation and the Responsibility of International Organisations", 25 *EJIL* (2015) 991.

[134] YBILC(2011), vol. ii, Part Ⅱ.

[135] Ibid., "General commentary", para. (4).

[136] Ibid. 90-93.

[137] *Maclaine Watson & Co. Ltd. v. Department of Trade and Industry*; *J H Rayner (Mining Lane) Ltd. v. Department of Trade and Industry*, Court of Appeal, England, Judgment of 27 April 1988, 80 *ILR* 49, at 109, per Lord Kerr; House of Lords, England, Judgment of 26 October 1989, 81 *ILR* 671, at 679-680, per Lord Templeman(没有可信证据表明国际组织会员国对组织欠下的债务有连带义务;这一假设的国际法规则必然对会员国对组织的债务分配方式有所规定)。

[138] YBILC(2011), vol. ii, Part Ⅱ, Article 31, "Commentary", para. (7).

"2011年条款草案"还规定了国际组织免责的理由[139],明确了违反强行法的行为不能免责的原则[140]。还需指出的是,它不影响国际法下国家责任的规则、个人责任的问题,或《联合国宪章》中的规则[141]。虽然"2011年条款草案"尚未转化为国际条约,但是它对国家实践的影响已经显现出来[142]。

六、继承问题

政府间国际组织之间的继承指代被继承组织的权利、义务、责任(含债务)转移到继承组织身上[143]。一旦发生国际组织的自然解体,比如:其目的已经达到(即该组织的创制就附有时间上的限制)[144],或成员国一致同意或以多数票决定予以解散[145],那么就存在是否这个组织将被新的组织取代、收编,或二者整合的选择。继承的过程一般是通过条约形式来规范[146]。作为一般规则,权利、义务、责任转移到继承组织手中,但债务的继承问题没有明确的规则[147]。

七、国际组织与会员国之间的争端解决

国际组织与会员国之间的争议可以涉及成立文件,或组织内部相关条例,或

---

[139] *YBILC*(2011),vol.ii,Part Ⅱ,Article 31,"Commentary",Articles 20-25.

[140] Ibid.,Article 26.

[141] Ibid.,Articles 65-67.

[142] First Chamber,the Supreme Court of the Netherlands,*Netherlands v. Hasan Nuhanović*,12/03324,Judgment of 6 September 2013,paras.3.11.3,3.12.3,3.13,available at:(http://www.internationalcrimesdatabase.org/Case/1005/The-Netherlands-v-Nuhanovi%C4%87/).

[143] 59 *United States Statute at Large* 1411,*Interim arrangements between the United States of America and other powers respecting the Preparatory Commission of the United Nations*,signed at San Francisco,26 June 1945,effective from 26 June 1945,Article 4(c).

[144] W. Jenks,"Some Constitutional Problems of International Organizations",22 *BYIL*(1945) 11,at 69-70.

[145] 国际联盟的解散是由联大会一致决定通过的:H. McKinnon Wood,"Dissolution of the League of Nations",23 *BYIL* (1946) 317. 国际货币基金组织的解散可以由董事会法定出席人数所投超过半数票来决定:IMF,*Articles of Agreement*,amended as of 2010(Washington D.C.:International Monetary Fund,2020),Art 27,sect.2;Art 12,sect.5.

[146] 比如,联合国继承国际联盟的档案等财产和权利就是通过协议来启动的:UN Doc. A/18 and Adds 1 and 2(1946);*Agreement concerning the execution of the transfer to the UN of certain assets of the League of Nations*,19 July 1946,1 *UNTS* 109.

[147] P. R. Myers,*Succession between International Organizations*(Routledge:London,1993). Also see M. Shaw,*International Law* (Cambridge:CUP,8th edn.,2017),2423.

组织所订立的条约,或组织行为之中产生的法律问题的解释,它们一般是通过组织内部的大会或执行机构(如理事会)的行政决定来解决的,而不是直接通过司法手段来处理[148]。上述程序一般是由组织成立文件来规定的;一旦组织的机构强行将争议管辖权赋予自己所成立的司法机构,就无法避免涉事会员国对之提出"越权"的指控[149]。

另外,组织与会员国所特别订立的条约可能包括司法手段解决争端的规则。这里典型的案例是1988年联合国组织与美国政府之间就东道国协议(性质是条约)的解释问题所产生的争端[150]。1988年3月2日,联大通过第42/229B号决议,要求国际法院就以下问题提供咨询意见:

> "基于秘书长报告(A/42/915 and Add. 11)所反映的事实,作为联合国与美国有关联合国总部协定的一方,美国在协定第21节下是否承担接受仲裁的义务?"

联大决议的起因是:依据联大第3237(XXIX)号决议(1974年11月22日通过),巴勒斯坦解放组织在联大纽约总部派驻了常设观察员使团,使团住所在联合国区外;在1987年5月,美国参议院开始讨论一个立法议案,内容包括将巴解组织在美国领土上建立办公室或其他机构的行为规定为违法行为,联合国秘书长为此向美国政府表示:假如议案成为法律,美国政府关闭巴解组织的办事处,会导致违法总部协定的后果[151]。国际法院认为,在条约一方抗议另一方的行为或决定违反条约时,即使后者不就此提出任何国际法下的辩解,也不能打消双方持不同意见这一事实构成有关该条约解释或适用的争端的结论[152]。当然,本咨询意见最终结论是此类争端属于第21节的适用范围,应提交该节下所指的仲裁程序来解决[153]。

本案表明,针对国际组织与成员国之间关系适用的法律主要是国际法,实践中,这类争端往往涉及国际组织的存在、组成、资格、成员国地位和代表权问题[154]。

---

148 F. Seyersted,"Settlement of internal Disputes of Intergovernmental Organisations by Internal and External Courts",24 *ZaöRv* (1964) 1,at 7.

149 Ibid. ,47-48.

150 ICJ,*Applicability of the Obligation to Arbitrate under Section 21 of the United Nations Headquarters Agreement of 26 June 1947*,Advisory Opinion of 26 April 1988,ICJ Rep. (1988) 12.

151 Ibid. ,paras. 8-22.

152 Ibid. ,para. 38.

153 Ibid. ,para. 58.

154 M. Shaw,*International Law* (Cambridge:CUP,8th edn. ,2017),2402-2403.

第八章　个人与国际人权法

扩 展 阅 读

H. Lauterpacht, *Human Rights in International Law*, London: Stevens & Sons, 1950; T. Meron (ed.), *Human Rights in International Law*, 2 vols., Oxford: OUP, 1984; R. Mullerson, Human Rights and the Individual as a Subject of International Law: a Soviet view, 1 *EJIL* (1990), 33; P. Alston (ed.), *The United Nations and Human Rights*, Oxford: OUP, 1992; K. Mbaye, *Les Droits de L'Homme en Afrique*, Paris: Pedone, 1992; C. Tomuschat, *Modern Law of Self-Determination*, Dordrecht: Martinus Nijhoff, 1993; D. McGoldrick, *The Human Rights Committee: Its Role in the Development of the ICCPR*, Oxford: OUP, 1994; The United Nations, *Human Rights: A Compilation of International Instruments*, New York: UN, 1994; H. Steiner and P. Alston, *International Human Rights in Context*, Oxford: Clarendon Press, 1996; F. Jacobs and R. White, *The European Convention on Human Rights*, 2nd edn., Oxford: Clarendon Press, 1996; R. Mullerson, *Human Rights Diplomacy*, London: Routledge, 1997; A. Beyefsky (ed.), *Self-Determination in International Law: Quebec and Lessons Learned*, The Hague: Kluwer Law International, 2000; R. Murray, *The African Commission on Human and People's Rights*, London: Hart Publishing, 2000; R. Provost, *International Human Rights and Humanitarian Law*, Cambridge: CUP, 2002; M. O'Flaherty, *Human Rights and the UN: Practice before the Treaty Bodies*, Boston: Martinus Nijhoff, 2002; K. Knop, *Diversity and Self-Determination in International Law*, Cambridge: CUP, 2002; S. Zappala, *Human Rights in International Criminal Proceedings*, Oxford: OUP, 2003; H. Steiner, P. Alston, R. Goodman, *International Human Rights in Context*, 3rd edn., New York: OUP, 2008; D. Shelton (ed.), *The Oxford Handbook of International Human Rights Law* (Oxford Handbooks), Oxford: OUP, 2015; H. Hannum, S. J. Anaya, D.

Shelton, R. Celorio, *International Human Rights: Problems of Law, Policy and Practice*, 6th edn., New York: Aspen Publishers, 2017; O. de Schutter, *International Human Rights Law: Cases, Materials and Commentary*, 3rd edn., Cambridge: CUP, 2019; R. Cryer, D. Robinson, S. Vasiliev, *An Introduction to International Criminal Law*, 4th edn., Cambridge: CUP, 2019; G. Werle and F. Jessberger, *Principles of International Law*, 4th edn., Oxford: OUP, 2020.

一、个人与国际法主体资格

(一) 个人

如果国际法上的主体资格或人格意味着享有权利、承担义务并且具备向其他国际法主体提出求偿主张的能力,那么个人就是国际法意义上的主体之一,或者说拥有国际法上的人格。有学者可能会反驳说赋予个人权利的条约仍然是国家间关系的产物,因此个人是这种国家间关系的客体而非主体。如果国际法上的人格意味着缔结条约的能力,那么这种反驳是道理的,但正如国际组织具有的主体资格一样,一个拥有国际法上人格的实体并不一定拥有跟主权国家完全相同的行为能力。既然国际组织是有限意义上的国际法主体,那么个人也可以是具有有限行为能力的主体。

上述观点的依据,是第二次世界大战以来在国际刑法和人权法两个领域里国际实践的快速发展的成果。在此之前,主权国家与个人通过国籍联系起来,因此发生其他国家对个人权利的侵害后,只能由受害人的国籍国据此提出国际求偿请求。不过,即使当时也已经出现了赋予个人以资格来实现自身权利的做法,如1919年《凡尔赛条约》第304条第二款允许协约国国民向混合仲裁庭提出要求德国政府赔偿的请求。"但泽法院管辖权案"表明,在那个时代国际法并不直接赋予个人权利或义务[1],但常设国际法院在判决里指出,波兰和但泽曾订立了《有关官员的最后协定》,其中规定了可以通过彼此的国内法院来确保实现的个人权利和义务[2],因为诉诸国内法院的资格一旦被条约承认,发生与之有关的争议时,个人可以直接在国内法院起诉,而不需要等待其国籍国的救济。当时的学界已经注意

---

[1] PCIJ, Ser. B, No. 15(1928), 17; 4 AD 287, 289.
[2] Ibid.

到这种新的发展趋势[3]。

第二次世界大战之后,个人在国际法下的权利和义务取得了实质性进展,并在相当范围内可以直接要求司法机构来保护自己的权利。比如,1950年《欧洲保护人权和基本自由公约》[4]第25条规定,欧洲人权委员会可以"接受任何个人、非政府组织或群体声称自己为《公约》所保护的权利被成员国侵害的申诉,但应以被申诉国已经提交声明接受委员会的该项权能为限。已做出该项声明的成员国须担负不阻碍此项权利有效行使的义务。"

1990年11月6日通过的该《公约》第九议定书(其名称为《有关个人从【——欧洲人权】法院获得救济的议定书》)修订了《公约》第44条,规定"只有成员国,欧洲人权委员会,或者根据第25条提交了申诉的个人或者非政府组织有权将一个案件提交至欧洲人权法院。"但第九议定书很快就被1994年5月11日的第11议定书所取代[5]。后者第34条规定:"任何个人、非政府组织或者个人群体向法院申诉自己在《公约》及其议定书下的权利受到缔约方侵害时,法院皆可受理。缔约方承担不阻碍此项权利有效行使的义务。"与之前的对应条文相比,第34条不再要求相关国家的事先、临时同意作为欧洲法院接受个人申诉的前提条件,个人可以随时向欧洲人权法院提出申诉。尤为重要的是,这种诉权是赋予"任何个人"的,因而具有属人而不是属地的性质。对该《公约》最新的修订出现在第15号附加议定书之中,这份议定书突出了"补充性原则"和"缔约国裁量权原则",主要是承认缔约国负有保证公约中权利和义务得到执行的首要责任,以及在实现保证的事项时具有一定的裁量权[6]。

1966年《公民与政治权利国际公约任择性议定书》第1条规定:"成为本议定书缔约方的《公约》缔约国,承认委员会有权接受和考虑自己管辖下的个人所提出的、声称《公约》下的权利受到该缔约国侵害的申诉。委员会无权受理针对非本议定书缔约方的《公约》缔约国所提起的申诉。"[7]

1982年,针对就《美洲人权公约》下的条约生效条款(第74、75条)所作保留

---

[3] J. Stark, "Monism and Dualism in the Theory of International Law", 17 *BYIL* (1938), 71-72.

[4] 参看欧洲人权法院官网(https://www.echr.coe.int/Pages/home.aspx?)。

[5] 已于1998年11月1日生效。

[6] 对前言的修订:https://www.echr.coe.int/Documents/Protocol_15_ENG.pdf(浏览于2021年5月3日)。议定书于2013年6月23日由缔约国和欧洲理事会(Council of Europe)成员国通过;在全体缔约国签署并批准后,于2021年8月1日生效。

[7] 作为联合国大会决议第2200 A的附件,参见 UNGAOR(1966), Supp. No. 16, 59. 999 *UNTS* 171. 生效于1976年3月23日。截至2021年8月10日,共有116个缔约方。

之法律效力的问题,美洲人权法院的咨询意见指出:

"29. 本院必须强调,现代的人权条约、特别是《美洲人权公约》,不同于传统意义上在国家之间为互惠而交换权利义务的条约。人权条约的目的和宗旨是,不论个人的国籍为何,它们都保护其不受本国与其他缔约国的侵害。缔结人权条约的国家实际上将自己置于一个法律体系之下,在此体系中,国家为了人类共同利益而依照条约的规定对所有在其管辖之下的个人而非其他缔约国负担义务。"

"32. 另需强调的是,《美洲人权公约》与其他人权公约(包括《欧洲人权公约》)不同,因为它赋予了私人直接向委员会指控公约缔约国行为的权利(第44条)。与此相反,在《美洲人权公约》下,一个国家启动针对另一个国家的诉讼程序时须以双方已经接受委员会处理该事项的管辖权为前提(第45条)。"

2001年《查瓜拉马斯条约(修订版)》第222条也规定,加勒比法院(Caribbean Court of Justice)有权允许个人在法院出庭,来维护自己基于该条约而产生的个人权利[8]。

在2001年6月27日国际法院宣判的"勒格朗德案"中,德国与美国都是《维也纳领事关系公约》及其选择性议定书的缔约国。当勒格朗德兄弟被定罪判刑时,相关美国政府机关没有依照上述《公约》的规定向他们提供必要的信息,也没有向德国领事馆通报二人被捕,美国政府承认本国机关在发现了二人不是美国公民后仍然没有做出弥补,因而违背了其在《公约》下的义务。国际法院指出:"根据相关的条款(【维也纳领事公约】第36条第一款第二项和第三项),本法院认为第36条第1款因为选择性议定书第1条的缘故赋予了个人以权利,该权利可以由被关押者的国籍国在本法院面前援引。在本案中,上述权利遭到了侵犯。"[9] 国际法院最终判定美国违反了第36条第一款、第二款,以及法院在1999年3月发出的临时措施命令,不过,即使两个德国公民在《公约》第36条第一款第二项下的权利被剥夺的情况下被处以重刑,也应允许美国政府根据《公约》中列明的权利来审查、并重新考虑该有罪判决以及刑罚种类和尺度。

在2004年的一个类似判决中,国际法院进一步阐发了个人权利与国籍国权利的相互依存关系,认为侵犯上述《公约》第36条下的个人权利,可以导致侵犯国

8　参见http://caricom.org/jsp/community/revised_treaty-text.pdf.当然,该条规定了个人(包括法人)出庭的几个前提条件。

9　ICJ, *LaGrand (Germany v. US)*, Judgment of 27 June 2001, ICJ Rep. (2001) 466, paras. 77 and 89.

籍国自身的权利;反之亦然[10]。

可以说,个人不仅可以享有一定程度上的实体和程序上的权利,还会在违反国际法时承担个人责任。诚然,比起主权国家所拥有的权能,个人权利的有限性是明确的;这种有限性与个人所承担的国际责任的种类和内容相比,形成反差[11]。

(二) 公司

跨国公司公司早已存在多年,此处考虑的是其在国际法上的人格问题。跨国公司由一系列通过母公司联系在一起的私人商业组织构成,其资产规模可以大大超过中小发展中国家的实力。自"巴塞罗那动力公司案"以来,实践中与跨国公司有关的问题日益增多。现在已有一些旨在规范其行为的指南,如《联合国跨国公司行为守则》[12]、经合组织的1976年《跨国公司指南》[13]和国际劳工组织《有关多国公司和社会政策之原则的三方宣言》[14]。而联合国贸发会议曾花费了20多年的时间来研究对此类实体的规范问题[15],其他联合国部门也做过类似努力[16]。当然,所有这些文件都是所谓的"软法"。

很多学者认为跨国公司尚未具有国际法人格[17]。相反的看法也并非没有道理,因为实践证明,跨国公司可以与外国政府订立特许协定或投资协议。在这样的协定下,跨国公司可以对协定的另一方(即政府)提起求偿的法律诉讼[18],而且它们在国际法下拥有其他的权利[19]。它们要对跨国行为负更多责任的认识也逐

---

[10] ICJ, *Avena and other Mexican Nationals* (*Mexico v. US*), Judgment of 31 March 2004, ICJ Rep. (2004) 12, para. 40.

[11] T. Treves, "The Expansion of International Law: General Course on Public International Law", 398 *RdC* (2015), 9, at 110-111.

[12] UN Doc. E/1990/94, 12 June 1990.

[13] 15 *ILM* (1976), 967.

[14] 17 *ILM* (1978), 422.

[15] I. Seidl-Hohenveldern, *International Economic Law* (Boston: Kluwer Law International, 1999), 12-13.

[16] J. Zerk, *Multinational and Corporate Social Responsibility* (Cambridge: CUP, 2007), 244-245.

[17] *Restatement*, 3rd., 1987, 126.

[18] *Camuzzi International S. A. v. The Argentine Republic*, ICSID Case No. ARB/03/2, *Decision on Objections to Jurisdiction*, 11 May 2005, at https://icsid.worldbank.org/ICSID/FrontServlet ("the fact must be noted that if the investor has rights protected under a treaty their violation will not result in merely affecting its interests but will affect a specific right of that protected investor.") On this point, the arbitral tribunal referred to *Enron Corporation and Ponderosa Assets, L. P. v. Argentine Republic* (ICSID Case No. ARB/01/3), *Decision on Jurisdiction*, 14 January 2004, para. 52, at: http://www.asil.org/ilib/Enron.pdf.

[19] J. Zerk, *Multinational and Corporate Social Responsibility* (Cambridge: CUP, 2007), 75: referring to the right to national treatment and to compensation in the event of expropriation.

渐得到各国的接受[20]，而履行责任的前提是具有承担责任的资格。

此外，跨国公司的国际法人格也成为其他国际法领域（如国际人道法）所要解决的问题。自20世纪90年代以来，私人武装公司已经越来越深地介入到世界上的武装冲突之中，这些公司在本国合法注册，但在海外开展业务[21]。如果它们的主体资格缺失，对于东道国和注册地国来说都将存在一个巨大的监管漏洞，结果是这些公司的行为将无法可依。

二、人权法的发展历程

现代人权法的基本框架以个人权利为基础，这种权利衍生于历史上自然权利理论的发展，而后者是从自然法理论演变而来的[22]。促成这一变化的主要人物是17世纪的约翰·洛克，他认为人类最初处于一种自然状态之下，所有人都是平等和自由的，可以决定自己的行为，但自然状态对个人来说不便而且危险，因此人们缔结了社会契约，组成了社群，建立了政治实体；但在建立政府时，人们保留了对生命、自由及财产的自然权利。政府有义务保护这些权利[23]。

但实证主义者指出，自然法学派模糊了实际法和应然法的界限。现代的道德哲学家——例如哈佛大学的罗斯（J. Rawls），认为正义是社会制度首先要达到的善，正义社会中平等公民所享有的自由和权利因为正义的存在而不受政治和社会利益的影响；正义原则提供了在社会中分配权利和义务的途径[24]。劳特派特在1950年就提出"人权高于主权国家的法律"的观点，在他看来，承认人权的不可剥夺等同于承认个人是国际法的主体——这两个观点都是他以当时的国家实践作为根据得出的[25]。耶鲁大学的麦克杜格尔（M. McDougal）及其学派则将保护个人

20　J. Zerk, *Multinational and Corporate Social Responsibility* (Cambridge：CUP, 2007), 75：referring to the right to national treatment and to compensation in the event of expropriation. 2011年7月6日，联合国人权理事会以决议（第17/4号决议）形式通过"商业与人权指导性原则——贯彻联合国'保护、尊重与救济'框架原则"。该决议还建立了工作组，继续研究这一问题。2020年7月17日，理事会通过A/HRC/RES/44/15决议，决定在上述指导性原则10周年之际，召开讨论会，检讨原则执行情况。

21　S. Chesterman and C. Lehnardt(eds.), *From Mercenaries to Market：The Rise and Regulation of Private Military Companies* (Oxford：OUP, 2007).

22　M. McDougal, H. Lasswell and L. C. Chen, *Human Rights and World Public Order：The Basic Policies of an International Law of Human Dignity* (New Haven：Yale University Press, 1980), 73-75.

23　J. Shestack, "The Jurisprudence of Human Right", in：T. Meron (ed.), *Human Rights in International Law* (Oxford：OUP, 1984), vol. 1, 73-74.

24　J. Rawls, *A Theory of Justice* (Revised Edition, Massachusetts：Harvard University Press, 1999), 4-5.

25　H. Lauterpacht, *International Law and Human Rights* (London：Stevens, 1950), 68-70.

尊严视为世界存在所依靠的普遍性公共秩序的首要目标[26]。与此相辅相成的,是比利时公法学家德·维舍尔提出的理论,国际法与国内法两个体系的唯一交集是人本价值,而"二战"所展现的国际关系危机只有在尊重个人价值的基础上才可能解决[27]。

尽管人权法规则主体是在第二次世界大战之后发展起来的,但在战前已存在相关规则。战争中伤者、病者及战俘的待遇早已由1864年、1906年及1929年出现的几个《日内瓦公约》纳入国际法的规制之下。1864年公约只有10个条款;1906年公约有33个条款,并持续生效直至1970年被《第一议定书》取代为止[28]。

此外,在第二次世界大战之前,习惯法及条约已经有针对海盗及贩奴的规则[29]。1919年《凡尔赛和约》基于委任统治地人民的福利和发展构成"一项神圣信托",以及应在《国际联盟盟约》中规定保证该项信托得以履行的措施的理念,在《国际联盟盟约》下设立了委任统治制度。另一方面,《凡尔赛条约》第8章创立了国际劳工组织以改进劳动条件和帮助劳工行使结社权。此外,第一次世界大战后与东欧国家签订的一系列和平条约中都包括了保护少数民族权利的条款。

孟加拉西隆大学的阿美拉辛格(Amerasinghe)认为[30],保护人权的理念在1953年《欧洲人权公约》生效之后才成为现实;只有在人权法的规则和原则比有关外交保护的习惯法规则更广泛地"受到承认,至少是被国际习惯法承认时",系统化地保护个人免受侵犯或者保护无国籍人免受任何国家侵害才成为可能[31]。这一说法表明,现代人权法有很多内容是源自有关外交保护的经典国际法规则。我们将会在嗣后国家责任一章中对此再加讨论。

需要申明的是,自联合国成立以来,已经通过90个左右有关人权的宣言、决议和条约[32]。本书并不打算讨论1)这些国际人权法文件的实体内容,2)本领域里相关国际组织的具体实践;3)人权法规则的国内实施(—即使是个重要问题,但

---

[26] M. McDougal and H. Lasswell, "The Identification and Appraisal of Diverse Systems of Public Order", 35 *AJIL* (1959), 5.

[27] C. De Visscher, *Théories et Réalités en Droit International Public* (4e edition, Paris: Éditions A. Pedone, 1970), 155-156.

[28] 参见《国际公法下卷:武装冲突中的解释与适用》。

[29] 《打击奴隶贸易和奴隶制公约》,该公约签订于1926年9月25日,于1927年3月9日生效。该公约在1953年修订,有93个成员国。参见:《联合国条约集》第212卷第217页。

[30] 曾为联合国行政法庭的法官。

[31] C. Amerasighe, *Local Remedies in International Law* (Cambridge: CUP, 2004), 64.

[32] 参看: http://www.ohchr.org/EN/ProfessionalInterest/Pages/UniversalHumanRightsInstruments.aspx。

限于篇幅,在这里也不做表述)³³。人权法的实体及程序规则早已构成一门单独课程,而本章将只选择性地介绍国际法中人权保护体系的发展情况。

三、联合国的人权保护机制

(一) 基本文件

人权方面的重要文件首推《联合国宪章》³⁴。《宪章》在其序言中肯定了基本人权和男女间平等原则的理念。《宪章》第1条宣布联合国的宗旨之一即提高与促进对人权和基本自由的尊重,而且这种尊重决不因种族、性别、语言及宗教的差异而有差别。第55条规定联合国应促进对人权及基本自由的普遍尊重和遵守。在第56条之下,全体成员国"承允采取共同的及个别行动与联合国合作"以达成上条的目标。

第二个文件是《世界人权宣言》。该宣言于1948年在联合国大会上通过,其主要目的是为人权保护设定标准。其前言宣布"承认人类大家庭的每一成员都享有固有的尊严以及平等且不可让渡的权利是全世界自由、正义与和平的基础",而且"所有成员国宣誓将与联合国合作促进人权和基本自由的普遍尊重和遵守。"《宣言》的重要性在于它是解释《联合国宪章》相关条文的权威性指导方针。此外,《宣言》也被认为是联合国法的一部分;尽管不具有法律拘束力,它所包含的条款在实践中已被赋予法律意义³⁵。

第三个文件是1966年《公民及政治权利国际公约》³⁶。该公约承认个人自由与安全、法律面前的平等,以及获得公平审判等权利。

第四个文件是1966年《经济、社会、文化权利国际公约》,该公约与《公民及政治权利国际公约》同时被联合国大会通过。该《公约》包括了工作权和获得社会保险以及为本人和家人获得合理生活水平的权利;成员国将利用它们一切可以利

33　《公民及政治权利国际公约》第2条第三款就规定了缔约国为权利受到侵犯的"任何个人"提供救济的义务: O. de Schutter, *International Human Rights Law* (3ʳᵈ edn., Cambridge: CUP, 2019), 811-820.

34　ICJ, *South West Africa*, Second Phase, Judgment of 18 July 1966, ICJ Rep. (1966), 250 at 290 (Dissenting Opinion by J. Tanaka).

35　ICJ, *United States Diplomatic and Consulate Staff in Tehran* (US v. Iran), Judgment of 24 May 1980, ICJ Rep. (1980) 30, para. 62. *Also see* J. Morsink, "The Philosophy of the Universal Declaration", 6 *Human Rights Quarterly* (1984), 309.

36　该公约于1966年12月16日被联合国大会作为第2000 A(XXI)号决议通过,并于1976年3月23日生效。

用的资源来"渐进地"实现《公约》下的权利;对这些权利的行使不应存在歧视。在《公约》第 16 条下,缔约国承诺向联合国经社理事会就自己所采取的措施提交报告,以此对缔约国履行条约义务进行监督。

(二) 监督机构

第一个是人权委员会。作为联合国经社理事会的一个下属机构,该委员会设立于 1946 年,而且直至 2006 年一直是联合国系统中促进和保护人权的主要立法机构[37]。委员会的基本工作是提出整体的政策方针、研究人权问题、发展并编纂新的人权法规范、在世界范围内监督尊重人权的情况;同时它也为政府、公民社会(通过非政府组织)以及国际组织提供了一个平台,使他们可以表达自己对人权问题的关切。在 1947 年委员会召开第一次会议时,唯一的任务就是起草《世界人权宣言》,委员会在一年内完成了这项工作,《宣言》随后也在 1948 年 12 月 10 日的联大会议上通过。在最初 20 年(1947—1966 年)的工作中,人权委员会专注于设定人权保护的标准。在《世界人权宣言》的基础上,委员会起草了一系列重要的国际人权法文件,其中尤以 1966 年的两个国际人权公约为最;这两个《公约》(及其《公民与政治权利国际公约》的两个议定书)和《世界人权宣言》一起,通常被合称为"国际人权法案"[38]。1967 年,委员会被经社理事会特别授权(同时也是在联大支持下)开始处理侵犯人权的案件[39]。20 世纪 90 年代以来,委员会的精力日益转向为各国提供咨询服务和技术辅助;与此同时,经济、社会和文化权利也越发得到强调,委员会也更加关注少数族裔、原住民以及妇女、儿童等社会中弱势群体的人权保护。

2006 年 4 月 3 日,联合国大会通过了第 60/251 号决议,决定在日内瓦设立人权理事会来取代人权委员会。人权理事会是联大的一个分支机构,它负责促进对人权和基本自由的保护和尊重,并以公平且平等的方式处理侵害人权事件。理事会可以做出建议,并促进联合国系统内有关人权的有效合作,提高人权问题在联合国工作中的地位。指导理事会工作的原则包括普遍性、公正性、客观性、选择性以及通过建设性的国际对话与合作促进和保护人权原则,其工作范围包括政治、

---

[37] M. Shaw, *International Law* (8th edn., Cambridge: CUP, 2017), 709-710.
[38] 联合国人权高级专员署: http://www.ohchr.org/Documents/Publications/FactSheet2Rev.1en.pdf.
[39] ECOSOC Res. 1235(XLII), 6 June 1967.

公民、经济、社会、文化和发展等权利[40]。理事会的工作包括以下方面：在同有关成员国商议并获得其同意之后，促进人权教育和学习、提供咨询服务和技术支持并帮助提高相关国家人权保护的能力；为人权议题对话提供一个论坛，向联大做出建议以进一步发展国际人权法；促进国家对人权义务的全面履行，并且促使国家完成在联合国会议和首脑会议上所确定的有关目标和承诺；根据客观的信息对每一国家履行人权义务及承诺的状况进行阶段性审查；这种审查应该确保普遍性和公正性，其方式应该以一种互动性的对话为基础，并且要考虑到提升有关国家保护人权能力的需要；该审查机制应该是对已有条约机制的补充而非重复；通过对话及合作，努力制止侵犯人权的行为，并对这种行为及时做出反应。此外，人权理事会还担负了人权委员会在联合国大会决议 48/141 号决议下对联合国人权高级专员所负有的义务[41]。人权理事会每年要向联合国大会提交一份报告。

人权理事会的 47 个理事国由大会以简单多数经无记名投票选出。理事国名额根据地区间平衡的原则在以下区域内分配：非洲 13 个、亚洲 13 个、东欧 6 个、拉美及加勒比海地区 8 个、西欧及其他国家 7 个。理事国任期 3 年，且在届满后紧接着的两届理事会中不再具备申请理事国席位的资格。

第 60/251 号决议第 13 段建议经社理事会要求人权委员会在第 62 届会议中结束工作，并最终于 2006 年 6 月 16 日终止人权委员会的运转[42]。大会在该决议中做出这些建议的法律基础为《宪章》第 60 条，该条规定经社理事会应在"大会权力下"履行其职能。该条见于《宪章》有关国际经济及社会合作的第九章。

第二个监督机构是在《公民及政治权利国际公约》第 28 条下建立的人权事务委员会。根据《公约》第 40 条，缔约国应当在委员会要求下提交自己执行《公约》的报告；该项报告应经秘书长转交委员会。委员会应研究该项报告并将该报告及其评论分发给缔约国。根据《公约》的选择性议定书[43]，加入议定书的《公约》缔约国同意委员会接受和考虑个人申诉。议定书的第 2 条要求个人不得匿名向委员会申诉，而且所申诉事项须已用尽当地救济[44]；相关国家有权对申诉做出解释；

40　F. J. Hampson, "An Overview of the Reform of the UN Human Rights Machinery", 7 *Human Rights Law Review*(2007), 9.

41　该决议于 1993 年 12 月 20 日通过。

42　人权委员会第 62 届亦即最后一届会议在 2006 年 3 月 27 日召开。

43　于 1976 年 3 月 23 日生效；截至 2014 年 4 月 15 日，该议定书有 115 个成员国，但不包括美国、中国和英国。公约的第二议定书于 1989 年 12 月 15 日由联大决议(44/128)通过，1991 年 7 月 11 日生效；迄今有 80 个缔约国。

44　议定书第 3 条。

委员会应将其意见告知该缔约国及提起申诉的个人[45]。委员会的意见及报告通常包含了对事实和法律问题的决定(委员会在 1977 年做出了它针对此类申诉的第一份决定)。

其他较为重要的监督机构包括 1)在 1965 年《消除种族歧视公约》下建立的消除一切种族歧视委员会,2)在 1979 年《消除对妇女歧视公约》下建立的消除对妇女歧视委员会,3)在 1984 年《禁止酷刑公约》第 2 部分下建立的反酷刑委员会,4)以及在 1989 年《儿童权利公约》下建立的儿童权利委员会。这些委员会的职能都是由条约规定的;它们的具体职权有别,但都包括了接受缔约国报告的权力。现在的趋势是这些机构逐渐向个人开放;这些委员会会在听取申诉后形成报告,有时还会做出一般性评论。

人权机构的增多带来了资源方面的压力。联合国大会于 1994 年通过第 49/178 号决议,建立人权机构负责人之间的年会制度,协调处理包括条约批准、条约保留、新规则的建议,以及促进人权教育等问题。

四、地区性机制

(一) 欧洲机制

欧洲的人权法体系以 1950 年《欧洲人权及基本自由公约》及其一系列相关的议定书为基础。该公约已根据第 3 议定书[46]、第 5 议定书[47]和第 8 议定书修正[48],并且纳入了第 2 议定书[49]的内容;但很快所有后来添加的或者被修改的《公约》条文,都被 1998 年 11 月 1 日生效的第 11 议定书的条文替代。自该日起,第 9 议定书[50]被废止,而尚未生效的第 10 议定书[51]则将不再发生效力。第 11 议定书以一个新的体系取代了由欧洲人权委员会、欧洲理事会部长委员会和欧洲人权法院组成的旧体系;在新体系下,欧洲人权法院负责处理个人的申请和国家间的案件。不过,此后修改公约的脚步并未放慢。

45　议定书第 5 条第四款。
46　《欧洲条约集》第 45 卷或 ETS No. 45,1970 年 9 月 21 日生效。
47　ETS No. 55,1971 年 12 月 20 日生效。
48　ETS No. 118,1990 年 1 月 1 日生效。
49　ETS No. 44,1970 年 9 月 21 日生效。
50　ETS No. 140.
51　ETS No. 146.

第 12 议定书将很快在获得 10 个国家批准后生效,该议定书规定了禁止歧视的一般规则[52]。2003 年 5 月 3 日通过的第 13 议定书于 2003 年 10 月 1 日生效,废除战时或战争可能爆发时的死刑。2004 年 5 月 13 日通过的第 14 议定书,已于 2010 年 6 月 1 日生效[53]。这份议定书重组了欧洲人权法院,设立了单一法官、法官委员会、分庭和全体法官庭四种组合,以提高办案效率、处理大量积压的旧案[54]。所以,现在《公约》的版本是第 14 议定书修改过的版本[55]。另外,该议定书第 12 条将《公约》第 35 条第三款修改如下:

"如果法院认为存在以下任一情况,必须宣告在第 34 条下提交的个人申请不可受理:

a. 申请与《公约》及其诸多议定书的条款不符,或明显缺乏根据,或属于滥用个人申请权的行为;

b. 申请人没有遭受重大不利,除非《公约》及其诸多议定书所规定的人权要求法院考虑申请的实质内容,而尚未得到国内法院受理的案件也不能在本项下被拒绝受理。"

依照第 14 议定书第 7 条修改后的《公约》第 27 条,个人申请可由单一法官来审理,后者对申请的可授理性的决定具有最终效力。如果这个法官没有宣布申请不可受理或将之退回,他/她可以将申请转呈法官委员会或分庭继续审查。

实践中,欧洲体系的问题不少。比如:被诉国有权利决定采取何种手段去履行在《公约》第 46 条第一款下所承担的、遵守法院最终判决的义务,而在将近 60% 的判决中法院处理的是过去判决里已经裁决的问题[56]。这一现象使得欧洲理事会也很无奈[57]。所以,一般情况下,部长理事会会与相关败诉国商谈如何处理判决的问题。

当然,不管怎样,法院有权决定在特定条件下对受害人给予赔偿以及赔偿的程度[58]。

---

[52] 签订于 2000 年 12 月 4 日。
[53] 参看此议定书的第 19 条。
[54] 到 2005 年末,积压案件已达到 82100 件。据法院估计,积压案件将很快达到 250000 万件之巨!参看 S. Greer, *The European Convention on Human Rights: Achievements, Problems and Prospects* (Cambridge: CUP, 2006), 143.
[55] http://www.echr.coe.int/Documents/Convention_ENG.pdf.
[56] Ibid., 158.
[57] Art. 8 of the *Statute of the Council of Europe*.
[58] 《公约》第 41 条。

(二) 美洲机制

美洲有两套平行的人权保护机制：美洲人权委员会和美洲人权法院。前者是美洲国家组织的下属机构，创立于1960年[59]；美洲人权委员会在1969年根据《美洲人权公约》进行了重组，并被赋予了更多职责[60]。根据《公约》第44条，美洲人权委员会可以听取个人申诉；根据《公约》第45条，委员会可以解决国家间的、有关《公约》解释与适用的纠纷。

1969年《美洲人权公约》建立了美洲人权法院，该法院自1979年开始运转[61]。在缔约国接受其管辖权的前提下，它可以处理发生在双方之间就《公约》解释产生的分歧。美洲国家组织可以要求法院对《美洲人权公约》或者其他在美洲国家适用的人权条约的解释做出咨询意见[62]。

这个体系存在着一些问题。比如：美国政府拒绝承认其所签署的《美洲个人权利与义务宣言》是一个条约[63]，所以不能由美洲人权法院依据《美洲人权公约》第64条对之给予解释[64]。而美洲人权委员会以及人权法院都坚持说该宣言对美洲国家组织成员国有约束力，因为《美洲人权公约》第29条特别提到该宣言中所涉及的权利的有效性，且美洲国家组织成员国在实践中承认这些权利就是《美洲国家组织宪章》所维护的人权的内容[65]。因此，法院实际上将《宣言》作为一个条约来对待。

---

59 参看《美洲国家组织宪章》第111条第一款，它规定委员会是美洲国家组织在人权问题上的咨询机构。参看：S. Davidson, *The Inter-American Human Rights System* (Dartmouth: Dartmouth Publishing Company, 1997), 15-16.

60 美洲国家组织的32个成员国中有25个是该公约的成员国。

61 Organization of American States, *Handbook of Existing Rules Pertaining to Human Rights in the Inter-American System* (OEA/Ser. L/V/Ⅱ. 60(1983)), 9 *ILM* 673(1970).

62 T. Buergenthal, "The Advisory Practice of the Inter-American Court of Human Rights", 79 *AJIL* (1985), 1.

63 I. Brownlie(ed.), *Basic Documents on Human Rights* (3rd edn., Oxford: OUP, 1992), 488; T. Burgenthal and S. Murphy, *Public International Law* (3rd edn., St. Paul: West Group, 2002), sect. 6-15.

64 该条赋予美洲人权法院以解释《公约》以及涉及美洲国家人权保护问题的其他条约的权力。

65 Resolution No. 23/81, *Case 2141* (United States), 6 March 1981, in *Annual Report of the Inter-American Commission on Human Rights*, 1980—1981, 25-54; *Interpretation of the American Declaration of the Rights and Duties of Man within the Framework of Article 64 of the American Convention on Human Rights*, Series A, No. 10, 96 *ILR* 419, or 29 *ILM* (1990) 378, paras. 45-46.

（三）非洲机制

非洲统一组织的国家元首与政府首脑会议在 1981 年 6 月 17 日第 18 届会议上通过了《非洲人权与人民权利宪章》(以下称《宪章》)[66]。该《宪章》类似于《欧洲人权公约》与《美洲人权公约》，但在规定了个人权利及义务的同时，还规定了人民权利[67]。《宪章》中不存在克减条款，也未设司法机构，而只是建立了非洲人权和人民权利委员会。在非洲人权及人民权利法院出现之前，上述委员会是《宪章》下权利的唯一保护者；作为一个准司法性机构，它以《公民及政治权利国际公约》下设的人权委员会为模本建立起来，不具有做出有拘束力决定的权力[68]。该委员会应缔约国的要求解释《宪章》，也可以在特定条件下接受个人申诉。当申诉揭露存在着严重和大规模侵犯《宪章》所保护权利的现象时，在非洲统一组织或其他非统组织承认的组织的要求下，委员会可以进行调查并提出报告和建议。1998 年，非洲人权及人民权利法院以议定书为基础成立[69]，议定书规定，提交至法院的案件可以以任何有效文件为依据，包括已经被缔约国批准的国际人权条约[70]。议定书进一步规定，法院可以适用任何一个当事国所批准的相关人权文件，包括《宪章》[71]。换句话说，非洲人权法院可以适用联合国主持下缔结的人权条约和其他人权条约。

根据 2000 年 7 月 11 日通过的《组织法案》，非洲统一组织被非洲联盟取代[72]，其中还规定了非洲法院的建立（见第 18 条）。非洲联盟于 2002 年 7 月 9 日在南非德班正式成立。2006 年 1 月 22 日，非洲联盟执行委员会第 8 次例行会议选出了非洲人权法院的首届 11 位法官，法院工作地点设在了坦桑尼亚的阿鲁沙[73]。

目前，非盟改革后将作为其下属机构之一的非洲正义与人权法院，尚未建立

---

[66] M. Evans and R. Murray (eds.), *The African Charter on Human and Peoples' Rights* (Cambridge: CUP, 2002).

[67] 见《宪章》第 19-24 条。

[68] E. Ankumah, *The African Commission on Human and Peoples' Rights* (Dordrecht: Martinus Nijhoff, 1996).

[69] 该议定书于 1981 年签署于冈比亚班珠尔，并在 2004 年 1 月 25 日获得了 15 个国家的批准之后而生效。法院于 2006 年 11 月正式开始工作。

[70] 《议定书》第 3 条第一款。

[71] 《议定书》第 7 条。

[72] 参看：http://au.int/en/about/constitutive_act(非洲联盟的官方网址)。

[73] 参看法院官网：http://www.african-court.org/en/。

起来；再有，其《规约》已经完成制定，但尚未生效[74]。

非洲人权法院的另一特别之处，是个人与非政府组织具有当事人资格。与其他地区人权司法机构不同的是，除了缔约国与非统组织的机构之外，被非统组织认可的"其他非洲组织"也可以提出咨询请求，但前提是相关国家在批准议定书时或之后已声明接受法院的这种管辖权。如果非统宽泛地承认非政府组织，那么这个条文将扩大非洲人权法院在人权领域里的影响。在诉讼管辖上，如果缔约国做出同样的声明[75]，非政府组织和个人也可以直接诉至法院[76]。

五、国际实践中承认的人权

在讨论具体的人权分类之前，有必要先指出如下几点：首先，当今世界中，国家很难以内部事务为理由阻止国际社会其他成员对其人权状况表达关切，《联合国宪章》第2条第七款的规定在人权领域内可能需要再解释。不过，在《宪章》没有修订前，现有的条款应该被诚实地遵守。其次，作为一项国际习惯法规则，只有在"用尽当地救济"之后，个人才能向国际人权机构申诉，因此，《公民及政治权利国际公约》第41条第一款(c)项规，人权委员会应该依据普遍接受的国际法原则，应在针对某一请求的当地救济用尽之后才可对之进行处理；类似条款还见于《欧洲人权公约》第34条、《美洲人权公约》的第46条以及《消除一切形式的种族歧视公约》第11条第三款。再次，这些条约都规定了某些不可克减的权利，例如，在《欧洲人权公约》第15条下，生存权、免于酷刑和奴役的权利以及刑法不可溯及既往的权利是不可克减的，即便战时和其他危及国家生存的紧急状况下也不例外；《公民及政治权利国际公约》第4条规定以下权利不可克减：生存权和免于酷刑、奴役或仅因不能履行合同义务便被监禁的权利；在《美洲人权公约》第27条下，此类权利的范围又扩大到姓名权，家庭权，儿童权利等。最后，国际习惯法已经吸收了禁止酷刑或奴役，以及非歧视的原则，因此这些原则已经脱离相关条约而独立存在，对非缔约国也具有法律拘束力。

---

[74] 参看：http://www.african-court.org/en/index.php/documents-legal-instruments/basic-documents，其中提到于2008年7月在埃及通过的Protocol on the Statute of the African Court of Justice and Human Rights，将非盟法院与非洲人权与人民权利法院合并为一。此议定书生效的条件是15个国家批准；议定书的附件包含未来法院的《规约》。

[75] 第34条第六款。

[76] 第5条第三款。

(一) 第一至三代人权

第一代人权指公民权和政治权利,例如《公民及政治权利国际公约》所载明的那些权利。第一代人权的历史渊源是洛克和卢梭这样的自然法学者的著作,属于18世纪的产物。第二代人权是指那些《经济、社会和文化国际公约》所载明的权利。20世纪中,社会主义国家率先提出这些权利;在实践中,发展中国家认为第二代人权是优先的,它们主张国际经济秩序应该做出变革,以反映穷国的利益。应该说这类权利与政治权利至少同等重要,比如:上述《公约》第7(b)、第10(3)和第12(1)条所确认的健康权,被认为是"每一个人的基本权利之一"[77]。20世纪70年代起,发展中国家宣称还存在一类新的人权(即第三代人权),包括获取食物的权利,获得体面环境的权利,获得发展的权利以及和平的权利。该类权利的内容广泛,而且其中一些也得到国际认可,例如,发展权就是《发展权利宣言》的主题[78]。总之,这一类是集体性权利。

"全球化"进程影响到了现今国际法所有领域,人权法也不例外。人们感觉到现行国际法在应付针对国家主权的某些挑战时力不从心,例如,当侵害人权的肇事者是跨国企业时,国际人权法目前还没有实体规则可供适用[79],因为现行国际法预先假定这类事件可以通过国家内部的法律机制来解决[80]。人权与全球化的目标(比如:促进市场经济发展)或企业逐利的基本要求之间的矛盾会在相当长的时期里继续存在[81]。

---

[77] ICJ, *Legality of the Use by a State of Nuclear Weapons in Armed Conflict*, Advisory Opinion of 8 July 1996, ICJ Rep. (1996) 172, at 193 (Dissenting Opinion of J. Koroma).

[78] 1986年12月4日以联合国大会第41/128号决议形式通过。

[79] *Norms on the Responsibilities of Transnational Corporations and Other Business Enterprises with Regard to Human Rights*, UN Doc. E/CN.4/Sub. 2/2003/12/Rev. 2, 13 August 2003. 这部规范只能被视为"软法"。但参看:D. Weissbrodt and M. Kruger, "Norms on the Responsibilities of Transnational Corporations and Other Business Enterprises with Regard to Human Rights", 97 *AJIL* (2003) 901, at 913-915.

[80] 比如,美国国内近些年来在 Alien Tort Claims Act 下所发生的诉讼:*Kiobel v. Royal Dutch Petroleum Co.*, 133 S. Ct. 1659 (2013); J. Bellinger III, "Why the Supreme Court should Curb the Alien Tort Statute", *The Washington Post*, 23 February 2012; D. Branson, "Holding Multinational Corporations Accountable? Achilles' Heels in Alien Tort Claims Act Litigation", 9 *Santa Clara Journal of International Law* (2011) 227; K. Gallagher, "Civil litigation and Transnational Business: An Alien Tort Statute Primer", 8 *Journal of International Criminal Justice* (2010) 745. 这些诉讼本身既涉及美国国内法,也涉及域外管辖权这样传统的国际法问题,当然也涉及国际刑法的问题。

[81] P. Muchlinski, *Multinational Enterprises and the Law* (2nd edn., Oxford: OUP, 2007), chapter 13.

进入21世纪,国际法院实践中涉及人权的案件数量也有所增加。在2019年,国际法院就在类似于"勒格朗德案"的"贾达夫案"中判定,巴基斯坦在《维也纳领事关系公约》中第36条下有义务去通知被关押的印度公民"他的权利",并且在公约下有义务为印度领事官员提供会见该公民的便利[82]。在2011年,国际法院对格鲁吉亚在《消灭所有形式种族歧视的国际公约》下起诉俄罗斯的案件做出最终判决,认为法院没有实体问题的管辖权,但是格鲁吉亚政府的诉因中包括公约下所规定的人权受到损害[83]。从法院的近期实践中可以看出,法院对国家权利和个人权利的分野了然于心,在判决的基本判定中,主要是以国家权利为基础来判定责任和提出补偿方法的。

(二) 人民自决权

1. 定义及法律地位

《联合国宪章》第1条所确定的联合国宗旨之一为:"二、发展国际间以尊重人民权利及自觉原则为根据之友好关系,并采取其他适当办法,以增强普遍和平。"《宪章》在第73条在规定非自治领土问题时进一步阐发了这一宗旨[84]。

在1960年联大1514(XV)号决议(即《赋予殖民地国家与人民独立的宣言》)中,联大宣布:"所有人民都有自决的权利,并因此有权自主决定其政治地位和自主追求经济、社会、文化方面的发展。"这一宣告被视为是对既存国际实践的反映,并非对未来实践提出的新建议,而且决议本身的建议性质对其重要性没有影响[85]。

《公民及政治权利国际公约》第1条规定:"一、所有人民均享有自决权。根据此种权利,它们自由决定其政治地位并自由从事其经济、社会与文化之发展。"同等重要的是该条第3款:"本公约缔约国,包括负责非自治及托管领土管理之国家在内,均应遵照联合国宪章规定,促进自决权之实现,并尊重此种权利"。同样的条款也见于《经济、社会、文化权利国际公约》的第1条。

---

[82] ICJ, *Jadhav*(*India v. Pakistan*),Judgment of 17 July 2019,ICJ Rep(2019) 418,para. 149.

[83] ICJ,*Application of the International Convention on the Elimination of All Forms of Racial Discrimination*(*Georgia v. Russian Federation*),Preliminary Objections,Judgment of 1 April 2011,ICJ Rep(2011) 70,para. 16.

[84] A. Cassese,"The International Court of Justice and the Right of Peoples' to Self-Determination", in: V. Lowe and M. Fitzmaurice(reds.),*Fifty Years of the International Court of Justice: Essays in Honour of Sir Robert Jennings*(Cambridge: CUP,1996),351,354.

[85] ICJ, *Legal Consequences of the Separation of the Chagos Archipelago from Mauritius in 1965*, Advisory Opinion of 25 February 2019,ICJ Rep(2019) 95,para. 152.

迄今为止,除了西撒哈拉,所有托管领土都已经行使了其在《联合国宪章》等国际条约和习惯法下的自决权[86]。

自决权的内容及其限制条件可以在 1970 年《国际法原则宣言》中找到。这项宣言值得在此长篇引用:

> "根据联合国宪章所尊崇之各民族享有平等自决权利及自决权之原则,各人民一律有权决定其政治地位,不受外界干涉,并追求其经济、社会及文化之发展,且各国均有义务遵照宪章规定尊重此种权利。
>
> 各国均有义务依照宪章规定,以共同及个别行动,促进各人民享有平等权利及自决原则之实现,并协助联合国履行宪章所附有关此项原则之责任,俾:
>
> 促进各国间友好合作关系;
>
> 妥为顾及有关人民自由表达之意旨,迅速铲除殖民主义;并毋忘各人民之受异族奴役、统治与剥削,即系违背此项原则且否定基本人权,并与宪章不和。
>
> 各国均有义务依照宪章以共同及个别行动,促进对于人权与基本自由之普遍尊重与遵行。"

《宣言》还罗列了行使自决权的后果,比如建立自主独立国家、与某一独立国家自由合并或结合,或采取任何其他政治地位。《宣言》禁止任何国家对该原则所指之人民采取剥夺其自决、自由及独立权利之任何强制行动。此类人民在自决时有权依照《联合国宪章》宗旨及原则请求并接受援助。这里存在着自决权与各国对之尊重的义务所形成的一种平衡关系[87]。

《宣言》特别强调,其规定各项不得解释为授权或鼓励采取任何行动,局部或全部破坏或者损害在行为上符合人民自决原则并因之具有代表领土内部种族、信仰或肤色之全体人民之政府之自主独立国家的领土完整或政治统一。而且,任一国家均不得采取目的在于局部或者全部破坏另一国国内统一及领土完整之行动。

《宣言》源于《联合国宪章》的理念和原则[88],并对之进行细化,二者之间的延续性显而易见,互相补强。

---

86 K. Knop, *Diversity and Self-Determination in International Law* (Cambridge: CUP, 2002), 52-53.

87 ICJ, *Legal Consequences of the Separation of the Chagos Archipelago from Mauritius in 1965*, Advisory Opinion of 25 February 2019, ICJ Rep(2019) 95, Declaration of Vice President Xue, para. 19.

88 《联合国宪章》第1条。

在葡萄牙诉澳大利亚的"东帝汶案"中，澳大利亚与印度尼西亚于1989年缔结了对澳大利亚和东帝汶之间大陆架进行划界的条约，这引发了东帝汶曾经的托管国葡萄牙发起的诉讼[89]。印度尼西亚在1975年以武力占领了东帝汶[90]，但由于本案中印度尼西亚不接受国际法院的管辖权，因此葡萄牙就以澳大利亚为被告。不过，此案中的划界争议除外，双方一致认可自决原则的法律地位，也都承认东帝汶是非自治领土[91]。国际法院指出：

> "在本法院看来，葡萄牙宣称源自《联合国宪章》和联合国实践的人民自决权拥有对各国有效的性质，这是无可辩驳的。人民自决权原则已被《联合国宪章》和本法院的实践所承认……这是国际习惯法的一项基本原则。"[92]

在2019年"查格斯群岛咨询案"中[93]，国际法院明确指出，1960年联大通过的第1514(Ⅹ)号决议具有对习惯法的宣示作用，即当时人民自决权就已经是一项习惯法规则[94]，而1970年的《国际法原则宣言》更是确认了这一权利的习惯法地位[95]，自决权的"法律"是本案的适用法[96]。学者们对此问题的看法也比较一致[97]。

2. "人民"(people)的含义

常设国际法院在1930年的"希腊—保加利亚'群体'"咨询意见中，曾提到过这样一个说法[98]：

> "依据在东方国家力具有重要作用的传统观念，'群体'指代这样一群人：他们生活在某一国家或地区，有自己的部族、宗教、语言、传统，并以此四种特性团结在一种整体的感觉中，以维护他们的传统、维持他们的宗教、保证他们后代的培养和成长符合本部族精神和传统的要求，并彼此互助。"

在本咨询意见中，所谓"群体"(community)指的是希腊或保加利亚人组成的

89　ICJ, *East Timor (Portugal v. Australia)*, Judgment of 30 June 1995, ICJ Rep. (1995), 90.
90　UNSC Res. 384(1975), 22 December 1975.
91　ICJ Rep. (1995) 90, para. 21.
92　Ibid., para. 29.
93　ICJ, *Legal Consequences of the Separation of the Chagos Archipelago from Mauritius in* 1965, Advisory Opinion of 25 February 2019, ICJ Rep(2019) 95.
94　同上注，第152段。
95　同上注，第155段。
96　同上注，第161段。
97　M. Shaw, *Title to Territory in Africa: International Legal Issues* (Oxford: Clarendon Press, 1986), 86-89; A. Cassese, *International Law* (2nd edn., New York: OUP, 2005), 65.
98　PCIJ Ser. B, No. 17(1930), 21.

少数民族;之所以是少数民族,是因彼此生活在对方处于多数的领土上[99]。结合如下的讨论,法院列出的标准对"人民"的理解有借鉴意义。

《联合国宪章》意义上的"人民"指的是托管领土上的居民及其他依照《宪章》规定所确立的非自治领土上的人口[100]。

联合国教科文组织(联合国专门机构)曾经于1990年发表了一份《深入研究人民权利概念国际专家小组向联合国教科文组织提出的建议及最后报告》[101],其中将"人民"定义如下:

"1) 具有如下特点的个人所组成的集体:
i) 共有的历史认同感;
ii) 种族或者族群的认同感;
iii) 文化的一致性;
iv) 语言的同一性;
v) 宗教或者意识形态上的密切联系;
vi) 领土上的联系;
vii) 共同的经济生活。
2) 该集体成员的数目不须巨大(例如一个微型国家的国民也构成"人民"),但不能仅是国家之内个人的简单集合;
3) 该集体在整体上必须具备自认为是人民的意愿或者意识到本身形成了人民,但是允许该集体内的一些个人或者团体不具备此项意愿或者意识;
4) 该集体或许应该拥有机构或者其他方式来表现出上述的特征或者意愿。"

加拿大最高法院在1998年8月20日做出的"有关魁北克分离"的咨询性判决中也对这个问题做出了分析[102]。尽管加拿大最高法院认可自决权是一个已牢固树立的国际法原则[103],但它认为国际法并没有赋予主权国家的某个组成部分单

99　PCIJ Ser. B, No. 17(1930), 21.

100　参看《联合国宪章》第11和第12章。

101　转引自 M. Dixon and R. McCorquodale(eds.), *Cases and Materials on International Law* (4th edn., New York: OUP, 2003), 217.

102　*Re Reference by the Governor in Council concerning Certain Questions Relating to the Secession of Quebec from Canada*, Judgment of 20 August 1998, [1998] 2 *SCR* 217; 115 *ILR* 536; 37 *ILM* (1998), 1342.

103　上述判决第114段。

方面从母国分离出去的权利[104]。不过,法院承认国际法并未明确禁止这样的行为[105]。它认为问题在于"人民"一词缺乏精确的含义[106],而一国现有人口的部分有可能构成人民[107]。法院承认魁北克居民具有通常用来定义"人民"的特征,比如共同的语言和文化[108]。

有一种观点认为,国际法意义上的"人民"(people)、"民族"(nation)、"种族"(ethnic group)的概念在实质内容上是基本一致的[109]。但实践说明这些概念之间(至少)存在如下差别或联系:1)在国际法下,"民族"有时具有特别意义[110],意味着法律上有联系的人群,而此联系的表现通常是国籍[111],不过,即便是民族国家(nation-state),从社会组成角度来看,首先还是由家庭、种族、民族所构成的,而这三者组合成国家的人民;2)"种族"(ethnic group)在实践中与"少数民族(minority)"的概念常指代同一人群,即在一个较大社会中在族裔、文化、语言上有相同特征的人群[112],且更倾向于文化或语言上具有特性的人群[113]。一般情况下,在联合国承认的少数民族定义中,人口数量上的相对弱势是判断的第一标准[114]。值得注意的是,国内法对少数民族一般都不作明确定义[115];再有,国际法意义上的少数民族是不享受自决权的[116];3)从国内人口统计实践看,"种族"也是指具有同

104　上述判决第 111 段。
105　上述判决第 112 段。
106　上述判决第 123 段。
107　上述判决第 124 段。
108　上述判决第 125 段。
109　P. Thornberry, *International Law and the Rights of Minorities* (Oxford: Clarendon Press, 1991), 159.
110　H. Steiner, P. Alston, R. Goodman, *International Human Rights in Context* (3rd edn., New York: OUP, 2008), 97.
111　ICJ, *The Nottebohm Case* (*Lichtenstein v. Guatemala*) (Second Phase), Judgment, ICJ Rep. (1955) 4, 24.
112　PCIJ, *Minority Schools in Albania*, Advisory Opinion, PCIJ Ser. A/B, No. 64(1935).
113　*Prosecutor v. J.-P. Akayesu*, Case No. ICTR-96-4-T, ICTR Trial Chamber, Trial Judgment, 2 Sept. 1998, para. 513.
114　F. Capotorti, "The Protection of Minorities under Multilateral Agreements on Human Rights", 2 *Italian Yearbook of International Law* (1976), 14(他回顾了作为联合国人权委员会下设的防止歧视和保护少数民族分委员会特别报告员参与分析、起草"少数民族"定义的工作。)
115　G. M. Bai, "The International Covenant on Civil and Political Rights and the Chinese Law on the Protection of the Rights of Minority Nationalities", 3 *Chinese JIL* (2004), 468-469.
116　Attorney-General of Canada, *Factum*, in: A. Bayefsky, *Self-Determination in International Law* (The Hague: Kluwer Law International, 2000), 324. 特别注意 1996 年《公民与政治权利公约》第 1 与第 27 条之间的区别。

样文化、传统、习惯的一群人,而"部族"(race)则指生理基因一致(因此在相貌特征、皮肤颜色、血型上相似)的人群[117]。以此,比如美国领土上的西班牙语人群就是一个种族;而夏威夷土著或太平洋岛人则是部族。

可以看出,"人民"这个用语在实践中需要进一步明确其内涵与外延,诸多国家或国际组织在这个问题上都持谨慎态度,以至于不做定义[118]。

克劳福教授注意到,实践中存在简明实用的区分方法,即把"人民"视为可以适用"人民自决权"的、特定领土上的人群,以领土作为判断标准[119]。他认为这样的领土包括:1)委任统治和托管地;2)既存国家(排除其领土上可能存在的、享有自决权的部分;且这里涉及的是其他国家不能干涉其内政的问题);3)其他独特的政治地理地区,但缺乏自治权;4)任何其他具有自决权适用的地区[120]。在这里所列举的情况里,第3)种是有争议的,"魁北克案"就是例子。

这种做法虽然有同义反复之嫌,但确实比较简明。再有,"魁北克"咨询判决中的结论,似乎也说明语言、文化在实践中可以起到区分的作用,若加上历史、传统的考量,则进一步缩小了可能出现混淆的几率;在某些地区还可以加入宗教的影响,那么会使得"人民"概念的外延被限定在一个狭小范围之内[121]。

作为进一步缩小"人民"概念的设想,国内法中对此概念的规定也可以适当引用[122]。

3. 自决权的行使

(1)实例

自决权的行使是相当微妙的问题。在"西撒哈拉案"的咨询意见中,国际法院

---

117 US Census Bureau, *Statistical Abstract of the United States*:2011,4(http://www.census.gov/compendia/statab/2011edition.html)."race"也常被译为"种族",不过,它与"ethnic group"有明显区别。

118 J. Crawford, *The Creation of States in International Law* (2nd edn., Oxford:OUP,2006), 125-126.

119 这也是国际法专家中占统治地位的看法:Attorney-General of Canada, *Factum*, in: A. Bayefsky, *Self-Determination in International Law* (The Hague:Kluwer Law International,2000),324.进一步说,"人民"还可以指代独立国家领土上生活的所有人群的整体。不过,加拿大最高法院在"魁北克案"中认为,"人民"可以是国家人口中的一部分,比如魁北克人。

120 J. Crawford, *The Creation of States in International Law*(2nd edn.,Oxford:OUP,2006),127.

121 这些标准就如同1933年《蒙得维地亚公约》的国家标准一样,虽是基本标准,但未穷尽事实中存在的可能性。

122 ICJ, *Application of the Convention on the Prevention and Punishment of the Crime of Genocide* (*Bosnia and Herzegovina v. Yugoslavia*), *Preliminary Objections*, Judgment of 11 July 1996, ICJ Rep. (1996) 595, from 658, Dissenting Opinion of Judge ad hoc Kreca, at paras. 44-45,69.

强调自决权"要求相关人民意愿的自愿且真实的表达[123]"。本案是自决权解释与适用的经典案例[124]。

西撒哈拉有50万左右的人口，当地富含磷酸盐和渔业资源，而近岸地区很可能有石油和天然气资源[125]。西撒哈拉在1884年到1976年处于西班牙的殖民统治下，也因此成为1960年《给予殖民地国家和人民独立宣言》适用对象之一[126]。该宣言承认"所有人民都有自决权，并因此有权自主地决定"其政治地位和自由追求其经济、社会和文化发展。1975年，联大通过第3458号决议，要求西班牙、毛里塔尼亚和摩洛哥通过磋商达成令西撒哈拉居民行使其自决权的安排。同年，在联合国监督下西撒哈拉举行了公投。但摩洛哥宣称自己和毛里塔尼亚一样对西撒哈拉拥有历史性的权利，这导致了国际法院应邀做出咨询意见。在国际法院咨询意见出台之后，摩洛哥认为国际法院肯定了它的历史性权利，因此发起了一次"绿色（和平）进军"，将20万平民迁入西撒哈拉。1975年11月，上述三国缔结了协定，约定西撒哈拉领土按照二比一的比例在摩洛哥和毛里塔尼亚之间分配，但西班牙保有对西撒哈拉磷酸盐工业35%的利益。自此西班牙退出了有关西撒哈拉地位的纷争，但摩洛哥和毛里塔尼亚仍然坚持他们各自的权利，这导致玻利萨利奥宣布建立萨拉维阿拉伯民主共和国（Sahrawi Arab Democratic Republic）[127]。该共和国被非洲统一组织接纳为成员，并被约70个国家承认，1979年，毛里塔尼亚撤回了自己对西撒哈拉的要求，从那时起摩洛哥完全控制了这块土地，"玻利萨利奥"随即发动了游击战，双方交战直至1991年由联合国调停而达成停火协议[128]。2003年，联合国秘书长提出了以自决权为基础的《西撒哈拉地位框架协议》，"玻利萨利奥"表示接受，但被摩洛哥因有关公决投票权的分歧所拒绝[129]。现在局势处于僵持状态[130]。从1978年开始，联合国安理会持续授权在当地驻扎联合国使团

---

[123] ICJ Rep. (1975) 12, para. 55.

[124] K. Knop, *Diversity and Self-Determination in International Law* (Cambridge: CUP, 2002), 110-167.

[125] CIA, *The World Factbook*: https://www.cia.gov/library/publications/the-world-factbook/geos/wi.html.

[126] 该宣言即联合国大会第1514(XV)号决议。

[127] 撒哈拉维(Sahrawi)是一个阿拉伯-贝贝尔贝都因部落。

[128] 见注110, CIA, *The World Factbook*。

[129] S/2001/613, Annex I.

[130] A. Franco, "Armed Nonstate Actors", in: D. Malone (ed.), *The UN Security Council: From the Cold War to the 21st Century* (Boulder: Lynne Rienner Publishers, 2004), 124. Also see *Official Communiqué of the 7156th (closed) Meeting of the UNSC*, 16 April 2014 (with the Head of the UN Mission for the Referendum in Western Sahara briefing the council).

(MINURSO)[131]。

另一个实例是英国在福克兰群岛(或称马尔维纳斯)群岛问题上的立场。阿根廷对该群岛提出领土要求的根据,包括对西班牙和法国权利的继承、该群岛毗邻南美大陆以及对英国殖民行为的持续反对;与此相对,英国主张自己的主权基于征服以及岛上居民自决权。从1982年4月2日到4月14日,两国间发生了武装冲突,其时英国将马岛居民视为"人民",并且认为他们已经在自由且公平的公决中表明了自己的看法,即愿意继续效忠英国[132]。可以说,历史事件(比如1764年到1833年之间英国几经周折夺回对群岛的控制;但阿根廷政府自那时起就一直抗议英国的占领)也不能排除当今国际法中具有根本重要性的自决原则的适用;但自决权是整个冲突的复杂问题之一而已[133]。

在2009—2010年间由科索沃独立这一事态所引发的国际法院咨询程序中[134],证据中突出的一点就是,科索沃临时政府没有在独立宣言中提到"人民自决权"一词[135]。国际法院咨的询意见也总结到,讨论这个问题将超越联大所提咨询问题的范围,所以在本案中没有必要就此问题做出结论[136]。

2014年春,在联大通过有关克里米亚领土地位变更的决议时[137],自决权理论被参会的成员国用来支持或反对克里米亚从乌克兰分离并加入俄罗斯的行为,壁垒分明[138]。

(2) 行使自决权的形式

加拿大最高法院在"关于魁北克分离案"中指出,国际法认可两种形式的自决,即内部自决和外部自决[139]。内部自决通常经由某国之内居民对自己政治、经济、社会和文化方面发展的追求来实现,是行使自决权的常见方式。外部自决则

---

[131] S/RES/2152(2014),29 April 2014(under embargo). 但是参看路透社有关这一决议讨论过程的报道:http://www.reuters.com/article/2014/04/29/us-westernsahara-un-idUSBREA3S16P20140429。

[132] A. Cassese,*Self-Determination of Peoples: A Legal Reappraisal*(Cambridge: CUP,1995),87.

[133] T. Franck,"Dulce et Decorum est: The Strategic Role of Legal Principles in the Falklands War",77 *AJIL*(1983),121.

[134] *Accordance with International Law of the Declaration of Independence in Respect of Kosovo*, Advisory Opinion of 22 July 2010,ICJ Rep. (2010) 403.

[135] B. B. Jia,"The Independence of Kosovo: A Unique Case of Secession?" 8 *Chinese JIL*(2009) 27, 31-32.

[136] Advisory Opinion,para. 83.

[137] UNGA Res. 68/262,"Territorial integrity of Ukraine",27 March 2014.

[138] UN Doc. A/68/PV. 80,27 March 2014. 最终的投票结果是100票赞成,11票反对(包括俄罗斯),58票弃权。

[139] 判决第126段。

是指某一民族单方面从一个国家分离出去,但这只在极端和被严格定义的情况下才能采用。"如果一个国家的政府能够在平等和无歧视的基础上代表所有居住于本国领土上的民族并且尊重自决原则,那么这个国家享有国际法对自己的领土完整的保护。"[140]法院认为,根据国际法,外部自决发生在以下三种情形下:1)前殖民地;2)一个民族受到压迫,如被外国军事占领的情况下;或者3)某一符合定义的群体被禁止参与政府管理来实现自己的政治、经济、社会和文化需求,但魁北克不属于这三种情况里的任何一个[141]。法院又进一步从国际承认的角度展开论述,认为承认分离领土为一个国家的行为不是该领土具有国家资格的唯一要素,而且不能将这种承认回溯到分离之日,从而作为该领土具有分离权利的一个理由[142]。承认只能在分离已经成为事实后才能做出,而且必须受到国际法的约束。

（3）对自决权行使的限制

在国际法中,自决权的行使有其限制条件。首先,"固有原则"(即殖民时代的边界不动)是对自决权的重要限制。与自决原则一样,该原则也是国际法基本原则之一。国际法院在"布基纳法索诉马里共和国"一案中指出,该原则最初是西班牙的美洲殖民地在独立过程中所应用的[143]。法院认为,当涉及独立问题时,这是一项必须适用的基本原则;该原则实际上体现了对稳定性的需要,从而令一个民族在独立后可以发展并巩固自己的独立地位[144],因此许多非洲国家在"非殖民化时代"解释自决原则时都尊重"固有原则"。国际法院认为"固有原则"已经成为国际习惯法[145]。

南斯拉夫国际会议仲裁委员会在1992年第二号意见中对于克罗地亚和波黑的塞尔维亚居民是否享有民族自决权的问题有以下论述:"本委员会认为,无论在何种情形下,自决原则都不能改变现有边界(法定固有),除非获得有关国家同意。"[146]该委员会认为如此行使自决权的可能结果之一是两国的塞尔维亚族居民"或许有权根据相关国家的协定决定自己的国籍。"

其次,在行使自决权时,领土完整或政治独立是重要的限制因素。道理很简

140　判决第130段。
141　判决第138段。
142　判决第142段。
143　在本案中,争端双方间有长达300公里的边界未划界,且争议地区的矿产资源丰富。ICJ Rep. (1986) 554, para. 20.
144　判决第25段。
145　判决第26段。
146　31 *ILM* (1992) 1497, 1498.

单:行使自己的权利也必须考虑到他人的权利。联合国大会就克里米亚局势所做的决议,就明确支持乌克兰的"主权、政治独立、统一和领土完整",不承认在克里米亚举行的公投的有效性,认为它的结果不能成为改变克里米亚地位的基础[147]。俄罗斯代表在投票前的发言里则强调了"克里米亚人的自决权"[148]。这一结果说明,实践中虽然存在着较为明确的、尊重领土主权的原则,但各国在涉及自决权原则时还是持谨慎为上的态度,既没有说两个原则地位均等,也没有压倒性地赋予领土主权以优先地位。那么,有待解决的就是这两个原则的相互地位问题,而这一讨论会再次涉及"强行法"(jus cogens)的概念。

此外,自决权的行使还可能面临其他限制条件,如1)内部自决的权利被剥夺;2)对相关民族成员基本人权大规模的严重侵犯;3)和平解决的方法已经穷尽[149]。这些条件是否构成习惯法规则,还有待实践的检验。

(三) 总结

人权法无论在实体规定还是在程序规则上所显示出来的复杂性,都与这类法律所规范的个人法律关系的复杂性相符合。关于个人权利的争议已经持续了很久,也必将持续下去。1993年4月,亚洲国家发表了《曼谷宣言》,强调虽然人权是普遍的,也应在具体国家和地区的背景下考虑人权问题,并且强调应该尊重国家主权和不干涉国内事务的原则[150]。1993年6月25日,联合国召开的、有171个国家参加的世界人权大会通过了《维也纳人权宣言及行动纲领》[151],其中提到了以下的内容:

> "(各国)认识到并认可人权源于个人本身具有的尊严和价值,个人是人权和基本自由的主体,因此应该成为实现这些权利的主要受益者和行动者……
>
> 1. 世界人权大会重申,所有国家郑重承诺依据《联合国宪章》、其他人权文件以及国际法,恪守和保护所有人的人权和自由,并促进对人权与自由的

---

147 UNGA Res. 68/262,27 March 2014,决议实体部分第一、五段。

148 参看:http://www.un.org/News/Press/docs//2014/ga11493.doc.htm(浏览于2014年10月10日)。

149 J. Dugard and D. Raic,"The role of recognition in the new and practice of secession",in: M. Kohen (ed.), *Secession: International Law Perspectives* (Cambridge: CUP, 2006), 109.

150 *Report of the Regional Meeting for Asia of the World Conference on Human Rights*, Bangkok, 29 March-2 April 1993, UN Doc. A/CONF. 157/ASRM/8 A/CONF. 157/PC/59, 7 April 1993, paras. 5 and 8.

151 UN Doc. A/CONF. 157/23, 12 July 1993.

普遍尊重。这些人权和自由的普遍性毋庸置疑。

......

5. 一切人权都是普遍、不可分割、独立存在且相互联系的。"

该《宣言》还在第 10 点中"再次肯定经《发展权宣言》所创立的发展权是一种普遍的、不容排斥的权利,是基本人权的一部分。"当然,这只是个宣言,不具有法律约束力。

这一领域里的发展没有停止,比如:阿拉伯国家联盟的 22 个成员国在 1994 年通过了《阿拉伯人权宪章》,经过 2004 年的修订,该条约于 2008 年 1 月 24 日生效[152]。

这一领域在过去 60 年里所面临的种种问题仍然存在,在判断是否存在习惯法的时候,需要全面考虑国家实践的现状。

六、国际法上的个人责任

(一)背景

国际法上的个人责任曾经是一个国家责任问题[153],尽管海盗罪很久以来就只是个人责任的问题。两次世界大战改变了这种观念,也带来了实践中的变化。纽伦堡国际军事法庭在其判决中指出:

"国际法像对国家那样给个人规定了责任,这是久已被承认的事实……个人可以因违反国际法而被惩罚。国际法上的罪行是人而非抽象的实体所犯下的,只有惩罚犯罪的个人才能使得国际法规则得以执行。"[154]

前南国际刑事法庭在 1995 年 10 月 2 日做出的"塔迪奇案"有关管辖权的裁定中指出,国际习惯法承认违反 1949 年《日内瓦公约》共同第 3 条的个人负有刑事责任[155]。

个人责任的存在,也从侧面要求对个人作为国际法主体这一问题做出重新审视。这一责任存在的事实说明,国际法可以直接适用于个人,被动或主动的适用

---

152 M. Shaw, *International Law* (8th edn., Cambridge: CUP, 2017), n. 590.
153 *The Zafiro* (1925), 6 *UNRIAA* 160.
154 41 *AJIL* (1947), 172.
155 IT-94-1-AR72, 2 October 1995, para. 134.

都只是形式,如同国家一样,个人是国际法管辖的对象之一。进一步说,即使个人要为国际罪行负个人责任,在负责的过程中也会享受国际法所赋予的权利,比如:得到公正审判的权利、得到法律援助的权利、上诉权等,这些权利无一例外地属于当代国际法的一部分[156]。实践中,如果上述个人权利被侵犯,国际司法机构可能失去对案件的管辖权,一审判决会被推翻或改判,而司法公正性会遭到削弱,直接影响到该机构存在的合理性。

(二) 导致个人责任的国际罪行

海盗罪早已是针对个人的一个国际法上的诉因,也是各国行使普遍管辖权的一种罪行[157]。其他类似的罪行包括奴役和贩奴、拐卖妇女和儿童、走私麻醉药品、劫机、恐怖主义活动和洗钱。这类犯罪需要有专门的管辖权规则和国家间的互相协助。本书将在有关管辖权的章节中再论述这些内容。

1998年《国际刑事法院的罗马规约》列出了对国际和平与安全犯罪的标准清单(该清单也体现了前南斯拉夫国际刑事法庭规约和卢旺达国际刑事法庭规约中的规定)[158]。该《规约》第5条第一款规定国际刑事法院的管辖权应该只限于那些关系整个国际社会的最严重的犯罪,国际刑事法院根据《规约》对以下犯罪有管辖权:灭种罪;反人类罪(11项);战争罪(50项);侵略罪。

2005年3月31日,联合国安理会根据《联合国宪章》第七章决定,要求国际刑事法院检察官调查自2002年7月1日以来苏丹达尔富尔地区的情势,该项决议以11票赞成、4票弃权、0票弃权获得通过[159]。安理会要求苏丹政府和其他冲突各方必须给予法院和检察官完全配合,向他们提供一切必要的协助。

2010年,在乌干达坎帕拉召开的缔约国大会对《罗马规约》进行了修订,与会国家通过了侵略罪的定义,并在行使管辖权的程序规则上做出了相应更新[160]。针对侵略罪的管辖权已经于2017年12月14日由缔约国大会以决议启动[161],法院从

---

[156] S. Zappalà, *Human Rights in International Criminal Proceedings* (Oxford: OUP, 2003), 3-7, 109-129, 156-179.

[157] D. Guilfoyle(ed.), *Modern Piracy: Legal Challenges and Responses* (Cheltenham: Elgar, 2013).

[158] A/CONF.183/9, adopted 17 July 1998, entering into force 1 July 2002. 全文参见:http://www.icc-cpi.int/en_menus/icc/legal%20texts%20and%20tools/official%20journal/Pages/rome%20statute.aspx.

[159] 第1593号决议(2005年)(阿尔及利亚、巴西、中国、美国弃权)。

[160] S. Barriga and C. Kress(eds.), *Crime of Aggression Library* (Cambridge: CUP, 2012), 46-57, 101-107.

[161] ICC-ASP/16/Res.5, 14 December 2017(以协商一致方式通过)。

2018年7月17日起已开始使用针对这一罪行的管辖权。

截至2021年8月21日,国际刑事法院已经宣判了14名被告,其中10名获刑,4名被释放,在押被告8名[162]。2016—2019年,法院在缔约国不合作的风口浪尖经受了考验[163];特别是在"艾尔-巴希尔案"中,上诉庭认可预审庭判定约旦未履行《罗马规约》下与法院合作的义务,但是认为预审庭不该把这一判定提交给缔约国大会和联合国安理会[164]。另外,法院的预审分庭在行使管辖权的实践中也出现了不当扩权的苗头等问题[165],对第三国的利益造成威胁。

(三) 决定个人责任的法律机制

判定国际法上个人责任的机制存在于国内法或国际法之中,两个路径均是国际法所认可的处理方式。国内法院可能经国际条约或者习惯法以普遍管辖权的方式获得管辖权[166]。国际刑事法院则是通过规约自始就被赋予了明确的管辖权。在这两种类型之外,还存在着混合司法机构和临时国际司法机构,形成了近30年来国际刑法得以执行的基本体系。

---

162 参看法院官网:https://www.icc-cpi.int/Pages/cases.aspx(2021年8月21日)。

163 *Minister of Justice and Constitutional Development v Southern African Litigation Centre*(867/15)[2016] ZASCA 17;ICC,*The Prosecutor v. Omar Hassan Ahmad Al-Bashir*,No. ICC-02/05-01/09 OA2,Appeals Chamber,*Judgment in the Jordan Referral re Al-Bashir Appeal*(Public Document),6 May 2019.

164 ICC,*The Prosecutor v. Omar Hassan Ahmad Al-Bashir*,No. ICC-02/05-01/09 OA2,Appeals Chamber,*Judgment in the Jordan Referral re Al-Bashir Appeal*(Public Document),6 May 2019,paras 215-216.

165 参看中国政府代表在第74届联大上的发言(2019年11月4日),载于:《中国国际法年刊》(2019),第556-557页。

166 参见本书第四章中我国《刑法》下的实践。

第九章 领土主权的取得与变更

扩展阅读

N. Hill, *Claims to Territory in International and Relations*, London: OUP, 1945; D. Johnson, "Acquisitive Prescription in International Law", 27 *BYIL* (1950), 332; R. Jennings R, *The Acquisition of Territory in International Law*, Manchester: Manchester University Press, 1963; Y. Blum, *Historic Titles in International Law*, The Hague: Martinus Nijhoff, 1965; J. Stark, "The Acquisition of Title to Territory in Newly Emerged States", 41 *BYIL* (1965—1966), 411; T. Elias, "The Doctrine of Intertemporal Law", 74 *AJIL* (1980), 285; 61; M. Shaw, *Title to Territory in Africa*, Oxford: Clarendon Press, 1986; L. Caflisch, "Règles Générales du Droit des Cours d'Eaux Internationaux", 219 *RdC*, 75; S. Korman, *The Right of Conquest: The Acquisition of Territory by Force in International Law and Practice*, New York: OUP, 1996; M. Craven, "The European Community Arbitration Commission on Yugoslavia", 65 *BYIL* (1995), 333; M. Shaw, "Peoples, Territorialism and Boundaries", 8 *EJIL* (1997), 348; S. Sharma, *Territorial Acquisition, Disputes and International Law*, The Hague: Martinus Nijhoff, 1997; S. Akweenda, *International Law and the Protection of Namibia's Territorial Integrity*, The Hague: Kluwer Law International, 1997; K. Basler, *The Concept of the Common Heritage of Mankind in International Law*, The Hague: Martinus Nijhoff, 1998; T. Bartoš, "Uti Possidetis. Quo Vadis?" 18 *Australian Yearbook of International Law* (1997), 37; H. Post, "International Law between Dominium and Imperium: Some Reflections on the Foundations of the International Law on Territorial Acquisition", in: T. Gill and W. Heere (eds.), *Reflections on Principles and Practice of International Law: Essays in Honour of Leo J. Bouchez*, The Hague: Martinus Nijhoff, 2000, 147; B. Kwiakowska, "The Eritrea-Yemen Arbitration: Landmark Progress in the Acquisition of Territorial Sovereignty and Equitable Maritime Delimitation", 32 *ODIL* (2001), 1; S. McCaffrey, *The Law of International Watercourses*, New York: OUP, 2001; K. Kaikobad, *Interpretation and Revision of International Boundary Decisions*, Cambridge: CUP, 2007; V. Prescott and G. Triggs, *International Frontiers and Boundaries*, Leiden: Martinus Nijhoff, 2008; M. Shaw, *International Law*, 8th edn., Cambridge: CUP, 2017, pp. 353-387; M. Shaw, *International Law of Territory*, Oxford: OUP, 2018.

一、领土主权

(一) 相关概念

1. 主权

在国家资格四个要素中最重要的就是主权[1]。在讨论主权与领土的关系之前,有必要回顾一下主权的含义。在"帕尔马斯岛仲裁案"中,荷兰和美国对位于菲律宾和荷属东印度之间的帕尔马斯岛的权源存在争议[2],美国主张,根据1898年《巴黎条约》,西班牙已将其对帕尔马斯岛的全部权利转交给美国,因此美国享有对该岛的所有权。独任仲裁员马克斯·胡伯(Max Huber)对主权做了如下定义:

> "在国家间关系中,主权意味着独立。独立就是能够排除其他任何国家的干预在地球上的某一区域行使国家职能的权利。"[3]

他认为领土主权总是属于一个国家,不过在少数情况下也可以属于几个国家。他进一步指出:

> "概括地说,领土主权是对空间进行确认和划分的一种情势,实现方式包括通过国际法确认的自然边界,或存在无争议的外在划界标志,或者利益相关邻国之间的法律承诺——比如边界条约,或者对确定边界内的国家的

---

[1] ICJ, *Corfu Channel Case* (UK v. Albania), Judgment of 9 April 1949, ICJ Rep. (1949) 4, 35 ("[b]etween independent States, respect for territorial sovereignty is an essential foundation of international relations").

[2] *Island of Palmas* (Netherlands/US), 2 UNRIAA 829.

[3] Ibid., 838.

承认。"[4]

他认为,领土主权"展示了从事国家活动的排他性权利[5]。"这是他对领土主权这一概念的理解,所以,在下面的论述中,"主权"与"领土主权"这两个词在意思上等同。

在这里应注意四个问题[6]。第一,"主权"一词涵盖多重意思。在政治哲学中从"更高"到"绝对"权力是经过一个发展过程的[7],这一发展最终影响到19世纪之后"主权"概念在国际法体系中的成型[8]。第二,主权在国内社会中的绝对地位和国际社会缺乏集权结构这一事实,使得"主权平等"原则在国际法体系中的存在顺理成章[9]。这一原则是《联合国宪章》第2条下第一款的内容,反映了其作为联合国最基本的组织原则的特殊地位[10]。第三,独立是主权在国际关系上的体现,是国家资格的证明[11],而此资格一旦确立,将具有持续的生命力,赋予国家以"国际法下的全部权利和义务"[12]。第四,主权权利数量上的增减一般不影响"主权"概念的完整,只要增与减的行为和后果符合国际法的要求[13]。

2. 两个相关概念

与主权的概念一起经常使用的概念还包括管辖权(jurisdiction)、所有权(ownership),甚至是行政管理权(administration)。

4　*Island of Palmas*(Netherlands/US),2 UNRIAA 838.

5　Ibid.,839.

6　B. B. Jia,"A Synthesis of the Notion of Sovereignty and the Ideal of the Rule of Law: Reflections on the Contemporary Chinese Approach to International Law",53 *GYIL*(2010) 11,16-17.

7　J. Verzijl,*International Law in Historical Perspective*,vol. i(Leyden: Sijthoff,1968),256-259; H. Laski,*The Foundations of Sovereignty and Other Essays* (New Haven: Yale University Press,1921),11.

8　A. Gardot,"Jean Bodin: Sa Place parmi les Fondateurs du droit international",50 *RdC* (1934) 549,625,628.

9　E. Dickinson,*The Equality of States in International Law*(Cambridge, Mass.: Harvard University Press,1920),4 and 69-99; F. Hinsley,*Sovereignty* (2nd edn.,Cambridge: CUP,1986),158.

10　第2条第一款明确规定:"本组织的基础是所有成员国的主权平等这一原则。"这一款同时适用于联合国组织(作为一个国际组织)和其成员国(作为主权国家)。参看 M. Koskenniemi and V. Kari,"Sovereign Equality", in: J. Viñuales(ed.),*The UN Friendly Relations Declaration at* 50 (Cambridge: CUP,2020) 166.

11　K. Marek,*Identity and Continuity of States in Public International Law*(2nd edn., Geneva: Librairie Droz,1968),162-165.

12　ICJ,*Reparations for Injuries Suffered in the Service for the United Nations*,Advisory Opinion of 11 April 1949,ICJ Rep. (1949)174,180.

13　PCIJ,*Customs Regime between Austria and Germany*(Protocol of March 19th 1931),Advisory Opinion of 5 September 1931,PCIJ Ser. A/B,No. 41,Individual Opinion of J Anzilotti, at 58.

主权包含国家拥有的所有权力和权利,这些是与国家资格(statehood)相联系的法律权限。管辖权通常是指主权在特定领域中的表现形式。这两个概念经常一起使用,但是内含并非完全一致。例如,经由东道国同意而在东道国领土上驻扎的外国军队,可能拥有对军队人员独立的管辖权,但这并不意味着发生了主权的转移,外国军队并不因之拥有主权。

在国内司法实践中,法院会经常将"领土"一词等同于行使有效、实在的管辖权,而不同时使用"主权"这个字眼。如果有证据表明一块土地处于某个政治实体的有效控制之下,那么在特定法律语境下它就是国家领土。在这种情况下,与其说领土意味着一种地理事实,倒不如说它是法律权限的范围[14]。正如本书第十章所示,管辖权的主要属性也的确是属地性。

此外,主权有时会被用来与私法上的所有权(ownership)作比较。一个国家的法律权限包括政府普遍拥有的权力、行政管理权,以及对领土的处分权。在国际法上,这种权限被认为是主权(*imperium*)的表现形式,但这种"所有权"与国内法意义上以公共财产所有权和私人财产所有权为表现形式的财产所有权(*dominium*)不同。《奥斯邦简明法律辞典》将"所有权"(ownership)界定为:对某一物进行排他性使用的权利(J. 奥斯丁语),或权利人与其享有的权利之间的关系(J. 萨尔蒙语)[15]。它可能是绝对所有权,也可能是限制性所有权。但是,国际法上的主权包含的内容比国内法上所有权包含的内容更为丰富。在这里没有必要进一步深究二者的区别。值得注意的是,国际法可能会在适当条件下借用国内法上的一些概念或规则,但不会将这些概念或规则全盘照搬[16]。

(二) 主权行使中的例外情况

从第一小节看,主权者有权在领土上行使所有主权所赋予的权能,也有全权处置领土。这种权能与主权者的地位一般是结合在一起的,但是实践中也存在着二者分离的暂时现象。但是,即使暂时无法行使主权,主权者也保有主权。

比如,在国际法认可下,外国对某一片领土行使行政管理权或其他权力,而该

---

[14] F. A. Mann, "The Doctrine of International Jurisdiction Revisited after Twenty Years", 186 *RdC* (1984) 9, 20.

[15] *Osborn's Concise Law Dictionary* (10th edn., London: Sweet and Maxwell, 2005).

[16] ICJ, *International Status of South-West Africa*, Advisory Opinion of 11 July 1950, ICJ Rep (1950) 128, Separate Opinion of J. McNair, 146, at 148.

领土主权国并未丧失其国家资格;"二战"之后的德国就是例子[17]。此外,联合国组织或其成员国可以通过条约得到针对某片非自治领土的主权权力,由其行使类似于主权者的管理权,但是这片领土不属于任何国家的主权范围,而是归于领土上的居民全体,托管制度下就是这种状况[18]。在某些情况下,主权权力可以由国际组织全面代理,直到相关领土取得独立,1999—2002年间的东帝汶局势就是例子[19]。

在1999年联合国安理会通过第1244号决议后,联合国在科索沃建立了特派使团(UNMIK),使团在2008年前行使的是主权权力(控制、指导立法、行政和司法,包括取消科索沃议会的立法或选举结果的权力),在这一期间,不管科索沃(剩余)主权属于哪个政府,最终是由联合国使团来行使的。有意思的是,第1244号决议和使团颁布于2001年的"宪法框架"文件被国际法院视为适用于科索沃的国际法[20]。在科索沃尚未独立的情况下,不存在科索沃宪法(生效于2008年6月15日)或类似国内法律,也就没有"转化"或"纳入"的问题,国际法直接适用于该领土,替代了现存的国内法,对主权的分割做得十分彻底[21]。

(三) 领土主权的存在形式

一般而言,领土主权可以属于一国,或者多国共同所有[22];或者不属于任何国家但具有特殊法律地位(比如托管领土或南极洲)[23];或者属于严格意义上的无主地(res nullius),因此任何国家都可以对其进行先占;或者作为"人类共同财产"

17　参见本书第五章的相关内容。还可参看: I. Hendry and M. Wood, *The Legal Status of Berlin* (Cambridge: CUP, 1987); J. Frowein, "The Reunification of Germany", 86 *AJIL* (1992) 152.

18　J. Crawford, *The Creation of States in International Law* (2nd edn., Oxford: OUP, 2006), 568-574.

19　参看联合国安理会于1999年10月25日通过的第S/RES/1272号决议,以及《联合国秘书长关于东帝汶过渡期行政机构的报告》(S/2000/53),发布于2000年1月26日。

20　ICJ, *Accordance with International Law of the Unilateral Declaration of Independence in Respect of Kosovo*, Advisory Opinion of 22 July 2010, ICJ Rep(2010) 403, paras. 85-91.

21　国际法研究院决议, "Territorial Administration by the United Nations and other International Institutions Authorized by the United Nations", August 2021: https://www.idi-iil.org/en/sessions/en-ligne-2021/? post_type=publication(浏览于2021年11月18日)。

22　J. Crawford, *Brownlie's Principles of Public International Law* (9th edn., Oxford: OUP, 2019), 198.

23　1959年《南极洲条约》第4条第二款规定,在条约生效期间,任何行为或活动都不能构成涉及南极洲的领土主权的主张,且缔约国将不提出新的,或扩展既存的领土主张。由于条约没有终止条款,可以说它永久性地冻结了这个大洲的领土问题。条约全文可见: 402 *UNTS* 71.

(比如深海海底[24])属于国际社会[25],而不可能被置于任何一个特定国家的主权统治之下。

在领土之上的空间与之下的底土分别具有这五种类型领土的性质。

(四) 领土的组成部分

除了永久位于低潮线以上的陆地之外,领土主权还可以覆盖其他多种地理现象。领土下的底土就属于控制领土表面的主权之下,同样,内水、领海、历史性水域、群岛水域,以及它们的底土也属于主权范围之内[26]。

位于陆地、内水以及领海之上的空间是国家领土的组成部分。1919年《规范空中航行的公约》(以下简称《巴黎公约》)之下[27],第1条承认各国对其领土之上的空气空间享有完全和排他的主权,第2条规定了在和平时期对领空适用的"无害通过权"制度,第33条要求外国军用航空器的通过领空与在领土上降落需获得主权国的特别许可。不过,目前关于航空制度的规定主要体现在1944年《国际民用航空公约》之中[28]。该公约第1条重复了《巴黎公约》第1条有关领空主权的规定,第2条对"领土"做出了一个有意思的定义:领土是在一国主权、宗主权、保护或委任统治下的陆地区域及与其邻接的领水(territorial waters)。第3条规定该公约只适用于民用航空器,不适用于国家航空器,并且取消了有关领空的"无害通过权"制度,第5条排除了从事定期国际航班飞行的航空器享有本公约下的飞行和降落便利的可能性。此外,公约在加拿大蒙特利尔建立了国际民用航空组织,作为联合国专门机构之一。

在这里需要提及空间法的一个相关问题,而详细论述则请看本书第14章。目前在空气空间和外层空间的分界面这一问题上还存在争议,不同国家曾提出过从50公里至100公里不同高度作为分界的主张[29]。卫星轨道一般位于陆地上空100多公里处,各国通常默许这类空间物体在其上空的通行。于1967年生效的《关于各国探索和利用包括月球和其他天体在内外层空间活动的原则条约》,现有

---

[24] 《联合国海洋法公约》第136条。

[25] K. Basler, *The Concept of the Common Heritage of Mankind in International Law* (The Hague: Martinus Nijhoff, 1998).

[26] 参看本书第十三章。

[27] 11 *LNTS* 173.

[28] 84 *UNTS* 389. 另外,可查看国际民用航空组织的官方网址:http://www.icao.int;其上也有公约的全文及其他相关文件。目前该公约有190个缔约国。

[29] B. Cheng, "From Air Law to Space Law", in: B. Cheng, *Studies in International Space Law* (Oxford: Clarendon Press, 1997), 33, 38.

111个缔约方,其中包括中国、法国、俄罗斯、英国、美国,以及印度、日本,但不包括欧盟(外空署)[30]。第1条规定探索和利用包括月球和其他天体在内的外层空间,应为"所有国家"谋福利和利益,所有国家都可以自由开发和利用外层空间[31]。第2条规定,各国不得通过提出主权要求、使用或占领等方法,或其他任何措施,将外层空间据为己有。

联合国大会于1979年12月5日根据其第34/68号决议通过了《指导各国在月球和其他天体上活动的协定》(1979)(以下简称《月球协定》),该协定于1984年7月生效[32]。《月球协定》重申了《外空条约》的两个原则,还规定了月球和其他(太阳系)天体的非军事化原则。此外,该协定第11条规定月球及其自然资源属于全人类的共同财产,任何国家都不能通过任何方式将其据为己有。

(五) 不确定的主权

非无主地的领土主权可能在某个时期内没有确定的归属者,这种情况不同于对于同一块领土存在相互竞争的主权主张的情形。

在日本与美国和其盟国签署的1951年《对日和平条约》里,日本放弃了对台湾等地的所有权利,但是该条约却没有规定哪个国家将在其后对该领土行使主权,这给予主权不确定的说法的产生创造了条件[33]。不过后来的发展使这个说法不攻自破。以1972年《中日联合声明》为例,其中表明日本"充分理解和尊重"中国政府的立场,即台湾是中国的一部分。这一原则在1978年8月12日签署的《中华人民共和国和日本国和平友好条约》中得到进一步确认,形成明确的法律效力[34]。同样,其他与中国建立了外交关系的国家也尊重和承认这一立场[35]。所以,从以上实践的发展过程可以得知,中国政府对台湾的主权在国际法上是没有异

---

[30] 610 *UNTS* 205. 参看和平利用外空委员会,A/AC. 105/C. 2/2021/CRP. 10,2021年5月31日(记录了至2021年1月1日为止的涉及外空问题国际协定的批准情况)。

[31] C. Christol, *Space Law: Past, Present, and Future* (Deventer: Kluwer Law and Taxation Publishers,1991),67-72.

[32] 1363 *UNTS* 3. 截至2021年1月1日,共有18个缔约方,但其中不包括有航天能力的国家:同上注28。

[33] 当时英国政府的态度就是如此:J. Crawford, *Brownlie's Principles of Public International Law* (9th edn. ,Oxford: OUP,2019),236.

[34] 中国外交部网站:https://www. fmprc. gov. cn/web/ziliao_674904/tytj_674911/tyfg_674913/t1580467. shtml(浏览于2021年8月5日)。参见该条约的前言部分,确认了1972年《联合声明》的"各项原则",可以说,条约通过这一确认,把"声明"纳入了条约。至于声明的内容,参见:http://www. chinadaily. com. cn/hqgj/2008-05/06/content_6664529. htm(浏览于2021年8月10日)。

[35] 这些国家中包括英国:同上注32,第236页。

议的。

(六) 剩余主权

剩余主权是指领土主权者尚未完全丧失其主权者地位,且可能在未来恢复主权的情形,从"克利特与萨莫斯岛灯塔案"可以看出这个问题的复杂性[36]。在1913年4月,一家法国公司与奥图曼土耳其政府签署了关于维护与管理克里特与萨莫斯两个岛上灯塔的特许合同,常设国际法庭在1934年3月17日的判决中已经确认,根据奥图曼法律该合同是有效的[37]。本案的主要问题是,从土耳其与两个岛屿的特殊归属关系来看,这个合同是否仍然有效。1923年《洛桑条约》第12附加议定书第9条规定,就土耳其因1913年"巴尔干战争"而丧失的领土而言,土耳其在这些领土上的权利和义务由希腊代位行使。希腊主张,土耳其在1913年向希腊转让某些领土的主权之前,就已丧失了对克利特岛与萨莫斯岛的主权,因此根据"没有则不能给付"(nemo dat quo non habet)原则,上述的代位行为不适用于这两个岛屿,因此,土耳其在1913年不能通过与其他国际法主体订立合同的方式对两个岛屿的事务进行干预。

常设国际法院认为该案的关键日期是特许合同的签订时间——即1913年4月1日,而问题在于那时土耳其是否享有对这两个岛屿的主权。

保加利亚、希腊、黑山、塞尔维亚以及土耳其于1913年5月17日在伦敦签署了《和平条约》,虽然条约没有得到上述各国批准,但由于1913年11月1日《雅典条约》的相关规定,《和平条约》在希腊与土耳其之间是有效力的。《和平条约》第4条明确规定,奥图曼土耳其苏丹将克里特岛割让给以上提到的几个国家,并放弃其对该岛所有主权权力和其他权力,第5条将决定奥图曼政府在爱琴海上所有岛屿的未来归属的权利委托给了以上提到的国家,但克里特岛除外[38]。1914年2月13日,这些国家将萨莫斯岛划给了希腊,这一决定得到了1923年《洛桑条约》第12条的确认。法院认为,希腊没有能够证明在关键日期这两个岛屿与奥特曼政府之间没有政治联系,而且影响到这两个岛屿地位的割让条约是在特许合同签署之后才签订的。

因此,常设国际法院的结论是,克利特岛与萨莫斯岛是在"巴尔干战争"之后

---

[36] PCIJ, *Lighthouses in Crete and Samos* (Greece/Turkey), Judgment of 8 October 1937, PCIJ Ser. A/B, No. 71(1937).

[37] PCIJ Ser. A/B, No. 62(1934).

[38] PCIJ, *Lighthouses in Crete and Samos* (Greece/Turkey), Judgment of 8 October 1937, PCIJ Ser. A/B, No. 71(1937), at 104.

才从土耳其分离出来的,因此在战争之前就已经订立的特许合同从属于1923年《洛桑条约》第12附加议定书第9条的规定,所以土耳其对这两个岛屿的权利和义务都应该被希腊所继承[39]。

希腊还主张,萨莫斯岛在1832年、克里特在1899年或1907年(分别是《克里特宪法》颁布以及修改的时间)开始享有的高度自治权,已经表明这两个岛屿从奥图曼的统治范围中分离出来了。常设国际法院认为,无论是从《克里特宪法》中还是萨莫斯《组织法案》中,都找不到对这一观点的佐证[40]。另外,法院认为:

"尽管处于自治状态,但是克里特并非不再作为奥图曼帝国的部分而存在。尽管苏丹在克里特岛行使主权权利时不得不接受重大的限制,但那主权并非不再属于他——不管从法律角度看这个主权如何受到限制。"[41]

事实上,在定义克里特的自治状态时,《克里特宪法》是以该岛属于奥图曼苏丹为前提的,而根据1832年12月22日《组织法案》,萨莫斯岛附属于奥图曼政府,其居民拥有奥图曼国籍。法院认为,奥图曼政府通过1913年11月《雅典条约》正式放弃克里特岛,通过1923年《洛桑条约》割让了萨莫斯岛,因此,法院认为希腊必须代位行使奥图曼政府的权利和义务,其中包括该政府与法国公司签订的特许合同中规定的权利和义务[42]。

值得注意的是,剩余主权的拥有者可以通过割让的方式处分其领土。例如在以上案件中,土耳其就通过条约将克里特岛和萨莫岛割让给了希腊。如果主权者可以处置领土,那么也说明主权没有丧失。

日本在1951年《对日和平条约》中承认美国对琉球群岛及其居民的立法、行政、司法权力[43],但是,美国政府认为日本仍然对该群岛拥有剩余主权[44]。这个情况直到1971年日本通过与美国缔结条约才得到解决[45]。

39　PCIJ, *Lighthouses in Crete and Samos (Greece/Turkey)*, Judgment of 8 October 1937, PCIJ Ser. A/B, No. 71(1937), at 104.

40　Ibid., 105.

41　Ibid., 103.

42　Ibid., 105.

43　参看136 UNTS 45,特别是第3条。

44　S. Oda and H. Owada(eds.), *The Practice of Japan in International Law (1961—1970)* (Tokyo: University of Tokyo Press, 1982), 77-94.

45　宫崎繁树:《第61节》,载于寺泽一、山本草二主编:《国际法基础》,朱奇武等译,中国人民大学出版社1983年版,第222页; J. Crawford, *Brownlie's Principles of Public International Law* (9th edn., Oxford: OUP, 2019), 195.

(七) 租借以及永久使用

如上所述,剩余主权仍然是有效的概念。剩余主权还表现在国际租借(international lease)关系之中。在这里,出租国(grantor)仍然拥有剩余主权,但是相当程度的主权权力在特定时间内已经被移转给另一国家;不过,受让国(grantee)无权向第三国处置该领土[46]。

与此类似的是,当一国允许其他国家使用和控制其领土的一部分时,该国仍然享有剩余主权。巴拿马在1903年授权美国"永久使用、占领和控制一片由土地和水下底土组成的区域以用于建设和保护"巴拿马运河(这块区域有10公里宽),并将对该区域的管辖权授予了美国。在这种情况下,尽管巴拿马不能终止这种永久性授权,但作为剩余主权的享有者,它仍然有权处置该领土。1977年《巴拿马运河条约》确认了巴拿马对该区域的主权[47],该条约第3条第三款设立了联合委员会,由巴拿马政府和美国政府指派代表,共同管理巴拿马运河的相关事务,同时规定了美国对巴拿马运河的控制于1999年12月31日终止。

类似的例子还包括古巴租借给美国的关塔那摩基地。古巴与美国分别于1903年和1934年缔结了有关关塔那摩基地的租借协定,其中1934年协定是无限期有效的,且只有在美国同意的情况下才可以被解除,这两个协定一方面将关塔那摩基地割让给美国,由美国对其行使完全的控制和管辖,另一面也明确承认古巴继续拥有对该基地的最终主权[48]。在2003年"法兰·格雷比诉布什以及他人案"中,一名被关押在关塔那摩基地的囚徒在美国联邦上诉法院提出人身权利保护的申请,其中的重要问题是关塔那摩基地是否处于美国主权之下,如果不是的话,美国法院就应以没有管辖权为由驳回该申请。联邦上诉法院认为"在美国对关塔那摩进行无限期的、可能为永久性的占有和控制期间,美国拥有并行使着主权的全部属性,而古巴只保留着剩余的或可恢复的主权利益,该利益的实现取决于美国在将来有可能做出的、放弃其全部管辖权和控制权的决定。"[49]因此,在美国做出放弃继续行使主权的决定之前,古巴的主权处于中止状态。法庭据此认为关塔那摩属于美国领土,该案中的申请可以被受理,法院同时注意到,在美国实践

46　J. Crawford, *Brownlie's Principles of Public International Law* (9th edn., Oxford: OUP, 2019), 195.

47　1280 UNTS 3(条约签订于1977年9月7日,于1979年10月1日生效).

48　*Falen Gherebi v. Bush et al.*, Judgment of 18 December 2003, 352 F. 3d. (9th Cir.) 1278(2003), 1286.

49　Ibid., 1291.

中,关塔那摩基地和巴拿马运河的情况具有相似性[50]。

(八) 共管

国际法上的共管(condominium)是指两个以上国家共同对一块领土行使主权的情形。英国与埃及在1898—1956年期间对苏丹的控制就是共管的例子。共管还可能适用于内陆湖或海湾。因此,国际法院在"陆地、岛屿和边界争端案"中认为,中美洲的丰塞卡海湾(Gulf of Fonseca)是历史性水域,并处于萨尔瓦多、洪都拉斯和尼加拉瓜三个沿岸国的共同主权之下[51]。

另外,如果武装冲突后没有发生领土兼并的话,就不存在领土共管的情况。例如,1945年后四大盟国取得并共同行使德国领土上的最高权力,但是由于该领土并没有被四大盟国兼并[52],所以德国的情况不属于共管。

(九) 权源的概念

主权代表一个国家对其领土享有的一系列法律权能,而它是权源(title)的产物。"权源"这个术语是指作为法律权利的起因或基础的任何行为、事实或情势[53];它也指代财产所有者和财产之间的所有和监护关系,构成所有者支配和处分财产的法律权利的基础。用国际法院的话来说,它既可以是证明所有权的证据,也可以是赋予所有权的源泉[54]。在国际法上,权源可以是完整的,也可以是不完整的,它通常用于与领土主权有关的场合[55]。它解释了所有者的权利为什么存在,该权利的界限何在,以及在遇到其他国家的相反主张时一国是否依然能够有

50　*Falen Gherebi v. Bush et al.*, Judgment of 18 December 2003, 352 F. 3d. (9th Cir.) 1278(2003), 1296.

51　ICJ, *Land, Island and Maritime Frontier Dispute (El Salvador/Honduras: Nicaragua Intervening)*, ICJ Rep. (1992) 350, para. 404. 该案件涉及萨尔瓦多和洪都拉斯关于海湾及其沿岸陆地、海湾中岛屿和海湾水域的划界问题。

52　参看1945年6月5日的四国《柏林宣言》,转引自: J. Crawford, *The Creation of States in International Law*(2nd edn., Oxford: OUP, 2006), 523.

53　R. Jennings, *The Acquisition of Territory in International Law* (Manchester: Manchester University Press, 1963), 4. *Also see* ICJ, *Land, Island and Maritime Frontier Dispute (El Salvador/Honduras: Nicaragua Intervening)*, ICJ Rep. (1992) 350, para. 45.

54　ICJ, *Frontier Dispute (Burkina Faso/Mali)*, Judgment of 22 December 1986, ICJ Rep. (1986) 554, para. 18.

55　M. Shaw, *Title to Territory in Africa: International Legal Issues* (Oxford: Clarendon Press, 1986), 16; H. Post, "International Law between Dominium and Imperium: Some Reflections on the Foundations of the International Law on Territorial Acquisition", in: T. Gill and W. Heere (eds.), *Reflections on Principles and Practice of International Law*(The Hague: Martinus Nijhoff, 2000), 147.

效地主张领土主权等问题,这最后一点是国际法意义上权源的本质[56]。它在实践中体现为在领土占有和控制上某一国家所具有的优先和排他性权利:优先因而排除其他国家提出的主权主张,从而构成法律上有效的所有权基础。值得注意的是,国内法上的权源概念有利于帮助我们理解其在国际法上的含义,但是仅此而已,国际法并没有全部采纳国内法上有关权源的法律制度,比如:领土的海岸是沿海国拥有毗邻海底区域的决定性因素,这是条约和习惯法所承认的。

实践中,有关权源的问题集中体现于领土主权争端中,包括时有发生的边界争端。值得注意的是,国际法上有一套处理边界争端的特殊规则,如依据最深航道线或河道最深线原则来划分边界等做法[57]。在讨论领土主权问题时,边界的相关性在于它确定了主权扩展的范围。边界通常是根据条约确定的。尽管这种条约可能具有确定的有效期限,但是国际实践总是认为它们所确定的边界具有永久性效力[58]。国际法院曾经指出,"边界一经确定就永久有效,任何其他做法都会损害边界稳定性的基本原则,而法院已经反复强调过该原则的重要性。"[59]

(十) 相互竞争的权源

领土主权的权源问题常常涉及相互竞争的权源。两个或多个国家可能会对同一片土地提出主权的主张,在这种情况下,不会存在无主地或共管的问题;在这片土地上,主权的存在是确定无疑的,问题是主权属于哪个国家独有。胡伯认为"当出现关于某一部分领土的主权争议时,通常要考查哪一个主张主权的国家拥有的权源——割让、征服或占领等——优于其他国家可能提出的、与其对立的主张。"[60]

在"曼基埃岛和艾克荷斯岛案"中,英国和法国同时主张拥有对英吉利海峡中

56　J. Crawford, *Brownlie's Principles of Public International Law* (9th edn., Oxford: OUP, 2019), 200.

57　ICJ, *Kasikili/Sedudu Island (Botswana/Namibia)*, Judgment of 13 December 1999, ICJ Rep. (1999) 1045, paras. 29-30, 104; F. Schroeter, "Les Systèmes de Délimitation dans les fleuvrs internationaux", *AFDI* (1992), 948.

58　ICJ, *Territorial Dispute (Libya Arab Jamahiriya/Chad)*, ICJ Rep. (1994) 6, para. 72:尽管这个案件中相关条约的有效期限是自1955年起之后的20年内,但国际法院认为它确定的边界"有其独立于条约的法律生命。"

59　ICJ, *Land, Island and Maritime Frontier Dispute (El Salvador/Honduras: Nicaragua Intervening)*, ICJ Rep. (1992) 350, para. 404.

60　*Island of Palmas* (Netherlands/US), 2 UNRIAA 829, 839.

两组群岛"远古或初始"的权源[61]。国际法院认为,就艾克荷斯群岛而言,法院"被要求判断相互竞争的主权主张的相对强弱。"[62]法院发现该群岛在13世纪时是海峡群岛封地的一部分,在14世纪时处于英国国王管辖之下,在19和20世纪的大部分时间里英国当局在其上行使"国家职能";相比而言,法国政府没有提供充分的证据来证明它对该群岛享有有效的权源。国际法院在有关曼基埃群岛的主权争议上也得出相同的结论[63]。

由此可见,相互竞争的权源主张的相对强弱是通过证据来进行比较的[64],而举证责任属于引用证据的一方[65]。但是,评价证据的标准是国际法问题[66],比如有效权源是否自始存在,或国家是否通过行使国家职能维持了权源的有效性等。

相互竞争的权源主张可能涉及某些由于不确定的历史事实而存在争议的领土,也有可能涉及某些原本不存在主权争议、随后其他国家根据发现无主地或和平行使主权原则提出对立的权源主张的领土。对于后者,国际法院在"边界争端案"中指出:

"当国家行政行为不再与法律事实保持一致的时候,当争议中的领土处于某个国家有效管理之下、而该国并非这片领土法律权源的享有者时,权源的实际持有者应该受到优先对待。一旦法律权源不与国家行政行为共存,【——在决定领土主权归属时】后者必须被考虑在内。"[67]

(十一)"没有则不能给付"原则

"没有则不能给付"原则(*nemo dat quod non habet*)源于英国商法,目前被认为是国际法原则之一。在"帕尔马斯岛仲裁案"中,仲裁员胡伯指出:

"美国的权源主张的直接依据是根据《巴黎条约》发生的领土割让,通过

---

61 ICJ, *The Minquiers and Ecrehos Case* (France/UK), Judgment of 17 November 1953, ICJ Rep. (1953) 47, at 53.

62 Ibid., 67.

63 Ibid., 70-71.

64 ICJ, *Sovereignty over Pedra Branca/Pulau Batu Puteh, Middle Rocks and South Ledge* (*Malaysia/Singapore*), Judgment of 23 May 2008, ICJ Rep. (2008) 12, para. 62.

65 Ibid., para. 45. 法院认为这是一个"普遍法律原则",且为法院的案例法所接受。

66 这是国际法中领土主权与国内法中所有权的区别之一: M. Shaw, *International Law* (8th edn., 2017), 1021-1022.

67 ICJ, *Frontier Dispute* (*Burkina Faso/Mali*), Judgment of 22 December 1986, ICJ Rep. (1986) 554, para. 63.

该割让行为,西班牙转让了它可能在该区域上拥有的全部主权权利……很明显,西班牙转移的权利不可能超过她实际拥有的权利。"[68]

不过,联合国时代确立的一些原则大大削弱了这个原则在实践中的效力。例如,侵略国可能希望转让被侵略的领土,但是根据禁止使用武力原则该转让行为是无效的。权源的违法性使它向其他的国家的转移行为也归于无效。

二、领土主权的取得、转移和确定

在历史上的封建时期,罗马私法上的财产概念曾被用于描述统治者享有的领土主权,这种影响直到18世纪和19世纪才慢慢消失[69]。自此之后,主权成为一个抽象概念,统治者成为国家权能的代理人。作为本节绪论的一部分,需要提到领土争端的内涵,即涉及领土主权的取得、丧失、维持、转移或放弃的争端[70]。在当今的实践中,还存在着类比的领土争端,比如大陆架划界的争端,尽管沿海国对大陆架的权利是主权性权利,而非主权[71]。另外,在实践中,对涉及领土主权归属的争端与涉及领土划界的争端进行区分意义不大,领土主权都是局限于一片区域的,所以这两种争端往往同时存在[72]。

1945年后,下面将提到的传统法律概念依然有效,但是,领土取得的新规则也在不断产生,丰富了国际法上有关领土主权及其转移的法律制度。这些新规则包括人民自决权原则和处理领土争议时不使用武力原则等。

(一) 时际法

国家的权利来源自具有法律意义的行为或条约。作为一个确定的国际法原

68　*Island of Palmas*(Netherlands/US),2 UNRIAA 829,at 842.

69　D. P. O'Connell,*International Law*,vol.1(2nd edn.,London:Stevens and Sons,1970),430-407. 他提到普通法下主权与所有权的统一,与大陆法下主权二者的分离。

70　放弃与丧失的区别是比较微妙的:ICJ, *Sovereignty over Pedra Branca/Pulau Batu Puteh, Middle Rocks and South Ledge*(Malaysia/Singapore),Judgment of 23 May 2008,ICJ Reports(2008) 12,para.122(法院认为,任何基于当事方行为来判断的主权的易手,必须证明行为明确地表示了当事方的这一意图,而这一证明的要求在其中一方的行为实际上是放弃主权的时候更是格外严格).

71　《联合国海洋法公约》第77条第一款和第二款。

72　*Island of Palmas* (Netherlands/US), 2 UNRIAA 829,838. 还可参考:K. Kaikobad,"Some Observations on the Doctrine of Continuity and Finality of Boundaries",54 *BYIL* (1983) 119,at 119-121. 还可以对照:*Case concerning the Temple of Preah Vihear*(Cambodia v. Thailand),Merits,Judgment of 15 June 1962,ICJ Reports(1962) 6,at 16。

则,对某个情势的判断或某个条约的解释应该根据造成情势或缔约的行为发生时、而非当前的国际法规则。在考查很久之前发生的、至今仍具有法律意义和影响的情势的效力时,确实需要考虑时际法问题。

在这个问题上,胡伯在"帕尔马斯岛案"中指出:"西班牙的发现行为的效力应该根据 16 世纪上半叶——或其开始的四分之一世纪的时间里(以最早日期为准)存在的、有效的国际法规则来判断……。"[73]他要判断的是在关键的 1898 年西班牙是否依然拥有对帕尔马斯岛的主权。他认为:

> "当判断在前后相继的历史时期里出现的不同法律制度中的哪一个应该适用于一个特殊案件时(即所谓的时际法问题),应该区别对待权利的产生和权利的维持。作为一个法律原则,权利的产生要符合权利产生时有效的法律,同样的原则要求权利的维持——换言之权利的持续展示——要符合法律在不断的演变过程中的不同要求。"[74]

在上述原则上存在争议,因为它似乎要求持续不断地维持某个权利,而这可能会影响法律关系的稳定性[75]。但是,这个原则传达的理念是合乎逻辑的。实践中,它的适用可能会受到其他原则的限制,如时效原则、承认的效力和禁止反言原则等。

在"爱琴海大陆架案"的管辖权阶段中[76],希腊首先根据《和平解决国际争端总协定》第 17 条[77]和《国际法院规约》第 36 条第一款和第 37 条,提出了国际法院对本案享有管辖权的主张[78]。希腊和土耳其分别于 1931 年 9 月 14 日和 1934 年 6 月 24 日加入《和平解决国际争端总协定》;希腊在加入时做出了保留,将与希腊"领土地位"有关的所有争议都排除在条约里规定的争端解决程序的适用范围之外[79]。

在本案中,希腊试图排除该保留的适用,因为土耳其没有据此提出有关法院管辖权的初步反对意见。但是国际法院认为,土耳其确实在一份向法院提交的正

---

[73] *Island of Palmas (Netherlands/US)*, 2 UNRIAA 829, 845.

[74] Ibid.

[75] T. Elias, "The Doctrine of Intertemporal Law", 74 *AJIL* (1980), 286, at 292.

[76] ICJ, *Aegean Sea Continental Shelf (Greece v. Turkey)*, Jurisdiction of the Court, Judgment of 19 December 1978, ICJ Rep. (1978), 3.

[77] 1929 年 8 月 16 日生效。

[78] ICJ, *Aegean Sea Continental Shelf (Greece v. Turkey)* (Jurisdiction of the Court), Judgment of 19 December 1978, ICJ Rep. (1978) 3, para. 33.

[79] Ibid., para. 48.

式信件中请求法院根据上述条约第 39 条第三款的规定,对希腊适用此保留[80]。希腊的意图是希望排除自己的保留在本案中的适用,从而使其能够将与土耳其的争端提交到国际法院来解决;具体做法是主张它的保留中提到的争议不包括本案中有关大陆架的争议,因为当它在 1931 年做出保留时国际法上尚不存在大陆架的概念[81]。国际法院不同意这种主张,它认为保留的内容具有普遍性特征,而这种特征表明希腊"希望它的内含能够随着国际法的发展而发展,并与任何特定时期的法律规则赋予其用语的意义保持一致。"[82]法院还注意到,如果上述条约中的管辖权条款能够适用于本案的话,针对该管辖权条款所作保留也可以适用于本案[83]。法院最后的结论是:"应该根据当今、而非 1931 年时的国际法规则来解释保留第二款中的用语'与希腊的领土地位有关的争议'。因此,法院在解释和适用保留声明第二款时,必须考虑到国际法规则的演变已赋予沿岸国开发和开采大陆架的权利。"[84]"地位"一词在导致上述结论的推理中极为关键,法院认为它在缔约时指代所有与领土完整、边界、关于领土的制度有关的问题;希腊的保留之中就包括与领土有关的主权权利;大陆架权利产生于相邻领土的主权,所以领土主权必然包括大陆架权利,所以后者与"领土地位"有关[85]。

法院据此认为自己对本案没有管辖权[86]。之后的案例也说明,如果与《联合国海洋法公约》的解释或适用有关的争端涉及领土主权问题的话,会导致相关争端解决机制丧失管辖权[87]。

(二) 关键日期

在国际案件中,某一个或几个日期可能在考查事实的过程中具有重要意义。选择这种日期的权力当然属于处理案件的司法机构。实践承认几种不同类型的关键日期的存在,对这个术语进行普遍性定义可能会引起误解[88]。实际上,关键

---

[80] ICJ,*Aegean Sea Continental Shelf* (*Greece v. Turkey*)(Jurisdiction of the Court),Judgment of 19 December 1978,ICJ Rep. (1978) 3,para. 43.

[81] Ibid.,para. 77. 本案争议点涉及希腊在爱琴海中的岛屿是否可以产生大陆架:ibid.,para. 12.

[82] Ibid.,paras. 76-77.

[83] Ibid.,para. 79.

[84] Ibid.,para. 80.

[85] Ibid.,paras. 76,85,87-90.

[86] Ibid.,para. 109.

[87] *The Chagos Marine Protected Area Arbitration* (*Mauritius v. United Kingdom*),Annex Ⅶ Arbitral Tribunal,Award,18 March 2015,para. 211;http://www.pcacases.com/web/view/11).

[88] *Argentine-Chile Frontier Case* (the "*Palena*" case),Arbitral Award of 24 November 1966,38 *ILR* 10,at 80(这一概念被视为"并非一成不变地适用于所有目的").

日期的定义可以是宽泛的或狭义的,不同的适用范围可以导致不同的关键日期。所以一般而言,关键日期是指争端各方的权利明朗化、从而各方之后的行为都不会改变其法律地位的日期[89]。它可能包含某个条约缔结、批准或生效的日期,或领土被占领的日期,或政府行为发生的日期等,也可以仅指某一争端发生之时[90]。

"帕尔马斯岛仲裁案"中的关键日期是1898年12月10日,即西班牙和美国签订割让条约的日期,而在"东格陵兰案"中,常设国际法院认为关键日期是挪威公开宣布其对东格陵兰地区占领的日期[91]。更有甚者,1966年"阿根廷-智利边界仲裁案"中,仲裁庭认为这一问题在案件中没有影响,因为争端双方所提出的所有相关证据都在该庭考虑之中[92]。所以,这个概念的有用与否,很大程度上取决于具体案件事实的要求。针对黄岩岛的问题,关键日期可以定在1997年4月左右,而在此之前,菲律宾在该区域没有明显的国家行为[93]。

在领土争端中,法庭不会考虑关键日期之后发生的行为,除非该行为是在此之前存在的行为的自然延续,并且不具有改进提出关键日期一方的法律地位的用意。

(三) 传统和现代的领土取得方式:不同的权源

1. 传统方式

传统的领土取得方式或权源包括添附(accretion)、割让(cession)、征服(conquest)、占领(occupation)和时效(prescription)。这些术语比较便于理解。通常而言,这些方式都曾在历史上的某个阶段具有创制权源的能力,有些在当今时代依然可以构成权源。

添附是指新土地形成并添附于原有土地的地理过程,例如在河口出现新的岛屿的情况[94]。当新土地的形成过程开始于一国的边界或领海之内时,新形成的土

---

[89] *Argentine-Chile Frontier Case* (the "*Palena*" case), Arbitral Award of 24 November 1966, 38 *ILR* 10, at 79.

[90] G. Fitzmaurice, "The Law and Procedure of the International Court of Justice, 1951—1954: Points of Substantive Law, Part Ⅱ", 32 *BYIL* (1965—1966), 23-24; M. Shaw, *International Law* (8th edn., Cambridge: CUP, 2017), 378.

[91] PCIJ Ser. A/B. No. 53, 45.

[92] *The Argentina-Chile Frontier Case*, Award of the Court of Arbitration, 9 December 1966, 16 *UNRIAA* 109, at 167.

[93] K. Y. Zou, "Scarborough Reef: A New Flash Point in Sino-Philippine Relations?" *IBRU Boundary & Security Bulletin* vol. 7(2)(1999), 71. Also see B. B. Jia, "A Preliminary Study of the Title to Huangyan Island (Scarborough Reef/Shoal)", 45 *ODIL* (2014), 360, at 362-363.

[94] 与之相对的是改道(avulsion),即由于自然的力量河流突然、急剧地改变河道,使得原来的河道干涸。

地就成为该国领土的一部分,当然,在领海内出现的添附土地可以造成领海基线的相应更新。由于近几十年来气候变化的影响,实践中还存在着岛屿下沉、消失的情况,这与添附的过程正好相反,对法律的影响值得注意[95]。

割让是指从两国之间和平转移领土主权,通常依据战后签订的和平条约或特别的割让条约。当然,取得领土的国家无法取得超越割让国所实际拥有的部分[96]。第三国对被割让领土的既有权利,在割让行为发生后依然有效。

征服是指击败敌方、并占领其全部或部分领土的行为;但征服一般只导致占领,只要原主权者的武装力量仍然在战斗,试图恢复主权,原主权者就保有主权[97]。如果征服行为发生后进行了领土转移(又称为兼并),则这个转移可以构成权源[98];此后,主权转移到征服者手中。彻底征服敌国(debellatio)则导致主权的完全转移。但是,《联合国宪章》第2条第四款规定,所有会员国都不得使用武力或武力威胁侵害任何其他国家的领土主权和独立,这一规定使通过武力取得领土的行为成为非法行为。1970年《国际法原则宣言》规定:"国家领土不得成为它国以使用威胁或武力而取得之对象。使用威胁或武力取得之领土不得被承认为合法。"联合国安理会全体一致通过的第662号决议(1990)决定,伊拉克宣布对科威特的合并,无论以何种形式做出,也无论出于何种借口,都没有法律效力,且被认为无效。或许可以说,征服之后发生的合并的合法性,取决于割让条约的效力或国际社会的承认,但是考虑到国际法现状,通过征服方式取得权源的现象应该是非常罕见的。

传统方式还包括占领和时效。鉴于它们的特殊性质,本章将对其进行单独介绍。

2. 现代方式

添附和割让依然是有效的权源,只是割让的有效性要根据当代国际法规则进行判断;占领和时效同样也是有效的权源。此外还存在一些新兴的领土主权取得方式。在当今时代,历史性权利和国际程序在领土主权的变化或转移过程中发挥着重要作用。

---

[95] S. Willcox, "Climate Change and Atoll Island States: Pursuing a 'Family Resemblance' Account of Statehood", 30 *LJIL* (2017) 117.

[96] 见本章第一节第十一小节。

[97] IMT, *Re Goering et al.*, Judgment and Sentences, 1 October 1946, 41 *AJIL* (1947), 249.

[98] D. O'Connell, *International Law* (2nd edn., London: Stevens and Sons, 1970), vol. 1, 432-433.

(四) 条约、"旧有边界不变"原则与国际判决

领土所有权可由诸如边界条约或判决产生。1986年,国际法院分庭在边界案中的观点值得在这里首先加以强调:当存在领土争端的时候,假如可以适用相关条约或者"旧有边界不变"的原则,那么,条约与该原则是解决这一争端的决定性权源[99]。

国际法院一贯对条约带来的领土权利给予优先考虑[100],但是条约在这里的作用受到条约解释的限制。比如:通过1887年《中法续议界务专条》(以下简称《专条》)的订立[101],中法两国就彼此在中越边境地带实际和有效控制区域进行了划界,《专条》规定了格林威治东经108度03分13秒线作为界线,并承认了中国对界线东侧岛屿的主权。在1992—2000年间的中越北部湾划界谈判过程中,越方开始时曾坚持《专条》中确立的边界线——即东经108度03分13秒——适用于整个北部湾海面,目的是最大化越方在海湾里的管辖区域[102]。中国政府从始就反对这一解释,并根据自己存档的证据,说明该条约并没有划定北部湾海面上的界线,而划界只是限于双方陆地接壤处与条约附图所划红线附近的沿岸岛屿[103]。2000年在北京签署、2004年在河内换文生效的双边条约解决了北部湾内的海上边界,同时也确立了双边谈判中适用包括《联合国海洋法公约》在内的国际法原则和规定,而非《专条》[104]。

---

99 ICJ, *Frontier Dispute (Burkina Faso/Republic of Mali)*, Judgment of 22 December 1986, ICJ Rep. (1986) 554, para. 63.

100 ICJ, *Case concerning Sovereignty over certain Frontier Land (Belgium/Netherlands)*, Judgment of 20 June 1959, ICJ Rep. (1959) 209, at 227 and 229.

101 1887年6月26日订立。王铁崖编:《中外旧约章汇编》,第一卷,生活·读书·新知三联书店1957年版,第512-514页。

102 陈体强、张鸿增:《北部湾海域划分问题——从国际法上驳越南方面的谬论》,载《光明日报》,1980年12月2日,第三版。

103 "外交部发言人的声明:越方宣称的所谓北部湾边界线是非法的无效的西沙和南沙群岛是中国神圣领土",《人民日报》,1982年11月29日,第一版。又见:周健:《中越北部湾划界的国际法实践》,载《边疆与海洋研究》,第4卷(2019),第6-37页。

104 中国外交部官网,"中越北部湾划界协定情况介绍",2000年12月25日,http://infogate.fmprc.gov.cn/web/ziliao_674904/tytj_674911/tyfg_674913/t145558.shtml(浏览于2021年3月18日)。参看:中越两国政府向联合国秘书长提交的官方文件:1)越南外交部备忘录,1979年3月15日,UN Doc. A/34/170,1979年4月12日;2)中国政府备忘录(副总理谈话纪要),1977年4月,UN Doc. A/34/189,1979年4月18日。又:2000年12月25日,中国与越南缔结了《关于两国在北部湾的领海、专属经济区和大陆架的划界协定》,全文参见《联合国条约集》,第2336卷,第179页,注意第1条第一款。该条约于2004年6月30日生效。

"旧有边界不变"原则起源于19世纪的拉丁美洲国家的独立运动之中,在20世纪60年代的非洲再次得到国家实践的响应[105]。原则的主要内容是维持在新国家独立时从殖民时代留下的旧有行政区域的边界不变。在20世纪90年代的前南地区,该原则也同样被适用,超越了原来的内容[106]。

司法判决对领土争端的影响也是明显的[107]。比如,国际法院在1962年"隆端寺案"的结论中,明确宣布该寺坐落于柬埔寨领土主权范围内[108]。2013年,国际法院对1962年判决进行了解释,确认该寺所处的山岬地区属于柬埔寨领土[109]。

(五) 发现和象征性兼并

15世纪和16世纪的国际实践认为,发现行为本身可以构成一个完整权源。但是现代国际法却认为,发现只是领土主权产生过程中的一个步骤,它只能创造初始权源(inchoate title)。要使该权源变得完整,一国需要展现有效占领的行为。在"帕尔马斯岛案"中,美国根据这种观点提出了西班牙权源的依据,仲裁员胡伯没有讨论发现这种方式的法律效力,而是指出,应该根据本案中的关键日期——1898年——当时的法律来判断西班牙的权源在最初的发现行为完成之后是否持续存在。国家在取得不完整的权源之后必须在合理的时期内对土地进行有效占领才能使其权源变得完整。在实践中,权源问题就是国家行为有效性对比的问题。

象征性兼并是指国家代表或经国家授权或许可的个人代表国家宣布或以其他行使主权权力的行为对土地的占领,从而证明该国取得了这片土地的领土主权的做法。个人行为可以事先得到国家的授权,也可以事后得到国家的追认。这里之所以没有将象征性兼并列入传统方式之中,是因为即使在过去它都是有争议的

---

105 AHG/Res/16(Ⅰ), entitled "Border Disputes among African States", adopted during the First Ordinary Session of the Assembly of Heads of State and Government, of the Organization of African Unity, between 17-21 July 1964, at: https://au.int/sites/default/files/decisions/9514-1964_ahg_res_1-24_i_e.pdfn(accessed 5 September 2021). 还可参看: ICJ, *Frontier Dispute*(*Burkina Faso/Mali*), Judgment of 22 December 1986, ICJ Rep. (1986) 554, paras. 23-26.

106 Conference on Yugoslavia Arbitration Commission, *Opinions on Questions Arising from the Dissolution of Yugoslavia*, Opinion No. 3, 31 ILM (1992) 1488, at 1500.

107 ICJ, *Legal Consequences of the Separation of the Chagos Archipelago from Mauritius in 1965*, Advisory Opinion of 25 February 2019, ICJ Rep. (2019) 95, paras. 177 and 183.

108 ICJ, *Case concerning the Temple of Preach Vihear*(*Cambodia/Thailand*), Merits, Judgment of 15 June 1962, ICJ Rep. (1962) 6, at 36.

109 ICJ, *Request for Interpretation of the Judgment of 15 June 1962 in the Case concerning the Temple of Preah Vihear*(*Cambodia v. Thailand*)(*Cambodia v. Thailand*), Judgment of 11 November 2013, ICJ Rep. (2013) 281, para. 108.

说法,并且支持这一说法的实践十分罕见。

但是本书的观点,是这一组合行为(发现与象征性兼并)的效力取决于具体案件的事实,其适用性的有限可能是由于所引入的事实缺乏足够证明力。象征性兼并曾经被接受为权源。在"克利伯敦岛仲裁案"中,一位得到本国政府授权的法国军官在 1858 年时宣布法国对一个无人居住的太平洋岛屿(位于墨西哥海岸西南约 670 公里处)的主权,并通知了夏威夷政府[110]。但是,墨西哥海军在 1897 年时占领了这个岛屿,从而引发了墨西哥和法国间的争端。墨西哥主张,它在 1931 年时继承了西班牙通过发现取得的对该岛屿的所有权。

1931 年,作为仲裁员的意大利国王埃曼努尔三世在裁决中指出,即使上述主张成立,墨西哥也要清楚地在岛上展示其主权才可以使其所拥有的权源完整,但是墨西哥却没有这样做,他认为法国在 1858 年的占领行为充分、清楚准确地表明了其兼并该岛的意图;就墨西哥提出的法国是否对该岛进行了有效占领的问题,仲裁员认为"根据世代形成的具有法律效力的惯例,除了占领意向(*animus occupandi*)之外,实际的、而非名义上的占有是占领的必要构成条件",这种占有是通过对该岛行使排他性权力来表现的;但是,他认为这种表现方式"只不过是占有程序上的一种方式而已",有时候也不一定要证明立法行为的存在,对于那些完全无人居住的、"从占领者最初在那里出现的时候起,就一直处于它的绝对的处分权下的"土地而言,"占有从那个时候起就已经完成了"[111]。那么就是说,第一时间占领时的处置力是决定性的,而对在此种领土上宣示国家主权的行为的数量和程度,国际法的要求都很低[112]。若此,那么中国在南海诸岛问题上可以考虑这个组合方式的适用[113]。

(六) 占领

有时权源主张者和领土之间有限但具有法律意义的联系就足以证明占领事实的存在。但是,更常见的是,法院需要当事国证明其在争议领土上展示了国家活动,或"行政行为"(effectivités)。实践中,这种权源适用于无主地。它的构成因素包括国家占有了某一领土,在其上展现出更有效的主权行为,或通过其他方

---

[110] *Island of Clipperton* (*Mexico v. France*),Award of 3 March 1909,2 *UNRIAA* 1105.

[111] Ibid.,at 1110.

[112] PCIJ,*Legal Status of Eastern Greenland* (*Denmark v. Norway*),Judgment of 5 April 1933,PCIJ,Ser. A/B,No. 53,para. 98.

[113] Z. G. Gao and B. B. Jia,"The Nine-Dash Line in the South China Sea: History, Status, and Implications",107 *AJIL* (2013),98,at 111.

法证明自己拥有优先权利。在"帕尔马斯岛仲裁案"出现后,有效占领有时也被称为"权力的持续展示"。

有些案件表明,当事国需要证明它具有作为主权者进行占领的意图,并且它实际行使或展现了国家的权力[114]。这种意图被称为占领意图(animus occupandi or possidendi)。其他案件则不承认这个主观因素,如"帕尔马斯岛仲裁案"和"曼基埃岛和艾克荷斯岛案"。在"利吉丹岛和西巴丹岛的主权归属案"的实体阶段中,[115]国际法院发现,在当事国马来西亚和印度尼西亚对位于婆罗洲岛(Borneo)附近的利吉丹岛(Pulau Ligitan)和西巴丹岛(Pulau Sipadan)两个岛屿主张权源时,这两个岛上都不存在永久性居民。国际法院认为印度尼西亚没有能够证明行政行为的存在,而马来西亚通过法律规范这两个岛屿上的海龟蛋收集和在其中一个岛上建立鸟类保护区的做法是以"行政行为宣示主权",因此法院认为这些岛屿的主权属于马来西亚[116]。马来西亚在岛屿上建立灯塔的行为也是相关证据[117]。法院认为,马来西亚的官方活动尽管不多,但是具有多样性,包括在相当长的时期里的立法、行政和准司法行为,这些行为都反映了马来西亚"在行政管理大量岛屿的背景下对这两个岛屿行使国家职能的意图"[118],法院认为马来西亚据此取得了这两个岛屿的主权。可见,占领意图在本案中是法院考虑的必要因素[119]。

不过,实际上占有领土的行为或者与主权行使一致的国家活动的展示,是这种权源的主要构成要素。在"帕尔马斯岛仲裁案"中,胡伯指出,如果一个领土争端

> "是基于其他国家实际行使了主权的事实而产生时,【一国】仅仅证明其曾经在某一时刻有效地取得过权源是不够的;它必须还要证明这种领土主权持续存在,并且在争端解决的关键日期时确实存在。这种证明体现在只可能由领土主权者来从事的国家活动的展示之中。"[120]

他重申"持续和和平地行使领土主权(和平是相对于其他国家而言)构成权源。"[121]

---

114 PCIJ, *Legal Status of Eastern Greenland* (Demark/Norway), PCIJ, Ser. A/B, No. 53, 45-46.
115 ICJ, *Sovereignty over Pulau Ligitan and Pulau Sipadan* (Indonesia/Malaysia), ICJ Rep. (2002) 625.
116 Ibid., para. 143.
117 Ibid., para. 147.
118 Ibid., para. 148.
119 Ibid., para. 134(法院特别引用了——因而肯定了——"东格陵兰案"判决中 PCIJ 对意图的要求)。
120 *Island of Palmas* (Netherlands/US), 2 UNRIAA 829, 839.
121 Ibid.

但是，他认为主权的展示有多种形式，并且主权实际上不可能在任何时刻和任何角落都被行使；他重申当争端产生时，是否存在实际、持续、和平地行使国家职能的行为是判断领土主权存在与否的标准[122]。他认为有证据证明荷兰在1700年至1906年期间在帕尔马斯岛上从事了一系列活动，并且这种活动具有国家职能的性质，荷兰"因此应被认为已经满足了"握有主权的条件[123]；荷兰自1700年以来通过持续、和平地行使国家职能取得的权源"依然有效"[124]。

"帕尔马斯岛仲裁案"还阐明了一个新的有关领土主权排他性的附属规则，即国家有义务"在其领土之内保护其他国家的权利，尤其是这些国家在和平和战争时期的独立和不受侵犯的权利，和它们可能为其身处外国的国民主张的权利。"[125]

在法国和墨西哥的"克利伯敦岛仲裁案"中，仲裁员指出"实际而非名义上的占有是占领的必要构成条件"[126]。有效的管理行为是证明主权存在的强有力证据。

在"曼基埃岛和艾克荷斯岛案"中，国际法院考查了当事国在艾克利荷斯岛上的管理行为和相关立法行为，目的是看它有没有通过这些管理行为履行国家职能[127]。常设国际法院在"东格陵兰案"中也指出

> "在很多案件中，法庭都认为少量实际行使主权的行为已经足以【支持一国的主权主张】了，只要其他国家不能提出更有力的主张。对人口稀少或没有定居人口的地区主张主权的情况下尤其如此。"[128]

因此可以说，当今实践强调：1）权源产生；和2）展示主权这两类行为的相关证据。"帕尔马斯岛"仲裁案和随后的案例确立了在领土主权争议中的优先权源的这一判断标准。一般而言，通过持续地、和平地（和平是相对于其他国家而言）行使主权的方式取得的权源优于其他可能的权源。一国在证明其持续地、和平地行使主权时，必须出示其对领土进行了有效统治的证据。因此，传统的有关占领的规则被赋予了新的内涵。

鉴于占领方式的影响，必须提到放弃占领的问题。放弃是主权者完全放手对

122　*Island of Palmas*(Netherlands/US),2 *UNRIAA*,867.

123　Ibid.,868.

124　Ibid.,869.

125　Ibid.,839.

126　*Island of Clipperton*(Mexico v. France),Award of 3 March 1909,2 *UNRIAA* 1105.

127　Cf. Fitzmaurice G. The Law and Procedure of the International Court of Justice,1951—1954：Points of Substantive Law,Part Ⅱ. BYIL,1965—1966,32：69-71.

128　*Legal Status of Eastern Greenland*(Demark/Norway),PCIJ,Ser. A/B,no. 53,46.

领土的拥有、管理、处置的权力,并明确地表现出放弃的意图,从而放弃主权[129]。但是对此决不能轻易假设,而需要确凿的证据[130]。

在上述提到的案例中,占领方式并不总能圆满地解释其中发生的事实,在涉及主权不清楚的情况时,争端各方都会提出一些证据,说明自己采取了主权措施,使得这样的案例呈现出"时效"的特征。

(七) 时效

时效也称为取得时效[131],其本质是原主权者的同意或默许消除了另一权源的缺陷,它的适用前提是最初对领土的占有行为是有争议的或占有行为是不清楚或不合法的[132]。根据时效规则,权源的原所有者的权利将依此消失。这个规则建立在权源的原所有者已经放弃了权利的假定之上,一旦占有成为事实,且没有在相当时间内受到原所有者的质疑或抗议,则法律将承认占有这一事实的合法性,而不会要求变动。这一规则的目的是维护国际社会的稳定和秩序[133]。

学者将适用时效规则的情况分为三种:起始于远古的占有、存在相互竞争的主权行为、默许,而最后一种情况才是具有时效性的[134]。但是在这种情况下,法律考虑的是默许的法律效力,而不是时效作为法律规则的效力。所以,有必要考虑这一规则的具体内容,然后看其适用所需要的条件。

时效规则包括:(1)一国通过行使主权的方式占领了一片领土,即使在明知该领土属于其他主权者所有的情况下将其占为己有[135];(2)占领必须是不受干扰的,即包括原主权者在内的所有国家都没有对该占领状态提出反对[136];(3)根据时

---

[129] R. Jennings and A. Watts(eds.),*Oppenheim's International Law*(9th edn. 1992),vol.1,717.

[130] ICJ, *Land and Maritime Boundary between Cameroon and Nigeria* (*Cameroon v. Nigeria*: *Equatorial Guineu Intervening*),Judgment of 10 October 2002,ICJ Rep. (2002) 303,paras. 223-224.

[131] R. Jennings, *The Acquisition of Territory in International Law* (Manchester: Manchester University Press,1963),21.

[132] Ibid.,at 23.

[133] The *Grisbadarna Arbitration*,Sentence Arbitrale rendue le 23 octobre 1909 dans la question de la délimitation d'une certaine partie de la frontière maritime entre la Norvège et la Suède,11 *UNRIAA*,161.

[134] I. Brownlie,*Principles of Public International Law*(7th edn.. Oxford: OUP,2008),146-148.

[135] Ibid.,148.

[136] The *Chamizal Arbitration*,11 *UNRIAA* 316(本案涉及美国和墨西哥在格兰德河(Rio Grande)河床的一部分的争端,美国主张时效取得。仲裁员指出美国对这个区域的占有不是没有受到墨西哥的反对,事实上墨西哥一直在进行抗议。由美国和墨西哥建立的国际边界委员会(International Boundary Commission)一方面通过类比国内私法上的取得时效的概念指出墨西哥的抗议中断了美国声称的时效取得的效力;另一方面指出在时效是否已经被接受为国际法原则的问题上存在"很大的争议":参见第318页)。

效规则主张领土主权的国家要证明整个国际社会都接受此占领符合国际法[137]；(4)占领必须已经持续了足够长的时间，以至于可以从中判断出默许的存在与否[138]。

实践中，时效依然是一种有效的领土取得方式[139]。在当今时代，随着国际法的发展，时效往往是通过与其他规则的共同作用来创造权源的[140]。这些其他规则包括默许和禁止反言等。这种新发展也带来了新问题：当一国通过违反国际习惯法（包括强行法）的方式取得领土时，这种行为的非法性能否通过时效规则得以消除是有争议的。比如：越南与菲律宾在1971年前后占领了中国南沙群岛的部分岛礁，直接违反了《联合国宪章》第2条第四款，也遇到中国政府的及时、持续的抗议，那么应该说，时效规则也很难消除上述行为的非法性[141]；就更不用说权源的产生了。

(八) 有瑕疵权源的合法化：默许、承认和禁止反言

在通过割让、添附、占领或和平并有效地行使主权等已确定的方式取得或转让权源的情况下，几乎没有必要考虑默许、承认或禁止反言等概念。但是，实践中经常出现不同国家基于时效或其他有争议的原则同时对一片领土主张权源，从而引起主权争议的情形，仅凭一国最初占有了领土的事实尚不足以解决这种争议。一国是否享有该片领土的完整权利（perfect right）取决于其他国家的反应，尤其是提出对立主张国家的反应。在这种情况下，有关默许、承认和禁止反言的规则在确定主权归属的过程中发挥着重要作用。

承认的表现形式既可以是公开发表的单边宣言，也可以是能够证明是否存在根据协议进行领土割让的条约。在丹麦和挪威之间的"东格陵兰"案中，常设国际法院认为丹麦可以将它与其他国家签订的条约作为这些国家对其权源予以承认的证据，这些条约表明与丹麦签约的国家愿意承认丹麦对格陵兰岛的主权，挪威本身就是其中某些条约的缔约国[142]。丹麦据此主张挪威承认了丹麦对格陵兰岛

137　R. Jennings and A. Watt A, *Oppenheim's International Law*(9th edn., London: Longman House, 1992), vol. i, 706.

138　*Island of Palmas*(Netherlands/US), 2 UNRIAA 867.

139　ICJ, *Kasikili/Sedudu Island* (*Botswana/Namibia*), Judgment of 13 December 1999, ICJ Rep. (1999) 1045, paras. 96-97. Also see J. Wouters and S. Verhoeven, "Prescription", *MPEPIL* (2008).

140　R. Jennings and A. Watt A, *Oppenheim's International Law*(9th edn., London: Longman House, 1992), vol. i, 708.

141　D. Johnson, "Acquisitive Prescription in International Law", 27 *BYIL* (1950) 332, at 345-346, 349.

142　PCIJ, *Legal Status of Eastern Greenland* (*Denmark/Norway*), PCIJ, Ser. A/B, No. 53, 51-52, 68.

的主权,且这种承认是有拘束力的,法院接受了丹麦的主张;并认为由于其自身的行为,挪威不能再对丹麦对格陵兰岛的主权提出反对意见[143]。

默许和承认具有同样的效力,只不过默许的表现形式主要是行为,它也可以是默许或暗含的同意,即当一个国家有义务做出某种行为时,它却沉默了;这种沉默暗示它同意了某种情形或放弃了自己的权利[144]。

通常情况下承认和默许都不会构成权源。但是当一国对领土的实际控制和履行国家职能的行为本身无法构成完整的权源时,承认和默许会使得权源圆满;因此,在这种意义上讲,承认和默许是证明主权存在的重要证据[145],甚至可能是决定性证据。这里也有一个例外情形,即对新国家的承认可以有效地为该新国家创造领土主权。

承认和默许会产生禁止反言的结果。禁止反言或排除(民法法系的概念)在领土争议中发挥着重要作用[146]。它的构成条件包括:(1)争端一方以清楚明白的方式宣告了某个事实;(2)这个宣告的存在可能会使依赖其有效性的一方遭受损失或者宣告方获得某种利益。在这种情况下,宣告方不能否认这个事实的存在,即使它对这个事实本身的内含的理解可能是错误的;或者,当它没有做出某种承诺,或对它是否做过这个承诺尚且存疑的时候,由于它之前做出的一些行为,它已经不能在否认这种承诺的存在[147]。阿尔法罗法官认为,这一规则是国际法中的实体规则,而非程序性规则;且其实质是,假如争端方在案件中提出的主张与其过去行为不符,则法院可以拒绝受理[148]。这一说法得到法院和其他司法机构的承认[149]。

在"西班牙国王仲裁决定案"中,国际法院认为尼加拉瓜既然已经通过声明、通过行为承认了国王仲裁决定的效力,那么它就之后不能再否认该决定对它的效力[150]。简

---

143 PCIJ, *Legal Status of Eastern Greenland* (*Denmark/Norway*), PCIJ, Ser. A/B, No. 68.

144 R. Jennings, *The Acquisition of Territory in International Law* (Manchester: Manchester University Press), 45.

145 The *Grisbadarna Arbitration*, Sentence Arbitrale rendue le 23 octobre 1909 dans la question de la délimitation d'une certaine partie de la frontière maritime entre la Norvège et la Suède, 11 *UNRIAA*, 161-162.

146 ICJ, *Territorial Dispute* (*Libya Arab Jamahiriya/Chad*), ICJ Rep. (1994) 6, Judge Ajibola's Separate Opinion, paras. 103-109.

147 ICJ, *Case concerning the Temple of Preach Vihear* (*Cambodia/Thailand*), Merits, ICJ Rep. (1962) 6, Separate Opinion of J. Fitzmaurice, at 63.

148 同上注,第 48 页(阿尔法罗法官的个人意见)。

149 *Argentine-Chile Frontier Case*, Arbitral Award of 24 November 1966, 38 *ILR* 10, at 76-77.

150 ICJ, *Case concerning the Arbitral Award made by the King of Spain on 23 December 1906* (*Honduras/Nicaragua*), Judgment of 18 November 1960, ICJ Rep. (1960) 192, at 213.

而言之，尼加拉瓜已经丧失了否认该仲裁决定效力的权利。

　　一般来说，承认和默许可以成为主权存在的证据；但是在禁止反言规则适用的情况下，由于争端一方已经清楚无误地承认了某种情形，另一方可以完全据此承认来要求第三方解决这一领土争端。在"隆瑞寺案"中，国际法院认为泰国已经知道了本案争议中的边界线的存在，而且泰国已经通过其代表，包括在混合委员会中的泰国成员和丹隆王子反复对这条边界线进行了确认，因此应该认为泰国已经默示承认了该边界线，从而不能再质疑它的有效性[151]。法院考虑了法国绘制的地图清楚地将隆瑞寺划入柬埔寨境内的事实和法国随后在该区域内的行为，得出以下结论：如果泰国不认可这种情势的话，应该通过行动表示反对，但是泰国什么都没有做；据此法院认为泰国默示承认和接受了这条边界线。所以，在很多案件中承认、默许和禁止反言等概念是法律推理或证据的一部分；但其作用常常左右法院的结论。从这一点来看，它们在权源不清或存在竞争的情况下，可以决定哪一权源优先。此外，值得注意的是，司法实践中有关禁止反言的规则正在经历发展的过程，将其归入习惯法范畴可能为时尚早[152]。

（九）历史性权利（historic title）

　　尽管国际法意义上的主权属于罗马法上的绝对统治权，但主权与其他法律权利并没有性质上的根本不同，它们都是法律所承认、授予的权利，即使存在所有权和其他权利的区别。"主权"概念可以涵盖所有所有这些权利在内，它指代至高无上的国家权力。

　　在"红海案"裁决中，仲裁庭这样定义"历史性所有权"："一个明确建立起来的权利，或……'针对争议中的物体的绝对或相对最好的权利'"，或"占有（某物）的最好权利"[153]。因此，此等所有权既可以是长期存在和众所周知的，也可以是通过时效、默认或长期占有而被接受为合法的权利。在仲裁庭眼里，"历史性权利"存在着领土主权/所有权和非主权权利的二分法[154]。

---

[151] ICJ, *Case concerning the Temple of Preach Vihear (Cambodia/Thailand)*, Judgment of 15 June 1962, ICJ Rep. (1962) 6, at 32-33.

[152] ICJ, *Territorial Dispute (Libya Arab Jamahiriya/Chad)*, ICJ Rep. (1994) 6, Separate Opinion of J. Ajibola, para. 96.

[153] *Territorial Sovereignty and the Scope of Dispute*, Award of 9 October 1998, 22 *UNRIAA* 209, para 105.

[154] 同上注，第106段。还可参看：Y. Blum, "Historic Rights", *in*: R. Bernhardt(ed.), *Encyclopedia of Public International Law*, vol. 2(North-Holland: Elsevier, 1995), 710.

在现有实践中,"历史性所有权"似乎只是其他领土主权取得方式的附加规则,在其他方式下取得所有权的同时,声索国借助了历史过程和相关实践的帮助,达到了相关方式的基本要求。与此相对,在 17 世纪以前、分散的实践中,作为取得领土主权的基本方式之一,"历史性所有权"可以独立存在,但是那时它的内涵是一种"自古以来"的权利且众所周知,因而没有争议。

在当代领土争端中,这种独立存在的、没有争议的历史性权利的例子似乎较难找到,主要原因之一是证据问题;但不是说不可能,比如,虽然面积达到 78000 平方公里,渤海一直被视为中国内海,它与黄海衔接处的宽度为 57 海里[155],为一系列岛屿分割,岛屿所分割而成的水道中,最宽者只有 24 海里[156]。由于渤海自然入口的地理情况,使得有关海湾的法律无法直接适用[157]。但是通过主张历史性权利[158],渤海成为中国内水的根据是充分的[159],这证据包括 1958 年《中华人民共和国政府关于领海的声明》[160]。

另一方面,从某种意义上说,"自古以来"(或严格意义上)的历史性权利的确立方式,随着国际法的发展而有所发展,比如,国际法院似乎倾向于依靠近期行使主权权利的证据来判断领土主权的归属[161]。

在海洋争端中,历史性权利或相关的概念近来似乎被频繁提及[162]。在这种争端中,权源通常涉及人类共有财产(res communis)的一部分,所以主张历史性权利的一方要证明存在其他国家的默许或承认,因为国际社会的普遍承认可以使一国合法将领海或公海的某些部分视为自己的内水或领海。在"英挪渔业案"中,国际法院认可了挪威直线基线的划法,其中一个(次要)原因是其他国家的默许和承

---

[155] 中国地理学会海洋地理专业委员会:《中国海洋地理》,科学出版社 1996 年版,第 15 和 18 页。

[156] 同上书,第 346 页。

[157] 《联合国海洋法公约》第 10 条第三至五款。

[158] J. Greenfield, *China and the Law of the Sea, Air, and Environment* (Leiden: Sijthoff & Noordhoff,1979),30-34.

[159] 有关 1864 年涉及中国、普鲁士、丹麦的事件,参看:T. Y. Wang, "International Law in China: Historical and Contemporary Perspectives",221 *RdC* (1990),at 232-234.

[160] 公布于 1958 年 9 月 4 日。参看国家海洋局政策法规办公室编:《中华人民共和国海洋法规选编》,海洋出版社 1998 年版,第 1 页。

[161] *The Minquiers and Ecrehos Case* (France/UK),Judgment of 17 November 1953,ICJ Rep. (1953) 47,67,70. 进一步论述可参看:贾兵兵,《国际法中的历史性权利:现状与问题》,《中国国际法年刊》(2019),第 30-63 页。

[162] 贾兵兵:《〈联合国海洋法公约〉争端解决机制研究:附件七仲裁实践》,清华大学出版社 2018 年版,第五章。

认证明挪威取得(可以对英国适用)的历史性权利[163]。沙勒·得·维舍据此认为,挪威权利的巩固取决于和平占有行为,以及其他国家的同意或默许,形成"历史性巩固"的做法[164]。

在"喀麦隆和尼日利亚间陆地和海洋边界:(赤道几内亚介入)案"中,国际法院注意到(巩固)历史性权利的理论只在"英挪渔业案"中出现过一次:

> "有关权利长期巩固的理论是很有争议的,该理论不能取代国际法上已确立的权源创制方式,因为后者考虑到了很多其他重要事实和法律因素。本法院还注意到,'渔业案'判决在谈到领海外部边界和长期巩固权利时,根本没有把占领视为在效力上高于确定的条约权源的意思。此外,尼日利亚提到与乍得湖村庄有关的情况涉及一段大约20年的时间,而这个时间段无论如何都太短了——即使是根据尼日利亚的理论也太短了。因此,法院认为尼日利亚在这一点上的主张不能成立。"[165]

"长期巩固"的概念是很有争议的。

中国与越南和菲律宾在南海海域存在争议,这些争议多少与位于这个海域的岛屿和礁石的所有权有关。中国《领海及毗连区法》(1992)第2条规定了西沙、南沙群岛属于中国领土[166]。中国学者支持这一立场的理由有多种,其中包括有关历史性权利的主张[167],认为中国对这些岛屿进行占有的历史资料之多,至少根据"东格陵兰岛案"和"克利伯敦岛仲裁案"确立的标准,足以支持中国的主权主张[168]。

不过,就发现和有效占领来说,中国的主权主张具有较为明显的优势;历史性权利的理由是次要的[169]。历史性权利主张的有效性取决于一国对岛屿的不间断占有和其他国家对该占有情势的普遍默许。仔细想想就会发现,在历史性权利原则中默许存在的必要性似乎使该原则更接近于"帕尔马斯岛仲裁案"和"东格陵

163　ICJ, *Fisheries Case* (*UK v. Norway*), Judgment of 18 December 1951, ICJ Rep. (1951) 116, 138.

164　C. de Visscher, *Theory and Reality in Public International Law* (3rd edn. in French, trans. by P. Corbett, Princeton, NJ: Princeton University Press, 1968), 209.

165　ICJ, *Land and Maritime Boundary between Cameroon and Nigeria* (*Cameroon v. Nigeria: Equatorial Guineu Intervening*), Judgment of 10 October 2002, ICJ Rep. (2002) 303, para. 65.

166　参见本书第十三章。

167　M. Valencia, J. van Dyke et. al. (eds.), *Sharing the Resources of the South China Sea* (The Hague: Martinus Nijhoff, 1997), 24-28.

168　J. M. Shen, "China's Sovereign over the South China Sea Islands: A Historical Perspective", 1 *Chinese JIL* (2002), 94, at 155-156.

169　高之国、贾兵兵:《论南海九段线的历史、地位和作用》,海洋出版社2014年版,第30-31页。

兰案"确立的有效占领原则。

目前,在有关海洋主权争议的案件中,历史性权利的适用也仅限于近海海域。目前不能确定习惯法是否承认它也适用于远离陆地的海域,但是,至少在一种情况下是可以适用的:海域作为历史性权利所覆盖的群岛水域的部分。这种情况涉及的群岛水域都是离岸水域,甚至在大洋中心。《联合国海洋法公约》没有相应的规则,但是实践已经发展到相当成熟的阶段,以至于有习惯法规则成型的可能存在[170]:只要群岛的领土主权可以确立(比如通过历史性权利),那么临近的群岛水域也可以纳入主权之下[171]。

(十) 与领土处置有关的国际程序

领土处置是根据国际法使领土脱离其主权国控制的过程。当代国际法对这一过程附加了新条件,这些条件主要涉及处置行为的效力问题,其中首要条件就是当代国际法禁止通过使用武力或威胁的方式改变领土的状态;根据1970年《国际法原则宣言》规定,不仅联合国所有成员国,并且"每一个国家"都有义务避免为侵害"任何国家"的领土完整或政治独立之目的使用武力或威胁,"使用威胁或武力取得之领土不得被承认为合法"。

尽管存在这一原则,但是根据与该原则具有同等效力的其他国际法原则,该原则在适用上也有例外情形。1961年,当联合国安理会准备通过决议谴责印度对果阿(Goa)的侵略行为时,苏联在投票时否决了该决议草案[172];印度在该次会议上解释道,国际社会应该允许通过武力进行非殖民化运动。原则上,当一国通过使用武力的方式行使自决权从而改变某一领土的主权归属时,其他国家可以因为自决权的存在而承认这一变化。这一原则的影响体现在下面的事实中:自1945年以来,双边条约、在国际组织倡导或监督下进行的领土主权转让或划分、和其他领土处置行为中经常提到人民自决原则[173]。

"非殖民化"进程可以被看做一个国际社会处置领土主权的方式,而这一过程

---

[170] 国际实践一直这样看待这一问题: J. Evensen, "Certain Legal Aspects Concerning the Delimitation of the Territorial Waters of Archipelagos", in: *Official Records of the United Nations Conference on the Law of the Sea*, vol. i, A/CONF. 13/18, 29 November 1957, 289 at 302.

[171] S. Kopela, *Dependent Archipelagos in the Law of the Sea* (Leiden: Martinus Nijhoff, 2013), 182, 189, 260-261.

[172] D. Harris, *Cases and Materials on International Law* (6th edn., London: Sweet & Maxwell, 2004), 220-222.

[173] ICJ, *Frontier Dispute* (*Burkina Faso/Mali*), Judgment of 22 December 1986, ICJ Rep. (1986) 554, para. 25.

主要是通过国际法下"人民自决权"原则来实现的。由于"人民自决权"行使会导致领土的独立,所以也会带来领土主权的出现。但即使是自决权原则,在其适用过程中也受其他规则的限制[174]。比如"旧有边界不变"[175]以及自决意愿的真实性的考虑[176]。

国际社会可能共同决定通过某种方式转移或暂时代位行使某片领土的领土主权,如托管领土制度。在这种情况下,原主权者自愿或非自愿放弃了主权,而新主权者尚未产生。1966年10月27日,联合国大会第2145号决议结束了南非对西南非洲和纳米比亚的托管统治(该托管统治权是由国际联盟在"一战"之后授予南非的)。国际法院在"西撒哈拉的法律地位问题"咨询意见中认为,结束托管制度的权力应该属于国际联盟和随后的联合国[177]。联合国纳米比亚委员会接管了该领土,直到1991年纳米比亚宣布独立。联合国设立于1999年的科索沃使团是暂时行使主权的例子[178]。

(十一) 地图及其他类似证据

地图作为可能宣示领土主权的证据,具有特殊作用和地位。这里所讲的地图必须是官方版本,个人(含法人)以自己名义出版的地图一般没有法律效力,或说不产生国家行为的效力。在实践中,作为条约文本一部分的地图具有法律拘束力,可以作为处理主权争议的关键证据。在"布基纳法索/马里共和国案"中,国际法院指出:

> "司法判决很久以来就对地图持相当谨慎的态度;但在近期案例中此种态度有所缓解,至少针对地图在构图技术上的可靠性而言是这样。但即使是在上述所提到的保证措施到位的情况下,地图在法律上的作用与不会高于对法院通过其方法所得到的结论加以佐证的证据的作用。因此,除非地图构成某国意志的直接体现,他们不能构成某一边界的证据;否则会成为'不可反

174　参见本书第八章第五节。

175　ICJ, *Frontier Dispute* (*Burkina Faso/Mali*), Judgment of 22 December 1986, ICJ Rep. (1986) 554, para. 25;提到非洲国家通过解释"人民自决权"原则取得独立时都会审慎地考虑"旧有边界不变"原则的作用。参看:D. Ahmed, *Boundaries and Secession in Africa and International Law* (Cambridge: CUP, 2015)。

176　ICJ, *Legal Consequences of the Separation of the Chagos Archipelago from Mauritius in* 1965, Advisory Opinion of 25 February 2019, ICJ Rep. (2019) 95, para. 172(国际法院强调了对自决意愿真实性的审视需要格外严格)。

177　ICJ, *Western Sahara*, Advisory Opinion of 16 October 1975, ICJ Rep. (1975) 12.

178　参看本书第五章。

驳的假设',事实上成为法律权源。可以说,他们的价值在于他们是附带性或支持性证据,而且因此不会具有'可反驳假设'的性质,从而导致举证责任倒置。"[179]

如果官方地图足够清楚、连续,那么可能造成禁止反言的效果[180]。从研究角度说,假如地图是双边边界条约的一部分,那么它可能具有与条约文本一样的法律效力,从而成为主权归属问题决定性的证据之一。

(十二) 小结

当今实践承认独立于国际程序之外的领土取得方式。主权的和平、持续地行使原则、国际社会或相关国家的承认、接受或默许以及"人民自决权"原则的存在是当代国际法在权源问题上的重要特点。现有实践说明,在处理领土争端时,要考虑所有可以找到的行使主权的证据,并从其中分辨争端当事方中哪一方的主权行为具有压倒性优势,从而判断主权的归属[181]。

另外,本节所述领土变更的方式是为了叙述清楚而分类的,实践中常常会发现这些方式或其中的因素混合一起发挥作用,所以具体案件需要具体分析[182]。在领土争端解决过程中,甚至还存在着衡平的方法,当事方将解决方法全权交给司法或仲裁机构去决定,只要结果是当事方可以接受的划界结果即可。比如:在"安第斯山脊划界仲裁案"中,当事方允许仲裁庭提出"妥协"解决方案;当仲裁庭面临着习惯法缺失,传统划界方法无法直接适用的时候,它分析、衡量了地理因素和(非法律的)社会经济因素,做出裁决[183]。

最后,本章讨论的案件还体现了这样的特点:所有案件都涉及历史证据;从某种意义上讲,所有领土争端都是涉及历史的争端。因此,历史性权利理论的继续存在,是有其客观基础的。

---

179 ICJ, *Frontier Dispute* (*Burkina Faso/Mali*), Judgment of 22 December 1986, ICJ Rep. (1986) 554, para. 56.

180 高之国、贾兵兵:《论南海九段线的历史、地位和作用》,海洋出版社 2014 年版,第 9-19 页。

181 *The Indo-Pakistan Western Boundary Case* (*India v. Pakistan*), Arbitral Award of 19 February 1968, 50 ILR 500(or the *Rann of Kutch Arbitration*).

182 M. Shaw, *International Law of Territory* (Oxford: OUP, 2018).

183 A. Munkman, "Adjudication and Adjustment-International Judicial Decision and the Settlement of Territorial and Boundary Disputes", 46 *BYIL* (1972—1973) 1, 32-33. 裁决原文可参看 IX *UNRIAA*, 29-49, 20 November 1902.

第十章 管 辖 权

扩展阅读

F. A. Mann, "The Doctrine of Jurisdiction in International Law", 111 *RdC* (1964), 9; M. Akehurst, "Jurisdiction in International Law", 46 *BYIL* (1972—1973), 145; C. Shachor-Landau, "Extra-territorial penal jurisdiction and extradition", 29 *ICLQ* (1980), 274; D. Bowett, "Jurisdiction: Changing Problems of Authority over Activities and Resources", 53 *BYIL* (1982), 1; R. Higgins, "Some Unresolved Aspects of the Law of State Immunity", 29 *NILR* (1982), 265; F. A. Mann, "The Doctrine of International Jurisdiction Revised after Twenty Years", 186 *RdC* (1984), 9; B. Graefrath, "Universal Criminal Jurisdiction and an International Criminal Court", 1 *EJIL* (1990), 67; M. C. Bassiouni and E. Wise, *Aut dedere aut judicare*, Boston: Martinus Nijhoff, 1995; R. Donner, *The Regulation of Nationality in International Law*, 2nd ed., Irvington-on-Hudson: Transnational Publishers, 1994; M. Reisman (ed.), *Jurisdiction in International Law*, Aldershot: Ashgate, 1999; L. Reydams, *Universal Jurisdiction*, Oxford: OUP, 2003; M. Gavouneli, *Functional Jurisdiction in the Law of the Sea*, Leiden: Martinus Nijhoff, 2007; Y. Shany, *Regulating Jurisdictional Relations between National and International Courts*, Oxford: OUP, 2007; A. Mills, "Rethinking Jurisdiction in International Law", 84 *BYIL* (2014), 187; C. Ryngaert, *Jurisdiction in International Law*, Oxford: OUP, 2008; 2nd edn., 2015; M. Vagias, *The Territorial Jurisdiction of the International Criminal Court*, Cambridge: CUP, 2014; S. Allen et al. (eds.), *The Oxford Handbook of Jurisdiction in International Law*, Oxford: OUP, 2019; D. Margolies et al. (eds.), *The Extraterritoriality of Law: History, Theory, Politics (Politics of Transnational Law)*, Abingdon: Routledge, 2019.

一、基本概念和原则

(一) 管辖权的概念

管辖权指国家依据国际法规范采取具有域外因素/行为的法律权能。对管辖权专题的讨论基本上集中于国家或其他具有管理权力的组织(如欧盟)为个人制定规则、并对之适用和强制执行此规则的法定权限。这个术语既可以指立法或者行政权力,也可以指司法机构审判案件并做出判决的权力[1]。借鉴卢梭教授的说法[2],曼教授认为,运用管辖权的目的在于规范、划分国家所具有的赋予、分配、管理这些类别的职能[3]。《奥本海国际法》认为管辖权本质上是指国家规范某些行为或者事件后果的权能的界限[4]。布莱尔利教授注意到(从主权衍伸出来的)管辖权的排他性与绝对性的区别,这对了解本题目下国际法相关规定和实践有重要作用[5]。

(二) 基本原则

在考虑管辖权问题时,有两个基本原则。它们决定国家管辖权的范围,并在各国之间进行管辖权的分配。其一是属地性原则。这个原则既适用于立法管辖权,也适用于执行管辖权。其二是真实联系原则,含义是:在确立管辖权时,要求有证据证明被管辖事项和管辖权行使的领土之间有实质的、真实的联系。理论上的趋势是将公认的、允许行使管辖权的相关原则视为第二个基本原则的延伸[6],因为后者在内涵上更为广泛,更准确地解释了管辖权与被管辖事项之间的逻辑关系。

根据属地性原则,未经某一国家同意,任一其他国家都没有权利主张在前者的领土上行使主权权力[7]。《联合国宪章》第 2 条第七款就确认了这一限制性规

---

[1] F. A. Mann,"The Doctrine of Jurisdiction in International Law",111 *RdC*(1964),15.

[2] C. Rousseau,"Principes de droit international public",93 *RdC*(1958),395.

[3] 111 *RdC*(1964),15.

[4] *Oppenheim's International Law* (9th edn., eds. R. Jennings and A. Watts, London: Longman,1992),vol. i,456. *Also see* V. Lowe,*International Law*(Oxford: OUP,2007),171.

[5] J. Brierly,*The Law of Nations*(6th edn., by H. Waldock,Oxford: Clarendon Press,1963),222.

[6] *Oppenheim's International Law* (9th edn., eds. R. Jennings and A. Watts, London: Longman,1992),vol. i,457.

[7] PCIJ,*The Case of the SS. Lotus*(1927),PCIJ,Ser. A,No. 10,18-19.

定,该款的全文如下:

> "本宪章不授权联合国干涉在本质上属于任何国家国内管辖之事件,且不要求会员国将此类事件依本宪章付诸解决;但此项原则不妨碍第七章执行措施之适用。"

该项原则也被称为"国内法的有效领域原则"或"不干涉原则"。《宪章》出现前,国家在其领土内不受拘束地行使权力是一个国内法问题,比如《国际联盟盟约》第15条第八款规定,国际联盟行政院对于提请其解决的"纯属于一成员国国内管辖事项"的争议没有管辖权。但是《联合国宪章》第2条第七款的规定已经跨越了旧有的实践,因为安理会在《宪章》第七章下的权力被明确地赋予影响国内事务的效果。

《联合国宪章》第2条第七款留下了一些未决的问题,如由谁决定哪些问题是属于国内管辖的事项,而且在当今"全球化"了的国际社会中很难找到国际法不发挥任何作用的领域[8],所以可以这样讲,如果国内管辖权的行使在国际社会中产生法律后果,那么它就可能成为国际法问题,例如,一国必须为在其国内实行的种族隔离制度承担国际责任[9]。在司法实践中,曾经有、并且以后仍然可能有这样的情况,即争端当事国依据上述原则进行抗辩,使争端免受国际司法机构的裁判。在"和平条约案"中[10],前"轴心国"集团的三个附属国依据《宪章》第2条第七款质疑国际法院的管辖权,主张其被指控的、对相关和平条约违反的行为在本质上属于国内管辖范围之内。国际法院认为,本案中所涉及和平条约的解释,在本质上不属于国内管辖范围内的事项,"它是一个国际法问题;根据其性质,它处于国际法院的管辖范围之内。"[11]但是该原则有一个派生的义务,即国家不能依据该原则而逃避其在国际法上的义务,而且,它受安理会在《联合国宪章》第七章下权力的

8　比如,两国可能在个人的外交保护问题上产生管辖权冲突。

9　ILC,"Draft Articles Draft articles on Responsibility of States for Internationally Wrongful Acts", *YBILC*(2001), vol. ii, Part Ⅱ, 31 ff, Art 15, Comment(2). 种族隔离还会带来个人刑事责任:Art 1, *International Convention on the Suppression and Punishment of the Crime of Apartheid*, UNGA Res. 3068(ⅩⅩⅧ);1015 *UNTS* 243(adopted 30 November 1973,entering into force 18 July 1976). 截至2021年10月,条约有109个缔约国:https://treaties. un. org/Pages/ViewDetails. aspx? src = TREATY&mtdsg_no=Ⅳ-7&chapter=4&clang=_en(浏览于2021年10月3日)。

10　ICJ, *Interpretation of Peace Treaties with Bulgaria*, *Hungary and Romania*, Advisory Opinion of 30 March 1950,ICJ Rep. (1950),65. 这个案子中,盟国指控三个原轴心国因在其领土上践踏人权的行为违反了双方签订的和平条约。联合国大会要求国际法院就该指控提供咨询意见。

11　ICJ Rep. (1950) 65,at 70-71. 法院的咨询管辖权不受"国家同意"原则的限制,也不论案件涉及的国家是否是联合国的成员国。

限制。类似的先例早已存在,常设国际法院曾指出:"某一事项是否属于国内管辖权这一问题,是一个国际法问题"[12]。这样的根本性问题早已存在于国际司法判例中,原因是可以理解的,国际法与国内法适用的范围本就是相接的,甚至在一定程度上是重叠的[13]。

(三) 管辖权的种类

在这里根据管辖权的功能对其进行分类。管辖权的行使可以实现三类功能。第一类是进行立法的管辖权,称为"立法管辖权",指一国或者某一权力机构制定法律的权力。第二类是进行裁判的管辖权,也被称为"司法管辖权",指法院受理、审理和裁决案件的权力。从概念来讲,国际法院与国内法院的管辖权是同一含义,只是适用的主体、条件、程序不同而已。第三类是强制遵守或执行的管辖权,又称为"执行管辖权",指国家或者其他权力机构执行法律、法规等的权力。上述是欧洲理事会在其《国际公法中有关国家实践文件分类的范式》和美国法学所在其《美国对外关系法重述——第三版》中采取的分类方法[14]。类似的分类法也为联合国国际法委员会所认可[15]。

二、民事和刑事管辖权

国际法对民事管辖权和刑事管辖权的行使之间不做截然分别,很多案件同时涉及这两种管辖权的问题[16]。当然,这不意味两种管辖权总是混合一起出现,在国际刑事责任领域里,主要的管辖权种类就是刑事管辖权,民事赔偿问题只是在《罗马规约》下才出现在刑事程序之中[17],而且这也不是民事管辖权独立存在的形式,而是国际刑事法院的刑事管辖权的一部分。

国内法院通常以案件事实发生地为基础适用属地管辖原则,并对此基础适当加以扩充,因此补充考虑的因素包括:忠诚度的归属、个人住所、事先明示同意管

---

[12] PCIJ, *Nationality Decrees in Tunis and Morocco*, Advisory Opinion of 7 February 1923, Ser. B, No. 4(1923),7,23-24.

[13] M. Shaw, *International Law*(8th edn. ,Cambridge: CUP,2017),1283-1285.

[14] Council of Europe Res. (68)17 of 28 June 1968,revised in 1997; *Restatement*(*Third*),231.

[15] ILC, *Draft Articles of the ILC on Responsibility of States for International Wrongful Acts*, UNGA, A/RES/56/83,adopted by the UNGA on 12 December 2001,with Annex, Art. 4(1).

[16] *Restatement*(*Third*),238-239.

[17] 《罗马规约》第 75 条。

辖的证据,或者由于财产所有权位于法院地国而默示同意管辖等。过于急切地行使民事管辖权可能会引起国际责任,而对个人进行刑事制裁会加剧国家责任的程度,例如,实践中反垄断法中往往会包括刑事程序在内,那么在涉外案件中适用刑罚会在民事责任之上连带刑事责任。

针对本小节涉及的问题,经典国际法理论中曾有这样的观点:就民事管辖权而言,国际法所关心的问题是某国行使司法管辖权的相关法律是否与国际法规则相符和,就刑事管辖权而言,国际法则关注于法院地国是否有(国际法下的)权利来判决个人有罪[18]。

三、行使管辖权的法律基础:五个原则

上面提到,管辖权问题的基本原则是属地性原则,进一步说,它是国家行使管辖权的根本性原则。实践对此认可吗?

2001年12月12日,欧洲人权法院判决了"班克维奇诉比利时等国案"[19]。本案涉及北约于1999年3月24日至6月8日对位于贝尔格莱德的塞尔维亚电台和电视台的轰炸事件,之后由受害者亲属和幸存者提起赔偿诉讼。该诉讼针对的是17个北约成员国,依据是1950年《欧洲人权公约》第2条(生命权)、第10条(言论自由)和第13条(获得有效救济的权利)。被告国家认为该案不具有可受理性,因为原告国籍国不是《公约》缔约国,所以该起诉不在《公约》第1条规定的管辖权范围之内;有的被告国主张,原告没有穷尽当地救济,或者武装袭击行为应该归咎于北约组织,而不是其成员国,或者不是该诉讼程序当事方的国家(作为第三国)可能会受该程序的影响[20]。原告反驳道,《公约》第1条应该被视为扩展了《公约》的适用范围,包括那些在轰炸进行时处于北约成员国有效控制下的个人。

法院判决第59段指出:"国家管辖权能主要是地域性的。作为一项基本原则,尽管国际法没有禁止一个国家行使域外管辖权,但是行使此种管辖权的基础要受到其他相关国家的领土主权权利的限制。"[21]在第60段中,法院指出:"一个国家对位于外国的国民行使管辖权的权利从属于该外国或者其他国家的属地管辖权。"同时法院认为,其他行使管辖权的根本性原则是"例外,并且【其适用】需

18　F. A. Mann,"The Doctrine of Jurisdiction in International Law",111 *RdC*(1964),82.
19　*Banković v. Belgium et al.*,Application No 52207/99,123 *ILR* 94.
20　指美国和加拿大,这两个国家不是《欧洲人权条约》的缔约国。
21　在这里法院引用 F. A. Mann,"The Doctrine of Jurisdiction in International Law,Twenty Years Later",186 *RdC*(1984),9.

根据每个案件的具体情形来证明可以适用。"[22]最后,法院宣布拒绝受理该案,理由是原告不在任何被告国家的管辖权范围内[23],并且《公约》是保证欧洲公共秩序的基础性文件,而南斯拉夫联邦共和国(作为非缔约国)也不在《公约》适用范围之内[24]。

判决对平行管辖权行使的顺序有明确的认知,最高位阶属于属地管辖权。其次,判决对属地的含义做出了自己的判断,在轰炸过程中的南斯拉夫领土,并不处于飞机国籍国的控制之下,对"控制"一词的理解是比较狭窄的。但是,即使在该案中,欧洲人权法院也暗示属地原则不足以涵盖现实中存在的所有情形。

实践中产生并确立了其他建立管辖权的原则[25],下面分别讨论的几个原则在性质上主要是立法性的,立法管辖权是指以下方面制定法律的权力,如发生在本国境内的行为;本国境内个人的地位或利益;某一行为虽然发生在本国境外之外,但是其目的是在本国领土上产生实质影响;本国国民的行为、利益、地位或人际关系同时存在于本国之外和本国之内;某行为虽然不是本国人所为,并且没有发生在本国境内,但是该行为针对的是本国的国家安全或其他国家利益[26]。

与此相对,执行是指一个国家"采用司法或非司法方式引导或者强制实现对其法律和规则的遵守,或者对违法行为进行惩罚"[27],执行管辖权的行使中存在着较大争议。这将在之后的小节中予以讨论。

还应注意的是,国际法规定了行使管辖权的基本原则,但行使的机构是国内法机构,这就会产生国内法与国际法关系的问题。同时,行使针对个人的管辖权,还会产生与冲突法之间的问题,即使冲突法看重的是住所地这样的标准[28]。所以,国际法上的管辖权问题往往产生于国内管辖权域外适用的过程中。

(一) 属地原则

属地原则指犯罪或者侵权行为发生地的法院对该行为有管辖权,这个原则已经在国际实践中得到普遍承认。依据此原则行使管辖权的优点是便于进行诉讼

---

[22] 123 *ILR* 94,para. 61.

[23] 123 *ILR* 94,paras. 74-78.

[24] 123 *ILR* 94,para. 80. "FRY"在案件发生时和之前都不是《公约》的缔约方;参见判决第 42 段。

[25] 包括国籍、船旗、外交和领事关系、效果、保护、被动属人和普遍性管辖权。

[26] The American Law Institute,*Restatement of the Foreign Relations Law of the United States*,3rd,1987,*Restatement(Third)*,s. 402.

[27] Ibid. ,s. 431.

[28] A. Mills,*The Confluence of Public and Private International Law* (Cambridge:CUP,2009).

程序,而且行使该管辖权的国家往往直接受到所涉行为的不利影响。

实践中,因为有些国家通过立法的方式将其管辖权延伸到位于国外的本国人所做行为,如谋杀或重婚行为,所以这个原则可能会和其他根本性原则产生冲突。但是,实践中普遍的做法是当存在平行管辖权时,属地管辖权优于其他原则上的管辖权[29]。这一点在上述"班克维奇诉比利时等国案"中得到证实。

在实践中,这个原则得到了扩大适用。例如,它可以适用于那些开始于一国境内、完成于另一国领土之内的行为。现在普遍接受的做法是,当有证据证明某一实质性犯罪构成要件发生在一国境内时,该国就具有属地管辖权,这被称为"客观属地原则"(objective territorial principle)。因此,民事案件管辖权可以建立在被告被"推定"位于一国境内这一假设上,这个推定可能表现为被告的惯常居所地、财产所在地,或者在该国境内从事商业活动,或者被告在法院地国设有完全由它所有且不具有独立决策权的子公司。提到这一推定,就必须提到常设国际法院审理过的著名的"荷花号案"[30]。

本案中,一艘法国船舶和一艘土耳其船舶在公海上发生了碰撞,造成了人员伤亡和土耳其船舶的沉没。鉴于事故发生在不属于任何国家领土范围的公海海域上,法国主张行使船旗国的专属管辖权。法院在该问题上则适用了客观属地原则,并把土耳其船舶视为土耳其领土的一部分,认可了土耳其的主张。法院承认,在所有法律体系中,属地原则都是最根本的管辖权原则,但是它同时指出,所有或者几乎所有的法律体系通过多种方式把国家的管辖权延伸至发生在该领土之外的违法行为,因此法院认为,刑法的属地性原则在国际法上不具有绝对性[31]。在国际法下,国家享有广泛的自由裁量权,这种权力只有在特定情形中才受到国际法禁止性规则的限制,但本案中,不存在这类禁止性规则[32]。这个推论导致了由法院院长的加权票才形成的最终判决[33],即土耳其行使刑事管辖权的行为没有违反国际法。

不过,该判决的核心部分很快被后来的国家实践所推翻,如1958年日内瓦《公海公约》的第11条和1982年《联合国海洋法公约》第97条都反映了主流国家实践。《联合国海洋法公约》的第97条第一款规定:

29　*Oppenheim's International Law* (9th edn., eds. R. Jennings and A. Watts, London: Longman, 1992), vol. i, 458.

30　PCIJ, *France v. Turkey*, PCIJ Ser. A. no. 10(1927).

31　Ibid., 20.

32　Ibid., 18-19.

33　12名法官当中同意票和反对票各为6票。

> "遇有船舶在公海上碰撞或任何其他航行事故涉及船长或者任何其他为船舶服务的人员的刑事或者纪律责任时,对此种人员的任何刑事诉讼或者纪律程序,仅可向船旗国或者此种人员所属国的司法或行政当局提出。"

第97条第三款规定:

> "船旗国当局以外的任何官方机构,即使作为一种调查措施,也不应命令逮捕或者扣留船舶。"

但是,"荷花号案"关于管辖权的部分结论延续了下来,影响到后续的国家管辖权实践。这一延续的基础正是"客观属地管辖原则"[34]。在"恩丽卡·莱克西事件仲裁案"中,《联合国海洋法公约》附件七仲裁庭在"荷花号案"判决的基础上,明确支持印度政府的"扩展后的属地原则":

> "成熟的实践是,当某一犯罪行为涉及不止一国的领土时……在其领土上罪行开始的国家与在其领土上罪行结束的国家都对此罪行拥有管辖权。同样,当罪行始于一艘船舶之上而结束于另一船舶之上,两艘船的船旗国都对该罪行拥有平行管辖权。"[35]

本案事件发生于2012年2月15日,当时意大利籍油轮"恩丽卡·莱克西号"在印度专属经济区里航行,船上依法陪同的意大利海军陆战队员发现一艘渔船无视信号向本船驶来,就对这艘印度籍渔船"圣·安东尼号"开枪,导致两名印度渔民的死亡以及船舶受损[36]。之后,印度方面诱使意大利船改变航向,驶向印度港口考奇,并在港内对陆战队员提起刑事诉讼。意大利认为这种做法违反了上述《公约》下的航行自由等一系列条款[37],而印度认为开枪事件违反了印度在专属经济区里的一系列权利[38]。仲裁庭最终判定,印度违反了陆战队员的豁免权,应该立即停止刑事程序;意大利并未侵犯印度在经济区里的权利(除了侵犯"圣·安东尼号"的航行权),而印度也没有侵犯意大利提到的一系列条款;就侵犯"圣·安东尼

---

[34] The American Law Institute, *Restatement of the Law Fourth* (*The Foreign Relations Law of the United States*),(St. Paul, Minn.: American Law Institute Publishers, 2018)("Restatement Fourth"),s. 408.

[35] The "*Enrica Lexie*" *Incident* (*Italy v. India*),PCA Case No. 2015-28,Award of 21 May 2020,paras. 364-366,at: https://pca-cpa.org/en/cases/117.

[36] 同上注,第87-107段。

[37] 同上注,第75段。

[38] 同上注,第76段。

号"的航行权而造成的死亡和财产损失,意大利要做出赔偿[39]。

对既有原则适用范围进行扩展的做法还出现在国际刑法领域里。2019年11月,国际刑事法院授权检察官调查缅甸驱逐罗兴亚穆斯林人至孟加拉的问题[40],处理这一授权申请的第三预审庭,在对基于属地原则对发生于领土之外的行为行使管辖权的国家实际进行梳理之后[41],得到以下的结论:

> "在习惯国际法下,各国可以自由行使属地性刑事管辖权,即使相关犯罪行为的部分发生在领土之外,前提是只要该行为与领土有关系。对这一关系的衡量属于国家拥有的相对广泛的自由裁量权……在《罗马规约》第12条第二款第(a)项下唯一【对法院管辖权的】明确限制是,至少行为(即罪行的客观要素)的部分在某一缔约国领土上发生。若此,那么,本法院就可以在习惯国际法的界限内行使自己的管辖权。"[42]

换句话说,在本案的现阶段,如果被指控的罪行的要素或客观要素的部分或整体发生在《罗马规约》缔约国的领土内(比如本案中的孟加拉境内),那么,检察官就可以被授权开始依据规约进行正式调查。

在这里,还要提到与"效果原则"的区别。虽然"效果原则"在历史上存在过争议,但是现在许多国家的经济法规中都逐渐接受了这一说法[43]。"效果原则"与客观属地原则之间的区别在于,前者只注重行为的后果出现在行使管辖权国家境内,后者则要求行为的一部分出现在国家境内。未来可以注意的地方,是该原则在其他法律关系中的发散性影响。

(二) 属人原则

国籍也是被广泛承认的、在国内和国外行使管辖权的原则之一[44]。一个国家可以对其国民在国外所做的某些行为行使管辖权。实践中,由于属地原则和双重

---

[39] The "Enrica Lexie" Incident (Italy v. India),PCA Case No. 2015-2028,Award of 21 May 2020, paras. 364-366,at: https://pca-cpa. org/en/cases/117,第1094段。

[40] ICC, Situation in the People's Republic of Bangladesh/Republic of the Union of Myanmar, "Decision Pursuant to Article 15 of the Rome Statute on the Authorisation of an Investigation into the Situation in the People's Republic of Bangladesh/Republic of the Union of Myanmar(Public)", No. ICC-01/19, Pre-Trial Chamber Ⅲ, 14 November 2019.

[41] 同上注,第56段。

[42] 同上注,第61段。

[43] Restatement Fourth, s. 409.

[44] F. A. Mann, "The Doctrine of Jurisdiction in International Law", 111 RdC(1964), 88.

国籍的存在,适用属人原则时可能会产生双重管辖权的问题。属人原则在那些未处于主权管辖之下的领土(如南极洲)上,可以发挥特别作用。这里有必要提及国籍的问题。

主权国家有授予自然人国籍的自由[45]。国籍可以根据出生地(jus soli)[46]或者血统(jus sanguinis)[47]取得,还可以通过归化取得。"诺特鲍姆案"显示了国籍与属人原则之间的紧密关系[48]。该案中的争议问题是列支敦士登是否能够针对危地马拉而对诺特鲍姆提供外交保护。诺特鲍姆原来是德国人,1939年"二战"开始后他很快就申请加入了列支敦士登国籍,但是,自1905年以来他一直在危地马拉经商。1943年,危地马拉政府将他驱逐,并没收了他的财产。列支敦士登为此提出外交保护,危地马拉主张国际法院不能支持列支敦士登的请求。国际法院认为,原则上来讲,国籍是个人和国籍国之间的密切和真实的联系的法律表现形式,它解释说:"国籍是一种法律纽带,其基础是相互依存的社会事实、生存、利益和感情的真实联系、和相互之间的权利和义务关系。"[49]诺特鲍姆的归化并没有削弱他和危地马拉的联系,危地马拉在这种情况下没有承认他取得的新国籍的效力的义务。因此,列支敦士登没有权利对抗危地马拉对诺特波姆进行外交保护,列支敦士登的请求也因此被法院拒绝。

要注意的是,国际法院在上述案件中只考虑了某人通过归化方式取得某一国国籍、但是与该国没有真实联系的情况下,该国家能否针对与这个人有真实联系的另一国家而提起外交保护的问题。假如涉及的是血缘或出生地原则,也许结果会不一样。在几年后的一个案子中,国际法院进一步指出,各个国家有权力设定其授予国籍的条件[50]。

值得进一步考虑的是,针对公司的国籍问题,国际法中没有明确的规则。普通法系国家授予国籍的依据通常是公司依法成立地,而一些大陆法系国家采用的依据是公司管理机构所在地。实践中,特别是当案件涉及的是私法性质的问题

---

[45] J. Crawford, *Brownlie's Principles of Public International Law* (9th edn., Oxford: OUP, 2019), 495-497.

[46] 出生于某个国家领土之上。

[47] 根据父母一方或者双方的国籍来确定。

[48] ICJ, *Nottebohm Case (Lichtenstein v. Guatemala) (Second Phase)*, Judgment of 6 April 1955, ICJ Rep. (1955), 4.

[49] Ibid., 23.

[50] ICJ, *Constitution of the Maritime Safety Committee of the Inter-Governmental Maritime Consultative Organisation*, Advisory Opinion of 8 June 1960, ICJ Rep. (1960) 150.

时,国际法逐渐开始接受依据住所地而不是国籍来行使管辖权的做法[51]。因此,第44/2001号《理事会规则》中的基本原则是,欧盟成员国行使管辖权的基础是被告居住于其领土之上,而不必考虑其国籍为何[52]。住所地的判断以法院地国国内法为准;如果当事一方的住所不在法院地国,判断其住所的法律以其住所所在国相应法律为准。如果涉案者是法人组织,其住所由依法定执业地,或主管机构所在地,或主要营业地的法律来判断。

(三) 被动国籍原则

以此原则,国家可能会对外国人在外国所为的、危害本国国民利益的行为主张管辖权,这是管辖权实践中最不受欢迎的一个原则,因为它假定一个人可以将其所享受的国内法保护带到其他国家境内,而国际法长期以来都认为在外国的个人受当地法律的约束。

该原则在美国实践中长期存在[53]。在"美国诉尤尼斯案"中,黎巴嫩人尤尼斯被美国特工引诱到公海上,并以其曾在1985年劫持一架载有两名美国人的约旦飞机为由将其逮捕,并送回美国审判[54]。美国哥伦比亚地区法院适用了普遍管辖权原则和被动国籍原则,并认为当发生在外国的行为危害到本国人利益时,被动国籍原则承认国家在这种场合有对本国人进行保护的法律利益,因而根据该原则,美国法院对以上危害行为具有管辖权。判决的依据是学者观点和《反劫持人质公约》,后者第5条第一款第四项允许缔约国对劫持其国民的人行使管辖权[55];法院还注意到被动属人原则在惩罚恐怖主义犯罪和其他有组织犯罪的实践中的复兴。但是,法院并没有明确讨论普遍管辖权或保护性管辖权的原则,其实这两个争议很少的原则都可以适用于本案之中,以确立法院的管辖权。当然,《反劫持人质公约》对被动属人原则明确规定,强有力地证明了这个原则在实践中逐渐得

---

51 *Restatement (Third)*,239-240;3 *EPIL*,57(by B. Oxman).私法性质的事务包括有关遗嘱和继承的法律、涉及离婚与家庭的权利、为侵害赔偿的义务等。

52 *Council Regulation* (EC) No. 44/2001, of 22 December 2000; entry into force 1 March 2002. *Official Journal* (2001),L12,16 January 2001.这个规则取代了1968年的《民商事案件的管辖权和判决执行的欧洲公约》,《公约》全文见 *Official Journal* (1978) L 304,77.

53 *Cutting Case*, in: J. Moore, *A Digest of International Law*, vol. ii (Washington: US Government Printing Office,1906),228. *Also see US v. Aluminium Corp of America*,148 F. 2d 416(2nd Cir. 1945).

54 *US v. Yunis*,681 F. Supp 896(1988).

55 *International Convention Against the Taking of Hostages*, adopted 17 December 1979, entering into force 3 June 1983. Full text *see* 1316 *UNTS* 205.截至2021年10月5日,共有176缔约国。

到广泛认可[56]。

(四) 保护性原则

可以说,几乎所有国家都对外国人在外国所做的、危害本国安全的行为行使管辖权[57]。但是,对"国家安全"的含义尚没有确定的标准,而且对这一含义的理解会存在国与国之间的不同。耶路撒冷地区法院审理的"以色列检察总长诉艾希曼案"就是一个例子[58]。艾希曼在"二战"期间曾任德国犹太事务部主要负责人,战争结束后潜逃至南美,以色列政府在阿根廷将其劫持并带回以色列进行审判,对他的指控是战争罪、反人道罪和反犹太民族罪,法律依据是1951年《惩治纳粹分子及其合作者法案》。因为犯罪行为的对象是犹太民族,所以法院考察了艾希曼被指控的罪行和以色列国家之间的关系。法院将其管辖权建立在普遍性原则和保护性原则之上,后一个原则被视为具有保护至关重要的国家利益的作用。为了行使保护性管辖权,检察官必须证明这些犯罪与以色列国家之间的关系。本案中,艾希曼的罪行被证明是针对以色列人民犯下的,而因为保护性管辖权的存在与否取决于罪行的要素,所以犹太国家在罪行发生时尚不存在的事实并不能够在根本上阻止这种管辖权的行使,受害的民族可以在取得主权(独立)后再行使这种(休眠的)管辖权。

1986年美国曾颁布《海上毒品执法法案》[59]。当时美国主张,非法贩毒行为之严重已威胁到美国社会的安全,因此可以根据保护性原则而行使管辖权。尽管其他国家往往通过协议的方式解决相似的问题,但是,它们对美国的这一做法默示接受[60]。

保护性原则具有特定性,是针对受保护国家的利益而言;相关罪行指向受保护国家的利益,但不一定影响其他国家的利益。在对这种利益进行衡量时,存在一定的主观性,但是如果相关罪行属于国际罪行,那么基本可以消除主观性可能带来的负面影响。在这种情况下,保护性原则与普遍性原则共存的几率很高。

---

[56] ICJ, *Arrest Warrant of 11 April 2000 (Democratic Republic of the Congo v. Belgium)*, Judgment of 14 February 2002, ICJ Rep. (2002) 3, Joint Separate Opinion by JJ Higgins, Kooijmans and Buergenthal, 63, at 76-77.

[57] I. Brownlie, *Principles of Public International Law* (7th edn., Oxford: OUP, 2008), 304.

[58] *Attorney-General of the Government of Israel v. Eichmann*, 36 ILR 5.

[59] Pub. L. 99-570, title Ⅲ, subtitle C (Sec. 3201 et seq.), 27 October 1986, 100 Stat. 3207-95.

[60] S. Murphy, "Extraterritorial Application of US Laws to Crimes on Foreign Vessels", 97 *AJIL* (2003) 183.

（五）普遍管辖权

这一原则的适用可以追溯到 1929 年《制止制造伪币的国际公约》[61]，当今许多国家承认普遍管辖权这个原则，对外国人实施的危害国际社会公共秩序的行为行使管辖权[62]。某些犯罪行为，如海盗、劫机、贩毒、贩卖人口、战争罪、反人道和灭种罪，严重威胁到国际社会的整体利益，促使各国通过条约或者习惯法将它们专门列举出来，允许所有国家对其进行惩罚。而条约一直是规定这一管辖权的主要方式，包括规定了：1)"或引渡或起诉"义务的条约[63]；2)普遍管辖权作为义务的条约[64]；3)普遍管辖权作为权利的条约[65]。而对习惯法中是否存在这一原则的问题，实践是作肯定回答的，在上述"艾希曼案"中，耶路撒冷地区法院针对"艾希曼是德国人，因而不受以色列管辖"的抗辩理由指出，国际法非但不禁制国家对战争罪和反人道罪行使管辖权，反而需要各国通过立法、司法手段在国内将这些行为规定为犯罪行为并进行审判，在这种意义上说，这种管辖权是"普遍性的"[66]。

但是，就这一原则的内涵与具体适用时的条件而言，则存在着问题[67]。国际法研究院认为这一原则"主要基于习惯法"，在条约关系中则特别依靠"或引渡或起诉"的规则而存在[68]，不过，实践中这种看法是否准确需要进一步的印证[69]。

近些年来，普遍管辖权原则在实践中引发了诸多问题[70]。2009 年 2 月 3 日，

---

[61] 112 *LNTS* 371(concluded on 20 April 1929 and entered into force on 22 February 1931).

[62] K. Randall,"Universal Jurisdiction under International Law",66 *Texas Law Review* (1988),785.

[63] 1984 年《酷刑公约》第 5 条第二款。在此可以参阅联合国国际法委员会的讨论记录：UNGA OR, 64th Session, Supplement No. 10(A/64/10), *Report on the work of its sixty-first session* (2009), Chapter Ⅸ, 346.

[64] 1949 年《日内瓦人道法第四公约》第 146 条。

[65] 《联合国海洋法公约》第 105 条（针对海盗）。

[66] 36 *ILR* 5, at 26, para. 12(District Court of Jerusalem, 12 December 1961); and 277, at 298(Israeli Supreme Court, 29 May 1962).

[67] M. Inazumi, *Universal Jurisdiction in Modern International Law for Prosecuting Serious Crimes under International Law*(Antwerp: Intersentia, 2005), Chapter Ⅲ.

[68] *Resolution on universal criminal jurisdiction on the crime of genocide, crimes against humanity and war crimes*, adopted 26 August 2005 at the Krakow Session：http://www.idi-iil.org/idiE/resolutionsE/2005_kra_03_en.pdf.（浏览于 2021 年 10 月 15 日）。

[69] ICJ, *Arrest Warrant Case* (*DP Congo v. Belgium*), ICJ Rep. (2002) 3, Joint Separate Opinion by JJ. Higgins, Kooijmans, and Buergenthal, para. 52.

[70] O. Schachter,"Entangled Treaty and Custom", in: Y. Dinstein(ed.), *International Law at a Time of Perplexity：Essays in Honour of Shabtai Rosenne* (Martinus Nijhoff,1989),726. 他认为直到 1987 年国际实践中还没有过适用普遍管辖权的例子。

  非盟主席国坦桑尼亚向联大要求将"滥用普遍管辖权原则"作为议事日程题目之一,在联大进行讨论[71]。在解释这一提议时,非盟认为这一原则在适用时存在着"选择性滥用"于非洲领导人的倾向。非盟抱怨的目标就包括比利时。尽管比利时相关国内法的主要依据是国际条约[72],但适用国内法的规定有超越条约的地方(比如涉及非国际武装冲突中的战争罪)[73]。这也造成在至少一个案件中,比利时法官超越国内法而去适用国际习惯法[74],而这种做法的重复使用最终导致了国际法院"逮捕令案"的发生[75],该案判决迫使比利时布鲁塞尔上诉法院宣布:相关逮捕令不符合比利时《刑事诉讼法》第12条的规则[76]。

  在实践中适用普遍管辖权原则时需要考虑几个限制条件。其一,国家实践要求被告身处适用这一原则的国家的领土之上[77]。其二,该管辖权需要特定的国家机构来启动、行使[78]。其三,该原则的适用受主权或外交豁免规则的限制。在"逮捕令"案中,国际法院没有找到任何习惯法规则允许剥夺一个现任外交部部长的豁免权,即使对他的指控涉及的是战争罪或反人道罪[79],所以,最后法院宣布,比利时违反了有关豁免的国际法规则,且必须公开撤销相关逮捕令[80]。

  近些年来的实践中还出现了美国以《外国人侵权法案》为核心的诉讼[81],所依

---

[71] A/63/237.

[72] *Loi du 16 juin 1993 relative à la repression des infractions grave aux Conventions internationals de Genève du 12 août 1949 et aux Protocols* Ⅰ *et* Ⅱ *du 8 juin 1977 ,Additionnels à ces Conventions*. It was substantially amended in 1999,under the new title of *Loi relative à la repression des violations graves du droit international humanitaire*. Art. 7 of the 1999 Law provides Belgian courts with universal jurisdiction.

[73] L. Reydams,*Universal Jurisdiction*:*International and Municipal Legal Perspectives*(Oxford:OUP,2003),107.

[74] Ibid.,114-115,citing to the Order of 6 Nov. 1998 made by the Tribunal of first instance of Brussels's investigative magistrate.

[75] Ibid.,116.

[76] Ibid.,117.

[77] International Law Association,*Final Report on the Exercise of Universal Jurisdiction in Respect of Gross Human Rights Violations*(2000),London Conference,2. Also see *Guatemala Genocide Case*,Judgment No. STC 237/2005,Spanish Constitutional Tribunal(Second Chamber),26 September 2005.

[78] Council of the European Union Secretariat,Brussels,16 April 2009,8672/1/09 Rev. 1(AU-EU Expert Report),paras. 18 and 24(including Belgium,Botswana,Burundi,DP of the Congo,Finland,Germany,Ireland,Kenya,Lesotho,Malawi,Namibia,Nigeria,Seychelles,Sierra Leone,Spain,Swaziland,Tanzania,Uganda,the UK(excluding Scotland),and Zimbabwe. This list should also include the US.

[79] ICJ,*Arrest Warrant Case*(*DP Congo v. Belgium*),ICJ Rep. (2002) 3,para. 58.

[80] Ibid.,para. 78.

[81] Originally enacted as part of the *Judiciary Act* 1789:28 *USC*,sect. 1350(2006):"The district courts shall have original jurisdiction of any civil action by an alien for a tort only,committed in violation of the Law of nations or a treaty of the United States."

据的法规在法理上与普遍管辖权原则非常类似[82],因为该法案授予美国联邦法院以管辖权,管辖所有外国人(非美国人)因"违犯国际法或美国参加的条约"在美国领土之外所引起的侵权行为而提起的诉讼。这里,对美国的联系只是受害人身处美国这一点。只要存在违反国际法的行为,就可能引发外国人在美国法院前提起的诉讼[83]。不过,在美国最高法院来看,这一法案只是建立了管辖权,而未创设新的诉因,后者需要在普通法里寻找[84]。再有,该法案涉及的是私人违反国际法的行为,而不是国家官员违反国际法的行为,所以,在该法案下无权提起针对外国主权国家的诉讼[85]。再有,该法案是否适用于外国公司还是个有争议的问题[86]。最后,该法案下的诉求受"不及于域外"假设的限制[87],有关这一问题,将在下面第五节中进一步讨论。

(六) 以上原则在实践中的局限性

以上这些原则在内容上是相互独立的,但在实践中,它们的适用常常交织在一起,比如客观属地原则、被动国籍原则和保护性原则在适用条件与效果上很相似,因此,实践中出现了一个更一般性的原则,即要求罪行和法院地国之间有真实的、有效的联系。这个做法被一些条约所采纳,如1968年《民商事案件的管辖权和判决执行的欧洲公约》和1972年《欧洲国家豁免公约》[88]。但是,这个原则并没有覆盖所有可能的情况,比如,普遍管辖权要求有单独的规定,而平行管辖权问题也没有得到解决。

当一艘外国的非政府船舶进入一国的港口或者其他内水水域、船旗国和沿岸国都可以行使管辖权时,平行管辖权的问题就变得尖锐。该船舶负有暂时对沿岸国忠诚的义务,即必须遵守该国法律,而两个国家对该船舶违反其各自国内法的行为都会具有管辖权。过去认为普通法和大陆法在这个问题上存在不同做法,但实际上这种不同的程度比我们想象中的要小,因为这两种做法都允许沿岸国对发

---

82 E. A. Young, "Universal Jurisdiction, The Alien Tort Statute and Transnational Public Law Litigation After Kiobel", 64 *Duke Law Journal* (2015) 1023.
83 *Filartiga v. Pena-Irala*, 630 F. 2d 876(2d Cir. 1980); 77 ILR 169.
84 *Sosa v. Alvarez-Machain*, 542 US(2004) 692,714 ff.
85 *Argentine Republic v. Amerada Hess Shipping Corp.*, 109 S. Ct. 683(1989); 81 ILR 658.
86 *In Re Arab Bank*, 808 F. 3d 144(2d Cir. 2015).
87 *Kiobel v. Royal Dutch Petroleum Co.*, 569 US 108(2013).
88 11 *ILM*(1972), 470.

生于船上的影响本国安宁和秩序的行为行使管辖权[89]。

平行管辖权的问题也存在于航空法中。航空器注册地国和航空器飞经国之间可能会出现平行管辖权。目前调整这个问题的规则就包括1963年《关于在航空器内的犯罪和某些其他行为的公约》[90]，到2021年10月为止，这个公约共有187个缔约国，中国于1978年加入了该公约。公约的第3条第一款规定：

> "航空器登记国有权对在该航空器内的犯罪和其他违法行为行使管辖权。"

公约第4条允许其他缔约国根据以下任何原则之一对犯罪行为行使管辖权：属地原则、属人原则、保护性原则、国内有关的航行规则或者其他国际条约义务。这些国际条约义务包括1970年《关于非法劫持航空器公约》[91]和1971年《关于制止危害民用航空安全的非法行为的公约》下的义务[92]。1971年《公约》第4条规定，在下列情况下，各缔约国应采取必要措施对危害乘客和机组人员的犯罪和暴力行为行使管辖权，其中包括：1）罪行是在该国登记的航空器内发生的；2）在其内发生罪行的航空器在该国降落时被指称的罪犯仍在该航空器内；3）罪行是在租来时不带机组的航空器内发生的，承租人的主要营业地所在国具有管辖权，或如承租人没有这种营业地，则其永久居住地所在国具有管辖权。

这种根据船旗对船舶或者依登记记录对航空器行使管辖权的做法也被称为"船旗国原则"。由于船舶和航空器不被看做一国领土的组成部分，因此将其作为一种独立建立管辖权的基础也是有道理的。

另外，实践中国家在某些地区行使的管辖权，无法按上述原则归类，比如：沿海国在毗连区里行使的海关、税务、检疫等管辖权，或是在专属经济区里行使的管辖权。从某种角度看，这样区域的设立，本身就是造法的例子，即国际法将原来属于公海的区域分配给沿海国，并同时确立沿海国在其中的特定管辖权。大陆架属

---

[89] R Churchill and V. Lowe, *The Law of the Sea* (3rd edn., Manchester: Manchester University Press, 1999), 66-67.

[90] 1963年9月14日在东京通过，1969年12月4日生效。全文见《联合国条约集》第704卷第219页。缔约国统计数字见：https://www.icao.int/secretariat/legal/List（以下国际航空条约的缔约国数字均来自这一国际民航组织法律部官方网站）（浏览于2021年10月6日）。

[91] 《关于非法劫持航空器的公约》，1970年12月16日通过于海牙，1971年10月14日生效。全文见《联合国条约集》第860卷第105页。截至2021年10月6日，缔约国达到185个。

[92] 《关于制止危害民用航空安全的非法行为的公约》，于1971年9月23日在蒙特利尔开放签署，1973年1月26日生效，截至2021年10月6日，缔约国达到188个。全文见《联合国条约集》第974卷第177页。

于比较特殊的情况,沿海国对它的占有并不借助占领,而是固有权利,主要原因是大陆架是陆地领土的延伸。20世纪中叶,大陆架被越来越多的沿海国认可,后者对其底土中的资源明确表示占有的意思,导致出现1958年的《大陆架公约》。这些内容还会在第十三章里进行讨论。

综上,普遍承认的管辖原则有属地原则、属人原则、旗国原则、保护性原则[93],以及海上管辖权[94]和普遍管辖权。

四、国际性管辖权

这种管辖权的发展主要体现在国际刑法领域中。自1946年的纽伦堡审判以来,国际刑事司法机构已经成为当代国际法体系中不可或缺的一部分。它们的共同特征,是在于这些机构一般都是由条约或联合国安理会决议建立的,目的是惩罚那些在一国领土内发生但却对其他国家以至于国际社会的利益造成损害的国际性罪行。这个发展最终促成了1998年《国际刑事法院罗马规约》(以下简称《罗马规约》)的签署和国际刑事法院的建立。

这里有必要区分国际性管辖权与普遍管辖权。普遍性管辖权是各国分别享有的、对影响国际社会公共利益的罪行的管辖权,而国际性管辖权则是赋予国际司法机构审判这些罪行的权力。后者的行使是由国际性机构代表国际社会来惩罚国际罪行,而前者是由国际法将普遍性的管辖权赋予各国,通过国内法的适用来惩戒国际罪行。适用国际性管辖权的罪行可能并不适用普遍性管辖权,反之亦然。灭种罪是适用国际性管辖权的罪行,但它却不是国内法下常见的罪行,各国的刑法典中也很难找到侵略罪[95]。对于海盗罪适用普遍性管辖权,但是却不适用国际性管辖权。

但是,近年来国际实践的发展使得上述区分显得过于精细,逐渐失去实质意义。具有全球性影响的罪行,比如战争罪或反人道罪——特别是《罗马规约》下列举的罪行——已逐渐被各国纳入国内法管辖范围下,这一发展遵循的是国际法植入国内法体系的传统路径[96]。在"皮诺切特案"中有法官指出,当国际罪行违反强行法

---

[93] L. Reydams, *Universal Jurisdiction* (Oxford: OUP, 2003), 22.

[94] V. Lowe, *International Law* (Oxford: OUP, 2007), 173-174.

[95] 但是在2010年《罗马规约》修正案生效之后,情况会有所不同:B. B. Jia, "The Crime of Aggression as Custom and Mechanisms for Determining Acts of Aggression", 109 *AJIL* (2015) 569, 581-582.

[96] 参看本书第四章。

规则或者严重威胁到国际社会公共秩序时,各国都享有对该罪行的普遍管辖权[97]。

现在,普遍性管辖权逐渐广泛地覆盖那些违犯条约法和国际习惯法的国际罪行。从逻辑上讲,多边条约规定的罪行很容易被视为具有国际罪行的性质。因此可以说国际性管辖权是一种特殊的普遍性管辖权,因为它体现的是缔约国把普遍管辖权让渡给国际司法机构。此外,国际性管辖权包括通过条约或国际法庭规约进行立法、通过国际法庭进行审判和在国家协助下对判决进行执行的这三项公认的权能。普遍性管辖权现在只包括立法的权能,而国内法院在审判和执行方面的权能受其他国家刑事管辖权以及豁免权的限制。

最后,由于"二战"后涉及国际罪行的管辖权实践的飞速发展——特别是多边条约实践的发展(包括"或起诉或引渡"规则的发展),国际法中"国内法有效领域原则"已很难适用于此类罪行[98]。

五、域外管辖权

(一) 美国实践

目前,在这个问题上还存在很多争议。如上所述,在某些情况下国家可以依据国际法原则将管辖权延伸至他国领土之上,因此行使立法性或执行性域外管辖权本身并不是违法的[99];再有,在一国将自己的部分领土租借给另一国的情况下,租借国可能会允许被租借国在该租借领土上对被租借国的国民行使管辖权。但是,在不存在这种安排的地方,往往会产生很尖锐的管辖权冲突。

在这个问题上,基本原则是一国未经另一国同意或者未经国际法允许不能在外国领土上采取与其国内法有关的执行措施,所以在实践中,客观属地原则的适用虽然会产生域外效力的问题,但这种做法得到了国家的明示或者默示的承认。在这种案件里,只有证明行为在法院地国产生了影响或者后果,法院地国才能行使管辖权。但是,美国在这方面的实践达到了人们难以接受的程度。在"美国诉美国铝业公司案"中(涉及美国反垄断法的适用),汉德法官宣称如果某行为对美

---

[97] [1999] 2 *WLR* 911-912.

[98] R. Cryer et al., *An Introduction to International Criminal Law and Procedure* (4th edn., Cambridge: CUP,2019),74-76.

[99] PCIJ,*The Case of the SS. Lotus* (*France v. Turkey*), PCIJ Ser. A, No. 10, Judgment of 7 September 1927,at 18-19.

国国内产生了实质性影响,并且这种影响是行为者意欲发生的,那么美国法将适用于该行为;他还认为这是一项被承认的国际法原则[100]。

美国法院的上述做法造成美国与其他国家之间的冲突。到了 20 世纪 70—80 年代,美国司法实践逐渐修正了这个做法,并确立了"合理管辖原则"。根据该原则,美国法院会综合衡量以下诸多因素,如在某行为在本国发生的部分和在外国发生的部分之间的比例、与外国法律和政策的冲突、执行措施的有效性、行为在其发生地国是否合法、该行为对美国市场和其发生地市场的不同影响等[101]。

但是修正过的做法却在"哈佛德火险公司诉加利福尼亚"案中被抛弃[102]。在该案中,美国最高法院采用了"美国诉美国铝业公司"案中的"效果理论",认为:发生在外国的行为受美国反垄断法规范,除非外国法要求必须如此行为并且外国法和美国法存在直接冲突;而美国实践是,如果外国公司在东道国有分支机构或者是完全由其所有的子公司,并且通过这种实体在东道国进行商业行为,那么东道国可以对该外国公司行使属人管辖权。

美国上述做法并不限于反垄断法这个领域。例如,《美国出口管制法》允许美国政府对参与西伯利亚输油管道建设合同有关的外国公司采取制裁措施,阻止向苏联出口原产于美国的机械设备以及使用美国研究成果而制造的产品[103]。该法案适用范围包括美国公司在外国的子公司。类似的,引起其他国家抗议的法律还有 1996 年《赫尔姆斯-博顿法案》[104],该法规定:如果某人将美国公民享有财产利益的、但自 1959 年以来被卡斯特罗政府国有化的财产进行交易,那么不管这个人的国籍,该法案都允许美国公民在美国联邦法院起诉以补偿自己的损失。该《法案》第 301 条第九款中规定,国际法承认各国有能力颁布法律来规制那些虽然发生在国外但却已经,或者意欲在国内产生实质影响的行为;第四编第 401 条禁止那些征用或交易美国人所有的或者有请求权的财产的外国人进入美国领土,这种禁止延伸适用于该外国人的配偶、子女或者代理人。

在这种情况下,尽管受到影响的外国公司是由美国公司所有或者控制的,但是它们处于外国法的管辖之下;受美国 1996 年法案影响的个人(含法人)很可能

100　US v. Aluminium Co. of America, 148 F 2d 416(2d Cir. 1945).

101　M. Matsushita, T. Schoenbaum and P. Mavroidis, The World Trade Organization (2nd edn., Oxford: OUP, 2006), 866.

102　Hartford Fire Insurance Co. v California, 509 US 764(1993).

103　Public Law 96-72, 29 September 1979, 18 ILM 1508.

104　全名是"Cuban Liberty and Democratic Solidarity Act", Public Law 104-114, 12 March 1996, 22 United States Code Annotated, s. 6021. 参看 35 ILM 357.

不具有美国国籍。同样,1996年《伊朗和利比亚制裁法案》要求对任何在伊朗和利比亚投资进行能源开发的外国公司实施经济制裁[105]。

其他国家对以上这些立法的消极反应使美国和这些国家之间达成了某些妥协。1997年4月11日,欧盟和美国签订了协议,制定了双方都同意的规则和原则,以便在"双边关系中和多边投资协议的背景下"保护投资,"共同抵制伊朗和利比亚对国际安全的威胁"[106]。美国政府在1997年《谅解备忘录》中承诺继续中止《赫尔姆斯-博顿法案》第三编的适用,并承诺商请国会以授权总统放弃该法案第4编下的权力[107]。欧盟和美国在1998年5月18日的峰会中签订了另一协议,进一步巩固了这种安排,新协议只包括政治上的承诺,对它的违反不产生法律后果[108]。美国的做法在世界其他地区也有影响,比如欧盟法院在实践中支持了这一做法[109]。

上面提到近年来以《外国人侵权法》为基础的域外管辖诉讼呈现出增多的趋势,美国最高法院在介入过程中,逐渐地统一到几个基本结论上,很可能成为案例法。在"美国雀巢公司诉多尔案"中[110],曾被作为儿童奴隶贩卖到科特迪瓦的可可农场做工的个人,针对购买可可、并以其他形式帮助该农场的美国公司,在上述法律下提起诉讼,指控这些公司协助了儿童奴隶的使用。法官以8∶1的票数达成结论:被上诉的判决涉及无法允许的域外适用该法案的做法,直接违反了最高法院的先例[111]。由于最高法院在"基尔贝尔案"里判定《外国人侵权法》不支持域外适用这一假设,本案中的儿童奴隶原告发起的集团诉讼的申请被美国法院驳回;而由于最高法院在"杰斯纳案"中判定[112],外国公司不可在该法案下被判有责,该诉讼在第九区上诉法院被部分驳回,原因是诉讼对象不再包括外国公司在内,而美国公司仍被视为可能被诉。等到雀巢公司的问题上诉到最高法院,这个问题得到了回答:该法案不适用于公司。同时,法院的判决以及相关先例澄清了以下三

---

105 50 *United States Code Annotated*, s. 1701;35 ILM 1273.

106 S. Smis and K. van der Borght, "The EU-US Compromise on the Helms-Burton and D'Amato Acts", 93 *AJIL* (1999), 227, at 228 (citing the *Memorandum of Understanding concerning the US Helms-Burton Act and the US Iran and Libya Sanctions Act*); 36 ILM (1997), 529.

107 "保护性原则"可以适用于本法案,从而落在GATT第21条允许的例外之内:C. Ryngaert, *Jurisdiction in International Law* (Oxford: OUP, 2008), 100.

108 76 *BYIL* (2006), 850-1.

109 *A. Ahlstrom Oy et al. v. Commission*, [1989] 4 *CMLR* 901;[1993] 4 *CMLR* 407.

110 *Nestlé USA, Inc. v. Doe*, Judgment of 17 June 2021, 141 S. Ct. 1931 (2021).

111 *Kiobel v. Royal Dutch Petroleum Co.*, Judgment of 17 April 2013, 569 US 108 (2013).

112 *Jesner v. Arab Bank*, Decision of 24 April 2018, 138 S. Ct. 1386 (2018).

点：1)该法案只适用于外国自然人；2)该法案只适用于特定的三种违反国际法的罪行[113],3)该法案除此三种罪行外,只具有赋予管辖权的作用,而不能创制新的诉因；4)任一法案是否可以域外适用,需要"两步法"的审核,其一,基本假设是该法案只适用于国内,除非法案有明确的规定否定上述基本假设；其二,如果该法案不适用于域外,原告需要证明诉因中、与该法案有关的行为发生在美国本土,即使其他行为发生在域外[114]。这一结论反映了案例法中"不及于域外"假设基本原理的发展轨迹,从早期基于国会在立法时避免违反国际法的本意,到现在的"二元因素"说,即 1)该假设立意在避免美国法律与其他国家法律发生碰撞而造成国际争端；2)国会立法根本在于规范国内情况[115]。

上述结论对《外国人侵权法案》的适用有明确的限制条件,特别是其域外适用的范围限制在三种历史上的罪行(违反安全通过权、海盗罪、攻击外国大使)。另外,鉴于国际刑法发展的现状,国际实践只承认自然人的刑事责任,所以,上述法案受这一国际法现状的限制,不能扩展适用到自然人之外的实体。在"杰斯纳案"判决中,最高法院还特别提到法院要谨慎介入政治机构的权力范围内的事项,强调了上述法案是为了协调国际关系而立法的。不过,最高法院的谨慎态度不能否定域外管辖权存在的事实,特别是考虑到"效果原则"在其司法实践中的牢固地位[116]。

(二) 行使域外刑事管辖权的后果

作为一个相关问题,这里有必要探讨一国在国外实施执行措施后的影响,这种情况都是围绕刑法执行措施在域外的适用而产生的。法律现状是：尽管非法在国外抓捕罪犯会引起国家责任,但是该违法行为不会影响抓捕国法院对该罪犯行使的管辖权的效力。在"美国诉阿尔瓦瑞茨-马凯恩案"中,一个墨西哥人在墨西哥被劫持到美国,被指控绑架和谋杀一名美国毒品执法署的官员[117],该指控在下级法院被驳回,理由是这一做法违反了《美国-墨西哥引渡条约》的规定。但是,美国最高法院认为,因为引渡条约中并没有关于劫持的规定,并且被告不能说服法院相信该条约暗含禁止国际劫持行为的规定,所以该劫持行为没有违反条约,

---

113　141 S. Ct. 1931(2021),1939—1940.

114　参看判决大纲：https://www.supremecourt.gov/opinions/20pdf/19-416_i4dj.pdf(浏览于 2021 年 10 月 16 日)。还可参看 *RJR Nabisco, Inc. v. European Community*,136 S. Ct. 2090(2016),2100.

115　*Restatement Fourth*,s. 404,Reporters' Notes,para. 2.

116　*Restatement Fourth*,s. 402.

117　*US v. Alvarez-Machain*,31 ILM 902.

美国法院的管辖权也不受该行为的影响[118]。

这里可以将美国的实践和英国、南非的实践进行一个对比。在"班内特案"中,英国上议院司法委员会宣称,如果警察在案件中滥用权力或程序,即使法院没有直接制裁警察的权力,可以拒绝对该案行使管辖权[119]。班内特是一个新西兰人,因欺诈行为在英国被起诉,他当时住在南非,南非警察应英国警察的要求将他强制转移到了英国。英国与南非之间没有引渡条约,但是根据英国国内法,警方应该遵循特定的引渡程序;而警察的行为违背了国际法和南非法律,构成滥用程序的行为,因此法院表示对这种违法行为不会视而不见。

在"国家诉依布拉辛案"中,上诉人是一个南非人,被指控犯有叛国罪,并被南非当局从斯威士兰劫持回南非[120]。他在上诉中认为南非政府的非法劫持行为违背了国际法,因此南非法院丧失了对他的管辖权;南非最高法院认为当政府是刑事案件的当事人时,它在出庭时必须做到"手上干净",当它陷于跨国绑架的泥潭中时,当然无法做到"干净"二字。所以,法院认为南非法院对本案失去管辖权。

综上所述,只有在遵循不干涉原则、成比例和相对性原则,且管辖客体和管辖权之间存在实质联系时,国家才可以较为顺利地行使域外管辖权。行使这种管辖权的基础应该是客观属地原则,但是实际中存在对该原则的扩大适用。这里的讨论集中于根据国际法对一种既存的管辖权原则适用范围的限制,而不是在提倡第六种行使管辖权的原则。可以肯定地说,域外管辖权不构成管辖权行使的第六种方式。

六、引　　渡

在讨论完域外管辖权后,应该注意到:国际法中已存在与执行有关的法律制度。到目前为止,执行措施主要是属地性的;但是,国家可以通过以条约为依据的引渡制度解决执行问题。

引渡程序包含请求和同意这样的基本步骤,也须遵循相关基本原则。除了国际罪行外,在没有条约的情况下,一国没有要求他国移交受指控罪犯的习惯法下

118　US v. Alvarez-Machain, 504 US 655(1992).
119　Ex Bennett, [1993] 3 All ER 138.
120　State v. Ebrahim, 31 ILM 888.

的权利[121]。关于引渡问题的研究涉及宪法问题和条约对国内法的影响问题[122]。在引渡方面的主要原则是双重犯罪原则和罪行特定原则。前者是指被指控的行为必须在请求国和被请求国都构成犯罪；后者是指对被引渡的人只能根据请求和准许引渡时确定的罪名进行审判和惩罚。另外，如果被请求国认为请求国不能遵守合理的审判程序[123]，或者被指控的犯罪具有政治性质时，它可以拒绝引渡。

在实践中，双边条约是引渡制度的主要依据。不过，条约的内容可以包括双方都接受的多种做法，而且后者可以表现为实质上的多边义务。2009 年 10 月 28 日，考虑到新的反恐措施。美国与欧盟批准了两方之间签署的引渡协议和司法协助协议，美国为此与欧盟 27 个成员国分别以照会换文或批准方式，使得有关双边协定反映上述美国-欧盟协定的内容[124]。自 1963 年起，在恐怖主义成为国际问题之后，联合国通过了 19 个多边条约[125]。既规定下相关跨国罪行的定义，也会加入相关义务，包括要求缔约国在彼此之间所订立的引渡条约反映上述罪行，使之得以成为可引渡的罪行种类。

---

[121] ICJ, *Questions of Interpretation and Application of the* 1971 *Montreal Convention arising from the Aerial Incident at Lockerbie*(*Libyan Arab Jamahiriya v. United Kingdom*), Provisional Measures, Order of 14 April 1992, ICJ Rep. (1992) 3, at 24(Joint Declaration of JJ. Evensen, Tarassov, Guillaume and Augilar Mawdsley).

[122] 比如，国家宪法禁止将本国人引渡给外国或其他非本国的管辖结构。

[123] *Saadi v. Italy*, Application no. 37201/06, ECHR, Judgment of 28 February 2008, 参见: http://hudoc.echr.coe.int/sites/eng/pages/search.aspx?i=001-85276#{"itemid":["001-85276"]}(浏览于 2014 年 3 月 10 日)。

[124] E. Wilcox(ed.), *Digest of United States Practice in International Law* 2009(Oxford: OUP and Washington: International Law Institute, 2011), 45-49.

[125] https://www.un.org/counterterrorism/international-legal-instruments(浏览于 2021 年 11 月 2 日)。

第十一章 豁免权与其他特权

扩展阅读

H. Lauterpacht, "The Problem of Jurisdictional Immunities of Foreign States", 28 *BYIL* (1951), 220; S. Sucharitkul, *State Immunity and Trading Activities in International Law*, New York: Paeger, 1960; E. Denza, *Diplomatic Law: Commentary on the Vienna Convention on Diplomatic Relations*, New York: Oceana, 1976; 2nd edn., Oxford: Clarendon Press, 1998; 3rd edn., Oxford: OUP, 2008; 4th edn., 2016; J. Bouchez, "The Nature and Scope of State Immunity from Jurisdiction and Execution", 10 *NYIL* (1979), 3; J. Crawford, "Execution of Judgments and Foreign Sovereign Immunity", 75 *AJIL* (1981), 820; M. Sornarjah, "Problems in Applying the Restrictive Theory of State Immunity", 31 *ICLQ* (1982), 668; G. Badr, *State Immunity*, Boston: Martinus Nijhoff, 1984; B. Murty, *The International Law of Diplomacy*, Dordrecht: Martinus Nijhoff, 1989; A. James, "Diplomatic Relations and Contacts", 62 *BYIL* (1991), 347; J. Salmon, *Manuel de Droit Diplomatique*, Brussels: Bruylant, 1994; J. Barker, *The Abuse of Diplomatic Privileges and Immunities*, Aldershot: Ashgate, 1996; H. Fox, *The Law of State Immunity*, Oxford: OUP, 2002; 2nd edn., 2008; L. Caplan, "State Immunity, Human Rights and Jus Cogens: A Critique of the Normative Hierarchy Theory", 97 *AJIL* (2003), 741; Y. Simbeye, *Immunity and International Criminal Law*, Aldershot: Ashgate, 2004; G. Hafner and U. Kohle, "The United Nations Convention on Jurisdictional Immunities of States and Their Property", 35 *NYIL* (2004), 3; A. Gattini, "War Crimes and State Immunity in the Ferrini Decision", 3 *JICJ* (2005), 224; R. Van Alebeek, *The Immunity of States and Their Officials in International Criminal Law and International Human Rights Law*, Oxford: OUP, 2008; A. Orakheshvili, "State Immunity and Hierarchy of Norms: Why the House of Lords Got it Wrong", 18 *EJIL* (2008),

955; C. Yamada, "UN Convention on Jurisdictional Immunities of States and Their Property—How the Differences Were Overcome", 53 *Japanese YBIL* (2010), 243; C. Tomuschat, "The International Law of State Immunity and its Development by National Institutions", 44 *Vanderbilt JTL* (2010), 1105; B. B. Jia, "The Immunity of State Officials for International Crimes Revisited", 10 *JICJ* (2012), 1302; R. O'Keefe and C. Tams (eds.), *The United Nations Convention on Jurisdictional Immunities of States and Their Property: A Commentary*, Oxford: OUP, 2013; H. Fox and P. Webb, *The Law of State Immunity*, 3rd edn., Oxford: OUP, 2013; J. Foakes, *The Position of Heads of State and Senior Officials in International Law*, Oxford: OUP, 2014; P. Behrens, *Modern Diplomatic Interference and the Law*, Oxford: OUP, 2016; I. Roberts(ed.), *Satow's Diplomatic Practice*, 7th edn., Oxford: OUP, 2017.

一、国家豁免权

(一) 主权平等

主权平等原则是国家豁免规则的基础,是国际法的基本原则[1]。主权的表现形式主要是对一国领土和该领土上的居民具有排他性的管辖权,主权国家的平等地位要求一国不能干涉其他国家的内政[2]。可以说国家豁免规则建立在两个基本原则上,其一是"平等者之间无管辖权"(*par in parem non habet jurisdictionem*)[3],任何两个主权国家的法律地位是平等的[4],其二是不干涉他国内政原则。第一个原则的重要性从下面的例子中可见一斑。在 2013 年 12 月 17 日,东帝汶在国际法院提起针对澳大利亚的诉讼,诉因是澳大利亚政府人员在 12 月 3 日扣押了属于东帝汶的文件和资料以及其他财产,扣押的地址是东帝汶法律顾问在澳大利亚首

---

[1] 《联合国宪章》第 2 条第一款。

[2] 1970 年《国际法原则宣言》:"任何国家或国家组织都无权直接或间接,或以任何借口干涉其他国家的内部或外部事务";"每一个国家都有不可剥夺的权利来选择自己的政治、经济、社会和文化体制,而且不受其他国家任何形式的干涉"。

[3] *Al-Adsani v. UK*, Application No. 35763/97, ECHR, Judgment of 21 November 2001, 123 *ILR* 24, 40, para. 54. 历史渊源可以追溯到 1354 年: P.-T. Stoll, "State Immunity", in: *MPEPIL* (2011), para. 4.

[4] 这一说法起源自早期主权者是自然人的事实,之后主权国家的概念确立后,豁免权作为人格权延续下来: J. Crawford, *Brownlie's Principles of Public International Law* (9th edn., Oxford: OUP, 2019), 471.

都的办公室,文件与正在进行的东帝汶-澳大利亚仲裁案有关[5]。在聆听了双方对政府文件不可侵犯所进行的辩论之后[6],国际法院在临时措施程序中提到,东帝汶基于主权平等原则的权利可能受到影响[7],从而规定了保全涉案文件和资料的临时措施[8]。

如前所述,在国际关系中,只有国家可以授予国籍和处置自己的领土,在这种意义上讲,主权是一种自由裁量权,但是这种裁量权的行使受基于主权平等的国际法规则的限制。在"英挪渔业案"中,国际法院指出:"尽管对其领水划界的行为必然是一种单方行为,因为只有沿岸国有这种划界的能力,但是,该行为对于其他国家的效力却是由国际法所决定的。"[9]此外,就国际组织而言,会员国资格的取得通常要以同意该组织的决策机制和规章为前提,决策过程的运作通常是遵循多数票原则,在这种情况下,国家的裁量权就受到限制。因为国际组织采用多数表决的决策机制,或者它的一个或者多个机构的决定具有拘束力,或者它具有决定自己管辖权的权利,所以某个国家在该国际组织中时,它的国际法主体资格可能会出现部分"缺失"的情况。

如果主权意味着国家有全权控制、管理自己领土,并行使这种权力派生出来的权利的话,那么,国家也有尊重他国主权和与之有关的权利的义务,这种尊重的义务带来主权豁免权。正如这个领域的第一个重要先例所言,"主权国家之间完美的平等与绝对的独立,以及进行彼此交往的共同利益",产生了主权豁免实践,即每一个国家都自愿放弃部分排他性的属地管辖权,同时,"完全和绝对的属地管辖权是每一个主权者的基本特征,且不具有域外性,因此,一国不能将外国国家或其主权权利视为本国管辖权的客体。"[10]

主权平等原则所带来的豁免权,包括1)属人(ratione personae)豁免权,此种豁免权直接属于外国国家、政府机构以及高级政府官员,是一种地位/资格带来的豁免权;和2)属事(ratione materiae)豁免权,主要指国家代表(官员)从事国家行

---

5 ICJ,*Questions relating to Seizure and Retention of Certain Documents and Data*(*Timor-Leste v. Australia*),*Provisional Measures*,*Order of* 3 March 2014,ICJ Rep. (2014) 147.

6 Ibid.,paras. 24-25.

7 Ibid.,para. 27.

8 Ibid.,paras. 42 and 55. 2015年6月,经当事双方同意,该案件的程序终止。

9 ICJ Rep. (1951) 116,132.

10 *Schooner Exchange v. McFaddon*,(1812) *Cranch* 116(美国最高法院首席法官马歇尔语)。参看 I. Sinclair,"The Law of Sovereign Immunity: Recent Developments",167 *RdC*(1980) 113,at 121-122; C. Bradley,*International Law in the U. S. Legal System* (2nd edn.,Oxford: OUP,2015),234-235.

为时所享有的豁免权,覆盖国家官方行为[11]。原则上说,后者可以在前者消失之后继续存在。

(二) 两种基本制度

在历史发展过程中,先后存在的两种制度反映了不同时期国家豁免实践的特征。18世纪与19世纪的国际关系相对简单,促进了"绝对豁免"概念的出现,即在所有案件中国家在他国管辖权下享有绝对豁免权。当时最具有代表性的是英国的实践,在"比利时国会号案"中,英国上诉法院认为绝对豁免不仅适用于外国主权者自身,而且及于用于公共用途的外国国家财产[12]。这种做法在随后的实践中被广泛遵循。不过,英国法院在承认外国国家绝对豁免待遇时会要求出示豁免依据的证据。

随着国家活动的增多以及范围的扩张,尤其是"一战"以来有国家政府部门或机构参与的商业活动的增加,绝对豁免的做法产生了问题。为了应对这些问题,意大利和比利时分别于1886年和1903年开始采用"限制豁免"的做法,对政府行为(*jure imperii*)和商业行为(*jure gestionis*)做出区别。1952年,美国政府在"泰特公函"表明了采用"限制豁免"原则的立场[13]。目前,许多国家都采用限制豁免制度[14],如美国、英国、德国、法国、新加坡、巴基斯坦、加拿大、奥地利、澳大利亚、塞内加尔、西班牙和南非等[15]。美国1976年颁布的《外国国家豁免法案》就体现了这种制度[16]。在下面将讨论的2004年联合国国家豁免公约可以说是"分水岭",它的出现使得限制豁免的政策得到国际社会的首肯,甚至导致相关国家改变自己一贯的立场[17]。

---

[11] ILC, "Draft Articles on immunity from foreign criminal jurisdiction of State officials provisionally adopted by the Commission", annexed to C. Escobar Hernández, "Sixth report on immunity of State officials from foreign criminal jurisdiction", UN Doc. A/CN. 4/722, 12 June 2018, draft Arts 3 and 5; J. Crawford, *Brownlie's Principles of Public International Law* (9th edn., Oxford: OUP, 2019), 471-472.

[12] *Parlement Belge* (1880) 5 PD 197.

[13] 1952年美国《国务院公报》,第26页。

[14] M. Shaw, *International Law* (8th edn., Cambridge: CUP, 2017), 531.

[15] Sir R. Jennings and Sir A. Watts (eds.), *Oppenheim's International Law* (9th edn., London: Longman, 1992), vol. 1, 359-360.

[16] G. Delaume, "Public Debt and Sovereign Immunity: The Foreign Sovereign Immunities Act of 1976", 71 *AJIL* (1977) 399.

[17] 比如日本就依照公约放弃了绝对豁免的传统做法,参看: *Act on Civil Jurisdiction over Foreign States*, Act No. 24 of 24 April 2009, entering into force 1 April 2010: 53 *Japanese Yearbook of International Law* (2010) 830.

但是，有一些国家坚持绝对豁免原则[18]，如巴西、泰国等国，我国也属于持此态度的国家[19]。2011年6月30日，香港特别行政区终审法院依据《香港基本法》第158条第三款的规定，提请全国人大常委会解释《香港基本法》有关条款，全国人大常委会对此做出决定，其中提到：

> "香港特别行政区法院在审理案件时遇有外国国家及其财产管辖豁免和执行豁免问题，须适用和实施中央人民政府决定适用于香港特别行政区的国家豁免规则或政策。"[20]

在对这一释法文件草案的说明中，人大法制工作委员会指出：

> "我国实行的国家豁免规则是，我国法院不管辖、实践中也从未处理以外国国家为被告或针对外国国家财产的案件；同时，我国也不接受外国法院对以我国国家为被告或针对我国国家财产的案件享有管辖权"[21]。

另外，绝对豁免原则仍适用于国际组织，这种情况甚至存在于那些提倡限制豁免原则的国家里（比如：法国、意大利、奥地利、比利时等）[22]。如今，依据其与成员国所订立的豁免条约[23]，联合国组织及其财产仍享受绝对豁免的待遇[24]，而其他国际组织则并不必然享受同等待遇[25]。另外，联合国雇员享受范围广泛的豁免权[26]。

18　J. Foakes, *The Position of Heads of State and Senior Officials in International Law* (Oxford: OUP, 2014), 16-18.

19　Court of Appeal, HKSAR, *FG Hemisphere Associates LLC v. Democratic Republic of the Congo et al.*, Judgment of 10 February 2010, http://legalref.judiciary.gov.hk/lrs/common/ju/ju_frame.jsp? DIS=69730&currpage=T(浏览于2013年10月12日).

20　《全国人民代表大会常务委员会关于〈中华人民共和国香港特别行政区基本法〉第13条第一款和第19条的解释》，2011年8月26日第11届全国人民代表大会常务委员会第22次会议通过，参看：http://www.npc.gov.cn/huiyi/cwh/1122/2011-08/27/content_1670102.htm(浏览于2014年11月16日)。

21　参看：http://www.npc.gov.cn/npc/xinwen/2011-08/24/content_1667147.htm(浏览于2014年11月13日)。

22　I. Seidl-Hohenveldern, *International Economic Law* (Boston: Kluwer Law International, 1999), 114.

23　*Convention on the Privileges and Immunities of the United Nations*, adopted 13 February 1946, and entering into force 17 September 1946, 1 UNTS 15 and 90 UNTS 327. 截至2021年10月7日，共有162个缔约国（包括安理会的五个常任理事国）。该公约第2条第二节规定："联合国、其财产——不论位于何处和谁在掌控，都应享受免于卷入任何法律程序的豁免权，除非在特定情况下联合国放弃自己的豁免权。不过，此处需要明确：放弃豁免权的做法不适用于对财产的处置。"

24　ICJ, *Difference relating to Immunity from Legal Process of a Special Rapporteur of the Commission on Human Rights*, Advisory Opinion of 29 April 1999, ICJ Rep. (1999) 62.

25　*Arab Monetary Fund v. Hashim* (No. 4), [1996] 1 Lloyd's Reports, 589. 在本案中，英国上诉法院只承认涉案国际组织雇员的官方行为享受豁免。

26　同上注23,1946年公约，第4条第18节；第7条第25节。

(三) 两个相关概念

国内实践(特别是普通法国家实践)中还存在两个概念可以用来避免对外国行使管辖权。不过,这两个概念都是国内法体系的产物[27],国际法没有对它们的适用提出任何要求[28]。虽然适用这两个概念的效果和直接适用国家豁免权的效果经常是相同的,但是二者存在着区别,比如这两个概念强调的是超越国家管辖权的事项,但豁免权并不意味着享受它的个人或实体在东道国或法院所在地国的领土上完全不受当地法律的影响[29]。因此,它们在国内法实践中仍然有效,在国家豁免权之外构成国内管辖权行使的又一道屏障。

1. 国家行为

基于国家平等和独立原则,国内法院承认外国国家及其机构所做行为的效力,包括其立法行为的效力。因此,在"安德希尔诉赫南德兹案"中,美国最高法院指出,一国法院不应对一个外国政府在其本国国内的行为进行裁判[30]。因此,法院可以拒绝对外国国家的行为行使管辖权,以避免妨碍行政机关寻求适当的外交解决方式。在"路瑟诉赛格案"中,英国法院拒绝审理苏联对位于其境内的一些木材所做征用命令的有效性问题[31]。在遇到这种问题的时候,如果法院认为执行外国判决将违反法院地国的公共政策,它也可能不适用"国家行为"的概念。在"科威特航空公司诉伊拉克航空公司案"[32],英国上议院司法委员会认为伊拉克政府最初没收和转移飞机的行为是政府行为,可以享有国家豁免权,但是因为其没收和国有化的立法是违反国际法的,所以该政府随后将飞机转交给伊拉克航空公司作为民用航空器进行商业经营的行为是非法的。

2. 不可审判

这是一个可以在初审阶段,或者在实体问题审判阶段提出的抗辩理由,是国家豁免权广义上的表现形式之一。最初,这个概念类似于一个阻止法院审理处于外国管辖范围内或国际争端解决机制之下的问题的抗辩理由[33]。后来的国内判

---

27 I. Brownlie, *Principles of Public International Law* (7th edn., Oxford: OUP, 2008), 50.
28 *Banco Nacional de Cuba v. Sabbatino*, 376 US 423 (1964); *I Congreso del Parido*, [1978] 1 QB 500; 64 ILR 154, 178-179. Also see M. Shaw, *International Law* (8th edn., Cambridge: CUP, 2017), 532-536.
29 M. Shaw, *International Law* (8th edn., Cambridge: CUP, 2017), 525.
30 *Underhill v. Hernandez*, 168 US 250 (1890).
31 *Luthor v. Sagor*, [1921] 3 KB 532.
32 *Kuwait Airways Corp v. Iraqi Airways Co. (No. 2)*, [1995] 1 WLR 1147; [2001] 1WLR 439.
33 比如,英国上诉法院在"巴克案"(*Buck v. A-G*)中说道,法院不能审查外国宪法的效力等问题: 42 ILR 11.

例法则有新的表述,在"巴茨天然气和石油公司诉哈默案"中[34],英国上议院司法委员会处理了两个石油公司间侵犯名誉权的争议,由于争议涉及外国国家间存在争议的一条海域边界,委员会适用了不可审判的概念,拒绝对该案行使管辖权;否则必然要考虑一系列主权国家间的交易行为,还涉及某些国家合法性问题。

适用这个概念意味着国内法院在审查外国国家之间交易行为时会保持克制,并会公开宣布那些不能进行审判的事项——包括外交手段和反措施。

(四) 商业行为

尽管实践是朝向限制豁免方向发展的[35],但是实践中尚没有确定的判断"商业行为"的标准。实际上,坚持限制豁免理论的国家通常也不愿意适用限制性原则去扣押外国国家财产,这个理论的适用受到个案中的特定事实情况的限制。布朗利认为,国内法院在面临国家豁免问题时要考虑以下因素,包括:(1)根据管辖权原则和其他连接因素确立的案件实体管辖权;(2)能够排除实体管辖权的个人豁免权;(3)即使一国拥有实体管辖权时,需要考虑根据国际法行使该管辖权合理性;(4)针对外交使团享有的某些不适用"不可侵犯原则"的权利,外交豁免和国家豁免与之的关系;(5)案件中能够作为豁免依据的事实[36]。

在适用限制豁免原则时,应该注意法院在判定行为性质时所采取的方法。有些法院根据交易的法律基础来判断行为性质,即交易是否是在私法关系基础上进行的。比如,就合同而言,在判断相关交易是否是商业行为时,采用的标准可以是该合同能否由私人执行。再有,有些法院通过交易的目的来判断。

这方面最新的发展是联合国大会于 2004 年通过的《国家及其财产豁免的公约》[37](本节下称为"2004 年《公约》")。这一条约是对相关实践的总结,当然也存

34　*Buttes Gas and Oil Company v. Hammer*,[1982] AC 888.

35　例如 1958 年《领海和毗连区公约》和 1982 年《联合国海洋法公约》都对用于非商业用途的政府船舶和用于商业用途的政府船舶做出了区别对待;1972 年《欧洲豁免公约》(以及附加议定书)第 6 条和第 7 条也是如此,参看 11 *ILM*(1972)470。还可参看:J. Crawford, *Brownlie's Principles of Public International Law*(9th edn.,Oxford:OUP,2019),472-473.

36　I. Brownlie,*Principles of Public International Law*(7th edn.,Oxford:OUP,2008),331.

37　Adopted by the UNGA on 2 December 2004 by Resolution 59/38 with annex: UN GAOR,59th Sess.,Supplement No. 49 (A/59/49).尚未生效《公约》第 30 条要求 30 个国家批准或加入之后生效,截至 2021 年 10 月 5 日,保存方只收到 22 份批准书。

在着发展的地方,而在公约文本诞生过程中各国所做的声明本身就是国家实践[38]。

2004年《公约》第2条第二款规定,在判断某一合同或交易是否是商业性质时,应该首先考虑合同或交易的性质,还需要考虑其目的,前提是1)合同或交易方同意的时候;2)在做这一判断的缔约国的国内实践中,合同或交易的目的与做出类似判断有关。所以,2004年《公约》下的规定是将性质和目的综合考虑,当然,性质优于目的。这一点反映了2004年《公约》偏离了限制性豁免实践的初衷,而侧重于后续实践中确立的性质这一标准的主导地位[39]。2004年《公约》第5条规定了承认豁免的普遍原则,但在第10—17条下规定了例外或限制。

实践中,国内立法有三种较常见的做法。其一,以豁免权为基本原则,然后列出例外情形;其二,只列出那些被认为纯属于国家行为的行为;其三,法院采用"标准之间相互抵消"这一做法,这也被称为"布朗利方法"[40]。

上述第三种做法在司法实践中得到较为广泛的支持[41],在其被使用时,法院会同时考虑承认和剥夺豁免的因素[42],承认豁免权存在的因素包括:1)主权国家的交易行为在国际上的有效性和效果不能由其他国家的国内法院来裁判;2)国家在国内的公共行为也不能由其他国家的国内法院来裁判;3)国内法院不应对已经由其他方式得以解决的案件再次行使管辖权;4)仲裁发生地国对发生在其领土上的国家间仲裁案件的程序和实体问题都没有管辖权;5)根据国际条约建立的国际组织的行为不属于国内管辖的范围。否认豁免权的因素包括:1)在没有条约的情况下,国内法院可以审理涉及外国国家从事的商业交易行为的案件;2)国内法院可以审理外国国家作为私法关系的一方当事人的案件[43];3)国内法院可以审理在国内法中建立在善意或者信赖基础上的其他法律关系,如在一些法律体系中的雇佣合同;4)国内法院可以审理由外国国家的作为或不作为引起的个人伤亡案件;5)国内法院可以审理涉及外国国家因继承、接受、赠与或者管理动

38　R. O'Keefe and C. Tams, "General Introduction", in: R. O'Keefe and C. Tams(eds.), *The United Nations Convention on Jurisdictional Immunities of States and their Property: A Commentary*(Oxford: OUP, 2013), xxxvii, at xli-xlii.

39　S. Wittich, "Article 2(1)(c) and (2) and (3)", in: R. O'Keefe and C. Tams(eds.), *The United Nations Convention on Jurisdictional Immunities of States and Their Property*(Oxford: OUP, 2013), at 68.

40　基于布朗利教授向国际法研究院所提交报告:参看1987年《国际法研究院年鉴》第62卷第一部分,第45-97页,特别是第54-55页,以及决议草案第2、3条(在第98-101页)。

41　I. Brownlie, *Principles of Public International Law* (7th edn., Oxford: OUP, 2008), 333-334, n. 61.

42　同上注,第334-336页。

43　商业合同、提供服务的合同、贷款、知识产权的所有、利用和保护、针对船舶和货物的对物诉讼等。

产或不动产所产生利益的案件；6)国内法院可以审理涉及在商业关系中产生的正常所得税、关税和其他类似税负案件。

上述因素源自于司法实践，是多年积累的经验，是否为2004年《公约》所取代是个值得思考的问题，然而，后者本身就尚未生效，其适用达到一定成熟的程度也需要时间，而司法判例的范围、深度都有待发展。所以，此时的状况，是二者同时存在、互相影响。

国家豁免权适用于名目繁多的政府机构的行为，判断标准是政府对此机构的有效控制程度，不管它本身是否是在国内法下登记的法人。中央银行一般兼具政府、商业两种功能，这一点决定了对其行为性质的判断，可以适用上述的"商业交易"标准或相互抵消的标准。条约在规范国家机构的商业活动问题上，起着重要作用，比如：1929年《统一国际航空运输规则的华沙公约》就对国有企业在这个领域里的活动做了规定[44]。从20世纪90年代开始，各国通过立法对国有企业与国家机构区分的做法就处于上升的势头[45]。延续这一势头的2004年《公约》第10条第三款规定，具有独立法人资格、有能力起诉和应诉、并由国家授权管理国有资产的国有企业或国家机构，在它们参与的商业交易中所引发的诉讼里，授权国的豁免权不受影响，继续有效。这一点当然不言自明[46]。在《公约》附件所包含的解释中[47]，上述条款的适用不影响法院就某些问题"揭开公司面纱"时进行管辖的实践，即涉及国家实体(包括公司)"故意公布错误的资产状况，或之后压低资产数量以躲避完全偿还债务的义务或相关事项"的问题。

总之，2004年《公约》意在普遍适用，现有和未来的实践要以这个条约为主要参考[48]。上述有关国内实践中判定商业活动的几种方式，既体现了相关的国家实践，也在2004年《公约》下得到不同程度的体现。这个公约的普遍性规则更为精炼地总结了实践中比较主要的标准，在未来极可能构成整合国内实践的指南。

(五) 国家元首等官员的豁免权

尽管2004年《公约》在豁免权实践中的影响逐渐增强，绝对豁免原则在涉及

44　137 *LNTS* 11.

45　龚刃韧：《论国营企业在外国法院的地位》，载《中国国际法年刊》(1992)，第50页；钟洁：《限制国家豁免的几个问题》，载《中国国际法年刊》(1995)，第153-154页。

46　S. Wittich, "Article 10", in: R. O'Keefe and C. Tams (eds.), *The United Nations Convention on Jurisdictional Immunities of States and Their Property* (Oxford: OUP, 2013), at 180-181.

47　这个附件是《公约》的组成部分；参见《公约》第25条。

48　J. Crawford, *Brownlie's Principles of Public International Law* (9th edn., Oxford: OUP, 2019), 473.

刑事管辖权的实践中的地位依然稳固,而《公约》被公认为不涉及刑事程序[49]。但是由于国际刑法和人权法在近20年里的发展,对豁免权加以限制的实践日益增多。突出的发展是在国际刑法领域中出现了否认豁免权的原则,这主要体现在国际性司法机构的基本法律之中。典型例子是《国际刑事法院罗马规约》中第27条第二款的规定:

> "与某人官方地位相联系的豁免权或特别程序规则,不得妨碍法院对此人行使管辖权。"

第27条第一款则规定,官方身份(包括国家元首、政府首脑,以及立法或政府机构的官员)不构成该规约下的免除刑事责任的条款,也不构成减刑理由。第27条只是宣告了特别是第二次世界大战以来国际刑事审判实践所一直秉承的原则[50]。近些年来,有些争议的发展是联合国安理会将某一局势转交给国际刑事法院,争议在于这种程序是否可以被视为屏蔽了国家管辖权,国际刑事法院的预审庭在处理这一问题时,比较一致地承认安理会决议剥夺了管辖权[51]。

上述发展也同样影响到国际法其他领域,特别是人权法领域。"皮诺切特案"就是一个例子[52]。在西班牙检察官引渡皮诺切特的请求得到回复之前,皮诺切特被拘留在英国,导致本案的发生。该案中问题之一是被告人皮诺切特对他作为智利国家元首在位时发生的酷刑行为是否可以享受国家豁免。贵族院司法委员会布朗-威尔金森法官认为"属人豁免权"是绝对的,适用于任何在位的国家元首和大使,但是"属事豁免权"只限于履行公务的行为,他认为1984年《酷刑公约》[53]下的酷刑行为不是执行国家职能的行为,因此,皮诺切特享有的属人豁免权在他卸任国家元首之后消失,他不能再对此后的酷刑行为援引国家豁免权[54]。这位法官还认为,只有在《酷刑公约》确定了对酷刑适用国际法下的普遍管辖权后,酷刑才

49　R. O'Keefe, "The 'General Understandings'", in: R. O'Keefe and C. Tams(eds.), *The United Nations Convention on Jurisdictional Immunities of States and Their Property*(Oxford: OUP, 2013), at 19-21.

50　R. Cryer, D. Robinson, and S. Vasiliev, *An Introduction to International Criminal Law and Procedure*(4th edn., Cambridge: CUP, 2019), 520-524.

51　Ibid., 524-526.

52　*R v. Bow Street Metropolitan Stipendiary Magistrate and others, ex parte Pinochet Ugarte*(Amnesty International and others intervening)(No. 3), Judgment of 24 March 1999, [1999] 2 All ER 97; 119 ILR 135.

53　《禁止酷刑和其他残忍、不人道或有辱人格的待遇或处罚公约》,于1984年12月10日由联合国大会通过,1987年6月26日生效。

54　119 *ILR* 135, at 155-157.

真正成为一项国际罪行[55]。在投票时,法官们以 6:1 多数,认为酷刑在 1989 年 9 月 29 日前不是英国法下可引渡的罪行(这是《公约》在英国法律下转化生效的日期),所以此日期前被指控的酷刑行为不能成为本案中引渡的事实基础,而在智利(1988 年 9 月 30 日)西班牙(1987 年 10 月 21 日)和英国(1988 年 10 月 8 日)批准《酷刑公约》后皮诺切特对酷刑行为的指控不再享有豁免权[56]。

在"有关 2000 年 4 月 11 日逮捕令案"中[57],鉴于比利时国内法院法官向刚果在任的外交部部长发出了国际逮捕令,指控他犯有战争罪和反人道罪,国际法院认为,国际习惯法中不存在着禁止一国现任外交部部长在面对战争罪和反人道罪的指控时享受豁免权的规则[58]。

可以说,因国际罪行以及违犯人权的行为所引发的刑、民事责任的案件中豁免权的运用是近年来实践中的亮点,其中反映出的矛盾和规则的不确定性,构成这一时期国际法界争论的焦点之一。不过,在两个问题上,实践做出了较为清晰的结论。

之一,国家豁免权在适用于非国家元首或政府首脑或外交部部长的其他官员时,呈现出功能性的性质[59],特别是在官方访问或使团的情况下[60]。因此,国际法院在 2008 年的"吉布提诉法国案"中,就拒绝承认两个吉布提官员的豁免权[61]。这一功能性其实也适用于外交部部长[62],但是其功能范围明显有别于其他国家官员的功能范围。这也说明,豁免权覆盖的官员种类还是有争议的问题[63]。一方面,实践中官员得到豁免权的全面庇护[64];另一方面,豁免权作为辩护理由不断出现

55　Ibid.,150(法官认为是根据第 5 条,而非第 2 条)。

56　Ibid.,at 137-138.

57　DR of the Congo v. Belgium,ICJ Rep.(2002) 3.

58　ICJ Rep.(2002) 3,para. 58.

59　2004 年《公约》第 3 条第一款。Also see ICJ,Certain Questions of Mutual Assistance in Criminal Matters(Djibouti v. France),Judgment of 4 June 2008,ICJ Rep.(2008) 177,paras. 187 and 189.

60　R. Kolodkin,"Second Report on Immunity of State Officials from Foreign Criminal Jurisdiction",UN Doc. A/CN. 4/631,10 June 2010,para. 94(h).

61　ICJ,Certain Questions of Mutual Assistance in Criminal Matters(Djibouti v. France),Judgment of 4 June 2008,ICJ Rep.(2008) 177,para. 194.

62　ICJ,Arrest Warrant of 11 April 2000(Democratic Republic of the Congo v. Belgium),Judgment of 14 February 2002,ICJ Rep.(2002) 3,para. 54. Also see C. Keitner,"Foreign immunity after Samantar",44 Vanderbilt Journal of Transnational Law(2011) 837,at 841-842.

63　R. van Alebeek,The Immunity of States and Their Officials in International Criminal Law and International Human Rights Law(Oxford:OUP,2008),192-195.

64　C. Tomuschat,"The International Law of State Immunity and its Development by National Institutions",44 Vanderbilt Journal of Transnational Law(2011) 1105,1133-1139.

在相关官员身处法院所在地之外的国家,且其行为也发生在外国的情况中[65]。所以,联合国国际法委员会特别报告员指出,在委员会的相关议题下,最有争议的问题就是如何对上述官员所享有的豁免权进行限制、设立例外[66]。这一争议还反映在各国政府对委员会报告的评论之中[67]。

之二,管辖权被认为只包含程序规则,与实体问题,或实体权利和义务没有关系。这一结论的作用在涉及强行法时显得格外突出。而豁免权的终极作用是"一旦适用,国内法将院没有任何管辖权可以行使",且国家豁免权是"绝对的管辖障碍",可以屏蔽案件实体问题的所有方面,所以,针对外国法院的管辖权,"国家要么有豁免权,要么没有"[68]。如果豁免权的作用如此——可以阻挡管辖权的行使,那么,是否在涉及强行法问题的案件中也可以达到同样的效果?下面以国际上的酷刑案件为例回答这一问题。

在"艾尔-埃德萨尼诉英国案"中,欧洲人权法院多数判决认为,即使国际社会逐渐接受对酷刑的禁止具有"压倒性的重要性",但是并未因此剥夺国家在国际法下所享有的、针对因为酷刑指控而引发的外国民事诉讼的豁免权[69]。该判决中,禁止酷刑被看做是强行法原则[70]。本案中七个投反对票的法官则认为,对一个强行法规则的违反,足以解除管辖权所面临的(任何)障碍[71]。

涉及民事管辖权的案件可以说自成一类,在美国法院以及国际学术界风靡一时的《外国人侵权法案》引发的诉讼就针对此类案件[72],不过,美国相关判例法中存在着将诉因限制在1976年《外国主权豁免法案》之下的趋势[73],超越这一限制范

---

65 The *Lozano* case(or the *Calipari* case),Corte di cassazione(Sez. Ⅰ penale),24 July 2008,No. 31171,reported by G. Serra in:18 *Italian Yearbook of International Law*(2008),at 346-351.

66 C. Escobar Hernández,"Sixth report on immunity of State officials from foreign criminal jurisdiction",UN Doc. A/CN. 4/722,12 June 2018,para. 8.

67 Ibid. ,paras. 14-15.

68 *Jones v. Ministry of the Interior of the Kingdom of Saudi Arabia and Another*,[2006] UKHL 26,Opinions of 14 June 2006,paras. 24 and 33(per Lord Bingham of Cornhill).

69 *Al-Adsani v. UK*,Application No. 35763/97,Judgment of 21 November 2001,123 *ILR* 24,para. 66.

70 Ibid. ,para. 61.

71 Ibid. ,49,paras. 1-3.

72 *Siderman v. Republic of Argentina*,965 F. 2d 699(1992)(《外国人侵权法案》不构成国家豁免权的例外情况). 还可参见本书第十章第(三)节第五小节。另见:D. Stewart and I. Wuerth,"Kiobel v. Royal Dutch Petroleum Co.:The Supreme Court and the Alien Tort Statute",107 *AJIL* (2013),601-621.

73 该法案下存在着无个外国国家豁免权不适用的例外情况,在这些情况下美国国内法院可以行使管辖权:1)外国国家主动(可以是明示或暗示)放弃豁免权;2)在美国境内从事的商业活动或在境外的此种活动但在境内产生直接后果;3)因在美国从事的商业活动而对美国境内的财产形成剥夺;4)非商业性质的侵权行为造成美国境内的人身伤害或死亡,或是财产损失;5)国家赞助的恐怖主义活动(比如劫机、酷刑等等),而且自2008年开始,这一例外还直接提供美国公民一个独立的诉因:C. Bradley,*International Law in the U. S. Legal System* (2nd edn. ,Oxford:OUP,2015),243-252.

围的起诉申请将在国家豁免权存在的情况下被驳回[74]。同时,在意大利和希腊也出现了类似的案例[75],不过,这些国内法案例以及相关国内法院的判决方向,最终都受到了国际法院2012年"德国诉意大利:希腊介入案"判决的影响。

值得注意的是,这类案件集中体现了国家豁免权与对违反强行法行为适用普遍管辖权进行审判之间的对立关系(至少表面上如此)。其中,国际法院在2006年"刚果诉卢旺达案"中所作判决令人回味[76]。在本案中,刚果政府依据禁止灭种行为的强行法规则来证明法院对本案具有管辖权,但是法院说,

> "即使争端涉及遵守具有【强行法】特质的规则,而禁止灭种行为毫无疑问是这样的规则,这一事实并不能赋予法院以管辖权。在法院规约下,管辖权总是基于【所有】争端方的同意。"[77]

法院的考虑似乎是,只要没有管辖权,那么案件就不会进行到实体阶段,而灭种行为是后者中需要判定的问题,与管辖权阶段无关。

不久之后,法院的上述结论在"德国诉意大利:希腊介入案"中得到重申[78],在本案中德国政府引用了国家豁免权来抗辩[79]。需要注意的是,法院在本案中适用的道理与上述2006年判决的论理是一样的,即实体法与程序法没有冲突。抗诉状中,意大利政府提出:"豁免权与强行法可以共存与国际法律体系中,但之间存

---

[74] *Argentina Republic v. Amerada Hess Shipping Corp.*,488 US 428(1989),435-436("《外国人侵权法案》的文字与结构表明了国会的立法意图,即该法案是我国法院对外国国家行使管辖权的唯一基础")。

[75] *Ferrini v. Germany*,Italian Corte di Cassazione,11 March 2004,No. 5044,*Rivista di Diritto Internazionale*(2004) 539. But the Court reversed its course of decision after the ICJ Judgment in *Jurisdictional Immunities of the State*(*Germany v Italy*:*Greece intervening*) in 2012:Court of Cassation,Judgment of 21 February 2013,No. 4284,*Rivista di diritto internazionale*(2013) 635. Also see R. Pavoni,"How Broad is the Principle Upheld by the Italian Constitutional Court in Judgment NO. 238?"14 *JICJ* (2016) 573. For the Greek practice:*Prefecture of Voiotia v. Federal Republic of Germany* Case No. 11/2000,Judgment of 4 May 2000,129 *ILR* 513(Court of Cassation); Case No. 137/1997,Judgment of 30 October 1997,92 *AJIL* (1998) 765(Court of First Instance of Livadia)("the Distomo Massacre Case"); Greece's written statement in the *Jurisdictional Immunities of the State* case,3 August 2011:https://www.icj-cij.org/public/files/case-related/143/16658.pdf.

[76] ICJ,*Armed Activities on the Territory of the Congo*(*New Application*:2002)(*DR of the Congo v. Rwanda*),Jurisdiction and Admissibility,Judgment of 3 February 2006,ICJ Rep. (2006) 6.

[77] Ibid.,para. 64.

[78] ICJ,*Jurisdictional Immunities of the State*(*Germany v. Italy*:*Greece intervening*),Judgment of 3 February 2012,ICJ Rep. (2012) 99.

[79] 参见德国政府于2008年12月23日提交国际法院的申请:http://www.icj-cij.org/docket/files/143/14923.pdf(浏览于2013年9月20日)。

在着一个实质性冲突：国家可以靠管辖权而逃避严重违反国际法的责任。"[80]这里的问题是，正如国际法院在2006年案件中已经解释过的道理所示，冲突的规则属于不同的层次，而不同层次的规则如何冲突起来？假如可以冲突起来，既然强行法优先，那么法院的管辖权程序以及国家同意原则就成了多余的步骤。若此，至少要求对法院规约做出必要的修改。

国际法院在本案中的结论建立在"逮捕令案"和2006年判决的主要思路之上，即管辖权与强行法属于两类规则，"前者是程序性的"，只涉及两国之间行使管辖权的权利问题，而不涉及案件所关联的行为本身的合法性问题[81]。法院特别指出，

> "强行法规则是不能损减的规则，但是确立管辖权范围与程度，以及该管辖权在何时可以行使的规则，并不对带有强行法性质的实体规则造成损减，且强行法概念本身不含有修订或取代【上述有关管辖权】规则的内容。"[82]

可以说，法院的结论将豁免权规则视为具有"中止性"，而适用这些规则不影响实体问题的评判（比如个人刑事责任的问题）。

这里还需要指出，既然管辖权是个程序性的权利，那么豁免权也是个程序性的权利。从这一点出发，存在着一系列相关程序问题需要解答，联合国国际法委员会正在进行的讨论和起草就包括提供这些答案，目的是尽量减少政治因素的干扰，特别是对管辖权的干扰[83]。特别报告员所建议的判断豁免权是否存在的方法是从国内实践总结出来的[84]，与上述的"布朗利方法"有方法论意义上的相似之处，即均出自于对国家实践的考察；两种方法都是通过衡量一系列相关要素，最终得到结论。当然，两种方法要衡量的要素的性质和内容都不一样。

（六）豁免权与判决的执行

在讨论豁免权时，执行措施豁免权往往着墨不多[85]，但是这一豁免权所具有

---

80 参见意大利2009年12月22日的抗诉状：http://www.icj-cij.org/docket/files/143/16648.pdf（浏览于2013年9月20日）。

81 ICJ, *Jurisdictional Immunities of the State* (*Germany v. Italy; Greece intervening*), Judgment of 3 February 2012, ICJ Rep. (2012) 99, para. 93. 还应注意第96段，其中罗列了支持法院的上述思路的国内法院判决。

82 Ibid., para. 95.

83 C. Escobar Hernández, "Sixth report on immunity of State officials from foreign criminal jurisdiction", UN Doc. A/CN.4/722, 12 June 2018, paras. 35-36（列举了这些需要回答的程序问题）。

84 Ibid., para. 108.

85 H. Fox, *The Law of State Immunity* (2nd edn., Oxford: OUP, 2008), 600-609.

的效力却是不争的事实[86]。一般来说,管辖豁免与执行豁免是两个独立的问题[87],大多数国家承认针对强制执行措施的豁免权。2004年《公约》第20条的规定:"当第18和19条下的限制性措施的实施取决于同意时,在第7条下对行使管辖权的同意不意味着对此类措施的实施的同意。"该公约下使用的是较为宽泛的"限制性措施"来指代执行手段,主要是考虑到各国实践在此问题上做法的多样性,以至于难以找到一个可以覆盖所有法律体系中此类措施的名词[88]。在第19条之下,该词含义至少包括"扣押"(attachment)、逮捕(arrest)和执行(execution)这几个做法。

上述《公约》的影响在2012年"德国诉意大利案"中显现出来,国际法院指出:

> "免于执行的国家豁免权比免于起诉的国家豁免权要更为全面,即使针对外国政府的判决是合法做出来的,甚至该政府不能主张管辖豁免权,也不因此就能说它就可以成为法院所在地执行措施的对象;同样,外国政府放弃管辖豁免权,不意味着它也放弃了对其在法院地国领土上的财产放弃了执行豁免权"[89]。

本案中,德国政府引用了2004年《公约》第19条的规定,主张它代表习惯法。法院回避了这一判断,但是认为:

> "本法院只用指出任何针对外国国家财产的执行措施必须满足一个条件,即该财产的使用不是为了追求非商业目的,或说拥有该财产的国家明确同意执行措施的使用,或说该国家已经将该财产用于偿还法定债务。"[90]

提到这一条件时,国际法院在同一段落里认为它是一个"确立的实践",暗含着对此实践的习惯法性质的肯定[91]。

(七) 豁免权的放弃

相关国家政府可以明示地或者通过其行为表示放弃豁免[92]。尽管参与商业

---

[86] YBILC (1986), vol. ii(2), at 17(comment on Art. 21).
[87] 国际法委员会在1991年提交给联合国大会的《关于国家及其财产的豁免公约草案》第18-19条采纳了这个观点,参看: YBILC (1991), vol. ii(2), 13.
[88] 同上注,第55页。
[89] ICJ, *Jurisdictional Immunities of the State* (Germany v. Italy; Greece intervening), Judgment of 3 February 2012, ICJ Rep. (2012) 99, para. 113.
[90] Ibid., para. 118.
[91] 参看: R. O'Keefe, "Article 20", in: R. O'Keefe and C. Tams (eds.), *The United Nations Convention on Jurisdictional Immunities of States and Their Property* (Oxford: OUP, 2013), at 328-333.
[92] 2004年《公约》第7-8条。

活动这一事实尚不足以表示放弃豁免,而且判断是否是商业性质是个比较复杂的过程,但是豁免权可以通过条约、外交照会[93]或者将争议提交行为地司法机构解决的方式被放弃[94]。此外,如上所述,对管辖豁免权的放弃不等于明示或默示地放弃了执行豁免权。

二、外交豁免权与特权

(一)概述

外交关系和随之衍生的外交豁免权和特权问题先于国家豁免制度而产生[95]。这方面的主要条约是 1961 年《维也纳外交关系公约》(以下简称《公约》)。1961 年 4 月 18 日,联合国关于外交关系和豁免大会通过该条约,条约于 1964 年 4 月 24 日生效[96]。中国于 1975 年 11 月 25 日加入该公约。截至 2021 年 10 月 11 日,该公约有 193 个缔约国[97]。

在实践中,对特权与豁免权的区别问题的讨论比较罕见,《公约》的前言就同时使用了这两个概念,而第 1 条对用语的定义中,也不包括这两个概念在内,说明二者在含义上相近,但在实践中还是有区别的[98]。1986 年公布的《中华人民共和国外交特权与豁免条例》[99],第 1 条就明确规定:"为确定外国驻中国使馆与使馆容易的外交特权与豁免,便于外国驻中国使馆代表其国家有效地执行职务,特制定本条例。"

---

[93] 照会属于最常用的外交文书,根据要求不同,也会在体例上有区别,比如常见的第三人称的"普通照会"(Note Verbale),原本是对口头对话或声明的正式记录:I. Roberts,"Diplomatic Communication",in:I. Roberts(ed.),*Satow's Diplomatic Practice*(7th edn.,Oxford:OUP,2017)81,at 83-85.

[94] 2004 年《公约》第 9 条。

[95] C. Phillipson,*The International Law and Custom of Ancient Greece and Rome*,vol. Ⅰ(London:MacMillan and Co. Ltd.,1911),302-305. 在讨论古希腊和罗马的实践前,该书首先提到了古代中国、印度和埃及的外交实践。

[96] 500 UNTS 95.

[97] https://treaties.un.org/Pages/ViewDetails.aspx?src=TREATY&mtdsg_no=Ⅲ-3&chapter=3&clang=_en(浏览于 2021 年 10 月 11 日)。

[98] J. C. Barker,*The Abuse of Diplomatic Privileges and Immunities*(Aldershot:Dartmouth,1996),66-70[引用了萨道义的手册上对这两个概念的区分。应该说,手册上所做的区分有益于区别这两个概念]。

[99] 由全国人大常委会于 1986 年 9 月 5 日公布,并在公布之日起施行:http://new.fmprc.gov.cn(浏览于 2021 年 10 月 3 日)。

国际法不承认派遣外交使团的权利,所有外交使团的派遣都必须建立在双方协议的基础上,《公约》第2条规定的正是这个原则[100]。外交关系的实质是派遣国在接受国同意的基础上在后者领土上行使政府职能。曾经有一种理论将外交使馆视为派遣国领土的一部分,但是这种理论已不再被实践所承认。目前的主流观点是外交代表是派遣国的代表,因此其执行政府职能的行为受国家豁免权的保护,他本人享有与执行此职能有关的特权(参见《公约》序言)[101]。从这个意义上讲,外交豁免权是属事豁免权(ratione materiae),是基于功能而存在的权利。

"德黑兰美国外交和领事官员案"是本题目下的重要案例。该案的事实背景是,伊朗学生在1979年11月占领了美国驻伊朗大使馆,并劫持了美国人质达444天之久,美国政府因此在国际法院提起了对伊朗的诉讼。国际法院在1980年5月24日做出判决,认为《公约》以及《维也纳领事关系公约》编纂了现存的外交、领事关系的法则[102],外交法构成自成一体的法律制度[103]。可以说,这两个公约都反映了习惯法。

在讨论本节实体问题前,有必要考虑一下外交豁免权与特权与国家豁免权的区别。2004年《公约》第3条第一款规定,该公约不影响任一国家在国际法下所享受的、与某些职能的行使有关的特权和豁免权,其中就包括:1)它的外交使团、领馆、特别使团、驻国际组织使团或派往此类组织或国际会议的代表团;以及2)与之(上述使团、代表团)相关的人员。1)与2)这两类组织已经在习惯法下拥有确立的特权和豁免权,这些权利均有广泛参与的特别条约所规范,不受2004《公约》的影响[104];与此相对,国家豁免权直到2004年《公约》通过之前,属于习惯法管辖范围内的问题[105]。同时,这两类豁免权的区别还是功能性的。上述的区别比较微妙,其实这两类豁免权的渊源都是享受这些权利的个人所代表的国家的主权[106]。

---

[100] E. Denza, *Diplomatic Law* (3rd edn. ,Oxford: OUP,2008),24-30.

[101] M. Shaw, *International Law* (8th edn. ,Cambridge: CUP,2017),1438. 这是对现代国际法出现早期存在的三种理论的结合和发展:J. C. Barker, *The Abuse of Diplomatic Privileges and Immunities* (Aldershot: Dartmouth,1996),34-48.

[102] ICJ, *Case concerning United States Diplomatic and Consular Staff in Tehran* (US v. Iran), Judgment of 24 May 1980,ICJ Rep. (1980) 3,para. 45.

[103] Ibid. ,para 86.

[104] YBILC (1991),vol. ii(2),21.

[105] P. -T. Stoll, "State Immunity", in: MPEPIL (2011),para. 3.

[106] J. C. Barker, *The Abuse of Diplomatic Privileges and Immunities* (Aldershot: Dartmouth, 1996),192.

国际法(条约和习惯法)不包括针对使团或外交部作为一个整体或独立实体的豁免权[107]。另外,上述"相关人员"在 2004 年《公约》之外已经享有特权和豁免权,所以没必要在该《公约》下再享有国家豁免权,但是那些已经享有的特权与豁免权是国家豁免权的一种[108]。

(二)"不可侵犯"原则

这个基本原则适用于馆舍、人身或财产[109]。在"德黑兰美国外交和领事官员案"中,国际法院认为:

> "外交人员的人身和外交馆舍的不可侵犯是这个早已建立起来的制度中最基本的原则之一,伊斯兰传统在这个制度的演变过程中做出了实质性贡献……即使在武装冲突和外交关系断绝的情况下,这个制度中的规则也要求接受国必须尊重外交人员人身、外交使馆的馆舍、财产和档案的不可侵犯。"[110]

在 2005 年的"刚果诉乌干达案"中,国际法院认为,《公约》即使在争端双方处于武装冲突的情况下也仍然适用,特别是考虑到《公约》第 44 条的明确规定[111](后者要求接受国"必须"在包括武装冲突在内的各种情况下提供外交人员及其家属尽快撤离的便利条件)。再有,刚果的武装人员不仅攻击了设在金沙萨的乌干达使馆,且攻击了使馆内部的人员,包括外交官,从而违反了《公约》第 22 条和第 29 条下的(不可侵犯)义务[112]。

(三) 使馆馆舍

1. 馆舍的不可侵犯

1961 年《维也纳外交关系公约》第 1 条第一项规定,"使馆馆舍"是指供使馆使用及使团团长或使馆馆长官邸之用的建筑物或建筑物的各部分,以及所附属之土地,无论所有权归谁所属。第 22 条反映了习惯法下对使馆馆舍所规定的待遇:

107　R. O'Keefe "Article 3", in: R. O'Keefe and C. Tams(eds.), *The United Nations Convention on Jurisdictional Immunities of States and Their Property*(Oxford: OUP, 2013), at 77-78.

108　YBILC (1991), vol. ii(2), 22.

109　E. Denza, *Diplomatic Law* (3rd edn., Oxford: OUP, 2008), 135-136.

110　ICJ Rep. (1980) 3, para 86. 法院的结论与联合国国际法委员会的结论一致: YBILC(1957), vol. I, 89-90.

111　ICJ, *Armed Activities on the Territory of the Congo (Democratic Republic of the Congo v. Uganda)*, Judgment of 19 December 2005, ICJ Rep. (2005) 168, para. 323.

112　Ibid., para. 338.

"1. 使馆馆舍不得侵犯。接受国官员非经使团团长许可,不得进入使馆馆舍。

2. 接受国负有采取一切适当步骤使使馆馆舍免受侵入或损害、并防止一切扰乱使馆安宁或有损使馆尊严之情事的特殊责任。

3. 使馆馆舍、家具和设备、馆舍内其他财产与使馆交通工具免于搜查、征用、扣押或强制执行。"

在"德黑兰案"中,国际法院强调以上第二款规定的是国际法上一项"最绝对的义务"[113]。《公约》没有对紧急情况或必要性做出规定(如当使馆被用于非法用途时),排除了例外情况,不给与东道国以合法的理由进入使馆馆舍。

在 1986 年《中华人民共和国外交特权与豁免条例》中,第 4 条反映了上述条款的规定,不过也有些微的变化,比如第一款中,中国国家工作人员进入外国驻中国使馆的许可,不仅来自于外国使馆馆长,而且可以来自于馆长授权的人员。

《公约》没有考虑特殊的侵犯馆舍的行为,但是在这种情况下可以类推适用上述原则。1999 年 5 月 8 日,北约飞机在对南斯拉夫联邦共和国领土空袭过程中对中国驻贝尔格莱德大使馆的轰炸违反了上述之"最绝对的义务",为此,飞行员的国籍国(美国)政府称该事件是失误,以此为由向中国政府道歉,并在 1999 年 12 月与中国政府达成协议,赔偿中国 2800 万美元的损失[114]。

不过,实践中也确实存在着如何对这一不可侵犯权利进行限制的问题。使馆馆舍是用来从事《公约》下允许的外交活动的场所[115],一旦外交活动终止或活动的性质超过外交活动的界限,那么馆舍的性质是会发生改变的。虽然有《公约》第 45 条的规定,但是这一条的解释需要考虑到上述的变化,因为馆舍在上述情况下不可能无限期地保持自己的外交财产性质。所以,在 1984 年英国与利比亚断交七天之后,英国警察就进入了(事实上)利比亚使馆的建筑[116]。

至于上述条款中东道/接受国的"特殊义务",强调的是该国采取"一切适当"措施保护使馆馆舍的责任;不过,国际实践不要求该国将侵犯馆舍行为定为国内法下格外严重的罪行,即使许多国家存在类似的法律。这时,标准可以设计为"行

---

[113] ICJ Rep. (1980) 3, paras. 61-62.

[114] S. Murphy, *United States Practice in International Law*(1999—2001), vol. 1(Cambridge: CUP, 2002), at 99-102;段洁龙主编:《中国国际法实践与案例》,法律出版社 2011 年版,第 58-60 页。

[115] 参看《公约》第 3 条和第 21 条第一款。

[116] 七天的期限是用来方便利比亚外交人员离开英国领土: E. Denza, *Diplomatic Law* (3rd edn., Oxford: OUP, 2008), 489-490.

为(比如在使馆外示威)不得扰乱使馆正常工作秩序"这一比较客观但又灵活的样式[117]。

2. 使馆的功能

《公约》第3条规定了使馆的功能,包括:1)在接受国中代表派遣国;2)在国际法许可之限度内,在接受国中保护派遣国及其民之利益;3)与接受国政府办理交涉;4)以一切合法手段调查接受国之状况和发展情形,向派遣国政府报告;5)促进派遣国和接受国之友好关系,及发展两国间之经济、文化与科学关系。外交使馆也可以行使领事职能。

《公约》也没有关于外交庇护权的规定。这个问题一般可以通过双边协定来解决。尽管拉丁美洲国家之间订立了1928年《哈瓦那庇护公约》和1954年《美洲国家之间关于外交庇护的公约》,并在彼此间形成了区域性习惯,但是国际习惯法上是否存在(外交)庇护权的问题仍然未定[118]。

1961年《公约》的起草过程中,各国政府与国际法委员会委员都认为此问题应排除在外[119],而在《公约》之下,第41条第一款与第22条也许是唯一与此问题有间接关系的条款。

(四) 外交职员

1. 使馆人员分类

《公约》在第1条中定义了几种与外交关系有关的人员。包括1)使馆馆长或使团团长,即派遣国责成担任此项职位之人;2)使馆人员,即使馆馆长及使馆职员;3)使馆职员,即使馆外交职员、行政及技术职员,及事务职员;4)外交职员,指身具外交职衔之使馆职员;5)外交代表,指使馆馆长或者使馆外交职员;6)行政及技术职员,即承办使馆行政及技术事务之使馆职员;7)事务职员或服务人员,即为使馆内部服务之使馆职员;8)私人仆役,指使馆人员自己所雇仆人,而非派遣国工作人员。

---

[117] 有些国家有先例:*Boos v. Barry*,458 US 312(1988)。参看 E. Denza,*Diplomatic Law* (4th edn., Oxford: OUP, 2016),140-145.

[118] ICJ,*Colombian-Peruvian Asylum Case* (*Peru v. Colombia*),Judgment of 20 November 1950,ICJ Rep. (1950) 266,at 274-275. Also see M. Shaw,*International Law* (8th edn., Cambridge: CUP, 2017),1432.

[119] *YBILC*(1957),vol.1,at 54-57.

在《中华人民共和国驻外外交人员法》中[120],对外交职务(第 11 条)和外交职衔(第 12 条)都有明确规定,前者有 10 种,后者有七级。另外,第 6 条对驻外外交人员的遴选规定了标准。

2. 使馆馆长

根据《公约》第 14 条的规定,使馆馆长分为三等：1)向国家元首派遣之大使或者教廷大使,及其他同等级别的使馆馆长;2)向国家元首派遣之特使、公使及教廷公使;3)向外交部部长派遣的代办。第 16 条规定,使馆馆长在其等级中的优先地位应按照第 13 条规定的开始执行职务之日期及时刻的先后次序来决定。

大使的任命与地位属于国内法的范畴,比如：在《中华人民共和国驻外外交人员法》中,特命全权大使、代表、副代表、总领事对应大使衔(第 13 条);但是,特命全权大使和同级的代表、副代表,由全国人大常委会决定,其他代表、副代表,由国务院决定,总领事由外交部决定(第 16 条);大使衔由国务院总理批准授予(第 17 条第一款);第 21 条规定,特命全权大使为大使馆馆长,代表为常驻国际组织代表机构的馆长,总领事为总领事馆的馆长。

3. 外交代表的派遣与招回

外交代表的派遣及其任期的终止较为复杂。《公约》第 4 条规定派遣国对于拟派驻接受国之使馆馆长人选务须先查明其确已获得接受国之同意;但是,接受国无须向派遣国说明不予同意之理由。《公约》第 9 条规定,接受国可以随时不具解释通知派遣国,宣告使馆馆长或使馆任何外交职员为不受欢迎人员或使馆任何其他职员为不能接受人员。遇此情形,派遣国应斟酌情况召回该员或终止其在使馆中之职务。针对任何人员,接受国可以在其到达国境前宣告为不受欢迎或不能接受。如派遣国拒绝或不在合理期间内履行其依以上规定所负义务,接受国得拒绝承认该员为使馆人员,并拒绝给与其外交豁免的权利。

4. 豁免权与特权

《公约》第 29 条规定,外交代表人身不得侵犯。外交代表不受任何方式之逮捕或拘禁。接受国对外交代表应特示尊重,并应采取一切适当步骤以防止其人身、自由或尊严遭受任何侵犯。第 31 条规定,外交代表对接受国之刑事管辖享有豁免。除下列案件外,外交代表对接受国之民事及行政管辖权亦享有豁免：1)关于接受国境内私有不动产之物权诉讼,但其代表派遣国为使馆置有之不动产不在此列;2)关于继承的案件,在其中外交代表以私人身份而不代表派遣国,并以遗

---

[120] 2009 年 10 月 31 日由全国人大常委会通过,于 2010 年 1 月 1 日起施行：http://new.fmprc.gov.cn(浏览于 2021 年 10 月 3 日)。

嘱执行人、遗产管理人、继承人或受遗赠人的身份参与诉讼；3）关于外交代表在接受国内所从事的、公务范围之外的、专业或商务活动之诉讼。

此外，外交代表没有以证人身份作证之义务。

如果外交代表的子女出生在任所而非本国，那么实行"出生地主义"政策的东道国也会为此网开一面，允许代表将子女注册为其本国国民。在维也纳外交大会上，这个问题属于有争议的问题，以至于没能在公约里得到规范，而成为公约后附加的任择性议定书的内容[121]。

最后，对外交代表不得执行判决，但上述第31条里的三种不享有豁免的情况除外，只要执行措施无损于其人身或寓所的不可侵犯权。当然，外交代表不因其对接受国管辖所享之豁免权而免除其受派遣国之管辖。

实践中，滥用上述豁免权和特权的行为比较罕见，主要是由于《公约》下对等原则的作用，使得涉事国家在滥用这一选择上格外小心[122]。当然，滥用的做法（包括滥用外交邮袋：见下）是存在的，比如无视停车罚款单[123]。

5. 与特权相关的义务

《公约》第41条要求，在不影响以上豁免权与特权的前提下，所有享受这些权利的人员必须尊重接受国的法律和法规，必须避免干涉内政，使馆馆舍不得用于与《公约》规定的，或是普遍国际法所规定的，或是两国协议中所规定的使馆功能不符的活动[124]。

（五）使馆财产

在《公约》第22条之下，财产的不可侵犯是基本原则。此外，第24条规定使馆档案及文件无论何时、亦不论位于何处，均不得侵犯。

第27条第三款规定外交邮袋不得予以开拆或扣留，第四款规定，构成外交邮袋之包裹须附有可资识别的外部标记，以装载外交文件或公务用品为限。这种邮袋曾经被用来运输违禁品甚至人员，在1984年"迪科事件"中，一个前尼日利亚政府部长在伦敦附近被绑架，并被放入一个箱子中，但该箱子因为缺少外交封条且没有标明所装物件，而在斯坦斯泰德机场被拦截，尽管当场有尼日利亚外交官护

---

[121] J. Foakes and E. Denza, "Privileges and Immunities of Diplomatic Agents", in: Ⅰ. Roberts(ed.), *Satow's Diplomatic Practice* (7th edn., Oxford: OUP, 2017) 246, 271.

[122] J. C. Barker, *The Abuse of Diplomatic Privileges and Immunities* (Aldershot: Dartmouth, 1996).

[123] R. van Alebeek, "Immunity, Diplomatic", *MPEPIL* (2009), para. 41.

[124] 比照：《中华人民共和国外交特权与豁免条例》(1986)，第24条。

送,且箱子上有邮寄者的名字——尼日利亚驻英国高级专员使团[125]。

国际法委员会在 1989 年的报告中认为外交邮袋不可侵犯,不能用电子或者其他设备对其进行检查[126]。但是,各国实践在这个问题上存在分歧,有的支持建立适用于所有外交邮袋的法律制度,有的则强调对外交邮袋的滥用进行限制。因此国际法委员会拟定的关于这个问题的草案条款没有以条约或者作为 1961 年《维也纳外交关系公约》的附加议定书的形式被各国接受。

外交邮袋的定义、其内含物品的种类、体积和重量、在不用打开或者扣留邮袋的情况下是否允许对其进行 X 光扫描或者其他检查等问题,一直困扰着国际法委员会草案条款的制定,也在实践中引起很多争议[127]。对技术检查手段的反感反映在草案第 28 条第一款下,外交邮袋"应免于直接或通过电子或其他设施检查",但是在寄发邮袋国家的代表在场情况下可以打开,如果被拒绝,则需返回寄发邮袋的初始地。

实践中,领事邮袋不享受类似的待遇,它们可以在寄发国代表在场的情况下被打开。

(六) 豁免的放弃

根据《公约》第 32 条的规定,外交代表及依第 37 条享有豁免人员的管辖豁免权可由派遣国放弃。豁免的放弃必须通过明示方式表示。外交代表或依第 37 条享有豁免人员如主动在接受国提起诉讼,则不可对与主诉直接相关之反诉提起管辖豁免。在民事或行政诉讼程序中,对管辖豁免权的放弃不得视为对判决执行豁免权的默示放弃,后者的放弃表示必须单独做出[128]。

(七) 领事特权

原则上,领事与外交代表在功能和地位上是不同的。自 18 世纪以来,规范领事作用和地位的一直是惯例(usage)而不是法律,后来也通过特别条约来进行规范。国际法委员会在实践发展的基础上对相关规则进行了编纂,并于 1963 年完成了《维也纳领事关系公约》草案,该公约于 1967 年 3 月 19 日生效,并于 1979 年

125　34 *ICLQ*(1985),610(全文登载了 1984 年出版的《英国下议院外交事务委员会报告》)。

126　*YBILC*(1989),vol. ii(2),*Draft Articles on the Diplomatic Courier and the Diplomatic Bag*,42-43. 这份报告是国际法委员会对这个问题的最后结论。

127　E. Denza,*Diplomatic Law* (3rd edn.,Oxford:OUP,2008),244-248.

128　《公约》第 32 条第四款。

8月1日对中国生效[129]。截至2021年10月11日,共有181个缔约国[130]。

根据该《公约》,领事官员具有与外交代表相近的地位与待遇[131]。领事官员的遴选问题属于国内法范畴[132]。

根据《公约》第4条规定,领馆须经接受国同意始得在该国境内设立。《公约》第5条规定了领事的功能,其中包括于国际法许可之限度内,在接受国内保护派遣国及其国民(个人与法人)之利益;向派遣国国民颁发护照及旅行证件;转送来自派遣国的司法书状,等等。

根据《公约》第9条,领馆馆长可以分为总领事、领事、副领事和领事代理人。第31条第一款规定领馆馆舍于本条所规定之限度内不得侵犯,领馆馆舍非经领馆馆长允许不得进入。但是在遇火灾或其他灾害须迅速采取行动时,接受国救助人员可推定领馆馆长已表示同意他们进入馆舍。第33条规定领馆档案及文件无论何时、处于何处,均不得侵犯。2008年3月,中国驻美国、加拿大以及西欧一些国家的使领馆受到不法分子的冲击(包括纵火、向馆舍内扔石头、攀爬馆舍等),中国政府在与东道国政府交涉过程中,提出求偿要求,并解释了自己的法律立场,包括上述公约的第31和40条,以及联合国国际法委员会2001年通过的"国际不法行为的国家责任草案"相关条款[133]。

根据第36条第一款,领事有权自由会见派遣国国民。在德国诉美国的"勒格朗德案"中,国际法院认为该条款为个人创造了权利(该款下提到派遣国国民接触本国领事官员和与之联系的"自由"),而根据《公约》《强制争端解决的选择性附加议定书》,在国际法院面前该权利可以作为诉讼理由[134]。国际法院认为,美国政府没有及时通知勒格朗德兄弟在《公约》下所享有的权利,因而违反了国际义务[135]。

---

[129] 我国于1990年10月30日公布并当天开始实施《中华人民共和国领事特权与豁免条例》,基本反映了《公约》的规定:http://new.fmprc.gov.cn(浏览于2021年10月3日)。但是也有不同,比如:《条例》第20条允许领馆和领馆成员携带自用的枪支、子弹入境,但必须经过中国政府批准,按中国政府有关规定办理;但是,《公约》下没有对应的规定。

[130] https://treaties.un.org/Pages/ViewDetails.aspx?src=TREATY&mtdsg_no=Ⅲ-6&chapter=3&clang=_en(浏览于2021年10月11日)。

[131] 当然,待遇上还是存在着差别,比如:在1961年《维也纳外交关系公约》第29条和第31条下,外交代表享有完全的刑事管辖豁免权,不可被逮捕或拘留;在1963年《维也纳领事关系公约》第41条下,假如领事官员有严重犯罪情形,可以被依法逮捕或拘留以至监禁。

[132] 例如,《中华人民共和国驻外外交人员法》第2条,第6条。

[133] 段洁龙主编:《中国国际法实践与案例》,法律出版社2011年版,第60-62页。

[134] ICJ, *LeGrand* (*Germany v. US*), Judgment of 27 June 2001, ICJ Rep. (2001) 466, para 77.

[135] Ibid., para. 128.

在墨西哥政府根据该条款起诉美国的类似案件[136]——"有关阿韦那和其他墨西哥国民案"中,国际法院以14∶1的票数做出了判决,认为美国在前后51个国内刑事案件中没有将墨西哥领事的信息告知被定罪和判刑的墨西哥国民,且没有将其中49个案子中墨西哥国民被逮捕的事实通知墨西哥领事,这些做法违反了《公约》第36条第一款第二项的规定[137],法院以同样的票数判决:美国因没保证墨西哥领事能够与被关押的国民见面并为其安排聘用法律代表而违反了第36条第一款第一项和第三项的规定。国际法院认为美国在其中三个案件中通过适用"程序缺陷"原则,阻碍了被告人在上诉和间接诉讼程序中提起领事通知缺失的抗辩理由,从而违反了《公约》第36条第二款的规定,法院以14∶1的票数责成美国根据其自己选择的方式对这些案件的定罪和刑罚进行重新审查和考虑。国际法院视本案针对的是因违反条约而侵犯墨西哥权利的做法,而不是基于习惯法中外交保护规则而发生的诉讼。

这些案件对美国法院的实践产生了影响,如当时在俄克拉荷马州法院审理的"奥斯巴多-托列斯案"。在该案中,州刑事上诉法院于2004年5月13日发出了中止执行的命令,并要求进行证据听证,以确定托列斯依《公约》享有的权利是否受到了俄克拉荷马州的侵犯[138]。

在"关于获得领事协助信息的权利"咨询意见中,美洲人权法院认为这个条款规定的内容是人权法的一部分[139]。

虽然《公约》包含对国际法规则的发展,但仍是对这个方面法律现状的最好诠释。

(八)受国际保护人(Internationally Protected Persons)

在其他相关领域里订立的条约补充、完善了外交、领事法律制度。比如,联合国大会于1973年12月14日通过了《关于防止和惩处侵害受国际保护人员包括外交代表的罪行的公约》[140]。

---

[136] 另一个案子涉及一个巴拉圭人布里亚德(Breard)。他在弗吉尼亚州被判谋杀罪,并被判处死刑。在弗吉尼亚当局于1998年4月14日对他执行完刑罚后,国际法院应巴拉圭政府的请求将该案从案件名单上注销。

[137] ICJ, *Case concerning Avena and Other Mexican Nationals* (*Mexico v. US*), ICJ Rep. (2004) 12.

[138] *Torres v. Oklahoma*, No. PCD-04-442, cited by D. Shelton, 98 *AJIL* (2004), 566.

[139] IACHR, *The Right to Information on Consular Assistance*, Series A 16, OC-16/99, 1999.

[140] 1035 *UNTS* 167(entry into force on 20 February 1977). 截至2021年10月11日,共有180个缔约国: https://treaties.un.org/Pages(浏览于2021年10月11日)。参看 M. Wood, "The Convention on the Prevention and Punishment of Crimes Against Internationally Protected Persons, Including Diplomatic Agents", 23 *ICLQ*(1974), 791-817.

《公约》第 1 条将"受国际保护人"定义为：1) 身在外国领土上的一国元首、包括依相关国家宪法行使国家元首职责集体领导机构的任何成员，或政府首长，或外交部部长，及其随行家属；2) 在侵害其人身或其办公馆舍、私人寓所或交通工具的罪行发生的事件和地点，按照国际法应受特别保护，以免其人身、自由或尊严以及与其构成同一家庭的家属受到任何攻击的任何国家的代表或官员，或政府间国际组织的任何官员或代理人。根据联合国国际法委员会的公约草案的注释，"受国际保护人"包括外交官员以及领事官员[141]。

　　第 2 条要求每一个缔约国将以下行为规定为其国内法下的罪行，即故意：1) 谋杀、绑架或者以其他方式侵害受国际保护人员的人身和自由；2) 对应受国际保护人员的办公馆舍、私人寓所或交通工具进行暴力攻击，因而可能危及其人身或自由；3) 威胁要采取这类攻击；4) 企图采取这类攻击行为；5) 作为从犯参与这类攻击行为也应在国内法下规定为犯罪。在本公约下，上述行为导致刑事责任，缔约国有基于公约的国际法上的义务将上述行为在本国刑法下予以惩罚。如果未履行这一义务，会导致国家责任。

　　通常来说，国际组织官员享受特权和豁免是基于条约而非习惯法规则[142]，比如，1946 年《联合国特权和豁免公约》的规定中就包括：联合国财产和文件在成员国境内不可侵犯；联合国可以向其职员发放联合国通行证[143]。

　　最后简单介绍一下被国家派遣去处理特定事件的、非常设的特别使团。它们基于国家豁免权以及派遣国邀请或许可中明示或者暗示的条件来履行职能。联合国大会在 1969 年曾通过了一个关于特别使团的公约[144]，它是在 1961 年《维也纳外交关系公约》的基础上起草的、要求相对宽松的行为准则，但影响有限[145]。

---

[141] "Draft articles on the prevention and punishment of crimes against diplomatic agents and other internationally protected persons with commentaries", *YBILC* (1972), vol. ii, 312, at 313, para. (5).

[142] 参看本书第七章第四节。

[143] 于 1946 年 2 月 13 日由联合国大会批准。全文见 1 *UNTS* 15 和 90 *UNTS* 327 (corrigendum to vol. 1)。生效于 1946 年 9 月 17 日。截至 2021 年 10 月 7 日，有 162 个缔约国：https://treaties.un.org/Pages (浏览于 2021 年 10 月 7 日)。

[144] UNGA Res. 2530 (XXIV), 8 December 1969; 1400 *UNTS* 231.

[145] 生效于 1985 年 6 月 21 日。截至 2021 年 10 月 7 日，有 39 个缔约国：https://treaties.un.org/Pages (浏览于 2021 年 10 月 11 日)。

第十二章 国家责任

扩展阅读

I. Brownlie, *System of the Law of Nations: State Responsibility (Part I)*, Oxford: Clarendon Press, 1983; P. -M. Dupuy, "Le fait générateur de la responsabilité internationale", 188 *RdC* (1984), 9; M. Spinedi and B. Simma (eds.), *United Nations Codification of State Responsibility*, New York: Oceana Publishers, 1987; B. Smith, *State Responsibility and the Marine Environment*, Oxford: Clarendon Press, 1987; S. Rosenne, *The ILC's Draft Articles on State Responsibility*, Dordrecht: Martinus Nijhoff, 1991; R. Lefeber, *Transboundary Environmental Interference and the Origin of State Liability*, Boston: Martinus Nijhoff, 1996; A. De Hoogh, *Obligations Erga Omnes and International Crimes-A Theoretical Inquiry into the Implementation and Enforcement of the International Responsibility of States*, The Hague: Kluwer Law International, 1996; D. Shelton, *Remedies in International Human Rights Law*, New York: OUP, 1999; P. Okowa, *State Responsibility for Transboundary Air Pollution*, Oxford: OUP, 2000; International Law Association, "Report of the Committee on Diplomatic Protection of Persons and Property", ILA, 69th conference, London, 2000; N. Jørgensen, *The Responsibility of States for International Crimes*, Oxford: OUP, 2000; J. Crawford, *The International Law Commission's Articles on State Responsibility*, Cambridge: CUP, 2002; M. Koskenniemi, "Solidarity Measures: State Responsibility as a New International Order", 72 *BYIL*(2001), 337; H. Q. Xue, *Transboundary Damage in International Law*, Cambridge: CUP, 2003; M. Fitzmaurice and D. Sarooshi(eds.), *Issues of State Responsibility before International Judicial Institutions*, Oxford: Hart Publishing, 2004; C. Amerasingh, *Local Remedies in International Law*, 2nd edn., Cambridge: CUP, 2004; UN Secretary-General, "Compilation of Decisions of International Courts, Tribunals and Other Bodies", A/62/62, 1 February 2007, as supplemented by

A/62/62/Add. 1,17 April 2007; updated by A/65/76,30 April 2010; updated by A/68/72,30 April 2013; J. Crawford, A. Pellet and S. Olleson(eds.), *The Law of International Responsibility*, Oxford: OUP, 2010; K. Trapp, *State Responsibility for International Terrorism: Problems and Prospects*, Oxford: OUP, 2011; H. Aust, *Complicity and the Law of State Responsibility*, Cambridge: CUP,2011; J. Crawford, *State Responsibility: The General Part*, Cambridge: CUP, 2013; S. Olleson, *State Responsibility before International and Domestic Courts*, Oxford: OUP, 2015.

一、国家责任法律的历史演进

(一) 引言

国际法体系中的国家责任学说是一个经典题目,它所体现的基本原则也是国际法体系的基本原则。"国家责任"可以被视为国际责任的一种,但二者在本章特定语境下具有同样含义。

这一领域的发展,既体现在实体性、首要义务的完善、进化上,也体现在狭义上的国家责任规则的成熟上,而对其规则的整理、编纂的最终集大成者是联合国国际法委员会。委员会的突出贡献将在第(三)小节里详细介绍。在此之前,本章将对历史演进过程中国际实践的贡献先作一个回顾,从现在的角度回溯,会发现国际法委员会的编纂与发展工作都是以实践为基础而展开的;有两个领域的实践在作用上显得最为突出,可以说,它们是国家责任理论和规则最初和永久的渊源,尽管它们会随着国际关系的发展而作相应的改变。这两个领域就是外交保护和海外投资,后者带来了国有化和赔偿的问题。

(二) 外国人的待遇

外国人待遇问题会导致国际责任,与外交保护权的行使有紧密关联[1]。自1840年起的一个世纪内,国际上先后成立了大约60个混合索赔委员会以处理这

---

[1] F. Garcia-Amador,"State Responsibility: Some New Problems",94 *RdC*(1958) 365,Chapter Ⅲ. 在第 426 页上,他认为对外国人的外交保护问题占据了大部分国家责任法律的内容。

类案件[2]。当然,国际责任也可能产生于对外国国家、政府官员造成的侵害,但这些可能情况所涉及的规则不在本章的讨论范围之内。另外,在实践中,对外国人利益的伤害主要是体现在两个方面:拒绝司法和财产征用。在本小节中,我们只介绍前者,后者将在下一小节中介绍。

一般认为,外国人只能根据当地法律期望与当地居民在待遇上平等,而他要服从当地法律,这就是所谓的"国民待遇原则",国民待遇的标准是某一国家在其领土内一般会遵守的待人标准,在罗马法中被称为"diligentia quam in suis",或"diligentia quam suis rebus"。从原则上讲,在个人生活中按本人惯常习惯去行为就可以满足这个标准。

与此相平行的标准,是过去存在的"国际最低标准"[3]。因此,在"尼尔案"中,一个美国公民在墨西哥被枪手击毙,墨西哥—美国索赔总委员会指出:"如果对待外国人的方法要构成国际不法行为,那么它必须表现为恶行、恶意、有意疏忽职守,或是政府行政能力远远达不到国际标准,以至于每个理性和公正的人都可以轻易辨认出这种无能"[4]。不过,委员会认为墨西哥政府在该案中没有表现出这种不足,从而在这一点上没有招致国际责任。

这一学说逐渐失去了主导的地位,但是以人权标准为基础的变种版本却发展起来;以至于权威学者也认为,在标准问题上还是没有定论[5]。当然,这种新标准在外国人待遇方面是否有效还需要被国家普遍接受,实践中需要一个将人权和外国人待遇的现代标准综合起来的尺度[6]。涉及双边投资协定的国际实践中,出现了与国际最低标准相关的"公平与公正的标准",但是这一标准的要素还是处于澄清的过程之中[7],国际投资争端解决中心的案例对这一标准的构成要素做过比较好的总结[8],其中包括:造成伤害的国家的行为是武断的、极为不公平、不公正或

---

2 J. Crawford, *Brownlie's Principles of Public International Law* (9th edn., Oxford: OUP, 2019), 595.

3 M. Shaw, *International Law* (8th edn., Cambridge: CUP, 2017), 623.

4 4 *UNRIAA* (1926) 60.

5 J. Crawford, *Brownlie's Principles of Public International Law* (9th edn., Oxford: OUP, 2019), 598.

6 I. Brownlie, *System of the Law of Nations: State Responsibility: Part* Ⅰ (Oxford: Clarendon Press, 1983), 505.

7 OECD (2004), "Fair and Equitable Treatment Standard in International Investment Law", *OECD Working Papers on International Investment*, 2004/03, OECD Publishing.

8 *Waste Management v. Mexico*, Case N° ARB (AF)/00/3, under Chapter Ⅺ of the NAFTA Agreement, Award of 30 April 2004, 11 *ICSID Reports* 361, para. 98.

没有道理,具有歧视性,并使得求偿者暴露于社会层面或种族歧视,或由于不提供正当程序而导致违反正当司法的结果。由此也许可以引申出来一个简明的普遍标准。

在早期案例中,侵犯外国人待遇标准的行为主要体现在"拒绝司法"的做法中。"拒绝司法"的含义是多方面的,最好的表述是在1929年《哈佛研究草案》第6条之中[9]:

> "一个国家要对由于拒绝司法而给外国人造成的损害负责。拒绝司法表现于有拒绝、无故拖延,或阻挠诉诸法院的行为;司法行政机制和救济程序严重不足;未能提供普遍认为良好司法行政所必不可少的保证;或明显不公正的判决。国内法院基于错误做出并非明显不公平的判决,不构成拒绝司法。"

这里存在的问题是判决中的错误到达什么程度才可以构成"拒绝司法",需要注意的地方是司法过程中的步骤[10]。

(三) 外国财产的征用

外国财产征用(expropriation of foreign property)是国家责任相关实践中问题最多的领域之一,原因是世界上曾经或仍然存在着不同的经济制度。无论是作为自然人还是法人,外国人都可以在一个国家里取得财产所有权,财产则可以包括公司的股份、不动产、工厂、资源,或者某种利益(如经营矿山或铁路的权利)。一方面,外资所有权的比重在一个国家经济结构中可能会非常之高;另一方面,国家征用的行为——也就是将外国私有财产充公的行为,随着发展中国家的涌现而日益增多。征用的实质是国家机关剥夺财产权利或者永久性的将管理和控制的权力移交给政府。如果征用者没有提供赔偿或征用行为本身不合法,那么征用就变成了没收(confiscation)。由于社会规模的改革会全面涉及国家的自然资源,这种规模的"征用"又被称为"国有化"(nationalization)或者"社会化"(socialization)。

在"德士古诉利比亚仲裁案"中,德士古公司根据一份国家合同享有在利比亚开发石油资源的权利,但是1971年该公司在利比亚的子公司被利比亚国有化,根据合同规定,该争议被提交仲裁,仲裁庭认为构成国有化的征用(nationalisation beingexpropriation)是一项习惯法下的权利[11]。

9　23 *AJIL* (1929) Sp. Suppl. ,173.
10　J. Paulsson, *Denial of Justice in International Law* (Cambridge: CUP, 2005), 7.
11　*Texaco v. Libya*, 53 *ILR* (1977) 389, para. 59.

凡是发生征用的地方,当地政府应该提供补偿。在此问题上存在两种不同观点,一种观点认为,补偿必须及时、充分和有效以使征用合法化(美国政府在"二战"之前就如此主张),而另一种观点则倾向于接受尚未达到及时、充分、有效标准的解决办法,这种办法特别适用于那些与自然资源有关的征用措施,因为在那种情况下,基于民族自决和政治独立所推行的、对自然资源国有化的政策不受充分补偿要求的约束。也就是说,当经济改革或以实现更大程度的社会正义为目标的措施体现了公众利益的时候,国际法也许并不要求充分补偿[12]。

在此要提及 1987 年"阿莫科国际金融公司诉伊朗仲裁案"[13]。此案源于伊朗政府对阿莫科子公司的国有化。仲裁庭认为是否补偿决定了征用的合法抑或非法性,它特别提到常设国际法院认为非法征用将导致充分赔偿的结论[14]。充分赔偿的方式包括恢复原状,恢复的实质内容可以是实物或与之等值的货币,加上恢复原状无法补偿的损失赔偿金(例如,从征用时起到判决赔偿为止所产生的利息);但是,即使是合法征用也须有合理补偿;补偿额必须与被没收资产的全部价值即其市场价值相等。除此之外,也存在着其他赔偿标准,比如在本案中被仲裁庭所采用的、包括实物和金融资产在内的企业现有价值,这一价值包括有助于其盈利能力的无形财产的价值,比如合同权利、善意和商业前景[15]。毕竟,赔偿的目的是消除非法行为造成的一切后果,并恢复至非法行为出现之前的状态[16]。如果占有之后拒绝赔偿,那么该行为的合法性就会受到质疑。

布朗利教授曾对比了两种非法征用方式[17]:一种是由于缺乏补偿而非法的征用[18],另一种其本身就是非法的征用(如征用其领土上存在的国际组织的财产;以反人道罪或非法报复形式扣押财产;或征用违反国际协定;或征用过程中存在歧视行为)。在他看来,它们之间的区别是:1)前者涉及的是依据征用财产价值给予补偿的义务,而后者涉及的是非法行为可能造成的损失(lucrum cessans),即未来预期性损失而非只限于真实损失;2)前者只要补偿到位,征用政府即获得有效的、法律上的所有权;而后者不管是否有补偿,根本不会产生合法所有权。实践

12　*James* (1986), *ECHR*, Ser. A, No. 98, para 54.
13　15 *Iran-US CTR* 189.
14　Ibid., para 193.
15　Ibid., para 264.
16　PCIJ, *Case concerning the Factory at Chorzów* (Germany v. Poland) (*Claim for Indemnity*), Merits, PCIJ Ser. A(1928), No. 17.
17　I. Brownlie, *Principles of Public International Law* (Oxford: OUP, 7th edn., 2008), 538-539.
18　他认为,此类征用包括一般征用和国有化(工业或资源);此外还存在着为某些公共目的征用,它们即使没有补偿也是合法的:ibid., 538.

中存在着"灰色区域",即东道国的管理措施与征用之间的转换,管理措施(比如税收)本身不是征用[19],但达到某一程度后,局面的性质就可能发生变化。

在此,应提到1962年12月14日联大第1803号(ⅩⅦ)决议,题为"对自然资源的永久性主权的宣言"。该宣言承认所有国家根据国家利益自由处置其自然资源的主权权利,并规定国有化或征用:

> "应该基于高于本国或国外的、纯粹个人或私人利益的公用事业、安全或国家利益的理由。在这类情况下,财产所有者应该依照在征用国生效的、有关采取此种主权性措施的法规以及国际法而得到适当补偿"。

根据该《宣言》,如果当地救济办法已经用尽,可以将争议提交仲裁。1962年《宣言》的内容被1974年12月12日联大通过的《各国经济权利和义务宪章》所确认[20]。后者肯定了每个国家对其自然资源、财富、经济活动的主权权利;它也承认每个国家有权国有化或征用外国财产,并给他们适当补偿。然而在现有案例中,只有1962年《宣言》被接受为习惯法。针对1974年《宪章》和其他相关决议是否反映习惯法的问题,一直存在争议[21]。伊朗—美国求偿仲裁庭认为,1962年《宣言》提出的标准才是对习惯法的反映[22]。应该指出,上述两个文件中所提到的国家对于本国领土上自然资源的主权,是当代国际法体系的基本原则之一[23],针对它们的争议只限于赔偿标准的问题。

毫无疑问,大多数国家都承认征用后给予补偿的原则。现有的投资条约大多都承认该原则,但并不总是要求补偿"及时、充分或有效"。过去,这一要求曾促生了"卡尔沃条款"[24],该条款往往要求在一个合同或投资协议中,缔约方不得寻求自己国家的外交保护,而要将与合同相关的纠纷提交当地司法机构来解决。但是,"用尽当地救济"原则使得这一条款成为多余。

为了缓和两种补偿标准的紧张关系,实践中发展出了其他方法。其一,由世界银行发起并由同名公约设立的"投资争端解决国际中心",就是为了解决上述问题[25]。该

19　J. Crawford, *Brownlie's Principles of Public International Law* (9th edn., Oxford: OUP, 2019), 604.
20　以120票赞成、6票反对(即比利时、德意志联邦共和国、丹麦、卢森堡、英国和美国)和10票弃权被联大通过。
21　*Texaco v. Libya*, 53 ILR (1977) 389, paras. 87-89.
22　A. Cassese, *International Law* (2nd edn., New York: OUP, 2005), 524-525.
23　P. Sands, *Principles of International Environmental Law* (2nd edn., Cambridge: CUP, 2003), 236-237.
24　M. Sornarajah, *The International Law on Foreign Investment* (2nd edn., Cambridge: CUP, 2004), 38.
25　该公约于1965年3月18日被通过,1966年10月14日生效; 4 *ILM* (1965) 532。截至2021年12月5日,155个国家成为缔约国。中国于1993年1月7日批准了公约,公约于1993年2月6日对我国生效。

中心为调停和仲裁投资争端提供了便利。根据第 25 条第一款,该中心管辖的范围包括任何由投资直接引发的法律争议,争议双方是某一缔约国(或者任何缔约国向国际中心提出的、其政府分支机构或代表)与另一缔约国国民;同时,争议方同意将争议书面提交给国际中心。一旦争议双方表示了同意,任何一方都不可以单方面撤回同意。其二,在现有投资协议中还存在另外一种方法,被称为"稳定条款"(stabilisation clause),即东道国政府承诺决不废止协议或者通过立法或行政措施改变协议的内容。如果根据具体情况,该政府仍然废止与外国公民之间的协议,就会产生征用的问题,该行为的合法性取决于废止合同的做法是否武断,也就是说是否缺乏公众利益或存在歧视。其三,"一次性付款协议"(lump-sum agreements)也是一种方法,但是它们产生于长期谈判,并常以非法律因素为基础,所以,从与此相关实践中不能推论出任何普遍意义上的法律规则或者原则[26]。

(四) 联合国国际法委员会对法律的编纂与发展

联合国国际法委员会在其成立之初就开始致力于国家责任法律的编纂,并在其第一届会议上将"国家责任"列为适宜进行编纂的议题之一[27]。联大在 1953 年 12 月 1 号通过的第 799(Ⅷ)号决议,就要求委员会对国际法体系里国家责任的原则进行编纂,因此,委员会在 1955 年第七届会议上决定开始研究国家责任的问题,并且指派加西亚-阿玛多(Garcia-Amador)作为该议题的特别报告员。

在向 1970 年国际法委员会年会提交的报告中,特别报告员阿果教授建议委员会只注重国家责任规则中的"次级"规则[28]——这才是真正的责任规则[29],而将实体性首要规则的编纂留待将来。这一建议得到国际法委员会的认可,即注重"规范国家不法行为的责任的原则,并保持对此类原则【的编纂】与对国家所承担义务—违反该义务将导致国家责任—进行定义的做法之间的严格区别"[30]。委员会进一步解释这个区别:"基本事实是,定义规则和它所施加的义务的内容是一方面;确定这个义务是否被违反以及违反后的后果是另外一方面。只有后一方

26　*SEDCO v. National Iranian Oil Co.*,10 *Iran-US CTR*,180,185.

27　更早的编纂活动可以追溯到 1930 年海牙编纂大会:J. Crawford,*State Responsibility*:The General Part(Cambridge:CUP,2013),28-32.

28　从 20 世纪 50 年代起,联合国国际法委员会为此题目指派的特别报告员是:弗兰西斯科·加西亚-阿玛多(古巴)(1956—1961)、罗贝托·阿果(意大利)(1969—1980)、威廉·里普哈根(荷兰)(1980—1986)、盖塔诺·阿兰乔-路易兹(意大利)(1988—1996)和詹姆斯·克劳福得(澳大利亚)(1998—2001)。

29　"阿果第二份关于国家责任的报告",YBILC(1970),vol. Ⅱ,177,at 179,para. 11.

30　YBILC(1970),vol. Ⅱ,306,para. 66(c).

面才真正属于责任的范畴。"[31] 为此,国际法委员会讨论了一系列次级规则,而避开实体义务的内容、不法行为的后果对实体义务的继续存在的影响、国际法不禁止行为带来的国家责任、国际组织的责任这些问题[32]。

2001年8月,国际法委员会向联大呈交了一份包括59个条款的草案,宣告了该研究的正式结束[33](以下简称《条款草案》)。在2001年12月12日通过的A/56/83号决议中,联大向各成员国征求对该草案的评论和意见,并且将该议题纳入2004年联大第59届会议的临时议程之中。在第59届会议期间,联大于2004年12月2日通过了第A/59/35号决议,将对该草案的决定推迟到2007年第62届会议。之后联大又再三推迟决定[34]。在这一系列决议中,联大对该题目在国际关系中的重要性都给予了肯定。

至于国际法委员会《条款草案》的地位,目前司法机构和学者们的普遍看法是,它反映了这一领域中的习惯法,或者至少为将来的国家实践和司法实践提供了依据[35]。本章下面的论述中还会不断补充有关实践对草案进行适用的证据。

还应注意的是,《条款草案》的发展、成熟,与国际关系中经济关系的发展有直接关系,并反映这种发展的成果。虽然国际法委员会(出于令人信服的理由)没有对实体义务进行编纂,但是有关投资协定、外国人待遇、仲裁机制的实践,都涉及实体义务,并提出了解决争端的程序与方法,在对实体义务的解释与适用的不断发展过程中,最终促成了国际法委员会编纂狭义上的国家责任规则的决定。

二、国际不法行为的基本概念

国际法委员会在《条款草案》第2条中,将"国际不法行为"定义为:

"国家的国际不法行为发生于下列情况中:(a)由作为或不作为构成的

---

[31] *YBILC*(1970),vol. II,306,para. 66(c).

[32] *YBILC*(2001),vol. ii,Part II,31ff,at 31,Commentaries(3) and(4).

[33] *Report of the ILC*(2001),UNGA OR,56th session,Suppl. No. 10,A/56/10,29 ff;*YBILC*(2001),vol. ii,Part II,31ff.

[34] A/RES/62/61,6 December 2007;A/RES/65/19,6 December 2010;A/RES/68/104,16 December 2013. 截至本书出版时,最新的联大决议是A/74/180,于2019年12月18日通过,联大在决议里决定将"国家对国际不法行为【所承担】的责任"这一题目纳入第77届联大会议(即2022年)议程,并经过其下属第六委员会的工作组,考虑是否将国际法委员会的草案纳入条约或对之采取其他处理方法。

[35] ICJ,*Gabcikovo-Nagymaros Project*(*Hungary/Slovakia*),Judgment of 25 September 1997,ICJ Rep.(1997) 7,paras 51-52;涉及《条约草案》第25条的规定。还可参见:J. Crawford,*State Responsibility:The General Part*(Cambridge:CUP,2013),43-44.

行为依国际法归于该国;(b)并且该行为构成对该国国际义务的违背。"

首先,本条规定了国际不法行为的基本要件。不法行为可能呈现为作为或不作为。不作为是指当时情境要求作为而某国未能如此作为的情况。因此,在美国诉伊朗的"在德黑兰的美国外交与领事人员案"中[36],国际法院认定,在德黑兰美国大使馆和在大不里士及设拉子的美国领事馆被占领之后,虽然伊朗政府在《维也纳外交关系公约》和《维也纳领事关系公约》及国际法下的义务很明确[37],但伊朗政府没有依据该义务采取任何纠正行动[38]。

其次,本条摒弃了确立国家责任要求有从事不法行为的主观过错或故意的观点,某国的违法行为已经足够引起国际责任[39],从而把国家责任定性为客观责任。早期实践中有些案例对主观责任比较看重,典型案例是"国内与国外传教会案"[40],发生在美国与英国之间,美国政府为本国的传教会在英国保护地塞拉利昂所受的人员和财产损失,向英国政府提出赔偿声索,这一损失源于英国当地政府宣布征收"草屋税",引发了当地人的暴动。仲裁庭认为,英国当局没有违反国际法义务,驳回了美国代表该会提出的赔偿请求,主要的理由是国际法下确立的一个原则,即"如果任何政府没有违反诚信,或没有在制止叛乱问题上疏忽,那么它就不能对破坏它权威的叛乱者的行为负责"[41]。另外,"科孚海峡案"中,国际法院在特定问题上对过错理论的适用性也是认可的[42]。不过,更多案例以及公法学者支持客观责任说[43];国际法委员会从早期开始就已经选择了这一学说作为编纂国家责任规则的基本前提[44]。

最后,本条还要求不法行为违背了国际义务,即产生了后果,形成类似"结果犯罪"的定式。那么,"过程不法行为"原则上是不导致国家责任的。《条款草案》的第12、13条定义了"违背国际义务"的概念。第12条规定,如果一国的行为不符合国际义务对该行为的要求,即违背了国际义务,不论该义务的起源或特性为

---

36 ICJ, *US Diplomatic and Consular Staff in Tehran (US v. Iran)*, Judgment of 24 May 1980, ICJ Rep. (1980) 3.

37 Ibid., para. 69.

38 Ibid., para. 70.

39 J. Crawford, *State Responsibility: The General Part* (Cambridge: CUP, 2013), 60-62.

40 *Home Frontier and Foreign Missionary Society (US v. GB)*, Award of 18 December 1920, 6 RIAA 42.

41 Ibid., 44.

42 *Corfu Channel Case (UK v. Albania)*, ICJ Rep. (1949) 4, 18.

43 F. Garcia-Amador, "State Responsibility: Some New Problems", 94 *RdC* (1958) 365, 382-388.

44 J. Crawford, *Brownlie's Principles of Public International Law* (9th edn., Oxford: OUP, 2019), 539-540.

何。第13条规定,除非在行为发生时某国受国际义务的约束,否则该行为不构成对国际义务的违背。

可以说,违背国际义务的关键特征在于该义务本应该得到遵守,但实际上涉事国家没有采取适当行为遵守这个义务。这种违背义务的行为有时也被描述为违反其他国家权利的行为。从渊源来说,这种义务可能是习惯法所赋予的,也可能是条约下产生的,也可能是出于普遍性法律原则。在用语上,"责任"一词的含义也可以包括不同法系中民事、刑事责任[45]。在"彩虹勇士号案"中,仲裁庭指出:"国际法中没有合同责任与侵权责任的区别,所以,不论责任的来源如何,一国对其的任何违反都会导致国家责任并且因此导致赔偿的义务"[46]。

某些行为——包括在表面上与国际义务相冲突的国内立法——是否可能造成对义务的违背是需要进一步研究的问题,在这个问题上尚不存在普遍性规则。国内立法可能违背国际法下的义务;在这种情况下,是否违背国际法下的义务取决于该义务具体实施的情况,因为在实施过程中,国内法与国际义务彼此可以通过国内法院的解释协调起来,从而不会导致二者间不可避免的硬性碰撞。

三、国家责任的基本原则

《条款草案》规定了两个基本原则。

草案第1条规定了第一个原则:一国的任何国际不法行为都会导致该国的国际责任。这是一个习惯法原则。产生国际责任的后果是要根据国际法提供赔偿,常设国际法院指出:"违背国际协议会导致进行充分补偿的责任,这是一条国际法原则"[47]。常设国际法院在"霍佐夫工厂(求偿问题)案"中重申:"任何对协议的违反都导致补偿的义务,这是国际法的一项原则,甚至是普遍的法律观念……补偿是不遵守条约行为所不可缺少的补充,公约本身并无必要对此进行规定。"[48]

---

[45] A. Boyle, "State Responsibility and International Liability for Injuries Consequences of Acts not Prohibited by International Law: A Necessary Distinction?" 39 *ICLQ* (2008) 1, at 8-10.

[46] *Case concerning the difference between New Zealand and France concerning the interpretation or application of two agreements, concluded on 9 July 1986 between the two States and which related to the problems arising from the Rainbow Warrior Affair (New Zealand/France)* ("Rainbow Warriors"), Award of 30 April 1990, 20 *UNRIAA* 215, para. 75.

[47] PCIJ, *Case concerning the Factory at Chorzów (Germany v. Poland)*, Jurisdiction, Judgment of 26 July 1927, PCIJ, Series A, No 9, 21.

[48] PCIJ, *Case concerning the Factory at Chorzów (Germany v. Poland) (Claims for Indemnity)*, Merits, Judgment of 13 September 1928, PCIJ Ser. A, No. 17(1928).

这一结论与《条款草案》第 1 条的原则不尽符合,因为第 1 条只规定了国际不法行为的定义,而没有将对国际不法行为补偿单独列为一项原则。

第二个原则是对一国的行为是否属于国际不法行为的判断须以国际法为依据。在国内法下该行为属于合法这一事实并不影响对其在国际法下的性质做出不同判断。《条款草案》第 3 条从三个方面明确了上述原则的内涵。

第一,一国不能以国内法为理由而改变其行为在国际法下的非法性质。在"温布尔登案"中,德国基于其本国的中立法而拒绝外国船舶通过基尔运河,常设国际法院指出,德国不能以国内法为依据而规避它在《凡尔赛条约》第 380 条下的责任[49]。同样,在"损害赔偿案"中,国际法院认为,如果联合国成员国违背了国际义务的话,该成员国不能到法院主张说该义务(的履行)受国内法支配[50]。

第二,《条款草案》第 3 条中的原则还涵盖这样一种情况,即对行为进行定性应根据国际法、而非争端另一国的国内法。例如,在涉及两国的争端中,一国不能依据对方宪法的规定来追究其国际责任,而只能以国际法为依据来判断对方的相关行为是否构成了国际不法行为。在"波兰国民待遇案"中,常设国际法院对此论理作了明确表述[51]。

第三,《条款草案》第 3 条延续了《维也纳条约法公约》的传统,对"国内法"这一术语的表示是"internal law",而非"municipal law",后者是《奥本海国际法》教科书中一直沿用的用法,而前者是《维也纳条约法公约》谈判过程中从巴基斯坦代表团提案所衍生出来的[52]。本书认为,无论从实质上、还是修辞上,二者没有本质区别。

四、归因于国家的行为

在这里,"归因"(attribution)与"归责"(imputation)同义,在实践中两者可以互相替代使用。

49　PCIJ,*S. S. Wimbledon*(*UK , France , Italy , Japan v. Germany*),Judgment of 17 August 1923,PCIJ Ser. A,No. 1(1923),29-30.

50　ICJ,*Reparation for Injuries Suffered in the Services of the United Nations*,Advisory Opinion of 11 April 1949,ICJ Rep. (1949),174 at 180.

51　PCIJ,*Treatment of Polish Nationals and Other Persons of Polish Origin or Speech in the Danzig Territory*, Advisory Opinion of 4 February 1932,PCIJ,Ser A/B,No. 44(1932),4.

52　I. Sinclair, *The Vienna Convention on the Law of Treaties*(2nd edn. , Manchester:Manchester University Press,1984),84.

从理论上来说,所有个人、公司或其他国内法意义上的实体的行为都可能因国籍而归因于某一国家(政府)。在处理此问题时,《条款草案》采用的是狭义的方法,即唯一可以归因于国家的行为只有那些由国家机关,或在国家机关指导、控制或策动下行动的其他实体所做出的行为,在行为时,后者成为国家代理人[53]。这里要强调的是,个人的私人行为原则上不能归因于国家。

另外,当存在着一国帮助另一个国家从事国际不法行为时,前者同样要承担国家责任——以其提供的支持、帮助的程度为限,但主要的国家责任属于不法行为国[54]。

本节下面列举了构成国家责任意义上的国家机构的组织或个人,他们在国际层面的行为会引起国家责任。

(一) 国家机关

《条款草案》第4条规定:1)任何国家机关,不论它行使立法、行政、司法职能,还是行使任何其他职能,也不论它在国家机器中具有何种地位,也不论它作为该国中央政府机关或行政分区的机关而具有何种特性,其行为均视为国际法所指的"国家行为";2)机关包括依该国国内法而具有此种地位的任何人或实体。

在"关于人权委员会特别报告员享有诉讼豁免权的争议案"中,国际法院认为上述规定反映了国际习惯法[55]。本案涉及一位马来西亚国籍的联合国特别报告员,他的任务是调查侵犯马来西亚司法、律师、法庭工作人员独立性的严重指控,并确查、记录这类侵犯的具体事例。在他把四份报告提交给联合国人权委员会之后,受到马来西亚国内对他进行的诽谤指控,而因此被牵涉到民事诉讼之中。根据1946年《联合国豁免公约》的规定,联合国大会将此案提交给国际法院寻求咨询意见,马来西亚政府对此没有表示反对。国际法院在咨询意见中指出,一个国家的任何机关的行为都可视作该国家的行为;在这里,法院所指的行为是马来西亚民事法院针对该报告员做出的判决。

---

53 A. Kanehara, "Reassessment of the Acts of the State in the Law of State Responsibility", 399 *RdC* (2019) 9, 115-116, 237-238, 249-250 (by integrating the attribution doctrine, the due diligence obligation doctrine, and the concept of complicity, in an effort to assist in the determination of State responsibility for acts by non-State actors).

54 《条款草案》第16条。参看:H. Aust, *Complicity and the Law of State Responsibility* (Cambridge: CUP, 2011), Chapter 5.

55 ICJ, *Difference Relating to Immunity from Legal Process of a Special Rapporteur of the Commission on Human Rights*, Advisory Opinion of 29 April 1999, ICJ Rep. (1999) 62, para 62.

无论如何,本条中"机关"一词的含义是广义的,它包括各种类型、各种功能、各种级别的政府机关,该条也提及了中央与地方政府之间的区别,但主旨是将责任归于国家。在德国诉美国的"拉格朗德案"中,国际法院在批准临时措施时指出,经授权的部门和机关的行为都导致该国的责任,"无论这些机构可能是什么(性质)",亚利桑那州州长有责任依照美国所承担的国际义务而行事[56]。最后,"机关"一词还包括享有政府权力(authority)的个人[57]。

(二)行使政府权力的个人或实体

《条款草案》第5条规定,本身虽非第4条所指的国家机关、但经该国法律授权而行使政府权力的人或实体,其行为应视为国际法意义上的国家行为,条件是该个人或实体在相关行为过程中凭借此种授权而行事[58]。

本条规定的实体包括公营公司(public corporation)、各种类型的公共机构、私营公司(privatecompany)[59]。本条中的关键词是"经该国法律授权",此处涉及的权力是由国内法授予的、一般由国家机关所行使的公权力,所授予的权力本身决定了相关实体在本语境下的法律地位[60]。

(三)由另一国支配的政府机关

在实践中,一国可能将其政府机关交由另一国支配,以行使特定的功能。如果该机关行使了支配该机关的国家的权力,其此种行为依国际法应视为支配该机关的国家行为[61]。这样的例子往往取决于条约或传统而存在。

这样的机关"在接受国的同意下、在接受国的权威下,并且为(实现)接受国目的而行事"[62]。这里有两个条件要满足。第一,他们必须是交付国的国家机关。第二,在接受国支配下的这一机关的行为行使了接受国的国家权力。英国枢密院

---

[56] ICJ, *LaGrand Case* (*Germany v. US*), Provisional Measures, Order of 3 March 1999, ICJ Rep. (1999) 9, para. 28.

[57] D. Momtaz, "Attribution of Conduct to State: State Organs and Entities Empowered to Exercise Elements of Governmental Authority", in: J. Crawford, A. Pellet and S. Olleson (eds.), *The Law of International Responsibility* (Oxford: OUP, 2010) 237, at 243-244.

[58] ICSID, *G. Hamester GmbH KG v. Republic of Ghana*, Case No. ARB/07/24, Award of 18 June 2010, paras. 175-177.

[59] YBILC (2001), vol. ii(2), 30, at 42, Commentary on Art. 5, paras. (1)(2).

[60] Ibid., paras. (3) and (7).

[61] 《条款草案》第6条。

[62] YBILC (2001), vol. ii(2), 30, at 44, Commentary on Art. 6, para. (2).

司法委员会就是若干英联邦国家的终审上诉法院[63],它针对这些国家法院系统提交的上诉所作判决将归因于这些国家,而不是英国[64]。类似的例子很多[65]。

(四)越权行为

根据《条款草案》第 7 条,国家机关或经其授权行使政府权力的人或实体,如果凭借此种资格行事,即使逾越其权限或违背上级指令,其行为仍应视为国际法意义上的国家行为。

在实践中,本条所反映的规则曾被广泛应用于判断国家机关或实体的非授权行为。尽管如此,要区分国家机关的非授权行为与私人行为还是很困难的。既有的判例法显示,国际法庭一般不会将后种行为的责任归于国家,而会将前者的责任归于国家。在"凯尔案"中,一位法国国民被墨西哥军队俘虏,后者因前者未交纳赎金而将其杀害,案件的争议点在于,这些军人在没有上级命令,甚至违背上级命令所进行的行为,是否可以归于墨西哥国家而导致国际责任[66]。法国/墨西哥混合求偿委员会认为,如果行为与官方职能无关,而且事实上是私人性的个人行为,那么就没有国家责任[67];但是,委员会认为,在本案件中参与杀害行为的军官们的行为超越了其权限,因此引起了国家责任,原因是"他们以军官的身份行事,并且使用了基于这种身份才可以支配的方法"[68]。

在 1989 年的"委拉斯开兹·罗德里格兹案"中,美洲人权法院认为:

> "(违反公约的)这一结论与相关机关或官员是否违反了其国内法规定或逾越其权限这一问题是相互独立的。依照国际法,国家对行使其官方权限的代表的作为与不作为都负有责任,即使这些代表超越权限或违反国内法而行事时也是如此。"[69]

(五)受到国家控制或指挥的行为

《条款草案》第 8 条规定,如果一个人或一群人实际上是在按照国家的指令或

---

[63] S. H. Bailey, H. Ching, M. Gunn, and D. Ormerod, *Smith, Bailey and Gunn on Modern English Legal System* (4th edn., London: Sweet & Maxwell, 2002), 125.

[64] YBILC (2001), vol. ii(2), 30, at 45, Commentary on Art. 6, para. (8).

[65] J. Crawford, *State Responsibility: The General Part* (Cambridge: CUP, 2013), 132-136.

[66] 5 *UNRIAA* (1929) 516.

[67] Ibid., at 531.

[68] Ibid.

[69] *Velasquez Rodriguez Case* (Velasquez Rodriguez/Honduras), 95 ILR 259, at 296.

在其指挥或控制下行为,该行为须被视为国际法意义上的国家行为。

本条有两点值得注意的地方。第一,在指令下行为;第二,在另一国的指挥或控制下行事。虽然私人行为一般不会归于国家,但如果满足第8条中两种情况中任何一种的话,则这种行为就可能归因于国家。

在实践中,第二种情况会引起争议。在"军事与准军事活动案"中[70],国际法院考虑了在确定违反国际人道法的责任时,尼加拉瓜反政府武装(the Contras)的行为是否可以归因于美国这一问题。国际法院认为,在违反国际人道法的责任问题上,使相关行为归于美国政府的证据并不充分,即使反政府武装高度依赖美国的资源,原因是没有直接证据证明美国政府指挥了这些违法行为,而这些行为很可能是由美国政府控制之外的反政府武装成员所为,法院认为,如果要将该类行为归于美国的话,就必须证明符合"有效控制"这一标准[71]。

不过,前南法庭上诉庭在1999年7月15日"塔迪奇案"上诉判决中并不同意国际法院的结论,并对习惯法研究之后采用了"全面控制"的判断标准[72]。

2007年2月26日,国际法院在"关于适用《防止和惩治灭种罪公约》案"判决中,对前南庭的上述标准提出了不同意见。本案中,申请方波斯尼亚和黑塞哥维那要求国际法院阐明"尼加拉瓜案"提出的、确定武装冲突性质的标准的有效性,并提到前南刑庭上诉庭在"塔迪奇案"中确立的"全面控制"标准[73]。国际法院在分析了前南刑庭上诉庭的思路之后,认为自己很难同意其所确立的这一标准[74]。国际法院表示,其所持不同意见的前提基于以下事实:即前南庭"塔迪奇案"并不涉及对国家责任的判断,并且国际法院不能给与前南刑庭对普遍国际法的看法"最充分的考虑"[75]。国际法院的解释说明,它同意"塔迪奇案"中沙哈布丁法官的个人意见,即要区分下面两个问题:1)与武装冲突性质有关的个人刑事责任;2)武装冲突中由个人行为引起的国家责任[76]。接着,国际法院总结道,只有当个人行为是在国家有效控制之下时,才能将之等同于国家机关行为,并引起国家责

---

70 ICJ, *Military and Paramilitary Activities in and against Nicaragua* (*Nicaragua v. US*), Merits, Judgment of 27 June 1986, ICJ Rep. (1986) 14.

71 Ibid., paras 109 and 115.

72 *Prosecutor v. Tadić*, Case No. IT-94-1-A, Appeal Judgement, 15 July 1999, para. 145.

73 ICJ, *Application of the Convention on the Prevention and Punishment of the Crime of Genocide* (*Bosnia and Herzegovina v. Serbia and Montenegro*), Judgement of 26 February 2007, ICJ Rep. (2007) 43.

74 Ibid., para. 403.

75 Ibid.

76 Ibid., para. 405.

任——这反映了"《条款草案》第 8 条中的习惯法规则"[77]。不过,国际法院认可了前南刑庭确定的、判断武装冲突性质的标准[78]。

对于一国拥有所有权或股份或其他类型控制权的公司的行为,情况就比较复杂。一般来说,它们被视为在法律上独立于政府。如果能够证明国家利用其在公司中的所有权而指导公司以特定方式行事,比如夺取外国人财产,那么公司的行为就能够归于国家。在这种情况下,如果受害人提起针对该夺取行为的诉讼,该行为在法院地国法院很可能享有管辖豁免(主权豁免)[79]。不过,如果政府在此类公司中的作用仅仅是影响,就可能达不到第 8 条下控制的标准,因为国际实践普遍承认公司在国内法体系里的独立性[80]。

还需要注意,个人行为可能超越政府命令的范围。如果他的行为是该命令所要求行为的衍生行为,那么他的行为仍可以归于该政府所代表之国家。但如果他的行为超越了命令并且独立于命令,则该国不负责任。

实践中,《条款草案》的第 4、5、8 条,在适用中有重合的地方,国际案例中常把三个条款合在一起考虑,视它们为习惯法规则[81]。

(六) 政府不存在时的国家行为

《条款草案》第 9 条规定,如果一人或多人在官方机构不存在或无法作为、而有必要行使政府权力的情况下,实际上正在行使政府权力,其行为须视为国际法意义上的国家行为。

这种情况经常在发生动乱或武装冲突的地方出现。伊朗-美国求偿仲裁庭就将该原则适用于"伊朗革命"之后出现的"伊朗革命卫队"(Iranian Revolutionary Guards)或者"伊朗革命委员会"(komitehs)的行为。"伊格诉伊朗案"涉及的指控,是没有给予原告在伊朗领土上整理、收拾个人所有财务的时间就将其驱逐,在

---

[77] ICJ, *Application of the Convention on the Prevention and Punishment of the Crime of Genocide* (*Bosnia and Herzegovina v. Serbia and Montenegro*), Judgement of 26 February 2007, ICJ Rep. (2007) 43, para. 406.

[78] Ibid., para. 404.

[79] *Kuwait Airways Corporation v. Iraqi Airways Co.*, [1995] 1 WLR 1147, 1162-1163.

[80] ICSID, *Electrabel S. A. v. The Republic of Hungary*, Case No. ARB/07/19, *Decision on Jurisdiction, Applicable Law and Liability*, 30 November 2012, paras. 7.60 and 7.95(本案里,匈牙利政府拥有本国 MVM 公司 99.9%的股份,仲裁庭却认为它仍然是个独立法人,除非有确凿证据证明并非如此)。

[81] WTO, *The US—Definitive Anti-Dumping and Countervailing Duties on Certain Products from China*, Report of the AB, WT/DS379/AB/R, 11 March 2011, para. 308. Also see *Claimants v. Slovak Republic*, UNCITRAL, Final Award, 23 April 2012, paras. 150-151.

这个过程中,革命卫队成员在机场实施了出入境管理和海关的行为(从原告身上没收了随身的现金)。仲裁庭认为革命卫队成员在官方机构"不存在"时行使了政府权力,对此新政府肯定知道这种情况的存在,但没有明确表示反对[82]。这里,"不存在"是指一国领土上的政府权力全部或者部分的缺失。

(七) 叛乱行为或其他行为

《条款草案》第10条规定:1)当叛乱组织成为一国新政府后,其叛乱期间的行为在国际法下被视为该国的行为;2)如果叛乱组织或者其他组织在一国部分领土或者该组织所管辖区域内建立起新国家,那么该叛乱组织或者其他组织的行为在国际法上须被视为新国家的行为;3)本条不影响根据第4至第9条将任何行为归属于国家行为的做法,不论这些组织与这些行为如何有关。

本条规则的基础,是这些组织与之后建立的新政府或新国家之间存在着连续性。这里有三个问题值得注意。其一,在本条之下对"叛乱组织"如何定义,后者可能包括内战中的政治组织,或者是反对殖民统治的组织,或者是民族解放运动。其二,所谓"其他组织"包括其行为可能会导致新国家产生的其他团体或者组织。其三,本条第三款指的是处于叛乱状态中的国家没能够采取措施来保护被叛乱组织威胁的外国大使馆或外国国民的情形,可能发生在地方性骚乱或暴民暴乱之中,在这种情形下,因重大疏忽而未采取预防性措施,并导致政府过失,会产生针对外国公有或私有财产在叛乱地区所遭受损失的国家责任[83]。

(八) 国家事后承认并接受的行为

如果根据前面的条款,有些行为不能归于一个国家,但是该国家"承认并且自愿将这些行为视作自己的行为",那么这些行为将被视为是国际法意义上的国家行为[84]。

一般来说,私人行为不能归责于国家,但是,有时个人行为会被国家以行为或者其他默示的方式接受[85]。比如,"德黑兰的美国外交和领事人员案"中,伊朗政府对美国使馆的占领行为没有给予事先同意,然而,它随后发表声明呼吁继续进行占领,阿亚图拉·霍梅尼和伊朗政府的其他机构对占领行为以官方身份所表示

---

[82] ILR 179, Award of 2 November 1987.

[83] ICJ, *US Diplomatic and Consular Staff in Tehran* (*US v. Iran*), Judgment of 24 May 1980, ICJ Rep. (1980) 3, paras. 92 and 95.

[84] 《条款草案》第11条。

[85] ITLOS, *Responsibilities and Obligations of States Sponsoring Persons and Entities with Respect to Activities in the Area*, Seabed Disputes Chamber, Advisory Opinion, 1 February 2011, paras. 112 and 182.

的赞许"把对使馆的持续占领和对人质的持续扣押转化为国家行为"[86]。然而,如果国家仅仅是对既存事实的支持或者默认,比如,事先或事后发表过一般性声明,那么这条规则就不适用[87]。另外,仅有"赞许"很可能不足以连带国家责任[88]。

承认并接受的行为一般发生在相关不法行为发生之后,而且不限定于政府与个人之间,还可以是一个政府承认并接受另一个政府的行为[89]。

五、排除不法性的理由

在某些情况下,一国行为的不法性可以在国际法下被排除,这些情况就是"排除不法性的情况或理由",它们是通过国际实践确立起来的规则。

有三点问题需要注意。第一,在某国提出排除不法性理由以后,如果阻碍其履行自身国际义务的原因消失,那么其所提出的排除不法性理由不影响其此后继续遵守已承担的国际义务[90]。第二,在这类理由下实施的行为可能会造成实质性损害,那么提出理由的国家可能要对超出合理范围的行为后果承担赔偿责任,即该国仍可能要对其依据该理由所作行为承担赔偿责任。第三,根据《条款草案》第26条,任何违反国际法中强行法规范的国家行为,其不法性都不可能被排除;这条规则的适用,当然从属于在具体案件中对相关强行法规范从内容到性质的确认。

(一) 同意

根据《条款草案》第20条,如果一个国家对另一国的不法行为表示了同意,那么在同意范围之内,对前者来说该行为的不法性将被排除。

值得注意的是:1)同意的表示通常是在该行为发生之前或者行为过程中做

---

[86] ICJ, *US Diplomatic and Consular Staff in Tehran* (*US v. Iran*), Judgment of 24 May 1980, ICJ Rep. (1980) 3, paras. 73-74(霍梅尼在1979年11月17日特别公布了一部法令,以伊朗政府名义拒绝给予释放人质的许可)。

[87] Ibid., para. 59.

[88] YBILC (2001), vol. ii (2), 30, at 45, Commentary on Art. 11, para. (6). 还可参看:*Affaire relative à la concession des phares de l'Empire ottoman* (Greece/France), Award of 24/27 July 1956, 12 UNRIAA, 155, at 198.

[89] ICJ, *Gabcikovo-Nagymaros Project* (Hungary/Slovakia), Judgment of 25 September 1997, ICJ Rep. (1997) 7, para. 151.

[90] J. Crawford, *The International Law Commission's Articles on State Responsibility* (Cambridge: CUP, 2002), 160.

出的,否则视为弃权或默认;2)该条涉及的是两个国家之间的情形,但是在实践中,相关行为可能同时需要其他国家的同意。比如,由于《凡尔赛条约》的其他缔约国以及国际社会明确表示反对[91];奥地利政府对德国吞并奥地利这一行为的"同意"不能排除德国行为的不法性[92]。

(二) 自卫

《条款草案》第 21 条规定,如果某国家行为构成了合法自卫措施,并且其实施与《联合国宪章》的要求相符合,那么该行为的不法性将被排除。自卫这一理由可以证明使用武力行为的正当性;除此之外,在国际关系中自行使用武力是非法的。然而,如果自卫行为中出现了违反国际人道法或人权的行为,后者的不法性在国际法下不会消失,因为国际人道法的特定规则(比如禁止对平民或战俘采取报复措施)和某些人权在任何情况下都是不可减损的[93]。进一步说,习惯法对自卫权的行使也有所限制[94]。

(三) 反措施

《条款草案》第 22 条规定,某一国家实施的违反其对另一国家所承担国际义务行为,若是根据《条款草案》第二章第三部分所采取的反措施,那么该行为的不法性将被排除。

这类措施通常不涉及使用武力的情况。只要符合《条款草案》第三部分规定的条件,这些措施就是合法的[95]。例如,根据第 49 条,受害国可以针对某国的不法行为采取对抗措施,以达到督促后者履行自身义务之目的,因此,这一措施构成国际法下一种直接、有针对性的制约手段。同时,反措施持续期间,采取措施的国家可暂不执行其自身承担的、相应的国际义务;但当导致对抗措施的情形消除后,该国仍需履行被暂停的国际义务,因此,在实施反措施时,它应该尽可能为恢复履行自身国际义务创造条件。

---

[91] H. Miegsler and C. Schreuer,"Austria",1 *EPIL* 299.

[92] IMT,*Judgment*,1 October 1946,in: 41 *AJIL*(1947),Nos. 1-2,172,at 192-194.

[93] J. Crawford,*The International Law Commission's Articles on State Responsibility* (Cambridge: CUP,2002),166.

[94] ICJ,*Legality of the Threat or Use of Nuclear Weapons*,Advisory Opinion of 8 July 1996,ICJ Rep. (1996) 226,para. 41. 参阅本书第十七章。

[95] ICJ,*Application of the Interim Accord of 13 September* 1995(*The Former Yugoslav Republic of Macedonia v. Greece*),Judgment of 5 December 2011,para. 164.

对抗措施的范围是有限的,它们的实施不能影响以下义务的履行:(1)《联合国宪章》中所包含的、不得使用武力或以武力相威胁的义务;(2)保护基本人权的义务;(3)人道法下禁止采取报复手段的义务;(4)国际法强行规则之下的其他责任[96]。此外,第50条第二款还明确规定,采取反措施的国家要遵守:(1)适用于它和反措施所针对国家之间的争端解决程序下存在的义务;(2)尊重不可侵犯外交及领事人员、使馆、档案、公文的义务[97]。

这里有一个未决的问题,即当存在"对国际社会整体的义务"(obligations *erga omnes*)时,第22条能否被其他国家引用?在"巴塞罗那动力公司案"中,国际法院认为,当存在此类义务时,所有国家都对其之遵守具有法律上的利益[98]。即所有国家都有权要求当事国遵守该类义务。《条款草案》第54条的规定似乎肯定了这一看法。但是,国际法委员会基于对国际实践的了解,对采取集体性反措施的权利持谨慎态度[99]。

(四) 不可抗力与危难

《条款草案》第23条规定,一国实施的与其承担的国际义务不相符合的不法行为,若出现在不可抗力的情况中,则其不法性可被排除。不可抗力的情况是指出现了不能抵抗的力量或不可预见的事件,该事件在该国控制能力范围以外,而在这种情况下继续履行义务已成为实质意义上不可能的事。

该条在以下情况中不适用,如果(1)不可抗力产生于援引不可抗力国家自身的行为或者由该行为与其他因素一起造成;或者(2)该国接受了这种危险产生的可能性。

因不可抗力而采取的国家行为是非自愿的,至少包含"没有选择"这一因素在内。不可抗力可以产生于自然事件(海啸或天气影响),或人为因素(叛乱并丧失对领土的控制、罢工,或不可控制的政治、经济力量的存在)[100]。

实践中,虽然不可抗力可以作为抗辩理由,但其适用条件很严格。在"彩虹勇

---

[96] 《条款草案》第50条第一款。

[97] 值得注意的是,1961年和1963年的两个维也纳外交、领事关系公约都未对针对接受国违反公约的行为采取反措施做出规定:K. Trapp, *State Responsibility for International Terrorism* (Oxford: OUP, 2011), at 205-206.

[98] ICJ, *Barcelona Traction, Light and Power Company, Limited* (*Belgium v. Spain*), Judgment of 5 February 1970, ICJ Rep. (1970) 3, para. 33.

[99] K. Trapp, *State Responsibility for International Terrorism* (Oxford: OUP, 2011), at 190-192.

[100] *Gould Marketing, Inc. v. Ministry of National Defence of Iran*, Interlocutory Award No. ITL 24-49-2, 27 July 1983, 13 *Iran-US CTR* 199, 213.

士号"仲裁案中,法国援引不可抗力来证明其从豪岛(Hao)上转移走两名军官这一行为的正当性,但是仲裁法庭驳回了该抗辩,认为它于本案无关,"因为可适用的标准是存在着绝对和实质意义上的不可能(履行)性,而仅使履行义务过程困难和成为负担的情况并不构成不可抗力"[101]。

第23条的内容与"危难"(distress)的概念区别在于后者并不是非自愿的[102]。《条款草案》第24条规定,在危难情况下,一国实施的、与其所承担的国际义务不相符的不法行为可以被排除不法性,只要行为者没有其他合理方式可以选择来挽救自己的生命或者其保护之下其他人的生命。这一条针对的是生命受到威胁的情形。

实践中,涉及危难的案件大多是在飞机或船舶在进入一国领土时由于天气恶劣、机械或航行故障而产生的。在"彩虹勇士"仲裁案中,法国援引危难作为抗辩理由,提到"在极端紧急的情况下,人道因素影响国家机关的行为"的说法[103]。仲裁庭认为,如果法国要以危难为抗辩理由,则需要证明以下三个事实的存在:1)存在异常紧急、涉及医疗或其他根本性考虑的极特殊情形;2)存在"一旦危难情形消失以后、就恢复原有状态"的承诺;3)根据1986年双边条约,通过善意努力获得了新西兰政府对所采取措施的同意[104]。在审查了该两名军官医疗情况的证据后,仲裁庭认为法国出示的证据不足以支持危难这一抗辩理由(该证据表明其中一名军官已怀孕;但这在仲裁庭看来不构成紧急情况)。

当一国船舶在他国领海行使无害通过权、遇到恶劣天气或海难时,可以引用危难这个理由,以免去因停船所造成的国际责任[105]。

第24条在以下情况中不适用:援引该条款的国家自身行为造成危难的状态;或者该国实施的行为将会导致的损害大于其试图避免的损害。

(五) 紧急情况(Necessity)

《条款草案》第25条规定,紧急情况不能被援引作为排除与其国际义务不相符合行为的不法性的理由,除非该行为:(1)是该国维护其根本利益、避免严重而迫近的危险的唯一方法;且(2)没有严重损害其义务受益国(可以是一个国家也可以是几个国家)或国际社会整体的根本利益。以上第(1)项规定了紧急情况作

---

[101] *Rainbow Warrior*(*New Zealand/France*),Award of 30 April 1990,20 *UNRIAA* 215,para.77.

[102] YBILC(2001),vol.ii(2),30,at 78,Commentary on Art.24,para.(1).

[103] *Rainbow Warriors*(*New Zealand/France*),Award of 30 April 1990,20 *UNRIAA* 215,para 78.

[104] Ibid.,para.79.

[105] 《联合国海洋法公约》第18条第二款。

为抗辩理由的基本要素。紧急情况不同于危难,因为它不包含人命存在危险的情形[106]。同时,它也不同于不可抗力,因为它是自发的行为,产生于国际义务和根本利益冲突的时刻。

这里要提到著名的1837年"卡罗兰"案。在此案中,英国军队进入美国领土,袭击并摧毁了美国公民所有的一艘船舶,原因是该船装载了将要运给加拿大义军的新兵和军事物资。在回应美国政府抗议时,英国政府以自卫和自保(self-preservation)这一紧急情况作为抗辩理由;美国政府认为,"只有(存在)清楚、绝对紧急的情况才能成为(该行为)正当性的根据",并且英国政府需要证明其行为是由这样的紧急情况所引起的[107]。

1967年的"托利峡谷号"(Torrey Canyon)事件也涉及"紧急情况"。在此事件中,英国政府对一艘搁浅在康沃尔海面、并泄漏了大量石油的利比里亚油轮实施了轰炸[108],此行为没有招致其他国家的反对。

在"匈牙利诉斯洛伐克案"中,国际法院认为《条款草案》中相关原则和规则反映了习惯法,但同时强调该理由的适用需要遵守严格的条件[109]。

2001年至2003年,在阿根廷面临无法清偿到期外债的危机时,整个国家的经济处于困难境地,直接影响到外国投资者的投资稳定和收益,并造成企业倒闭,投资无法回收的局面[110]。作为被申请方,阿根廷政府在仲裁程序中提出紧急情况的抗辩理由,认为欠债不还的行为不再具有非法性[111]。在其中一个案件中,ICSID的仲裁庭认为,即使严重的危机也不能作为不履行国际条约的理由,如果任何国家都可以借危机为由,摆脱国际条约的约束,那么国际秩序的稳定就会受到威胁[112];不过,在本案中阿根廷无法依靠紧急情况这一理由的原因,是在于它没能证明它和圣达菲省当局所采取的政府行为是当时唯一的出路和解决办法,同时阿根

106　*YBILC* (2001), vol. ii(2), 30, at 80, Commentary on Art. 25, para. 2.

107　R. Jennings, "The Caroline and McLeod Cases", 32 *AJIL* (1938), 85.

108　J. Crawford, *The International Law Commission's Articles on state responsibility* (Cambridge: CUP, 2002), 181.

109　ICJ, *Gabcikovo-Nagymaros Project (Hungary/Slovakia)*, Judgment of 25 September 1997, ICJ Rep. (1997) 7, paras. 51-52; *Total S. A. v. Argentine Republic*, ICSID, ARB/04/01, *Decision on Liability*, 27 December 2010, para. 220.

110　*Suez, Sociedad General de Aguas de Barcelona S. A. & InterAgua Servicios Integrales del Agua S. A. v. The Argentine Republic*, ICSID, Case No. ARB/03/17, *Decision on Liability*, 30 July 2010, paras. 40-53.

111　Ibid., paras. 230-232.

112　Ibid., para. 236.

廷从 20 世纪 80 年代开始采取的政策造成了后来经济危机的形成[113]。在第 25 条第二款下，如果相关国际义务排除援引紧急情况的可能性，或者援引国自身行为造成了紧急情况的存在，那么紧急情况就不能被该国援引去排除其行为的不法性。

六、国家责任的提起

根据《条款草案》第 42 条的规定，受害国可以提起另一国的国际责任，如果 1) 它是被违反的义务的受益国；或者 2) 几个国家（包括受害国）或者整个国际社会是受益方，且对该义务的违反要么特别影响到受害国的利益，要么从根本上改变了义务所有其他受益国与该义务的继续履行之间的关系。受害国是指自身权利被不法行为否定或损害的国家，或特别受到不法行为影响的国家。

国际责任的援引以第 44 条为依据，但在以下情况下不得提起：（1）假如援引时没有遵守有关"请求的国籍"的规则；或者（2）该请求是"用尽当地救济"规则适用的对象，而任何可用、有效的当地救济措施尚未被完全用尽。这两个条件通常与"外交保护"的问题有关。

在详细说明（1）和（2）之前，应该提到：对于将要进入国际司法程序的案件来说，习惯法要求其中必须存在一个法律争端。在"马弗龙马提斯案"中，"法律争端"这一术语被常设国际法院解释为"两个人之间关于法律或事实问题的争议或在法律观点或者利益上的冲突"[114]。根据国际责任提起的请求需要达到这一标准。

（一）第 44 条第一款

这一款针对的是诉讼请求（者）的国籍，意味着由于一国不法行为受到损失或伤害的某人的国籍。通常情况是由受害者国籍国根据国际责任规则提出相关求偿请求[115]。正如常设国际法院在"帕涅韦兹斯-萨杜提斯基斯铁路案"中所说，在国际法下，"通过外交行为或者国际司法程序提起其国民的案件，一个国家实际上是在维护自己的权利，即保证（一其他国家）对待自己国民时尊重国际法规则的权

---

113 *Suez, Sociedad General de Aguas de Barcelona S. A. & InterAgua Servicios Integrales del Agua S. A. v. The Argentine Republic*, ICSID, Case No. ARB/03/17, *Decision on Liability*, 30 July 2010, para. 243.

114 PCIJ, *Mavrommatis Palestine Concessions (Greece v. UK)*, PCIJ Ser. A (1924), No. 2, 11.

115 Ibid., at 12.

利……把国家和个人联系起来的国籍,是国家外交保护权的唯一基础。"[116]所以,诉讼请求的实质内容是个人利益包括其财产所受侵犯,但请求的法律性质是国家提出的诉求,维护的是自己在国际法下的利益。这就是国际法下的"外交保护"制度的基本特征。

如果原告国不能确定诉讼请求的国籍,该请求就无法被国际法院或仲裁庭受理。如何判断这种情况下的国籍?从损害发生时到提出诉讼时,该诉求必须连续地、无间断地属于同一个人,而此人拥有提出求偿请求国家的国籍,并且没有被诉国的国籍[117]。这是基本原则,但受制于国家继承所带来的国籍上的变化;且实践中存在着双重国籍案件,占主导地位的国籍国可以针对处于次要地位的国籍国提起诉讼——取决于主导地位是否被请求国所证明[118]。如果在裁判前,提起该请求的权利被转给了非本国国民,那么该请求必会遭裁判机构拒绝受理。

外交保护在涉及公司时可能会遇到困难,因为国内法没有规定公司国籍的适用规则。由于外交保护是国家可以自由决定使用与否的权利,并且相关条约只涉及具体问题,从而使得一般意义上的归纳成为不可能,所以对这类实践难以做出普遍性的评价。比较安全的说法,是以公司和保护国之间存在的真实或真正的联系为基础,提起外交保护[119]。这一点在国际法院的"巴塞罗那动力公司案"中得到了体现。在该案中,比利时代表一个加拿大公司下的比利时股东提起了针对西班牙的诉讼,原因是西班牙政府的有关措施导致了该公司于1952年在西班牙宣告破产,这些股东因此遭受了损失[120]。西班牙的立场是,由于比利时对诉讼缺乏相关法律利益,因此不能提起诉讼;国际法院接受了这一说法,这个案件在进入实体程序之前就结案了。

一般来说,股东要依靠对公司的保护来维护自己的权益,除非他们的权利受

---

[116] *Panevezys-Saldutiskis Railway*(*Estonia/Lithuania*),PCIJ,Ser. A/B(1939),No. 76. 更早的例子:PCIJ,*Mavrommatis Palestine Concessions*(*Greece v. UK*),PCIJ Ser. A(1924),No. 2,11.

[117] ILC,*Draft Articles on Diplomatic Protection with commentaries*,Commentary on Art. 1,paras. (2) and(3),at: http://legal.un.org/ilc/texts/instruments/english/commentaries/9_8_2006.pdf(浏览于2013年11月18日)。

[118] Italian-United States Conciliation Commission,*Mergé Claim*,Decision of 10 June 1955,22 *ILR* 443,at 455("有效国籍")。

[119] ILC,*Draft Articles on Diplomatic Protection with commentaries*,Commentary on Art. 9,para. (2),at: http://legal.un.org/ilc/texts/instruments/english/commentaries/9_8_2006.pdf(浏览于2013年11月18日)。

[120] ICJ,*Barcelona Traction,Light and Power Company,Limited*(*Belgium v. Spain*),Judgment of 5 February 1970,ICJ Rep. (1970) 3,para 33.

到了直接影响或者公司在公司注册地已经终止存在[121]。当公司依然存在时,国际法中不存在给股东提供的、独立于公司保护之外的特别保护措施,但是存在着直接适用外交保护普遍性规则的可能性[122]。

(二) 第44条第二款

1. 本规则内容

本款规定了国家责任请求被受理的条件之二,即在当地救济途径没有用尽时,不可提起此类请求。只有当相关个人或者公司用尽了可适用于他或它的、侵害行为发生地的法律救济程序,他或它的国籍国提起的诉讼请求才能够被国际仲裁或司法机构受理[123]。在某些案件中,相关国家可以主动放弃这项规则的使用,比如:美国—伊朗索赔仲裁庭曾经在当地救济并没有用尽的情况下对某些诉讼请求行使了管辖权[124]。拉丁美洲国家的"卡尔沃条款"的地域性习惯法规则,在世界其他地区并不适用[125]。还要注意的是,这个规则涉及的侵害行为一般是"初始性"的,即可以被与从事侵害行为的国家机构平行的国家机构通过适用国内法予以纠正[126]。

2. 本规则性质

侵害行为发生地法院所具有的便利条件有利于实践中这条规则的适用,是一个久已存在的事实,当地救济规则的根源可以追溯到公元9世纪,它的出现与国际关系中的报复手段的使用有紧密的关系[127]。可以说,用尽当地救济的规则是习惯法的一部分[128]。

不过,对一国造成直接损害的案例和施行外交保护的案例之间是有区别的——

---

[121] ILC, *Draft Articles on Diplomatic Protection with commentaries*, Commentary on Art. 11, at: http://legal.un.org/ilc/texts/instruments/english/commentaries/9_8_2006.pdf(浏览于2013年11月18日)。

[122] ILC, *Draft Articles on Diplomatic Protection with commentaries*, Art. 12, at: http://legal.un.org/ilc/texts/instruments/english/commentaries/9_8_2006.pdf(浏览于2013年11月18日)。

[123] ILC, *Draft Articles on Diplomatic Protection with commentaries*, Commentary on Art. 14(2), at: http://legal.un.org/ilc/texts/instruments/english/commentaries/9_8_2006.pdf(浏览于2013年11月18日)。

[124] *Amoco-Iran Oil Co. v. Iran*(1982), 1 *Iran-US CTR* 493.

[125] 贾兵兵:《"外交保护"的法律现状和实践问题》,载:《中国国际法年刊》(2008),第4-8页。

[126] J. Simpson and H. Fox, *International Arbitration: Law and Practice*(London: Stevens & Sons Ltd., 1959), 111.

[127] C. Amerasinghe, *Local Remedies in International Law*(2nd edn., Cambridge: CUP, 2004), 23.

[128] ICJ, *Elettronica Sicula S. P. A. (ELSI)(US v. Italy)*, Judgment of 20 July 1989, ICJ Rep. (1989) 15, para. 50. *Also see* J. Fawcett, "The Exhaustion of Local Remedies, Substance or Procedure", 31 *BYIL* (1954) 452.

只有在后者中才可以适用本规则。在"墨西哥诉美国案"中,墨西哥政府提出本国的利益受到本案中美国政府不法行为(违反《维也纳领事关系公约》第36条第一款)的损害,国际法院在判决中说,就墨西哥国民权利所受侵犯,需要首先在美国国内法院面前寻求救济,也即需要遵守当地救济规则,而针对墨西哥国家利益所指控的侵犯,则不需要适用该规则[129]。

从性质上看,用尽当地救济的要求是一项程序性规则,因为需要用尽当地救济的国际不法行为才是引起国家责任的原因。实践中还存在这样的情况,在寻求当地救济的过程中出现了新的拒绝申请人寻求司法救济的行为,这种拒绝本身就构成了国际不法行为。不过,从针对国际责任进行求偿的角度看,这种新的不法行为所引发的后果在现有国家责任法律下可以解决,所以没有必要再去寻求与之匹配的特殊规则。

3. 救济形式

救济方法包括法律所规定的各种形式的追索方式,其中包括具有法律性质的行政救济手段[130],但救济方法中不包括非法律性的救济途径。

在这里要提到"安巴蒂洛斯"仲裁案[131]。在本案中,希腊人安巴蒂洛斯在英国法院起诉英国政府违反购货合同迟延交付船舶的做法;希腊和英国于1955年把案件提交仲裁,希腊的请求包括请求A(违约)、替代性请求B(不当得利)、替代性请求C(取消其中两艘船的购买)。仲裁委员会认为用尽当地救济的规则要求申请方通过法院和其他法庭寻求救济方法,而且也包括运用当地法律所规定的、法院或者法庭程序中的对诉讼人适用的程序规则,所以用尽当地救济的规则将"国内法所规定的广义上的法律保护体系付诸于考验"。委员会认为,由于安巴蒂洛斯在一审时没有传唤某重要证人,原因是他没有针对一审庭拒绝他传唤此证人的决定提出上诉;同时,他也没有将案件提交给针对不法得利问题的程序,因此,他没有用尽当地救济方法。

"芬兰船舶仲裁案"提到一种较为常见的救济方式[132]。案件背景是,在1916—

---

[129] *Avena and Other Mexican Nationals（Mexico v. United States of America）*,Judgment of 31 March 2004,ICJ Rep. (2004) 12,para. 40.

[130] ILC,*Draft Articles on Diplomatic Protection with commentaries*,Commentary on Art. 14,paras. (4) and(5),at: http://legal. un. org/ilc/texts/instruments/english/commentaries/9_8_2006. pdf(浏览于2014年11月18日)。

[131] 23 *ILR* (1956) 306 and 24 *ILR*(1957) 291.

[132] *Claim of Finnish Shipowners against Great Britain in Respect of the Use of Certain Finnish Vessels during the War（Finland/Great Britain）*,Award of 9 May 1934,3 *UNRIAA* 1479,at 1503.

1917年间，13艘属于芬兰船主的船舶被英国政府征用，服务于盟国在白海和法国沿岸水域中的军事行动，其中4艘在行动中受创沉没。当时芬兰是俄罗斯领土的一部分。停泊在英国港口的这些船舶在移交给英国政府之前，被设在伦敦的俄国政府委员会所征用，这些船主在请求英国政府支付征用费用以及赔偿沉没的4艘船舶的努力失败以后，于1920年通过本国政府提出了赔偿请求，但是没有成功。在这些船主把案件提交到英国海事法院运输仲裁委员会（the Admiralty Transport Arbitration Board）之后，案件又被驳回，而这些船主没有向上一级法院提出上诉。之后两国将之诉诸仲裁。本案的主要问题之一，是芬兰船主是否用尽了英国法律下可以使用的救济方法。

1934年5月9日，上述案件由瑞典人巴格博士（Dr. Bagge）根据芬兰与英国的1932年9月30日所订立的特别协议做出了裁决。仲裁员发现，依据《英国战争赔偿法》的规定，在个人和英国政府之间发生的赔偿纠纷中，如果个人想以自己的船舶被征用为理由提起诉讼，那么可以向上述运输仲裁委员会提起诉讼；如果他以干涉自己的财产利益或商业活动为基础提起诉讼，那么可以向战争赔偿法庭提起；如果以合同权利或违约为基础提出请求，那么可以向普通法院提出诉状。仲裁员的结论是：用尽当地救济的要求在这里体现为相关法院已经做出最终决定，且该法院必须是向申请者开放的、被告国或者东道国法律体系下的最高法院，但由于运输仲裁委员会认为存在俄国征用行为的结论得到仲裁员认可，那么针对委员会对船主不利的决定，就不再有后续的救济方式[133]。他认为，在英国法律下已没有其他可以提供救济的机构[134]，因此，在英国法律之下船主已经用尽了他们能够使用的救济方式[135]。

4. 如何判断该规则的要求是否得到满足

这条规则要求相关个人只需使用了他可以依法使用的，并且可以给他提供补救的救济措施[136]，就满足了用尽当地救济义务；当地政府则需要表明救济途径对相关个人是存在的，后者应该使用所有这些救济途径直至用尽为止，而该个人尚未用尽救济。

---

[133] *Claim of Finnish Shipowners against Great Britain in Respect of the Use of Certain Finnish Vessels during the War*（Finland/Great Britain），Award of 9 May 1934，3 *UNRIAA* 1479，at 1543.

[134] Ibid. ,1545 and 1550.

[135] *Claim of Finnish Shipowners against Great Britain in Respect of the Use of Certain Finnish Vessels during the War*（Finland/Great Britain），Award of 9 May 1934，3 *UNRIAA* 1479，at 1550.

[136] *De Wilde,Ooms and Versyp v. Belgium*（no. 1），Merits，Judgment of 18 June 1971，1 *ECHR* 373 (1971)，para. 60(a vagrancy case).

与此有关的重要案件是"国际贸易与工业集团公司案"[137]。本案中，美国政府于1942年认定在瑞士注册的一个公司的股份为"敌对势力财产"，理由是这个公司和德国法本集团之间存在联系，瑞士政府将案件提交给国际法院。美国政府不承认国际法院有管辖权，其提出的第3条初步反对理由就以当地救济原则为基础，其中指出：该公司于1948年至1957年间在美国提起了诉讼，但案件没有得到解决。国际法院指出，美国最高法院通过1957年10月14日的决定重新把这个案件纳入到诉讼程序中，然后于1958年6月18日推翻了联邦上诉法院驳回国际贸易与工业集团公司起诉的判决，并将案件发回一审法院重审[138]。因此国际法院的结论是：在这个案件中，该公司尚未用尽当地救济[139]。

国际法院在1989年的一个判决中指出，

> "假如国际求偿请求的实质部分已经提交给有资格的法庭并在其中依照当地法律与程序得到充分审理、而没有结果的话，那么该请求就满足了可受理性的要求。"[140]

实践中，无效的救济手段（比如：上诉明显将不会有任何补救的效果，因为上诉法院是在该国政府的控制之下，而政府行为正是该案件焦点）[141]，或者救济途径不存在（例如：当地律师不愿代表外国人或当地司法程序中缺乏保护原告基本权利的步骤），都等同于用尽了当地救济方法。其次，地方法院缺乏案件实体问题管辖权时，也算满足了该规则的条件[142]。再有，如果一个不法行为缘起于国内立法下的明确规定，那么当事人没有可能向该国法院提起诉讼，用尽当地救济原则也就无法适用[143]。然而，如果相关个人由于自身错误——例如没有注意到规定的时间限制，从而没有能够上诉到更高级别的法院，那么他就没有用尽当地救济；或因为他没有谨慎作为，因而没有能使用当地救济机制[144]。

---

[137] ICJ, *Interhandel Case (Switzerland/US)*, Preliminary Objections, Judgment of 21 March 1959, ICJ Rep. (1959) 6.

[138] Ibid., 26-27.

[139] Ibid., 30.

[140] ICJ, *Elettronica Sicula S. P. A. (ELSI)(US v. Italy)*, Judgment of 20 July 1989, ICJ Rep. (1989) 15, para. 59.

[141] The *Robert E. Brown* Case (US v. UK), Award of 23 November 1923, 6 UNRIAA 120.

[142] 上述"芬兰船舶仲裁案"就提到这个观点。

[143] *Affaire des forêts du Rhodope central (fond) (Greece v. Bulgaria)*, Award of 29 March 1933, 3 UNRIAA 1405(1933).

[144] PCIJ, *Electricity Company of Sofia*, Preliminary Objections, Judgment of 4 April 1939, PCIJ Ser. A/B, No. 77(1939), 74, 78-79.

5. 该规则不适用的情况

虽然该规则存在是出于对东道国主权的尊重,但这种尊重也有限度,比如申请国国民作为个人在东道国寻求当地救济的能力是有限的,更不用说寻求当地救济方式的花费,所以,本规则在某些情况下是有例外或限制条件的[145]。联合国国际法委员会列出了以下五种例外[146]:1)不存在有效的当地救济方式或现有救济方式没有可能提供有效救济;2)救济程序中存在不合理的迟延;3)在受害人与被指控加害的国家间不存在任何联系[147];4)受害人明显被排除于当地救济系统之外;5)被指控犯有不法行为的国家放弃了本规则的适用。

另外,实践中还存在三种不适用的情况:

其一,假如国籍国放弃保护其国民或公司的请求权,就会使后者得不到救济,放弃的表示可以通过与外国订立条约来实现,也可以通过单方行为来宣示。与之相反,个人或公司主动放弃请求权的行为,对他/它的国籍国政府不具有法律约束力。

其二,如果国籍国在案件的关键时刻没有国际法人格,就不能使用请求权,此时,相关请求即使存在,也不可受理。

其三,不遵守法庭和仲裁庭的程序规则也会使得请求权失去可受理性。

6. 人权案件

用尽当地救济原则被国际性人权条约广泛地接受[148]。例如,1966 年《公民和政治权利国际公约》第 41 条第三款规定,在处理提交给它的申诉时,公约下设的人权委员会需要首先确认,针对此申诉所有可用的国内救济措施都已被当事人引用且用尽。相似的规定还体现在《欧洲人权公约》第 35 条第一款(欧洲人权法院处理根据该公约提交给它的立案申请的权能受当地救济要求的限制)、《美洲人权公约》第 46 条、联合国《消除一切形式种族歧视的国际公约》第 11 条第三款等之中。

---

145 C. Amerasinghe, *Diplomatic Protection* (Oxford: OUP, 2008), 149-159.

146 ILC, *Draft Articles on Diplomatic Protection with commentaries*, Art. 15, at: http://legal.un.org/ilc/texts/instruments/english/commentaries/9_8_2006.pdf(浏览于 2013 年 11 月 18 日)。在 2006 年,ILA 也通过了与上述第 15 条具有同样内容的决议:ILA, 72 *Report of the 72nd Conference* (2006), 44-47 and 397-399.

147 不过,参看: *Salem Case* (Egypt/US), Award of 8 June 1932, 2 *UNRIAA* 1161, at 1202.

148 J. Crawford, *Brownlie's Principles of Public International Law* (9th edn., Oxford: OUP, 2019), 688-689.

（三）集体诉讼的问题

根据《条款草案》第 48 条，除受害国外的任何国家有权根据本条第二款要求加害国承担责任，如果：(1)被违背的义务是对一群包括该国在内的国家承担的、为保护这些国家的集体利益而确立的义务；或(2)被违背的是对国际社会整体所承担的义务。这一条规定旨在保护集体性利益。

众所周知，在古罗马刑法中就存在"集体诉讼"（actio popularis）的说法。在 1966 年，国际法院的多数判决指出："这是一个社会群体中每个成员都负有的、通过法律手段以维护公共利益的权利"[149]，本案中国际法院由 7 名法官组成的多数并没有承认这项权利在国际法下存在，因为"虽然这种权利在一些国家法律制度中是存在的，但在国际法中地位还不明确，并且国际法院也不认为其属于国际法院规约第 38 条第一款（c）项中的'普遍法律原则'"[150]。另一方面，在 1962 年该案件第一阶段结束时，国际法院所作判决认为，根据《西南非委任统治协定》第 7 条的规定，对受委任国南非认真遵守它在上述协定中对委任统治地区居民、国际联盟以及其成员国所承担的义务，国际联盟所有成员国都有法律上的利益和权利[151]。

这个说法在欧洲人权保护体系的实践中也是众所周知的。1950 年《欧洲人权公约》第 24 条规定，任何缔约国可以向欧洲人权委员会指出其他缔约国违反公约的行为。正如该委员会在"奥地利诉意大利案"中所说："不管指控涉及的违反行为的受害者是否是申请国的国民；或该行为是否特别影响到该申请国的利益，这一条款都可以适用"[152]。该委员会进一步认为，缔约国在公约下承担的义务是保护个人的基本权利不受任何缔约国的侵害，缔约国向委员会提出其他国家的违反行为是为了维护欧洲的公共秩序[153]。经 1994 年《第 11 号议定书》修改过的《欧洲人权公约》的第 33 条继承、发展了这个规定，它允许任何缔约国都可以把其他缔约国违反该公约的行为提交给欧洲人权法院[154]。

149　ICJ, *South West Africa Cases（Ethiopia/South Africa；Liberia/South Africa）*, Second Phase, Judgment of 18 July 1966, ICJ Rep.（1966）,6 at 47.

150　Ibid.

151　ICJ, *South West Africa Cases（Ethiopia/South Africa；Liberia/South Africa）*, Preliminary Objections, Judgment of 21 December 1962, ICJ Rep.（1962）319 at 343.

152　*Yearbook of the European Convention on Human Rights*（1961）,116,140.

153　Ibid.

154　ETS, No.155. 议定书生效于 1998 年 11 月 1 日。主要的变化还是个人拥有的独立起诉权：G. Hafner,"The Emancipation of the Individual from the State under International Law", 358 *RdC*（2013）, Chapter Ⅵ.

需要提到的是,虽然这一概念在国际法院"西南非洲案"判决公布时就已经为世所知,但作为处理国际不法行为的可行方式还需要实践的检验,但是,随着联合国大会接受了《条款草案》,以及这些条款对习惯法的影响,第48条可能最终会被确立为习惯法规则。

上述的趋势在国际法院2012年所做"塞内加尔诉比利时案"中的判决中得到进一步证实[155]。本案涉及比利时基于《酷刑公约》和习惯法中"或引渡或起诉"原则,对塞内加尔既不引渡也不起诉前乍得总统哈布雷的做法提起的诉讼。塞内加尔在庭审过程中,提到比利时无权在国际法院提起诉讼,因为被指控的罪行中并不涉及比利时国民。比利时反驳说,仅作为该公约的缔约国,比利时就有权提起涉及公约的诉讼[156]。国际法院认为,基于本公约的目的,所有缔约国都对防止酷刑与惩罚施行酷刑者具有共同的利益,也即对公约下义务的切实遵守具有共同利益,这些义务可以视为"对所有缔约国"(erga omnes partes)所承担的义务[157]。法院还引用了早期案例作为进一步的支持[158]。值得注意的是,这一结论在国际法院后来的案件中得到遵循[159]。

国际法院的上述法理,衍生于其自身司法实践,2012年"对所有缔约国"所承担的义务这一说法的出现,体现了法院在此问题上的阶段性结论,而非造法的结果。另外,在1966年"西南非洲案"判决中,国际法院已经提到申请国家所依靠的"共同利益"可以体现在"某种文件或法律规则里"[160],意味着不仅条约缔约国之间可以因为共同利益而提起诉讼,针对习惯法下的义务而出现的争议也有可能成为

155　ICJ, *Questions relating to the Obligation to Prosecute or Extradite* (*Belgium v. Senegal*), Judgment of 20 July 2012, ICJ Rep. (2012) 422, para. 68.

156　Ibid. , paras. 64-66.

157　Ibid. , para. 68.

158　ICJ, *Reservations to the Convention on the Prevention and Punishment of the Crime of Genocide*, Advisory Opinion of 28 May 1951, ICJ Rep. (1951) 15, 23.

159　ICJ, *Application of the Convention on the Prevention and Punishment of the Crime of Genocide* (*The Gambia v. Myanmar*), Provisional Measures, Order of 23 January 2020, I. C. J. Reports 2020) 3, para. 39. 冈比亚提起基于缅甸违反1948年《灭种公约》有关条款的诉讼后,要求法院指定临时措施,在临时措施程序结束时,法院宣布了相关措施。缅甸在程序中提到,《灭种公约》下确实有些义务是"对所有缔约国"(erga omnes partes)存在的义务,而冈比亚在这些义务得以遵守的问题上有自己的利益,但是冈比亚缺乏资格把可能的违反这些义务的问题提交法院,因为它不是违反行为的直接受害国,在本案的背景下,孟加拉才是这样的国家,也因此有资格提起针对违反行为的诉讼。

160　ICJ, *South West Africa* (*Ethiopia/South Africa*; *Liberia/South Africa*), Second Phase, Judgment of 18 July 1966, ICJ Rep. (1966) 6, para. 44.

诉讼的对象[161]；当然，习惯法下并不存在条约中争端解决的条款，而现在只有后者才能确立国际性司法机构的管辖权。实践中，条约缔约国可能会采取比利时在2012年案件中的做法，借条约下的管辖权条款来覆盖违反条约义务和违反习惯法义务的情况。

最后需要指出，在《维也纳条约法公约》并未提及普遍性的、"对所有缔约国"的义务，缔约国对彼此之间是否遵守条约义务产生争议时，主要是通过诸如《维也纳条约法公约》中范围有限的争端解决条款（第66条）来寻求解决，而且第66条只限于解决有关公约第五部分条款的争议。

七、国际不法行为的后果

这一部分是关于国际责任的具体内容。国际不法行为产生一定的法律后果，与此相关的规则见于《条款草案》第28条至第33条中。

《条款草案》主要规定了两种法律后果。第30条规定了第一个法律后果：即负有责任的国家承担以下义务：（1）如果不法行为还在继续，要终止不法行为；（2）如果情况允许，提供不再重复损害的适当承诺和保障。第31条规定了第二个后果：负有责任的国家承担对其不法行为造成的损害提供"彻底"（full）赔偿（reparation）的义务[162]；这一规定所依靠的先例是"霍佐夫工厂（求偿问题）案"[163]，常设国际法院在判决中特别指出：

"国际实践与仲裁法庭裁决所确立的基本原则是赔偿必须尽可能地抹去非法行为所造成的一切后果，并重建该行为发生之前的状态。"[164]

"损害"（injury）一词包括由不法行为造成的、物质上或精神上的任何损害。除了《条款草案》所规定的上述两种法律后果之外，对不法行为负有责任的国家还需要承担继续履行曾经被其违反义务的义务[165]，而第32条规定该国不可根据其国内法来试图确立其不履行义务行为的正当性。

第34条规定了对国际不法行为所造成损害的彻底赔偿应采取下述形式：恢

161　《条款草案》第48条，评论（6）。

162　YBILC (2001), vol. ii(2), commentary on Art. 31, at 91, para. (3).

163　PCIJ, *Case concerning the Factory at Chorzów (Germany v. Poland) (Claims for Indemnity)*, Merits, Judgment of 13 September 1928, PCIJ Ser. A, No. 17(1928).

164　Ibid., at 47.

165　《条款草案》第29条。

复原状(restitution)、补偿(compensation)和抵偿(satisfaction)[166]。三者可以单独或者结合地使用,并且要与《条款草案》相关规定相符合。第 35 条提到的"恢复原状"是指恢复不法行为发生之前的状态(restitutio in integrum),只要恢复行为在实质意义上可能做到,且它不带来超出恢复所带来利益的负担[167]。恢复方式可以包括交还财产或领土,也可以包括取消违反国际义务的国内立法[168]。

实践中,大量案件都不采取恢复原状的方式,而是其他方式达致解决[169]。

根据第 36 条规定,补偿发生在恢复原状不能弥补所受损害的情形中,它包括任何可以金钱来衡量的损害,包括利润的损失。1986 年"尼加拉瓜案"中,国际法院支持了尼加拉瓜的权利主张,判定美国停止在尼加拉瓜的干涉行为;但将赔偿金额(尼加拉瓜提出 3.7 亿美元的基本赔付金额)与方式都留到下一步庭审考虑[170]。最后,在尼加拉瓜新政府上台后,美国承诺经济援助,尼新政府撤销在国际法院要求补偿的请求,整个案件也因此彻底结束[171]。在 2012 年"迪亚娄案"中,国际法院判给几内亚 95000 美元作为补偿(迪亚娄所受非物质伤害——心理伤害加上名誉受损——赔偿额为 85000 美元;物质损害——个人财产和从刚果转移财产的费用——赔偿额为 10000 美元)[172]。

与此相关,作为补偿的一部分,利息在某些情况下也会被计算在内。有时为了保障充分赔偿,产生于赔偿本金(反映了损失或应补偿数额)的利息也有必要缴付[173]。利息率和计算方式应该由法庭来确定,以达到充分赔偿的效果[174]。通常情况下,利息的计算是从应支付本金的日期开始起算,直至支付期满为止[175]。实践

---

166 以上翻译采用了贺其治:《国际责任法及案例浅析》,法律出版社 2003 年版,第 232 页,一书中的译法。

167 参看 C. Amerasinghe, *Diplomatic Protection* (Oxford: OUP, 2008), 290-294.

168 J. Crawford, *State Responsibility: The General Part* (Cambridge: CUP, 2013), 511-512.

169 YBILC (2001), vol. ii(2), commentary on Art. 36, at 100-102, paras. 8-16.

170 ICJ, *Military and Paramilitary Activities in and against Nicaragua* (*Nicaragua v. US*), Judgment of 27 June 1986, ICJ Rep. (1986) 14, para. 285.

171 C. Schulte, *Compliance with Decisions of the International Court of Justice* (New York: OUP, 2004), 205-207. Also see *Military and Paramilitary Activities in and against Nicaragua* (*Nicaragua v. US*), Order of 26 September 1991, ICJ Rep. (1991) 47.

172 ICJ, *Ahmadou Sadio Diallo* (*Republic of Guinea v. Democratic Republic of the Congo*), Compensation, Judgment of 19 June 2012, ICJ Rep. (2012) 324, paras. 24, 25, 33, 56.

173 《条款草案》第 38 条第一款。

174 《条款草案》第 38 条第二款。

175 PCIJ, *Case of the S. S Wimbledon* (UK, France, Italy, Japan v. Germany), PCIJ Ser. A, No. 1 (1923), 32.

中,对由迟延支付本金所造成的损失也需要支付利息;有时利息也可以从不同日期起算[176]。

抵偿发生于恢复原状或补偿不能弥补损害的情形之中。抵偿可以包括承认不法行为、表示遗憾、正式道歉[177],或其他合适的方式,例如:由国际性司法机构宣告该行为的非法性。在"科孚海峡案"中,国际法院就曾宣布英国海军在1946年11月份进行的扫雷行动侵犯了阿尔巴尼亚领土主权[178]。根据《条款草案》第37条,抵偿不能和损害不成比例,而且不能采用羞辱责任国的方式。1935年在美国与加拿大之间发生的"孤独号案"是补偿的例子[179]。该船在加拿大注册,但由美国公民控制和管理。1928年,由于从事酒类走私,该船被美国海岸警卫队船只紧追并被后者击沉,紧追是从《英国-美国酒精饮品条约》所确定的管制区范围内开始的。授命处理这个案件的仲裁委员会不认为有补偿的必要,但是它认为,由于美国政府船舶将该船击沉的行为违法,它应该正式承认自己行为的非法性并向加拿大政府道歉,附加上一定数额的金钱赔偿。

与上述传统的赔偿手段不同,严重违反国际法强行规范下的义务会导致特殊后果。"严重违反"是指责任国严重或系统性违反其承担的此类义务[180]。"严重"指行为要达到一定程度[181]。这种违反义务行为的后果是,各国应进行合作并通过合法手段制止此类行为。《条款草案》第41条规定,任何国家均不得承认由此类严重违反行为所造成状况的合法性,也不得协助或援助保持该状况的继续存在。一般来说,这种状况的存在多会引起联合国安理会的干预,后者会以决议方式要求联合国成员国以致非成员国不承认这种状况存在的合法性[182]。

176　UNCC,*Awards of Interest*,Decision 16,4 January 1993,S/AC.26/1992/16:本案规定利息的计算要从损害发生之日开始至本金赔偿之日终止。

177　正式道歉包括使用"apologize"和"sorry...for"这样的用语,即不仅承认违法行为发生了,道歉者接受国际责任,且希望此违法行为从未发生,但是仅用"遗憾"(regret)一词则会淡化道歉的意思。参看 A. Watts,"The Art of Sorrow",in:M. Ragazzi(ed.),*International Responsibility Today:Essays in Memory of Oscar Schachter*(Leiden:Martinus Nijhoff Publishers,2005),107-111.

178　ICJ,*Corfu Channel Case*(*UK v. Albania*),Merits,Judgment of 9 April 1949,ICJ Rep.(1949) 4,at p.35.

179　S.S.*"I'm Alone"*(*Canada,United States*),Award,30 June 1933 and 5 January 1935,3 *UNRIAA* 1609.

180　《条款草案》第40条第二款。

181　YBILC(2001),vol. ii,Part Ⅱ,113,comment(7).

182　联合国安理会决议 662 号(1990)要求所有国家不得承认伊拉克对科威特的兼并行为。

第十三章 国际海洋法

扩展阅读

W. Masterson, *Jurisdiction in Marginal Seas with Special Reference to Smuggling*, New York: The MacMillan Co., 1929; Z. J. Slouka, *International Custom and the Continental Shelf*, The Hague: Martinus Nijhoff, 1968; F. Feldman, "The Tunisia-Libya continental shelf case: geographic justice or judicial compromise?" 77 *AJIL* (1983), 219; D. O'Connell, *The International Law of the Sea*, ed. I. Shearer, Oxford: OUP, 1984, 2 vols; D. Hutchinson, "The seaward limit to continental shelf jurisdiction in customary international law", 56 *BYIL* (1985), 133; 陈德恭,《现代国际海洋法》,中国社会科学出版社,1986 年; D. Attard, *The Exclusive Economic Zone in International Law*, Oxford: Clarendon Press, 1987; G. Westerman, *The Juridical Bay*, Oxford: Clarendon Press, 1987; B. Smith, *State Responsibility and the Marine Environment*, Oxford: Clarendon Press, 1988; M. Evans, *Relevant Circumstances and Maritime Delimitation*. Oxford: Clarendon Press, 1989; B. Kwiatkowska and A. Soons, "Entitlement to maritime areas of rocks which cannot sustain human habitation or economic life of their own", 21 *Neth. YIL* (1990), 139; J. Charney, "Progress on International Maritime Boundary Delimitation Law", 88 *AJIL* (1994), 227; M. Evans, "Delimitation and the common maritime boundary", 64 *BYIL* (1994), 283; D. Anderson, "Legal Implications of the Entry into Force of the UN Convention on the Law of the Sea", 44 *ICLQ* (1995), 313; M. Nordquist and J. Moore (eds.), *Entry into Force of the Law of the Sea Convention*, Boston: Martinus Nijhoff, 1995; 赵理海,《海洋法问题研究》,北京大学出版社, 1996 年; M. Valencia, J. van Dyke and N. Ludwig, *Sharing the Resources of the South China Sea*, Boston: Martinus Nijhoff, 1997; B. B. Jia, *The Regime of Straits in International Law*, Oxford: Clarendon Press, 1998; J. Woodliffe, "Decommissioning of Offshore Oil and Gas Installations", 14 *International*

Journal of Marine & Coastal Law (1999), 101; R. Churchill and V. Lowe, *The Law of the Sea*, 3rd edn., Manchester: Manchester University Press, 1999; F. Orrego-Vicuna, *The Changing Law of High Seas Fisheries*, Cambridge University Press, 1999; M. Nordquist (ed.-in-chief), *United Nations Convention on the Law of the Sea 1982: A Commentary*, Dordrecht, Leiden, and Boston: Martinus Nijhoff, 1985—2012, multi. vols.; K. Y. Zou, *China's Marine Legal System and the Law of the Sea*, Boston: Martinus Nijhoff, 2005; V. Prescott and C. Schofield, *The Maritime Political Boundaries of the World*, 2nd edn., Boston: Martinus Nijhoff Publishers, 2005; A. Strati, M. Gavouneli and N. Skourtos, *Unresolved Issues and New Challenges to the Law of the Sea*, Boston: Martinus Nijhoff, 2006; P. Rao and Ph. Gautier (eds.), *The Rules of the International Tribunal for the Law of the Sea: A Commentary*, Leiden: Martinus Nijhoff, 2006; D. Rothwell and T. Stephens, *The International Law of the Sea*, Oxford: Hart Publishing, 2010; J. Harrison, *Making the Law of the Sea*, Cambridge: CUP, 2011; A. Proelss (ed.), *United Nations Convention on the Law of the Sea: A Commentary*, Munich: Beck/Nomos/Hart, 2017; Y. Tanaka, *The International Law of the Sea*, 3rd edn., Cambridge: CUP, 2019; J. Roach, *Excessive Maritime Claims*, 4th ed., Boston: Martinus Nijhoff, 2021; C. Goodman, *Coastal State Jurisdiction over Living Resources in the Exclusive Economic Zone*, Oxford: OUP, 2022.

一、海洋法的发展

海洋法有和现代国际法一样悠久的历史,这一章只讨论现代海洋法制度。胡果·格劳秀斯在1609年出版了《海洋自由论》一书,背景是葡萄牙在当时主张享有在东南亚地区从事航行、贸易活动的垄断权,而格劳秀斯的著作力图证明从事这些活动的权利属于所有国家以及人类[1]。相反的声音主张对海洋实行占有,比如约翰·塞尔登在1635年出版了《闭海论》,以支持英国占领多处周边海域的政策[2]。

---

1 D. Armitage (ed.), *The Free Sea: Hugo Grotius* (trans. R. Hakluyt, Liberty Fund, 2004).
2 W. Hall, *Treatise on International Law* (8th edn. by A. Higgins, Oxford: Clarendon Press, 1924; reprinted by W. Hein & Co., 2001), 181-182.

近代海战的实践也促进了海洋法的发展，在冲突中欧洲国家普遍主张对临近海域的主权和战时的中立地位。1737年，荷兰人宾克舒克提出了"大炮射程论"，目的是强调国家对毗连水域的控制权[3]。但在这个问题上各国有不同的做法。加利亚尼曾在1782年建议过三海里的领海宽度，美国政府在1793年为了中立目的采纳了这种宽度[4]。随后，英美捕获法院将大炮射程论和三海里领海论融合在了一起[5]。另外，历史上有些国家主张过4、6、12、16海里的领海宽度[6]。

领海概念的出现加速了海洋法规则体系的发展。1856年以欧洲国家为主签署了《关于海事法的巴黎宣言》，宣布废除"私掠船"制度、保护中立国物资并对有效封锁进行了定义，到1857年底，共有51个国家签署了该宣言[7]。1907年海牙和平会议通过了《商船改装为军舰公约》《铺设自动触发水雷公约》《战时海军炮击公约》和《中立国在海战中的权利和义务公约》等条约。在第一次世界大战和第二次世界大战中，交战双方都在海上开展"整体战"，包括使用无限制潜艇战的战争手段[8]。

1945年之后，和平时期海洋法的发展成为这一领域的主旋律。1958年联合国召开了第一次全球性海洋法会议，并于1958年4月29日通过了4个重要公约。1960年联合国召开了第二次海洋法会议。但是这次会议没有在领海宽度的问题上达成一致意见[9]。1973年联合国召开了第三次海洋法会议，这次会议于1982年12月10日结束，通过了一个包含320个条款和9个附件、内容全面的《联合国海洋法公约》（以下称"海洋法公约"）[10]。公约成为了当今海洋法体系的基础性法律文件。其所建立的国际海底管理局（位于牙买加金斯顿；International Seabed Authority）、大陆架界限委员会（Commission on the Limits of the Continental

---

3　P. Jessup, *The Law of Territorial Waters and Maritime Jurisdiction* (New York: G. A. Jennings Co. ,1927),5-6.

4　Ibid. ,6-7.

5　J. Crawford, *Brownlie's Principles of Public International Law* (9th edn. ,Oxford: OUP,2019), p. 242.

6　W. Masterson, *Jurisdiction in Marginal Seas with Special Reference to Smuggling* (New York: The MacMillan Co. ,1929),385-400.

7　Roberts and Guelff,48-52.

8　德国使用这种战争方法直接促使美国在1917年参加了第一次世界大战；"二战"中，英、德、美、俄都使用了这种战争方法。参看：J. Busuttil, *Naval Weapons Systems and the Contemporary Law of War* (Oxford: Clarendon Press,1998),119,131-134.

9　尽管某些国家提出的"六海里领海加六海里渔区"的建议得到相当广泛的支持：R. Churchill and A. Lowe, *The Law of the Sea* (3rd edn. ,1999),79.

10　1833 UNTS 3.

Shelf 或简称 CLCS)和国际海洋法法庭(International Tribunal for the Law of the Sea 或称 ITLOS 或海洋法法庭,位于德国汉堡)目前都在运行。

1994 年《关于执行〈联合国海洋法公约〉第 11 部分的协定》(以下简称"1994 年《协定》")得以订立,解决了争议已久的深海海底开采制度问题[11]。1995 年《执行〈联合国海洋法公约〉有关养护和管理跨界鱼类种群和高度洄游鱼类种群规定的协定》(以下简称"《鱼类协定》")得以通过,并于 2001 年 12 月 11 日生效[12]。

《海洋法公约》于 1994 年 11 月 17 日生效,至今为止共有 168 个缔约方[13];150 个国家或国际组织批准或加入了 1994 年《协定》;90 个国家或国际组织批准或加入了 1995 年《鱼类协定》,作为最大渔业国的中国已经签字,但尚未批准[14]。

与此同时,有关海战的国际法规则也得到了发展,值得注意的是,1949 年《改善海上武装部队伤者病者及遇船难者境遇的日内瓦公约》,其中包含了海战中的人道法规则[15]。

1945 年后国际司法、仲裁实践的主要特点之一,就是提供了大量海洋划界和渔业问题方面的案例。例如,自 1969 年"北海大陆架案"以来,关于海洋划界的案件就一直充斥着国际法院[16]。国际海洋法法庭审理了诸多关于渔船的扣留与释放和捕鱼权利的案件。这些案例将在后面予以适当讨论。

近期发展表现在如何对付海上恐怖活动、海上运输大规模杀伤性武器,以及重要海道的安全等问题上[17]。海上恐怖活动主要在联合国、国际海事组织和其他国际组织联合建设起来的法律框架下通过各国之间合作来处理[18]。自新冠疫情以来,海洋治理活动也受到较大影响,体现在海上安全、气候变化、航运船员的短

---

[11] 1836 *UNTS* 3.

[12] 2167 *UNTS* 3. 参看: L. Juda, "The United Nations Agreement on Straddling Fish Stocks and Highly Migratory Fish Stocks: A Critique", 28 *ODIL* (1997), 147.

[13] 截至 2021 年 10 月 17 日;下面的两个协定的缔约方数字也是截至此日期。批准情况参看: https://www.un.org/depts/los/reference_files/UNCLOS%20Status%20table_ENG.pdf.

[14] FAO Fisheries and Aquaculture Department, Food and Agriculture Organization of the United Nations, *The State of World Fisheries and Aquaculture* 2012 (Rome: FAO, 2013), 4 and 16.

[15] 75 *UNTS* 85.

[16] ICJ, *Maritime Delimitation in the Indian Ocean* (*Somalia v. Kenya*), Judgment of 12 October 2021: https://www.icj-cij.org/public/files/case-related/161/161-20211012-JUD-01-00-EN.pdf.

[17] S. Jayakumar, "UNCLOS: Two Decades On", in: M. Nordquist, J. Moore and K. C. Fu (eds.), *Recent Developments in the Law of the Sea and China* (Boston: Martinus Nijhoff, 2006), 14.

[18] *Addendum to the Report of the Secretary-General on Oceans and the Law of the Sea*, A/62/66/Add.1, 31 August 2007, para.98.

缺、难民人口在海上移动、可持续利用、保护海洋资源等方面上[19]。

最后要提及的是《海洋法公约》规定了它与1958年四公约之间冲突的解决方法[20]。《海洋法公约》第311条规定：在各缔约方间，它应优于1958年4月29日开放签字的海洋法四公约。因为《海洋法公约》尚未得到所有国家的批准或加入，因此1958年公约仍然有效。例如，1993年国际法院审理的挪威和丹麦大陆架划界案就说明了这一点，当时双方都不是《海洋法公约》缔约国，挪威于1996年加入该公约，丹麦在2004年才加入，国际法院注意到双方都是1958年《大陆架公约》的缔约国，因此在本案中适用了《大陆架公约》的规定[21]。

中国有长达18000公里的大陆海岸线[22]，它悠久的航海历史可以追溯到夏朝[23]。中国当代海洋法制度是由一系列统一的立法规则组成的，其中最重要有《海上交通安全法》(1983)、《渔业法》(1986)、《领海及毗连区法》(1992)、《海洋环境保护法》(1982年通过，1999年修正)和《专属经济区和大陆架法》等。除此外，中国还有一些适用于其他海域的法律。

二、领海基线

基线是测量领海宽度的起点，它的基本概念即"除本《公约》另有规定外，测算领海宽度的正常基线是沿岸国官方承认的大比例尺海图上所标明的沿岸低潮线。"[24]

这里必须要提到国际法院的"英挪渔业案"，因为它厘清、发展了现有基线划定方法的国际法规则[25]，对"二战"后海洋治理体系的形成具有奠基性的作用。

该案中，挪威的大陆海岸线长度超过1500公里，沿岸地貌特殊，群山环抱中峡湾和海湾的存在造成海岸线的断续相间，且包含无数岛屿、小岛和干礁，形成

19　*Report of the Secretary-General on Oceans and the Law of the Sea*, A/76/311, 30 August 2021.

20　1958年《领海与毗连区公约》有51个成员国，《大陆架公约》有57个成员国，《公海公约》有62个成员国，《捕鱼与养护生物资源公约》有37个成员国。中国没有加入其中任何一个：https://treaties.un.org/pages/Treaties.aspx?id=21&subid=A&lang=en(联合国条约司官方网站)。

21　ICJ, *Maritime Delimitation in the Area between Greenland and Jan Mayen (Denmark v. Norway)*, Judgment of 14 June 1993, ICJ Rep. (1993) 38, para. 45.

22　段洁龙主编：《中国国际法实践与案例》，法律出版社2011年版，第68页。

23　J. M. Shen, "China's Sovereignty over the South China Sea Islands: A Historical Perspective", 1 Chinese JIL (2002), 94, at 102.

24　《海洋法公约》第5条。

25　ICJ, *Fisheries Case (UK v. Norway)*, Judgment of 18 December 1951, ICJ Rep. (1951), 116.

"礁石垣"。因此,挪威海岸并没有成为陆地和海洋之间的明显边界[26],但从总体上看,构成陆地外部边界的组成部分。海岸外是渔业资源丰富的浅平沙滩。挪威大陆和岛屿上的居民自远古时期以来就开发这些渔业资源,经济生活主要以捕鱼为生。

过去,英国渔民也曾经进入过挪威沿岸的水域捕鱼。在挪威国王呼吁下,他们从17世纪初期就不再进行此类活动,这种状态一直持续了300年。但是,1906年英国渔船再次出现在挪威沿岸水域中,这些捕捞船配备有先进的渔具。挪威采取相关措施确定界限,在此界限内禁止外国人捕鱼。随后,英国和挪威两国之间发生了冲突。1935年7月12日挪威政府发布法令,划定了挪威的渔区。英国和挪威两国寻求通过谈判方式解决双方争议,但是没有成功。1948年和1949年挪威逮捕并处罚了很多英国渔船,随后英国政府将该争议诉诸国际法院,请求之一就是判定挪威基线是否违反国际法。

在这个案件中,双方都同意将低潮点作为划定基线的基点。但是,他们在这个原则的适用上有分歧,即应该如何确定这些基点和如何把它们连接起来。国际法院指出:

> "作为原则,领海带必须沿海岸的一般走向划定。该原则的存在使确定领海边界的标准成为可能……为了适用这个原则,有些国家认为有必要采用直线基线法,这一主张并没有遭到其他国家的反对。直线基线法就是在低潮线上选定适当的点,用直线把各点连接起来。这种方法不仅可以适用于正常的海湾,还可以适用于曲度不大的海岸以图使领海带的形状更为简明。"[27]

挪威海岸的地理情况,促使挪威决定采用直线基线法。案件结束后,挪威的做法被各国广泛采纳。于是,传统基线划法外,出现了一个基于特殊地理情形的新方法。根据《海洋法公约》第7条第一款,"在海岸线极为曲折的地方,或者如果紧邻海岸有一系列岛屿,测算领海宽度的基线的划定可采用连接各适当点的直线基线法"。

在"英挪渔业案"中,国际法院强调直线基线的划定不应明显地偏离海岸一般走向,这个结论和其他有关论点在实践中逐渐成为限制直线基线法的因素。因此,《海洋法公约》第7条第三款规定,直线基线的划定不应在任何明显程度上偏离海岸一般走向,而且基线内海域必须充分接近陆地领土,受内水制度管辖。其次,第7条第

---

26 ICJ, *Fisheries Case*(UK v. Norway), Judgment of 18 December 1951, ICJ Rep. (1951), 127.
27 Ibid., 129-130.

五款规定,在依据第一款可以采用直线基线法确定基线时,对于相关地区所特有的、并经惯例证明其为实在而重要的经济利益,可予以考虑。最后,第六款规定,一国不得采用直线基线制度隔断另一国的领海同公海或专属经济区的联系。

上述这些规则在实践中的影响巨大,但是由于确定基线的权力属于沿岸国,而各沿岸地区的地理形态又千差万别,所以基于现有实践,很难判断第 7 条是否反映习惯法[28]。

在确定基点时,《海洋法公约》第 17 条第四款专门规定了"低潮高地"的地位。低潮高地是在低潮时四面环水并高于水面、但在高潮时没入水中的、自然形成的陆地。根据第四款规定,除在低潮高地上筑有永久高于海平面的灯塔或类似设施,或以这种高地作为划定基线的起点已获得国际承认者外,直线基线的划定不应以低潮高地为起点。《海洋法公约》第 13 条规定,如果低潮高地全部或部分与大陆或岛屿的距离不超过领海宽度,该高地的低潮线可以作为测算领海宽度的基线;如果低潮高地整体与大陆或岛屿的距离超过领海宽度,则该高地没有其自己的领海。

在 2012 年"尼加拉瓜诉哥伦比亚案"的判决中,国际法院认为,低潮高地是不能被作为领土占有的,虽然在领海范围之内的低潮高地属于沿岸国主权范围之内[29]。换句话说,后一类低潮高地可以被占有。

上述条款是《海洋法公约》里仅有的对低潮高地的规定,而 2012 年的判决也停留于接受《公约》的规则,这就留下了未决问题:针对处于大洋中部的低潮高地,是否存在国际法规则?

在划定基线时,国际法允许同时适用低潮线法和直线基线法,而结合使用的结果是出现了两种划线手法:弧线法与直线法。实践中的做法是,在适用低潮线时随着海岸走向确定基线;在适用直线法时连接低潮点的最远点以确定基线。在定位领海外部界限时,通常是以基线上各点为圆心、以领海宽度为半径画出圆弧,这些圆弧向海一方最突出处相交连成一条线,这条线就是领海的外部界限[30]。

28　Y. Tanaka,*The International Law of the Sea* (3rd edn., Cambridge: CUP, 2019), 60-61. 另外在地理形势特别的地方,如何运用现有规则来划基线还是个未决问题: S. Kaye, "Territorial Sea Baselines along Ice-Covered Coasts: International Practice and Limits of the Law of the Sea", 35 *ODIL* (2004) 75.

29　ICJ,*Territorial and Maritime Dispute* (*Nicaragua v. Colombia*), Judgment of 19 November 2012, ICJ Rep. (2012) 624, para. 26.

30　ICJ,*Fisheries Case* (*UK v. Norway*), Judgment of 18 December 1951, ICJ Rep. (1951), 116, 129-130. 这里讲的弧线法是测定海上目标位置的方法,用来测定基点位置时,在本案中被视为新技术,法院认为国家实践在当时尚未成熟。

1992年《领海及毗连区法》第2条规定,中国领海基线向陆地一侧的水域为内水,第3条规定,中国所有领海基线都采用直线基线法划定。这部法律没有提到划定领海基线的另一个方法,即低潮线法[31]。第15条规定,领海基线由中国政府公布。这些做法反映了中国自1958年《关于领海的声明》以来的实践[32]。中国在1996年批准《海洋法公约》时,公布了大陆海岸和西沙群岛海岸的77个基点[33]。2012年9月13日,依照《海洋法公约》第16条第二款,中国政府向公约的保存方—联合国秘书长——提交了钓鱼岛以及附属岛屿领海基线的海图[34]。其他基点则有待进一步确定,如南沙群岛沿岸的基点就尚未确定。

三、内水、海湾、港口、河口与历史性水域

(一) 内水

根据《海洋法公约》第8条第一款,领海基线向陆一面的水域构成国家内水的一部分。

内水作为一国领土的组成部分有一个限制条件,根据《海洋法公约》第8条第二款规定,如果按照第7条所规定的方法确定直线基线的效果,是使原来不是内水的区域被包围在内水之内,那么,在此种水域内,公约所规定的无害通过权必须保留[35]。这个条款承认了无害通过权在这种水域中的重要性,对该权利保留的规定与该权利在这种水域中的长期存在直接关系。这一保留下来的权利是否是习惯法规则还不确定。

(二) 海湾

常设仲裁法院于1910年"北大西洋海岸渔业案"的裁决中认为,直到1910年,国际法上尚不存在判定海湾的标准[36]。但是,这不意味着国际法没有关于海

---

[31] 《海洋法公约》第5条。

[32] 1958年9月4日公布。全文请看:国家海洋局政策法规办公室编:《中华人民共和国海洋法规选编》(修订版),海洋出版社1998年版,第1页。

[33] 同上书,第8页。公布于1996年5月15日。

[34] 参看:http://www.un.org/Depts/los/LEGISLATIONANDTREATIES/PDFFILES/DEPOSIT/communicationsredeposit/mzn89_2012_jpn.pdf(浏览于2014年11月23日)。日本于9月24日提出了抗议,全文见同一网址。

[35] 同样的规定已经出现在1958年《领海与毗邻区公约》第5条第二款。

[36] 11 *UNRIAA* 173, at 195-196.

湾法律地位的规定,例如:由于海湾封口基线的画法,国际法一直视海湾为内水的一部分。

《海洋法公约》第10条第二款对法律意义上的海湾进行了定义,海湾是明显的水曲,其凹入程度和曲口宽度的比例,使其有被陆地环抱的水域,而不仅为海岸的浅弯。但水曲除其面积等于或大于横越曲口所划的直线作为直径的半圆形的面积外,不应视为海湾。水曲的面积是位于水曲陆岸周围的低潮标和连接水曲天然入口两端低潮标线之间的面积。

应该如何划定海湾的封口线呢?在1951年"英挪渔业案"中,国际法院否定了英国提出的10海里封口线主张,认为这一长度并未构成习惯法规则[37]。《海洋法公约》第10条第四款和第五款规定,如果海湾天然入口两端的低潮标之间的距离不超过24海里,则可在这两个低潮标之间划出一条(直线)封口线,该线所包围水域应被视为内水;如果海湾天然入口两端低潮标之间的距离超过24海里,长度为24海里的直线应划在海湾内,以划入该长度线内所可能划入的最大面积水域。所以,封口线的长度限制在24海里。

一个海湾可能邻接一个或多个国家。在后一种情况下,如果沿岸国没有划分海湾,它们可以将该海湾置于共管之下,如萨尔瓦多、洪都拉斯和尼加拉瓜对丰塞卡海湾实行的共管[38]。《海洋法公约》关于海湾的规定不适用于历史性海湾,也不适用于已采用第7条中直线基线法的情形。

中国大陆海岸周围有海湾和类似海湾的地形,但从有关海湾的法律来看,均不存在法律适用上的问题[39]。

(三) 港口

《海洋法公约》第11条规定,为了划定领海,构成海港组成部分的、最外部永久性海港工程视为海岸的一部分。近岸设施和人工岛屿不应视为永久性海港工程。

另一方面,港口与海洋法的联系体现在港口进入权是否存在的问题上,这个

---

[37] ICJ, *Fisheries Case*(UK v. Norway), Judgment of 18 December 1951, ICJ Rep. (1951) 116, 131.

[38] ICJ, *Land, Island, and Maritime Frontier Dispute* (El Salvador/Honduras: Nicaragua Intervening), Judgment of 11 September 1992, ICJ Rep. (1992) 351, para. 418.

[39] J. Greenfield, *China and the Law of the Sea, Air, and Environment* (Alphen aan den Rijn: Sijthoff & Noordhoff, 1979), 30-34; the same, *China's Practice in the Law of the Sea* (Oxford: Clarendon Press, 1992), 41-45.

问题直接关系到领海通行的问题。习惯法不承认进入港口的权利[40],能否进入外国港口一般通过条约来解决。不过,国际法承认一种例外情况,就是面临海难的外国船舶有进入沿岸港口避险的权利[41]。比如,中国《海上交通安全法》(1983)第11条规定:外国籍非军用船舶未经主管机关批准不得进入中国的内水和港口;但是,因人员病急、机件故障、遇难、避风等意外情况,未及获得批准,可以在进入的同时向主管机关紧急报告,并听从后者指挥。这一条还强调指出,外国籍军用船舶,未经中华人民共和国政府批准,不得进入中国领海。为了处理海上安全事故引起的争议,中国在1990年颁布了《海上交通事故调查处理条例》[42]。

发生于外国港口内的案件一般会涉及平行管辖问题[43]。当外国商船进入一国港口或内水中其他区域时,船旗国和港口国都可以行使管辖权,而外国船舶停靠在港口时,对港口国有(暂时的)效忠义务。对于船舶可能违反其各自法律的活动,船旗国和港口国都享有管辖权;后者行使管辖权的条件是:船上发生的行为影响到沿岸的和平和良好秩序,或船长提出要求[44]。

中国交通部有管理港口事务的权限;到2007年全国已有243个对外开放一类口岸和各地方政府审批的二类口岸[45]。这里需要提及的是,国务院在1979年8月22日颁布的《对外国籍船舶管理规则》[46]。该《规则》第7条禁止在中国港口内射击、游泳、钓鱼、燃放烟花爆竹等影响港口和平与安全的行为;第50条规定凡违反本《规则》以及其他有关法令、规章和规定者,港务监督得按其性质、情节分别给予警告、罚款等处分;性质恶劣、情节严重者移交司法机关处理。这意味着被告将像其他在中国境内的外国人一样受中国法律的管辖。

---

[40] R. Churchill and A. Lowe, *The Law of the Sea* (3rd edn., 1999, Manchester: Manchester University Press,1999),61; Y. Tanaka, *The International Law of the Sea* (Cambridge: CUP, 2012), 80-81. 还可参看《海洋法公约》第211条第3款。

[41] R. Churchill and A. Lowe, *The Law of the Sea* (3rd edn., 1999, Manchester: Manchester University Press,1999),63。

[42] 国家海洋局政策法规办公室编:《中华人民共和国海洋法规选编》(修订版),海洋出版社1998年版,第139页。

[43] 参看本书第十章。涉及污染问题时,有三种平行管辖权存在,参看《海洋法公约》第217、218、220条。又及:T. Keselj, "Port State Jurisdiction in respect of Pollution from Ships: The 1982 United Nations Convention on the Law of the Sea and the Memoranda of Understanding", 30 *ODIL* (1999) 127, 130。

[44] D. O'Connell, *The International Law of the Sea* (ed. I. Shearer, Oxford: OUP, 1984), vol. ii, chapter 22.

[45] 中国口岸协会:《中国口岸年鉴2007》,中国海关出版社2007年版。

[46] 国家海洋局政策法规办公室编:《中华人民共和国海洋法规选编》(修订版),海洋出版社1998年版,第53页。

不过,在港口内合法停靠的外国军舰或公务船,享受习惯法下的豁免权[47]。

(四) 河口

《海洋法公约》第 9 条规定,如果河流直接流入海洋,领海基线应是一条在两岸低潮线上两点之间横越河口的直线。现实中,河口上往往会出现三角洲。《海洋法公约》第 7 条第二款规定,在因有三角洲和其他自然条件以致海岸线非常不稳定之处,可沿低潮线向海最远处选择各适当点,而且,尽管以后低潮线发生后退现象,现有直线基线仍然有效,除非沿岸国按照公约改变它。

(五) 中国内水中的航行规则

根据我国《对外国籍船舶管理规则》第 9 条,航行在中华人民共和国港口和沿海水域之中的船舶,不得进行危害中华人民共和国安全和权益的活动,并应遵守有关海峡、水道、航线和禁航区的规定。

《有关助航设备的规定》(1995)提供了对视觉、无线电或声音等的助航设备的保护措施[48]。交通部负责这些设备的管理和保护,但是用于军事或捕鱼目的的设备分别由军事部门和渔业部门管理[49]。该《规定》第 24 条列出了需追究刑事责任的情形。

(六) 历史性水域

一般来说,海洋法中历史性权利的概念包括对于岛屿和其他地物的主权[50],以及非主权性权利[51],历史性水域则是被此类权利覆盖的水域。在法理上,尽管国际法意义上的主权属于罗马法中绝对的统治权[52],但主权与其他法律权利并没有根本上的不同,因为他们都是法律所授予的权利[53]。历史性水域(包括历史性

---

[47] 《海洋法公约》第 32 条。参看:ITLOS, The "ARA Libertad" Case (Argentina v. Ghana), Provisional Measures, Order of 15 December 2012, www.itlos.org(国际海洋法法庭网址)。

[48] 国务院于 1995 年 12 月 3 日颁布。

[49] 见该《规定》第 3 条。国家海洋局政策法规办公室编:《中华人民共和国海洋法规选编》(修订版),海洋出版社 1998 年版,第 158 页。

[50] 参见本书第九章第二节(八)小节。

[51] Y. Z. Blum, "Historic Rights", 2 EPIL (1995), at 710.

[52] H. Lauterpacht, Private Law Sources and Analogies of International Law (London: Longmans, Green and Co., 1927), 95-96.

[53] M. Shaw, Title to Territory in Africa: International Legal Issues (Oxford: Clarendon Press, 1986), 12-16.

海湾)的性质是内水[54]，而鉴于这一性质，造成此类水域声索过程中的极大争议[55]。

1962年，联合国秘书处发表了题为"历史性水域(包括历史性海湾)法律制度"的研究报告[56]。但是，上述报告并没有对《海洋法公约》造成影响，公约下也没有对这类水域做出制度性规定[57]。对《公约》涉及此类水域的规定的理解也不尽相同，有些国家认为公约下的各项海域制度已经涵盖了所有可能，不存在历史性权利的例外情况[58]，但是否如此还是有争议的问题。如果公约不能向其前言所讲解决"所有与海洋法有关的事项"，那么就有可能存在着公约不能涵盖的情况[59]，而公约本身未得到国际社会的普遍参与就说明存在着这类情况。再有，在某些情况下历史性权利的存在与否是个证据问题，对证据的采信程度决定结论的走向，如果证据足够，那么就可能证明历史性权利的存在。对此分歧有四点进一步的说明。

第一，《海洋法公约》并未就"历史性权利"一词进行任何定义，甚至并未提及该词，更不用说有关该权利的详细规则。因而，确实无法从《公约》本身推测出任何关于历史性权利的规定。除了《公约》第298条第一款第(a)项明确提及的"历史性所有权"(historic title)以外，"历史性权利"(historic rights)并非明确是与《公约》的解释和适用相关的事项，因此，"历史性权利"的解释无可避免地指向《公约》以外的习惯国际法。这恰巧说明了海洋法制度中存在两类平行的机制。

第二，尽管《公约》被称为"海洋宪章"[60]，事实上，该《公约》仅有168个缔约方，数量上明显低于联合国193个成员国。美国、土耳其等尚未加入《公约》。因而，说《公约》已经成为"宪章"，有些言过其实。此外，由于《公约》的谈判反映了包含大量妥协的"一揽子"协议，使得缔约或非缔约国无法以文本某部分代表习惯法为

54　ICJ, *Fisheries Case* (*UK v. Norway*), Judgment of 18 December 1951, ICJ Rep. (1951) 116, at 130. 参看 C. Symmons, *Historic Waters in the Law of the Sea: A Modern Re-Appraisal* (Leiden: Martinus Nijhoff, 2008).

55　S. Kopela, "Historic Titles and Historic Rights in the Law of the Sea in the light of the South China Sea Arbitration", 48 *ODIL* (2017) 181-183.

56　YBILC (1962), vol. ii, 1.

57　*UNCLOS Commentary*, vol. ii, at 118-119.

58　Bureau of Oceans and International Environmental and Scientific Affairs, US Department of State, *Limits in the Seas*, No. 143, "China: Maritime Claims in the South China Sea", 5 December 2014, 19-20.

59　Z. G. Gao and B. B. Jia, "The Nine-Dash Line in the South China Sea: History, Status, and Implications", 107 *AJIL* (2013) 98, at 123.

60　T. B. Koh, "A Constitution for the Oceans", in: United Nations, *The Law of the Sea: Official Text of the United Nations Convention on the Law of the Sea with Annexes and Index* (New York: United Nations, 1983), xxxiii.

借口选择性遵守《公约》的规则[61]。《公约》的性质依旧是条约。其规则是否全部反映了习惯法十分不确定。《公约》的前言明确指出且充分证明了这一点。

第三,考虑到《公约》无法涵盖海洋方面所有习惯规则的事实,可以得出这样的判断:《公约》不能替代仅由习惯国际法规范的历史性权利。如果海洋法承认混合型争端的存在——这本身已是具有争议的说法[62],上述的推断是有效的。进一步而言,与该推断相关的权利很可能出现在《公约》管辖的海域范围内。如果批准或加入《公约》意味着将丧失这些权利,《公约》应当明确规定这一后果,但《公约》并未如此规定。

第四,如上所述,历史性权利的最高体现是主权。除非《公约》条文明确反映了这一意图,加入《公约》不能被解读为放弃这一等级的权利,不能轻易做出"加入条约等于放弃主权"的推断。

上述四点在涉及历史性权利问题的三个海洋法案例中都有所体现。"厄立特里亚/也门仲裁案"的仲裁庭认为:

> "许多世纪以来盛行的情况是红海南部的海洋资源具有传统开放性,可以捕鱼,交通往来不受限制,两岸人民可以共同使用岛屿,它们都是能够产生特定'历史性权利'的重要因素,这等'历史性权利'对双方均有利,经由历史性巩固的过程产生,属于某种尚达不到领土主权的'国际地役权'。"[63]

在仲裁庭看来,这些权利能够为红海两岸人民提供"维持几个世纪以来共有物上的特定权益的充分法律依据"[64]。在认定仲裁当事方对特定争议岛屿拥有主权的同时,仲裁庭强调"保留该地区传统的捕鱼制度";在裁决判定给也门的岛屿附近,也门应当为了"贫穷而勤劳的人民"保留现有的制度,即"厄立特里亚和也门双方的渔民能够自由利用和享有(渔业资源)"[65]。仲裁庭并没有区分"历史性权利"(historic right)和"历史性所有权"(historic title)。

在"大陆架案"中,国际法院认为"历史性所有权必须如同长期以来那样,得到

---

[61] UNCLOS Commentary, vol. v, at 5-15(讨论的是《公约》的第15部分总体设计与起草的过程,充分体现了整个谈判过程中"一揽子"手法的重要性)。

[62] B. B. Jia,"The Principle of the Domination of the Land over the Sea: A Historical Perspective on the Adaptability of the Law of the Sea to New Challenges",57 *German Yearbook of International Law* (2014), 63-93.

[63] *Eritrea v. Yemen*, Phase One, Award of 9 October 1998, para. 126. https://pca-cpa.org/en/cases/81/.

[64] Ibid.

[65] Ibid., para. 526.

尊重和保全。"[66]在该案中,这些权利或所有权与地中海的游行生物和定居种生物相关[67],不过,突尼斯提出的历史性捕鱼权问题并未影响其和利比亚的大陆架划界[68],但该案显示了历史性捕鱼权在海洋法语境下的重要性——获得资源往往是相关国家的核心关切。

在"缅因湾划界案"中[69],国际法院分庭并没有完全否定美国渔民的历史性捕鱼权。法院承认,美国和加拿大通过在缅因湾区域建立专属捕鱼区,排除了其他国家渔民(的捕鱼活动)[70],美国渔民对这一捕鱼区域的支配不能转化为美国对加拿大区域的主权。虽然该判决在确立界线时,不考虑赔偿划界后捕鱼权的损失,但判决暗示,如果经济利益(如捕鱼、勘探资源、安全等)会对两国居民的生计造成灾难性后果的话,则经济利益可能成为划界公平衡量的考虑因素。该分庭认为,在该案中,无法给予历史性权利以决定性的权重,但这一论述没有否定历史性权利可能存在。

本案清楚地表明,如果历史性权利存在,可能会影响海洋划界,对历史性权利的主张不能等同于对他国管辖权下水域所有权的主张,且历史性权利与对岛屿和附近海域的主权主张无关。所以,本案对历史性权利的存在与否没有直接影响;相反,它暗示着这种权利可能是存在的。

上述三个案例在实质上支持历史性非主权权利的存在。当今实践中,历史性主权覆盖的水域也并没有消失。2003年,乌克兰与俄罗斯订立了双边的合作条约,第1条就基于历史因素将亚佐夫海和刻赤海峡视为内水[71]。更早一些,在1958年,联合国秘书处在第一次海洋法大会召开时,曾将这个水域列入"历史性

---

66 *Continental Shelf*(*Tunisia/Libya*),Judgment of 24 Feb. 1982,ICJ Rep. (1982) 18,para. 100.

67 Ibid.,para. 98.

68 Ibid.,para. 105.

69 ICJ,*Delimitation of the Maritime Boundary in the Gulf of Maine Area*(*Canada/USA*),Judgment of 12 Oct. 1984,ICJ Rep. (1984) 246,paras. 233 and 235.

70 Ibid.,para. 235.

71 "Agreement between the Russian Federation and the Ukraine on Cooperation in the Use of the Sea of Azov and the Strait of Kerch",concluded on 24 December 2003 and entering into force on 23 April 2004,Art 1("[t]he Sea of Azov and the Kerch Strait have historically been inland waters of the Russian Federation and Ukraine"); *In the Matter of an Arbitration before an Arbitral Tribunal Constituted under Annex Ⅶ to the 1982 United Nations Convention on the Law of the Sea*,*between Ukraine and the Russian Federation in respect of a Dispute concerning Coastal State Rights in the Black Sea*,*Sea of Azov*,*and Kerch Strait*,PCA Case No. 2017-06,initiated by Ukraine on 16 September 2016,*Reply of the Russian Federation to the Written Observations and Submissions of Ukraine on Jurisdiction*,28 January 2019,vol. Ⅰ,para. 94;Relevant materials can be found at:https://pca-cpa.org/en/cases/149.

海湾"之列[72]。虽然地缘政治的变化使得这一水域在 2004 年后出现新局面,但是 2003 年条约仍然有效[73],且该条约本来就是在该水域几十年治理的经验上订立的[74]。

作为小结,海洋法中存在着两种历史性水域:历史性主权覆盖的水域,具有内水性质;历史性非主权权利覆盖的水域,既不是内水,也不一定是《海洋法公约》下专属经济区制度所主导的水域,而可能是专属经济区制度与历史性权利共同规范的水域。

四、领海和毗连区

领海制度的发展是现代海洋法发展的主要内容,领海的概念是海洋法体系发展的基础。当今有关领海的法律制度体现在《海洋法公约》中,其相关规定在很大程度上反映了习惯法。

(一) 领海法律地位

《海洋法公约》第 2 条规定,沿岸国主权及于其陆地领土及其内水以外邻接的一带海域;在群岛国的情形下则及于群岛水域以外邻接的一带海域,两个水域均称为领海。主权还及于领海上空及其海床和底土[75]。对于领海主权的行使受公约和其他国际法规则的限制。

(二) 无害通过权

在领海通行问题上的经典案例是"科孚海峡案"[76]。尽管该案涉及的是军舰在国际海峡中通过的问题,但国际法院判决中提到了领海无害通过的判断标准,它关于无害通过权的阐述成为《海洋法公约》对无害通过权进行发展和编撰的

---

[72] "Historic Bays: Memorandum by the Secretariat of the United Nations", A/CONF. 13/1, *Official Records of the United Nations Conference on the Law of the Sea* (1958), Volume I (Preparatory Documents), 30 September 1957, 1, at para. 12.

[73] Supra note 69, *Award concerning the Preliminary Objections of the Russian Federation*, 21 February 2020, paras. 483 and 487.

[74] B. B. Jia, "The Question of Jurisdiction in the 2019 Arbitration between Ukraine and Russia", 19 *Chinese JIL* (2020) 683, paras. 25-28.

[75] 即所谓"地位一致"原则;黄解放:《海洋法公约对海洋上空法律制度的影响》,载《中国国际法年刊》(1985),第 122-126 页。

[76] ICJ, *Corfu Channel Case* (UK v. Albania), Judgment of 9 April 1949, ICJ Rep. (1949) 4.

基础。

本案源于 1946 年 10 月 22 日发生在科孚海峡中的触雷事件。当时，两艘英国驱逐舰在阿尔巴尼亚水域中触雷，遭受了严重损失，包括人员伤亡。事发后，英国首先将该争端诉诸联合国安理会，安理会于 1947 年 4 月 9 日通过了决议，建议双方将纠纷提交国际法院。英国随后向国际法院提交了申请。阿尔巴尼亚就管辖权问题提出初步反对意见。国际法院在 1948 年做出的判决认为法院对该案享有管辖权[77]。在判决的当天，双方缔结了一个特别协定，要求法院对以下问题做出判决：

"1) 阿尔巴尼亚是否应该对该爆炸承担责任？是否有义务对该事件造成的损失和伤亡赔偿？

2) 根据国际法，英国海军 1946 年 10 月 22 日在阿尔巴尼亚领海中的行为和 1946 年 11 月 12 日至 13 日的扫雷行动是否侵犯了阿尔巴尼亚的主权？"

国际法院对这两个问题的判断都取决于英国军舰的通行行为是否符合合法通过权的要求。法院认为科孚海峡是一个国际海峡，接着讨论了无害通过问题。国际法院将军舰通过海峡的方式作为判断其通过行为是否无害的决定性要素[78]。法院考察了 1946 年 10 月 22 日英国军舰通过科孚海峡的方式，认为当时军舰的炮口与船身平行；尽管军舰通过海峡的目的是试探阿尔巴尼亚对英国行使通过领海的权利的态度，法院认为这个目的不足以改变这次通过的无害性质；这次通过行为是在主张先前被沿岸国侵犯的权利，并通过宣示武力的方式表明了自己对这一权利的态度：一旦军舰再次受到袭击，将予以回击[79]。

1958 年《领海与毗连区公约》第 14 条第四款因此规定，"只要不损害沿岸国的和平、良好秩序或安全，通过行为即为无害。这种通过行为应符合本公约和其他国际法规则。"《海洋法公约》第 17 条重述了上述内容，规定所有国家——不论沿岸国或内陆国，其船舶均享有无害通过领海的权利。这是条约为第三国设定权利的一个例子。《海洋法公约》第 18 条规定，"通过"是指为了以下目的通过领海的航行：穿过领海但不进入内水或停靠内水以外的泊船处或港口设施，或驶往或驶出内水或停靠泊船处或港口设施。通行应该继续不停和迅速地进行，但包括停船和下锚在内，只要后者属于通常航行过程中附带发生的，或由于不可抗力或危

---

[77] ICJ Rep. (1948) 15.

[78] ICJ, *Corfu Channel Case* (*UK v. Albania*), Judgment of 9 April 1949, ICJ Rep. (1949) 4, at 30-31, 33-34.

[79] Ibid., 30.

难所必要的，或为救助遇险或遭难的人员、船舶或航空器而采取的行为。

无害通过规则反映在《海洋法公约》的相关条款内。第19条第一款规定，只要不损害沿岸国的和平、良好秩序或安全，通过就是无害的；通过应符合公约和其他国际法规则。为了帮助理解这一款要求，《公约》第19条第二款列举出了什么是对沿岸国的和平、良好秩序或安全造成损害的几种情况，包括：

1) 对沿岸国的主权、领土完整或政治独立进行任何武力威胁或使用武力，或以任何其他违反《联合国宪章》所体现国际法原则的方式进行武力威胁或使用武力；

2) 进行任何种类武器的操练或演习；

3) 进行目的在于搜集情报而使沿岸国的防务或安全受损害的行为；

4) 进行目的在于影响沿岸国防务或安全的宣传行为；

5) 在船上起落或接载任何航空器；

6) 在船上发射、降落或接载任何军事装置；

7) 违反沿岸国海关、财政、移民或卫生的法律和规章，装卸任何商品、货币或人员；

8) 违反本公约规定的故意和严重的污染行为；

9) 任何捕鱼活动；

10) 进行研究或测量活动；

11) 从事目的在于干扰沿岸国任何通信系统或任何其他设施或设备的行为；

12) 与通行没有直接关系的任何其他活动。

《海洋法公约》第20条规定，在领海内，潜水艇和其他潜水器须在海面上航行并展示其旗帜。

在无害通过权实践中，最有争议的是军舰和其他用于非商业目的政府船舶的无害通过权问题。《海洋法公约》的规定似乎表明这类船舶享有无害通过权。但是在具体实践中，《海洋法公约》缔约国对这个问题的理解不尽相同，而自1958年第一次海洋法会议以来这些争议就一直存在[80]。

《海洋法公约》第29条规定，军舰是指属于一国武装部队、具备辨别军舰国籍的外部标志、由该国政府正式委任并名列相应的现役名册或类似名册的军官指挥、配备有服从正规武装部队纪律船员的船舶。第30条规定，如果任何军舰不遵

---

[80] M. Shaw, *International Law* (8th edn., Cambridge: CUP, 2017), 1144-1145.

守沿岸国关于通过领海的法律和规章,而且不顾沿岸国向其提出遵守法律和规章的任何要求,沿岸国可要求该军舰立即离开领海。第 31 条则规定了军舰和公务船的船旗国需要为这些船舶的违反沿岸国相关法律的行为承担国家责任。第 32 条规定,上述条款的规定不影响这些船舶享有的豁免权。在"自由号案"中[81],虽然阿根廷的军舰是在加纳的港口——因而是内水——里被扣押的,但是国际海洋法庭认为,第 32 条并没有限定自己适用的范围,何况军舰的豁免权并不受地理位置的限制,所以,尽管存在第 32 条属于《海洋法公约》第二部分(领海与毗连区)之中这一事实,但并不是说它不适用于其他海域,所以法官们一致同意指定临时措施,包括命令加纳当局释放军舰[82]。

这四个条款与其他相关的、属于公约中领海制度的条款,都没有明确军舰在这个制度下是如何进入领海的,所以可以允许不同解释。

如果这些船舶以武力威胁到沿岸国的安全,沿岸国当然有自卫权,特别是因为自卫权是《联合国宪章》第 51 条中提到的"固有"权利。但是,任何其他对《公约》第 19 条第二款的违反并不必然给予沿岸国对相关船舶使用武力的权利。

自 1958 年来,中国政府在这个问题上的立场一贯:外国军舰经过中国领海需要经过中国政府部门的事先批准,其他外国非军事船舶享有无害通过权[83]。此外,中国有权利采取一切办法阻止外国船舶在其领海的非无害通过行为,在中国领海内,潜艇必须在水面航行[84]。

(三) 沿岸国权利和义务

沿岸国一方面可以根据《海洋法公约》第 19 条向外国政府主张权利;另一方面还可以根据第 21 条制定相应的法律,以维护其领海主权。《公约》第 21 条规定,沿岸国可以"依本公约规定和其他国际法规则"对下列各项或任何一项制定关于无害通过领海的法律和规章:

1) 航行安全及海上交通管理[85];

---

[81] *The ARA Libertad case*(*Argentina v Ghana*),Provisional Measures,Order of 15 December 2012,*ITLOS Reports* (2012),332.

[82] Ibid. ,paras. 63-64,108(i).

[83] 见《领海及毗连区法》第 6 条;1996 年 6 月 7 日批准《海洋法公约》时所作声明的第四点:*LOS Bulletin*,No. 31,at 8. 参看: K. Y. Zou,"Innocent Passage for Warships: The Chinese Doctrine and Practice",29 *ODIL*(1998),211.

[84] 见《领海及毗连区法》第 7 条。

[85] 《海洋法公约》第 22 条规定,沿岸国可以划分海道或实行分道航行制度。

2) 保护助航设备和设施以及其他设施或设备;
3) 保护电缆和管道;
4) 养护海洋生物资源;
5) 防止违犯沿岸国的渔业法律和规章;
6) 保全沿岸国的环境,并防止、减少和控制该环境受污染[86];
7) 海洋科学研究和水文测量;
8) 防止违犯沿岸国的海关、财政、移民或卫生的法律和规章。

在第 21 条第三款下,沿岸国应将所有此类法律和规章妥为公布。第 21 条第四款要求外国船舶在行使无害通过权时必须遵守这些法律规定。如果这些船舶和其船员有任何违反沿岸国法律的行为,都会落入沿岸国刑事管辖权(《海洋法公约》第 27 条)和民事管辖权(《海洋法公约》第 28 条)的范围之内。但政府船舶在这两种情况下享有豁免权。在这里存在一个问题,即外国船舶违反第 21 条下沿岸国所制定法律的行为是否会导致通过行为成为有害行为。从这几个条款内容分析,如果违反的举动符合第 19 条第二款下所列情况之一,则通过行为成为有害行为,沿岸国可以依第 25 条第一款规定,在其领海内采取必要步骤防止该行为的继续,也可以暂停外国船舶在其领海中的通行。同时,非政府船舶受第 27、28 条的管辖;而军舰则由第 30 条来辖制,若后者不遵守沿岸国颁布的、针对领海的法律法规,并无视沿岸国要求其遵守法律法规的要求,沿岸国有权命令其立即离开领海。这个安排保证了军舰所享有的国家豁免权。同样,从事公务的政府船舶在第 32 条下也享有豁免权。当然,军舰和从事公务的政府船舶的船旗国要为前者触犯沿岸国法律法规的后果承担国际责任[87]。

《海洋法公约》在授予沿岸国这些权利后,还赋予其相应义务。第 24 条规定,除按照本公约规定外,沿岸国不可妨碍外国船舶无害通过领海。此外,沿岸国应将其所知的、在其领海内对航行有危险的任何情况妥为公布。最后,沿岸国不得对无害通过其领海的外国船舶征收任何费用。

我国 1992 年《领海及毗连区法》要求无害通过中国领海的外国船舶遵守中国法律和规章,如有违反,中国有关当局将对该事件进行处理(第 8 条);如果外国军舰和政府船舶违反了相关法律或规章,中国政府有权要求其离开中国领海,其

---

[86] 《海洋法公约》第 23 条规定,外国核动力船舶和载运核物质或其他本质上危险或有毒物质的船舶,在行使无害通过领海的权利时,应持有国际协定为这种船舶所规定的证书并遵守国际协定所规定的特别预防措施。

[87] 《海洋法公约》第 31 条。

船籍国要对该船舶造成的任何损失和伤害负责(第10条)。

(四) 毗连区

在实践中,类似毗连区的功能区域有较长历史[88]。但是直到1930年,国际法中才出现了关于毗连区制度的系统理论,法国学者吉德尔对该理论的形成起到了重要作用。在当时的国际实践中,尽量保持最大范围公海的主流看法促成了主权问题和边防问题的分离,于是国际上出现了一种性质不属于领海、在其范围内沿岸国享有特殊权能的区域[89]。1958年的《领海与毗连区公约》第24条视毗连区作为毗邻领海的"公海"的一部分[90]。《海洋法公约》第33条规定,沿岸国可在毗连其领海、称为"毗连区"的区域内,制定、施行对下列事项的必要管制措施:1)防止在其领土或领海内违犯其海关、财政、移民或卫生检疫的法律规章的行为;2)惩治在其领土或领海内违犯上述法律和规章的行为。值得考虑的是,"卫生检疫"的管辖权下是否包括违反领土或领海中的环境保护措施的行为,国家实践还在发展。最后,毗连区从测算领海宽度的基线量起不得超过24海里。

中国《领海及毗连区法》第13条反映了《海洋法公约》这一规定。但是,它在后者规则的基础上增加了关于"安全"的规定。"安全"这一术语在这里的含义与其在无害通过权规则中的含义很相近,但是这个术语的准确范围尚待实践加以确定[91]。至今为止,没有任何一个外国国家对中国在毗连区制度中增加的、关于"安全"的规定表示过抗议。

另外,根据我国法规,在毗连区上空存在着飞行情报区[92]。20世纪的国际实践中还出现了安全区或航空识别区的做法,基本是在领海之外设立的、具有特别

---

[88] J. Crawford, *Brownlie's Principles of Public International Law* (9th edn., Oxford: OUP, 2019), p. 245.

[89] C. Rozakis and C. Stephanou (eds.), *The New Law of the Sea* (Amsterdam: Elsevier Science Publishers, 1983), 71.

[90] 国际法委员会在1956年的领海规则草案中取消毗连区管辖权事项中的"安全"一词: *YBILC* (1956), vol. ii, at 295, Commentary (4) on Art 66.

[91] 参看国际法研究院1928年通过关于领海制度的决议,其中就承认毗连区中的"安全"利益: *IDI Annuaire* (1928),"和平时期领海的规则草案"(原文法文),第12条规定:"在领海之外毗邻海域,沿岸国可以出于安全、中立、卫生、海关以及渔业的考虑,采取必要措施,并有权对涉及上述事项的违法行为行使管辖权": https://www.idi-iil.org/app/uploads/2017/06/1928_stock_03_fr.pdf.

[92] 《中华人民共和国飞行基本规则》,由国务院和中央军委公布于2000年7月24日,并于2001年和2007年予以修订。参见第30条和112条。除了毗连区,这种情报区还覆盖领土、专属经济区以及其毗连的公海部分的上空: http://www.gov.cn/zwgk/2007-10/29/content_789042.htm(浏览于2021年10月17日)。

目的的区域[93]。

五、海峡和群岛制度

(一)《海洋法公约》意义上的国际海峡

海峡是存在于大片水域之间的狭窄水道,本身是一个地理现象;许多海峡在国际关系史上的重要事件中显示了其重要性。不过,大多数海峡是因为其地理位置而具有法律上的重要性。

多年来,有关海峡制度的一个突出问题就是构成海峡的水体的法律地位。"科孚海峡案"简单地界定了这一地位[94],这个问题最终在《海洋法公约》中得到了解决。公约第34条规定,本公约所规定的用于国际航行海峡的通过制度,不应在其他方面影响构成海峡水体的法律地位,或影响海峡沿岸国对水体及其上空、海床和底土行使其主权或管辖权。

在1958年联合国第一次海洋法会议的准备阶段,联合国国际法委员会曾主张国际海峡应"一般"用于航行,但是,1958年《领海与毗连区公约》并没有包括这个条件[95]。《海洋法公约》则延续了1958年《领海与毗连区公约》的相关说法。

海峡沿岸国的主权或管辖权的行使受《海洋法公约》第三部分和其他国际法规则的限制[96]。其一,第36条规定,如果在某一用于国际航行的海峡中贯穿一条在航行和水文特征上具有同样便利条件的、穿过公海或专属经济区的航道,《海洋法公约》第三部分不适用于该海峡。在这种航道中,适用本公约其他有关部分的规定。可以说,这样的海峡并不是法律意义上的海峡。

其二,第35条从第三部分中排除了那些已有国际条约管理的海峡。在《海洋法公约》生效后,实践中出现了现有条约体系与公约第三部分规则混合适用的趋势,反映了第三部分规则的普遍适用性,但是沿岸国的偏好是现有条约,对第三部分的借用是考虑到其中适用于海峡航行管理方面的规则更为先进、效果更好[97]。

93　J. Crawford, *Brownlie's Principles of Public International Law* (9th edn., Oxford: OUP, 2019), 265-266.

94　ICJ Rep. (1949) 4.

95　见该《公约》第16条第四款。

96　H. Caminos, "The Legal Regime of Straits in the United Nations Convention on the Law of the Sea", 205 *RdC* (1987), 9-246.

97　B. B. Jia, "Article 35", margins 13-14, in: *Proelss's UNCLOS Commentary*, 281-282.

对哪些海峡属于第35条(C)款的范畴,还存在争议[98]。

《海洋法公约》第三部分的法律制度包含两方面内容。其一,第37条和第38条规定,所有船舶和航空器在连接公海或专属经济区的两个部分之间的、用于国际航行的海峡内均享有不受阻碍的、崭新的"过境通行"的权利。其二,第45条规定,公约第二部分第三节规定的"无害通过"制度应适用于下列用于国际航行的海峡:1)如果海峡处于沿岸国的一个岛屿和其大陆之间,而且该岛向海一面有在航行和水文特征方面具备同样便利条件的一条穿过公海或穿过专属经济区的航道;或2)在公海或专属经济区的一个部分和外国领海之间的海峡。这种无害通过行为不可被海峡沿岸国中止。历史上,第45条的规则起源于提兰海峡的通行权利之争[99];现在,刻赤海峡的局面与当年的提兰海峡的局势类似,而乌克兰与俄罗斯2003年所订立的双边条约,也将近似第45条下的无害通过权赋予了第三国[100]。

根据《海洋法公约》第38条,过境通行是指专为在公海或专属经济区的两个部分之间的海峡继续不停、迅速过境的目的而行使航行和飞越自由。任何非行使海峡过境通行权的活动,仍受《公约》其他规定的限制。第39条规定,船舶和航空器在行使过境通行权时有如下义务:1)应毫不迟延地通过或飞越海峡;2)不可对沿岸国主权、领土完整或政治独立进行任何武力威胁或使用武力,或以任何其他违反《联合国宪章》所体现的国际法原则的方式进行武力威胁或使用武力;3)除因不可抗力或危难的原因,不可从事继续不停和迅速过境的通常方式所附带活动以外的任何活动;4)应遵守本部分其他有关规定。

"过境通行"制度在实践中得到许多国家的认可[101],包括科孚海峡[102]。美国作为非缔约国一直坚持这一制度反映习惯法,以方便其海军在世界海域中的通行[103],但是,这一说法一直遭到其他缔约国的反对,因为在《海洋法公约》的谈判过

98　B. B. Jia,"Article 35",第 15-16 段(涉及瑞典的奥兰海峡的地位和通过制度)。

99　B. B. Jia, *The Regime of Straits in International Law* (Oxford: Clarendon Press, 1998), 20-22.

100　B. B. Jia,"The Question of Jurisdiction in the 2019 Arbitration between Ukraine and Russia", 19 *Chinese JIL* (2020) 683, at para. 38.

101　B. B. Jia, *The Regime of Straits in International Law* (Oxford: Clarendon Press, 1998), chapter 8.

102　H. Caminos,"Categories of International Straits Excluded form the Transit Passage Regime under Part Ⅲ of the United Nations Convention on the Law of the Sea", in: T. Ndiaye, R. Wolfrum, C. Kojima (eds.), *Law of the Sea, Environmental law and Settlement of Disputes* (Leiden: Martinus Nijhoff, 2007), 583, 592.

103　E. Wilcox(ed.), *Digest of United States Practice in International Law* 2008 (Oxford: OUP and Washington: International Law Institute, 2010), 862-863 (reporting on the statement by the Department of Defense and by the US Navy on an incident that took place in the Straits of Hormuz in January 2008).

程中,这一制度是作为"一揽子"谈判方案的一部分被各国所接受的[104]。实践中,这一制度是否已经成为习惯法仍然不清楚[105]。

(二) 群岛制度

根据《海洋法公约》第 46 条的规定,"群岛"是指一组岛屿——包括岛屿的若干部分、相连的水域或其他自然地形,彼此密切相关,以致这种岛屿、水域和其他自然地形实质上构成一个地理、经济和政治意义上的实体,或在历史上已被视为这样的一个实体。"自然地形"(natural features)可能在实践中会造成困难,但是考虑到群岛作为整体的原则,困难的程度有限;但是在此类地形被用来作为群岛基线基点时,困难是显而易见的[106]。

在 1958 年前后,印度尼西亚和菲律宾就主张建立一个专门适用于这种自然地形组合的制度[107]。这两个国家随后都通过了相关立法,但是它们的立法遭到了英国和美国的反对,且两国派遣军舰通过群岛水道以示抗议[108]。但是,更多国家在第三次联合国海洋法会议之前或之中主张群岛水域,这些实践为制定一个调和海洋大国和沿岸国利益的制度创造了可能性。《海洋法公约》规定的群岛制度是妥协的产物。需要注意的是,以上提到的群岛定义并不精确,因为它可能涵盖某些有争议的地形作为群岛的一部分。但是,第 46 条解决了这个问题,确保拥有沿岸群岛的国家不构成群岛国家。

《海洋法公约》第 47 条规定了群岛基线的确定方法。群岛国可划定连接群岛最外缘各岛和各干礁的最外缘各点的直线群岛基线,但这种基线应包括各主要岛屿和这样一个区域:在该区域内,水域面积和包括环礁在内的陆地面积的比例应在一比一至九比一之间[109]。任一基线长度不应超过 100 海里;但围绕群岛的基线

---

104 B. B. Jia, *The Regime of Straits in International Law* (Oxford: Clarendon Press, 1998), at 204.

105 A. López Martín, *International Straits* (Heidelberg: Springer, 2010), 192-198.

106 The Philippines: *Republic Act No. 9522 to Amend Certain Provisions of Republic Act No. 3046, as Amended by Republic Act No. 5446, to Define the Archipelagic Baselines of the Philippines and for Other Purposes*, 10 March 2009, *LOS Bulletin*, No. 70, 32(这部法律中就使用了几个珊瑚礁作为基点).

107 M. Sorensen, "The Territorial Sea of Archipelagos", in: *Varia Juris Gentium* (Liber Amicorum J. P. A. Francois)(Leyden: Sijthoff, 1959), 315 at 322.

108 有关菲律宾群岛实践的发展中"条约界限"的作用,参看: K. Y. Zou, "Sacrborough Reef: A New Flashpoint in Sino-Philippine Relations?" *IBRU Boundary and Security Bulletin* (1999) 71, 75-76; L. Bautista, "Philippine Territorial Boundaries: Internal Tensions, Colonial Baggage, Ambivalent Conformity," 16 *Journal of Southeast Asian Studies* (2011) 35.

109 比如菲律宾的群岛水域与群岛领土面积之比是 1.98:1,参看: Bureau of Oceans and International Environmental and Scientific Affairs, US Department of State, *Limits in the Seas*, No. 142, "Philippines: Archipelagic and other Maritime Claims and Boundaries", 15 September 2014, at 3.

总数中至多有3%可超过该长度,但以125海里为限。群岛国主权及于群岛基线所包围的水域,后者称为"群岛水域"。群岛基线这种划法使一些国家放弃对群岛国地位的主张[110]。另外,第47条第四款特别排除了低潮高地作为基点的可能性[111],例外是：上面修建了灯塔或其他永久高出水面设施的低潮高地,或者低潮高地全部或部分离最近的岛屿距离不超过12海里。

第49条第一款规定,群岛水域属于群岛国领土主权范围之内；不过,第三款明确承认公约第四部分其他条款限制这一主权的行使。在"协和号仲裁案"中,公约附件七仲裁庭认为,"沿海国在其群岛水域里采取执行措施时,受制于合理性要求,而后者包括必要性和成比例性这样的普遍性原则"[112]。不符合这一要求的做法,会违反公约第49条的规则。

《海洋法公约》第52条规定,在第53条限制下、并在不妨害第50条的情形下,所有国家的船舶均享有通过群岛水域的"无害通过权"。第53条第二款规定,在群岛国指定的海道和空中通道内,所有船舶和航空器都有权按照公约规定,为了在公海或专属经济区的两部分之间继续不停、迅速和无障碍地过境的目的,按通常方式航行和飞越,此即"群岛海道通过权"。此外,如果群岛国没有指定海道或空中航道[113],那么在"通常"用于国际航行的海道以及其上空,船舶和航空器仍然享有"群岛海道通过权"。根据这个规定,群岛国不再享有指定这种海道的排他性权利,而"通常"二字具有一定的客观内容,可由船旗国据具体情况来判断,另外,这两个字隐含着相关水道具有一定密度航运活动的要求[114]。指定或更换群岛海道时,群岛国有义务向有关国际组织提交可以被该组织接受的建议方案,在公约下,这个组织指国际海事组织[115]。1998年,国际海事组织公布了"通过、设计与替换群岛海道的普遍规则"[116],对群岛海道的设计方法等问题提出了进一步说明。

---

110 V. Prescott and C. Schofield, *The Maritime Political Boundaries of the World* (2nd edn., Leiden: Martinus Nijhoff, 2005), 176.

111 *UNCLOS Commentary*, vol. ii, at 430.

112 (*Malta v. São Tomé and Príncipe*), Case No. 2014-07, 5 September 2016, paras. 254 and 209.

113 Bureau of Oceans and International Environmental and Scientific Affairs, US Department of State, *Limits in the Seas*, No. 142, "Philippines: Archipelagic and other Maritime Claims and Boundaries", 15 September 2014, at 7(菲律宾政府直到2014年8月尚未颁布群岛航道).

114 B. B. Jia, *The Regime of Straits in International Law* (Oxford: Clarendon Press, 1998), 56.

115 C. Johnson, "A Rite of Passage: The IMO Consideration of the Indonesian Archipelagic Sea-Lanes Submission", 15 *IJMCL* (2000), 317-332.

116 IMO Marine Safety Committee, Resolution MSC. 71(69), Annex 8, "Adoption of Amendments to the General Provisions on Ship's Routeing(Resolution A. 572(14) as Amended)", MSC 69/22/Add. 1, 19 May 1998.

在第 54 条之下,就群岛国权利和义务而言,第 39、40、40、42、44 条(都属于国际海峡通行制度)适用于群岛水域,当然这种适用要考虑群岛水域的特征。

《海洋法公约》下对大陆国家所拥有的外海/洋中群岛的问题没有做出规定,尽管这个问题在公约谈判过程中曾一度引发谈判国家的注意[117]。不过,现在看来,这一结果留下了隐患。从地理角度说,洋中群岛的存在是个地理事实,而这些群岛往往有定居的人口,甚至构成国际法意义上的国家(在"去殖民化"之后),所以忽视它们的存在不是办法[118]。实践中,对待这种群岛中组成部分相距比较紧密的一类的做法是,在其周围画直线基线,围成一体;如果组成部分相距较远,有作者认为可以推广适用公约第四部分下群岛基线的画法[119]。但是,实践中相关国家的实践是不例会公约第四部分下对基线画法的限制规定,所以,直线基线法的争议较大[120],对它是否具有普遍性这一问题,现在很难下定论[121]。

(三)中国实践

我国沿海有两个海峡在本节下应予以考虑。一个是位于大陆和台湾岛之间的台湾海峡。这个海峡是国际航道[122]。台湾海峡在最窄处的宽度超过 24 海里,这意味着在台湾海峡的中间部分水域原则上具有专属经济区的地位,若其具有与其他部分水域相似的通行便利条件的话,则外国船舶或航空器可以在该中间水域及其上空行使航行或飞越的自由,那么它就不再是法律意义上的国际海峡[123]。

另外一个是位于我国大陆和海南岛之间的琼州海峡,最窄宽度是 10 海里,因为在琼州海峡的向海一方存在位于中国专属经济区或更远处的公海上的、至少有

117　S. Kopela,*Dependent Archipelagos in the Law of the Sea* (Leiden:Martinus Nijhoff,2013),25-48.

118　Ibid.,230-234.

119　Ibid.,260-261.

120　J. A. Roach, "Offshore Archipelagos Enclosed by Straight Baselines:An Excessive Claim?" 49 *ODIL*(2018),176-202.

121　Supra note 117,260-261.

122　2017 年 1 月 11 日,国务院新闻办公室发表《中国的亚太安全合作政策》白皮书并举行新闻发布会,外交部副部长刘振民和国务院新闻办新闻发言人胡凯红出席,并答记者问。在发布会上刘振民表示,台湾海峡是大陆与台湾共享的国际水道:http://www.scio.gov.cn/xwfbh/xwbfbh/wqfbh/35861/36008/index.htm(浏览于 2021 年 10 月 22 日)。

123　"法律意义",是指基于《海洋法公约》第三部分的规定来看待海峡的法律属性。参看《海洋法公约》第 36 条。

同样便利的航道,且中国实践长期将海峡视为内水[124],所以,琼州海峡也不是法律意义上的国际海峡。

在上述两个海峡中,公约下的"过境通行制度"均不适用。

六、专属经济区

"专属经济区"的概念最初是由肯尼亚于 1971 年向亚非法律咨询委员会、1972 年向联合国海底委员会先后提出的[125]。与此同时,拉丁美洲国家开始提出"承袭海"的概念。这些做法得到了发展中国家的支持和发达国家的反对。在《海洋法公约》体系之内,专属经济区概念出现是妥协的产物[126],而从中最终发展出一个独特的新制度[127]。

(一) 法律地位和范围

《海洋法公约》第 55 条规定,"专属经济区"是领海以外,并邻接领海的一个海域,受公约下特定法律制度的规范。在这个制度下,沿岸国的权利和管辖权以及其他国家的权利和自由均受公约有关规定的规范。

这一特殊制度的性质是功能性的。这个水域是位于领海和公海之间,专属经济区从测算领海宽度的基线量起,不可超过 200 海里[128]。

根据《海洋法公约》和习惯法,建立专属经济区是选择性的主权行为,通过沿岸国的正式声明或立法来设立,沿岸国可以决定是否以及何时做出这种声明或颁布立法。中国是通过颁布 1998 年《专属经济区和大陆架法》建立了自己的专属经济区。

(二) 沿岸国和其他国家的权利和义务

1.《海洋法公约》

第 56 条对拥有专属经济区的沿岸国的权利和义务做出了规定。沿岸国在专

---

124 《中华人民共和国关于领海的声明》,1958 年 9 月 4 日公布。全文请看:国家海洋局政策法规办公室编:《中华人民共和国海洋法规选编》(修订版),海洋出版社 1998 年版,第 1 页。

125 D. Attard, *The Exclusive Economic Zone in International Law* (Oxford: Clarendon Press, 1988), 22-23.

126 Ibid., 26-27.

127 F. Orrego Vicuña, *The Exclusive Economic Zone. Regime and Legal Nature under International Law* (Cambridge: CUP, 1989).

128 《海洋法公约》第 57 条。

属经济区内有：1) 以勘探和开发、养护和管理海床上覆水域和海床及其底土的自然资源（不论为生物或非生物资源）为目的的主权权利，以及关于在该区域内从事经济性开发和勘探——如利用海水、海流和风力生产能源等其他活动的主权权利；2)《海洋法公约》有关条款所规定的对下列事项的管辖权：(1) 人工岛屿、设施和结构的建立与使用；(2) 海洋科学研究；(3) 海洋环境保护和保全。3) 公约规定的其他权利和义务。

2. 捕鱼活动

根据《海洋法公约》，专属经济区沿岸国对在该区域内的捕鱼活动享有管辖权。第61条规定，沿岸国可以决定其经济区内生物资源的可捕量，且应通过正当养护和管理措施，确保区域内生物资源免于过度开发。第62条第二款规定，沿岸国"必须"确定其捕捞经济区内生物资源的能力，而且在其没有能力捕捞全部可捕量的情形下，"必须"准许其他国家捕捞可捕量的剩余部分。第62条第四款对外国国民的义务做了如下具体规定：

> "在专属经济区内捕鱼的其他国家国民应遵守沿岸国法律和规章中所订定的养护措施和其他条款和条件。这种法律和规章应符合本公约，可涉及下列各项：
>
> 1) 授予渔民、渔船和捕捞装备以执照……；
>
> 2) 决定可捕鱼种，确定捕捞量配额，不论是关于特定鱼群或多种鱼群或一定期间的单船捕捞量，或关于特定期间内任何国家国民的捕获量；
>
> 3) 管理渔汛和渔区、可使用渔具的种类、大小和数量以及渔船的种类、大小和数目；
>
> 4) 确定可捕鱼类和其他鱼类的年龄和大小；
>
> 5) 规定渔船应通报的情况，包括捕捞量和计划捕捞量和船只位置的报告；
>
> ……
>
> 8) 在沿岸国港口卸下捕捞量的全部或任何部分；
>
> 9) 有关合资企业或其他合作安排的条款和条件；
>
> ……
>
> 11) 执行程序。"

沿岸国须将养护和管理的法律和规章公布于世[129]。

---

[129] 《海洋法公约》第62条第五款。参看：C. Fleischer,"The New Regime of Maritime Fisheries", 209 RdC（1988）99.

就沿岸国执行法律和规章的手段而言,第73条规定,沿岸国为行使勘探、开发、养护和管理在专属经济区内生物资源的主权权利,为确保其依照公约制定的法律和规章得到遵守,可采取必要措施,包括登临、检查、逮捕和进行司法程序[130]。在得到船旗国就被逮捕的船只及其船员所提交的合理保金或其他担保后,沿岸国必须立即将人、船释放[131]。在逮捕或扣留外国船只的情形下,沿岸国应通过适当途径将其所采取的行动及随后所施加的任何处罚及时通知船旗国。在第292条之下,提起立即释放申请的权利专属于船旗国或其授权的个人或组织,且一旦船旗国或其代理人提起立即释放程序,相关法院或法庭必须立即处理这一申请[132]。

在海洋法法庭的实践中,上述立即释放程序的性质"与第290条下的……临时措施不一样,【第292条下】这类程序并非案件实体问题的附属程序,而是独立、分开的程序。"[133] 当然,假如实体问题对立即释放程序有直接影响,那么法庭也会适当考虑实体问题。再有,立即释放程序是《海洋法公约》下强制管辖权的表现形式之一,一旦提起,程序双方质疑管辖权的可能性有限,且必须遵守程序结束时相关法院或法庭所做的决定(包括判决)[134]。

海洋法法庭在后来的案件中总结说,与立即释放程序有关的《海洋法公约》的条款包括第292条、第220条第七款、第226条第一款第b项[135]。这类程序中不适用"用尽当地救济"的规则[136]。

下面以"沃尔加"案判决为例,介绍一下立即释放程序的过程。案件起因是澳大利亚皇家海军于2002年2月7日在澳大利亚专属经济区里逮捕了船旗国为俄罗斯的"沃尔加号",声称该船在经济区从事了非法捕鱼活动。2002年12月2日,俄罗斯联邦根据《海洋法公约》第292条向海洋法法庭提出了释放"沃尔加号"和船员的申请。法官们一致认为,根据第292条,法庭对俄罗斯的申请具有管辖

---

[130] 比照中国《专属经济区和大陆架法》第12条。

[131] E. Franckx, " 'Reasonable Bond' in the Practice of the International Tribunal for the Law of the Sea", 32 *California Western International Law Journal* (2002) 303.

[132] 公约第292条第三款;《法庭程序规则》第112条。

[133] ITLOS, *The M/V "SAIGA" Case* (*Saint Vincent and the Grenadines v. Guinea*), Prompt Release, Judgment of 4 December 1997, para. 50. 以下所引用的ITLOS案例均可以在 www.itlos.org(国际海洋法法庭网址)上找到判决、命令、书状的全文。本案是海洋法法庭审理的第一个案件。

[134] 参见《海洋法公约》第296条。

[135] ITLOS, *The "Volga" Case* (*Russian Federation v. Australia*), Prompt Release, Judgment of 23 December 2002, para. 77.

[136] ITLOS, *The "Camouco" Case* (*Panama v. France*), Prompt Release, Judgment of 7 February 2000, para. 58.

权,且该申请具有可受理性。在申请中,俄罗斯认为澳大利亚在保金之外对释放人船增加了条件,根据《海洋法公约》第73条第二款的规定,这种做法既非法律允许,又不合理[137]。澳大利亚主张,因考虑到被押船舶、燃料、润滑油和捕鱼设备的价值、违法行为的严重性和可能遭受的惩罚、国际社会对于非法捕鱼活动的关注程度、在澳大利亚国内程序结束之前保证澳大利亚国内法和国际义务被遵守的需要等因素,其提出的保金要求是合理的。

法庭以19票对2票判定澳大利亚违反第292条,再以19票对2票判定,在俄罗斯交纳保金或提供其他担保后,澳大利亚应该立即释放"沃尔加号"船,保金或担保的数量由国际海洋法法庭决定。法庭考虑了澳大利亚有关南极犬牙鱼(美露鳕)资源被捕捞殆尽和"国际社会对非法的、未受管制的、未经报告的捕鱼行为的关注"的主张,但是它强调,在"立即释放"程序中,法庭的职责只是根据第292条决定有关保金是否合理。就本案而言,法庭认为,澳大利亚后来主张的1920000澳元保金是合理的,代表了船舶、燃料、润滑剂和捕鱼设备的全部价值,并且双方对这个数额没有争议,但是澳大利亚在保金外附加的条件则没有根据[138]。

自20世纪90年代初期以来,中国已经成为世界上最大的渔业国家[139]。1986年1月20日全国人民代表大会常务委员会通过并颁布了《渔业法》,该法于1986年7月1日生效[140]。这部法律适用于在中国管辖范围内的所有水域(第2条);国务院是渔业主管机关(第6条),它授权农业部行使该职权,而具体行使职权的是农业部的渔业行政主管部门;《渔业法》包含根据《刑法》加以处罚的行为(第28—29条)。这部法律于2000年10月31日被修正,修正后版本于2000年12月1日生效[141]。

---

137 该船被澳大利亚海军和渔业管理署捕获,后者是此类问题的专门管理机构。该署要求交保3332500澳元以获释放,还要求该船安装一部"船舶检测仪"。船主拒绝了这些要求,并建议将保金限制在500000澳元。

138 ITLOS, *The "Volga" Case (Russian Federation v. Australia)*, Prompt Release, Judgment of 23 December 2002, para. 77, 80, 86, 88-89. 不过,可以参看本案中安德森法官的不同意见第13段,他认为澳大利亚附加在保金外的条件完全合法。

139 联合国粮食及农业组织编:《世界渔业与水产养殖状况2020》,2020年版,第6页(最大渔业捕捞国—中国占15%,其次是印度尼西亚(7%)、秘鲁(7%)、印度(6%)、俄罗斯联邦(5%)、美国(5%)和越南(3%))。全文在该组织官方网页上:https://www.fao.org/3/ca9229zh/CA9229ZH.pdf.

140 国家海洋局政策法规办公室编,《中华人民共和国海洋法规选编》(修订版),海洋出版社1998年版,第28页。

141 The Legislative Affairs Commission of the Standing Committee, *The Law of the People's Republic of China* (2000) (Beijing: Law Press, 2000), 189.

3. 人工设施

根据《海洋法公约》第 60 条，沿岸国在专属经济区内享有排他性权利建造，及授权和管理建造、操作和使用：1）人工岛屿；2）实现第 56 条下规定的目的和其他经济目的的设施和结构；3）可能干扰沿岸国在该区内行使权利的设施和结构。沿岸国对这些人工岛屿、设施和结构应有专属管辖权，包括制定有关海关、财政、卫生、安全和移民的法律和规章方面的管辖权。但是，人工岛屿、设施和结构不具有国际法中岛屿的地位，它们没有自己的领海，其存在也不影响领海、专属经济区或大陆架界限的划定[142]。在这一点上，《海洋法公约》下人工岛屿存在的法律后果不同于自然形成的岛屿：对比下面第八节。实践中会存在着在自然岛屿上建立人工设施的做法，从本质上看，岛屿并未失去岛屿的特性，因为它的存在不是人工建造的结果。人工岛屿、设施的出现，很大程度上与在经济区内的进行海底的资源开采有关，钻井平台就是典型例子。

2013 年 9 月 19 日，俄罗斯政府官员在本国专属经济区中登临检查并扣押了荷兰船籍的"北极日出号"[143]，荷兰船的目的就是抗议俄罗斯在北极海域中通过钻井平台来开采大陆架上的石油资源。荷兰政府提起《海洋法公约》附件七仲裁程序并向国际海洋法法庭提起临时措施的申请。在 2013 年 11 月 22 日法庭所颁布的命令中[144]，法庭提到俄罗斯承认登临检查的基础是《海洋法公约》第 56、60 和 80 条[145]，且两国在这几条以及第 58、87、110 条的解释上存在争议，所以附件七仲裁庭初步看来（prima facie）对案件实体问题具有管辖权[146]。命令最后要求俄罗斯在收到荷兰政府 36000000 欧元的保金后，立即释放该船以及所有被拘留的人员[147]。

2015 年 8 月 15 日，附件七仲裁庭判决，不仅仲裁庭有管辖权，案件可受理，而且俄罗斯因为上述执法行动违反了《海洋法公约》第 56 条第二款、第 58 条第一、二款、第 87 条第一款第（a）项和第 92 条第一款，并且因为不遵守国际海洋法法庭的临时措施，违反了公约的第 290 条第六款和第 296 条第一款，为此，俄罗斯

142　《海洋法公约》第 60 条第八款。

143　*Statement of Claim and Grounds on which it is Based*, as attached to a Notification by the Ministry of Foreign Affairs of the Netherlands, dated 4 October 2013：https：//pca-cpa. org/en/cases/21/（浏览于 2021 年 10 月 12 日）；PCA Case No 2014-02, Award on the Merits, 14 August 2015, paras. 77-84：https：//pcacases. com/web/sendAttach/1438.

144　ITLOS, *The "Arctic Sunrise" Case* (*Netherlands v. Russia*), Provisional Measures, Order of 22 November 2013, *ITLOS Reports* (2013), 224.

145　Ibid. , para. 64.

146　Ibid. , para. 71.

147　Ibid. , para. 105.

有义务赔偿荷兰作为船旗国的损失[148]。

由于其自身的结构特点和对运输方式的特别要求,钻井平台也可能引发海洋法上通行权的争议[149],这里的争议主要是平台是否构成法律意义上的"船舶",只有后者被赋予无害通过权、过境通行权或是公海上的航行自由。

4. 专属经济区内国家的权利与义务

专属经济区沿岸国在行使《海洋法公约》所赋予的权利、履行其义务时,必须适当顾及其他国家的权利和义务,并以不与公约抵触的方式从事相关行为[150]。应该说,所谓"适当顾及"的要求是很模糊的,而在各国权利义务交织的地方,争议不可避免。

第58条对其他国家的权利和义务做出了规定。在专属经济区内,所有国家(不论沿岸国或内陆国),在《海洋法公约》有关规定的限制下,享有第87条(属于公海制度)所规定的航行和飞越自由、铺设海底电缆和管道的自由,以及与这些自由有关的海洋其他国际合法用途,诸如同船舶和航空器的操作及海底电缆和管道的使用有关的并符合公约其他规定的那些用途。这一规定对确定专属经济区水域的地位影响重大,在上述的"北极日出号案"中,荷兰政府就特别强调了第87条的重要性,认为在公海上存在着航行自由,而就管辖权来说,船旗国管辖权优先[151]。

在第58条第二款下,第88—115条以及其他国际法有关规则,只要与本部分(公约第五部分)不相抵触,均适用于专属经济区。这些条款均与"公海自由"有关[152]。第58条第三款规定,各国在专属经济区内根据公约行使权利和履行义务时,必须适当顾及沿岸国的权利和义务,并遵守沿岸国按照公约和其他国际法规则所制定的与公约第5部分不相抵触的法律和规章。

中国《专属经济区和大陆架法》第11条明确规定,任何国家在遵守国际法和中国法律、法规的前提下,在中国专属经济区享有航行、飞越的自由。因此可以

---

148 PCA Case No. 2014-02, Award on the Merits, 14 August 2015, para. 401: https://pcacases.com/web/sendAttach/1438. *Also see* Award on Compensation, 10 July 2017, https://pcacases.com/web/sendAttach/2214.

149 ICJ, *Case concerning Passage Through the Great Belt* (*Finland v. Denmark*), Provisional Measures, Order of 29 July 1991, ICJ Rep. (1991) 12. Also, M. Koskenniemi, "Case Concerning Passage Through the Great Belt", 27 *ODIL* (1996), 274-279.

150 第56条第二款。

151 ITLOS, *The "Arctic Sunrise" Case* (*Netherlands v. Russia*), Provisional Measures, Order of 22 November 2013, para. 63.

152 参见《海洋法公约》第7部分。

说,《海洋法公约》第 88 条至第 115 条下的权利在这里是适用的。该法律第 13 条规定,中国保留行使本法未作规定的、但根据国际法和中国其他有关法律、法规而存在的权利。

这些条款与 2001 年发生在我国专属经济区上空的中、美军用飞机的撞机事件有关[153]。这次事件清楚地表明了《海洋法公约》第 58 条第三款的重要性[154],中国政府正是依据此款指责美方飞机在飞行过程中未尊重《海洋法公约》所规定的沿岸国权利[155]。

应该指出的是,《海洋法公约》没有在专属经济区的军事利用问题上做出任何明确规定[156]。但是,公约因此留下了许多不明之处。例如,第 88 条没有规定"和平目的"的具体含义是什么[157];公约也没有规定什么才是"海洋科学研究"或是否后者不含军事需要的研究[158]。实践中,公海上常规军事活动,或者影响经济区和公海航行的核试验活动是否违反国际法并未形成共识[159]。从《海洋法公约》文本来看,只要公海的军事利用不与《联合国宪章》和其他国际法规则相抵触,似乎就不被禁止[160],但是这一判断又受到公约下相关规则的限制,比如"海洋科学研究"就受第 13 部分的限制。此外,第 298 条第一款第 b 项将军事活动引起的纠纷排除在了《海洋法公约》的争端强制解决程序之外,本身也说明了针对这类活动规则的不确定性。

5. 地理不利国

世界上存在着邻接半闭海或闭海的沿岸国。依《海洋法公约》第 122 条的定

153　碰撞地点距中国领海基线 104 海里:参见中国外交部发言人 2001 年 4 月 3 日声明,载于:《中国国际法年刊》(2000/2001),第 312-316 页。

154　S. Murphy,*United States Practice in International Law*(1999—2001),vol. 1(Cambridge:CUP,2002),195-199.

155　《中国国际法年刊》(2000/2001),第 314 页。

156　C. Pirtle,"Military Uses of Ocean Space and the Law of the Sea in the New Millennium",31 *ODIL* (2000) 7.

157　可对比本书第十四章中外层空间法中对"和平目的"的讨论。

158　Zhang Haiwen,"Is It Safeguarding the Freedom of Navigation or Maritime Hegemony of the United States? —Comments on Raul(Pete) Pedrozo's Article on Military Activities in the EEZ",9 *Chinese JIL* (2010),31-47,para. 13.

159　ICJ,*Nuclear Test Cases*(*Australia v. France*),Judgment of 20 December 1974,ICJ Rep. (1974) 253; ICJ,*Request for an Examination of the Situation in Accordance with Paragraph 63 of the Court's Judgment of 20 December 1974 in the Nuclear Tests*(*New Zealand v. France*) *Case*,ICJ Rep. (1995) 288,Order of 22 September 1995. *Also see* R. Churchill and A. Lowe,*The Law of the Sea* (3rd edn. ,1999,Manchester:Manchester University Press,1999),206.

160　《海洋法公约》第 310 条。

义,半闭海或闭海指"两个或两个以上国家所环绕,并由一个狭窄的出口连接到另一个海或洋,或全部或主要由两个或两个以上沿岸国的领海和专属经济区所构成的海湾、海盆或海域。"南海可以满足这个定义。国际法院实践中,地中海也被视为符合这一定义[161]。有关此类海域的制度,可参看《海洋法公约》第9部分内容。由于这种地理局限,这类沿岸国必须依托本地区其他国家的专属经济区来发展渔业,以保证本国人民的营养来源。

由于此类沿岸国的地理条件所限,它们在《海洋法公约》之下属于依赖发展同一分区域或区域的其他国家专属经济区内的生物资源来提供足够鱼类去满足其本国人民或部分人民的营养需要的沿岸国,再加上不能主张自己的专属经济区的沿岸国,这两种国家共同构成公约下的"地理不利国"[162]。

故公约第70条第一款规定,"地理不利国"有权在公平的基础上参与开发同一分区域或区域的沿岸国专属经济区的生物资源的适当剩余部分,同时考虑到所有有关国家的相关经济和地理情况,并遵守本条及第61和第62条的规定。

(三) 专属经济区划界

1. 有关划界的规则

海洋区域的划界问题不限于专属经济区或大陆架之内,它可以涉及特殊情形如历史性海湾的划界,也可能出现在领海划界过程中。但是,不同水域的划界规则的明确程度不尽相同。例如,《海洋法公约》第15条规定了领海划界的基本原则:除因历史性权利或其他特殊情形的存在而需要其他划界方法的情况,相关国家在没有协议的情况下,应该适用"中间线"原则。

相比之下,专属经济区与大陆架划界的规则比较接近。根据《海洋法公约》第74条的规定,海岸相向或相邻的国家间专属经济区的界限,应在国际法基础上以协议划定,以便得到公平解决。有关国家如在合理期间内未能达成任何协议,应诉诸公约第15部分所规定争端解决程序。在达致协议前,有关各国应基于谅解和合作精神,尽一切努力做出可行的临时安排,在此过渡期间内,不危害或阻碍最后协议的达成。如果有关国家间存在现行有效、关于划定专属经济区界限的协定,应按照该协定行事。在东亚地区,中国、韩国与日本在划分彼此之间的专属经济区前,所采取的就是订立双边捕鱼协定的做法,就彼此渔民赖以为生的生物资

---

161 ICJ, *Continental Shelf (Libya/Malta)*, Judgment of 3 June 1985, ICJ Rep. (1985) 13, para. 47.
162 第70条第二款;参看: *UNCLOS Commentary*, vol. ii, 766。但与内陆国还是有区别,内陆国制度见公约第10部分: *UNCLOS Commentary*, vol. iii, 371-457.

源的开发做出了临时性安排[163],这一做法格外重要,因为三国都已经在 1996 年左右公布了有关专属经济区的国内法。

目前,专属经济区划界往往具有混合性质,即同时牵扯到大陆架划界的问题,越来越多的国家希望它们的海洋边界由单一边界线构成[164]。例如,在"卡塔尔和巴林有关海洋划界和领土纠纷案"(实体阶段)中[165],当事方请求国际法院为它们划定单一的海洋边界,国际法院认为这种做法产生于实践,而非条约[166]。确实,在第三次海洋法大会上,大陆架与经济区的划界问题是放在一起讨论的[167]。假以时日,这种单一边界的做法可能成为习惯法规则。相关案例将在下面讨论大陆架划界时一并分析。另一方面,应该说实践中仍然存在着上述两个区域分开划界的可能,并非所有争议都是以重叠的大陆架和专属经济区为客体的[168]。实际上,这两个区域法律制度的不同并不意味着赋予它们同一条划界线会造成法律后果上的偏差[169]。

2. 中国实践

中国《专属经济区和大陆架法》也反映了上述这种做法。该法第 2 条规定了中国与邻国关于专属经济区和大陆架划界的原则,即中国与这些国家关于专属经济区和大陆架的重叠主张要在国际法基础上按照公平原则以协议划定界限。

在南海划界问题上的争议也已经持续了很长时间[170],这个区域的重要性不仅体现为其潜在的油气资源上,还体现在它的战略地位上[171]。2002 年 11 月 4 日,中国和东南亚国家联盟在柬埔寨金边发表了关于各方在南海行动的宣言[172]。为了

---

163 参看:S. P. Kim,"The UN Convention on the Law of the Sea and New Fisheries Agreements in the North-East Asia",27 *Marine Policy*(2003)97.

164 实践上也出现了领海、大陆架、专属经济区划界规则"一体化"做法:Y. Tanaka,*The International Law of the Sea*(Cambridge:CUP,2012),197.

165 ICJ,*Maritime Delimitation and Territorial Questions between Qatar and Bahrain*(Qatar v. Bahrain),Merits,Judgment of 16 March 2001,ICJ Rep.(2001),40.

166 Ibid,para. 173.

167 *UNCLOS Commentary*,vol. ii,801.

168 ICJ,*Maritime Delimitation in the Area between Greenland and Jan Mayen*(Denmark v. Norway),Judgment of 14 June 1993,ICJ Rep.(1993)38,para. 94.

169 ICJ,*Maritime Delimitation in the Indian Ocean*(Somalia v. Kenya),Judgment of 12 October 2021,para. 120,at:https://www.icj-cij.org/public/files/case-related/161/161-20211012-JUD-01-00-EN.pdf.

170 M. Valencia,J. van Dyke and N. Ludwig,*Sharing the Resources of the South China Sea*(Hawaii:University of Hawaii Press,1997),8-9.

171 Ibid.,9-11.

172 Http://www.fmprc.gov.cn. 还可参看:S. Talmon and B. B. Jia(eds.),*The South China Sea Arbitration:A Chinese Perspective*(Portland,Oregon:Hart Publishing,2014).

稳定局势,宣言力图就相互冲突的领土和管辖权主张达成最终解决方案之前保持现有状态。签署国承诺尊重普遍承认的有关海洋航行和飞越自由的国际法原则,包括《海洋法公约》的规定;承诺根据普遍承认的国际法原则——包括《海洋法公约》在内,通过和平谈判和协商的方法解决有关领土和管辖权的争议;承诺不采取使争议复杂化、扩大化和影响和平与稳定的行动,包括不在现在无人居住的岛、礁、滩、沙或其他自然构造上建立定居点。值得注意的是,这个宣言提到各方可以在海洋环保、海洋科学研究、海上航行和交通安全、搜寻与救助和打击跨国犯罪等方面进行合作,但没有提到各方在自然资源的开发和利用方面的合作。

宣言的意义毋庸置疑,它所体现的承诺为南海问题最终解决创造了条件,后者会包括划界内容——特别是专属经济区的界限问题,原因是周边国家的争议在相当程度上涉及捕鱼活动。

涉及宣言的实践持续了10年后,签字各方在2013年9月开始讨论"增强版"的行为准则,并在2018年8月完成单一磋商文本的一读[173]。

七、大 陆 架

(一) 定义和范围

根据《海洋法公约》第76条规定,沿岸国大陆架包括其领海以外依其陆地领土的全部自然延伸、扩展到大陆边外缘海底区域的海床和底土,如果从领海基线量起,到大陆边外缘的距离不到200海里,则扩展到200海里的距离[174]。

在《海洋法公约》下,大陆架在法律上的概念宽于其在地质学上的含义,原因是法律所关注的是沿岸国可以有效控制的海底与其底土的法律地位[175]。法律意义上的大陆架因此有较为精确的定义,体现出与地质学意义上的大陆架概念有所

---

[173] 参见新华社的报道:http://www.gov.cn/xinwen/2019-08/02/content_5418248.htm(浏览于2021年10月21日)。参见中国国务委员兼外长王毅在2021年8月4日晚第11届东亚外长峰会上就南海问题阐明的中国立场,其中报道:"早日达成更有约束力的'南海行为准则'是中国与东盟国家确定的新目标":https://www.fmprc.gov.cn/nanhai/chn/wjbxw/t1897509.htm。

[174] 这一条将大陆边做了如下定义:大路边包括沿岸国陆块没入水中的延伸部分,由陆架、陆坡和陆基的海床和底土构成,它不包括深洋洋底及其洋脊,也不包括其底土。A. Oude Elferink,"Article 76 of the LOSC on the Definition of the Continental Shelf: Questions concerning its Interpretation from the Legal Perspective",21 *IJMCL*(2006) 269.

[175] UNCLOS Commentary,vol. ii,873.

不同,因为法律意义上的"大陆架"实际上是地质学意义上的"大陆边"[176]。在第76条之下,大陆边可以在200海里的范围内脱离"自然延伸"的要求,即不需要一定是陆地领土的自然延伸。但是,超过200海里后,大陆边的存在必须包含有自然延伸,否则没有外大陆架可言。这里存在着一个问题:自然延伸在上述法律定义中的作用几何[177]?回答这个问题需要对比一下1958年《大陆架公约》的定义和《海洋法公约》的定义。

1958年《大陆架公约》关于大陆架的定义没有包含距离这一标准,尽管它涵盖非地质学的标准。第1条规定,大陆架是指邻接海岸,但在领海范围以外,"深度达200米或超过此限度而上覆水域的深度容许开采其自然资源"的海底区域的海床和底土。它适用的是200米深度和可开采性的标准。虽然国际法院曾认为这至少是一个正在生成的习惯法规则[178],但相反的观点同样有说服力[179]。需要注意的是,在1945年美国宣布对大陆架的权利主张时[180],适用的是地质和地形学的标准,包括200米等深线的标准。1958年的公约反映了这一实践中的做法,但是也加入了具有不确定性的可开采性标准。

1958年和1982年两个公约中大陆架定义的过渡与变化,表明了国际法院的判决——尤其是"北海大陆架案"的判决在改变国际法规则过程中的决定性作用[181]。可以说,第76条既反映了大陆架在1982年时已有的法律定义,也发展了这个定义。

但是,1982年后的实践开始逐渐远离了地质学的束缚,而更多地依靠第76条下距离标准的考虑。在1985年的相关判决中,国际法院对比了利比亚的观点(即第76条下自然延伸的要求是习惯法)和马耳他的观点(距离才是标准),得出了以下结论:"自然延伸……部分是由从岸边起算的距离来确认的。自然延伸与

---

176 《海洋法公约》第76条第三款。

177 B. B. Jia, "The Notion of Natural Prolongation in the Current Regime of the Continental Shelf: An Afterlife?" 12 *Chinese JIL* (2013) 79.

178 ICJ, *North Sea Continental Shelf* (*Federal Republic of Germany/Denmark*; *Federal Republic of Germany/Netherlands*), Judgment of 20 February 1969, ICJ Rep. (1969), 3 at 39.

179 J. Andrassy, *International Law and the Resources of the Sea* (New York: Columbia University Press, 1970), 66-67.

180 Proclamation No. 2667, "Policy of the United States with Respect to the Natural Resources of the Subsoil and Sea-Bed of the Continental Shelf", 13 *Department of State Bulletin*, No. 327, 30 September 1945, at 485.

181 ICJ, *North Sea Continental Shelf* (*Federal Republic of Germany/Denmark*; *Federal Republic of Germany/Netherlands*), Judgment of 20 February 1969, ICJ Rep. (1969), 3.

距离这两个概念相辅相成,都是法律意义上大陆架定义的基本要素。"[182]但是,法院稍后指出:"权源只取决于任何大陆架区域距离相关声索国海岸的距离,而对那些区域的地质或地形学特征完全没有必要加以考虑"[183]。这一结论的影响在海洋划界中是显而易见的[184],但是自然延伸的作用是否因此成为次要问题仍没有定论[185]。另外,大陆架的地址构成是否没有必要给予考虑也仍然可以商榷[186]。

(二) 大陆架上权利的性质

大陆架所带来的权利是大陆架划界争端解决程序中最终要解决的问题。一种观点是,大陆架权利基于这片海床和底土与陆地领土毗连这一地理事实,比如上述美国在1945年颁布的总统法令就持这种立场。另一种更为主流的观点是,这类权利的基础是大陆架是陆地领土的延伸,这一延伸决定了沿岸国对大陆架资源的主权[187],因为陆地领土决定了大陆架的存在[188]。国际法院实践是这后一种观点的直接佐证,比如在2001年的判决中,法院就指出:"海洋权益基于沿岸国领土主权而产生"[189],在2012年的判决中,法院进一步指出:"某国对大陆架和专属经济区的权利产生于陆地通过向海延伸统治海洋这一原则"[190]。这一事实说明,自然延伸的理念对于大陆架制度来说还是根本性的存在,它不仅是地理、地质事

---

[182] ICJ, *Continental Shelf* (*Libya/Malta*), Judgment of 3 June 1985, ICJ Rep. (1985) 13, para. 34.

[183] Ibid., para. 39.

[184] J. Charney, "International Maritime Boundaries for the Continental Shelf: The Relevance of Natural Prolongation", in: N. Ando, E. McWhinney, R. Wolfrum and B. Röben (eds.), *Liber Amicorum Judge Shigeru Oda* (The Hague: Kluwer Law International, 2002), vol. 2, 1011, at 1020 and 1025; D. Colson, "The Delimitation of the Outer Continental Shelf between Neighbouring States", 97 *AJIL* (2003) 91, at 101.

[185] B. B. Jia, "The Notion of Natural Prolongation in the Current Regime of the Continental Shelf: An Afterlife?" 12 *Chinese JIL* (2013) 79, 94-96.

[186] ITLOS, *Dispute concerning Delimitation of the Maritime Boundary between Bangladesh and Myanmar in the Bay of Bengal* (*Bangladesh/Myanmar*), Judgment of 14 March 2012, *ITLOS Reports* (2012), 4, paras. 441-446 and 448.

[187] ICJ, *North Sea Continental Shelf* (*Federal Republic of Germany/Denmark; Federal Republic of Germany/Netherlands*), Judgment of 20 February 1969, ICJ Rep. (1969) 3, para. 43.

[188] ICJ, *Maritime Delimitation in the Black Sea* (Romania v. Ukraine), Judgment of 3 February 2009, ICJ Rep. (2009), 61, para. 99.

[189] ICJ, *Maritime Delimitation and Territorial Questions between Qatar and Bahrain* (*Qatar v. Bahrain*), Merits, Judgment of 16 March 2001, ICJ Rep. (2001) 40, para. 185.

[190] ICJ, *Territorial and Maritime Dispute* (*Nicaragua v. Colombia*), Judgment of 19 November 2012, ICJ Rep. (2012) 624, para. 140.

实,也是法律上证明沿岸国主权权利存在的决定性证据。这一点不受大陆架本身不是主权领土这一法律事实的影响[191],毕竟大陆架最重要的价值在于相关资源的开采。再有,第77条第三款的规则是,沿岸国在大陆架上的权利不依靠(有效或名义上)占领或明确的声明而存在。这一款说明两个问题:其一,占领作为领土主权取得的方式,在这里没有相关性,反过来说,沿岸国对大陆架的权利不是领土主权;其二,虽然沿岸国的权利不是领土主权,但是它的拥有与主权一样,是固有的,即只要有海岸,就有大陆架和它带来的这些权利。

(三) 各国在大陆架上的权利和义务

《海洋法公约》第77条规定,沿岸国在勘探大陆架和开发其自然资源的方面行使的是主权权利。这一权利是专属性的,即如果沿岸国不勘探大陆架或开发其自然资源,任何人未经其明示同意,均不得从事这种活动。在第77条第四款语境下,这里所指的"自然资源"包括海床和底土的矿物和其他非生物资源,以及属于定居种的生物,即在可捕捞阶段海床上或海床下不能移动或其躯体须与海床或底土保持接触才能移动的生物。

根据《海洋法公约》第79条,所有国家都有在大陆架上铺设海底电缆和管道的权利,这种权利的行使不得妨碍沿岸国为勘探大陆架、开发其自然资源和防止、减少和控制管道造成的污染所采取的合理措施。对所有国家都适用的这一规定很可能是习惯法规则,公约只是宣告它而已。第81条还承认沿岸国可以授权他国或实体在其大陆架上为任何目的进行钻探活动的专属权利。

各国在大陆架上的义务则首先体现在公约第78条中。沿岸国对大陆架的权利不影响上覆水域或水域上空的法律地位,其对大陆架权利的行使,不得对其他国家所享有的航行和其他权利和自由有所侵犯或造成不适当干扰。其次,第79条规定,沿岸国对于铺设或维持海底电缆或管道不得加以阻碍。但是,在大陆架上铺设这种管道时,其路线的设定须经沿岸国同意。

(四) 大陆架划界

1. 基本原则

根据《海洋法公约》第83条的规定,海岸相向或相邻国家间大陆架的界限,应在国际法基础上以协议划定,以便得到公平解决。有关国家如在合理期间内未能达成任何协议,应诉诸《公约》第15部分所规定程序。在达成协议以前,有关各国

---

[191] 参看《海洋法公约》第77条第一款(只提到"主权权利")。

应基于谅解和合作的精神,尽一切努力做出可行的临时安排,并在此过渡期间内,不危害或阻碍最后协议的达成。这种安排不妨害最后界限的划定。如果有关国家间存在现行有效的、划定大陆架界线的协定,应按照该协定的规定行事。值得注意的是,国际法院在 2014 年再次确认第 83 条第一款(以及第 74 条第一款)代表习惯法[192]。

不过,划界规则和方法则是习惯法规范的内容,其中国际法院的相关案例起到关键作用。对于国际法院来说,一般情况下,当事双方同意的划界线,就是"公平"的界线[193]。但是,实践中需要法院或仲裁庭介入的案件,往往是当事国家之间存在着根本性的分歧使得谈判解决已经失败,才决定选择司法、仲裁手段来解决争端。

2. 习惯法规则的发展

大陆架划界的基本规则和方法来源于国际法院和仲裁庭一系列判决所认定的习惯法规则和原则。这一系列案件以著名的"北海大陆架案"为首[194]。

该案判决第 101 段中有对适用于划界的"国际法原则和规则"的经典陈述。这些原则和规则包括:

1) 在划界问题上,一国没有适用"等距离线"的义务;
2) 没有适用于所有情形的单一划界方法;
3) 划界应该根据公平原则以协议方式为之,并考虑所有相关情形,使得每一方都能获得尽可能多的大陆架面积,且一方自然延伸的大陆架区域不会侵入另一方自然延伸的大陆架区域;当上述方法导致大陆架区域重合时,双方应成比例地划分之;或者在无法达成协议时,平等地划分,除非双方同意在重合区域部分或整体采用共有管辖权、使用、开发的制度;
4) 谈判应考虑的因素包括:地理形态、大陆架区域的地理、地质结构和自然资源、沿岸国的大陆架范围和该国根据海岸线的一般走向测量出的海岸线长度之间的合理比例。

---

[192] ICJ, *Maritime Dispute (Peru v. Chile)*, Judgment of 27 January 2014, ICJ Rep. (2014) 3, para. 179.

[193] ICJ, *Maritime Delimitation in the Indian Ocean (Somalia v. Kenya)*, Judgment of 12 October 2021, para. 121; https://www.icj-cij.org/public/files/case-related/161/161-20211012-JUD-01-00-EN.pdf.

[194] ICJ, *North Sea Continental Shelf (Federal Republic of Germany/Denmark; Federal Republic of Germany/Netherlands)*, Judgment of 20 February 1969, ICJ Rep. (1969) 3.

该判决所罗列的原则，成为后来在划界实践中占主要地位的"公平原则"[195]。在之后的国际法院"利比亚/马耳他案"中，这些原则得到进一步阐发，阐发的内容包括[196]：

1）划界不包括重塑地理状况或补偿自然所造成的不平等地理现状的做法；

2）一方不得侵犯另一方根据"自然延伸原则"享有国际法所允许的、完全的大陆架权利；

3）适当考虑所有相关情形；

4）尽管所有国家在法律面前平等且有权受到平等的对待，但是公平并不必然意味着平等[197]。

从现有案例看，大陆架划分的问题只有在大陆架处于相邻或海岸相对的国家之间才会产生[198]。在适用公平原则时，往往要划定一条临时边界线，而选择的划界方法应该是能够产生公平结果的方法。所以，实践中使用等距离线作为出发点的做法是很常见的[199]。此外，根据矫正条件划定中间线或类似界线，或建立共同开发区域的方法在实践中也都被应用过[200]。另外，还存在适用"分角线"的做法，以适用于海岸线过于曲折的情况[201]或涉及不稳定基点的海岸线[202]。实践中，法院或仲裁庭对基点的选择应该说具有根本重要性，因为基点决定了划界线的最终走向，且修正的结果一般不会与这个走向相差太远。

此外，划界过程还要考虑所有相关情形，例如海岸总体走向、海岸特殊地形的

195　T. Cottier, *Equitable Principles of Maritime Boundary Delimitation*：*The Quest for Distributive Justice in International Law* (Cambridge：CUP, 2015).

196　ICJ Rep. (1985) 13, para. 46.

197　对照：J. Crawford, *Brownlie's Principles of Public International Law* (9th edn., Oxford：OUP, 2019), 273-274.

198　ICJ, *Maritime Delimitation in the Black Sea* (*Romania v. Ukraine*), Judgment of 3 February 2009, ICJ Rep. (2009) 61, para. 99.

199　V. Prescott and C. Schofield, *The Maritime Political Boundaries of the World* (2nd edn., Boston：Martinus Nijhoff Publishers, 2005), 240.

200　Ibid., 224-235.

201　ITLOS, *Dispute concerning Delimitation of the Maritime Boundary between Bangladesh and Myanmar in the Bay of Bengal* (*Bangladesh/Myanmar*), Judgment of 14 March 2012, *ITLOS Reports* (2012), 4, paras. 234-239, 506 (法庭认为，只用分角线会产生不公平结果；分角线达到的几乎是等距离线的效果；但最终的划界线还是有部分是分角线).

202　ICJ, *Territorial and Maritime Dispute between Nicaragua and Honduras in the Caribbean Sea* (*Nicaragua v. Honduras*), Judgment of 8 October 2007, ICJ Rep. (2007) 659, para. 287.

影响、双方海岸长度对比上的差异、自然资源的因素、防御和安全的考虑、航行利益、海床地质结构,以及大陆架与陆地边界的相符程度等[203]。不过,基于对国际实践、司法判例的了解,此类情形中最重要的、也是最经常被考虑到的,就是:1)相关海岸线的长度差异;2)岛屿的存在。

上面已经提到,在国际法院案例中逐渐产生了这样的规则,在离岸200海里之内,就相关国家对大陆架的法律权利或彼此之间划分重叠大陆架主张而言,地质或地貌学因素没有任何作用,因为在那个距离之内,"对大陆架任何部分提出占有主张的国家占有依据只取决于该部分【——的边缘】与海岸的距离"[204]。因此,如1985年"利比亚与马耳他案"中的"隔裂区"这样的地貌形态,如果处于距海岸200海里的范围内,则不构成终止沿岸国大陆架的因素,那么这样的形态就不是划界相关情形之一[205]。需要强调的是,虽然"自然延伸"是大陆架定义的组成部分,但是,确定了自然延伸的范围并不必然等于已遵守了所有的公平原则[206]。国际法院在1985年的判决中有一点是准确无误的,自然延伸原则对于划界标准来说并不重要[207]。换句话说,这一原则只是决定了是否拥有的问题,但不能解决拥有多少的问题,后者才是划界的中心内容,而需要适用的相关规则与公平原则数量多多。

但是,上述案例并不能解决实践中的所有争端,而且其中所理出的规则、原则并非直接就可以适用到其他争议之中。就东海大陆架而言,中国、日本和韩国都是沿岸国,中日之间大陆架平均宽度是216海里,造成两国关于大陆架主张的相互重叠。此外,两国都已在这个区域建立了专属经济区,而它们关于专属经济区的主张也是相互重叠的。中国认为自然延伸原则仍然是大陆架概念核心[208],而日本认为应该适用中间线原则,这一立场已反映在1996年日本《专属经济区和大陆架法》中[209]。应该注意的是,日本1996年法律中提到可以在与外国协商的基础上,使用替代中间线的界线。但这一规定在实践中的影响现在尚不明显。下面将进一步说明。

众所周知,国际法院在1985年否决马耳他提出的"等距离原则优先"主张时,

---

203 ICJ, *Maritime Delimitation and Territorial Questions between Qatar and Bahrain (Qatar v. Bahrain)*, Merits, Judgment of 16 March 2001, ICJ Rep. (2001), 40.

204 ICJ, *Continental Shelf (Libya/Malta)*, Judgment of 3 June 1985, ICJ Rep. (1985) 13, para. 39.

205 Ibid., para. 40.

206 ICJ, *Continental Shelf (Tunisia v. Libya)*, Judgment of 24 February 1982, ICJ Rep. (1982) 18, para. 44.

207 ICJ, *Continental Shelf (Libya/Malta)*, Judgment of 3 June 1985, ICJ Rep. (1985) 13, para. 79.

208 见中国《专属经济区和大陆架法》第2条。

209 Arts. 1 and 2, Law No. 74 of 1996; *LOS Bulletin*, No. 35, 94.

曾经指出，即使当某个国家由于距离原因而享有对沿岸大陆架的主权权利，适用等距离原则也不是一个划界义务，甚至并不必然是划界活动的第一步，"在特定相关情形下适用公平原则时，甚至从一开始就需要适用另一种划界方法，或者将不同的划界方法结合起来运用。"[210]在本案中，国际法院认为双方所收集的 70 个左右划界协定不说明任何问题，因为它们全都无法证明存在"划界时必须适用等距离线或其他线"这个（习惯法的）法律义务[211]。这个结论完全适用于中间线原则，因为中间线就是等距离线的一种。

另外还有两个因素需要指出：其一，第三次联合国海洋法大会的谈判过程表明，与会国家没有倾向于任何特别的划界方法[212]；其二，《海洋法公约》第 74 和 83 条在适用时，受第 298 条第一款相关规则的限制：见下面本章第十二节。如果第 298 条第一款允许缔约国排除划界问题于强制程序之外，说明这种划界规则还未被视为习惯法，所以，中间线的做法不必然符合习惯法。当然，习惯法也没有给予"自然延伸"绝对权威，但至少《海洋法公约》承认了大陆架概念中不可缺少这一因素。那么，可以考虑的做法是，确定彼此自然延伸的范围，通过相关情形来修正，以公平结果作为目标，来达成一条公平合理的分界线。这个做法借鉴了近些年来国际法院认为较为圆满、固定的做法，即首先，选定一条临时等距离线，除非有强有力的理由不这样选择；其次，考虑是否存在修正这条线的相关因素，以期得到公平结果；最后，适用"成比例"原则来检查争端方各自所获得的区域是否与自己的海岸线的长度明显不成比例[213]。

在中日争端中，深度达到 600 至 2700 米深的冲绳海槽的存在、中日两国在钓鱼列岛的主权争议，都使两国大陆架划界的努力面临更多不确定因素。有学者认为，中日两国只有在达成有关这些岛屿主权的协议后，才能够达成海洋划界的协议，原因是尽管这些岛屿对人类定居而言价值有限，但是根据国际法它们可以产生面积达到 67800 平方公里、具有很高价值的渔业资源和油气沉积的海洋区域[214]。而在冲绳海槽的地位问题上，中国也许愿意接受它切断了大陆架自然延伸的观点，但是日本会反对这个观点。另外，中国主张在东海建立共同开发区，虽然进展

210　ICJ, *Continental Shelf (Libya/Malta)*, Judgment of 3 June 1985, ICJ Rep. (1985) 13, para. 43.
211　Ibid., para. 44.
212　*UNCLOS Commentary*, vol. ii, 814 and 983.
213　ICJ, *Maritime Delimitation in the Black Sea (Romania v. Ukraine)*, Judgment of 3 February 2009, ICJ Rep. (2009) 61, paras. 101-103 and 115-122.
214　V. Prescott and C. Schofield, *The Maritime Political Boundaries of the World* (2nd edn., Boston: Martinus Nijhoff Publishers, 2005), 440.

比较慢[215],但是中日双方在2008年6月还是达成了原则性共识以及意向性共同开发区块,日本企业按中国法律参与开发春晓油田的活动[216]。

(五) 大陆架的外部界限

当法律意义上的大陆架向海延伸距离超过200海里时,大陆架的外部界限就成为一个突出的问题。比如,孟加拉湾下从其北、西、东部海岸延伸下来的大陆架远远超过第76条第五款下面350海里的界限[217]。鉴于世界上存在这种地理形态,第76条第一款和第三款规定,沿岸国的大陆架外缘指的是大陆边的外部边界,而为划出这一外部边界,《公约》第76条第五款的规定,大陆架在海床上的外部界线的各定点不应超过从领海基线量起350海里,或不应超过连接2500米深度各点的2500等深线之外100海里。这款的实际适用受第四款的控制,因为第四款规定的是划定大陆边外缘的两种计算方法[218]。

公约第76条第八款以及公约附加二下设立了"大陆架界限委员会"来协助处理大陆架外缘的问题[219]。这个技术性的委员会可以依据第八款对向委员会提起划界案的缔约国提出建议[220],沿岸国依照该建议设定的大陆架外缘将是"终局性且有拘束力"的。委员会缺乏法律专长,而且其权能受到第76条第10款的限制[221]:

---

215 参看 http://www.cn.emb-japan.go.jp/media/media040712.htm(日本驻华大使馆网站;上面引用了日本经济产业大臣在2004年7月12日的讲话,表示对共同开发不感兴趣。)相关资料:M. Valencia and A. Yoshihisa,"Regime Building in the East China Sea", 34 *ODIL*(2003)189; S. Sakamoto,"Japan-China Dispute over Maritime Boundary Delimitation-From a Japanese Perspective", 51 *Japanese Yearbook of International Law*(2008)98; H. W. Zhang,"Legal Issues concerning the East China Sea Delimitation-A Chinese Perspective on the Sino-Japanese East China Sea Dispute", 51 *Japanese Yearbook of International Law*(2008)119.

216 段洁龙主编:《中国国际法实践与案例》,法律出版社2011年版,第151页。

217 A. Serdy,"Seabed Boundaries in the Northern Bay of Bengal: The Unclear Role of the Commission on the Limits of the Continental Shelf in Paving the Way to Resource Exploitation", 11 *Asian Journal of International Law*(2021)118, at 134-135.

218 第76条第四款第(a)项(i)分项,称为"加帝纳公式"(沉积层厚度);第76条第四款第(a)项(i)分项,"海德博格公式"(坡脚距离)。

219 ICJ, *Question of the Delimitation of the Continental Shelf between Nicaragua and Colombia beyond 200 Nautical Miles from the Nicaraguan Coast*(*Nicaragua v Colombia*), Preliminary Objections, Judgment of 17 March 2016, ICJ Rep.(2016)136, para. 109.

220 公约附件二第3条。

221 B. B. Jia,"Effect of Legal Issues, Actual or Implicit, upon the Work of the CLCS: Suspensive or without Prejudice?" 11 *Chinese JIL*(2012), 107-126. 对比:Statement by the Chairman of the Commission on the Limits of the Continental Shelf on the Progress of Work in the Commission, CLCS/62, 20 April 2009, 12, para. 59.

"本条规定不影响相对或相邻国家之间存在的大陆架划界问题。"

实践中,沿岸国有时等不到上述委员会的建议[222],而首先去解决与邻国之间的大陆架划分争端[223]。从先例中可以得知,划分大陆架与划定大陆架外缘是两个问题,而第 76 条第 10 款也正是这样暗示的。所以,国际法院在实践中接受当事国的要求,会对超出 200 海里的大陆架区域做出划界,但是同时会考虑到大陆架界限委员会未来的建议[224],这样做出的划界具有一定的开放性。

八、岛　屿

根据《海洋法公约》第 121 条第一款的规定,岛屿是四面环水并在高潮时高于水面的自然形成的陆地区域。岛屿的领海、毗连区、专属经济区和大陆架按照第 121 条第二款加以确定[225],而在第三款下,不能维持人类居住或其本身经济生活的岩礁没有专属经济区或大陆架。在"尼加拉瓜诉哥伦比亚案"中,国际法院认为,《海洋法公约》第 121 条规则的整体均构成习惯法[226]。假设这个判断符合国际实践的走向,第 121 条的问题实际上主要出现在其条文文字的解释上,原因是在关键字眼上第 121 条没有作解释,这个问题在第三款下显得格外突出。

---

[222] 由于现在工作条件的限制(特别是保证不了每年 21 周的会议时间),截至 2021 年 7 月 7 日,在收到的 88 份划界案中,委员会只完成审阅了 22 份,并提出了建议;其余的 66 份还在审理过程中,其中最早的是缅甸于 2008 年提出的划界案:https://www.un.org/depts/los/clcs_new/commission_submissions.htm(浏览于 2021 年 10 月 20 日)。

[223] ICJ, *Maritime Delimitation in the Indian Ocean* (*Somalia v. Kenya*), Judgment of 12 October 2021, paras. 194 and 188: https://www.icj-cij.org/public/files/case-related/161/161-20211012-JUD-01-00-EN.pdf.

[224] Ibid., para. 196 ("the maritime boundary beyond 200 nautical miles continues along the same geodetic line as the adjusted line within 200 nautical miles until it reaches the outer limits of the Parties' continental shelves which are to be delineated by Somalia and Kenya, respectively, on the basis of the recommendations to be made by the Commission or until it reaches the area where the rights of third States may be affected.")

[225] 1982 年前的实践:H. Dipla, *Le régime juridique des îles dans le droit international de la mer* (Paris: Presses Universitaires de France, 1984).

[226] ICJ, *Territorial and Maritime Dispute* (*Nicaragua v. Colombia*), Judgment of 19 November 2012, ICJ Rep. (2012) 624, para. 139("本法院注意到,在第 121 条第二款下所承认的、岛屿具有的海洋权益受该条第三款的明确限制。通过杜绝不能维持人类居住或本身的经济生活的礁石拥有专属经济区和大陆架的可能性,该条第三款在旧有的原则,即岛屿不管面积大小,都与陆地领土地位一样并可以带来同样的海洋权益,和《公约》所承认存在的大面积海洋区域之间建起了一个重要的纽带,法院认为此纽带构成习惯法规则。法院因此认为第 121 条所建立的岛屿制度是不可分割的,其中所有的相关规定都是习惯法的部分(对此哥伦比亚和尼加拉瓜都表示赞成")。

在公约下,即使是第121条第三款下的礁石,也是公约和习惯法下意义上的岛屿[227],且环礁周边基线的画法可能给这一等式增添另一维度[228]。对该款进行解释时的困难集中于两个词语。

第一,"能够"一词。只满足于狭义上的"能够",会忽视实践中存在的实际情况:礁石支持经济生活的能力随着时间和社会经济条件而变化[229],而且也受到下文里(但还是第三款中)的"自身"二字的修饰。

第二,"自身经济生活"(economic life of their own)。有一种解释的基本假设是,经济活动必须限于相关地物上(以及其领海内),而不是通过进口相关资源来维持,否则经济生活完全或主要靠外部支援存在,就不再是"自身"的经济生活了。这一假设的问题是,就文字来说,"自身"既可以指在该地物上现存的经济生活,也可以是与地物有直接关系的经济生活。外部支援下存在的经济生活,正属于后一类情况。就文字而言,"of their own"与"on their own"并不同义,前者的含义范围要比后者更宽泛一些,因为前者(可以)指代与地物有关的经济生活,对此生活既没有种类的要求,也没有其他质或量的要求,只要是成一定规模的活动就可以了。如果这里选择了后者的意思,即完全靠地物自身支持的经济生活,那么设想一下:如果一个岛屿完全依靠旅游业生存,那么诸多必需品主要靠外部进口的情况应该是常见的,因为自身并不生产与旅游业有关的商品。或者,在岛上驻军,驻军可以农耕、渔猎方式进行屯垦,但相当的资源还是靠外部解决,这种存在会持续长久,也会保持规模,提供了具有经济价值的服务——旅游和安全,为什么不能说这是"经济生活"或"人类居住"? 当然,驻军与后者的关系可能更紧密,但如果不承认驻军是"人类居住",这一看法本身就是武断的。

与上述词语解释相关的问题,还有对"经济生活"这一用语的理解。短期的开采活动是否是"经济生活"(特别是有人在这一短期内一直在地物上居住)? 可以争论的地方还比较多[230],以至于权威学者认为相关国家实践处在"模棱两可"状态

---

227 ICJ, *Territorial and Maritime Dispute*(*Nicaragua v. Colombia*),Judgment of 19 November 2012,ICJ Rep. (2012) 624,paras. 37 and 183.

228 《海洋法公约》第6条对"礁石"规定如下:"在位于环礁上的岛屿或有岸礁环列的岛屿的情形下,测算领海宽度的基线是沿海国官方承认的海图上以适当标记显示的礁石的向海低潮线。"

229 S. Murphy,"International Law Relating to Islands",386 *RdC* (2016) 9,at 74-75.

230 对比:J. Charney,"Rocks that Cannot Sustain Human Habitation",93 *AJIL* (1999),864; M. Gjetnes,"The Spratlys: Are They Rocks or Islands",32 *ODIL* (2001),194,201; Y. H. Song,"The Application of Article 121 of the Law of the Sea Convention to the Selected Geographical Features Situated in the Pacific Ocean",9 *Chinese JIL* (2010) 668.

之中[231]。这里还可以假设,从文字解释的角度出发,依据第121条第一款就可以判断某个地物是否法律意义上的岛屿,因为第一款并没有要求满足第三款的居住与经济生活的条件,而是体现了地理、地质学上对岛屿的理解;若此解释可行,就可以解释调解委员会在1981年的调解报告中[232]、国际法院在1993年的判决中[233]对扬马延作为岛屿这一法律地位的肯定,以及后来挪威高等法院在"哈拉德森案"中对阿贝路亚岛地位的判断[234]。

在文字解释、目的解释以及上下文解释存在明显不确定性时,应该考虑的是对国家实践做出较为深入的探讨,以期从习惯法中寻求帮助。《维也纳条约法公约》的第31条第三款第(乙)项规范的是嗣后实践对条约解释的影响,只要这类相关的实践一致、统一,为条约各方所认可(甚至是默示认可),那么就可以确认当初缔约时各国用意之所在[235]。

这里应该指出,实践中对是否存在法律意义上岛屿的判断都出现在相关地形独立存在的情况中,如果它们构成群岛的部分,就可以简化争议的范围,尽管群岛本身会引发新的问题:参看本章第五节第(二)小节。比如,就2009年日本向大陆架界限委员会所提的划界案[236],中国政府指出:"所谓的'冲之鸟岛'实际上是《公约》第121条第3款所指的岩礁……日本将冲之鸟礁列入其划界案中是不符合《公约》的"[237]。这个礁石的法律地位如果变成岛屿,可以带来约40万平方公里

---

231 J. Crawford, *Brownlie's Principles of Public International Law* (9th edn., Oxford: OUP, 2019), 248.

232 Conciliation Commission on the Continental Shelf Area between Iceland and Jan Mayen, *Report and Recommendations to the Governments of Iceland and Norway*, June 1981, 20 *ILM* (1981), 797, 803-804(委员会只适用了第121条的第一、二款)。

233 ICJ, *Maritime Delimitation in the Area between Greenland and Jan Mayen* (*Denmark v. Norway*), Judgment of 14 June 1993, ICJ Rep. (1993) 38, para. 80(法院只强调了领土需要有海岸线才能产生管辖海域,暗示承认了扬马延是个岛屿)。

234 *Public Prosecutor v. Haraldsson and Others*, Norwegian Supreme Court, 7 May 1996, 140 *ILR* 559, 564-565.

235 A. Aust, *Modern Treaty Law and Practice* (2nd edn., Cambridge: CUP, 2007), at 241.

236 参看:http://www.un.org/Depts/los/clcs_new/submissions_files/submission_jpn.htm(浏览于2014年11月20日)。提交于2008年11月12日。

237 CML/2/2009,提交于2009年2月6日:http://www.un.org/Depts/los/clcs_new/submissions_files/jpn08/chn_6feb09_e.pdf(浏览于2014年11月20日)。同样,韩国政府照会MUN/046/09,2009年2月27日:http://www.un.org/Depts/los/clcs_new/submissions_files/jpn08/kor_27feb09.pdf(浏览于2014年11月20日)。又:中国政府照会CML/59/2011,2011年8月3日:http://www.un.org/Depts/los/clcs_new/submissions_files/jpn08/chn_3aug11_e.pdf(浏览于2014年11月20日)。

的专属经济区[238]。

九、公　　海

（一）基本原则

其一，根据《海洋法公约》第89条，任何国家都不能（在法律上）有效地将公海任何部分置于其主权之下。

其二，根据第87条规定，公海对"所有国家"开放，不论其为沿岸国或内陆国。"公海自由"是在《海洋法公约》和其他国际法规则所设定的条件下来行使的，它包括：1）航行自由；2）飞越自由；3）铺设海底电缆和管道的自由，但受公约第六部分（大陆架）限制；4）建造国际法所容许的人工岛屿和其他设施的自由，但受公约第六部分限制；5）捕鱼自由，但受公约第7部分第二节（公海生物资源的养护和管理）限制；6）科学研究自由，但受公约第6和第13部分（海洋科学研究）的限制。

所有国家都可以行使这些自由，但须适当顾及其他国家行使"公海自由"的利益，并适当顾及公约所规定的、同"区域"（深海海底）内活动有关的权利。

（二）船舶的国籍和管辖问题

《海洋法公约》第91条规定，船舶具有其有权悬挂的旗帜所属国家的国籍，且国家和船舶之间必须有真实联系。第92条规定，船舶航行仅可悬挂一国旗帜，而且除国际条约或《海洋法公约》明文规定的例外情形外，在公海上应受该国的专属管辖。这个规则针对的是实践中存在的挂"方便旗"的做法，它规定除所有权确实转移或变更登记的情形外，船舶在航程中或在港内停泊时不得更换旗帜。第95条规定，军舰在公海上不受船旗国以外任何其他国家管辖，享有完全豁免权。

根据《海洋法公约》第97条第一款，遇有船舶在公海上碰撞或因任何其他航行事故而涉及船长或任何其他在船舶上服务人员的刑事或纪律责任时，针对他们的任何刑事诉讼或纪律程序仅可在船旗国或他们的国籍国的司法或行政当局面前提起。这个条款否定了常设国际法院在"荷花号案"中的多数意见[239]。第一款

---

[238] Y. H. Song,"The Application of Article 121 of the Law of the Sea Convention to the Selected Geographical Features Situated in the Pacific Ocean", 9 Chinese JIL (2010) 663, para. 14.

[239] 参见本书第十章。

还规定，船旗国当局以外的任何当局，即使作为一种调查措施，也不可下令逮捕或扣留该船舶。

（三）船旗国管辖权的例外

但是，除了船员国籍国的平行管辖权之外，国际法还对船旗国专属管辖原则的适用规定了例外。

第一，在公海上，每一个国家都有权拘捕海盗船或航空器，逮捕船上或航空器上的人员，（暂时）没收船上的财产，被逮捕人员可以被带到拘捕国法院受审[240]。《海洋法公约》第101条将"海盗行为"定义为：私人船舶或私人航空器的船员或乘客为私人目的从事的任何非法的暴力行为，或扣留行为，或任何掠夺行为。为制止在公海上或在任何国家管辖范围以外地方的海盗行为，所有国家须根据条约和习惯法的要求，尽最大可能进行合作[241]。与此有关的是在领海内存在的"武装抢劫"行为，根据国际海事组织于2009年12月2日通过的《调查针对船只的海盗罪与武装抢劫罪的行动准则》的规定，此类行为是指"在国家内水、群岛水域和领海内，针对船只或船上人员或财产的、处于私人目的、除海盗行为之外的非法暴力、拘禁或其剥夺权利的行为或威胁，或者是鼓动或有意协助以上行为的做法"[242]。

习惯法下惩罚海盗罪行的义务早在"荷花号案"时就已存在，在该案中，摩尔法官曾指出，针对海盗行为的管辖权是普遍存在的，如果海盗进入任何国家管辖权范围之内，后者都可以对其加以审判和处罚[243]。所以，针对这种行为，船旗国管辖权不具有排他性。2009年1月14日，联合国安理会根据决议第1851号，建立了"索马里岸边海盗问题联络小组"，以讨论、协调国家和国际组织制止索马里海盗行为的行动，包括考虑成立国际性司法机构审理海盗案件的可能性[244]。这里值得注意的是，近些年来，安理会在《宪章》第七章下通过了一系列涉及海盗行为的决议，比如：2017年的第2383号决议就决定，在索马里海岸外发生的海盗与武装

---

[240] 《海洋法公约》第105条。T. Treves, "Piracy, Law of the Sea, and Use of Force: Developments off the Coast of Somalia", 20 *EJIL* (2009), 402.

[241] 《海洋法公约》第100条。参看：Y. Tanaka, *The International Law of the Sea* (3rd edn., Cambridge: CUP, 2019), 456-461.

[242] IMO Resolution A. 1025(26), 18 January 2010, Annex, para. 2. 2.

[243] PCIJ Ser. A, No. 10(1927), 70.

[244] E. Wilcox(ed.), *Digest of United States Practice in International Law* 2009 (Oxford: OUP and Washington: International Law Institute, 2011), 464-467. Also see UNSC Resolution 2383(2017).

抢劫行为,"持续构成对该地域国际和平与安全的威胁"[245],决议第12段呼吁成员国和地区性国际组织以军事合作来打击这些行为,第18段呼吁所有国家在确立刑事管辖权以及调查、审判活动中加强合作。

国际海事组织定期发表海盗行为的简报[246]。

第二,根据《公约》第109条,所有国家应进行合作以制止在公海上从事的、未经许可的广播行为。"未经许可的广播行为"是指船舶或设施违反国际规章在公海上播送的、旨在使公众收听或收看的无线电广播或电视广播,但遇难呼号的播送除外。这一条第三款特别罗列了可以行使管辖权的国家,包括:船旗国;广播平台/设施的登记国;(广播者)国籍国;广播针对国;正常广播受未经许可广播干扰国。在这里,保护性原则被承认为管辖权基础。

第三,《公约》第111条规定了"紧追权",该权利在1930年举行的海牙编纂大会时就已经得到承认,可以说是一项习惯法原则[247]。它的行使包括以下几个步骤。之一,对该外国船舶进行紧追的前提,是沿岸国主管当局有充分理由认为外国船舶违反了该国法律和规章。之二,紧追权只可由军舰、军用航空器或其他有清楚标志可以识别的、并经授权紧追的政府船舶或航空器来行使[248]。之三,此项追逐必须是在外国船舶或其所携带小艇处于紧追国内水、群岛水域、领海或毗连区内时开始[249],而且只有追逐未曾中断,才可在领海或毗连区外继续进行。如果外国船舶在毗连区内,追逐只有在该区域所保护的权利遭到侵犯的情形下才可开始。之四,在专属经济区内或在大陆架上,包括大陆架上设施周围的安全地带内,违反沿岸国按照《海洋法公约》适用于专属经济区或大陆架(包括设施的安全地带)的法律和规章的行为,应比照适用紧追权。在这里,紧追始于经济区内;那么,第111条第一款里的"必须"二字似乎并不准确和全面。最后,紧追权在被追逐船舶进入其本国领海或第三国领海时立即终止。海洋法庭认为,在行使紧追权

---

[245] S/RES/2383(2017);在2017年11月7日由安理会成员国全票通过。

[246] *Annual Report*-2020(*Reports on Acts of Piracy and Armed Robbery against Ships*),MSC. 4/Circ. 265,29 April 2021.

[247] N. Poulantzas,*The Right of Hot Pursuit in International Law*(2nd edn.,The Hague:Martinus Nijhoff,2002).

[248] 如果国内法对本条的实施缺乏进一步规定,会为以后实践埋下问题:侯梦涛,《国际法上的紧追权》,载《中国国际法年刊》(1993),第136-137页。

[249] 违法行为可以被"推定存在"于领海之内:W. Gilmore,"Hot Pursuit:The Case of R. v. Mills and Others",44 *ICLQ*(1995),949.

时,上述第 111 条所规定的累积性条件都必须满足[250]。

除上述情形之外,其他例外还包括:1)武装冲突中的封锁行为,其范围可以延伸至公海水域,封锁国可以拿捕任何违反封锁令的船舶[251];2)在和平时期,为了检查船舶国籍,各国军舰或军用飞机或经授权的政府船舶,在有合理原因时行使的"登临权"[252](此权利涵盖前面所提到的例外情况,也包括怀疑登临权针对的船舶与军舰属于同一国籍,或该船舶拒绝展开旗帜)。当然,国家还可以依据条约对"公海自由"进行其他特殊形式的干预,比如走私贩运人口,现有的条约规则是被贩运的人口对此不负刑事责任,而相关条约的任一缔约国对这种贩运行为都有刑事管辖权,且没有任何对行为与管辖权之间连接点的要求[253],但是在公海上发现有贩运人口嫌疑的可疑船只时,需要先通知船旗国,取得后者的同意之后,再进行登临检查[254]。

十、深海海底

根据《海洋法公约》第 1 条的规定,深海海底被称为"区域",它是指国家管辖范围以外的海床和洋底及其底土。"区域"内活动是指勘探和开发"区域"内资源的一切活动。

(一) 1994 年《协定》

本《协定》出现的背景是,在《海洋法公约》通过后,主要工业化国家对条约第 11 部分规定的反对和消极态度,使得执行该部分条款的前景十分黯淡,因此,联合国秘书长于 1990 年促使相关国家召开先后四年的磋商。1994 年 7 月 28 日,《海洋法公约》缔约国以 120 票赞成、零票反对和七票弃权通过了《关于执行 1982 年 12 月 10 日〈海洋法公约〉第 11 部分的协定》,《协定》于 1996 年 7 月 28 日起生

---

250 ITLOS, *The M/V "Saiga" (No. 2) Case (Saint Vincent and the Grenadines v. Guinea)*, Judgment of 1 July 1999, para. 146.

251 参见《国际公法下卷:武装冲突中的解释与适用》第六章。

252 《海洋法公约》第 110 条。

253 *Protocol against the Smuggling of Migrants by Land, Sea and Air, supplementing the United Nations Convention against Transnational Organized Crime*, adopted by UNGA Resolution 55/25 of 15 November 2000, entry into force on 28 January 2004, 2241 UNTS 507. 截至 2021 年 10 月 22 日,共有 150 个缔约国。参看议定书的第 5、6 条。

254 同上注,第 8 条第二款。但在第 8 条第七款下,如果贩运人口的船舶没有国籍或可视为无国籍船舶,那么任一缔约国都有权在"具有合理怀疑"时登临检查。

效。这个《协定》对《海洋法公约》第11部分内容进行了较大修正[255]，但与此不同的是，1995年《鱼类协定》仅仅就两种鱼类对《海洋法公约》的捕鱼制度做出了有关资源保护和管理方面的实质性规定[256]。作为解决一个困难问题的创新之举，1994年《协定》被证明是成功的[257]，但是，它也带来了与《海洋法公约》兼容性的问题。

《协定》第1条规定，缔约国承诺依照《协定》执行《海洋法公约》第11部分，《协定》和第11部分应作为单一文书来解释和适用。根据《协定》第2条的规定，《协定》和第11部分如有不一致的情况，应以《协定》的规定为准。《海洋法公约》第309条至第319条（最后条款）应如适用于公约一样适用于《协定》。《协定》第4条规定，在《协定》通过后，任何批准、正式确认或加入《海洋法公约》的行为应亦视为表示同意接受《协定》的拘束。任何国家或实体除非先前已确立或亦同时确立其同意接受《海洋法公约》的拘束，否则不可以确立其同意接受《协定》的拘束。这就解释了为什么美国仍然置身于这两个条约之外的问题。

1994年《协定》第7条规定，《协定》如到1994年11月16日尚未生效，则在其生效之前，它将对在联合国大会中同意通过《协定》的国家、签署《协定》、同意临时适用《协定》和加入的国家临时适用。果然，《协定》在1994年11月16日开始临时适用，并在1996年7月28日正式生效。截至2021年10月，《协定》缔约方达到了151个[258]。

《协定》的《附件》第一部分规定，《海洋法公约》缔约国按照第11部分和《协定》通过国际海底管理局（以下称"管理局"）组织和控制"区域"内活动，特别是管理"区域"内资源。管理局应具有公约授予的权力和职能[259]。管理局具有国际法律人格，以及为执行其职务和实现其宗旨所必要的法律行为能力[260]。管理局由大会、理事会[261]、秘书处、法律和技术委员会、财务委员会和企业部[262]等几个机构组成。

---

[255] 美国在《海洋法公约》通过后就已经有了修改其第11部分的具体政策；贾桂德：《〈关于执行"海洋法公约"第十一部分的协定〉评述》，载《中国国际法年刊》(1998)，第156页。

[256] 34 *ILM* (1995), 1542.

[257] 《协定》谈判结束时，对其内容就已经有广泛的支持，参见贾桂德：《〈关于执行"海洋法公约"第十一部分的协定〉评述》，载于《中国国际法年刊》(1998)，第190-191页。

[258] 参见联合国法律部条约司官网：https://treaties.un.org/Pages/ViewDetails.aspx?src=TREATY&mtdsg_no=XXI-6-a&chapter=21&clang=_en。

[259] 截至2020年12月，管理局有包括中国在内的167个成员国加上欧盟：http://www.isa.org.jm/en/about/members/states。

[260] 《海洋法公约》第176条。

[261] 《海洋法公约》第161条；36个成员国。

[262] 管理局下从事开发、加工、运输、销售的机构。参看《海洋法公约》第170条及第153条。

作为管理局的最高权力机关，大会有权依照公约有关规定，就管理局权限范围内的任何问题或事项制订普遍适用的政策[263]。依据大会所制订的此类政策，作为管理局执行机关，理事会有权制订管理局对于其权限范围以内的任何问题或事项所应遵循的具体政策[264]。更具体地说，理事会有权"……向大会建议关于公平分享从'区域'内活动取得的财政及其他经济利益以及依据第82条所缴费用和实物的规则、规章和程序，特别顾及发展中国家和尚未取得完全独立或其他自治地位的人民的利益和需要……"[265]。反过来，大会将审核理事会的建议并予以核准，或者"送回理事会以便参照大会表示的意见重新加以审议"[266]。

公约《附件》第2部分规定，企业部初期的深海底采矿业务应以合资企业的方式进行。第3部分规定管理局的政策应由大会协同理事会制订，而作为一般规则，管理局各机关的决策应当采取协商一致方式。因此，理事会在管理局政策决策过程中处于关键地位。

同时，采用协商一致的方法意味着在不能达成一致意见，需要进行表决。根据《海洋法公约》第159条第八款的规定，大会使用投票方式对程序事项做出决定时，需要得到与会且参与表决国家的简单多数赞成，对实体事项做出决定时，需要得到与会且参与表决国家的2/3多数同意。

在理事会下属的法律和技术委员会或"企业"提交工作计划供理事会审阅并被后者批准后[267]，海底管理局将与申请者（缔约方、企业部、缔约国赞助的自然人——具有该国国籍，或法人——被国家或其国民有效控制，后者包括国有企业）签订开发合同[268]。2000年，管理局开始颁布"开矿法典"，即一系列管理探矿、勘探和开发活动的规则、规章和程序规定，特别是多金属核矿（2000年版和2013年版）、多种金属硫化物矿（2010年版）、富钴铁锰壳矿（2012年版）的开采规章[269]。

尽管存在着1994年《协定》，而且海底管理局已经管理着开发活动，对"区域"

---

263 《海洋法公约》第160条第一款。
264 同上注，第162条第一款。
265 同上注，第162条第二款第十五项第一句。
266 同上注，第160条第二款第六项第一句。
267 同上注，第162条第二款第十～十一项。
268 公约附件三，"探矿、勘探和开发的基本条件"，第3条第五款。截至2019年底，共有30个海底开发合同生效，18个针对多种金属核矿、7个针对多种金属硫化物矿、5个针对富钴铁锰壳矿的开发：ISA Council, Report of the Secretary-General, "Status of contracts for exploration and related matters, including information on the periodic review of the implementation of approved plans of work for exploration", ISBA/26/C/4, 17 December 2019, para. 2.
269 https://isa.org.jm/mining-code.

的商业开采在其他某些海床区域也已开始[270]。但是,深海资源开发与管理的原则似乎是国际社会都接受的原则[271]。

(二) 中国实践

中国在"区域"内的活动开始于20世纪70年代中期。中国"大洋矿产资源研究开发协会"成为这个领域的先驱之一,并在1991年3月5日与管理局签订了一个勘测矿物资源的合同[272]。随后,该协会按照经管理局批准的工作计划开始勘测"区域"的某一特定部分,位于美国西海岸和夏威夷之间的克里伯顿地区[273]。

国际海底管理局从1996年6月起开始全面运转,在1996年举行的大会第二期会议上选举除了第一届理事会,中国被选为理事会B组(最多投资国)成员,并于2000年再次当选。在2004年中国被选为理事会A组成员[274]。

据国际海底管理局理事会报告,2001年,"大洋矿产资源研究开发协会"得到新合同,继续在克利伯顿海床开采多种金属核矿,并在2016年延长合同有效期;与此同时,该协会、中国五矿集团、北京先锋公司都从海底管理局取得了长期开发合同(15年有效)[275]。

2016年2月26日,人大常委会通过《中华人民共和国深海海底区域资源勘探开发法》,该法于同年5月1日开始施行[276]。法律的第2条规定:"中华人民共和国的公民、法人或者其他组织从事深海海底区域资源勘探、开发和相关环境保护、科学技术研究、资源调查活动,适用本法。"从管辖的角度看,本法规定了属人

270　Energy Information Administration, US: http://www.eia.doe.gov/oil_gas/natural_gas/analysis_publications/ngmajorleg/continental.html(浏览于2014年1月20日); Deep Water Royalty Relief Act, 30 CFR Part 203, Public Law 104-158(旨在为开发新能源供给提供激励。该使用费激励目的在于促进在被认为成本与风险特别高的墨西哥湾深水中投资。该区域被认为特别有前景并且事实上已成为最重要的国内油气来源之一)。*Also see* US Federal Register (Rules and Regulations), vol. 73 (No. 195), 7 October 2008, at 58468.

271　S. Vasciannie, "Deep Seabed Mining in Customary International Law: Reconsidering Aspects of the Evidence", 27 *West Indian Law Journal* (2002) 149.

272　K. Y. Zou, *China's Marine Legal System and the Law of the Sea* (Boston: Martinus Nijhoff, 2005), 175.

273　同上注,第167和176页。

274　参看国际海底管理局《新闻简报》(SB/10/17),2004年6月3日(第10次管理局大会选举作为世界最大海底矿产进口国家之一的中国进入A组)。

275　ISA Council, Report of the Secretary-General, "Status of contracts for exploration and related matters, including information on the periodic review of the implementation of approved plans of work for exploration", ISBA/26/C/4, 17 December 2019, Annexes 1-3.

276　http://www.gov.cn/zhengce/2016-02/27/content_5046853.htm(浏览于2021年12月10日)。

管辖权。第3条特别规定:"国家保护从事深海海底区域资源勘探、开发和资源调查活动的中华人民共和国公民、法人或者其他组织的正当权益。"开发者在向国际海底管理局申请许可前,需要先向国务院海洋主管部门申请,后者批准后会出具相关文件,供开发者向国际海底管理局申请时使用(第7、第8条)。法律中还有关于环境保护和科学考察的规定。

(三) 赞助国责任问题

公约第153条第二款下规定了可以参与"区域"矿产开发的实体,其中包括缔约国国有企业、缔约国国民,以及由缔约国有效控制的企业,这三类实体参与开发活动都需要本国政府的赞助。由此产生了赞助国与被赞助者之间责任划分的问题。

国际海洋法庭的海底争端分庭,在收到国际海底管理局理事会根据公约第191条所做的决定后,于2011年对上述问题(当然主要是赞助国的责任问题)给出了咨询意见[277]。首先,分庭认为赞助国的基本义务是要"保证"被其赞助的个人或企业遵守公约、与管理局订立的合同,以及1994年《协定》的规定[278],而这是一个"适当谨慎"的义务。同时,赞助国负有直接义务,要关注环境保护以及准备在违反义务后赔偿[279]。其次,赞助国责任的产生,需要满足两个条件:1)未能履行其在公约之下的责任;2)因此而造成损害的后果,而赞助国与被赞助人之间的责任是平行的,如果赞助国尽职保证行为与相关文件符合,那就不为被赞助人的行为负责任[280]。最后,法庭要求赞助国立法并采取行政措施,以保证被赞助者遵守相关义务,并免除赞助国的责任,在开发合同生效期间,这些法律和措施必须处于有效状态[281]。

(四) 外大陆架的开采制度

在大陆架资源开采成为现实之后不久,在外大陆架(即超出200海里界限的宽大陆架)开采的问题就提到日程上来了[282]。《海洋法公约》第82条就是为规范这一问题而产生的。在1975年联合国海洋法大会的第三轮会议上,第82条条文逐

---

[277] ITLOS, *Responsibilities and Obligations of States Sponsoring Persons and Entities with respect to Activities in the Area*, Seabed Disputes Chamber, Advisory Opinion of 1 February 2011, *ITLOS Reports* (2011), 10, para. 1.

[278] 同上注,第242(3)(A)段。

[279] 同上注,第242(3)(B)段。

[280] 同上注,第242(4)段。

[281] 同上注,第242(5)段。

[282] *UNCLOS Commentary*, vol. ii, at 932.

渐成型,美国的建议给未来第 82 条的第一、二、四款内容打下了基础[283]。后来的"艾文森小组"提案在发展中国家的待遇标准上有所突破,体现出对之特殊照顾的明确倾向,即由国际海底机构来决定这些国家上缴的资金或所开采的非生物资源的额度[284]。在总体评价第 82 条的谈判过程时,"弗吉尼亚评注"这样说:

> "第 82 条是宽大陆架国家与支持 200 海里大陆架国家之间所做妥协的第二个组成部分。妥协的第一组成部分,即第 76 条,包含了大陆架的定义;该条与《公约》第二附件一起,对缔约国建立超过 200 海里大陆架外部界限的方法做出了规定。"[285]

目前只有少数国家意识到了第 82 条的重要性,但是对于任何外大陆架国家来说,在界定大陆架外部界限和进行海上勘探开发时,必须了解《公约》第 82 条的确切含义;而该条的实施主要靠外大陆架缔约国[286]。

第 82 条反映的是拥有外大陆架的缔约国在国际法下的义务,该义务的实施成本体现为三种可能情况:1)外大陆架缔约国政府负担第 82 条下的上缴费用或实物的义务,向管理局付款,缴付的款项来自于生产企业缴纳的使用费或税收;2)额外使用费形式,由政府将实施成本直接转嫁至生产企业。这种情况下,外大陆架缔约国需要考量其外大陆架收费政策对以下两方面的影响:本国现存的使用费制度,和现在和未来特许、产量分成、服务和其他相关协议的内容的改变;3)对于那些有多层政府机构的国家(如联邦制国家)来说,可能会要求地方政府承担生产成本,因为地方政府(如州、省和地区)可能对生产区域内的非生物资源拥有权利或预期,也可能会获得一部分甚至大部分国内使用费[287]。

---

283 UNCLOS Commentary, vol. ii, at 935.

284 Ibid., 936.

285 Ibid., 932.

286 ISA Assembly, *Report of Secretary-General*, "Outcomes of the International Workshop on Further Consideration of the Implementation of Article 82 of the United Nations Convention on the Law of the Sea", ISBA/19/A/4, 6 May 2013, para. 4.

287 例如,在加拿大这样的联邦制国家,海洋资源的共享利益长期以来是一个有争议的法律和政治话题。在纽芬兰-拉布拉多和新斯科舍这两个大西洋省份,联邦政府和省政府从联邦层面和省级层面订立了关于费用征收和利益分配的政治协定,以代替了持续的对峙情形。加拿大和纽芬兰-拉布拉多省订立的政治协定将设定和征收使用费的权力分配给了该省。参见 Atlantic Accord (Memorandum of Agreement between the Government of Canada and the Government of Newfoundland and Labrador on Offshore Oil and Gas Resource Management and Revenue Sharing), St. John's, Newfoundland, 11 February 1985, Arts. 23 & 37. C-NOPB, http://www.cnlopb.nl.ca/pdfs/guidelines/aa_mou.pdf(最后浏览于 2013 年 5 月 10 日)。协议的地理范围包括了所有与该省邻接的大陆边缘(协议第 68 条)。该协议还提到未来将其他矿产资源也包括其中(协议第 67 条)。

在这个领域中,现阶段的任务是制度的细化和预判,在分配比例这个主要问题上恐还需要管理局大会进一步讨论才能决定[288]。基本上能获得普遍接受的分配标准是参照以下排名来分配上缴的费用或实物:最穷发展中国家(8个)、要么是内陆要么是最不发达的发展中国家(37个)、小岛国家、地理不利国家、其他发展中国家、和其他国家[289]。当然,这一标准还需要进一步细化、更新,比如根据联合国经社理事会"最不发达国家"名单(每三年更新一次)和联合国发展署"人类发展指数"(每年公布一次)[290]。再有,世界银行的分类法也可以参考[291]。

其他问题很大程度上是政策问题,比如,在第82条机制下,管理局的作用更像是个"管道",它在收到上缴的费用或实物后,转而分配给相关缔约国[292]。

(五) 其他问题

在讨论深海海底制度的时候,需要注意《海洋法公约》的侧重点是"共享开发所带来的利润",这与其谈判过程的历史背景相关。从该公约生效起,后续实践已经在该制度中加入了新内容,特别是保护生物资源的规则[293]。后续实践与公约成为相辅相成的并行机制,在更为全面的基础上对深海资源进行管理、开发、

---

[288] 这个问题一直就存在:W. Onorato, "Apportionment of an International Common Petroleum Deposit", 17 *ICLQ* (1968) 85.

[289] ISA, *Implementation of Article 82 of the United Nations Convention on the Law of the Sea*, ISA Technical Study No. 12 (2013): http//www.isa.org.jm/files/documents/EN/Pubs/TS12-web.pdf(最后浏览于2013年5月7日), Annex Ⅱ, para. 7.

[290] 前者来源于经社理事会下设的"发展政策委员会",该名单上现有49个国家(非洲34个;亚太地区14个;拉美-加勒比海地区1个),参见:http://unohrlls.org/about-ldcs/facts-and-figures-2(最后浏览2013年6月15日)。更多的信息,参见上述网址(联合国最不发达国家、内陆发展中国家、小岛发展中国家代表办公室官方网页)。

[291] 同上。经社理事会发展委员会的标准有三个:1)收入;2)个人素质指数(含营养、健康与教育程度);3)经济虚弱指数(含人口数量、居住偏远、出口商品集中幅度、国民产值中的农、林、渔三业的份额、居住在低海拔沿海地区人口的比例、商品和服务出口的不稳定性、受自然灾害的人口、农业产出不稳定性)。这三个也是联合国贸发会议所使用的、衡量最不发达国家的标准,参看:http://unctad.org/en/Pages/ALDC/Least%20Developed%20Countries/Research-and-Policy-Analysis-on-LDCs.aspx(最后浏览于2013年6月15日)。

[292] ISA, *Implementation of Article 82 of the United Nations Convention on the Law of the Sea*, ISA Technical Study No. 12(2013), Annex Ⅱ, para. 3.

[293] 参看 Art. 4, *Convention on Biological Diversity*, concluded 5 June 1992, entry into force 29 December 1993, at: http://www.cbd.int(浏览于2021年10月13日;现有196个缔约方)。Also see C. Redgwell, "The Convention on Biological Diversity", in: K. Koufa(ed.), 31 *Thesaurus Acroasium* (Institute of Public International Law and International Relations, Thessaloniki, 2002) 340.

和保护[294]。

十一、海洋科学研究

(一) 法律框架

《海洋法公约》第238条规定,不论其地理位置如何,"所有"国家以及国际组织,在公约所规定的其他国家权利和义务的限制下,均有权进行海洋科学研究[295]。不过,第238条并没有列举或定义具体的科学研究活动的内容,这使得实践中存在的"纯粹"或"根本性"研究与"实用性"或"资源为导向"的研究很难分辨[296]。再有,船舶正常操作时收集的海洋学信息,是否属于比如领海无害通过中禁止的海洋科学研究行为,现在还存在疑问[297]。还有,在专属经济区中的海洋科学研究与为军事目的而进行的调查活动之间如何进行区别,是一个有争议的问题[298],现有的区别标准在于1)目的;2)研究/考察的结果是否公开发表,但是,问题不在于上述标准,而是在于具有军事目的的考察活动是否可以自始就合法存在[299]。

第240条包括如下基本原则[300]:1)海洋科学研究应专为和平目的而进行;2)海洋科学研究应以符合公约要求的适当科学方法和设备进行;3)海洋科学研究不应对符合公约的其他对海洋的利用行为有不当干扰,而研究活动在后者情况下也应得到适当尊重;4)海洋科学研究的进行应遵守依照公约所制定的一切有关规则,包括关于保护和保全海洋环境的规则。这里存在着是否研究可以为军事目的的问题,就这个问题而言,存在着争议[301]。第240条同时规定,在进行海洋科

---

[294] M. Gavouneli, *Functional Jurisdiction in the Law of the Sea* (Leiden: Martinus Nijhoff, 2007), 152-156.

[295] A. Soons, *Marine Scientific Research and the Law of the Sea* (The Hague: Martinus Nijhoff, 1982).

[296] N. Matz-Lück, "Article 238", margins 13-14, in: *Proelss's UNCLOS Commentary*, 1609-1610.

[297] S. K. Huh and K. Nishimoto, "Article 245", margins 9-10, in: *Proelss's UNCLOS Commentary*, 1647-1648.

[298] 参看本章第六节第(二)小节。Y. Tanaka, *The International Law of the Sea* (3rd edn., Cambridge: CUP, 2019), 442-444.

[299] S. K. Huh and K. Nishimoto, "Article 246", margins 14-15, in: *Proelss's UNCLOS Commentary*, 1656.

[300] UN Division for Ocean Affairs and the Law of the Sea, *Marine Scientific Research: A Guide to the Implementation of Relevant Provisions of the United Nations Convention on the Law of the Sea* (New York: UN, 1991). 2010年,海洋法司出版了修订版的指南:Sales No. E. 10. V. 12。

[301] N. Matz-Lück, "Article 240", margins 5-6, in: *Proelss's UNCLOS Commentary*, 1620.

学研究时"必须"适用这些原则。第241条规定,海洋科学研究活动不应构成对海洋环境任何部分或其资源的任何权利主张的法律根据。

第242条规定,各国和有相关专长的国际组织应该在海洋科学研究上进行国际合作[302]。后者包括国际海洋学委员会(Intergovernmental Oceanography Commission)[303]和国际海底管理局在内的诸多国际组织[304]。第245条规定沿岸国有在其领海内进行海洋科学研究的专属权利。根据第246条第三款的规定,沿岸国在专属经济区和大陆架上不享有这种专属权利,其他国家可以在沿岸国同意的情况下在这种区域从事科学研究。但是,第246条第五款列举了四种沿岸国可以全权决定不给与研究许可的情况,比如研究计划与开发该区域自然资源有重大关系或类似情况,沿岸国可以不予准许,这四种情况被认为包括了所有可能的情况[305]。各国和各国际组织如果在一个沿岸国专属经济区内或大陆架上进行海洋科学研究,应该向沿岸国提供相关信息[306]。在深海海底区域进行海洋科学研究活动时,除了船旗国的管辖权之外,海底管理局也拥有协调的权力[307]。

为了科学研究的需要,可以在相关区域建立人工设施,但这些设施不具有岛屿的地位[308]。这些设施没有自己的领海,其存在也不影响领海、专属经济区或大陆架界限的划定。在科学研究设施的周围可按照公约有关规定设立不超过500米合理宽度的安全区,所有国家应确保其本国船只尊重安全区的存在[309]。

根据第263条,各国和国际组织对其他国家、其自然人或法人或国际组织进行的海洋科学研究所采取的措施如果违反公约规则,应承担责任,并对采取这种措施所造成的损害提供补偿。

(二)中国实践

中国在历史上就有观测潮汐的记录[310]。关于海洋科学研究问题,中国在第三

---

[302] Y. Tanaka,"Obligation to Cooperate in Marine Scientific Research and the Conservation of Marine Living Resources",65 *ZaöRV*(2005)937.

[303] 公约附件八第2条。

[304] I. Papanicolopulu,"Article 242",margins 7-8,in:*Proelss's UNCLOS Commentary*,1633-1634.

[305] F. Wegelein,*Marine Scientific Research :The Operation and Status of Research Vessels and other Platforms in International Law*(Leiden:Martinus Nijhoff,2005),299.

[306] 《海洋法公约》第248条。

[307] 《海洋法公约》第143条第二款。

[308] 《海洋法公约》第259条。

[309] 《海洋法公约》第260条。

[310] K. Y. Zou,*China's Marine Legal System and the Law of the Sea*(Boston:Martinus Nijhoff,2005),277.

次海洋法会议上主张实行严格标准,如果外国海洋科学研究要在中国水域包括专属经济区内进行,需要事先征得批准。我国《领海及毗连区法》第11条和《专属经济区和大陆架法》第9条是专门针对在我国领海、专属经济区和大陆架从事科学研究的规定,这两个条款都要求任何国际组织、外国机构或个人要进行科学研究都需征得事先批准,但这两个条款并没有提到外国国家从事的此类科研活动的问题。

中国的海洋科学研究法律制度主要体现在《中华人民共和国涉外海洋科学研究管理规定》之中[311]。该《规定》适用于在中国管辖海域内从事针对海洋资源和环境的科学研究活动的国际组织、外国机构或个人(第2条)。国家海洋局负责管理在中国管辖海域进行的科学研究活动(第4条)[312]。外方在中国内水、领海内进行海洋科学研究活动,应当采用与中方合作的方式;在中国管辖的其他海域内,外方可以单独或者与中方合作进行海洋科学研究活动(第4条)。国家海洋局在会同外交部、军事主管部门以及国务院其他有关部门进行审查后可以批准海洋研究的申请或驳回该申请(第4条)。违反该《规定》进行涉外海洋科学研究活动的,由国家海洋局责令停止该项活动,可以没收违法活动设备、没收违法获得的资料和样品,可以处以罚款。违反该《规定》造成重大损失或者引起严重后果构成犯罪的,依法追究刑事责任(第13条)。

中国于1983年加入了1959年的《南极条约》,于1985年10月7日成为该条约的协商国[313]。从那时起,中国开始在南极大陆及其沿海区域进行科学研究。

十二、海洋污染和海洋环境

(一) 法律制度

《海洋法公约》第1条规定,"海洋环境污染"是指人类直接或间接把物质或能量引入海洋环境(其中包括河口湾),以致造成或可能造成损害生物资源和海洋生物、危害人类健康、妨碍包括捕鱼和其他对海洋正当的利用在内的各种海洋活动、减损海水使用质量和妨害环境优美等有害影响。

---

311 由国务院在1996年6月18日颁布,于1996年10月1日生效。见国家海洋局政策法规办公室编:《中华人民共和国海洋法规选编》(修订版),海洋出版社1998年版,第62页。

312 2018年起,国家海洋局职能被并入自然资源部相关部门:http://www.mnr.gov.cn/jg/#scy_jgsz。

313 《公约》于1961年6月23日生效。参看:高风:《南极的法律地位与南极管理机制》,载《中国国际法年刊》(1991),第380页。

尽管根据公约第 193 条的规定,各国有依据其环境政策和按照其保护和保全海洋环境的职责开发其自然资源的主权权利,第 192 条规定了各国保护和保全海洋环境的普遍义务[314]。各国应在适当情形下,个别或联合地采取一切符合《公约》的必要措施,防止、减少和控制任何来源的海洋环境污染;为此目的按照其能力使用其所掌握的最切实可行的方法,并应在这方面尽力协调它们的政策[315]。这里所采取的措施针对的是各种来源的污染,例如从陆上来源、从大气层或通过大气层或由于倾倒而放出的有毒、有害或有碍健康的物质;来自船只的污染;来自在用于勘探或开发海床和底土自然资源的设施装置的污染,或来自在海洋环境内操作的其他设施和装置的污染。

实践中,各国合作是海洋污染制度的核心。各国在为保护和保全海洋环境而拟订和制订符合《海洋法公约》的国际规则、标准、建议性办法及程序时,应在全球或区域基础上,直接或通过相关国际组织进行合作,同时考虑到区域特点。在这方面,发展中国家应享有国际组织在资金分配上的优惠待遇,应该得到其他国家在技术和教育上的协助。

《海洋法公约》第 210 条规定,各国应制定法律和规章,以防止、减少、控制倾倒对海洋环境的污染。沿岸国可以授权在它的领海、专属经济区或大陆架进行倾倒,但是授权先于倾倒行为[316]。

公约还规定了沿岸国、船旗国和港口国的执法权力。根据第 224 条,只有官员或军舰、军用航空器或其他有清楚标志可以识别为政府服务并经授权的船舶或航空器,才能行使对外国船只的执法权[317]。第 230 条规定,对外国船只在领海以外和领海以内所犯违反关于防止、减少和控制海洋环境污染的国内法律和规章,或可适用的国际规则和标准的行为,仅可处以罚款,但在领海以内故意和严重地造成污染的行为除外[318]。

但是,公约也照顾到了其他国家的航行利益。第 232 条规定,如果某国所采取的执法措施属于非法或根据可得到的情报超出合理要求,它就应对这种措施所引起的、并可以归因于该国的损害或损失负责,各国应对这种损害或损失规定向

314　海洋环保属《公约》第 12 部分内容。

315　《海洋法公约》第 194 条。

316　公约第 210 条第五款。对照:P. Birnie, A. Boyle, and C. Redgwell, *International Law and the Environment* (3rd edn., Oxford: OUP, 2009), 470.

317　V. Becker-Weinberg, "Art. 224", in: *Proelss's UNCLOS Commentary*, 1531-1534.

318　因为在第 19 条第二款下,这将导致"有害通过"行为。参看 E. Molenaar, *Coastal State Jurisdiction over Vessel-Source Pollution* (The Hague: Kluwer Law International, 1998), 467.

其本国法院申诉的办法。第233条规定公约第12部分第五节(防止、减少和控制海洋环境污染的国际规则和国内立法)、第六节(执行)和第七节(保障)里的任何规定都不影响用于国际海峡的法律制度,但如第十节[319]所指以外的外国船舶违反了第42条第一款(a)和(b)项所指的法律和规章,对海峡的海洋环境造成重大损害或有造成重大损害的威胁,海峡沿岸国可采取适当执行措施,在采取这种措施时,应比照、尊重第十节的规定[320]。

第235条规定,各国有责任履行其关于保护和保全海洋环境的国际义务。为此目的,公约确立了两个规则。第一,各国对于在其管辖下的自然人或法人污染海洋环境所造成的损害,应确保按照其法律制度可以提起申诉以获得迅速和适当的补偿或其他救济。第二,各国应进行合作,以便就估量和补偿损害的责任以及解决有关争端,实施现行和未来发展的国际法,并在适当情形下,拟订充分补偿的标准和程序[321]。后一规则照顾到公约在责任问题上的规则缺陷。

上述关于保护和保全海洋环境的规定,不适用于任何军舰、海军辅助船、为国家所拥有或经营并在当时只供政府非商业性服务之用的其他船只或航空器[322]。它们的行为由其本国法律规范,当然,国际法下有关国家责任的规则针对此类船舶是适用的。

(二) 中国实践

中国在1983年颁布了《海洋环境保护法》[323],并在1999年对其进行了修订通过[324],之后又在2013年进行了第一次修正、2016年进行了第二次修正、2017年进行了第三次修正[325]。这部法律的目的是保护和改善海洋环境。国家海洋局负责海洋环境的监督管理,并组织海洋环境的调查、监测、监视、评价和科学研究;它的

---

319 这个部分将所有军舰、海军辅助船、为国家所有或经营并在当时只供政府非商业性服务之用的船舶或航空器排除在第12部分的适用范围之外。

320 V. Becker-Weinberg,"Art. 233",in:*Proelss's UNCLOS Commentary*,1563-1566.

321 T. Stephens,"Art. 235",in:*Proelss's UNCLOS Commentary*,1585-1590.

322 《海洋法公约》第236条。这一规定延续了1972年《防止倾倒废物和其他污染海洋环境的国际公约》("London Convention")第7条第四款,以及1973年《防止船舶污染的国际公约》("MARPOL")第3条的相关规定。1972年公约于1975年生效,截至2021年10月27日,共有87个缔约国;1973年公约经1978年议定书修改后,于1983年生效;截至2021年10月27日,共有160个缔约国。https://wwwcdn.imo.org/localresources/en/About/Conventions/StatusOfConventions/StatusOfTreaties.pdf. 与海洋污染有关的内容还会在本书第十五章中讨论。

323 这部法律在1982年8月23日由全国人大通过并公布,于1983年3月1日生效。

324 经修正的版本于1999年12月25日公布,2000年4月1日生效。

325 参见国家生态环境部官网:https://www.mee.gov.cn/ywgz/fgbz/fl/201805/t20180517_440477.shtml.

任务还包括管理非军事船舶造成的污染;军事船舶造成的污染由军队环境保护部门负责(第5条)。该法适用于中国内水、领海、毗连区、专属经济区、大陆架以及中国管辖的其他海域,所有在这些区域活动的单位和个人都必须遵守该法的规定(第2条)。它规定了关于污染物、海岸工程建设项目、海洋工程建设项目、倒废弃物、船舶及有关作业活动等对海洋环境造成的污染损害的防治。违反这部法律的行为将被处以警告或罚款(第九章)。该法规定属于下列情形之一的,经过及时采取合理措施,仍然不能避免对海洋环境造成污染损害的,有关责任者免予承担责任,包括:战争、不可抗拒的自然力量,或者由于主管部门在执行职责时因疏忽或者其他过失行为造成的局面。

此外,中国《专属经济区和大陆架法》也有关于专属经济区和大陆架环境保护的条款(第10条)。

联合国在1992年发布了"21世纪议程"。在1995年,由国家海洋局组织,由沿海地区的地方政府、主管海洋开发管理的政府部门和海洋专家参加的咨商会议就有关中国海洋活动的战略、目标和措施等达成了一致意见。国家海洋局在1996年4月正式发布了"中国海洋21世纪议程"和行动计划,是海洋资源开发和保护、受污染的海洋环境的改善和可持续发展计划的实施等的指南。实施这个议程的第一步就是要把《海洋法公约》作为海洋环境的开发管理和海洋生态系统和资源的保护的基础,并制定可持续发展的基本政策[326]。

中国常驻联合国代表在于1997年5月20日向可持续发展委员会提交的国家文件指出,国家海洋局起草了"中国海洋21世纪议程",国家环保局起草了"中国环保21世纪议程",水利部起草了"中国水资源21世纪议程",等等。在这方面还有其他相关法规,如1983年的《防止船舶污染海域管理条例》[327]。

十三、《海洋法公约》下的争端解决

(一) 第15部分第一节:普遍义务

根据《海洋法公约》第279条的规定,各缔约国有通过和平方法解决争端的义务,作为一个限制条件,这些争端应该与公约的解释和适用有关。这里的问题是,

---

[326] 国家海洋局:《中国海洋21世纪议程》,海洋出版社,1996年版,第6页,1.18段。

[327] 1983年12月29日通过。见国家海洋局政策法规办公室编:《中华人民共和国海洋法规选编》(修订版),海洋出版社1998年版,第100-139页。

直到第 288 条第一款(属于第 15 部分第二节)时,这个限制条件才作为管辖权的规则表达出来。

第 280 条和第 281 条均规定了争端方所自由选择的解决方式的优先地位,第 280 条特别提到在"任何时间"都可以选择这一方式,因而给予争端方以优先权利去做出选择,公约下提到的方式只是次要性的。这一条与第 279 条的作用类似,属于基本原则的类型。第 279 条重申了《联合国宪章》第 2 条第三款与 33 条第一款下的和平解决争端的义务与方式,而第 280 条则点出了《公约》所带来的争端解决机制的特点。这一条规定:

"本公约任何规定均不损害任何缔约国于任何时候协议用自行选择的任何和平方法解决它们之间有关本公约的解释或适用的争端的权利。"

这一条款表明,《公约》所率先尊重的权利不是单方面启动强制性程序的权利,而是缔约国在任何时候都可以使用的选择性权利[328],选择的对象是任何一种和平方法。用权威评注的话来说,就是"尽可能明确地表明争端当事方才是决定解决彼此间争端所用程序的完全意义上的主人。"[329]只有当事方(同时是《公约》缔约国)才能主宰争端解决的方向、方法。由于本条文字的开放性和绝对性,可以说,不仅当事方可以在争端提交给第 15 部分第二节的强制性程序前,通过协议决定"改弦更张",另辟蹊径地解决这一争端,也可以在争端已经交付第二节的程序来处理、而程序尚在进行中时,利用第 280 条来终止该程序,还可以是在第二节程序已经结束,结果是一个具有拘束力的判决或裁定时,由当事方协议来替代这一判决或裁定的内容,不管后者是否具有拘束力和终决性。

第 281 条规定,"作为有关本公约的解释或适用的争端各方的缔约各国,如已协议用自行选择的和平方法来谋求解决争端,则只有在诉诸这种方法而仍未得到解决以及争端各方间的协议并不排除任何其他程序的情形下,才适用本部分所规定的程序。"条款中有三点值得注意。首先,该争端应该与《公约》的解释或适用相关。其次,作为争端方的缔约国已协议用自行选择的和平方法来谋求解决该争端。最后,《公约》第 15 部分第二节的程序只有在满足两项条件后方可适用,即诉诸自行选择的方法而仍未得到解决;以及争端各方间的协议"并不排除任何其他程序"。

在实践中,第 281 条至关重要的效果表现于上述第三点的后果中,即在满足

---

[328] 类似看法参见: T. Treves, "The Jurisdiction of the International Tribunal for the Law of the Sea", in: P. Chandrasekhara Rao and R. Khan(eds.), *The International Tribunal for the Law of the Sea: Law and Practice*(The Hague: Kluwer, 2001), 111, at 122.

[329] *UNCLOS Commentary*, vol. v, 1989, at 20, para. 280.1.

前两点的基础上能够自始阻止第 15 部分全部程序的适用,这一阻止效果使第 281 条具有"超级条款"的效力[330]。

第 282 条从另一个角度[331],也保留了与公约平行的争端解决方法的优先性。在 2017 年春"索马里诉肯尼亚案"中[332],国际法院所作的判决中对第 282 条的解释,验证了这里中对第 281 条和第 282 条所作解释的正确。本案中,索马里申请立案的法律基础是《国际法院规约》的第 36 条第二款,即强制管辖条款(索马里在 1963 年 4 月 11 日声明接受此款下的管辖权,而肯尼亚于 1965 年 4 月 19 日做出了接受管辖权的声明)。另外,索马里在 1989 年 7 月 24 日批准了《海洋法公约》,而肯尼亚在同年 3 月 2 日批准了《公约》,所以,《公约》在 1994 年 11 月 16 日同时对两国生效。肯尼亚在管辖权阶段中提出,既然双方是公约的缔约国,那么就已经选定了第 15 部分的程序,索马里认为双方选定的是《国际法院规约》下第 36 条第二款下的程序,并由于公约下第 282 条的存在,而应首先适用[333]。

国际法院在考虑了双方的辩词之后,做出以下判断[334]:

"第 15 部分的条款构成《公约》不可分割的部分……由于《公约》第 309 条禁止保留,所以缔约国均受第 15 部分的约束。但是《公约》赋予缔约国在选择涉及其解释或适用争端的解决方式时极大的灵活性,第一小节允许他们要么合意接受不导致有拘束力结果的程序(第 280 条和第 281 条),要么合意接受导致有拘束力结果的程序(第 282 条),而且赋予此类合意接受的程序以高于第 15 部分第二节的优先地位。第二节下第一个条款的标题为'本节下程序的适用'(第 286 条),其规定是:第二节下的程序只有在第一节下的程序未能解决相关争端时才能适用。所以,通过提供强制性争端解决的基础(假如符合第三节的规定),第二节的程序辅佐第一节,以保证《公约》的整体性,但它的程序对于第一节的程序来说的是辅助性的。特别值得注意的是,缔约国合意接受,且被第 282 条涵盖的程序,应'取代'第 15 部分第二节程序

---

330 贾兵兵:《〈联合国海洋法公约〉争端解决机制研究:附件七仲裁实践》,清华大学出版社,2018 年版,第六章。

331 该条款规定:"作为有关本公约的解释或适用的争端各方的缔约国如已通过一般性、区域性或双边协定或以其他方式表示同意——经争端任何一方要求,应将争端提交导致有拘束力决定的程序——那么该程序应代替本部分规定的程序而适用,除非争端方另有协议。"

332 ICJ, *Maritime Delimitation in the Indian Ocean (Somalia v. Kenya)*, Preliminary Objections, Judgment of 2 February 2017, ICJ Rep. (2017) 3.

333 同上注,第 32-34 段。

334 同上注,第 125 段。

来适用。"

国际法院认为,在本案中,既然当事国没有同意接受非国际法院的解决方式(特别是《公约》没有包含这样的非国际法院的解决方式),那么国际法院当然具有管辖权,肯尼亚对于法院管辖权的反对意见被驳回[335]。

《海洋法公约》第283条要求作为缔约国的争端当事方迅速就以谈判或其他和平方法解决争端一事交换意见。第284条为争端当事方提供了一个任择性和解程序。有关第283条的作用,可以注意一下"查戈斯群岛仲裁案"中的结论[336]:

> "第283条要求案件双方就争端解决的方法交换意见,但不要求他们开始谈判或采取其他解决方法。从字义来解释,仲裁庭认为本条用意不是确立一个对争端实质进行谈判的义务"。

但是,在一定条件下,第15部分允许强制程序的介入,使得争端双方对争端的解决没有选择,但仍然留下了对方式进行选择的余地。

(二) 第15部分第二节:强制程序

但是,第一节的起草者也预见到了争端无法解决的情形,比如公约第281条就预见到争端无法在该条款下解决的可能。在当事方没有选择争端解决程序的情况下,第286条要求适用"导致有拘束力决定的强制程序"来解决争端[337]。第286条还规定,有关本公约的解释或适用的任何争端,如已诉诸第15部分第一节的程序而仍未得到解决,经争端任何一方请求,须提交依第二节规定享有管辖权的法院或法庭来解决。这就是"强制程序",即不经另一方的同意,另一方可以直接把争议提交司法或仲裁庭。

根据第287条的规定,可由缔约国选择的争端解决机构有:1)国际海洋法法庭;2)国际法院;3)按照公约附件七设立的仲裁法庭;4)按照公约附件八组建的特别仲裁法庭[338]。多种争端解决的司法、仲裁方法既有利,也有弊:利于缔约国考

---

[335] ICJ, *Maritime Delimitation in the Indian Ocean* (*Somalia v. Kenya*), Preliminary Objections, Judgment of 2 February 2017, ICJ Rep. (2017) 3,第134段。

[336] *In the Matter of the Chagos Marine Protected Area Arbitration* (*Mauritius v. UK*), Award on 18 March 2015, para. 378; https://files.pca-cpa.org/pcadocs/MU-UK%2020150318%20Award.pdf.

[337] 《海洋法公约》第286-296条规定了这些程序。

[338] 建立海洋法庭的必要:A. Yankov, "The International Tribunal for the Law of the Sea and Comprehensive Dispute Settlement System of the Law of the Sea", in: P. Rao and R. Khan (eds.), *The International Tribunal for the Law of the Sea: Law and Practice* (The Hague: Kluwer Law International, 2001), 39-40.

虑司法解决时存在多种选项,弊于造成对某一争端的多种解读,出现案例法中的分歧与冲突[339]。

第 15 部分第二节所规定制度的重要性在于它的强制性[340]。根据第 287 条第三款的规定,缔约国或签署国可以不做选择争端解决机构的声明,但是在这种情况下,应视为它已接受了公约附件七所规定的仲裁程序。因此,该国仍然处于公约的强制管辖制度之内。另一方面,第 287 条第六款允许缔约国或签署国将"撤销通知"交存联合国秘书长 3 个月后,正式撤销此类声明,但在此期间发出撤销声明的缔约国仍然受第 287 条第三款下强制程序的约束。

第 288 条规定了这些法庭或法院的管辖权的范围,包括:1)按照公约第 15 部分提出的有关本公约解释或适用的任何争端[341];2)按照与公约目的有关的国际协定提出的有关该协定的解释或适用的任何争端。后一类的协定是指那些规定这些法庭或法院具有管辖权的协定,比如 1995 年《鱼类协定》就承认了上述管辖权[342],《国际海洋法法庭规约》第 21 条进一步反映了这一规定。第 288 条第四款规定,若存在法院或法庭是否有管辖权的争议时,后者有权决定这一争议。

根据第 296 条的规定,法院或法庭对争端所做的任何决定具有最终效力,争端所有各方均须遵从,但是,决定仅在争端各方间和针对该争端具有拘束力。

(三) 强制程序的三种限制和三种例外

尽管《海洋法公约》规定了争端强制解决程序,但是它顾及到了各国普遍参与的问题,加入了一系列限制条件和例外情况,以控制争端解决管辖权的适用范围。

第 15 部分下对强制管辖权的适用有三个限制条件。

第一,在专属经济区里,根据第 297 条第一款的规定,因沿岸国行使公约规定的主权权利或管辖权而引起的、有关公约解释或适用的争端,只有在下列情形之一存在时才可以适用强制解决程序:1)沿岸国被指控违反了公约规定的航行、飞越或铺设海底电缆和管道的自由和权利,或第 58 条下提及的其他对海洋的合法

---

339 A. Boyle, "Dispute Settlement and the Law of the Sea Convention: Problems of Fragmentation and Jurisdiction", 37 *ICLQ* (1997) 37-54.

340 N. Klein, *Dispute Settlement in the UN Convention on the Law of the Sea* (Cambridge: CUP, 2005).

341 *In the Matter of the Chagos Marine Protected Area Arbitration*, Award of 18 March 2015, para. 220 at: http://www.pca-cpa.org/showpage.asp?pag_id=1429. 然而,仲裁庭并没有排除下述可能性,即领土主权作为一个"次要"问题可以附属于与《公约》的解释或适用相关的争端(因此仲裁庭可能已准备处理这一混合争端): para. 221.

342 《协定》第 30 条。

利用；2)任一国家在行使上述自由时,被指控违反公约或沿岸国按照公约和其他与公约不相抵触的国际法规则制定的法律或规章；3)沿岸国被指控违反适用于该沿岸国、并由公约所制订或依照公约制订的、有关保护和保全海洋环境的国际规则和标准。除此之外、涉及经济区的争端,一概不在强制程序范围之内。

第二,针对海洋科学研究,第297条第二款规定,公约关于海洋科学研究的规定在解释或适用上引发的争端,应按照第15部分第二节的程序解决,但对下列争端,沿岸国并无义务接受强制程序：1)沿岸国按照第246条行使权利或自由裁量权；或2)沿岸国按照第253条决定暂停或终止一项研究计划。第246条和第253条涉及的是在一国专属经济区内和大陆架上所从事的科学研究活动。

第三,针对捕鱼活动,第297条第三款规定,对公约关于渔业的规定在解释或适用上引发的争端,应按照第15部分第二节的程序解决解决,但就任何有关专属经济区内对生物资源的主权权利或该权利的行使的争端,沿岸国没有义务接受强制解决程序。这一规定在1995年的《鱼类协定》中再次得到确认[343]。

公约第298条规定了三种任择性例外情况,一国在签署、批准或加入公约时,可以通过书面声明表示,对于下列争端的一类或几类,不接受第15部分第二节规定的一种或一种以上的程序：1)关于海洋划界的第15、74、83条在解释或适用上的争端,或涉及历史性海湾或所有权的争端[344]；2)关于军事活动的争端——包括从事非商业活动的政府船只和航空器的军事活动的争端,以及针对依第297条第二和第三款不属法院或法庭管辖的、关于行使主权权利或管辖权的执法活动的争端；3)针对之联合国安全理事会正在行使其在《联合国宪章》下被赋予的职能的争端,但安理会决定将该事项从其议程中删除者,或呼吁争端各方使用公约规定方法解决该争端者除外。

在2014年11月26日"北极日出案"管辖权判决中[345],附件七仲裁庭对第297和298条的关系做了如下分析。首先,它把俄罗斯在第298条下提交的声明在本案中的适用范围做了限制,即声明只在"执法行动"一类争端上与本案有关[346]。然后,它考查了本案争端是否属于被声明所排除的这一类争端,因为这一类争端必

---

343 《协定》第32条。

344 但如这种争端发生于《公约》生效之后,经争端各方谈判仍未能在合理期间内达成协议,则在本条下做出声明的国家,经争端任何一方请求,须同意将该事项提交《公约》附件五第二节所规定的调解程序。而且,提交的争端中须排除其他重叠的主权主张。

345 *Award on Jurisdiction*, 26 November 2014：http://www.pca-cpa.org/showpage.asp? pag_id=1556(浏览于2014年12月10日)。

346 Ibid., para. 67.

须是被第297条第二、三款排除过的主权权利或管辖权在适用中所产生的争端,它的结论是这一类争端包括:1)产生于沿岸国在专属经济区内或大陆架上行使针对海洋科学研究的权利或裁量权时的争端(第297条第二款(a)(i)项和第246条);2)产生于沿岸国停止或终止海洋科学研究所做决定的争端(第297条第二款(a)(i)项和第253条);和3)产生于沿岸国针对专属经济区内生物资源所拥有的主权权利及其行使的争端(第297条第三款(a)项)[347]。而俄罗斯与荷兰的争端不属于此三类,所以仲裁庭有管辖权[348]。不过,仲裁庭仍然面临着在俄罗斯拒绝出庭的情况下,如何在事实和法律上做出满意裁决的问题[349]。

在实践中,《海洋法公约》不能管辖诸如领土主权争端也是对公约所提及的法院或法庭管辖权的一种限制[350],但是在涉及具体岛屿时,这种限制的作用是实践中一个棘手问题[351]。不排除缔约国将争端化解为几个部分,而只针对其中涉及海洋法的问题提起公约下诉讼的做法[352]。

第15部分的规则,很多涉及普遍适用的争端解决原则,所以会在下面第16章中继续讨论。

(四) 国际海洋法法庭

国际海洋法法庭的建立是《海洋法公约》的一个重要成就[353]。《海洋法公约》附件六即《国际海洋法法庭规约》。公约在1994年11月16日生效之后,缔约国大会选举出了21名法官。他们从1996年8月1日起开始任职,任职时间为3年、6年或9年不等。1996年10月5日,曼萨法官(加纳)被选举为第一任法庭庭长[354]。法庭的《规则》(共138条)于1997年10月28日被法官全会通过;后经

---

347 *Award on Jurisdiction*, 26 November 2014: http://www.pca-cpa.org/showpage.asp?pag_id=1556(浏览于2014年12月10日),para. 75.

348 Ibid.,para. 78.

349 参看《海洋法公约》附件七第9条(一方缺席不影响案件程序的进行)。

350 参看:《中华人民共和国政府关于菲律宾共和国所提南海仲裁案管辖权问题的立场文件》,第二部分,载于:http://www.fmprc.gov.cn/mfa_chn/zyxw_602251/t1217143.shtml(浏览于2014年12月12日)。

351 *Mauritius v. UK*, Preliminary Objections of the UK, 31 October 2012, Chapter Ⅲ, at: http://www.pca-cpa.org/showfile.asp?fil_id=2586(浏览于2014年5月11日)。

352 Department of Foreign Affairs, Philippines, *note verbale* No. 13-0211, *Notification and Statement of Claim*, 22 January 2013, para. 7.

353 P. Rao and R. Khan(eds.), *The International Tribunal for the Law of the Sea: Law and Practice* (The Hague: Kluwer Law International, 2001). Cf. UNGA RES/54/31, of 16 November 1999.

354 G. Eriksson, *The International Tribunal for the Law of the Sea* (The Hague: Kluwer Law International, 2000), 27.

2001年3月和9月、2009年3月、2018年9月、2020年9月和2021年3月6次修订[355]。

《规约》第21、22条规定法庭的管辖权。第21条规定：

"法庭的管辖权涵盖依照本公约提交给它的所有争端和所有申请，以及所有其他赋予法庭以管辖权的国际协定的特定事项。"

这段文字包括三种管辖权事项：1)争端；2)申请；3)其他协定下的事项[356]。在这里，可以对比第288条第一款的相关内容，后者赋予包括法庭在内的争端解决机构针对下列事项的管辖权：1)按照公约第15部分提出的有关本公约解释或适用的任何争端；2)按照与公约目的有关的国际协定提出的有关该协定的解释或适用的任何争端。第288条第一款下的争端范围要小于第21条下的事项范围，特别是其他协定下的事项。既然附件的地位与公约平等[357]，那么，法庭可以只参照第21条的规则来确立管辖权，这一点在法庭建立全庭咨询管辖权的法庭第21号案中起到了决定性的作用[358]。

在法庭的全庭咨询管辖权问题上有两点值得注意。首先，在《海洋法公约》框架下，只有第159条第十款和第191条承认咨询管辖权，且只承认国际海洋法庭的海底分庭具有这一管辖权[359]。但是依照《规则》第138条，法庭可以提供咨询意见，只要现存的、与公约目的相关的条约中有此授权。这种看起来通过法庭法官制定规则来扩大管辖权的做法是值得质疑的[360]。其次，咨询管辖权的目的在于向相关国际组织提供法律咨询意见，而非用来解决该组织成立条约中条款的适用或解释的争端，而公约第15部分只有解决争端的目的。可以说，全球性海洋司法机构的缺乏，使得获取咨询管辖权的做法可以被理解，但是，迄今实践只承认国际组

---

[355] 参看 https://www.itlos.org/en/main/basic-texts-and-other-documents。对照：P. Rao and Ph. Gautier(eds.), *The Rules of the International Tribunal for the Law of the Sea: A Commentary* (Leiden: Martinus Nijhoff Publishers, 2006), 4.

[356] *Request for an advisory opinion submitted by the Sub-Regional Fisheries Commission* (SRFC), Advisory Opinion of 2 April 2015, *ITLOS Reports* (2015), 4, para. 54. 参看：S. -I. Lekkas and C. Staker, "Annex Ⅵ Art. 21", in: *Proelss's UNCLOS Commentary*, 2377-2382.

[357] 公约第318条。ITLOS自己也认可这一说法：*Request for an advisory opinion submitted by the Sub-Regional Fisheries Commission* (SRFC), Advisory Opinion of 2 April 2015, para. 52.

[358] *Request for an advisory opinion submitted by the Sub-Regional Fisheries Commission* (SRFC), Advisory Opinion of 2 April 2015, para. 58.

[359] J. Kateka, "Advisory Proceedings before the Seabed Disputes Chamber and before the ITLOS as a Full Court", 17 *MPYBUNL* (2013), 159-172.

[360] 但是法庭全体法官否定这一说法：同上注，第59段、第219段(1)。

织具有请求咨询意见的资格,而任何通过咨询程序方式来处理国家间争端的可能都是值得各国关切的问题。

附件六的第 22 条则直接反映了公约第 288 条第二款的内容[361]。

至今,设在德国汉堡的这个法庭审结和正在审理的案子共有 29 件[362],有四位中国法官曾经先后任职于这个法庭[363]。

---

361 C. Staker,"Annex Ⅵ Art. 22", in: *Proelss's UNCLOS Commentary*, 2383-2384.
362 参看法庭官方网站:http://www.itlos.org(浏览于 2021 年 10 月 22 日)。
363 赵理海(1996—2000)、许光建(2001—2007)、高之国(2008—2020)、段洁龙(2020—　)。

第十四章 外层空间法

扩展阅读

C. W. Jenks, *Space Law*, New York: Praeger Publishers, 1965; K. Darwin, "The Outer Space Treaty", 42 *BYIL* (1967), 278; M. Lachs, *The Law of Outer Space: An Experience in Contemporary Law-Making*, Leiden: Sithoff, 1972; S. Gorove, "The Concept of CHM: A Political, Moral and Legal Innovation?" 9 *San Diego L Review* (1972), 390; E. Galloway, "Issues in Implementing the Agreement Governing the Activities of States on the Moon and Other Celestial Bodies", *Proceedings of the 23rd Colloquium on the Law of Outer Space* (1980), 19; D. Goedhuis, "Some Recent in the Interpretation and the Implementation of the Rules of International Space Law", 19 *Columbia Journal of Transnational Law* (1981), 213; C. Christol, *The Modern International Law of Outer Space*, New York: Pergamon Press, 1982; R.-J. Dupuy, "The Notion of the Common Heritage of Mankind Applied to the Seabed", 8 *Annals of Air and Space Law* (1983), 347; J. Fawcett, *Outer Space: New Challenges to Law and Policy*, Oxford: Clarendon Press, 1984; M. 拉克斯著:《外层空间法》,郑衍杓、秦镜、许之森译,上海社会科学院出版社, 1990; K. Madders, *A New Force at a New Frontier*, Cambridge: Cambridge University Press, 1997; G. Reynolds and R. Merges, *Outer Space: Problems of Law and Policy*, 2nd edn., Boulder: Westview Press, 1997; B. Cheng, *Studies in International Space Law*, Oxford: Clarendon Press, 1997; C. Christol, "The 1979 Agreement: Where Is It Today?", 27 *Journal of Space Law* (1999), 14; E. Reinistein, "Owning Outer Space", 20 *Northern Journal of International Law and Business* (1999), 59; C. Christol, *Space Law: Past, Present, and Future*, Deventer: Kluwer Law and Taxation Publishers, 1991; W. von Noorden, "INMARSAT Use by Armed Forces: A Question of Treaty Interpretation", 23 *Journal of Space Law* (1995), 1; 贺其治著:《国际法和空间法论文集》,北京,中国空间法学会, 2000

年；贺其治、黄惠康主编：《外层空间法》，青岛出版社，2000 年；尹玉海著：《国际空间立法概览》，中国民主法制出版社，2005 年；Committee on Commerce, Science, and Transportation, US Senate, *The Moon Treaty*, Hawaii: University Press of the Pacific, 2005; D. Wolter, *Common Security in Outer Space and International Law*, United Nations, 2006; F. Lyall and P. Larsen (eds.), *Space Law*, Aldershot: Ashgate, 2007; G. Goh, *Dispute Settlement in International Space Law*, Leiden: Martinus Nijhoff Publishers, 2007; *United Nations Treaties and Principles on Outer Space and related General Assembly Resolutions*, Addendum, Sales No. E. 08. I. 10, ST/SPACE/11/Rev. 2/Add. 2, 2009; T. Brisibe, "Customary International Law, Arms Control and the Environment in Outer Space", 8 *Chinese JIL* (2009), p. 386; F. von der Dunk and F. Tronchetti (eds.), *Handbook of Space Law*, Cheltenham: Elgar, 2015; F. Lyall and P. Larsen, *Space Law: A Treatise*, 2nd edn., Abingdon: Routledge, 2018; M. de Zwart and S. Henderson (eds.), *Commercial and Military Uses of the Outer Space*, Singapore: Springer, 2021; G. Reynolds and R. Merges, *Outer Space: Problems of Law and Policy*, 2nd edn., Abingdon: Routledge, 2021.

一、21 世纪国际空间活动的新发展

进入 21 世纪，国际上出现了新一轮探索、利用太空资源的高潮。美国制定了新的航天计划，不但要着力开发利用月球资源，并计划于 2030 年载人上火星[1]；俄罗斯紧随其后也提出了新的探月计划[2]；日本在 2007 年发射绕月探测卫星"月亮女神号"（Selene），并计划于 2015 年左右发射登月飞船"月亮女神-2 号"（Selene-2），然后计划发射"月亮女神-Ⅹ号"高级登月飞船（Selene-Ⅹ），这也将是载人登月的飞船[3]；印度在 2008 年 10 月 22 日成功发射其第一个绕月探测卫星

---

[1] 美国航天局在 2004 年接受布什政府的指令，将于 2020 年重返月球：K. Chang, "Behind Moon Travel Goal, Big Talk and Little Money", *The New York Times*, 25 August 2009.

[2] 参见俄罗斯联邦航天局网址：http://www.roscosmos.ru/DocFiles/FKP2015《俄罗斯联邦空间计划 2006—2015》（最后浏览于 2009 年 9 月 8 日）。

[3] 参见日本宇宙航空研究开发机构或日本航空航天探测署（Japanese Aerospace Exploration Agency or JAXA），http://www.jspec.jaxa.jp/e/enterprise/moon.html（最后浏览于 2009 年 9 月 8 日）。我国媒体将此卫星名称翻译为"辉夜姬号"。

"昌德拉洋-1号"(Chandrayaan-1)[4],并计划在2015年左右发射载人航天器[5]。2006年9月,欧洲航天局"智能1号"(SMART-Ⅰ)探测器在完成了一年半对月球的探测和在外空试验新技术的任务后按计划在月球表面撞毁[6]。

鉴于NASA的预算在消减前超过世界其他国家航天预算的总和,有必要把美国的航天计划作为一个实例略为介绍。奥巴马在上任不久指派委员会,对美国航天计划进行了全面评估,并于2009年9月15日、16日分别向美国众、参两院的专门委员会进行陈述、答辩[7]。其评估的基本原则是将人类文明延伸至宇宙之中[8]。因此,该委员会在超过3000个可能的措施中整理出5个可行的航天计划,以帮助国会考虑拨款时从中做出选择。前两个计划均以现有的预算作为基础,将现有的航天飞机编队在2011年退役,并适时终止国际空间站的运转;后三个计划,则每个都首先要求追加预算。其中,第一个计划加入了在2020年载人重新登月,并在此基础上开始准备登上火星;第二个计划保留国际空间站的使用直到2020年;第三个计划则更为大胆,在重回月球、登上火星前,先对二者以及彗星进行观察,造访任一个拉格朗日点,也可能登陆火星的两个月亮(福波斯、蒂摩斯)。谈到国际空间站,鉴于空间站已带来和将带来的利益,委员会建议维持其存在至2020年[9]。委员会特别指出,空间站正常运转已有五年,美国已经视其为其最先进的实验室;且美国通过之建立起来的稳定的国际合作关系已经给予美国以"平等者中第一位"的地位,使其成为国际空间合作的领导者[10]。

报告还谈到现在已经开始执行的"星座计划"(Constellation)[11]。起始阶段的成果将是"阿里斯一型"运载火箭,用途是将宇航员送入近地轨道。第二阶段将是建造更能载重的"阿里斯五型"运载火箭,目的是将宇航员送回月球登陆。第四阶段将是建造"阿尔贴"(Altair)登月器和月球系统,供宇航员探索月球表面情况之用现在"阿里斯"系列的开发已经被拖后,预计要到2016年才能完成。

---

4 参见印度空间研究组织网址:http://www.isro.org/scripts/futureprogramme.aspx(最后浏览于2009年9月8日)。"昌德拉洋"(梵文)意思是"探月器"。

5 参见 A. Ram,"How India Flew to the Moon Economy Class",*The Times of India*,26 October 2008(最后浏览于2009年9月8日)。

6 参见欧洲航天局官方网站:http://www.esa.int/esaCP/Pr_31_2006_p_EN.html,2006年9月3日新闻简报。

7 全文可NASA的官方网址上找到。

8 陈述的第2-3页。

9 同上书,第4页。

10 同上。

11 同上书,第4-5页。

最后，该报告讨论了近地轨道以外的航天任务[12]。其一是探索火星，但需要在此前在月球上演练；其二是登月，然后在月球上研究探索火星的技术和步骤；其三是采取较为灵活的手段，同时进行几个步骤，包括进入月球轨道、造访拉格朗日点、探索火星的两个月亮，最后登月、登火星进行探索。委员会认为，鉴于火星的情况，它将是载人航天的终极目的地，但不是第一目的地；火星将是人类未来定居地球之外星体上的首选。近期的载人航天目的地还是月球。在月球上，宇航员可以演练登火星的技术设备和步骤，甚至可以建立一个或几个基地，宇航员可以在那里生活较长时间。

技术能力上有明显差别的各国在作为国际社会的"共有领域"的月球等天体上的活动或对之所作的相关规划必然受到国际法的制约，因为外空已是超出国家管辖权的空间，没有国家能够对外空实行有效占领。但是，在这样的区域，不同国家利益间的冲突往往更为复杂。比如：具有登月能力国家在月球上开发利益间的冲突；月球资源开采后对地球上资源输出国利益的削弱；开采月球资源时各开采国之间确定公平份额的机制；对开采环境的保护和可持续性发展的问题，等等。

目前的月球法律制度是外空/空间法律体系的一部分[13]，后者主要由《外空条约》、《营救协定》、《责任公约》、《登记公约》和《月球协定》组成[14]，我国于 1983 年和 1988 年先后加入了前四项条约，但尚未加入《月球协定》[15]。

二、中国航天与登月计划

中国的航天活动以 1970 年 10 月 24 日发射的人造卫星为标志，至今已经走过 40 年的历程，进步的速度举世瞩目[16]。《2006 年中国的航天》白皮书中将"实现绕月探测，突破月球探测基本技术，研制和发射中国第一颗月球探测卫星'嫦娥一号'，主要进行月球科学探测和月球资源的探测研究；开展月球探测工程的后期

12　参见欧洲航天局官方网站：http://www.esa.int/esaCP/Pr_31_2006_p_EN.html，2006 年 9 月 3 日新闻简报，第 7-8 页。

13　在 1979 年《月球协定》出炉后，"软法"成为外空法领域里的（主要）发展趋势；商震：《论外空软法的发展与功用》，《中国国际法年刊》（2014），第 548-579 页。

14　至于这几个条约的全称及生效时间，参见下面论述。参看：M. Shaw, *International Law* (8th edn., Cambridge: CUP, 2017), 1073-1080.

15　Committee on the Peaceful Uses of Outer Space, "Status of International Agreements relating to activities in outer space as at 1 January 2021", A/AC.105/C.2/2021/CRP.10, 31 May 2021.

16　参看贺其治、黄惠康主编：《外层空间法》，青岛出版社 2000 年版，第 236-242 页。

工作",作为未来五年的主要任务之一[17]。从中长期来看,我国的月球探测工程被列为《国家中长期科学和技术发展规划纲要(2006—2020年)》16个重大专项之一[18]。

《2016年中国的航天》白皮书记录了我国在航天领域里的重大突破,特别是2016年"天宫二号"空间实验室和"神舟十一号"载人飞船先后成功发射,形成组合体并稳定运行后,已突破掌握载人天地往返、空间出舱、空间交会对接、组合体运行、航天员中期驻留等载人航天领域重大技术[19]。2021年5月,"天问一号"探测器着陆火星,随后"祝融号"火星车驶离着陆平台,开始探测;6月,"神州十二号"载人飞船发射成功[20]。这一切展现了航天大国的成就。

三、《外空条约》

国际法在外空领域的适用具有很长的历史[21]。1967年《外空条约》第3条明确规定:"本条约各缔约国探索和利用外层空间,包括月球与其他天体在内的活动,应按照国际法,包括联合国宪章,并为了维护国际和平与安全及增进国际合作与谅解而进行。"我国已经于1983年12月加入了这一条约,而外空法正是我国实践面临的问题领域之一。

(一)制订过程

在1957年到1958年间,国际科学界(涉及67个国家的科学家)合作进行了对地球、大气、海洋和外空的勘查,其中许多概念、想法都成为其后一系列国际条约的灵感,其中就包括1959年的《南极条约》和1967年的《外空条约》。《外空条约》的第2条宣示了外空不得被占有的原则,同时宣告了对外空、月球和其他天体的探索、使用对全人类开放。这一立场反映在当时美、苏两国的航天政策中,使得

17　由中华人民共和国国务院新闻办公室2006年出版,第13页。

18　全文参看中国国务院官方网址:http://www.gov.cn/jrzg/2006-02/09/content_183787.htm(最后浏览时间2009年9月14日)。

19　http://www.cnsa.gov.cn/n6758824/n6758845/c6772477/content.html(浏览于2021年10月20日)。

20　http://www.cnsa.gov.cn/n6758823/n6758838/c6812092/content.html(浏览于2021年10月20日)。

21　外空法权威、前国际法院法官拉克斯就曾指出国际空间合作必然要服从法律规则,这样各国才能采取负责任的态度来利用外空活动所提供的一切可能性:[美]M.拉克斯:《外层空间法》,郑衍杓、秦镜、许之森译,上海社会科学院出版社1990年版,第10-11页。

其他国家的科学家得以参与两国的航天活动,而两国也没有意图建立垄断地位[22]。可以说,这种从开始就秉持开放的基本原则,奠定了后来外空法律发展的基础,而与地球表面区域的情况不同,对外空的占有从伊始就被1967年这一条约所"冻结"。

1967年《外空条约》是有关外空(包括月球和其他天体上)活动的原则性条约,其订立过程短暂而富戏剧性。1966年7月,在联合国大会下属的"和平利用外层空间委员会"(以下称"外空委")的会议上[23],法律分委员会主席说,自从联合国大会决议第1962号(XVIII)通过后,外空裁军的前景还是混沌一片。但到了当年12月,他向联合国大会第一委员会提出了经讨论通过的《外空条约》草案,而联大则于12月19日一致通过了这一草案[24]。这个结果的契机是当时人类登月存在真实的可能:1966年2月苏联的登月飞船在月球"软着陆"成功;而美国飞船于6月成功登月,并发回一万张照片。空间法的发展与这些科学技术上的飞速进步是同步的。1960年9月,美国政府在联合国大会上提出了几个后来成为空间法基石的原则:

1) 天体不受国家占有或主权请求的影响;
2) 各国不得在天体上从事战争行为;
3) 在存在核查机制的前提下,禁止在轨道或外空站所上部署大规模杀伤性武器;
4) 所有航天器的发射都须事先由联合国核查[25]。

而20世纪60年代初期美苏两国的关系转暖也为双方领导空间法体系的创制提供了政治上的条件[26]。不过,《外空条约》起草的初衷是制止外空"武器化"、和平利用太空(包括月球和其他天体)、国际合作,在实质内容上借鉴了《南极条约》中的规定。《南极条约》与《外空条约》一样,都是管制在一个新环境中人类的活动,而非去管制某种技术手段的使用[27]。实际上,它的大部分条款来源于联大决议第1962(XVIII)号,该决议包含有"有关国家在探索和利用外空活动的法律原

---

[22] 苏美制造的绕地空间站一直在运行、更新,后来更是为其他国家的宇航员使用:J. Fawcett, *Outer Space: New Challenges to Law and Policy*(Oxford: Clarendon Press, 1984), 43.

[23] 外空委的成立始于1959年12月19日的联大决议第1472(XIV)号;这一决议授权委员会研究推动和平利用外空的活动,并考察外空开发活动中可能产生的法律问题。

[24] B. Cheng, *Studies in International Space Law*(Oxford: Clarendon Press, 1997), 215-216.

[25] 参看联大会议记录,1960年9月22日。

[26] 有意思的是,苏美对《外空条约》中表达的和平利用外层空间的原则都想对其出现这一功劳据为己有,参看:H. Darwin, "The Outer Space Treaty", 42 *BYIL* (1967), 278.

[27] H. Darwin, "The Outer Space Treaty", 42 *BYIL* (1967), 279.

则的宣言"[28]。

同时期的联大通过了相关决议来反映这些实践中的发展,但是联大还是认为应该以条约形式来固定这些进展的成果[29]。而上述苏美此起彼伏的登月活动使得两国主要的兴趣逐渐从限制军备转向"太空活动的整体应该遵守某些原则"这一立场。美苏间就这一转向于1966年达成共识,它们在当年6月同时提出未来国际条约的草案[30]。当外空委法律分委会召开会议讨论这两个草案时,与会国家发现苏联草案是针对整个外空的普遍性草案,而美国的草案局限于月球和天体,借用了大量《南极条约》的内容。委员会中大多数国家支持苏联的做法,但也对美国草案中提到的诸多原则表示接受。讨论中,美国很快就同意采取苏联的视角,对外空整体进行规范。委员会的讨论结束于1966年12月8日;草案被提交到联合国大会第一委员会,最后作为大会决议第2222(XXI)号的附件通过,并开放签字。

(二)《外空条约》基本原则

《外空条约》的前13条包含的是外空法的基本方针,而其最后四个条款只涉及条约缔结等程序问题。

从前言来看,《外空条约》与《月球协定》的目的基本相同,但又各有特点。前者注重于外空活动的整体(包括通信、气象等),后者则侧重于对月球和其他天体资源的开发;前者前言提及《联合国宪章》,后者则在第2条之中提到《宪章》。由于我国与其他具有航天能力的国家均是《外空条约》的缔约国,所以,该条约第3条的义务对所有缔约国来说是必须遵守的:所有开发、利用太空(包括月球和其他天体)的活动必须遵守国际法包括《联合国宪章》。这也是为什么要研究本课题的主要原因之一。在外空中的活动,只能受国际法的限制;没有其他法律体系在这里有适用性。不过,《外空条约》并没有给出"外层空间"的定义[31],而只是在第7条的字里行间流露出对此概念的理解,即"在地球上、在大气空间或在外层空间"。那么,外层空间始于大气空间之外,没有中间的过渡区域。

《月球协定》与《外空条约》两个系统的规则并不重合,在具体细节上有不同之处。为方便起见,有必要在此罗列一下《外空条约》的基本原则:

---

[28] 1963年12月13日由大会一致通过。

[29] 参看联大决议1963(XVIII)。

[30] B. Cheng, *Studies in International Space Law* (Oxford: Clarendon Press, 1997), 220.

[31] Z. Miller, "The Great Unknown of the Outer Space Treaty: Interpreting the Term Outer Space", 46 *Denver Journal of International Law and Policy* (2018) 349.

1) 外层空间,包括月球与其他天体在内,应由各国在平等基础上并按国际法自由探索和利用,不得有任何歧视,天体的所有地区均得自由进入;

2) 对外层空间,包括月球与其他天体在内,应有科学调查的自由,各国应在这类调查方面便利并鼓励国际合作;

3) 所有开发、利用太空(包括月球和其他天体)的活动必须遵守国际法包括《联合国宪章》;

4) 外层空间,包括月球与其他天体在内,不得由国家通过提出主权主张,通过使用或占领,或以任何其他方法,据为己有[32];

5) 所有缔约国承诺不在外空设置核武器或大规模杀伤性武器;应专为和平目的使用月球和其他天体[33];

6) 各缔约国应把航天员视为人类在外层空间的使者,航天员如遇意外事故、危难或在另一缔约国领土上或公海上紧急降落时,应给予他们一切可能的协助;并在外空天体上发展这种协助;

7) 各缔约国对本国在外层空间,包括月球与其他天体在内的活动应负国际责任,不论这类活动是由政府机构或是由非政府团体进行的[34];

8) 缔约国为射入外层空间物体的登记国者,对于该物体及其所载人员,当其在外层空间或在某一天体上时,应保有管辖权和控制权[35];

9) 各缔约国对外层空间,包括月球与其他天体在内进行的研究和探索,应避免使它们受到有害污染以及将地球外物质带入而使地球环境发生不利变化,并应在必要时为此目的采取适当措施[36];

10) 各缔约国应在平等基础上,考虑本条约其他缔约国就提供机会对其发射的外层空间物体的飞行进行观察所提出的任何要求;

11) 各缔约国同意,在最大可能和实际可行的范围内,将这类活动的性质、进

---

[32] 这一规定与传统的公海自由的原则很相似。

[33] 这一点规定是前一部分是部分"非军事化",后一部分则是天体的"非军事化",但天体之间的外空空间不包括在内。再有,这个规定并不能防止洲际导弹的发展、部署和可能的使用,因为后者不必部署在太空才能使用。

[34] 国际责任出现在《外空条约》的第6、7条内。另外,第8条规定的对航天器及其人员的管辖权对此问题也有影响。

[35] 第8条规定的对航天器及其人员的管辖权是"准属地性"的,而不是属人管辖权,特别是考虑到第8条以航天器的登记国为持有管辖权的规定:B. Cheng, *Studies in International Space Law* (Oxford: Clarendon Press, 1997), 231。

[36] 这是第9条的规定。其中也有协商的痕迹——它是基于实践中这种安排的满意效果而得以被各国认可的。

行情况、地点和结果通知联合国秘书长,并通告公众和国际科学界[37];

12)在月球与其他天体上的一切站所、设施、装备和航天器,应在对等的基础上对本条约其他缔约国的代表开放[38];

13)本条约的规定应适用于本条约各缔约国探索和利用外层空间,包括月球与其他天体在内的活动,不论这类活动是由某一缔约国单独进行还是与其他国家联合进行,包括在国际政府间组织的范围内进行的活动在内[39]。

空间法体系的建立和发展是以《外空条约》作为基础来进行的。不过,在谈判过程中,许多国家都表示这个新条约的成功并不能取代后来具有特别针对性的条约的谈判。苏联要求把这个条约认定为"强行法"的建议没有得到支持[40]。

在美国推动下,外空委各成员国基本同意在国家利益发展和定型之前,应该建立一个太空法律机制。在这个背景下,出现了外空法律体系的雏形。在《月球协定》起草开始前,外空委已经成功起草了四个有关外空法的条约[41],分别是:

1)《关于各国探索和利用包括月球和其他天体在内外层空间活动的原则条约》或《外空条约》,1967年1月27日开放签字,当年10月10日生效[42]。到2021年1月1日为止,该条约有111个缔约国(含美国、俄罗斯、中国、法国、日本、印度、巴西等有航天能力的国家)[43]。

2)《营救宇航员、返还宇航员、和射入空间物体返还的协议》或《营救协定》,

---

[37] "最大可能和实际可行"这一限制性用语来源于美国政府代表团在1966年9月提出的修正案(A/AC.105/C/2/SR.73(16 Sept.1966))中,后来则出现在《月球协定》里。

[38] 但是第12条中还有事先通知的要求,在当年谈判时,苏美都认为这个要求不代表"否决权",通知发出后,到场参观就应该得到允许。

[39] 国际组织的人格在20世纪50年代逐渐开始广泛地得到认可;但是实践中仍然可以出现这样的情况:非组织成员国的国家可以不承认这种人格,因而在彼此关系中不能从对等角度来执行国际条约的规则。参看《国际法院报告》(1949),"损害赔偿案"咨询意见,第174页。

[40] 外空委文件 A/AC.105/C.2/5th Sess./WP.32,13 Sept.1966.

[41] 这四个条约的原文可见:联合国外空事务办公室:《联合国关于外空的条约与原则和其他相关联大决议》(英文),联合国出版物编号 E.05.I.90,2005年。中译本可参见尹玉海:《国际空间立法概览》,中国民主法制出版社2005年版。

[42] 《联合国条约集》(英文)第610卷,第205页。《联合国条约集》(英文)第610卷,第205页。另外,相关条约全文可在外空委官网上找到:http://www.unoosa.org/oosa/en/ourwork/spacelaw/treaties.html。

[43] 联合国出版物:*United Nations Treaties and Principles on Outer Space and related General Assembly Resolutions*,Addendum,Ref.:Sales No.E.08.I.10,ST/SPACE/11/Rev.2/Add.2,2009. 批准情况见:Committee on the Peaceful Uses of Outer Space,"Status of International Agreements relating to Activities in Outer Space as at 1 January 2021",A/AC.105/C.2/2021/CRP.10,31 May2021.下面列举的三个条约的批准情况也来自于这份官方文件。

于1968年4月22日开放签字,12月3日生效[44]。到2021年1月1日为止,该条约有98个缔约国(含美国、俄罗斯、中国、法国、日本、印度、巴西等有航天能力的国家)[45]。

3)《由空间物体引起损害的国际责任公约》或《赔偿责任公约》,1972年3月29日开放签字,1972年9月1日生效[46]。到2021年1月1日为止,该条约有98个缔约国(含美国、俄罗斯、中国、法国、日本、印度、巴西等有航天能力的国家)[47]。

4)《射入外空物体的登记公约》或《登记公约》,1975年1月14日开放签字,1976年9月15日生效[48]。到2021年1月1日为止,该条约有70个缔约国(含美国、俄罗斯、中国、法国、日本、印度、巴西等有航天能力的国家)[49]。

在空间法体系中,《外空条约》的重要性大大超过之后以它为基础通过的四项条约[50]。实践中,《月球协定》涉及人类迄今能够定期登上的天体,其在执行过程中可能遇到的困难,也具有典型性和现实性。本章将只以这份较为重要的条约的实践和争论为主,讨论外空法中共通的几个问题。可以说,这些问题在很多方面与国际公法的基本规则、原则息息相关,互相补充,所以适当参考本书中其他相关章节将有助于培养较为全面的视角。

四、《月球协定》

《月球协定》的全称为《关于各国在月球和其他天体上活动的协定》(*Agreement Governing the Activities of States on the Moon and Other Celestial Bodies*),它的起草始于1971年联大决议第2779号(XXVI),该决议授命外空委以及其下属的法律分委员会(或称"法律分委会")考虑起草一个关于月球制度的条

---

44 《联合国条约集》(英文)第672卷,第119页。

45 联合国出版物:*United Nations Treaties and Principles on Outer Space and related General Assembly Resolutions*, Addendum, Ref.: Sales No. E. 08. I. 10, ST/SPACE/11/Rev. 2/Add. 2, 2009.

46 联合国外空事务办公室:《联合国关于外空的条约与原则和其他相关联大决议》(英文),联合国出版物编号 E. 05. I. 90, 2005年,第13页。

47 联合国出版物:*United Nations Treaties and Principles on Outer Space and related General Assembly Resolutions*, Addendum, Ref.: Sales No. E. 08. I. 10, ST/SPACE/11/Rev. 2/Add. 2, 2009.

48 联合国外空事务办公室:《联合国关于外空的条约与原则和其他相关联大决议》(英文),联合国出版物编号 E. 05. I. 90, 2005年,第22页。

49 联合国出版物:*United Nations Treaties and Principles on Outer Space and related General Assembly Resolutions*, Addendum, Ref.: Sales No. E. 08. I. 10, ST/SPACE/11/Rev. 2/Add. 2, 2009.

50 B. Cheng, *Studies in International Space Law* (Oxford: Clarendon Press, 1997), 398. 所谓四项条约即:《登记公约》《营救协定》《赔偿责任公约》和《月球协定》。

约。该条约的草案于1979年12月5日经联合国大会以"基本一致同意"的方式通过,并与12月18日开放签署[51];该条约于1984年7月11日正式生效[52]。截至2021年10月20日,只有18个缔约国,其中不包括具有航天能力的国家。目前《月球协定》的影响力仍非常有限。

该协定涉及探索和利用月球和其他天体的基本原则、开展上述活动时的权利和义务等。要注意的是,这个条约从开始就不是只限于月球的开发,而是包含其他天体;而这个范围的划定是在外空委几经争论之后才被反映在《月球协定》草案之中的[53]。

(一)《月球协定》的谈判

起草阶段中,三个国家提出的草案值得注意。其一是阿根廷政府于1970年7月3日提出的草案[54]。其二是1971年苏联政府向联合国大会提交的草案[55]。其三是奥地利政府的草案。

阿根廷草案中借用了"人类共同继承财产"这一海洋法中的新概念[56];但是正式在外空委提出这一概念的是美国政府[57]。联大决议第2749(XXV)号于1970年12月17日通过时,附带着"有关超出国家管辖范围海底区域的原则宣言"这一文件,其中就特别加入了"人类共同继承财产"的这一说法。阿根廷政府在1973年4月17日的工作文件中[58],对这一说法在国际法中的存在进行了详细说明,得到了外空委其他国家的广泛支持。

联大于1971年将苏联草案转给外空委法律分委会进行审议。分委会讨论的最后结果与草案有明显差距。问题集中于三点:1)酝酿中的《月球协定》是否应该包括其他天体;2)考察国应公布的结果的范围;3)开发月球和其他天体

51　联大决议第34/68号。

52　全文见《联合国条约集》(英文)第1363卷,第3页。

53　所以在本报告中,沿用《月球协定》第1条第一款的定义:"本协定内关于月球的条款也适用于太阳系内地球以外的其他天体",再加上第二款的说明:"为了本协定的目的,'月球'一词包括环绕月球的轨道或其他飞向或飞绕月球的轨道。"下文中每当提到"月球"时,读者应当注意它包括其他天体和轨道。

54　《法律分委会第11次会议报告》,1972年4月10日至5月5日,文件号:A/AC.105/101,附件Ⅰ,第6-7页。

55　联合国文件编号 A/C.1/L/568,提出于1971年11月5日。

56　1967年马耳他大使帕多提出了这一概念:R. Churchill and A. Lowe, *The Law of the Sea* (3rd edn., Manchester: Manchester University Press, 1999), 226-227.

57　联合国文件编号 A/AC.105/C.2(XI), 1972年4月14日;又见 A/AC.105/196, 1972年4月11日,附件Ⅰ,第23-24页。

58　联合国文件编号 A/AC.105/115, 1973年4月27日,附件Ⅰ,第29-31页。

上自然资源的条件是哪些。苏联的草案更强调了任何在月球和其他天体上的活动必须遵守国际法，且特别是《联合国宪章》的规定。但是却对"人类共同继承财产"的说法只字未提。苏联的立场与美国和其他国家的立场，在此问题上出现了分歧。

在此之后，分委会于1972年5月4日公布了第一份协定草案[59]；1973年分委会公布了修改后的协定草案。但是在"人类共同继承财产"的问题上，苏联仍坚持自己的反对立场。原因是这个概念是与民法中的所有权概念联系在一起的，既然《外空条约》已经宣布月球与其他天体不属于任何国家管辖权之内，那么它们也就不能成为某个人的财产，因而也就没有转让、继承这类民法中的行为存在。另一方面，《外空条约》已经给这些天体的法律地位定了性：属于全人类的活动区域，为所有国家所使用[60]。

在经过近9年的磋商后，苏联政府对"人类共同继承财产"的态度发生了软化，不再坚持将此概念从草案中抹去，从而使得谈判出现根本性转机。这与奥地利政府的草案出台有相当关系。

奥地利政府自1973年开始起草一份工作文件，集中反映了法律分委会1972年和1973年两年的讨论结果，并以一个完整的条约形式最终成形，在外空委成员国代表团之间传阅。在1978年6月开始的外空委第21次会议上，奥地利代表通知大家其草案得到广泛支持，与对立立场的距离显著缩小[61]。在本次会议结束之际，奥地利代表团向其他46国家分发了全新的、不带方括号的草案文本。

在1979年6月开始的外空委会议上，苏联接受了"人类共同继承财产"的条款[62]。草案通过后，由外空委上交联大下设的特别政治委员会，后者在1979年10月29日到11月1日之间对报告进行了讨论，并在11月2日未经表决通过了载有该草案的决议[63]。12月5日，联大接受了特别政治委员会的报告[64]。《月球协定》于12月18日正式开放签字；协定预定的生效日期是在第五个国家批准后30天后起算，这一天在1984年7月11日到来。

---

59 联合国文件编号 PUOS/C.2/WG(XI)/15/Rev.1.
60 联合国文件编号 A/AC.105/115(英文)，1973年4月27日，附件Ⅰ，第24-25页。
61 联合国大会官方文件(英文)，第33次大会，第20号附件，1978年，文件编号 A/33/20，第11页，19-20页(外空委)。
62 联合国文件编号 A/AC.105/PV.203(英文)，1979年7月3日，第43-45页。
63 联合国文件编号 A/34/664(英文)，公布于1979年11月12日。
64 联大决议 A/RES/34/68 及其附件(英文)，1979年12月14日通过。

(二)《月球协定》的意义

《月球协定》不仅涉及月球上的自然资源,还包括太阳系中除地球外其他天体上的自然资源,这一点极为重要[65]。虽然大规模商业开发暂时由于资金、少数技术问题以及空间法问题的存在尚不能实现,但研究结果已经确定月球资源的可观前景。美国航天局20多年来的研究,已经对开采对象、地质、实际措施有了相当认识,比如:月球表面和下层的岩石含硅长石(硅化铝)、玻璃等物质;"阿波罗14、16、17号"着月点的地形优良;月球土质中的矿物质颗粒细小;土壤含有氧、硅、铝、钾、铁和镁等主要元素[66]。在地球上维持十座百万千瓦级火电厂需要每年开采五千万吨煤,而修建一座千万千瓦级的太阳能发电卫星只需要一次性开采五十万吨月球土壤,提取其中矿物质即可(这当然需要在月球上配备开矿机械)[67]。当然,最重要的就是开采能力已经存在[68]。在这种情况下,其他各国也会进一步加大探索力度,以期在这一领域内与美国的技术缩小差距。我国空间法界对此状况也早有了解[69]。

(三) 月球军事化问题

这个问题另一种问法是:月球是否只对和平利用的活动开放?什么是"和平目的"?如果自卫军事活动不受法律所禁止,那么如何规制这类威胁或使用武力的行为?

正如上面所提到的,外空开发活动伊始,"占有"作为一项政策就被国际社会摒弃,这也决定了攻击性军事行为的不合时宜。既没有占有的必要,也就没有保护占有物的必要。但是,占有问题并没有在空间法条约中得到切实的解决,而是

---

[65] 参看外空委文件:A/AC.105/PV.190,18 June 1979,11(第62段);E. Galloway, "Issues in Implementing the Agreement Governing the Activities of States on the Moon and Other Celestial Bodies", *Proceedings of the 23rd Colloquium on the Law of Outer Space*(1980),19,20.

[66] Committee on Commerce, Science, and Transportation, US Senate, *The Moon Treaty* (Hawaii: University Press of the Pacific,2005),281. 引用的是设于休斯敦的"月球和行星际研究所"出版的《月球资源手册》的内容,该出版物集中反映了此领域里的工程师和科学家的看法和设想。美国其他机构对此亦有较深的研究,比如麻省理工学院当年就有"空间系统实验室",而美国航天局也曾雇用通用动力公司研究太阳能发电卫星的流程。

[67] 同上注,第282页。

[68] 同上注,第292-293页。

[69] 贺其治、黄惠康主编:《外层空间法》,青岛出版社2000年版,第114-116页。特别提到当时我国在登月活动中的现状。

留下了可能性,这也就使对军事利用问题的争论一直不断。

另外,对于具有军事能力国家和其他国家来说,现有空间法条约的条文所能起到的作用是截然不同的。美国政府在1994年曾声明,现有的空间法条约、《联合国宪章》、双边和多边军控条约、习惯法,相互补充、支持,达到的效果就是它们组成一个公平、可行、平衡和广泛的法律体系,保证对外空利用是出于和平目的[70]。但是,外空委法律分委会的成员国却认为在向外空引入武器这一问题上,现有条约有明显的漏洞,需要新的条约来加强现有的法律体系;另外的一些成员国代表认为现有的条约体系需要改进,甚至期望能制订出一个全面的空间法律条约[71]。

1967年《外空条约》出炉之前,就出现了一系列联合国大会决议[72]和著名的1963年《禁止在大气层、外空、水下进行核武器试验条约》[73]。可以说,这后一条约的出现与当时出现的外空军事化的实践有关。1962年,美国政府授权进行高空核试验,造成绕地球人工辐射带,直接影响在绕地轨道上卫星的运转[74]。这样的历史背景,决定了《外空条约》的基本立场,它与上述决议和1963年条约的关系密不可分[75]。

早期航天活动所涉及的军事化问题,主要存在于苏、美两国之间[76]。其他国家不具备相似的外空军事化能力,而两个大国的实践在根本上决定了其他国家的

---

[70] 参看美国代表在联合国大会第一委员会下的裁军委员会的防止外空武器竞赛临时分委员会上的声明:联合国文件号CD/1271,1994年8月24日,第7页。

[71] 参看联合国文件号A/AC.105/917,法律分委会第47次会议,2008年3月31日到4月11日。

[72] 比如:联合国大会决议1962(XVIII),"规范对外空利用的法律原则宣言",1963年12月3日未经投票通过。该宣言对军事化的问题没有直接涉及,其他内容又太模糊。不过,在当时的政治条件下,联合国各成员国对此宣言的重视还是不同寻常,以至于空间法专家詹克斯认为:这个宣言虽不是一个条约,但是它已经足够被视为对习惯法的声明,甚至是太空法的"十二铜表法":C. W. Jenks, *Space Law*(New York: F. A. Praeger Publishers, 1965), 185-186。在该宣言通过后,美苏都表示会立即开始遵守它的原则: V. Kopal, "The Role of United Nations Declarations of Principles in the Progressive Development of Space Law", in F. Lyall and P. Larsen(eds.), *Space Law*(Aldershot: Ashgate, 2007), 97。

[73] 参看《联合国条约集》第480卷,第43页。

[74] S. Gorove, "Pollution and Outer Space: A Legal Analysis and Appraisal", 5 *New York Journal of International Law and Politics*(1972), 53。

[75] 而1963年的"规范对外空利用的法律原则宣言"在1967年的《外空条约》出现后继续发挥作用,它的特殊地位(为诸多国家接受为习惯法)使得它能够覆盖不是《外空条约》缔约国的国家的实践。参看:M. Lachs, *The Law of Outer Space: An Experience in Contemporary Law-Making*(Leiden: Sijthoff, 1972), 138。

[76] 参看贺其治:《空间军事化和有关法律问题》,载贺其治:《国际法和空间法论文集》,中国空间法学会2000年版,第108-125页。

实践在未来可能发展的方向[77]。它们在这个问题上的影响从现有的条约规定中就能够看出。比如：《外空条约》在第 4 条下，明确禁止在外空和绕月轨道上放置携带大规模杀伤性武器或核武器，但是它没有规定外空只能用于和平目的[78]；针对月球和其他天体，该条明确要求将之用于和平目的，禁止在月球和其他天体上 1)设置军事基地；2)进行武器试验；3)进行军事演习，但是，该条却不禁止军事人员参与科学试验、研究[79]。那么，如果在月球上进行的是使用自卫权的军事试验，是否可以说这也是为了和平目的呢？此外，《外空条约》的第 9 条间接地提到了军事用途对开发月球等天体活动的影响：

> "如果本条约某一缔约国有理由认为，该国或其国民在外层空间，包括月球与其他天体在内计划进行的活动或实验可能对其他缔约国和平探索和利用外层空间，包括月球与其他天体在内的活动产生有害干扰时，则该缔约国在开始进行任何这种活动或实验之前，应进行适当的国际磋商。"

对于"计划进行的活动或实验"，该条款没有明确的界定，但是这一用语的模糊，使得军事利用的可能得到了默认；遥感卫星就可以既满足对地球资源的探测，也满足军方对某地区地形、结构的详细了解。而这种做法完全可以说是为了"和平目的"，因为侦察行动本身并不是带有侵略性的攻击行为。这种模糊持续出现在联合国大会的其他相关决议里，比如大会决议第 41/65 号(1986)对从空间对地球遥感的原则做了规定，但是该决议对军事卫星的侦察活动不置一词，而将"遥感"一词的理解限制于对地表所作的、以改善自然资源管理、土地利用和保护环境为目的的遥感活动。可以说，这表明了军事大国对军事卫星侦察自由的绝对支持[80]。

《外空条约》第 1 条的规定承认了各国探索、利用空间(包括月球和其他天体)是一种"自由"，军事卫星进入外空是在这个条款允许的范围之内的。这个自由对于该条约的广泛被接受是至关重要的。同时，第 3 条提到探索、利用外空的活动要"为了维护国际和平与安全及增进国际合作与谅解而进行"。"和平与安全"的维护，在某些情况下是可能使用军事手段的，比如：自卫或由联合国安理会授权

77　C. Christol, *Space Law: Past, Present, and Future* (Deventer: Kluwer Law and Taxation Publishers, 1991), 5.

78　印度代表团曾想加入这一限令，也得到巴西等国的支持，但在谈判结束时，还是没能将此反映在条约草案中：H. Darwin, "The Outer Space Treaty", 42 *BYIL* (1967), 285.

79　这一款的内容与《南极条约》的第 1 条十分贴近。

80　R. Bender, *Launching and Operating Satellites: Legal Issues* (Dordrecht: Martinus Nijhoff Publishers, 1998), 226.

而进行的恢复和平的强制措施。只要此类军事活动符合国际法的规则,就可以在外空展开。

《月球协定》在《外空条约》的基础上,做了进一步的规定和澄清,它的第 3 条是针对军事活动的,也是在前言基础上细化的规则。特点有两个。其一,第 3 条第一款与《外空条约》的第 4 条第二款一致。其二,第二款是对《外空条约》相关条款的扩展,适用范围包括其他天体。第二款不仅提到武力与武力的威胁,还提到其他敌对行动或威胁采取此类行动的问题;此外,它还禁止利用月球对地球、月球、航天器以及其机组人员采取或威胁采取敌对行动。法国政府在 1980 年签署《月球协定》时对此条有一个解释:即此条中的禁令不过是对《联合国宪章》相关原则的重复而已。第 3 条第三款也对《外空条约》有所发展,它禁止在月球的轨道中设置核武器或大规模杀伤性武器,进一步说,使用部分绕月轨道的大规模杀伤性武器也被禁止部署。第 3 条第四款则加入了允许在月球上使用目的为和平探索、使用月球的设施、仪器的内容。

可以说,《协定》里"和平目的"的说法还是存在争议的,它指代"非军事化"还是"非侵略性"?《协定》出台不久,美苏发射到绕地轨道的卫星多半是军用的,但双方都坚持这些卫星是为了"和平目的"[81]。现在一个得到广泛认同的观点是:现有的航天系统,特别是那些具有通信功能的卫星,可以起到早期预警、观察、收集情报、联络和导航等作用,总的来说,它们的作用是在约束行动和稳定局势[82]。

综合《月球协定》和《外空条约》来看,二者均禁止武器试验、禁止设立军事基地、站所、堡垒、禁止在天体上进行军事演习。而这些禁令直接反映了《南极条约》和 1963 年《禁止在大气层、外空、水下进行核武器试验条约》的精神。在《月球协定》通过后,对它的大量批评意见中很少有针对第 3 条的,这一事实说明其内容得到各国的基本认可。

所以,在现在已有的实践、条约的背景下考虑"和平目的"的含义,就不得不说"非军事化"不是国际法在这个问题上的本意;"非侵略性"才是应有之意,而这也包括了对"敌意"的解释[83]。《联合国宪章》的实践是支持这一解释的。在《外空条约》谈判前后,这个问题就已经有了较为明确的解答,当时的美苏两国都在外空试验新的战争系统,对于它们来说,外空的战略意义之重大已使得"非军事化"的尝

---

[81] D. Goedhuis,"Some Recent Trends in the Interpretation and the Implementation of the Rules of International Space Law",19 *Columbia Journal of Transnational Law*(1981),213.

[82] 联合国军控研究所报告:《保护外空安全:防止外空军备竞赛》(英文),2006,第 39-40 页。

[83] 相反观点可参看:B. Cheng,*Studies in International Space Law*(Oxford: Clarendon Press,1997),521.

试完全不可能成功[84]。即使是在空间法界,也存在这样的看法:空间法在这个问题上没有确切的解释,而是给国家留下了自由发挥的空间[85]。

实践中常见的问题是多数航天技术都可能是军民两用的性质[86],多年来美国和苏联或现在的俄罗斯在太空方面的支出至少有一半使用在军事用途上[87]。而在当今全球化的世界里,这种混合的趋势只会愈演愈烈,现在,卫星技术和情报在公开市场上的交易和使用更为容易,比如通过灾害预警系统得到的情报或是通过合资企业制造卫星部件[88]。

(四) 裁军问题

从20世纪70年代开始,许多国家开始建议空间裁军,建议的内容包括修改《外空条约》到起草一个全面的和平利用外空的新条约[89]。中国在1985年曾经在联合国裁军会议上提出过全面禁止太空军事化的建议,其中包括禁止太空武器和军事卫星的内容[90]。2000年,中国、加拿大、俄罗斯共同提出空间裁军、建立信任的建议[91]。不过,中国和俄罗斯后来提交的空间非军事化的建议都受到美国的反对[92]。美国政府的观点是:这些建议所包含的限制已经超越了《外空条约》的范围,不仅无法保证核查措施的有效,还会影响和平利用外空以及自卫措施的实施[93];它对《外空条约》很满意,认为可以满足当前和未来的需求,特别是该条约确立了所有国家依国际法探索、使用空间的自由,明确了空间活动必须遵守国际法、包括《联合国宪章》及其中的自卫权,明确禁止在空间轨道上部署大规模毁灭性武

---

[84] B. Cheng,同83注,246(引用了印度政府代表在1966年外空委法律分委会会议上倡导外空全面裁军的努力完全失败的例子)。

[85] K. Madders, *A New Force at a New Frontier* (Cambridge: Cambridge University Press, 1997), 184.

[86] G. Goh, *Dispute Settlement in International Space Law* (Leiden: Martinus Nijhoff Publishers, 2007), 142.

[87] J. Fawcett, *Outer Space: New Challenges to Law and Policy* (Oxford: Clarendon Press, 1984), 118.

[88] W. von Noorden, "INMARSAT Use by Armed Forces: A Question of Treaty Interpretation", 23 *Journal of Space Law* (1995), 1.

[89] D. Wolter, *Common Security in Outer Space and International Law* (United Nations, 2006), 131.

[90] 联合国裁军委员会文件CD/579,1985年3月19日。

[91] D. Wolter, *Common Security in Outer Space and International Law* (United Nations, 2006), 134-136.

[92] J. Crook, "Contemporary Practice of the United States", 102 *AJIL* (2008), 667.

[93] 同上注;引用了美国高级军控官员(副国务卿德苏特)2008年3月4日的发言。

器,缔约方不得干涉其他国家的空间财产,明确了国际责任的问题。所以,美国的立场是要推动对《外空条约》以及其他旨在推动国际合作的条约的普遍遵守,而不是再立新约;这当然包括在《外空条约》基础上发展起来的《月球协定》。

《月球协定》以《外空条约》第 12 条为蓝本[94],发展出第 15 条下的核查机制。第 15 条的目的,是为第 3 条提出的控制军备条款提供核查机制和基本程序。但它没有遵从《外空条约》第 12 条的先例,要求对等核查。不过,《外空条约》第 12 条的内容本身就是带有妥协性的,因为当年美国曾想把《南极条约》第 8 条中的"核查自由"全盘纳入第 12 条,但是遭到苏联的反对,最后只能要求在核查前事先通知并与被核查方一起协商,从而得到苏联的同意[95]。结果,这一规定被《月球协定》第 15 条复制,后果很可能是协商旷日持久,以至于完全失去核查的效果。

(五) 告知与登记

告知义务的存在及其内容,与空间活动中所使用航天器的不同功能有直接关系。核动力源卫星的问题格外突出——航天历史上著名的苏联"宇宙-954 号"和"宇宙-1402 号"就是采用此类动力源的卫星。从 1978 年开始,在加拿大的牵头下,一些国家推动联合国外空委法律分委会对核动力源的使用进行规制[96]。这一努力在 1985 年取得阶段性成果:相关议题的名称被一致同意更改为"制定关于在外层空间使用核动力源的各项原则草案"[97]。

告知义务出现在《月球协定》下的几个地方。其一,《月球协定》第 5 条规定,"缔约各国应在实际可行的范围内尽量将它们在探索和利用月球方面的活动告知联合国秘书长以及公众和国际科学界。每次飞往月球的任务的时间、目的、位置、轨道参数和期间的情报应在发射后立即公布,而关于每次任务的结果,包括科学结果在内的情报则应在完成任务时公布"。

其二,第 7 条第二款规定:"缔约各国应将它们按照本条第一款所采取的措施通知联合国秘书长,并应尽一切可能预先将它们在月球上放置的一切放射性物质以及放置的目的通知秘书长。"在这里告知需要提前到开始采取行动之前。一

---

[94] 第 12 条规定:"在月球与其他天体上的一切站所、设施、装备和航天器,应在对等的基础上对本条约其他缔约国的代表开放。这些代表应将所计划的参观,在合理的时间内提前通知,以便进行适当的磋商和采取最大限度的预防措施,以保证安全并避免干扰所要参观的设备的正常运行。"这个核查的程序只针对月球和天体存在,而不适用于外空其他地带。

[95] H. Darwin,"The Outer Space Treaty",42 *BYIL* (1967),284.

[96] 贺其治:《外空使用核动力源的法律问题》,载《中国国际法年刊》(1986),第 189 页。

[97] 联合国文件,A/AC.105.352,1985 年 4 月 11 日,附件 11,第 11 段。

旦通知,所将采取的行动则可能会引起国际纠纷。

其三,第7条第三款规定:"缔约各国应就月球上具有特殊科学重要性的地区向其他缔约国和秘书长提出报告。"从起草的角度来看,这一款与第6条所提到的"科学研究"有关联,且这一款提出建立"科学保护区"的设想。但是,在实际操作中,可能会因此造成某些国家将某一月球表面地区宣布为"保护区",形成实际占有的状态。这是《月球协定》执行过程中一定要避免出现的情况;否则,会导致其整个体系的瓦解。

其四,在第9条第一款下,缔约国须告知联合国秘书长有关其设在月球上的空间站的"地点和目的",且在以后定期向秘书长和其他缔约国通告该空间站是否还在运行以及其运行目的是否有所改变。

其五,第11条第六款要求:"为了便利建立本条第五款所述的国际制度,缔约各国应在实际可行的范围内尽量将它们在月球上发现的任何自然资源告知联合国秘书长以及公众和国际科学界。"具体做法是,相关宇航局向各国科学家提供月球岩石、土壤标本供研究用,而研究的结果以文章形式在世界各地出版。需要注意的是,这些告知的义务在很大程度上翻抄了《外空条约》第11条[98]和《登记公约》第4条的内容[99]。新意在于《月球协定》的告知内容更为明确。

《月球协定》没有对登记行为做出特别规定,而是在前言里提到《登记公约》。但是,对于探月活动来说,登记问题并没有丧失相关性,因为绕月、登月的航天器都是由"发射国"发射的[100],而此类国家会受《公约》的约束。很难想象探月航天器不用登记,那么一旦发生解体、撞月,影响到其他国家航天器的飞行,或其他严重后果,受影响的国家就无从提起求偿要求,而发射国也可能无法收回自己的航天器的残骸。其实,登记对于航天工业来说是一个对所有国家有利的措施。

另外有一种解释认为《月球协定》的第4条第二款包含登记这一做法,因为"缔约各国应遵循合作和互助原则从事一切有关探索和利用月球的活动。按照本协定进行的国际合作,应尽量扩大范围,并可在多边基础上、双边基础上,或通过

---

98 第11条:"为了促进在和平探索和利用外层空间方面的国际合作,在外层空间,包括月球与其他天体在内进行活动的本条各缔约国同意,在最大可能和实际可行的范围内,将这类活动的性质、进行情况、地点和结果通知联合国秘书长,并通告公众和国际科学界。联合国秘书长在接到上述情报后,应准备立即作有效传播。"

99 第4条:"1. 每一登记国应在切实可行的范围内尽速向联合国秘书长供给有关登入其登记册的每一个外空物体的下列情报……;2. 每一登记国得随时向联合国秘书长供给有关其登记册内所载外空物体的其他情报。"

100 《登记公约》第1条:"'发射国'一词是指(一)一个发射或促使发射外空物体的国家;(二)一个从其领土上或设备发射外空物体的国家。"

政府间国际组织进行"[101]。其中"合作"在内含上足够宽泛,可以包括登记的要求。这个解释当然是考虑到了登月活动受到现有条约约束的这一事实:即登月或绕月航天器从地球发射并返回地球,均受《登记公约》的管制。《登记公约》的第2条第1款要求发射国在发射一个外空物体进入或越出地球轨道时,须将此物体登录其所有的登记册,且每一发射国应将其设置此种登记册情事通知联合国秘书长。

(六) 月球资源共有化问题

"人类共同继承财产"不是空间法独有的概念,可以说,它与"南极制度"和海洋法的发展有密切关系[102]。适用于南极洲、深海海底、外空的法律制度都会面临两个问题,其一是"共同财产"概念的理解,其二是如何建立一个能为发达国家和发展中国家接受的管理机制[103]。

它在空间法领域中的出现,发生在《月球协定》谈判过程之中。在1958年联合国大会讨论建立外层空间委员会时,美国政府的立场是"外层空间应该只为全人类的利益而使用"[104]。这既符合美国1958年《国家航空与航天法》所宣布的宗旨,也是空间法中"全人类共同利益原则"的雏形。在当时关于外空自然资源的学术讨论中,詹克斯就提出,作为原则,月球和其他行星上自然资源的所有权权源应该归属于联合国组织,对这些资源的开采必须从联合国得到特许权、许可证或租赁权[105]。

1967年8月17日,马耳他驻联合国大使帕多向联合国大会提出建议,将位于国家管辖权之外的深海海床和底土视为"人类共同继承财产",这是该原则首次见于国际实践[106]。该项提议促成联合国大会于1970年12月17日通过一项《关于

---

101 Committee on Commerce, Science, and Transportation, US Senate, *The Moon Treaty* (Hawaii: University Press of the Pacific, 2005), 71.

102 王铁崖,"论人类的共同继承财产的概念",载于《中国国际法年刊》(1984),第20-22页。王先生介绍了这一概念基本内容的产生过程,指出《月球协定》是外空法中第一次使用这一用语的文件。

103 B. Heim, "Exploring the Last Frontiers for Mineral Resources: A Comparison of International Law regarding the Deep Seabed, Outer Space, and Antarctica", 23 *Vanderbilt Journal of Transnational Law* (1990), 819.

104 C. Christol, "The CHM Provision in the 1970 Agreement Governing the Activities of States on the Moon and Other Celestial Bodies", 14 *International Law* (1980), 429, 449.

105 C. W. Jenks, *The Common Law of Mankind* (London: Stevens, 1958), 398.

106 1967年《外空条约》的第1条第一款提出了"共同利益"原则。但尚未使用"人类共同继承财产"这一用语。

位于国家管辖权之外的海床洋底及其底土的原则宣言》(联大决议第2749(XXV)号)[107],正式宣布国家管辖权之外的海床洋底、连同其底土及资源为"人类共同继承财产"[108]。恰好也是在1970年,阿根廷向联合国外空委员会提交了第一个有关月球的条约草案并在第1条中明确宣布月球及其自然资源是人类共同继承财产,因此《月球协定》从一开始就与这一原则有着密切关系。

"人类共同继承财产"原则被引入《月球协定》有其他多方面的原因。首先,《月球协定》谈判和制定的年代正是美苏"冷战"最紧张的阶段,此类太空条约的主要目的是防止任何一方获得军事上的优势,"人类共同继承财产"原则具有的是和平主义的内含,因而符合各方的利益[109]。其次,在20世纪70年代初,主要由新独立国家组成的"第三世界"在经济实力上与发达国家有着巨大差距,形成了国际关系中的"南北问题"。面对这种局面,发达国家被认为有道德上的义务去帮助发展中国家[110];另一方面发展中国家力图通过建立"国际经济新秩序"来缩小南北之间的鸿沟[111],因此该原则得到了第三世界和其他中小国家的拥护。最后,这一原则的提出背后还有现实因素的考虑。在20世纪70年代,各国开始担心地球资源会被快速消耗殆尽,逐渐认识到仅依赖以国家利益为准绳制定的政策不足以满足全球治理的需要,而寻求国家间共同立场成为客观必要,这也促成了在关于月球及其自然资源的法律制度中引入"人类共同继承财产"原则的举动[112]。

《月球协定》在谈判中遭遇了僵局,而"人类共同继承财产"原则就是最大的障碍[113],事实上,与该原则相关的第11条也正是在最后时刻才达成一致意见的条

---

[107] P. Minola,"The Moon Treaty and the Law of the Sea",18 *San Diego Law Review* (1980—1981),455,461.

[108] 该宣言第1条为:"超越国家管辖权的界限的海床、洋底和底土,以及此区域中的资源,是人类共同继承财产。"

[109] E. Reinistein,"Owning Outer Space",20 *Northern Journal of International Law and Business* (1999),59,62. 美国从开始就支持这一概念:A. Nash,"Contemporary Practice of the United States Relating to International Law",74 *AJIL* (1980),421-26. 美国国务卿当时认为,苏联支持《月球协定》的初衷是保证它是一个"航行权"条约,而美国在1972年就接受了上述概念。

[110] C. Christol,"The CHM Provision in the 1970 Agreement Governing the Activities of States on the Moon and Other Celestial Bodies",14 *International Law* (1980),429,453.

[111] B. Hoffstadt,"Moving the Heavens: Lunar Mining and the CHM in the Moon Treaty",42 *UCLA Law Review* (1994—1995),603.

[112] C. Christol,"The CHM Provision in the 1970 Agreement Governing the Activities of States on the Moon and Other Celestial Bodies",14 *International Law* (1980),429,499.

[113] K. Chen,"Pending Issues before the Legal Sub-Committee",5 *Journal of Space Law* (1977),29.

款[114]。围绕"人类共同继承财产"原则展开的争论包括：这是不是一个法律概念？如果是，其定义是什么？如果不是，其内容是什么？它如何应用于月球自然资源相关的活动等。

需要指出的是，虽然有学者试图将"人类共同继承财产"解释成一个法律概念[115]，但将其理解为一个法律原则应该更加合适[116]。首先，《月球协定》第18条特别规定："审查会议还应按照第11条第一款所述原则，并且在特别考虑到有关技术发展的情况下，审议执行第11条第五款下各项规定所涉及的问题。"而第11条第一款中唯一称得上是"原则"的只有"全人类共同继承财产"这个概念。其次，《月球协定》并没有给出"全人类共同继承财产"的定义[117]。相反，《协定》谈判过程中对此概念的内容争议不断，而《协定》最后仅仅列出了其"宗旨"，因此更像是一个法律原则。最后，只有法律原则具备的弹性才能容纳月球自然资源这样尚未有定论的问题，留下充分的发展空间[118]，因此，将"全人类共同继承财产"理解为一个法律原则是恰当的。

从词义上来讲，"人类"所修饰的并不是泛泛的"全人类共同利益"，而是具有特定意义的"财产"，那么人类拥有对财产的所有权，因此有"人类正在变成国际法上的一个主体"的说法[119]。如果将"人类"理解为一个法律主体的话，那么问题是：谁成为该主体的代表？现成的做法是可以将代表权授予联合国，但问题是联合国获得这种授权的基础是什么[120]？而且，联合国组织以主权国家为成员，国家利益却并不总与其人民、更不总与全体人类利益一致[121]。所以，"人类"还不足以构成

---

[114] C. Christol, "The 1979 Agreement: Where Is It Today?", 27 *Journal of Space Law* (1999), 14.

[115] 拉美学者，如阿根廷的Cocca，提出"全人类共有物"(res communis humanitatis)概念，并认为其与"全人类共同继承财产"有相同的内涵：A. Blaser, "The CHM in Its Infinitive Variety: Space Law and the Moon in the 1990s", *Journal of Law & Technology* (1990), 80.

[116] C. Christol, *The Modern International Law of Outer Space* (New York: Pergamon Press, 1982), 283.

[117] S. Gorove, "The Concept of CHM: A Political, Moral and Legal Innovation?" 9 *San Diego L. Review* (1972), 390, 392.

[118] C. Christol, "The CHM Provision in the 1970 Agreement Governing the Activities of States on the Moon and Other Celestial Bodies", 14 *International Law* (1980), 429, 451.

[119] E. Fasan, Meaning of the Term Mankind in Space Legal Language, 2 *Journal of Space Law* (1974), 131.

[120] S. Gorove, "The Concept of CHM: A Political, Moral and Legal Innovation?" 9 *San Diego L. Review* (1972), 390, 394.

[121] A. Blaser, "The CHM in Its Infinitive Variety: Space Law and the Moon in the 1990s", *Journal of Law & Technology* (1990), 83.

国际法上的一类主体。

在"人类共同继承财产"中,"继承财产"一词英文为 heritage;罗马法中,"共同财产"与"公共财产"含义有微妙的区别,前者含义是指共有物,不属于国家或个人所有;而后者是指国家所有,或主权者所有之物[122]。

苏联在《月球协定》谈判过程中对"人类共同继承财产"原则进行了批评,在其1973年3月28日向联合国外空委法律小组递交的工作文件中指出,"heritage"一词在法律事务中不常用[123],与其意义相接近的法律概念是民法中的"遗产"(inheritance)及"继承"(succession)。苏联指出,遗产与继承的前提是所有权的存在,但在外层空间法下,外层空间、天体及其组成部分是不能成为所有权客体的,因此即便试图用财产和继承的概念来解释"heritage"一词,也得不出什么有意义的结果。"heritage"一词连民法概念都不是,因此只是在"哲学意义上,而不是法律意义上"使用[124]。针对苏联的批评,阿根廷做出了回应。在1973年4月17日提交的工作文件中,阿根廷指出,首先,与"heritage"一词对应的"patrimonial"就被运用在了国际法下"承袭海"的概念中,因此可以具备法律意义。其次,尽管大家公认继承以所有权为前提,但关于所有权还有一个为各法系承认的原则,即所有权可分为两种——直接支配所有权(eminent domain, or ownership)与受益所有权(beneficial ownership)。外层空间法摒弃前者,而保留了后者,因此"heritage"完全可以被应用在国际法中。阿根廷进一步指出,采用这一词语就是为了强调月球及其资源是全世界人民利益之所系,成为法律概念理所应当[125]。这场争论并没有将"人类共同继承财产"原则排除在《月球协定》之外;相反,它给了这一原则一个较合理的解释:这里的"财产"并不是一般民法理解的财产,而是作为全世界人民都有份的一种集体利益。

"共同"通常是指某物属于一切人或者可被一切人利用[126]。关于"共同"的争议主要体现在发展中国家和发达国家对此理解的侧重点不同。发展中国家强调该原则"赋予了全人类以集体所有权",随之而来的要求就是对任何由月球自然资

---

[122] J. Fawcett, *Outer Space: New Challenges to Law and Policy* (Clarendon Press: Oxford, 1984), 5.

[123] 这一观点是片面的。根据《布莱克法律词典》,在苏格兰法中 heritage 指一个人死后传至其继承人的财产,尤其是指土地及所有与土地相联系的财产。

[124] E. Galloway, "*Agreement Governing the Activities of States on the Moon and Other Celestial Bodies*", printed for the use of Committee on Commerce, Science and Transportation, 27-28.

[125] 同上注,29-31.

[126] S. Gorove, "The Concept of CHM: A Political, Moral and Legal Innovation?", 9 *San Diego L. Review* (1972), 390, 398.

源得到的利益都应在全体国家间分配[127]。那么,"人类共同继承财产"就成为"共同财产"的代名词[128]。发达国家当然拒绝这种解释,它们认为该原则只是提供了各国都能使用月球自然资源的可能性[129]。正如阿根廷的观点所印证,不能也不必将民法上的财产观点僵硬地推广到国际法中,因此发展中国家的理解有失偏颇。该原则强调的是人类集体利益的保障,但这又要在国家利益差异化的大背景下来实现,因此,最重要的是在开发可行时能创建合理的利益分配机制,以体现"人类共同继承财产"原则所要反映出的"为了所有人的正义"这一终极目标[130]。

由于《协定》批准、加入的状况,没有足够的国家实践来诠释该原则的内容,学界讨论是唯一可以考究的地方。克力斯托教授在其著作中列举了"人类共同继承财产"原则的六个特征[131]:(1)不得占有该项原则对之适用的资源;(2)通过保护物理环境不受不必要的损害来保护全人类利益;(3)努力为现在和将来的人类保护好资源;(4)通过协议将从资源中获得的利益在全世界公平分配;(5)有为实现前述目的所必需的规则组成的制度,在必要时创造合适的政府间的国际管理机构来执行这些规则;以及(6)该原则涉及的资源必须用于和平目的。马太教授更强调"所有国家必须共同管理"这些资源[132],一些学者也支持这一意见[133]。从以上学

---

[127] 我国学者也秉持此观点,参见梁淑英:《人类共同继承遗产原则的含义》,载《政法论坛》,1990年第5期,第44页。

[128] 王国语:《〈月球协定〉中人类共同遗产原则的解析与发展》,载《中国国际法年刊》(2018),第439-473页。

[129] K. Zullo,"The Need to Clarify the Status of Property Rights in International Space Law",90 *Georgia Law Journal*(2001—2002),2425.

[130] A. Cocca,"The Principle of the 'Common Heritage of All Mankind' as Applied to Natural Resources from Outer Space and Celestial Bodies,*Proceedings of 16th Colloquium on the Law of Outer Space Law* 172(1973),cited in A. Bueckling,"The Strategy of Semantics and the 'Mankind Provisions' of the Space Treaty",7 *Journal of Space Law*(1979),19.

[131] C. Christol,*The Modern International Law of Outer Space*(New York:Pergamon Press,1982),286.

[132] N. Matte,"The Common Heritage of Mankind and Outer Space:Toward a New International Order for Survival",12 *Annals of Air & Space Law*,320-321,cited in J. Weaver,"Illusion or Reality? State Sovereignty in Outer Space",*Boston University International Law Journal*(1992),n. 67.

[133] C. Joyner,"Legal Implications of the Concept of the Common Heritage of Mankind",35 *International and Comparative Law Quarterly* (1986),191-192;H. Rana,"The CHM & the Final Frontier:A Revaluation of Values Constituting the International Legal Regime for Outer Space Activities",26 *Rutgers Law Journal*(1994—1995),224,229;J. Frakes,"The CHM Principle and the Deep Seabed,Outer Space and Antarctica:Will Developed and Developing Nations Reach a Compromise?" *Wisconsin International Law Journal* (Spring 2003),411-414;B. Heim,"Exploring the Last Frontiers for Mineral Resources:A Comparison of International Law Regarding the Deep Seabed,Outerspace,and Antarctica",*Vanderbilt Journal of Transnational Law*(1990),827.

者的研究与讨论中,可以总结出公认的"人类共同继承财产"原则所应具备的几个方面:(1)任何国家不得占有;(2)各国参加的共同管理体系;(3)各国分享开发成果;(4)彻底为和平目的[134];以及(5)代际公平。下面对这几个方面进行以下说明。

(1) 占有问题。通过《外空条约》第2条,"不得据为己有"已成为空间法中具备习惯法地位的一项原则,且月球自然资源作为外层空间一部分自然被包括在这一原则之下[135]。《月球协定》第11条第二款再次重申了这个原则:"月球不得由国家依据主权要求,通过利用或占领,或以任何其他方法据为己有。"相比之下,"人类共同继承财产"原则的要求更加严格:在该原则下,不得占有原则更意味着适用该项原则的区域"不属于任何人",无论主权还是私人所有权都将被排除[136]。这也得到《月球协定》第11条第三款的印证。

这里有一点需要注意。"其中的"("in place")这一用语是美国代表团提出的。在美国看来,这个用语是指代在月球表面下的岩石所蕴藏的资源,而不是从其中开采出来、与表面分离后的资源,后者既已离开表层,那么就可以被占有、转移[137]。这说明,不能占有这一理念是有其特定内容的,而不能通用于所有占有的情况。这里所讲的"所有占有的情况"就包括地球静止/同步轨道上的航天器这种情况。

这些航天器对于地表的某一点来说是静止不动的,也因此可以被视为航天站。这种航天器可以说是占有了它所停止的轨道的一部分,《外空条约》第2条规定:外层空间,包括月球与其他天体在内,不得由国家通过提出主权主张、通过使用或占领,或以任何其他方法,据为己有。这个静止轨道也是外空的一部分,而且它的长度也是有限的。那么,占有是否可能或已经发生在这个轨道上呢?这里要提一下1976年12月3日的《波哥大宣言》[138]。8个赤道国家(巴西、哥伦比亚、印度尼西亚、肯尼亚、刚果、厄瓜多尔、乌干达和扎伊尔)在哥伦比亚首都波哥大召开会议,在会议结束时发表了上述《宣言》。《宣言》第一点就提到,地球静止轨道距

---

[134] D. Goedhuis, "Some Recent in the Interpretation and the Implementation of the Rules of International Space Law", 19 *Columbia Journal of Transnational Law* (1981), 213, 219.

[135] 学界有观点认为,"不得占有"已经具有强行法的地位: E. Rathore and B. Gupta, "Emergence of Jus Cogens Principles in Outer Space Law", 18 *Astropolitics* (2020) 1, 16-17.

[136] C. Joyner, "Legal Implications of the Concept of the Common Heritage of Mankind", 35 *International and Comparative Law Quarterly* (1986), 191.

[137] K. Rao, "Common Heritage of Mankind and the Moon Treaty", 21 *Indian Journal of International Law* (1981), 275.

[138] C. Christol, *Space Law: Past, Present and Future* (Deventer: Kluwer Law and Taxation Publishers, 1991), 176-182.

地大约35871公里远,处于地球赤道之上,轨道和波段都是有限的自然资源[139],而这几个赤道国家对其领土上方的此轨道的相对应部分拥有主权;第四点宣称,鉴于1967年《外空条约》未对"外空"做出定义,所以这几个国家不认为《外空条约》在这个问题上有最终的结论,同时它们拒绝承认已经使用该轨道的国家对所使用的轨道部分有占有权。因此,它们不承认《外空条约》第2条对地球静止轨道的适用。在这里,两个问题没有解决。其一,地球静止轨道是否是外空的一部分?其二,如果不是,那么赤道八国对之是否能够视为自然资源,从而占有?现在看来,外空的占有行为是否合法还是有争论的问题。美国政府上述对于月球资源的占有,并没有明显越过法律的界限。

另外,《月球协定》第14条要求缔约国对本国在月球上的活动负国际责任的规定,也从一个方面表明了对个人占有的禁止,因为国家是不会对私人在各国管辖权之外的行为负国际责任的。这里的"个人"包括私人企业。这种占有的被禁止,与国家所提出的占有要求有明显区别,可以说,《协定》赋予缔约国对本国国民的占有行为以最终的控制权。

上述条款也存在着缺陷,比如:"所有权"的概念就没有注明;而针对非政府间国际组织、国家组织或非政府实体或任何自然人来说,这个权利的内含是最重要的问题[140]。再有,第11条第三款提到"上述条款不影响本条第五款所述的国际制度",那么《协定》下权利的行使并不确定,未来的国际制度可能会对这样的局势加以规制,且这种规制也许会包括中止制度外开采活动的内容。

(2)平行制度。《月球协定》并无意使得已经开始或将要开始的探索、开发行为中止,以适应《协定》中建立国际机制的要求。第11条第五款规定:"本协定缔约各国承诺一俟月球自然资源的开发即将可行时,建立指导此种开发的国际制度,其中包括适当程序在内。本款该按照本协定第18条的规定予以实施。"这个规定激起条约反对者的批评,因为它可以被解释为在这个制度建立起来前,一切现有或未来的开发活动都中止。但是,这一解释与条约的谈判历史记录是相左的,因为在谈判过程中,几个国家都在不同场合中强调第11条没有这个意思,且包含这个中止措施在内的几个动议都被否决,因而没有出现在《月球协定》的最后

---

[139] 这一点得到国际电信联盟(International Telecommunication Union)1992年《宪章》第44条第二款的承认。全文参看:http://www.itu.int/net/about/basic-texts/constitution/chaptervii.aspx,该组织的官方网址(最后浏览时间2010年9月12日)。

[140] C. Walsh,"Controversial Issues under Article XI of the Moon Treaty",5 *Annals of Air & Space Law*(1981),489.

文本中[141]。

(3) 共同开发。在"人类共同继承财产"原则下,理论上所有缔约国都可以参加对月球资源的管理,达到彻底"共同"[142]。当然,采用这种方式管理在实践上是不可行的,但共同管理的要求既然基于全人类共同利益,那就至少要将国家利益做一分析、分类,看其是否与人类利益相吻合。这是仍有待实践解决的问题。第11条第七款提到"合理管理",是否"共同"应以此款的要求相符和,没有效率的管理可以达到"共同"的效果,但是只会事倍功半,这是参与《协定》谈判的各国所不愿看到的前景。在空间法领域,"合理管理"成功的先例还是有的,比如 Intelsat 等国际组织中,发达国家与发展中国家依靠妥协的制度共同管理,效果令人满意。这种效果也同样反映在受益分享上。

(4) 分享收益。既然这一原则的基础是全人类共同利益,而且要求实现共同管理,那么所得收益的分享也就顺理成章,这也是《协定》拟建立的月球自然资源国际制度的宗旨之一[143]。但发展中国家和发达国家对该项要求有不同理解。日本曾认为"分享利益"虽然是必须的,但并没有马上实现的必要[144]。相反,肯尼亚则强调"人类共同继承财产"与之前外层空间的"公有物"模式不同,它不再允许国家仅仅为了自身利益而进行开发并获取这些利益[145]。有的学者更进一步认为分享利益的要求令国家不得为了私利而开采[146]。另一方面,针对"公平"的含义,发展中国家强调"所有国家"都有公平获得利益的权利,而且把"公平"当作"平等"来解释[147];相反,发达国家则认为应该由做出最大贡献的国家决定"公平"的含义[148]。在对月球自然资源的开发还没有获得应有收益之前,这样的争论没有太大现实意义。但作为一个法律问题,"公平"与"平等"的区别仍是显而易见的,因为"公平"

---

141 参看美国参加外空委会议的代表在1979年11月1日会议上的发言,载 Committee on Commerce, Science, and Transportation, US Senate, *The Moon Treaty* (Hawaii: University Press of the Pacific, 2005), 315.

142 C. Joyner, "Legal Implications of the Concept of the Common Heritage of Mankind", 35 *International and Comparative Law Quarterly* (1986), 230-231.

143 《月球协定》第11条第七款(d)段。

144 C. Christol, "The 1979 Agreement: Where Is It Today?" 27 *Journal of Space Law* (1999), 10.

145 同上注, 13-14.

146 C. Joyner, "Legal Implications of the Concept of the Common Heritage of Mankind", 35 *ICLQ* (1986), 191-192.

147 K. Zullo, "The Need to Clarify the Status of Property Rights in International Space Law", 90 *Georgia Law Journal* (2001—2002), 2425.

148 H. Rana, "The CHM & the Final Frontier: A Revaluation of Values Constituting the International Legal Regime for Outer Space Activities", 26 *Rutgers Law Journal* (1994—1995), 31.

的分配考虑了受分配者人数以外的合理因素，如付出的努力、需求程度等[149]。因此，正如美国航天署首席法律顾问所说，这是一个需要在"国际会议上取得共识"的问题[150]。在这方面的相关例子就是国际电信联盟对地球静止轨道位置分配所做的安排：对于《国际电信公约》第33条133段"各国或国家集团可以依照无线电规则的规定并考虑到发展中国家和不同国家的地理位置的特殊需要，公平地使用无线电频率和地球同步卫星轨道"的规定，各国在国际无线电会议（WARC）上通过谈判改变了过去单纯"先到先得"的分配方式，确保了每一个国家都可以获得一个地球静止轨道位置[151]。这种在国际组织范围内通过国际会议解决资源分配难题的方式是一种值得推广的办法。

（5）和平目的。这是外层空间法的基本原则，也是人类共同利益最基本部分所在，《月球协定》对月球做了专门的非军事化规定[152]。

（6）代际公平。如同heritage一词的原意所暗示，"全人类共同继承财产"包含了一种传承性[153]，因此有对环境保护、避免资源浪费等方面的规定[154]。"人类"不仅是超越地理的概念，也是超越时代的概念[155]。

除以上所述各方面外，有关国际机制的问题也是讨论中重要的问题。发达国家中的极端观点认为没有建立这种国际机制的必要[156]，或者认为在《月球协定》下国家所负的义务只是"当根据第11条和第18条开始（有关国际机制）的谈判时，

---

[149] 与公平不同，平等的分配只需要确立一个考虑因素：按照国家、按人头或者其他单一标准衡量即可。

[150] C. Christol,"The CHM Provision in the 1970 Agreement Governing the Activities of States on the Moon and Other Celestial Bodies",14 *International Law*（1980),473.

[151] 参见 C. Christol, *The Modern International Law of Outer Space*（New York：Pergamon Press,1982),547-604；J. Bosco,"International Law Regarding Outer Space-An Overview",55 *Journal of Air Law and Commerce*（1989—1990),609；S. Doyle,"Space Law and the Geostationary Orbit：the ITU's WARC-ORB 85-88 Concluded",17 *Journal of Space Law*（1989),1-24；F. Lyall,The International Telecommunication Union and Development,22 *Journal of Space Law*（1994),23-31；C. Stevens,The Geostationary Orbit：the Need for an Integrated Global Policy,23 *Journal of Space Law*,183-195.

[152] 《月球协定》第3条。

[153] C. Joyner,"Legal Implications of the Concept of the Common Heritage of Mankind",35 *ICLQ* 190（1986),195.

[154] C. Christol,*The Modern International Law of Outer Space*（New York：Pergamon Press,1982),286.

[155] R.-J. Dupuy,"The Notion of the Common Heritage of Mankind Applied to the Seabed",8 *Annals of Air and Space Law*(1983),347.

[156] H. Rana,"The CHM & the Final Frontier：A Revaluation of Values Constituting the International Legal Regime for Outer Space Activities",26 *Rutgers Law Journal*(1994—1995),31.

尽善意去努力以保证谈判的完成"[157]。但这种将《协定》解释为一个"预约"而国家无义务建设相应国际机制的观点是值得商榷的。首先，《协定》第11条第五款明确规定："本协定缔约各国承诺一俟月球自然资源的开发即将可行时，建立管理此种开发活动的国际制度，包括适当程序在内"。从措辞上看不出它只要求国家尽善意磋商，相反却是承诺了建立国际机制的义务。其次，从上文讨论所确定的"人类共同继承财产"原则的内容来看，缺少相应的国际机制将无从保证共同管理和分享受益。虽然关于《月球协定》所说的"国际机制"是指一套详尽的规则还是一个国际组织并不清楚[158]，但为达到协定的目的，稳定的制度及其合理的执行是必不可少的，因此普遍看法是：建立一个超国家的国际组织来管理月球自然资源的开发是必要的[159]。与此相关的另一个问题，是将来的国际机制所要遵循的各项要求或宗旨，应该交由上述国际组织来确定，而不是由成员国自己来判断自己的行为是否符合《月球协定》第11条第七款的规定[160]。

（七）月球自然资源的自由开发与成果分享

与上述的勘探活动紧密相联，对月球以及其他天体自然资源的开发是谈判《月球协定》过程中三个重要问题之一。这些天体上的资源十分丰富，但开发制度至今仍不存在。《月球协定》中有两个条款允许开采自然资源：第6条和第11条。

第6条特别指向科学考察的情况，它允许收集、移走矿物和其他标本，并允许为了支援科学研究任务使用适当数量的月球矿物质和其他物质。但是很明显的是，此类开采的目的不是商业开采，而是为了科学研究所进行的有限活动，对未来开发行为的整体法律制度并不具有根本性影响。

第11条的情况则复杂得多。该条至少涉及三种可能状态，分别对应月球自然资源的不同开发体制：

（1）月球自然资源的商业开发。根据第11条第五款，缔约国建立一项国际制度的义务只有在月球自然资源开发即将可行时才产生。从逻辑上讲，所谓"即

---

[157] C. Christol,"The 1979 Agreement: Where Is It Today?" 27 *Journal of Space Law*(1999),16.

[158] N. Griffin, "American and the Moon Treaty", 46 *Journal of Air Law & Commerce* (1981), 757.

[159] C. Joyner, "Legal Implications of the Concept of the Common Heritage of Mankind", 35 *ICLQ* (1986),191.

[160] C. Chritol, "ABA and 1979 Moon Treaty: A search for a Position", 9 *Journal of Space Law* (1981),87.

将可行",势必要经过试验性的开采才能确定,试验性开采无疑属于探索和利用月球的范围之内[161],因此各国都有权依照空间习惯法自由进行探索、开采。正如在《月球协定》谈判过程中美国代表所说,"(《月球协定》)允许我们通过试验性开采和先期运营来判断开采此类天体的自然资源是否可行"[162]。

(2) 对月球自然资源的开发已被证明可行,且相应的国际制度已经建立。在这种情况下,开采活动就应该遵守已经建立的国际制度。但《月球协定》并未给出这项国际制度的内容,而仅仅在第 11 条第七款下提供四点宽泛的"宗旨"留待以后的国际会议进行细化[163]。

(3) 月球自然资源的开发已被证明可行,但相应的国际制度无法建立。在这种情况下,根据《月球协定》第 11 条第八款,"有关月球自然资源的一切活动均应适当进行以便符合本条第七款所订各项宗旨"。换句话说,实际上每个国家仍然有权利根据空间习惯法去开采上述资源。这种比较符合现在的情况。而第七款所提出的宗旨在第八款下被拓展适用于其他活动,并不是只规制未来的国际机制的运作。第八款的作用是,它承认了存在着平行开发的可能性,否则它在《协定》中的存在就多余了。

但需要注意的是,上述三种情形只是就《月球协定》现有规定来讨论的开采体制。对很多国家,尤其是具有航天能力的国家来说,它们必然主张根据习惯法来支持他们对月球自然资源的开采权利。正如美国空间法学家克力斯托教授所说,在一个国际制度真正建立之前,"共有物"原则依然是有关月球自然资源开采的主要基石[164],但其基本内含依然是"先到先得"(first come, first served)[165]。再有,《协定》第 11 条第七款(d)项提到各缔约国公平分享开发利益时,并没有包含"等份"分享的含义——这后一种情况是美国担心的情况,但是,该项同时规定:不仅发展中国家的利益,还有那些直接或间接为月球资源开发做出贡献的国家的努力,都要给予"特别考虑"。这也就保证了开发资源的国家在分享时能够得到合理、公平的份额。其实,以美国拥有的太空技术,未来的国际机制(《协定》第 11 条第五款)

161　B. Cheng, *Studies in International Space Law* (Oxford: OUP, 1998), 376.

162　N. Griffin, "American and the Moon Treaty", 46 *Journal of Air Law & Commerce* (1981), 757.

163　C. Christol, "The 1979 Agreement: Where Is It Today?" 27 *Journal of Space Law* (1999), 5-16.

164　C. Christol, *The Modern International Law of Outer Space* (Pergamon Press, New York, 1982), 322.

165　P. Minola, "The Moon Treaty and the Law of the Sea", 18 *San Diego Law Review* (1980—1981), 469.

的规划、建立都离不开它的影响。

　　在设计未来的国际机制时,有一个问题会很突出,就是这个机制应仿照哪个既存制度建立起来?国际卫星通信组织(INTELSAT)是个相关且被谈论较多的组织。现在该组织的结构是以参与为指导原则,鼓励更多国家加入它的体系,而其管理机制包括 1)缔约国大会、2)缔约国代表会议、3)理事会和 4)执行机构这几部分,1)一年开两次会,决定长期计划,2)是由各缔约国卫星通信服务商构成的,3)每年四次会议,做出短期决策,而 4)由一个总干事领导,处理组织的日程事务[166]。

　　不过,该组织模式对于《月球协定》的执行来说有明显的问题。第一,该组织具有垄断性;美国政府于 1984 年决定允许美国商业卫星公司在国际卫星通信组织系统之外建立独立的国际通信卫星系统,这对该组织的垄断有一定削弱[167];对于月球及其自然资源的管理和开发,具有这样性质的组织会产生阻碍的作用,也会与《月球协定》第 11 条的原则相抵;且一旦建立起来,已有的私人企业的开发活动就会受到直接影响。第二,该组织"加权投票决策"的商业运作模式,很可能受到《月球协定》缔约国中的发展中国家的抵制,后者在上述组织成立后开始推动"国际经济新秩序"运动,这一运动的目的就是要更多地参与利益的分享和决策的过程。第三,国际卫星通信组织管理的资源是各国共同利用才有使用价值的资源,而月球资源则可能被某一国家垄断,只要后者技术达到水平。第四,通信资源相对来说是无限的,不会威胁出口自然资源的发展中国家利益,但月球资源一旦开采,肯定会威胁这一利益[168]。另外,南极制度的可借鉴性也有限,因为《南极条约》没有将南极洲大陆和水体作为一个整体置于同一个国际机制下,对其利用和开发施行国际管理;而是成立起一个平等协商的松散组织,其权力也仅限于协商;尽管该制度也宣布了南极大陆不受占有的原则[169]。第五,《联合国海洋法公

---

[166] 参看 R. White and H. White, *The Law and Regulation of International Space Communications* (Boston: Artech House Publishers, 1988), 216-221.

[167] G. Reynolds and R. Merges, *Outer Space: Problems of Law and Policy* (2nd edn., Boulder: Westview Press, 1997), 221-222. 在美国 1984 年政策出台后,国际卫星通信组织仍然占有全球通信流量的 2/3。不过,美国公司从此不再与该组织共用服务器和流量载体。再有,美国仍然在该组织具有领导地位,该组织的总部设在华盛顿;并从美国公司购进 70%的设备;同上书,第 232 页。

[168] 不过,由于发展中国家所能大量开采用于出口的矿藏的种类有限,很难说月球资源对这些国家造成的威胁能够使得它们形成统一战线来对抗有航天能力的国家的探月开发; G. Reynolds and R. Merges, *Outer Space: Problems of Law and Policy* (2nd edn., Boulder: Westview Press, 1997), 149.

[169] 1959 年的《南极洲条约》的第 4 条第二款规定,在条约生效期间,任何行为或活动都不能构成对南极洲的领土主张,且缔约国不提出新的或扩展既存的领土主张。由于条约没有终止条款,可以说它冻结了对这个大洲的领土问题。条约全文可参看 402 *UNTS* 71.

约》下的海底开发制度属于与《月球协定》同时发展起来的条约制度,它采取的是与国际卫星通信组织比较相同的结构,因此也对美国等有航天能力的国家来说缺乏新意;因为这样的组织结构将使得市场经济下的私人企业的投资热情大为降低。

(八) 禁止对空间活动与月球环境采取侵害行为

这个问题在一定程度上与月球军事化的问题有关。不言而喻,月球环境军事化后,会带来冲突、敌对行动的可能,后果正是《月球协定》前言中所禁止的。另一方面,月球环境早已属于国际条约所规范的对象,比如 1976 年的《禁止军用或为其他敌对目的使用改变环境技术的公约》中,第 2 条所规定该条约的适用范围就包括外空;而在第 1 条下,缔约国明确承担不使用此种技术的义务[170]。第 2 条还规定,相关的技术是指"有意通过对自然现象的操纵以改变……外空的内部动力、组成或结构的任何技术"。

对月球环境的影响并不只限于为军事目的采取的行为,也包括非军事活动可能造成的有害影响。《外空条约》第 9 条规定:"本条约各缔约国对外层空间,包括月球与其他天体在内进行的研究和探索,应避免使它们受到有害污染以及将地球外物质带入而使地球环境发生不利变化,并应在必要时为此目的采取适当措施。"这一条在《月球协定》中得到进一步细化。《月球协定》第 7 条规定:

> "1. 缔约各国在探索和利用月球时,应采取措施,防止月球环境的现有平衡遭到破坏,不论这种破坏是由于在月球环境中导致不利变化,还是由于引入环境外物质使其环境受到有害污染,或由于其他方式而产生。缔约各国也应采取措施防止地球环境由于引入地球外物质或由于其他方式而受到有害影响。"

《月球协定》第 8 条规定,缔约国可以在月球上开展探索、使用月球活动,它们可以在其上降落并从那里发射航天器,也可以在其上部署人员、外空运载工具、设备、设施、空间站等。该条第二款要求各缔约国不得在从事上述活动时阻碍其他缔约方的活动,而一旦有此种阻碍行为出现,相关各缔约国须按《协定》下第 15 条所规定的协商程序进行解决。要注意的是,这里的干扰行为或后果可以是双向的,即被干扰国可能也同时干扰着干扰国的活动。

---

[170] 1976 年 12 月 10 日由联大以决议第 31/72 号通过;1978 年 10 月 5 日生效。至今有 73 个缔约国(我国在 2005 年加入;"五大国"只有法国仍未加入该条约)。全文参看《联合国条约集》第 1108 卷,第 151 页。

干扰的问题在其他条款下也有涉及。《月球协定》第9条对载人或不载人的月球空间站的设立做出了规定,这些规定超出了《外空条约》相应规则的范围[171]。第9条第二款特别要求空间站的设立不得影响其他缔约国的设备、人员、运输工具到达月球表面任意地区的权利,只要那些设备、人员、运输工具的活动符合本《协定》的规定或符合《外空条约》的第1条。这里,其他缔约国人员在月球表面的行动自由受到保护,但是也会因此与在月球表面某地设立空间站的国家的权利发生冲突,因为后者肯定会在空间站周围设立一个排他性区域,以便于管理和安全。所以,不但需要协商,也需要考虑对此不可避免的情况在第18条下考虑国际机制时对这一问题做出安排。

干扰的情况除了发生在缔约国之间外,还可能发生在以下两种情况之中。第一,对月球环境造成的污染也可能产生这里所讲的干扰效果。第二,未来出现的国际机制或组织,可能会对缔约国的开发活动造成干扰。因为后者可能会在《月球协定》和其自己的成立文件下拥有对开采地区的排他性支配权。这一种干扰的情况在开发者来自于非缔约国的情况下会格外尖锐。

干扰出现后,缔约国依据第8条第一款和第二款进行的活动不应妨碍其他缔约国在月球上的活动。发生此种妨碍时有关缔约各国应依照第15条第二款和第三款规定进行协商。

(九) 用于探月及类似目的的空间物体所导致的责任问题

空间碎片重返落地后造成的损失、在轨道上碰撞其他国家的航空器造成损失、核动力卫星返回时解体、坠毁都是真实存在的问题。未来的探月活动,不仅会导致碎片的产生,还会出现航天器在地球表面上坠毁的情况。赔偿责任是个突出的问题;而这个问题的解决主要依靠现有的条约。

《月球协定》第14条第一款明确规定:"本协定缔约各国对于本国在月球上的各种活动应负国际责任,不论这类活动是由政府机构或非政府团体所进行的,并应负国际责任保证本国活动的进行符合本协定所载的各项规定。缔约各国应保证它们所管辖的非政府团体只有在该缔约国的管辖和不断监督下方可在月球上从事各种活动。"

现存问题之一就是政府间国际组织的责任问题。《外空条约》第6条规定:国际组织在外空(包括在月球和其他天体上)的活动与本条约要求相一致的责任,由该组织以及参加该组织的成员国一起担负。是否能否这个责任,取决于该组织

---

[171] 《外空条约》第1条和第11条。

是否有独立的国际法人格[172]。条约是否能够赋予此类组织以权利和义务,也是一个实践中需要考虑的问题;因为有人格的国际组织则只能在批准了相关条约后,才能受其约束,除非条约成了习惯法。而外空法的相关条约,都有直接为其他国际法主体规定权利义务的内容。比如:《外空条约》的第 6 条、《赔偿责任公约》的第 22 条第一款[173]。在这里要加上的是,《外空条约》解决国际组织责任的方法,出现在第 18 条之下:"任何源起于政府间国际组织探索和利用外空活动的实际问题,包括在月球和其他天体上的活动引起的问题,须在本条约缔约国与相关国际组织或后者中一个或几个成员国之间解决,后者均为本条约的缔约国。"这样规定的前提是第 18 条首先提到的本条约全部条款对国际组织适用的原则规定。

《月球协定》第 14 条第二款规定:"缔约各国承认,由于在月球上活动的增加,除关于各国探索和利用外层空间包括月球与其他天体活动所应遵守原则的条约和空间物体所造成损害的国际责任公约内的条款以外,或许需要有关在月球上引起的损害赔偿责任的细节办法。对任何此类办法的拟订均应依照本协定第 18 条所规定的程序。"可以说,第 14 条包含了《外空条约》和《赔偿责任公约》的相关条款,为其内容的解读提供了重要的辅助资料,没有增加什么新内容。但是,所有处理赔偿请求的程序问题,将是第 18 条所提到的审查会议需要讨论的内容之一。

《赔偿责任公约》将"损害"定义为任何人员伤亡、对健康的损害、国家或个人或国际政府间组织财产的损失、破坏[174]。第 2 条规定,发射国对其航天器所造成的对地球表面或飞行中飞机的损害负绝对责任。不过,在除地球表面以外的地方,绝对责任的规定被降格为过失责任,第 3 条因此规定:"任一发射国的空间物体在地球表面以外的其他地方,对另一发射国的空间物体,或其所载人员或财产造成损害时,只有损害是因前者的过失或其负责人员的过失而造成的条件下,该国才对损害负有责任。"这一条将月球和其他天体包括在内。在这种民事诉讼中[175],举证责任由求偿国来承担。

在上述总原则下,第 6 条第一款规定了两个免责的情况,其一是发射国能够

---

172 《外空条约》谈判中澳大利亚代表团就认为这一规定是不合适的,因为国际组织无法成为本条约的缔约方:H. Darwin,"The Outer Space Treaty",42 *BYIL* (1967),286.

173 后者规定:除了该条约的第 24-27 条外,该条约中所有有关国家行为的规定都适用于任何参与航天活动的国际组织,只要该组织公开声明接受本条约的规定并且其过半数的成员国是本条约和《外空条约》的缔约国。

174 第 1 条。

175 参见《公约》第 8 条的规定。

证明损害发生原因的全部或部分是出于求偿国的严重过失；其二是求偿国或其代表的个人有意造成次等损害。但第 6 条第二款在一种情况下取消免责条款的适用，即：发射国的行为与《联合国宪章》和 1967 年《外空条约》相违背。在这种情况下，即使第一款的两种情况之一可以成立，发射国的责任也不可被免除。

《外空条约》的规定中有两条分别针对不同层次的责任。第 6 条适用于所有在外空活动的本国公民、机构所造成的国际责任[176]。在这里则应适用第 7 条的规定：凡发射或促使发射物体进入外层空间，包括月球与其他天体在内的缔约国，以及以其领土或设备供发射物体用的缔约国，对于这种物体或其组成部分在地球上、在大气空间或外层空间，包括月球与其他天体在内，使另一缔约国或其自然人或法人遭受损害时，应负国际责任。

在赔偿请求发生后，《赔偿责任公约》要求的是"发射国根据本公约负责偿付的损害赔偿额，应按国际法、公正合理的原则来确定，以使对损害所作的赔偿，能保证提出赔偿要求的自然人或法人、国家或国际组织把损害恢复到未发生前的原有状态。"[177]"恢复原状"是首选的解决办法。如果不可能做到，那么以货币赔偿为另一选择，除非当事方以协议方式达成其他解决办法[178]。这些规定实际反映了国际责任问题领域中的习惯法规则[179]。

1977 年，苏联将"宇宙 954 号"核动力卫星发射至上轨道，但卫星于 1978 年 1 月解体，碎片散落于加拿大领土的大片区域内；双方于 1981 年 4 月才达成赔偿协议，结束因此所产生的所有求偿请求[180]。

在"宇宙 954 号"事件发生后，有学者从中总结出几个教训[181]，提请各发射国注意：1）发射国在预知其航天器将坠毁时，有义务通知可能受其影响的国家；2）发射国在其航天器将坠毁后，有义务通知坠毁发生地国有关该航天器的特征的信息；3）清理坠毁物需要特别的法规；4）发射国有义务赔偿坠毁发生地国所受损失。

---

[176] "本条约各缔约国对本国在外层空间，包括月球与其他天体在内的活动应负国际责任，不论这类活动是由政府机构或是由非政府团体进行的。"

[177] 第 12 条。

[178] 第 13 条。

[179] 参看联合国国际法委员会《国际不法行为责任条款》（草案），载 *Report of the ILC* (2001), UNGA OR, 56th session, Suppl. No. 10, A/56/10, 29 ff. 特别注意第 34 条。

[180] 18 *ILM* (1979), 899; 20 *ILM* (1981).

[181] A. Cohen, "Cosmos 954 and the International Law of Satellite Accidents", 10 *Yale Journal of International Law* (1984), 78.

自从 1957 年人造卫星上天后,在其后的 30 年中,14000 可追踪的碎片落回地球表面[182]。

《月球协定》并没有条款规范撞月行为的问题。不过,第 7 条第一款可以扩大解释为禁止这种做法,它要求"缔约各国在探索和利用月球时,应采取措施,防止月球环境的现有平衡遭到破坏,不论这种破坏是由于在月球环境中导致不利变化,还是由于引入环境外物质使其环境受到有害污染,或由于其他方式而产生。缔约各国也应采取措施防止地球环境由于引入地球外物质或由于其他方式而受到有害影响。"

与此相比,碎片问题是个老问题。近地轨道上的碎片不断增加(包括加速器残骸、失效卫星、太空武器试验的残留物等),且均以每小时 18000 公里的速度飞行,即使很小的碎片也会造成巨大的损失。(探月)航天器在爬升、返回过程中所面临的危险在不断增加;且碎片对近地绕地轨道本身也是一种污染。

在出现碎片后,一方面它可能对轨道上正常使用的卫星或航天器造成威胁;另一方面它可能对穿越地球轨道的航天器造成损失。现有的条约和习惯法都未对此问题有直接规制。更突出的问题是,现存的法律对"碎片"没有一个特别的定义。在谈判《赔偿责任公约》时,各国代表团对于"碎片"的描述无法达成一致意见,也没有对"碎片"是否被包括在"空间物体"这一范畴中做出结论。当时代表团中的法律顾问们提出两个定义供讨论,其一将"空间物体"定义为包含航天器、其组成部件、推射部分及其部件;其二则进一步将航天器载荷也包括在内,最后还是第一种定义被接受[183]。当然,这个定义留下的解释空间仍然很大,比如:它没有包括轨道中存在的航天器解体造成的碎片或未能使用的载荷(如未打开、未启动的试验器具)。

碎片的处理是一个技术问题,在这里不作深究,但是我国对于碎片的处理曾向外空委提出过解决方案,表明了对此问题的建设性态度[184]。一旦出现碎片造成人员、财产损失的情况,本报告认为,应比照坠毁的情况来判定责任的轻重、责任人、赔偿的份额和方式。

182　G. Reynolds and R. Merges, *Outer Space: Problems of Law and Policy*（2nd edn., Boulder: Westview Press, 1997）,208.

183　Ibid.,10.

184　陈佩洁:《外层空间法》,载王铁崖主编:《国际法》,法律出版社 1995 年版,第 261 页。书中提到 1991 年、1993 年中国空间碎片研究组两次向外空委提交了研究报告,包括四项具体的措施。

(十) 航天器及宇航员的营救

《月球协定》第 10 条规定，所有缔约国须采取一切可行措施确保月球上自然人的生命和健康，为此，它们须视所有在月球上的自然人为宇航员。"宇航员"的定义应在《外空条约》第 5 条和《营救协定》中找到。

《外空条约》第 5 条提到，该条约的缔约国须视宇航员为外空中的"人类使者"，且须在发生事故、紧急情况或危机后落在另一个缔约国领土上或公海上时给予他们一切可能的帮助，将之送交其所乘航天器的登记国。同时，缔约国宇航员之间也须互相救助。在此相关的一个条款是该条约的第 8 条，这一条款规定登记国对发射物及其所载人员，具有管辖权与控制权。这两个权利不受该发射物所在地方的法律地位的影响。那么，这个条约只是对"宇航员"的地位有一个描述而已。

另一方面，《营救协定》中使用了"宇宙飞船人员"这一用语，而没有给予"宇航员"以特别的定义。不过，很难设想在这个问题上会有什么重大的歧义；各国对这种人的理解是约定俗成的。此外，《营救协定》的用法很一般，范围也大，在目前没有造成搜救工作的困难，说明各国对此还是接受的。

可以看出，《月球协定》将"宇航员"的范围扩大了，包括了任何在月球上的人员；而由于"月球"在该协定下还包括太阳系中的其他天体，所以，这一类别的人员的范围被进一步扩展。该协定第 10 条所规定的搜救义务，相当全面，可能会造成施救缔约国的经济负担。

就搜救本身来说，《月球协定》第 10 条第二款规定："缔约国应以其站所、装置、运载器，及其他设备供月球上遭难人员避难之用。"第一款的规定"应采取一切实际可行的措施"过于笼统，在施行过程中会产生问题。但是，这个问题在其他条款下得到有效的解决。一方面，第 12 条第二款规定，凡在预定位置以外的场地发现的运载器，装置及装备或其组成部分应依照营救宇宙航行员、送回宇宙航行员和归还发射到外层空间物体的协定第 5 条处理。另一方面，第 13 条规定，任一缔约国获悉并非其本国所发射的外空物体在月球上坠毁、强迫着陆，或其他非出自本意的着陆时，应迅速通知发射该物体的缔约国和联合国秘书长。这两个条款都对搜救行动有直接的关系。

在这些规定之外，还要考虑到第 12 条第二款将《营救协定》的第 5 条包括在内容里，从而对搜救提供了进一步的指南。首先，这一协定适用于外层空间，包括月球和其他天体。第 4 条针对的是航天器飞回地球过程中遭到危险时的搜救和返回："宇宙飞船人员如因意外事故、遇难和紧急的或非预定的降落，在任一缔约国管辖的区域内着陆,或在公海、不属于任何国家管辖的其他任何地方被发现,他们的安全应予以保证并立即交还给发射当局的代表"。而第5条第三款则针对在外空(包括月球和其他天体)做出如下的规定:"射入外层空间的物体或其组成部分若在发射当局管辖的区域外发现,应在发射当局的要求下归还给该发射当局的代表,或交给这些代表支配。如经请求,这些代表应在物体或其组成部分归还前,提出证明资料"。其实,不管《月球协定》第12条是否将《营救协定》整体包含在内,后者自己的适用范围已经包括了《月球协定》适用的范围。唯一的问题是:某一国家不一定同时是这两个条约的缔约国。这里,《月球协定》第12条的作用就显现出来:至少《营救协定》第5条在这种情况下仍然适用,即使当事国没有参加《营救协定》。

《月球协定》在搜救范围上超越了《营救协定》的规定,因而扩展了后者适用的范围。

(十一) 争端解决

《月球协定》下没有建立常设的政府间国际组织或国际司法机制,也没有规定特定的强制性争端解决机制[185]。因此,产生的相关问题在未来实践中会变得十分微妙,特别是考虑到《协定》下对开发利益的分享的要求,如果缔约国都能从中分得一份利益,那么就都会对一个分配的机制表示支持。

未来的争端可以有以下几种解决方法。

其一,《月球协定》下规定的协商程序,相关规定可以在第15条下找到。不过,这种协商的方式受到该条第一款的限制。第一款提到各缔约国都可自行采取方法来确证其他缔约国开发、利用月球的活动符合本条约的规定,为达到这一目的,它们须将设置的航天器、设备、设施、站所和装置向其他缔约国开放,而后者在访问此类设施前须给予前者以合理的事先通报。在这个前提下,第二款做出协商解决争端的规定。如果在开放与访问这个问题上出现纠葛,第二款自然可以适用。但是,第二款的措辞却体现了一个更广范围的权利。

第二款规定,任一缔约国若有理由相信某一其他缔约国违反本条约的规定或干扰前者行使权利,都可以向之提起协商的请求。接到请求的国家"必须"立即开始协商。其他缔约国都有权参与此协商程序。参与程序的缔约国必须尽力取得

---

[185] 美国政府曾在1966年6月17日提出的《协定草案》(A/AC.105/32)中建议将有关该条约解释和适用的争端提交给国际法院,但在外空委讨论中遭到抵制,最后建议没有被包括在《协定》中: G. Goh, *Dispute Settlement in International Space Law*(Leiden: Martinus Nijhoff Publishers, 2007), 39.

争议方都能接受的解决方案,且须照顾到其他缔约国在本条约下的利益。

第 3 条下规定,在协商失败的情况下,争议方应在考虑到本争端的情况和性质的前提下,采取其他它们都能同意的和平方式解决争端。如果还不能解决问题,争议一方可以寻求联合国秘书长的帮助。

其二,1970 年的《国际法原则宣言》下的争端解决机制。依据《月球协定》的第 2 条,缔约国的活动须依国际法进行,且须考虑上述《宣言》的原则。该《宣言》下的第二个原则,就是要和平解决国际争端,列举的手段包括了谈判、调查、调解、仲裁、司法程序、利用地区性国际组织的机制等[186]。其实,这些手段是从《联合国宪章》第 33 条第一款下移植过来的。这个《宣言》在国际法体系中的地位是十分特别的,虽然其本身不具有法律拘束力,但是它所宣示的内容构成习惯法的一部分。

其三,《国际法院规约》下的争端解决程序:参见本书第十六章。

在这个方面,比起其他现存的相关国际组织来说,《月球协定》的规定还属于初级阶段[187]。不过,没有一个常设的国际机制/组织,就不会有进一步强化争端解决程序的需要。另一方面,《协定》发展的初级阶段给予新的想法以足够的想象空间,所以,在 1962 年,阿根廷外空法专家、后参与《协定》谈判的科卡大使就提出了"外空法院"的说法[188];1976 年,又有人提出了"国际空间法庭"的想法[189]。

(十二) 国际组织的权利与义务

除主权国家外,国际组织的存在也会对《月球协定》的执行造成影响,因为现在就有以航天为使命的国际组织,比如:欧洲航天局[190]。因此,《月球协定》第 16 条规定,除了条约第 17—21 条外,其余条款在提到国家时也须理解为包括政府间

---

[186] 原文参见联合国大会决议 2625(XXV),1970 年 10 月 24 日通过。

[187] 比如:成立于 1964 年的国际通信卫星组织(INTELSAT),在出现法律问题时,就可以使用仲裁程序。该组织在 2001 年进行了改革,成立了一个公司(Intelsat Ltd),但是保存了政府间国际组织的地位(ITSO)。参看该组织网址:www.itso.int。也可参看:贺其治:《外层空间法》,法律出版社 1992 年版,第 271-273 页。

[188] A. Cocca, "Resolucion recommendando le elaboracion de un proyecto de estatuteo de una Corte Espacial", 29 *Revista de la Associacion Argentina Interplanetaria* (1962), 32.

[189] G. Stellacatos, "Moyens de Resolution de Différences par suite des Activités dans l'Espace", *Proceedings of the 19th Colloquium on the Law of Outer Space* (1977), 386.

[190] 在 1975 年《欧洲航天局公约》通过的同时成立,该条约第 2 条明确了该组织的目的;第 15 条承认了该组织的法人资格,即它可以独立于各成员国之外活动。有关欧空局详细历史和分析,参看 K. Madders, *A New Force at a New Frontier* (Cambridge: Cambridge University Press, 1997)。

国际组织，只要该组织公开宣布接受本条约下的权利与义务，并且该组织的过半数成员国都是本条约和《外空条约》的缔约国。这个规定发展了《外空条约》的第6和第8条。第16条被认为是对这两个条约协调适用最典型的条款。

那么，《月球协定》对欧洲航天局是完全适用的，尽管该组织没有批准也没有程序加入《协定》。这里，"过半数"成员国须是《协定》缔约国的规定就显得重要，因为这是此类组织投票表决时通过决议的基本/最低必须达到的多数，当然如果某一组织把遵守其他国际条约作为一项重要事情对待时，过半数的多数恐怕不足以使得组织通过遵守决议[191]。

《月球协定》有建立管理月球开发活动的国际机制的条款，但没有对具体的组织结构做出规定[192]。第11条第五款规定，缔约国承诺在资源开发成为可行时，建立一个国际机制，包括适当的程序，来管理月球资源的开发；本条的施行遵循《协定》的第18条来实现（即通过审查大会考虑是否对《协定》的条款进行修正）。对于美国来说，这一条最重要的价值就是没有推迟开发活动的开展[193]；尽管审查大会最快也要在《协定》生效5年后才能召开。美国的上述立场包含了它对《协定》内容的一贯理解，这种理解也得到包括发展中国家学者在内的国际法学界的承认[194]，因为《协定》中没有推迟开发的条款。如果仅仅靠推演来论证《协定》有意推迟开发活动，那么美国政府对这种推演的立场也是同样清楚的：它不会接受这样的推演[195]。

从既有实践来看，所谓国际机制很可能是一个类似《联合国海洋法公约》下设立的"海底管理局"制度的翻版；那么，一个常设的国际组织就不可避免。

不过也有学者认为，未来国际机制应该翻版国际海事卫星组织（INMARSAT）[196]。这种说法考虑的主要因素之一是投票机制的有利和有效。上述组织使用的是两种投票方式："联合国方式"和"企业方式"。前者的基本要求是成员国每国一票；后者则使用依所占投资份额的"加权票"。在投票时，国际海事卫星组织的大会成

---

191 欧洲航天局的理事会在很多问题上的表决需要2/3多数票才能通过。

192 参看本报告第二部分，第六节。

193 G. Reynolds and R. Merges, *Outer Space: Problems of Law and Policy* (2nd edn., Boulder: Westview Press,1997),113.

194 K. Rao, "Common Heritage of Mankind and the Moon Treaty", 21 *Indian Journal of International Law*(1981),275.

195 同上注,引用了美国政府代表在1973年4月19日在外空委的法律分委会上的正式声明。

196 E. Galloway, "Issues in Implementing the Agreement Governing the Activities of States on the Moon and Other Celestial Bodies", *Proceedings of the 23rd Colloquium on the Law of Outer Space*(1980), 22-23.

员国每国一票;而在 22 国家组成的理事会中,拥有投资的 18 个国家可以投加权票,但任一国家的加权票不得超过总票数的 25%,除非签字国之一的投资实际超过总投资的 25%[197]。

类似的建议还包括建立空间管理局的说法[198]。不过,考虑到美国对自由开发的坚持,在外空建立类似组织的提议会遇到有力的抵制。即使外空管理局得以建立,它也将遵循《月球协定》所包含的原则在该条约下进行,而不是在联合国的框架下组建;至于外空管理局对各国航天局的统一规划的说法,只会使得局势进一步复杂,因为具有航天能力的国家可能长期对国际管理这一做法持消极态度,拒绝参加国际航天局。

此外,争端解决程序的存在对于一个国际组织来说也是很有用的,比如:具有特别管辖权处理外空问题的国际法庭[199]。不过,《月球协定》下只对国际机制做了初步规定,假如这个机制建立起来,是否赋予它以争端解决的权力将是机制谈判各方面临的问题。如果《协定》长期不能发挥全球性的功能,那么上述机制也就不可能出现。

最后,还要提一下从 20 世纪 50 年代开始就出现的建立国际空间组织的建议,当然这个组织的宗旨不会仅限于《月球协定》所适用的范围,但是它的权力包括这个范围,因此一个简要的说明也是必要的。1961 年,"不结盟国家集团"在贝尔格莱德会议上正式提出建立一个国际空间组织;1966 年,阿拉伯联合酋长国在外空委提出同样动议;1978 年,法国政府向联大提出类似的建议;1985 年苏联也公布了"世界空间组织"的提议[200];1994 年,亚太国家空间技术多边合作曼谷会议提出同样的设想[201]。但是,实践很快就把这些建议简化到建立特定目的的国际组织的设想上来[202]。

---

[197] 参看 1976 年《国际海事卫星组织公约》的第 14(3)(b)(iv);15 *ILM* (1976) 1052。

[198] 赵云:《国际空间管理局:空间商业化体制的管理模式》,载赵海峰主编:《空间法评论》,第一卷,哈尔滨工业大学出版社 2006 年版,第 24-25 页。

[199] C. Christol, *Space Law: Past, Present and Future* (Deventer: Kluwer Law and Taxation Publishers, 1991), 436.

[200] 1988 年,苏联再次向外空委提出建立常设国际空间组织的建议,以建立一个普遍性的开发空间的模式:A/AC.105/PV.312,16。这一提议得到东欧国家和古巴的支持。

[201] D. Wolter, *Common Security in Outer Space and International Law* (United Nations, 2006), 171-176.

[202] 同上注,第 184-185 页。

第十五章 国际环境法

扩展阅读

B. Bramsen,"Transnational Pollution and International Law", 42 *Nordic Journal of International Law* (1972) 153; C. Tickell, *Climatic Change and World Affairs*, Cambridge, MA: Harvard University Press, 1986; G. Triggs (ed.), *The Antarctic Treaty Regime: Law, Environment, and Resources*, Cambridge: CUP, 1987; L. Caldwell, *International Environmental Policy*, 2nd edn., Durham, NC: Duke University Press, 1990; O. Schachter, "The Emergence of International Environmental Law", 44 *Journal of International Affairs* (1991) 457; E. Brown Weiss, "Environment and Trade as Partners in Sustainable Development: A Commentary", 86 *AJIL* (1992) 700; F. Burbenne-Guilmin and S. Casey-Lefkowitz, "The New Law of Biodiversity", 3 *Yearbook of International Environmental Law* (1992) 43; A. Boyle and M. Anderson(eds), *Human Rights Approaches to Environmental Protection*, Oxford: Clarendon Press, 1996; J. Werksman, "Compliance and the Kyoto Protocol", 9 *Yearbook of International Environmental Law* (1998) 48; D. French, "The Kyoto Protocol to the 1992 UN Framework on Climate Change", 10 *Journal of Environmental Law* (1998) 227; M. Fitzmaurice and C. Redgwell, "Environmental Non-Compliance Procedures and International Law", 31 *Netherlands Yearbook of International Law* (2000) 35; A. Trouwborst, *Evolution and Status of the Precautionary Principle in International Law*, The Hague: Kluwer Law International, 2002; A. Boyle, "Globalising Environmental Liability: The Interplay of National and International Law", 17 *Journal of Environmental Law* (2005) 3; C. Stone, "Common but Differentiated Responsibilities in International Law", 98 *AJIL* (2004) 276; P. Sands and P. Galizzi, *Documents in International Environmental Law*, 2nd edn., Cambridge: CUP, 2004; A. Goyal, *The WTO and International Environmental Law*, Oxford: OUP, 2006; D.

Bodansky, Jutta Brunnee and E. Hey (eds.), *The Oxford Handbook of International Environmental Law*, Oxford: OUP, 2007; N. Klein, "Litigation over Marine Resources: Lessons for Law of the Sea, International Dispute Settlement and International Environmental Law", *Australian Yearbook of International Law* (2009) 131; P. Birnie, A. Boyle, and C. Redgwell, *International Law and the Environment*, 3rd edn., Oxford: OUP, 2009; T. Stephens, International Courts and Environmental Protection, Cambridge: CUP, 2009; UNEP, *Protecting the Environment during Armed Conflict: An Inventory and Analysis of International Law*, New York: UN, 2009; A. Zahar, *International Climate Change Law and State Compliance*, New York: Routledge, 2014; J. Viñuales (ed.), *The Rio Declaration on Environment and Development. A Commentary*, Oxford: OUP, 2015; J. Kulesza, *Due Diligence in International Law*, Leiden: Brill Nijhoff, 2016; D. Bodansky, "The Paris Climate Change Agreement: A New Hope?", 110 *AJIL* (2016) 268; P. Sands, J. Peel, A. Fabra and R. MacKenzie, *Principles of International Environmental Law*, 4th edn., Cambridge: CUP, 2018; P.-M. Dupuy and J. Viñuales, *International Environmental Law*, 2nd edn., Cambridge: CUP, 2018; L. Rajamani and J. Peel (eds.), *The Oxford Handbook of International Environmental Law*, 2nd edn., Oxford: OUP, 2021.

一、引　言

环境问题在19世纪中叶就已经出现,到了20世纪初,随着国际社会对自己生存的生态环境以及其中的自然资源逐渐有了较为深入、全面的认识,首先开始对动物资源(包括渔业)的保护通过条约进行规制,比如1931年的《规范捕鲸的公约》[1]、1933年的《关于保护在其生态环境中生存的植物与动物的公约》[2],同时国家实践也在逐渐关注这一问题,比如1893年英美之间就发生了"太平洋毛皮海豹

---

[1] 24 September 1931, 155 *LNTS* 351.

[2] 9 November 1933, 172 *LNTS* 241. 参看: M. Maffei, "Evolving trends in the international protection of species", 36 *GYIL* (1993), 131-187.

仲裁案"[3]。国际法研究院也在1911年通过了决议,名称为"为非航行目的利用国际水道的国际规则",宣告了国际河流的沿岸国不得在利用河水时对其他沿岸国对河水的利用造成干扰[4]。

在联合国大会通过第2398(XXIII)号决议后[5],联合国在1972年6月5日至16日在瑞典斯德哥尔摩市召开了"联合国人类环境大会"[6],会后发表的《斯德哥尔摩宣言》第21原则宣告:

> "依照联合国宪章和国际法原则,各国有按自己的环境政策开发自己资源的主权,并且有责任保证在他们管辖或控制之内的活动,不致损害其他国家的,或在国家管辖范围以外地区的环境"[7]。

这次大会是当代国际环境法奠基的时刻[8],上述原则也曾被认为是一项强行法规范[9]。

1992年,联合国召开了"环境与发展大会",通过了"21世纪议程"[10],公布了"环境与发展的里约宣言"[11]。同年,《生物多样性公约》[12]和《气候变化框架公约》[13]开放签字。

1996年,国际法院在"威胁或使用核武器的合法性"咨询意见中,考虑了有关

---

3 *Award between the United States and the United Kingdom relating to the rights of jurisdiction of United States in the Bering's sea and the preservation of fur seals*, Award and Decision of 15 August 1893, 28 *UNRIAA* 263.

4 Adopted on 20 April 1911: https://www.idi-iil.org/app/uploads/2017/06/1911_mad_01_fr.pdf.

5 标题是"人类环境问题",于1968年12月3日通过。

6 P. Sands and J. Peel, *Principles of International Environmental Law* (4th edn., Cambridge: CUP, 2018), 29-33.

7 UN Doc. A/CONF. 48/14/Rev. 1, 1972年6月16日; 11 *ILM* 1416 (1972); L. Sohn, The Stockholm Declaration on the Human Environment, 14 *Harvard International Law Journal* (1973), 423.

8 P. Sands and J. Peel, *Principles of International Environmental Law* (4th edn., Cambridge: CUP, 2018), 930.

9 P. Bernie and A. Boyle, *International Law and the Environment* (2nd edn., New York: OUP, 2002), 15. 但是在该书的第三版中,作者们承认,现实中并没有令人信服的(环境法意义上的)强行法规则: 3rd edn., 2009, 109-110.

10 *Report of the United Nations Conference on Environment and Development*, A/CONF. 151/26/Rev. 1, vol. i, Resolution 1, Annex II.

11 1992年6月13日。J. Viñuales (ed.), *The Rio Declaration on Environment and Development. A Commentary* (Oxford: OUP, 2015).

12 1992年6月5日开放签字,全文见 1760 *UNTS* 79。

13 1992年5月9日开放签字,全文见 1771 *UNTS* 107。

联合国成员国提出的"使用核武器会毁坏环境"的立场,并提出了以下见解:

> "法院承认环境每天都处于威胁之下,而使用核武器对环境来说是个灾难。法院还承认,环境不是一个抽象的存在,而体现在生存空间、生活质量以及人类(包括未来的世代)的健康之中。"[14]

法院对"环境"一词的理解,可以作为本章之中的基本定义。另一方面,"环境"作为环境法研究的对象,涵盖了以下内容:保护和可持续性地利用自然和生物多样性资源、保护濒临灭绝的物种、防止沙化和森林毁灭、海洋环境保护、保护极地环境、国际水道的保护、大气污染与气候变化、保证人类生活质量等[15]。早期的条约专注于动植物物种的保护问题,之后过渡到资源的保护和人类的健康,再后来,才把自然环境和人文环境都包含在内[16]。有些条约对所针对的环境并没有作定义,采取的方式是针对相关活动或区域进行规范。很难说环境只是一个物理概念,相反,它似乎更像一种动态的存在,包含了诸多的生态和社会关系以及彼此之间的互动。本章的角度也因此较少专注概念和理论[17],而贴近于实践中突出的问题和机制。

自20世纪末期开始,气候变化所带来的巨大影响逐渐成为全球性的环境问题[18],世界气象组织和联合国环境规划署共同于1988年成立了"政府间气候变化专门委员会"(Intergovernmental Panel on Climate Change),现有195个成员国[19]。这一(科学性)机构也是气候变化问题以及实践中的两个主要机构之一(另一个是全球政策性机构——《联合国气候变化框架公约》缔约方大会)[20]。

14　ICJ, *Legality of the Threat or Use of Nuclear Weapons*, Advisory Opinion of 8 July 1996, ICJ Rep. (1996) 226, para. 29.

15　1993年《洛迦诺公约》("Convention on Civil Liability for Damage Resulting from Activities Dangerous to the Environment"; *ETS*, No. 150; 21 June 1993)第10条将"环境"定义为:
- natural resources both abiotic and biotic, such as air, water, soil, fauna and flora and the interaction between the same factors;
- property which forms part of the cultural heritage; and
- the characteristic aspects of the landscape.

16　P. Sands and J. Peel, *Principles of International Environmental Law* (4th edn., Cambridge: CUP, 2018), 14-15.

17　J. Dryzek, "Paradigms and Discourses", in: D. Bodansky, Jutta Brunnée and E. Hey (eds.), *The Oxford Handbook of International Environmental Law*, Oxford: OUP, 2007, 44-62.

18　J. Gupta, *The History of Global Climate Governance* (Cambridge: CUP, 2014).

19　https://www.ipcc.ch.

20　D. Bodansky, "The United Nations Framework Convention on Climate Change: A Commentary", 18 *Yale Journal of International Law* (1993) 451.

2015年12月12日,196个国家代表团在巴黎的第21次《联合国气候变化框架公约》[21]缔约方大会(COP21)上通过了《巴黎协定》[22],协定于2016年11月4日生效。作为一个具有法律拘束力的条约[23],协定的目标是在21世纪结束前,将依照工业化前时代的排放标准而计算的全球温度的增温控制在摄氏度2度之下-最好在1.5摄氏度之内(第2条第一款第一项)。为此目的,各缔约国将争取尽快达到温室气体排放的顶峰,以在21世纪中叶达到全球不再增温[24]。为达到这一目标,需要缔约国在经济、社会方面做出改革,为此协定承认在履行时"公平以及共同但有区别的责任与各自能力"的原则(第2条第二款),并且要求缔约方制订、通报、保持将要实现的"连续国家自主贡献"计划,并采取国内减排措施,达到贡献的目的(第4条第二款)。发达国家继续带头(第4条第四款),要给与发展中国家以支持(第4条第五款;第9条)[25]。自主贡献是各缔约方为全球减排目标所设计的国内排放量与清除量的标准,标准可以提高(第4条第11—14款)[26]。自主贡献也可以通过国际合作来实现,即通过转让减排结果来实现(第6条)。在技术转让问题上,协定设立了技术框架,从总体上为技术开发、转让"强化行动"方面提供指导,并规定1992年公约下设的技术机制为本协定服务(第10条)。协定下也设立了"加强透明机制"(第13条),从2024年开始接受各个缔约国的报告,五年一次。协议下的机制,是以国内目标为标准,国际审查为方式。

2018年,"政府间气候变化专门委员会"发布了"全球变暖1.5摄氏度"的特别报告,呼吁各国加强合作来应对这一变暖将带来的挑战,以及对可持续发展、脱贫目标的影响[27]。

---

[21] 《联合国气候变化框架公约》(UNFCCC),于1994年3月21日生效,至今已有197个缔约国。

[22] FCCC/CP/2015/10/Add. 1,29 January 2016,Decision 1/CP. 21. 条约全文可参见:https://unfccc.int/sites/default/files/chinese_paris_agreement.pdf.

[23] 何志鹏、马文飞:《〈巴黎协定〉:全球环境治理的新模式》,《中国国际法年刊》(2017),第75-100页。

[24] D. Bodansky,"The Paris Climate Change Agreement: A New Hope?",110 *AJIL* (2016) 288.

[25] 对发展中国家的提供援助的方式,可参看协定第11条。

[26] 中国外交部条法司编著:《中国国际法实践案例选编》,世界知识出版社2018年版,第216-217页;2016年中国政府提出"国家自主贡献"的计划,表示将于2030年左右使二氧化碳排放达到峰值。

[27] IPCC,2018,*Summary for Policymakers*,B. 2,*in*: V. Masson-Delmotte et al. (eds.),*Global Warming of* 1.5℃ (An IPCC Special Report on the impacts of global warming of 1.5℃ above pre-industrial levels and related global greenhouse gas emission pathways, in the context of strengthening the global response to the threat of climate change, sustainable development, and efforts to eradicate poverty),at https://www.ipcc.ch/site/assets/uploads/sites/2/2019/05/SR15_SPM_version_report_LR.pdf(accessed 30 August 2020).

2021年11月13日,在苏格兰的格拉斯哥市举行的第26次《联合国气候变化框架公约》缔约国大会(COP26)通过了《格拉斯哥气候协约》[28]。

二、国家责任与环境问题

众所周知,"帕尔马斯岛"仲裁案的裁决承认了每一个国家都有义务尊重其他国家在其领土内所拥有的权利,这个义务产生于国家对该领土持有的主权,而作为一项国际习惯法规则,每一个国家都有义务避免做出损害其他国家权利的行为,否则会导致国家责任。可以说,在全球性环境问题逐渐凸显其影响之前,国家责任的习惯法规则提供了初步解决的路径,但是,环境问题的全球性很快就暴露了这些规则的局限性。

在"特雷尔冶炼厂仲裁案"中(1938,1941)[29],仲裁庭审理了在加拿大和美国之间关于二氧化硫污染的争端,污染来源于建在加拿大英属哥伦比亚省和美国华盛顿州共同享有的一个山谷中的加拿大冶炼厂,并损害了美国边境地区的环境。在第二号裁决中,仲裁庭认为,如果已发生严重后果、而有关损害的证据确凿的话,那么,根据国际法以及美国法律的原则,任何国家都没有权利如此使用或允许它的领土被如此使用,以致产生的有害烟雾在他国领土上或对他国领土上的财产和生命造成损害[30],仲裁庭最终裁决加拿大政府对冶炼厂的行为承担责任。同样的结论还可以在"科孚海峡案"的判决中找到[31]。

正如肖教授所说,在这一领域中只使用传统国际法中国家责任的规则是不足以解决所有问题的,因为实践中经常无法证明某一特别损失来源于某一特定污染源[32]。再有,环境保护是全球性问题,因此,国际合作可能是更好的解决方式[33]。最后,国际实践的发展使得有关国家责任的法律不足以处理环境法领域中的新问题,比如贸易与环境的关系[34]。克劳福德教授也认为,根本问题在于国家责任规则注重的是损害发生之后的赔偿问题,而不是预防问题[35]。

28　https://unfccc.int/process-and-meetings/conferences/glasgow-climate-change-conference-october-november-2021/outcomes-of-the-glasgow-climate-change-conference.

29　*Trail Smelter Arbitration* (US/Canada),9 *AD* 315.

30　Ibid.,317.

31　ICJ,*Corfu Channel Case* (UK v. Albania),Judgment of 9 April 1949,ICJ Rep. (1949) 4,at 22.

32　M. Shaw, *International Law* (8th edn.,Cambridge:CUP,2017),1640-1641.

33　H. Q. Xue,*Transboundary Damages in International Law* (Cambridge:CUP,2003),259-266.

34　T. Schoenbaum,"International Trade and Protection of the Environment",91 *AJIL* (1997) 268.

35　J. Crawford,*Brownlie's Principles of Public International Law* (9th edn.,Oxford:OUP,2019),337.

进一步说,国家责任法体系就存在造成这种不足的因素。第一,这一法律体系只承认国家可以提出求偿请求或诉讼,并且一国政府对外交保护权的使用也是任意性的。第二,国家提起的求偿请求都是范围具体且限于保护自身利益的,因此就会产生其他有共同利益但并没有法律资格提起求偿的国家的利益无法得到充分保障的问题。第三,由于缺乏一个确定成本分担比例的法律基础,因此国家责任规则在分配跨境环境损害的成本时作用很有限。第四,国家责任体系处理的是"个案",通常难以从源头解决问题或降低对环境损害的程度。

20世纪70年代以来,国际实践中出现了通过条约和国际协定规范特定环境问题的主流做法。比如,1982年《联合国海洋法公约》的第194条要求所有国家采取一切措施保证其管辖范围内的行为不致给其他国家造成污染损害[36],事实上,《海洋法公约》第192条至第195条体现了维护和保护海洋环境的国际习惯法规则[37]。这一公约提出了海洋环境保护的普遍原则,并通过公约履行过程的发散性效应,将其他条约融入海洋环境保护体系之中。

三、国家的环境行为标准

行为标准问题也是国家责任的基本问题,参见本书第12章中有关不法行为定义的部分。

一般来说,环境法领域里的违反义务的行为本身就已经构成追偿请求的基础,不需要申请者去证明存在着主观过失,但这也不意味着环境法(或国际公法的其他部分)支持严格责任或绝对责任[38]。假如在国家间关系之间执行严格责任和绝对责任标准,需要国家同意[39]。另外,国家责任法也不会改善有关环境保护的国际标准的执行情况,因为一旦由国家负责赔偿,公司和个人就会免责,当今大多数跨境污染和海洋污染案件都是通过被认为比国家责任规则更好的民事责任和保险制度来解决的。所以,绝对责任的理论在环境法领域的实践中并没有确立

---

36 B. Smith, *State Responsibility and the Marine Environment* (Oxford: Clarendon Press, 1988).

37 P. Sands, *Principles of International Environmental Law* (2nd edn., Cambridge: CUP, 2003), 396-399.

38 G. Handl, "International Liability for the Pollution of International Watercourses: Balancing Interests", 13 *CYIL* (1975) 156, 160-167.

39 在环境法领域里存着民事责任的条约,其中包括严格责任的条款,但是条款针对的是法人或自然人的行为后果:

起来[40]。

但是国家对于私人企业或国有企业的跨境污染问题需要承担什么责任呢？这里需要指出,"适当谨慎"(due diligence)的标准要求受害者来承担不可预见和不可避免的损害的负担,它也是实践中被普遍接受的标准[41]。

至于"适当谨慎"的内容,现在可以接受的是国际法委员会和国际法院所支持的说法。

在2001年国际法委员会通过的草案中,委员会对第3条有如下的评论：

> "【跨界污染的】起源国负有采取预防性或减少性措施的适当谨慎义务。起源国的行为决定它是否履行了本草案条款下的义务。但是,适当谨慎的义务并非旨在保证重大损害得到完全预防,假如这样做是不可能的。若此,起源国的义务是做出其可能最好的努力来减少上述损害发生的危险。在这个意义上,并不要求起源国保证上述损害不会发生。"[42]

在"纸浆厂案"中,国际法院认为,"适当谨慎"指的是

> "这样一个义务,即不仅要求【相关当事方】通过适当的规则和措施,并且要求对执行这些规则和措施的公私实体在执行中和行政控制上保持一定程度的关注,比如跟踪这些实体的相关活动。"[43]

四、环境法的基本原则

(一) 针对自然资源的主权原则

尽管1972年的《斯德哥尔摩宣言》第21原则(以及1992年《里约宣言》第二

---

[40] P. Bernie, A. Boyle, and C. Redgwell, *International Law and the Environment* (3rd edn., New York：OUP,2009),218-219.

[41] YBILC (2001), vol. ii(2),146,at 153,commentary on Art. 3 of the *draft articles on prevention of transboundary harm from hazardous activities*, para. (8)；ITLOS, *Responsibilities and Obligations of States Sponsoring Persons and Entities with respect to Activities in the Area*, Advisory Opinion of 1 February 2011,para. 189.

[42] YBILC (2001),vol. ii(2),146,at 153,commentary on Art. 3 of the *draft articles on prevention of transboundary harm from hazardous activities*,para. (7).

[43] ICJ, *Pulp Mills on the River Uruguay (Argentina v. Uruguay)*, Judgment of 20 April 2010, ICJ Rep. (2010)14,para 197.

原则)确认了这一原则,对自然资源的主权问题早在1952年就已出现在联大决议里[44]。1962年,联大通过了第1803(ⅩⅦ)号决议(标题是"对自然资源的永久主权"),宣布了各国人民有权为了发展和人民的福祉对其所有的自然资源运用主权权力的原则[45]。之后的发展又增加了"开发资源的同时要防止损害其他国家利益"的规则[46],而1996年,国际法院在有关核武器的咨询意见中,宣布这一规则属于习惯法[47]。总体上说,1972年《斯德哥尔摩宣言》第21原则的优点很明显,其后50年的实践没有对它进行过显著的修订,它所反映的主权与避免污染他国的义务之间的平衡,已经构成了习惯法规则[48]。

与此原则的存在有关,环境法或措施可能会产生域外适用的情况[49]。相关实践处于发展过程之中。在"(黄鳍)金枪鱼/海豚案"中,由于禁止美国进口墨西哥渔民使用违反美国环境法的捕捞方式在墨西哥专属经济区和公海上捕获的金枪鱼,《关税与贸易总协定》第23条下建立的专家组判定美国违反该协定下的规则,主要理由是美国在域外适用其国内法律[50],对另一国家的保护环境的政策进行评判[51]。这一结论以及报告中其他有争议的地方[52],在后来的世界贸易组织争端解决机制下得到修正[53],特别是上诉机构在解释《关税与贸易总协定》第20条第(g)款时提到要结合"当前国际社会对保护和维护环境的关切"[54],这一关切涉及"可用竭自然资源",而本案中受捕虾作业影响的海龟就属于这一类资源(美国法律要求拖网渔船装备"海龟排除器"以避免误伤海龟),它们同时属于高度洄游动物,所

44　UNGA Res. 523(Ⅵ) of 12 January 1952 and Res. 626(Ⅶ),21 December 1952.

45　UNGA Res. 1803(ⅩⅦ) of 14 December 1962.

46　UNGA Res. 2849(ⅩⅩⅥ) of 20 December 1971.

47　ICJ,*Legality of the Threat or Use of Nuclear Weapons*,Advisory Opinion of 8 July1996,ICJ Rep. (1996) 226,paras. 29.

48　Ibid. ,paras. 27 and 36. 参看2010年《名古屋议定书》(修订了《生物多样性公约》)第6条(截至2021年12月10日,共有132个缔约方,载 https://www. cbd. int/abs/nagoya-protocol/signatories);以及1992年《联合国气候变化框架公约》前言。

49　对比本书第十章第五节。

50　*Tuna/Dolphin* Ⅰ,Report of the Panel(DS21/R-39S/155),30 *ILM* (1991) 1594,paras. 5. 26 and 5. 32.

51　*Tuna/Dolphin* Ⅱ,Report of the Panel(DS29/R),33 *ILM* (1994) 839,para. 5. 26.

52　B. Kingsbury,"The Tuna-Dolphin Controversy, the World Trade Organization and the Liberal Project to Reconceptualize International Law",5 *Yearbook of International Environmental Law*(1994) 1.

53　*United States—Import Prohibition of Certain Shrimp and Shrimp Products*,Report of the Panel,WT/DS68/R,15 May 1998.

54　*United States—Import Prohibition of Certain Shrimp and Shrimp Products*,Report of the Appellate Body,AB-1998-4,12 October 1998,33 *ILM*(1999) 118,para. 129.

以会触及不同国家的管辖权(包括美国的管辖权),而这一事实则给予美国管辖权与上述资源之间的连接点[55]。这一连接点的确立基础就是环境法中的"可持续发展"的要求[56]。

(二) 预防原则

这一原则可以说在环境法与国家责任法之间起到了"分水岭"的作用,它注重的是减小环境受到损害的可能[57],而且不仅适用于跨界污染的情况,也适用于国内污染的情形。该原则在国际多边条约中被广泛引用[58],也在国际争端解决的实践中得到承认,比如在2005年的"莱茵铁路仲裁案"中,仲裁庭就指出:

"环境法和发展法不是相互可以替代的,而是彼此加强与共存的概念,它们要求在发展可能造成对环境的重大伤害时,存在着预防或至少减轻这种伤害的责任。在仲裁庭看来,这一责任已经成为普遍国际法的原则,它不仅适用于独立的行为,也适用于履行特定条约的过程中。"[59]

这一责任还适用于国际法不禁止、但可能带来跨界污染的情况之中[60]。

与1972年《斯德哥尔摩宣言》第21原则以及1992年《里约宣言》第二原则相比,"预防原则"注重于减小对环境造成危害的目的,而前二者则强调了对于自然资源的主权。再有,"预防原则"的适用范围更为广泛,而另两个原则则侧重于禁止滥用主权权力而造成对环境的损害。

(三) 谨慎原则/风险预防原则

这一原则曾出现在原西德以及美国的法律之中,但在国际实践中它的出现则是20世纪80年代后的事情[61]。在1992年的《里约宣言》中,第15原则宣告:"当

---

55 参见54注,para. 133.

56 Ibid. ,para. 154.

57 ICJ,*Gabcikovo-Nagymaros Project*(*Hungary/Slovakia*),Judgment of 25 September 1997,ICJ Rep. (1997) 7,para. 140(特别强调了"警惕与预防"在环境法中的重要地位).

58 P. Sands and J. Peel,*Principles of International Environmental Law*(4th edn. ,Cambridge:CUP, 2018),212-213,214-215.

59 *In the Arbitration Regarding the Iron Rhine*("*Ijzeren Rijn*") *Railway*(*Belgium/Netherlands*), Award of the Arbitral Tribunal,24 May 2005,para. 59,at:pcacases. com.

60 ILC,*Draft Articles on the Prevention of Transboundary Harm by Hazardous Activities*,YBILC (2001),vol. ii,144-170,esp. Art 3.

61 P. Bernie,A. Boyle and C. Redgwell, *International Law and the Environment*(3rd edn. ,New York: OUP,2009),159-164.

存在严重或不可逆的危险时,缺乏完整的科学确定性不得成为推迟采取防止环境退化有利措施的理由"。该原则还提到,谨慎的做法应该由各国基于各自的能力来广泛地予以实施。

这一原则的道理在于,即使存在科学上的不确定之处,这一原则也可以指导国际环境法的适用与发展,而在适用上则支持各国采取长远视角,并基于不断更新的科学知识来谨慎地采取预防性或禁止性措施[62]。该原则所体现的态度很快得到国际(条约)实践的支持[63],但同时也存在着不确定性,比如,1985年《保护臭氧层的维也纳公约》在前言里就只提到"谨慎措施"[64],而1992年《联合国气候变化框架条约》第3条第三款则将该原则的适用限制在存在着"严重或不可逆损害的危险"的时候。

从含义上看,这一原则与预防原则有一定区别。在"印度河仲裁案"中[65],巴基斯坦政府提出,在解释相关印巴双边条约中存在争议的条款时要采取谨慎原则,但是仲裁庭认为,既然此前已经在其颁布的"部分裁决"里明确了国家所承担的、在进行大规模基建工程时负有针对巨大环境伤害的"预防或至少是减弱义务",

那么,毫无疑问的是,环境法中要求符合环境要求的水流量是本案相关条约适用时必须照顾到的;但是,仲裁庭认为没有必要在裁决里采取"谨慎"的角度来平衡环境的适当改变与其他利益之间的关系,这才是本案中相关条约的含义,即仲裁庭的任务限于指出减弱对环境的巨大伤害的规则与措施[66]。仲裁庭实际上承认,谨慎原则与预防原则之间有一定的区别。那么这个区别是什么?

这个区体现在对污染发生的危险的理解程度上,谨慎原则关注的是危险可能存在,但不一定确定发生,在缺乏科学上存在确定发生的依据前,需要采取一定的预防措施;而"预防原则"则是在污染发生的危险确定时需要采取措施避免危险

---

[62] P. Bernie, A. Boyle and C. Redgwell, *International Law and the Environment* (3rd edn., New York: OUP, 2009), 第604-607页。

[63] P. Sands and J. Peel, *Principles of International Environmental Law* (4th edn., Cambridge: CUP, 2018), 232-233。

[64] *Vienna Convention for the Protection of the Ozone Layer*, adopted in Vienna, Austria on 22 March 1985, entry into force on 22 September 1988, 1513 UNTS 293. 截至2021年11月17日,共有198个缔约方: https://treaties.un.org/Pages/ViewDetails.aspx?src=TREATY&mtdsg_no=XXVII-2&chapter=27&clang=_en(浏览于2021年11月17日)。

[65] *In the Matter of the Indus Waters Kishenganga Arbitration (Pakistan/India)*, Final Award, 20 December 2013, https://www.pcacases.com/web/sendAttach/48。

[66] 同上,第112段。

成为事实,可以说是为了避免再次发生危险情况而存在的[67]。

(四)"污染者付费"原则

在环境污染出现后要求补偿是国家责任法的内容,但是环境污染发生方式,以及它对整个环境的影响,使得传统的赔偿规则显得明显乏力。1992年《里约宣言》第16原则提出,"考虑到污染者付费的原则,并合理注意公众利益、避免负面影响国际贸易和投资,国内政府机构应推进环境代价的内化以及对经济手段的运用"。但这一内化也有自己的限度,就是污染的行为源于对社会有利的活动,而其所造成的危害应该在可以接受的程度内,否则可能造成严重污染的做法就会失去控制[68]。这一原则在区域性的条约中得到反映[69],但是具体适用方法上还存在着疑问,比如付费的程度以及免于付费的情况都没有明确而统一的规则;另外,还存在着发达国家对各自社会给全球环境带来的压力的承认,以及这一承认所引发的资金支持以及其他方面的问题[70]。

第16原则的用语也意味着,在适用这一原则时,首要责任属于相关国家内部事务,而在国际层面上该原则的适用存在着不确定性[71]。不过,这不妨碍地区性国家组织在组织内部或通过条约与其他组织一起采取措施,推进这一原则的适用。比如1992年的《欧洲经济区域协定》第73条第二款规定:

> "缔约方就环境采取的措施须基于以下原则,即应采取预防性措施;对环境的损害应原则上在源头纠正过来;污染者付费。环境保护的要求须包括在缔约方其他政策之中。"[72]

---

[67] N. de Sadeleer, *Environmental Principles* (Oxford: OUP, 2002), 74-75.

[68] P.-M. Dupuy and J. Viñuales, *International Environmental Law* (2nd edn., Cambridge: CUP, 2018), 82-83.

[69] *Case concerning the Auditing of Accounts between the Kingdom of the Netherlands and the French Republic pursuant to the Additional Protocol of 25 September 1991 to the Convention on the Protection of the Rhine Against Pollution by Chlorides of 3 December 1976*, Award of 12 March 2004, 25 UNRIAA 267, para. 103. 不过,仲裁庭认为这一原则与本案无关,特别是因为它没有出现在1991年议定书或1976年条约里。

[70] 1992年《里约宣言》第七原则。

[71] P. Sands and J. Peel, *Principles of International Environmental Law* (4th edn., Cambridge: CUP, 2018), 241.

[72] *Agreement on the European Economic Area*, adopted 2 May 1992, entering into force 1 January 1994, amended as of 1 August 2016, at https://www.efta.int/media/documents/legal-texts/eea/the-eea-agreement/Main%20Text%20of%20the%20Agreement/EEAagreement.pdf.

该原则的地位比较清楚,就是指导原则,实践中的其他问题并没有在原则的内容里得到反映,比如污染发生、造成损害后,国家会采取措施,尽可能地消除污染后果,这些措施可能是长时间的,是否污染者可以一直付到污染彻底消除?在涉及国家间关系的污染案件中,也可能存在分摊费用的情况[73]。

(五)"共同但有区别的责任"原则

1992年《里约宣言》第七原则宣布:"鉴于对全球环境恶化在不同程度上的贡献,各国负有共同但有区别的责任;而鉴于它们对全球环境造成的压力以及它们手中的资金资源、在寻求可持续发展过程中的责任,发达国家承认所负有的责任"。各国均负有保护环境的义务,但发达国家负主要责任。《联合国气候变化框架公约》第3条第一款规定:

> "为了当下和未来世代人类的利益,缔约方应该在公平基础上、遵照共同但有区别的责任和各自的能力,保护气候系统。因此,发达国家要带头治理气候变化以及其所带来的负面效应。"

第一款只是要求缔约国以及发达国家"应"("should")保护气候系统,使用了较弱的词语,使得这一条款显出一般性的特点,更像一个原则性规定。这与该公约本来的目的相符合,即规定由缔约方自己制定政策并进行定期报告。

不过,发达国家的首要责任在《京都议定书》中得到比较具体的规定,包括数量化的排放指标[74]。可以说,这份条约只约束发达以及工业化国家履行减排的义务[75]。

2015年《巴黎协定》第2条第二款要求协定的执行要遵循这一原则,但也使用了较弱的词语"will",并在措辞上强调了各国具体情况对这一原则在适用上的影响[76]。这与协定的前言里提到的缔约方接受这一原则的指引的说法吻合。

这一原则的目的,是在国家之间分配治理全球性环境问题的贡献度,而分配

---

[73] *Case concerning the Auditing of Accounts between the Kingdom of the Netherlands and the French Republic pursuant to the Additional Protocol of 25 September 1991 to the Convention on the Protection of the Rhine Against Pollution by Chlorides of 3 December 1976*, Award of 12 March 2004, 25 UNRIAA 267, *Dispositif*.

[74] *Kyoto Protocol to the United Nations Framework Convention on Climate Change*, 11 December 1997, entry into force on 16 February 2005, 2303 UNTS 148, Art 3(1)("京都议定书")。截至2021年11月11日,共有192个缔约方:https://unfccc.int/kyoto_protocol。美国不是缔约国。

[75] 《京都议定书》附件B列举了37个工业化、经济转型国家以及欧盟。

[76] C. Voigt and F. Ferreira,"Differentiation in the Paris Agreement",5 *Climate Law* (2016) 58.

的标准有两个,即 1)历史上、同时也是当下存在的责任;以及 2)各国在资金和技术上的能力[77]。该原则存在的原因是发展中国家与发达国家之间利益冲突需要平衡点,而这个原则以及其施行所带来的实际后果,就是部分实现了这一平衡:发展中国家的发展需求得到承认,发达国家则借此强调了发展中国家在发展过程中同时负担着保护环境的责任[78]。这一原则在实践中的表现还有待观察。

(六) 其他相关问题

上述列举的都是 1972 年《斯德哥尔摩宣言》和 1992 年《里约宣言》中所包含的主要原则,这些原则在 1972 年以后的 40 年里被本领域里的多边条约所接受,形成了国际环境法体系的支柱。与其他领域里的造法活动不同的是,环境法条约的出现以及相关实践遵循了推理的过程,即从普遍性的原则导出了相关的规则,条约条款所反映的是这些普遍性原则的内涵。推理造法的过程中,还出现了相关的概念,后者与原则一起构成了环境法的主线结构。

提到环境法所使用的概念,最好的例子就是"可持续发展"的概念[79]。它最早出现在由联合国环境计划署、世界野生动物基金会、国际自然保护联盟共同出版于 1980 年的报告里[80],随后又见于 1987 年"布伦特兰委员会"发表的"我们共同的未来"的报告中[81],后者对这一概念的定义被认为是最广泛支持的一个:"可持续发展指的是满足当下需求、但又不会削弱未来世代满足他们自己要求的能力的发展【行为】"。

1992 年《里约宣言》第四原则提出:"为了实现可持续发展,环境保护应被视为发展过程的组成部分,不可与之分开考虑"[82]。

---

[77] P.-M. Dupuy and J. Viñuales, *International Environmental Law* (2nd edn., Cambridge: CUP, 2018),83.

[78] L. Rajamani, *Differential Treatment in International Environmental Law* (Oxford: OUP, 2006), Chapter 5.

[79] N. Schrijver, "The Evolution of Sustainable Development in International Law", 328 *RdC* (2007), 217-412.

[80] International Union for Conservation of Nature and Natural Resources (ed.), *World Conservation Strategy, Living Resources Conservation for Sustainable Development*, IUCN-UNEP-WWF, 1980, 12, 14, 18.

[81] Annex to A/42/427 ("Note by the Secretary-General"), "Report of the World Commission on Environment and Development", 4 August 1987.

[82] 中国积极参加了 1992 年里约大会,并立即着手在国内推进《里约宣言》和"21 世纪日程"中可持续发展的目标: H. Q. Xue, "Chinese Contemporary Perspectives on International Law", 355 *RdC* (2011) 41, 168-178.

这一概念的基本原理和目的都比较明确,学界基于条约条款中这一概念的表达方式,将之分解为四个要素:(1)"跨代际公平"(为未来世代的幸福而保护自然资源的需要)[83];(2)"可持续使用"(在开发自然资源时采取可持续、合理、谨慎、智慧、合适的方式)[84];(3)"公平利用"(利用自然资源时要考虑到其他国家的需求);(4)"综合【考虑】"(将环境保护融入经济发展计划、项目之中,而在推行环境政策时也要考虑发展的需求)[85]。

在1997年的"匈牙利/斯洛伐克案"中,国际法院注意到环境法作为一个新近发展起来的体系,包括诸多规范与标准,并通过国际条约或文件体现出来。法院认为,各国不仅需要在考虑、实施新的开发活动时需要考虑这些新规范和标准,而且在延续已经开始的开发活动时也要对此有所考虑,而调和经济开发与环境保护的需要很好地体现在"可持续发展"这一概念中;在此基础上,法院梳理出两个当事国需要采取的措施[86]。

2015年,联大通过了第70/1号决议,提出了"2030年可持续发展日程",其中人类(杜绝贫穷和饥饿)、环境(保护)和繁荣成为主要目标[87]。尽管这样的文件缺乏强制性,但是作为政策导向的文件,享有联合国成员国的普遍支持,而且还有联合国经济社会理事会协调下的高级别(部长级)政治性平台来监督其后续履行工作[88]。

五、主要条约体系

实践中存在着以条约为中心建立的、针对特定污染问题的环境保护机制的趋

---

[83] E. Brown Weiss,"Our Rights and Obligations to Future Generations for the Environment",84 *AJIL*(1990)198.

[84] 条约实践中存在着使用类似词语的做法,但表达的是同一概念,比如"合理"("rational")、"智慧"("wise")、"适当"("appropriate"):P. Sands and J. Peel, *Principles of International Environmental Law* (4th edn.,Cambridge:CUP,2018),224-225.

[85] 同上注,第212-213页,第218-219页。

[86] ICJ, *Gabcikovo-Nagymaros Project*(*Hungary/Slovakia*),Judgment of 25 September 1997,ICJ Rep.(1997)7,para.140.

[87] 联合国经济社会部:https://sdgs.un.org/2030agenda. 具体目标的列举从第14页开始,注意第12-15个目标。

[88] 联大决议第67/290号,通过于2013年7月9日。有关发展可参看:https://sustainabledevelopment.un.org/hlpf。

势[89]，本节将选择性地介绍几个条约体系，勾勒出当今环境法运作的方式，但不期待将所有地域性、物种性环境保护体系"一网打尽"，后者是环境法教科书的任务。

（一）大气污染

对大气污染问题的探讨范围包括跨界污染、臭氧层污染和温室气体污染。一般来说，温室气体污染所带来的后果是长时间里全球气候的变化，这一变化从量变到质变，最终在超越合理限度之后，会导致全球性的海平面上升以及气候的剧变，就此前面论述中已经提及主要的条约和最近的发展。在这里只对前两个方面的问题给予讨论。

跨界污染是早期环境问题，后来被反映在《斯德哥尔摩宣言》第 21 原则之中。从治理角度来看，国家实践也是从双边协定到多边宣言再到多边进程，包括条约和相关的政府间组织。这一发展是经济飞速发展造成大范围跨界空气污染的结果，而 20 世纪 70 年代的东西方对立局面的缓和也使得双方在这一领域里的合作成为可能，代表性成果是《长距离跨界大气污染公约》[90]。这是第一个地区性以及跨大西洋的、具有法律拘束力的文件，并开始了环境法领域里通过框架性协定来开启针对某一环境问题加以治理的做法的先河[91]。公约的第 1 条对大气污染作了定义，并将"长距离污染"定义为起始于某国境内、污染及于另一国境内，两点之间的距离之大使得不可能对污染源做出甄别。公约还规定了限制污染的原则和合作的原则，但第 8 条明确从公约下排除了规定损害责任的规则。这一框架性条约之后通过 8 个议定书得到细化，特别是加入了实现条约目的的具体义务[92]。这个条约涉及的主要是地域性的大气污染问题，与全球性的条约相比，在适用范围上受到限制。

这里要提到的全球性大气污染治理的条约，是针对第一个全球性大气污染问

89　J. Crawford, *Brownlie's Principles of Public International Law* (9th edn., Oxford: OUP, 2019), 349-350.

90　*Convention on Long-range Transboundary Air Pollution*, adopted 13 November 1979, entry into force 16 March 1983, 1302 *UNTS* 217. 截至 2021 年 12 月 3 日，共有 51 个缔约方：https://www.informea.org/en/treaties/convention-long-range-transboundary-air-pollution。

91　A. Byrne, "The 1979 Convention on Long-Range Transboundary Air Pollution: Assessing its Effectiveness as a Multilateral Environmental Regime after 35 Years", 4 *Transnational Environmental Law* (2015) 37.

92　P.-M. Dupuy and J. Viñuales, *International Environmental Law* (2nd edn., Cambridge: CUP, 2018), 153-158.

题而订立的,即臭氧层保护的问题[93]。一般来说,臭氧层集中于地球表面上空25公里处,形成对地球的保护层,但是由于现代生活中对氟利昂或氟氯烃(CFCs)这一物质的依赖,比如致冷剂、金属表面润滑剂、火箭燃料和高效灭火剂、航空发电机保护剂等,造成对臭氧层的直接消耗,削弱其对太阳超紫外线辐射的保护,直接影响地球环境和人类生存。

1985年3月22日,在联合国环境署的推动下,在维也纳举行的外交大会通过了《维也纳保护臭氧层公约》,公约于1988年9月22日生效[94]。公约的基本原则性规定只是要求缔约方采取"适当"措施并且在彼此间合作,这一几乎是"软法"性规定,很快在可操作性上得到加强。1987年9月16日,公约缔约方通过了《蒙特利尔议定书》[95],规定了具体的法律义务并设立了保障履行的机制,履行机制上包括对受控制物品进行贸易的规范(第4条)、给发展中国家提供优惠(修订后的第10条)、为发达国家履行议定书留下的灵活安排(第2条第八款),以及在违反议定书义务时的程序和措施(附件五;也包括缔约方大会在1990年设立的履行委员会,后者通过协调管理——包括资助和技术支持——而不是惩罚来改善存在的不履行议定书的问题)。2016年,议定书缔约方大会通过了"基加利修正案",将氢氟烃(HFCs)列入议定书的规制范围[96];尽管这一物质对臭氧没有特别影响,但是可以造成大气增温。因此,此修正案实际针对的是气候变化问题。

(二) 海洋污染

《联合国海洋法公约》第1条就对"海洋环境污染"进行了定义:

> "'海洋环境的污染'是指:人类直接或间接把物质或能量引入海洋环境,其中包括河口湾,以致造成或可能造成损害生物资源和海洋生物、危害人类健康、妨碍包括捕鱼和海洋的其他正当用途在内的各种海洋活动、损坏海水使用质量和减损环境优美等有害影响。"

93　O. Yoshida, *The International Legal Regime for the Protection of the Stratospheric Ozone Layer* (The Hague: Kluwer Law International, 2001).

94　1513 *UNTS* 293. 截至2021年12月3日,共有198个缔约方: https://treaties.un.org/pages.

95　*Montreal Protocol on Substances that Deplete the Ozone Layer*, entry into force 1 January 1989, 1522 *UNTS* 3. 截至2021年12月3日,共有198个缔约方: https://treaties.un.org/pages.

96　Decision XXVIII/1, "Further Amendment of the Montreal Protocol", 14 October 2016; Decision XXVIII/2, "Decision related to the amendment phasing down hydrofluorocarbons", 14 October 2016. 决定可参看: https://ozone.unep.org/treaties/montreal-protocol/amendments/kigali-amendment-2016-amendment-montreal-protocol-agreed.

在公约的语境下,海洋污染具有统一的意思,即由人类活动引入海洋环境中的物质或能量。

在海洋法规定的管辖区域里,海洋污染活动往往与其他传统的利用、开发活动联系在一起。比如,在领海制度中,沿海国就有权利对领海中的环境保护制定国内法(第21条),不过,这一权利的行使并不必然构成判断"无害通过"的标准,后者只包括"违反本公约规定的任何故意和严重的污染行为",其中既对主观要素做出规定,也对结果的程度做出要求;其中的考虑恐怕还是通行权利的优先性[97]。在专属经济区里,公约的第56条第一款(b)项就承认沿岸国对该区域里的海洋环境具有公约之下的"管辖权",但是其他条款并没有对控制海洋污染做出特别的规定;对比第42条第一款(b)项。这一做法受到公约中第12部分的影响,其中的第五节(第207条至第212条)明确规定了涉及预防、减小、控制海洋环境污染的国际规则与国内立法的内容,此类规则和立法的适用范围包括国家管辖下的水域以及属于船旗(或登记)国管辖权下的船舶和飞行器;再有,第220条赋予沿海国以明确的执法权力,包括要求相关船舶提供相关情况、登临检查或提起公诉(包括扣留该船舶)。可以说,相关海域的管辖制度下沿海国处理海洋污染的权力,在公约第12部分中得到进一步明确和加强。当然,第12部分下的第七节则规定了相应的船舶(以及在某些情况下飞行器)的保障措施。飞行器的情况特殊,特别是在专属经济区里或公海上,飞行自由似乎优于环境保护的执法需要[98]。其实,在海洋区域之中,即使公约中没有特定的规范,公约下环保制度中的普遍原则以及国际习惯法的规则或原则,同样可以适用或类推适用[99]。

《海洋法公约》第192条包括普遍性的保护海洋环境的义务,适用于所有海域以及至少是公约的所有缔约国[100]。第192条是公约第12部分的第一个条款,之后的条款涉及合作的义务、技术支持、观测与评估、从国际和国内层面对污染源进行规制、环境执法、制度性保障措施、冰封海域、责任、主权豁免,以及公约与其他相关条约的关系。

公约的海洋环境规则,在相当程度上得到其他条约的呼应和加强。第237条就是谈判国在考虑到这一现实情况后加入公约之中的:

97　R. Barnes,"Art 21", in *Proelss's UNCLOS Commentary*,201,margin 1.

98　比如第222条的规定:同上注,K. Bartenstein,"Article 222",1526,margin 13.

99　ITLOS,*Delimitation of the maritime boundary in the Atlantic Ocean*(Ghana/Côte d'Ivoire), Provisional Measures,Order,25 April 2015,*ITLOS Reports*(2015) 146,paras. 68-72.

100　ITLOS,*Responsibilities and Obligations of States Sponsoring Persons and Entities with respect to Activities in the Area*,Advisory Opinion of 1 February 2011,para. 97.

"1. 本部分的规定不影响各国根据先前缔结的关于保护和保全海洋环境的特别公约和协定所承担的特定义务,也不影响为了推行本公约所载的普遍原则而可能缔结的协定。

2. 各国根据特别公约所承担的关于保护和保全海洋环境的特定义务,应依符合本公约普遍原则和目标的方式履行。"

在平行的条约实践中[101],船舶作为污染源的污染和海洋中的废物倾倒是两个比较突出的海洋污染的表现方式。

就船舶污染而言,主要的条约制度是1973年《预防船舶污染的国际公约》以及1978年的议定书[102]。这一条约组合——称为"MARPOL 73/78"——定义了"排放"(排除了"倾倒"行为)、"有害物质"、"船舶"这样的专有名词[103],特别是"船舶"的定义为后来其他条约所接受,其中包括海上钻井平台。具体的治理措施体现在条约的六个附件之中,比如过渡到建造双壳油轮(附件一第13 F规则),以及增加岸上存储油轮剩油和油混合物的设施等。随着油轮漏油事件的增加,国际海事组织推进了其他相关条约的订立和实施[104]。

就海洋倾倒废物而言,直到1972年,国际社会才通过了全球性的条约,即《预防由倾倒废物和其他所导致的海洋污染的公约》,也叫"伦敦公约"[105]。该公约对于"倾倒"做出定义:"任何从船上、飞机上、钻井平台上或其他人工结构上故意向

---

[101] 在联合国环境署的推动下,现在存在着超过18个区域性海洋环境保护的计划: https://www.unep.org/explore-topics/oceans-seas/what-we-do/regional-seas-programme. 较为简明全面的介绍,参看: P.-M. Dupuy and J. Viñuales, *International Environmental Law* (2nd edn., Cambridge: CUP, 2018), 125-127; E. Franckx, "Regional Maritime Environment Protection Regimes in the Context of UNCLOS", 13 *IJMCL* (1998) 307.

[102] *International Convention for the Prevention of Pollution from Ships*, 2 November 1973, amended by the Protocol of 17 February 1978, 1341 *UNTS* 3 ("MARPOL 73/78"). 1973年条约尚未生效时1978年的议定书就出现了并"吸收"了1973年的条约。

[103] 第2条。

[104] 比如: *International Convention relating to Intervention on the High Seas in Cases of Oil Pollution Casualties*, adopted 29 November 1969, entry into force 6 May 1975, 970 *UNTS* 211. The convention was amended in 1973 by a protocol. 截至2021年12月3日,这一条约的缔约国达到90个,覆盖了占世界航运总吨位75.96%的船旗国: https://wwwcdn.imo.org/localresources/en/About/Conventions/StatusOfConventions/StatusOfTreaties.pdf.

[105] *Convention on the Prevention of Marine Pollution by Dumping of Wastes and Other Matter*, 29 December 1972, entry into force 30 August 1975; modified by the 1996 protocol: 1046 *UNTS* 120. The 1996 protocol entered into force on 24 March 2006. 截至2021年12月3日,这一条约的缔约国达到87个,覆盖了世界航运总吨位的57.71%。

海里扔弃废物或其他东西,以及故意扔弃这些船舶或平台的做法"[106]。附件一里规定了禁止扔弃的物质。1996 年的议定书则在公约的基础上,改变了原有规范的角度。在公约下,倾废行为是被允许的,除非存在禁止性规则,但是在议定书下,所有倾废(以及在海上焚烧垃圾)的做法都被禁止,除非属于议定书附件许可的物质。这一议定书取代了公约,不过同时也对非公约的缔约国开放加入。

(三) 有害物质与其他废物

根据联合国环境规划署发表与 2019 年 4 月 29 日的报告[107],在 2017 年,全球化工产业规模已经超过 5 万亿美元,由于新经济体的消费和生产规模的快速增长,这一工业的规模将在 2030 年左右翻一倍[108]。有害化学物质的大规模排放以及化学品污染都在威胁着生命和生态系统[109]。

从早期的探究单一物质对生命和环境造成的毒性,到如今对多种有害物质的综合衡量,实践中对化学物质所造成危害的认识与日俱增。当然,这里需要平衡的是这些物质对生活的必要性和它们所必然带来的副作用。另外,也存在着向新兴经济体国家(比如"金砖国家")转移工厂这样的复杂情况。其实,即使没有研发、生产、运输、使用、废弃这些活动所造成的问题,单是全球商用的化学物质就超过 4 万种,其中 6000 种占这一商用总量的 99%[110]!

现有的治理方式包括普遍性的宣言与针对特定化学物品进行管制的条约。1992 年《里约宣言》的第 19 章就对有效管理化学品提出了指导性方针,2002 年约翰内斯堡"可持续发展高峰会议"也提出了相应的行动计划[111]。这些普遍性、原则性文件推动了在国际政策层面上的协调、组合,为诸如分类、标识的统一标准的发展提供了基础[112]。

在这里需要提到著名的"巴塞尔公约"或《控制危险废物的跨境运输和废弃的

---

106 第 3 条第一款。

107 UNEP, *Global Chemicals Outlook* Ⅱ: *From Legacies to Innovative Solutions: Implementing the 2030 Agenda for Sustainable Development*, UNEP, 2019.

108 同上注,第Ⅵ页,主要结论一。

109 同上注,第Ⅵ页,主要结论三、四。

110 同上注,第 3 页,引用了联合国环境署和国际化学学会理事会在 2019 年共同出版的报告里的数字。

111 *Report of the World Summit on Sustainable Development*, 26 August-4 September 2002, UN Doc. A/CONF. 199/20, Resolution 2.

112 P.-M. Dupuy and J. Viñuales, *International Environmental Law* (2nd edn., Cambridge: CUP, 2018), 257-259.

巴塞尔公约》[113]。这个条约根植于发达国家向发展中国家输出废弃物,以便销毁或处理的做法[114],即使现在的实践对这些废弃物的看法有所改变[115]。公约体现了下面几个原则[116]:1)废物最小化;2)就近处理;3)在某些情况下禁止出口废弃物到某些地区;4)出口废弃物需要遵守公约下的步骤和机制;5)非法出口的废弃物需遣返回起源国。公约对相关废弃物的规定较为宽松(附件一和附件三),这一问题到1998年通过新的附件八和附件九(非有害废弃物名单)得到解决。在公约下,第11条规范公约与其他条约的关系,措辞上也近似于《联合国海洋法公约》第237条[117]。从条约法来说,公约近乎"普遍法律",而其他条约则可视为"特殊法律"。

(四) 物种与生态

1. 物种

对世界上生物物种给予保护,初衷是经济上的考虑,后来发展到有意识地去保存、保护的认知水平,之后又呈现出二者合一的趋势。随着科学的发展,对物种的关注也逐渐延伸至其所生活的环境[118]。

在受到关注的物种中,鱼类一直处于主要地位。对鱼类的保护从早期的"公海捕鱼自由",发展到逐渐扩大的沿海国渔业管辖权区域(领海和专属经济区),到区域性渔业组织的出现,以及对超出国家管辖权范围的海域中渔业资源的养护和开发利用。在这一发展过程中,1982年《联合国海洋法公约》(以及1995年的《跨界与高度洄游鱼类协定》)发挥了极为重要的作用[119]。当然,地域性的渔业组织或

---

[113] *Basel Convention on the Control of Transboundary Movement of Hazardous Wastes and their Disposal*, adopted 22 March 1989, entering into force on 5 May 1992, 1673 UNTS 57. 截至2021年12月3日,共有189个缔约方: https://treaties.un.org/pages。中国于1991年12月17日批准该条约。

[114] J. Clapps, *The Transfer of Hazardous Wastes from Rich to Poor Countries* (Ithaca, NY: Cornell University Press, 2001).

[115] K. Kummer Peiry, A. Ziegler, and J. Baumgartner (eds.), *Waste Management of Hazardous Wastes* (Cheltenham: Elgar, 2016).

[116] K. Kummer, *International Management of Hazardous Wastes* (Oxford: OUP, 1995), 47-48.

[117] 第11条第一款规定:"各缔约国可同其他缔约国或非缔约国缔结关于危险废物或其他废物越境转移的双边、多边或区域协定或协议,只要此类协定或协议不减损公约关于以对环境无害方式管理危险废物和其他废物的要求"。译文来自人大网: http://www.npc.gov.cn/wxzl/gongbao/2000-12/28/content_5002624.htm。

[118] M. Bowman, P. Davies, and C. Redgwell, *Lyster's International Wildlife Law* (2nd edn., Cambridge: CUP, 2010).

[119] 有关专属经济区中捕鱼问题,参见本书第十三章第六节。

条约也具有不可忽视的影响[120]。

就鲸鱼渔业来说,1946年《国际捕鲸管制公约》是基本的法律框架[121],公约的目的是对鲸鱼物种进行保护与对捕捞行为进行管理,此目的通过"国际捕鲸委员会"这一政府间国际组织来实现。在"捕鲸案"中,澳大利亚提出,本案争端起源于日本政府在"依据特别许可在南极水域进行的日本鲸鱼研究计划第二阶段"中,展开大规模的捕鲸活动,违反了其在《捕鲸公约》下的义务,以及其他"保护海洋哺乳动物和海洋环境的义务"[122]。上述在公约下的义务涉及公约"附录"第10条(e)款下所禁止的商业捕鲸活动、第7条(b)款下禁止在南部海洋保护区中捕猎鳍鲸,以及第10条(d)款下的解禁期[123]。本争端的关键问题是日本的捕捞行为是否属于公约第8条第一款下的"科学研究例外",双方立场截然相反[124]。在法院看来,公约的目的与宗旨就是为了养护鲸鱼和实现可持续性捕捞,以使得捕鲸工业能够有秩序地发展[125]。最终,法院支持了澳大利亚上述基于"附录"下三个条款的指控,认为日本政府颁发的特别捕鲸许可不符合公约第8条的相关规定,必须予以撤销,并停止颁发新的许可[126]。此判决之后,日本于2018年12月26日宣布退出公约,退出行为于2019年7月1日正式生效。

濒临灭绝的物种,属于《濒危野生动植物种国际贸易公约》管辖范围之内[127],这个公约旨在控制对这些物种的贸易活动。附件一下面的物种属于禁止交易的种类,除了少数例外。附件二下面的物种可以交易,但需要满足严格条件。交易活动受许可证的限制。公约在实践中取得一些成果,但在保护物种方面还有局限性[128]。

---

[120] P. Sands and J. Peel, *Principles of International Environmental Law* (4th edn. ,Cambridge: CUP, 2018),520-526(特别是图表11.2,排列出20个现存的"regional fishery management organizations" or "RFMOs")。

[121] *International Convention for the Regulation of Whaling*, at: https://iwc.int. 公约于1946年12月2日开放签字,于1948年10月10日生效,全文见《联合国条约集》,第161卷,第74页。

[122] ICJ, *Whaling in the Antarctic (Australia v. Japan: New Zealand intervening)*, Judgment of 31 March 2014, ICJ Rep. (2014) 226, para. 1.

[123] 同上注,第25段。

[124] 同上注,第48-50段。

[125] 同上注,第56段。

[126] 同上注,第247段。

[127] *Convention on International Trade in Endangered Species of Wild Fauna and Flora* ("CITES"), 1973年3月3日开放签字,1975年7月1日生效。截至2021年12月4日,共有183个缔约国: https://cites.org/eng/disc/parties/index.php。中国于1981年1月8日加入,同年4月8日,公约对中国生效。

[128] P.-M. Dupuy and J. Viñuales, *International Environmental Law* (2nd edn. , Cambridge: CUP, 2018),217-219。

2. 生态

这里值得注意的是 1971 年的《拉姆萨公约》[129]。公约保护的对象是湿地,第 1 条第一款对"湿地"做出定义,第 2 条第一款设立了"具有国际重要性的湿地"名单,列入的标准是湿地在"生态学、植物学、动物性、淡水学或水文学"上具有国际重要性[130]。在公约下,缔约国有义务规划、实施湿地保护措施(第 3 条第一款),方式是建立本国的自然保护区(第 4 条第一款)。不过,在公约下,湿地是否列入公约下的名单并不影响第 3 条、第 4 条义务的执行;列入名单会产生进一步的监测、报告义务。缔约国有权把本国的湿地加入上述名单或从上删除(第 2 条),对湿地的选址、管理、维护都具有自主权力。

另一个值得关注的是 1991 年《马德里议定书》[131],因为这个条约将南极洲的生态环境作为整体进行规范,视为一个生态系统,并称之为"自然保护区"(第 2 条)[132]。在第 2 条下,缔约国还承担保护依附南极洲的生态系统的义务。具体的保护规则分别规定在六个附件之中。条约禁止在南极区域进行矿产开发(第 7 条),直到 50 年解禁期结束之后。其他活动(包括旅游)都需要环境影响评估。附件五还设立了"特别保护"或"特别管理"区域的制度。

3. 生物多样性

环境法在 20 世纪 80 年代以后出现细化的趋势,在对物种和生态进行规范之后,又就生物多样性问题订了全球性的条约——1992 年《生物多样性公约》[133]。公约的第 2 条这样来规定"生物多样性"一词的含义:

---

[129] *Convention on Wetlands of International Importance, Especially as Waterfowl Habitat*, adopted on 2 February 1971 at Ramsar, Iran; entering into force 21 December 1975. 截至 2021 年 10 月 10 日,共有 172 个缔约国: https://www.ramsar.org/sites/default/files/documents/library/annotated_contracting_parties_list_e.pdf。1992 年 7 月 31 日,公约对我国生效。

[130] 截至 2021 年 11 月 19 日,名单上共登记了 2434 个湿地: https://www.ramsar.org/sites/default/files/documents/library/sitelist.pdf。

[131] *Protocol on Environment Protection to the Antarctic Treaty*,1991 年 10 月 4 日开放签字,1998 年 1 月 14 日生效。全文见《联合国条约集》,第 2941 卷,第 9 页。截至 2021 年 12 月 1 日,共有 29 个缔约国(也是《南极条约》咨询会员国)。

[132] D. French, "Sustainable development and the 1991 Madrid protocol to the 1959 Antarctic treaty: The primacy of protection in a particularly sensitive environment", 2 *Journal of International Wildlife Law & Policy* (1999), 291-317.

[133] *Convention on Biological Diversity* or "CBD". 1992 年 6 月 5 日,该公约在巴西里约热内卢开放签字,1993 年 12 月 29 日生效,全文见 1760 UNTS 79。截至 2021 年 12 月 5 日,该公约的缔约方已经达到 196 个: https://www.cbd.int/information/parties.shtml。有关中国实践,参见国务院新闻办公室,《中国的生物多样性保护》白皮书,2021 年 10 月公布: http://www.scio.gov.cn/zfbps/32832/Document/1714274/1714274.htm。到 2019 年 7 月为止,中国政府已经在上述公约下提交了六份有关履行公约义务的国家报告。

"生物多样性"是指所有来源的形形色色生物体,这些来源除其他外包括陆地、海洋和其他水生生态系统及其所构成的生态综合体;包括物种内部、物种之间和生态系统的多样性。

"生物资源"则指"对人类具有实际或潜在用途或价值的遗传资源、生物体或其部分、生物群体,或生态系统中任何其他生物组成部分。"而"生态系统"是指植物、动物和微生物群落和它们的无生命环境作为一个生态单位交互作用形成的一个动态复合体。公约将保护环境和生态与经济因素综合起来考虑,指出了分享生物和遗传资源的努力方向。公约生效之后的实践快速发展,在基因所有权问题[134]和国家管辖权外区域的生物多样性问题上都有新的规则出现,后者将以《联合国海洋法公约》补充协定的形式出现在国际实践之中[135]。

(五) 条约执行问题

如上所述,环境法领域内的条约众多,相关的行政、协调机制也不罕见,那么这些条约的实体义务和责任的执行情况如何呢?既有的国家责任体系,可以处理污染发生后的赔偿问题,采取的方式包括谈判、调解、仲裁和司法程序。现有涉及环境法的诉讼,也在现有的司法、仲裁机构(包括投资仲裁机制)得到较好的解决。不过,环境法要求各国在预防上同样要做出努力,预防往往在重要性上超过赔偿问题,而且,现有以条约为基础的保护机制在资金、技术方面也对条约履行这一义务提出较高要求,因此,在条约执行的实践中出现了新的特点。主要的新特点之一就是出现了在资金支持上的公私混合机制,比如"全球环境资助机制"(GEF)[136],后者从根本出发

---

134 比如《名古屋议定书》(《关于获取遗传资源和公正和公平分享其利用所产生惠益的名古屋议定书》),2010年10月29日通过,2014年10月12日生效。截至2021年12月,共有132个缔约方,中国于2016年6月8日加入。议定书的主要目的是规范、公平合理地分享、利用基因资源所产生的利益。全文参看:https://www.cbd.int/abs。

135 UNGA A/RES/69/292,19 June 2015(在决议中,联大决定在《联合国海洋法公约》框架之下订立具有法律拘束力的协定,并设立预备委员会来"提议"协定草案的内容,然后在2017年底向联大汇报)。参看:R. Fletcher et al., *Biodiversity beyond National Jurisdiction: Legal Options for a New International Agreement* (Cambridge: UNEP-WCMC,2017). 又及:UNGA A/RES/72/249,24 December 2017(联大决定召开政府间大会,考虑预备委员会的提议,并完善协定草案),以及 A/RES/75/239(联大决定于2021年8月召开政府间大会第四轮会议)。

136 成立于1992年里约大会之际,现有184个参与国以及公民组织和私人企业,通过资助改善环境计划,来实现解决全球性环境问题的目的:https://www.thegef.org/who-we-are。这一机制是五个环境条约的资助来源(比如《联合国气候变化框架公约》和《联合国防治沙漠化公约》),可以视为一个基金组织,由大会、理事会、秘书处组成,主要资金来源是参与国家的捐款,资金的管理者是世界银行,拨款机构是联合国环境署、发展属和世界银行。迄今为止,机制已经提供了超过210亿美元的资助。

点看就有为发展中国家提供资金的设计[137]。另一个新特点就是"不履行程序"的存在[138],一般是指通过条约的缔约国大会这样的机构所作决定,提出鼓励或处罚措施;当然,具有约束力的措施需要满足适当的条件[139]。"不履行程序"结束时,结果可能是提供适当的建议和其他形式的援助,也可能是技术转移和能力建设措施,也可以是警告或者中止不履行者在相关条约下权利的行使。这类程序的目的在于使得不履行的国家开始履行相应的义务,而不是在于对之予以惩罚。有些条约(比如《京都议定书》)的"不履行程序"对发展中国家的不履行行为在处理程度上就更宽容一些[140]。

六、结 论

从1972年《斯德哥尔摩宣言》开始,国际环境法逐渐作为一门学科和特别的实践领域发展起来。在环境问题已经威胁到人类生存的今天,回头审视这一发展进程,既可以发现成就,也可以发现问题和挑战。前面已经提到过《蒙特利尔议定书》的成功事例,联合国环境规划署也成功地协调建立了地区性海域保护条约的体系,《京都议定书》下建立的履行委员会体系以及其他环境条约下的"不履行程序"的设立,都为条约规则的执行(以及有效性)找到了新的突破口,但是,环境法整体的执行效果并不显著,国际标准的超前和新颖往往要在国内层面上受到修订,以符合当地的条件、资金的多少、技术的水平等因素的制约。2015年《巴黎协定》以及其履行就是一个新近而又具有代表性的例子[141]。

从立法、履行和争端解决的实践来看,多边条约已经成为环境法领域主流的造法工具和平台,传统的国际法渊源依然有效,但是新的方式也在形成,比如环境领域里通过国际组织来立法、协调国内实践、推进履行效率的做法,将国际组织推

---

[137] *Instrument for the Establishment of the Restructured Global Environment Facility*, 14-16 March 1994, 33 *ILM* (1994) 1283. 参看:《生物多样性公约》第 21 条。还可参看: L. Rajamani, *Differential Treatment in International Environment Law* (Oxford: OUP, 2006), 107-108.

[138] M. Koskenniemi, "Breach of Treaty or Non-Compliance? Reflections on the Enforcement of the Montreal Protocol", 3 *Yearbook of International Environmental Law* (1992) 123; M. Fitzmaurice and C. Redgwell, "Environmental Non-Compliance Procedures and International Law", 31 *NYIL* (2000) 35, 39.

[139] 比如《蒙特利尔议定书》第 8 条和《京都议定书》(FCCC/CP/1997/L.7/Add.1)第 17 条。

[140] *Procedures and Mechanisms relating to Compliance under the Kyoto Protocol*, 2005, sect. xiv(b), annexed to Decision of the COP 27/CMP.1, FCCC/KP/CMP/2005/8/Add.3.

[141] M. Doelle, "The Paris Agreement: Historic Breakthrough or High Stakes Experiment?" 6 *Climate Law* (2016) 10.

到了环境领域的前台。这一趋势也影响到了现存在争端解决机制的运作,国际法官、仲裁员在相关案例中越来越多地关注争端的环境影响和相关责任问题。还应提到的是,环境法与国际公法其他部分的互动,使得环境法不断呈现、吸收公法的特点,特别是在涉及国际贸易[142]、国际人权、知识产权、竞争法的问题时。

就未来发展趋势而言,发展中国家与发达国家之间在环境问题上的不同利益仍然会影响环境法的发展和实践,资金(分配)与技术(转让)将继续作为环境条约为基础的治理体系的基本问题而存在。在造法过程中,非国家实体(特别是科学界)也依然会发挥较大的影响。在条约履行上,则有必要考虑不同(但主题部分重合)的条约制度之间的协调和互助。

---

[142] P. Sands and J. Peel, *Principles of International Environmental Law* (4th edn., Cambridge: CUP, 2018), 843-899.

第十六章 和平解决争端

扩 展 阅 读

O. Lissitzyn, *The International Court of Justice and its Role in the Maintenance of International Peace and Security*, Washington: Carnegie Endowment for International Peace, 1951; G. Abi-Saab, *Les Exceptions Préliminaries dans la Procédure de la Court Internationale*, Paris: Pedone, 1967; J.-P. Cot, *International Conciliation*, trans. by R. Myers, London: Europa Publications, 1972; L. Sohn, "Settlement of Disputes Relating to the Interpretation and Application of Treaties", 150 *RdC* (1976-Ⅱ), 195-294; H. Thirlway, *Non-Appearance before the International Court of Justice*, Cambridge: CUP, 1985; G. Fitzmaurice, *The Law and Procedure of the International Court of Justice*, Cambridge: Crotius Publications, 2 vols., 1986; E. McWhinney, *The International Court of Justice and the Western Tradition of International Law*, Boston: Martinus Nijhoff, 1987; S. Schwebel, *International Arbitration: Three Salient Problems*, Cambridge: CUP, 1987; S. Rosenne, *Intervention in the International Court of Justice*, Boston: Martinus Nijhoff, 1993; J. Merrills, *International Dispute Settlement*, 6th edn., Cambridge: CUP, 2017; S. Alexandrov, *Reservations in Unilateral Declarations Accepting the Compulsory Jurisdiction of the International Court of Justice*, Boston: Martinus Nijhoff, 1995; V. Lowe et al. (eds.), *Fifty years of the International Court of Justice*, Cambridge: CUP, 1996; D. Bowett, *The International Court of Justice*, London: British Institute of International and Comparative Law, 1997; R. Jennings, "The Role of the International Court of Justice", 68 *BYIL* (1997), 1; A. Muller et al. (eds.), *The International Court of Justice: its Future Role after Fifty Years*, Boston: Martinus Nijhoff, 1997; J. Collier and V. Lowe, *The Settlement of Disputes in International Law: Institutions and Procedures*, Oxford: OUP, 1999; K. Kaikobad, *The International Court of Justice and*

Judicial Review, The Hague: Kluwer Law International, 2000; O. Spiermann, *International Legal Argument in the Permanent Court of International Justice*, Cambridge: CUP, 2005; S. Rosenne, *The Law and Practice of the International Court*, 1920—2005, 4th edn., Boston: Martinus Nijhoff, 2006; A. Zimmermann, C. Tomuschat, and K. Oellers-Frahm(eds.), *The Statute of the International Court of Justice: A Commentary*, Oxford: OUP, 2006; 2nd edn., 2012; H. Thirlway, *The Law and Procedure of the International Court of Justice*, Oxford: OUP, 2 vols., 2013; R. Kolb, *The International Court of Justice*, Oxford and Portland, Oregon: Hart Publishing, 2013.

一、普遍性义务

和平解决争端作为国际法下的普遍性义务，最初见于1899年《和平解决国际争端的海牙公约》[1]，该公约还设立了常设仲裁院。随着1920年常设国际法院（1946年以后由国际法院所取代）的建立，和平解决争端的国际机制迅速发展，新的国际司法机构不断涌现，包括联合国行政法庭、欧共体法院（现在的欧盟法院）、欧洲人权法院、美洲人权法院、国际海洋法法庭、前南斯拉夫问题国际刑事法庭、卢旺达国际刑事法庭、塞拉利昂特别法院、世界贸易组织争端解决机构，以及国际刑事法院，等等[2]。

《联合国宪章》第1条宣布联合国宗旨之一是"以和平方法且依正义及国际法之原则，调整或解决足以破坏和平之国际争端。"在第2条第三款中，《宪章》进一步规定了成员国必须以和平方法解决国际争端以避免危及国际和平、安全与正义[3]。在第33条第一款中，《宪章》更进一步明确如果任何争端的持续足以危及国际和平与安全的维持，其当事国必须"首先"以谈判、调查、调停、和解、仲裁、司法解决、求助于区域组织或安排，或者其他自行选择的方法来求得解决。再有，通过规定安理会或者联合国大会的介入方式，《宪章》提供了其他和平解决争端的方

1　该公约签署于1899年7月29日，1900年9月4日生效。截至2013年6月有73个缔约国。中国自1904年11月21日即为该公约的缔约国。参看：https://verdragenbank.overheid.nl/en/Verdrag/Details/002330（荷兰政府网站；荷兰政府是公约原本的保存国）。

2　P. Sands, R. Mackenzie, and Y. Shany, *Manual on International Courts and Tribunals* (West Sussex: Tottel Publishing, 1999; reprint 2008); Y. Shany, *The Competing Jurisdictions of International Courts and Tribunals* (Oxford: OUP, 2003).

3　A. Pellet, "Peaceful Settlement of International Disputes", *MPEPIL* (2013).

法,安理会可以建议它认为合适的解决方法[4],因而在这一过程中发挥着主要作用。《宪章》第33条提到的方法可看作是国际法范围内可供选择的争端解决方式的清单,实践中存在着使用条约交叉引入这一条的做法,赋予之以特定条约下的法律意义[5]。

　　这里所涉及的普遍性义务的内容,在于强调"和平"解决争端,而不是"解决"争端。国家间存在争端是常态,是否采取某种方式解决是其自身的选择,国际法没有规定必须解决现有争端,它关心的是解决方法必须是和平的,从而排除了武力解决争端的做法。

二、解决争端的外交途径

(一) 谈判

　　谈判(也称作"外交谈判")是解决国家间争端最常用也是基本的方法[6]。一般来说,是否采用这种方式取决于有关国家的意愿,但在某些情形下国家负有通过谈判解决分歧的法律义务[7]。谈判结果通常是以条约形式来体现。有关谈判这一方法的地位和作用,可注意以下。

　　其一,谈判的法律义务可以产生于条约规定。例如,1982年《联合国海洋法公约》第74条和第83条要求对专属经济区和大陆架的划界必须通过协议来解决,当然这种协议必须基于国际法(二者均提及《国际法院规约》第38条所包括的国际法规则)。实践中存在诸多当事国根据司法机构的裁定进行谈判/协商的事例,例如"北海大陆架案"后争端当事国通过谈判缔结了划界条约[8]。

4　《宪章》第36条第一款。

5　《联合国海洋法公约》第279条。

6　ICJ, *North Sea Continental Shelf* (*Federal Republic of Germany/Denmark*; *Federal Republic of Germany/Netherlands*), Judgment of 20 February 1969, ICJ Rep. (1969) 3, para. 86. *Also see* United Nations Office of Legal Affairs, *Handbook on the Peaceful Settlement of Disputes between States* (New York: United Nations, 1992), para. 21. 实践中存在的"协商"(consultation)这一谈判方法,主要目的是预防争端的发生: J. Merrils, *International Dispute Settlement* (6th edn., Cambridge: CUP, 2017), 2-8.

7　Art. 41, the *Vienna Convention on Succession of States in Respect of Treaties*, 23 August 1978, 1946 *UNTS* 3.

8　G. Jaenicke, "North Sea Continental Shelf Cases", 3 *EPIL* (1997), 657. *Also see* 857 UNTS 109 and 155.

其二,实践中外交谈判会与司法解决方式同时存在[9],可能导致两种后果。第一,某些条约会将谈判作为司法解决的前提条件规定下来,造成确立司法管辖权的障碍[10],在这种情况下,国际法院或其他法庭会先衡量这个前提是否得到满足,再考虑自己是否具有管辖权[11]。在2011年的"格鲁吉亚诉俄罗斯案"(初步反对阶段)中,针对格鲁吉亚所依赖的1965年《消除所有形式种族歧视的国际公约》第22条下的两个条件(谈判与该条约中其他解决程序的使用),国际法院认为它们是该法院行使管辖权的前提条件,而在本案中均未得到满足,所以,"第22条不能用来建立法院对本案的管辖权"[12],"法院对格鲁吉亚在2008年8月12日递交给法院的申请书没有管辖权"[13]。

在这种情况下,谈判既可以作为管辖权存在的前提条件,也可以视为行使管辖权的条件——即案件的可受理性问题:假如谈判的义务没有履行,那么管辖权即使存在,也是不能行使的[14]。

在谈判与司法程序同时存在的情况下,如果谈判不是司法程序开始的先决条件——即上述第一种后果描述的情形,那么两个方法可以平行存在[15]。在这种情况下,谈判并没有特殊优先的地位——是否有这一地位完全取决于争议双方的意愿或相关条约的规定[16]。

其三,谈判作为一个国际法意义上的争端解决方式,需要满足法律标准,否则不构成法律意义上的谈判,此判断的结论会影响包含有谈判方式在内的协定性(compromissory)条款的解释和适用,进而直接影响到司法、仲裁机构的管辖权。

常设国际法院曾指出,谈判不一定包括大量外交文件往来,在争端提交给司法解决前,应由谈判来明确争端事项的范围和内容,至于影响谈判有效性(比如无

---

[9] K. Wellens, *Negotiations in the Case Law of the International Court of Justice: A Functional Analysis* (Farnham: Ashgate, 2014).

[10] ICJ, *Application of the International Convention on the Elimination of All Forms of Racial Discrimination* (*Georgia v. Russian Federation*), Preliminary Objections, Judgment of 1 April 2011, ICJ Rep. (2011), 70, paras. 137-141.

[11] Ibid., para. 148.

[12] Ibid., para. 184.

[13] Ibid., para. 187.

[14] B. B. Jia, "The Issue of Admissibility in Inter-State Arbitration", in: S. Talmon and B. B. Jia (eds.), *The South China Sea Arbitration: A Chinese Perspective* (Oxford: Hart Publishing, 2014), 107-110.

[15] ICJ, *Military and Paramilitary Activities in and Against Nicaragua* (*Nicaragua v. US*), Judgment of 26 November 1984, ICJ Rep. (1984) 392, para. 106.

[16] J. Merrils, *International Dispute Settlement* (6th edn., Cambridge: CUP, 2017), 16-22.

法解决争端)的政治理由,争端方才是最好的判断者[17]。国际法院也指出:

> "谈判所包含的不仅有争端双方之间法律观点或利益的对峙,或互相攻讦的事实,或彼此间直接相对的主张和反主张;这样看来,'谈判'与'争端'在概念上不同,它至少要求争端方之一认真地去尝试与另一方开始以解决争端为目的的讨论。"[18]

法院还指出:"为符合协定性条款的要求,谈判必须与包括这一条款的条约的主题相关……谈判的主题必须与争端的主题相关,而后者必须与相关条约的实体性权力有关。"[19]另外,谈判的义务一般要求当事方诚心参与谈判,以期达到协议,但并不要求谈判必须成功结束,找到具体的解决方法[20]。

可见,谈判这一方式在法律程序上需要满足的标准是相当严格的;能否满足是个事实问题,这要求申请方提出足够证据来证明。谈判也不是争端解决进程的最终阶段,如果不成功,争端方会尝试其他途径。

(二) 调查

调查的方法可以用于争端各方对事实问题有争议的情况之中[21]。这种方法在1899年海牙和平会议上已为各国政府所知,《和平解决国际争端的海牙公约》第9条就规定了建立"国际调查委员会"的做法[22]。在20世纪初,美国热衷于采用这种办法,并于1913年到1940年间缔结了48个双边条约,其中每一个条约都建立一个常设调查委员会;这一系列条约被称作"布赖恩条约"[23]。1945年后,这种

---

[17] PCIJ, *The Mavrommatis Palestine Concessions* (*Greece v. UK*), Judgment of 30 August 1924, PCIJ Ser. A, No. 2, at 15. *Also see* ICJ, *Case Concerning the Northern Cameroons* (*Cameroon v. UK*), Preliminary Objections, ICJ Rep. (1963) 97, 109 (Separate Opinion of Judge Fitzmaurice).

[18] ICJ, *Application of the International Convention on the Elimination of All Forms of Racial Discrimination* (*Georgia v. Russian Federation*), Preliminary Objections, Judgment of 1 April 2011, ICJ Rep. (2011), 70, para. 157.

[19] 同上注,第161段。

[20] ICJ, *Maritime Delimitation in the Indian Ocean* (*Somalia v. Kenya*), Preliminary Objections, Judgment of 2 February 2017, ICJ Rep. (2017) 3, paras. 90 and 95.

[21] United Nations Office of Legal Affairs, *Handbook on the Peaceful Settlement of Disputes between States* (New York: United Nations, 1992), paras. 74-75, 77.

[22] 第9条预设了建立委员会的两个先决条件:1)相关争端不涉及国家荣誉和根本利益;2)争端表现在对事实的不同看法上。

[23] H-J. Schlochauer, "Bryan Treaties (1913/1914)", I *EPIL* (1992), 509.

方法常被联合国组织用来调查事实[24],且已经成为争端解决过程的有效组成部分[25]。到后来,调查更被视为具有防止争端发生的作用[26]。

调查可以采取听证会(争端各方均指派代表出席)、质询证人,或实地考察等具体做法[27]。

(三) 斡旋(good offices)和调停(mediation)

斡旋和调停这两个方法在实际效果上相近,它们在适用时都需要争端第三方的涉入[28]。第三方可以是个人或几个人、某个国家或若干个国家,或一个国际组织[29]。第三方的作用是促使争端方达成解决方案,因此这两种方法的关键还是由当事方自主解决争端。采用斡旋和调停没有固定的时间限制。二者的差别在于斡旋是通过第三方向当事方施加影响,比如作为双方沟通的渠道,或就双方进行实质性接触提出建议,而一旦接触发生,第三方的作用就终止了,而调停则需要第三方更积极地参与谈判。

调停者多具有政治权力[30],比如国家元首或联合国秘书长等[31]。美国国务卿基辛格对"第四次中东战争"的调停就是一个第三方扮演积极角色的例子。调停者可以向当事方提出解决方案并建议他们接受。这种身份在 1899 年的《和平解决国际争端的海牙公约》第 4 条中也有体现:"调停者的作用在于调和双方的对立主张并平抚争端国家间可能存在的不满情绪。"

1986 年,联合国秘书长德奎里亚尔调停了新西兰与法国之间的"彩虹勇士

---

24 《联合国宪章》第 33 条。又如:联合国安理会第 780 号决议(1992 年)建立了专家委员会来调查南斯拉夫地区存在的违反国际人道法的行为。参看: N. Bar-Yaacov, *The Handling of International Disputes by Means of Inquiry* (Oxford: OUP,1974),295-312.

25 *The Red Crusader*(*Denmark-UK*),Report of 23 March 1962,35 *ILR* 485,486 and 500(英国政府明确表示接受报告在事实问题上的结论)。

26 N. Bar-Yaacov, *The Handling of International Disputes by Means of Inquiry* (Oxford: OUP, 1974),313-320.

27 United Nations Office of Legal Affairs, *Handbook on the Peaceful Settlement of Disputes between States*(New York: United Nations,1992),para. 85.

28 Arts. 2-8, the 1899 and 1907 *Hague Conventions on the Pacific Settlement of International Disputes*, at: http://www.pca-cpa.org/showpage.asp?pag_id=1187(浏览于 2016 年 5 月 12 日)。

29 United Nations Office of Legal Affairs, *Handbook on the Peaceful Settlement of Disputes between States*(New York: United Nations,1992),paras. 111-115.

30 S. Touval and I. Zartman (eds.), *International Mediation in Theory and Practice* (Boulder: Westview Press,1985); J. Bercovitch, *Theory and Practice of International Mediation: Selected Essays* (Abingdon: Routledge,2011).

31 J.-P. Cot, *International Conciliation*(trans. by R. Myers,London: Europa Publications,1972),12-13.

号"事件,并依照双方要求,做出法国赔偿新西兰的决定[32]。在此基础上,双方与1986年7月9日订立了协议,其中有就任何涉及协议内容的争端进行仲裁的规定,后来果然出现此类争端,双方于1989年通过补充协议建立仲裁庭,后者于1990年做出最终裁决[33]。

(四) 调解(或和解)(conciliation)

调解这一做法包含的内容是:为解决某一国际争端,由一个不具有政治权力,但争端各方都信任的组织作为第三方,在各方允许下调查争端所有方面,并提出无拘束力的解决建议[34]。在此程序中,由该第三方所作的报告,一般包含对事实和法律问题的分析以及建议,但对双方没有拘束力[35]。例如,在1965年《关于建立解决国家与他国国民间投资争议解决中心的华盛顿公约》中,调解就是解决投资争议的一种程序[36]。根据该《公约》第29条,调解委员会应由争端各方都同意的奇数个调解员组成。如果争端各方不能达成一致,调解委员会应由三人组成,其中争端双方各指定一名委员,第三名委员则通过双方合意选定。调解委员会有权决定自己的管辖权[37],其职能(通常也是其义务)是明确争议点、查清所有事实、综合考虑法律以及非法律的因素,尽力找到当事方都能接受的方法以达成和解[38]。为达到这一目的,调解委员会可以在调解的任何阶段向当事方建议和解的条件,所以,法律在这一过程中的作用可能是次要的,甚至不起作用。当事方应该善意地配合调解委员会实现其职能,并且应当对调解委员会的建议严肃考虑[39]。如果当事方达成了协议,调解委员会应当写出报告,在其中载明争议点和双方达成的

---

[32] *Rainbow Warrior*, 74 ILR 241 at 256.

[33] *Case concerning the difference between New Zealand and France concerning the interpretation or application of two agreements, concluded on 9 July 1986 between the two States and which related to the problems arising from the Rainbow Warrior Affair*, Award of 30 April 1990, 20 UNRIAA 215(裁决的第一、二段摘录了1986年和1989年两个协议的相关内容)。

[34] J.-P. Cot, *International Conciliation*(trans. by R. Myers, London: Europa Publications, 1972), 9, 318-320.

[35] 调解方式的起源,参见: P. Reuter, "Principes de droit international public", 103 *RdC* (1961-Ⅱ) 425, at 634.

[36] 截至2021年12月3日,该公约已有155个缔约国。中国于1993年1月7日批准该公约,公约于同年2月6日对之生效。公约条文参见: https://icsid.worldbank.org/ICSID/ICSID/RulesMain.jsp。

[37] 《公约》第32条。

[38] J. Merrills, *International Dispute Settlement* (6th edn., Cambridge: CUP, 2017), 69, 73; J. Crawford, *Brownlie's Principles of Public International Law* (9th edn., Oxford: OUP, 2019), 693.

[39] 《公约》第34条第一款。

协议。在调解的任何一个阶段,如果委员会认为已经没有达成协议的可能,就应该终止调解并完成报告,写明该争议的调解没能成功。如果一方没有参加或没有参与调解程序,委员会也应该终止调解并做出报告,载明一方未出席或未参加调解[40]。当事方在调解程序中的陈述不能作为证据在其他程序(例如司法或仲裁程序)中使用。

挪威和冰岛在有关扬马延岛和冰岛间大陆架划界争端中就采用了调解程序[41]。双方于1980年5月28日缔结了协定,建立调解委员会,该委员会的工作与双方关于渔业区和大陆架划界的谈判同时进行。挪威认可冰岛200海里经济区的主张,但是冰岛认为其大陆架应该延伸至位于其东北约290英里的扬马延岛(一个在挪威主权下的有科考人员居住的火山岛)[42],双方没有达成协议。在5月28日协定之下,这个调解委员会的建议对双方政府将没有约束力,但双方也应该在进一步的谈判中考虑其建议。根据上述协定第9条,调解委员会由双方出席第三届联合国海洋法大会的大使以及美国出席该会的代表理查德森组成,由理查德森作为主席。该委员会自主选择了调解程序,但其最终建议需经调解员一致同意方可公布。该委员会在1981年5月20日完成了《报告和建议》,报告以"共同开发协议"作为建议,涵盖了所有储藏有碳氢化合物的地区[43]。双方政府接受了这一建议。

调解委员会也可以在联合国的支持下成立,或在其他国际组织的支持下建立,例如,在1992年《欧洲安全与合作组织调解与仲裁公约》下建立的调解和仲裁法院,该公约还规定在其条款下可以建立调解委员会,后者在其报告里可以提出解决争端的建议[44]。

三、仲　裁

(一) 历史演变

仲裁是从外交手段中发展出来的争端解决方法,是法律体系走向成熟的标

40　《公约》第34条第二款。

41　62 *ILR* 108.

42　Y. Tanaka,"Reflections on the Interpretation and Application of Article 121(3) in the South China Sea Arbitration(Merits)",48 *ODIL* (2017) 365,at 374.

43　62 *ILR* 126.

44　*Convention on Conciliation and Arbitration within the CSCE*,adopted in December 1992,entering into force in 1994. For the full text,see: http://www.osce.org/files/documents/9/2/40342.pdf.

志。仲裁的现代形式始于1794年英美两国间订立的《杰伊条约》[45]，在该条约下，英美两国为解决法律争议建立了混合仲裁委员会。1872年的"阿拉巴马案"成功运用了这一程序，最后的裁决是英国应该为在英国建造的一艘南方军舰在美国"南北战争"期间对北方所造成的损害负赔偿责任[46]。

正如1899年《和平解决国际争端的海牙公约》第15条所定义的那样，仲裁是"由争端当事方选择的法官在法律基础上解决国家间分歧"的程序。该公约第16条规定："各签署国认为，当争端无法通过外交方式解决时，仲裁是解决法律问题，尤其是国际公约的解释和适用问题的最有效和最公平的方式。"位于海牙的常设仲裁院及其国际局是根据该公约第20条设立的，公约包括了法院程序规则。1899年《公约》的程序规定已被1907年《海牙和平解决国际争端公约》更新[47]。根据1907年《公约》第41条，缔约国负有"维持"常设仲裁院的义务，而其程序规则也为1907年《公约》所更新，国际局也变更为书记处[48]。

常设仲裁院最初是为解决国家间的争端设立的。在20世纪30年代，它被授权开始进行调解，或仲裁国家与私人之间的商业或投资争端。1899年和1907年《公约》都明确授权常设仲裁院可以在争端方同意的情况下，对非缔约国之间或者缔约国与非缔约国之间的争端进行仲裁。常设仲裁院也可以接手国际商事仲裁，而它还为此制定了一系列专门的程序规则。根据常设仲裁院的官网介绍，目前其作为书记处处理的国家间案件有八件，国家与投资者仲裁有52件，其他仲裁案33件[49]。这些案件包括了国家间有关领土、条约以及人权的争端，也包括在双边或者多边条约下产生的商事或投资争端，体现了常设仲裁院对国际争端的广泛介入。

常设仲裁院接手的第一个仲裁案件是在1902年，但1938年到1966年间没有案件。1966年的一桩案件结束后，活动再次陷入停顿，直至1981年"伊朗—美国求偿仲裁庭"的建立后[50]，常设仲裁院的秘书长被赋予指派法庭法官的

---

45 该条约倡导者J·杰伊在1785年就已经建议成立仲裁法庭；L. Sohn, "Settlement of Disputes Relating to the Interpretation and Application of Treaties", 150 *RdC*(1976-Ⅱ) 195, at 227, n. 42.

46 J. B. Moore, *International Arbitrations* (Washington D. C.: Government Printing Office, 1906), vol. i, 495.

47 该公约签署于1907年10月18日，1910年1月26日生效，截至2014年4月有97个缔约国。中国自1910年1月26日即为该公约缔约国。

48 《公约》第43条。

49 参看：http://www.pca-cpa.org/showpage.asp? pag_id=1029。

50 从性质来看，这个机构是仲裁机构。同样的看法参见：M. Shaw, *International Law* (8th edn., 2017), 1926.

部分权力[51],常设仲裁院在法庭成立初期为之提供场所和行政支持,局面才大为改观[52]。

(二) 常设仲裁院规则

联合国国际法委员会起草了仲裁程序的选择性示范规则[53],第 11 届联合国大会在 1958 年通过第 1262 号决议接受了这些规则。常设仲裁院也有自己用于不同目的的仲裁规则,包括：1)《常设仲裁院国家间争端仲裁的选择性规则》；2)《常设仲裁院解决仅一方为国家的争端仲裁的选择性规则》；3)《常设仲裁院国家与国际组织间仲裁选择性规则》；4)《常设仲裁院有关国际组织与私人间仲裁的选择性规则》；5)《常设仲裁院所作调解的选择性规则》；6)《常设仲裁院有关事实调查委员会的选择性规则》；7)《应用常设仲裁院规则于多边条约或多方合同下所产生争端的指南》；8)《常设仲裁院有关自然资源争端的仲裁规则》以及《常设仲裁院有关自然资源争端的调解规则》[54]。这些规则在国际仲裁中起到了重要作用,在交由常设仲裁院书记处来管理、协调的仲裁案件中格外如是。国际法委员会 1958 年通过的《示范规则》被视为是对习惯法的体现[55]。

只有争端方明确是在上述某一种规则下将案件提交给常设仲裁院时,该规则方可适用。在提交案件时,争端方可以通知常设仲裁院修改这些规则[56],正如争端方可以规定仲裁所适用的法律一样。这一做法同样适用于相应的仲裁程序规则：即使后者是仲裁庭设计、起草的,也需要与建立仲裁庭的条约保持一致[57]；仲

51　*Tribunal Rules of Procedure*, 3 May 1983, Art 6(2) and Art 7(2); http://www.iusct.net; S. Baker and M. Davis, *The UNCITRAL Arbitration Rules in Practice: The Experience of the Iran-United States Claims Tribunal* (Kluwer Law and Taxation, 1992).

52　到 2019 年 6 月,法庭对 581 个案件的管辖权或实体问题做出了超过 800 件判决或裁决,参看：J. Crook, "Applicable Law in International Arbitration: The Iran-U. S. Claims Tribunal Experience", 83 *AJIL* (1989) 278; D. Charlotin, "A Data Analysis of the Iran-US Claims Tribunal's Jurisprudence—Lessons for International Dispute-Settlement Today", 10 *Journal of International Dispute Settlement* (2019) 443, at 444.

53　YBILC (1958), vol. ii, 12.

54　参看：http://www.pca-cpa.org/showpage.asp?pag_id=1188。

55　*Dubai/Sharjah Border Arbitration*, Arbitral Award of 19 October 1981, 91 *ILR* 543, at 575. Also see D. Bowett, "The Dubai/Sharjah Boundary Arbitration of 1981", 65 *BYIL* (1994) 103, at 116.

56　J. Merrills, *International Dispute Settlement* (4th edn., Cambridge: CUP, 2005), 98-99.

57　United Nations Office of Legal Affairs, *Handbook on the Peaceful Settlement of Disputes between States* (New York: United Nations, 1992), para. 180.

裁过程的推进也需要征求争端当事方的意见[58]。

（三）仲裁主题事项、适用法与裁决的执行

仲裁主题事项可以是公法问题，也可以是私法问题[59]。在私法性仲裁案件（常表现为国际商事仲裁）中，一方或多方当事人为个人或公司。私法仲裁裁决的执行由国内法决定，而公法仲裁裁决的效力则取决于国际法。由于国际法缺乏强制性的执行机制，公法性裁决的效力及执行难免会有不确定性存在。实践中还存在第三种类型的仲裁，当事方一方为国家，另一方为私人；设在华盛顿的国际投资争议解决中心就专门解决此类案件[60]。

仲裁中，争端方会要求仲裁庭依据某种法律做出裁决，其中主要的适用法还是国际法。在"特雷尔冶炼厂"案中，争端双方要求仲裁庭适用"在美国解决同类问题的法律和实践以及国际法和实践"做出裁决[61]。同样，在"英国石油公司诉利比亚"案中[62]，有关特许协议有这样的规定："此处所给予特许权的适用及解释应遵循利比亚法律和国际法所共有的原则；当不存在此种原则时，应适用一般法律原则，包括被国际法庭所适用的原则。"

在实践中，如果争端当事方明确表示同意，仲裁员有权凭"公允和善意"做出裁决。哥伦比亚和厄瓜多尔于1907年缔结的就有关领土争端进行仲裁的条约有如下规定："仲裁员可以不考虑严格的法律规则而采用一条与双方需要相一致的方便边界。"[63]这实际是给予仲裁员为当事方立法的权力。这种实践的极端例子是1933年"自由区仲裁案"，在此案中，仲裁庭"以一种更适合当今经济条件的方式"设计出全新的关税规章来管理瑞士和自由区之间的货物交易[64]。

---

58 参见"南海仲裁案"仲裁庭的《程序规则》，2013年8月27日，第10条第一款：http://www.pca-cpa.org/showpage.asp? pag_id=1529。

59 A. Broches, "The Convention on the Settlement of Investment Disputes between States and Nations of Other States", 136 *RdC* (1972), 331; D. Caron, "The Nature of the Iran-US Claims Tribunal and the Evolving Structure of International Dispute Resolution", 84 *AJIL* (1990), 104.

60 M. Hirsch, *The Arbitration Mechanism of the International Centre for the Settlement of Investment Disputes* (Dordrecht: Springer, 1993). *Also see* C. Schreuer, L. Malintoppi, A. Reinisch, and A. Sinclair, *The ICSID Convention: A Commentary* (2nd edn., Cambridge: CUP, 2009).

61 3 *UNRIAA* 1905.

62 *BP v. Libya*, 52 ILR 297.

63 J. Merrills, *International Dispute Settlement* (6th edn., Cambridge: CUP, 2017), 104.

64 *The Free Zones of Upper Savoy and the District of Gex*, Arbitral Award, *PCIJ Annual Report*, Ser. E, No. 10, 106, 107.

在有些仲裁中,当事方并未提及上述"公平和善意"请求,而是要求仲裁庭裁决时做出特定行为,例如决定划定边界的步骤,此时可以推定当事方是要求仲裁庭根据国际法来特定行为的。

在执行上,国家或私人可以根据例如《有关国家与其他国家国民投资争端解决的公约》向国内法院请求对中心所作裁决的执行[65]。这是对外交保护原则的一个新发展,国际投资争议解决中心的制度实质上是通过国内法机制来弥补国际法执行上的不足[66]。

在程序法方面,适用法的来源至少有四种:1)组成仲裁庭的条约中的相关条款;2)仲裁庭制订的规则;3)该庭就程序问题所做的先例性裁决;4)双方代理人之间以协议达成的规则[67]。

(四) 仲裁与司法程序的区别

在1953年报告中,联合国国际法委员会对此问题做出了权威性结论。仲裁是争端当事国自主挑选"法官",并借此达成有拘束力裁决的一种程序,仲裁员(在当事方没有其他要求时)通常也是在法律的基础上做出裁决,适用的是国际法,且裁决效力预先已经由当事国所承认[68]。仲裁机构与司法机构的根本差别在于,仲裁庭不是常设的机制,所以,在仲裁庭组成、适用法律、程序规则、公开性、仲裁的争议问题的划定、裁决标准的规定等方面,当事方可以自主决定;当事方在上述方面做出的规定均可以区别于国际法院这样的司法机构。这些差别不是简单的司法规则解释问题,而具有政治意义,一旦放入具体案件的事实背景之中,就会变得格外重要。挑选仲裁员的过程就是例子[69]。

实践中还存在其他区别,比如:某些仲裁案件可能需要某种专业知识和技巧才能胜任,比如《联合国海洋法公约》下所涉及的争端。这一点会在下面一节中加以阐述。再有,与国际法院不同[70],仲裁程序一般不公开;不过这里要注意的是,由于仲裁程序的灵活程度要高于司法程序,所以,假如仲裁当事国之间同意,程序

---

[65] 参看:https://icsid.worldbank.org/ICSID/ICSID/RulesMain.jsp。

[66] 注意该《公约》第54条规定。

[67] J. Simpson and H. Fox, *International Arbitration: Law and Practice* (London: Stevens & Sons Ltd., 1959), 147.

[68] YBILC (1953), vol. ii, 202.

[69] 《联合国海洋法公约》附件七第3条。又及:ICJ, *Interpretation of Peace Treaties*, Advisory Opinion of 30 March 1950, ICJ Rep. (1950) 65, at 68, 76-77.

[70] 《国际法院规约》第46条。

也可以公开[71],甚至只是公开口头辩论阶段——关键取决于当事国的合意[72]。

(五)《联合国海洋法公约》附件七仲裁程序

这一问题的提起是基于《联合国海洋法公约》(以下简称《海洋法公约》)附件七仲裁程序的特点,以及实践中缔约国对其使用率的上升态势。有七点问题值得注意[73]。

第一,在《海洋法公约》第287条之下,附件七仲裁方式是强制性的[74]。假如缔约国没有在该条第一款下提交声明来选择解决方法,那么就被视为接受了附件下的仲裁程序。一旦某国加入《海洋法公约》,即接受了本条规定,承认了附件七仲裁庭在广义上的强制管辖权:即仲裁庭可以运用第288条第四款的规定,对就其管辖权的争议做出裁决[75]。但在这种情况下,当事方仍有权利去辩论仲裁庭就本案没有管辖权,只不过决定权属于仲裁庭。

第二,虽然附件七规定了仲裁庭的组成、程序、管辖权、适用法律、缺席问题等等方面,但是对此解读需要结合《海洋法公约》第15部分第二节来进行。所以,附件七仲裁案件一般都是在《海洋法公约》第287条和附件七之下登记在常设仲裁院网站上的。那么,第二节和附件七规定了仲裁程序和实体规则的总和。

第三,就仲裁庭组成而言,附件七第3条允许国际海洋法庭庭长来指派仲裁员,前提是争端一方不参与或不在期限内指定仲裁员,且当事方没有指派其他人或国家来指派仲裁员。实践中,仲裁员的指派过程是微妙的,结果可能出人意料[76]。

第四,附件七在指派仲裁员的第3条(g)和(h)款中,留下了允许第三国参与

---

[71] S. von Schorlemer, "Article 46", in: A. Zimmermann et al., *Commentary*, 1204—1205. *Also see Mauritius v. UK*, arbitration instituted under Article 287 and Annex Ⅶ, UNCLOS, on 20 December 2010 and still pending in April 2014(本案中当事国双方同意公开彼此提交的书面诉状:http://www.pca-cpa.org/showpage.asp? pag_id=1429)。

[72] 比如:*In the Matter of the Atlanto-Scandian Hering Arbitration (Denmark in respect of the Faroe Islands v. EU)*,《程序规则》(2014年3月15日) 第12(4)条("庭审将公开进行,除非当事方之一另有要求")。

[73] 贾兵兵:《〈联合国海洋法公约〉争端解决机制研究:附件七仲裁实践》,清华大学出版社2018年版。

[74] 参见第287(3)和(5)条。

[75] 《中华人民共和国政府关于菲律宾共和国所提南海仲裁案管辖权问题的立场文件》,2014年12月7日,第79段。文件全文可看看:http://www.fmprc.gov.cn。

[76] 比如:菲律宾和中国就南海问题的仲裁案(2013—2016年)。相关资料可参见:http://www.pca-cpa.org/showpage.asp? pag_id=1529。

程序的可能。但是,这里的要求是第三国必须是相关仲裁程序中争议方之一,而不是任一国家或《海洋法公约》其他缔约国都可以随时介入仲裁程序。由于争议方地位这一限制,附件七实际上不承认在案件进行过程中介入的可能[77]。无论是附件七下设立的仲裁庭,还是其他临时仲裁机构,迄今尚没有相关实践[78]。

上述情况与国际司法实践颇为不同,后者会通过司法机构的规约给予第三方介入的权利。比如,《国际法院规约》第62条就允许任何国家提出介入某一案件的请求,但是否成功取决于国际法院的决定;再如上述规约第63条明确承认某一条约其他缔约国的介入权利,并规定介入国受最终判决的约束[79]。同样,《国际海洋法庭规约》第32条也承认了《海洋法公约》其他缔约国介入的权利,但规定介入国须受最终判决的约束。

第五,附件七第5条允许仲裁庭确定程序规则,前提是1)争端当事方未就(相关)程序规则达成协议;2)仲裁程序规则要给与每一个争端当事方充分机会发言并展现自己的立场。假若其中一方不出庭,那么就满足了第1)个前提的要求。

第六,附件七第9条预见到当事国之一或几个缺席的情况,规定这种情况不能构成对案件进程的阻碍。但是,它同时要求仲裁庭在达到最后裁决时,必须要满意地确定其具有管辖权,且申请方所提出的诉求在事实和法律方面有良好基础。这里存在的问题是:假如一个仲裁案件的事实部分占较大比例,那么是否会出现仲裁庭因为缺席一方的事实证据不在案件记录之中,而无法满足第9条上述要求的情况?

第七,附件七第11条规定,最后裁决必须为争端当事国遵守。这里"当事国"的概念包括不出庭的当事方。

附件七作为仲裁发展历史上的新篇章,其使用始于1999年的"南方蓝鳍金枪鱼案"[80],迄今已有16个案件使用其程序规则进行了审理或处于审理过程之中,其中13个案件使用了常设仲裁院的书记处来管理案件的进程。这一新程序的使用,也带来了不少问题,以下就两个主要问题做一简要评判:

---

[77] 附件七第5条允许仲裁庭制订程序规则,只要给争端双方平等机会发言并展现自己的立场。这里似乎没有禁止仲裁庭变动规则以允许第三方介入,但实践中尚没有先例。

[78] J. Collier and V. Lowe, *The Settlement of Disputes in International Law* (Oxford: OUP, 1999), 209.

[79] Rosenne, *The Law and Practice*, vol. iii, Chapter 26.

[80] 本案始于1999年7月,使用了设于华盛顿的国际投资争端解决中心作为秘书处: *Australia and New Zealand v. Japan*, Award, 4 August 2000, 119 *ILR* 508.

第一,管辖权问题[81]。这个问题可以分为实体问题管辖权和时间管辖权两方面来讨论,当然如果任何一个方面不满足《海洋法公约》的要求,都会导致管辖权的缺失。1)就实体问题管辖权(jurisdiction *ratione materiae*)来说,附件七下的案件必须与《海洋法公约》的解释或适用有关[82]。假如案件的实体问题涉及非公约问题,那么附件七仲裁庭没有管辖权[83],诉讼申请也会随之被驳回。再有,实体问题管辖权的范围受公约第297条,以及第298条声明的限制,因为在这两个条款下,特定种类的争端被排除在仲裁庭管辖权之外[84]。再次,即使公约第288条第四款赋予仲裁庭以决定自己管辖权的权力(包括仲裁庭对案件所涉真实争议进行界定的权力[85]),对实体问题管辖权的确定也须考虑到前两个条件的存在。2)就时间管辖权(jurisdiction *ratione temporis*)来说,仲裁庭管辖权只能涵盖《海洋法公约》生效后的争端,这一生效既指公约自身生效的时间——1994年11月16日,也指针对某一缔约国生效的时间[86]。这一时间上的限制可以从仲裁庭管辖权中排除掉在1994年11月16日前就已存在的海洋争端[87]。

第二,可受理性问题。一般来说,国际司法或仲裁机构即使对诉讼请求有管辖权,也可能因为某些因素的存在而无法或放弃行使管辖权[88];这一看法在国际法院的实践中逐渐得到确认。在2008年一个判决中,国际法院指出,就初步反对意见的分类来说:"二者的效果一致,其中之一就可以阻止法院进入到案件实体问题的审理阶段";涉及管辖权的初步反对意见是要说明作为管辖权基础的当事方同意这一意思表示不存在,而涉及可受理性的初步反对意见则体现在这样的法律理由中:即使法院有管辖权,但因为该理由的存在,它也不应该去行使该

---

[81] 这个问题在争端一方未出庭时同样需要决定:附件七第9条。

[82] 《海洋法公约》第286条、第287条第一款。

[83] *Chagos Case*(*Mauritius v. UK*),Counter-Memorial of the UK,15 July 2013,paras. 4.5-11(英国政府认为毛里求斯的诉求所涉及的是领土主权的问题,与公约没有关系)。

[84] 参见本书第十三章第十二节。

[85] ICJ,*Nuclear Tests*(*Australia v. France*),Judgment of 20 December 1974,ICJ Rep. (1974) 253,para. 29.

[86] 《海洋法公约》第308条第二款。

[87] 例如,菲律宾政府在2013年1月22日向中国驻菲大使馆提交的仲裁通知(第28段)就特别把双方争端起始时间定在1995年左右,参看:http://www.gov.ph/2013/01/22/dfa-notification-and-statement-claim-on-west-philippine-sea-january-22-2013/。

[88] ICJ,*Border and Transborder Armed Actions*(*Nicaragua v. Honduras*),Jurisdiction and Admissibility,Judgment of 20 December 1988,ICJ Rep. (1988) 69,para. 52.

管辖权[89]。在《海洋法公约》下,第 280 条、第 281 条和第 282 条就提供了放弃行使管辖权的可能。其中第 280 条是个原则性的规定,涵盖了后两个条款所规定的特定情况。在这里只以第 281 条为例说明[90]。第 281 条第一款的主要规定是,只要争端各方已经就争端的解决事先同意采用某种和平解决方式,那么公约第 15 部分的全部程序就不适用于这个争端的解决。这个做法是第 15 部分妥协(自选方式加强制方式)的一部分,它的存在使得许多谈判国同意加入这一妥协,从而使得针对公约整体的谈判得以结束[91]。在第 281 条第一款下,只要被告国能够证明存在争端方都同意的其他解决方式,且这一方式排除了其他解决方式的适用[92],就可以使得仲裁庭无法行使管辖权,从而使得案件失去可受理性。

(六) 投资仲裁

近些年来[93],投资仲裁作为投资争端的主要解决方法之一,显现出上升的势头,甚至在很多情况下取代了传统的外交保护措施,但同时也导致对其有效性的质疑,特别是基于仲裁结果会受仲裁员控制的事实。不过,在新的机制还未成熟的时候[94],现有的仲裁路径仍然会继续存在于相关条约的庇护之下。

现有的投资仲裁主要发生在 1965 年《解决国家与他国国民间投资争端公约》

---

[89] ICJ, *Application of the Convention on the Prevention and Punishment of the Crime of Genocide* (*Croatia v. Serbia*), Preliminary Objections, Judgment of 18 November 2008, ICJ Rep. (2008) 412, para. 120.

[90] B. B. Jia, "The Issue of Admissibility in Inter-State Arbitration", in: S. Talmon and B. B. Jia (eds.), *The South China Sea Arbitration: A Chinese Perspective* (Oxford: Hart Publishing, 2014), 110-125. Also see N. Klein, *Dispute Settlement in the UN Convention on the Law of the Sea* (Cambridge: CUP, 2005), 35-41.

[91] UNCLOS *Commentary*, vol. v, at 88.

[92] *Southern Bluefin Tuna Case* (*Australia and New Zealand v. Japan*), Award on Jurisdiction and Admissibility, 4 August 2000, 119 ILR 508, para. 63.

[93] 第一个根据投资保护条约进行的仲裁案件结束于 1990 年: *Asian Agricultural Products Ltd v Sri Lanka* (1990), ICSID Case No. ARB/87/3, Final Award, 27 June 1990, 106 *ILR* 416; 4 ICSID Rep. (1997) 526. 参看: P. Lalive, "The First 'World Bank' Arbitration (Holiday Inns v. Morocco): Some Legal Problems", 51 *BYIL* (1980) 123.

[94] 比如,从 2015 年起,欧盟改变了既往依靠临时商事仲裁来解决投资者与东道国的投资争端的实践,开始推进设立"多边投资法院";这一常设司法机构的组成就包括初级法庭和上诉庭,并由常任法官来处理争端,在未来将取代欧盟与其他国家间基于双边贸易、投资条约(现有超过 1400 件)的争端解决机制安排。具体细节参看欧盟委员会官网: https://trade.ec.europa.eu/doclib/press/index.cfm?id=1608。2021 年 1 月,这一设计中的法院(的上诉庭)已经出现在欧盟-加拿大之间的"经济贸易协定"之下,设立上诉庭的决定参看: https://trade.ec.europa.eu/doclib/docs/2021/january/tradoc_159401.pdf。

和双边投资保护协定("BIT")之下。前者通过争端解决中心("ICSID"),采取调停和仲裁的方式,来解决外国投资者与东道国之间的争端。后者则依据相关投资协定的仲裁条款,采用联合国贸易委员会的仲裁规则来进行仲裁。1965 年公约第 25 条第一款规定,ICSID 管辖权及于"任何直接产生于投资行为的、发生在一个缔约国(或其承认的组成部分或代表机构)和另一个缔约国国民之间的法律争端,只要争端双方书面同意将争端提交给中心处理。一旦双方表示了同意,任一方均不得单方面撤销此同意的意思表示。"双边投资保护协定则要求缔约国之间的争端与协定的解释和适用有关[95],如果当事方包括投资者(自然人或法人)[96],仲裁至少是解决争议的一种方法[97]。

实践中,存在着是否违反双边投资协定条款就可以引发投资争端仲裁的问题[98]。另外,上述的仲裁程序都近乎"一级终审"——除了少数情况下的复核程序,没有上诉的机会[99]。作为一种平衡机制,ICSID 公约提供了"撤销程序",而没有采取国内法院进行复核的做法,第 52 条第一款列举了以下启动撤销程序的诉因:

i) 仲裁庭的建立违反规则;

ii) 仲裁庭明显"越权"审理;

iii) 仲裁员之一涉嫌腐败;

iv) 审理过程中存在着严重偏离基本程序规则的做法;

---

[95] 比如《中华人民共和国政府和法兰西共和国政府关于相互促进和保护投资的协定》,订立于 2007 年 11 月 26 日,第 10 条("对本协定的解释或适用所产生的任何争议,应尽可能通过外交渠道解决")。如果谈判无法解决争议,则任一缔约方可以提出仲裁邀请。协定原文参见商务部条法司网址:http://tfs.mofcom.gov.cn/article/h/au/201007/20100707041031.shtml。

[96] 同上注,第 1 条第二款。

[97] 同上注,第 7 条(允许在缔约方与投资者谈判失败后,按照投资者的选择,来处理"有关投资的任何争议"。上述选择是指在以下三种方式之中择其一:缔约方有管辖权的法院;ICSID;根据《联合国国际贸易法委员会仲裁规则》设立的专设仲裁庭)。还有的协定包括国际商会下设的仲裁庭作为争端解决的途径之一:International Court of Arbitration, International Chamber of Commerce, *Arbitration Rules* (in force as from 1 January 2021), *Mediation Rules* (in force as from 1 January 2014):https://iccwbo.org/content/uploads/sites/3/2020/12/icc-2021-arbitration-rules-2014-mediation-rules-english-version.pdf。(这个仲裁院并不直接解决争端,而是通过管理依照上述仲裁规则成立的仲裁庭的工作来达到解决争端的结果:规则的第 1 条第二款;仲裁院《规约》第 1 条)。

[98] J. Crawford, *Brownlie's Principles of Public International Law* (9th edn., Oxford: OUP, 2019), 714.

[99] 作为单独的问题,商事或投资仲裁裁决的执行可以通过 1958 年 6 月 10 日《承认及执行外国仲裁裁决公约》(the New York Convention on the Recognition and Enforcement of Foreign Arbitral Awards)来进行。原文参见联合国贸易法委员会官网:https://uncitral.un.org/sites/uncitral.un.org/files/media-documents/uncitral/zh/new-york-convention-c.pdf。

v) 仲裁裁决对依据的道理缺乏说明。

在第 52 条第六款下,一旦裁决被撤销,争端任一方可以申请建立新仲裁庭重新审理该争端。未被撤销的裁决,对仲裁案件当事方具有法律拘束力,这也是参加 ICSID 公约的基本义务之一(第 53 条)。

在投资仲裁裁决体制下,最常见的补偿方式就是(金钱)赔偿,比如 ICSID 公约的第 54 条第一款中的规则。

四、司法解决方式:国际法院

(一) 简要介绍

国际裁判机构的出现始于 1899 年和 1907 年海牙和平会议决定设立的常设仲裁院。依据《国际联盟条约》第 14 条的规定,常设国际法院于 1920 年成立。1946 年,国际法院取代了常设国际法院[100]。国际法院与常设国际法院有实质上相同的《规约》和管辖权,存在着延续关系;国际法院也常常援引常设国际法院的判例。

国际法院是联合国主要司法机构,《国际法院规约》("《规约》")附于《联合国宪章》之后,并成为《宪章》一部分[101];联合国成员国同时也是《规约》成员国。

(二) 法院的组成

国际法院由 15 名法官组成,其中任何 2 位法官不得为同一国家的国民[102]。

《规约》规定了法官的选任办法。根据《规约》第 4 条第一款,法官应由联合国大会及安理会从常设仲裁院各国团体所提出的名单之内选出。在选举 3 个月前,联合国秘书长应书面邀请常设仲裁院的国家团体提名候选人,每一团体的提名人数不得多于 4 人。《规约》第 6 条"建议"各国团体在提出候选人时咨询本国最高法院、大学法学院、专研法律的国家研究院以及国际性国际法研究机构在各国的分支机构。收到各国国家团体的提名后,联合国秘书长应据此准备一份候选人名单并将其提交大会和安理会。大会和安理会的选举是分别进行的。只有在两个机构选举中都获得绝对多数的候选人才能成为国际法院的法官[103]。

100　Rosenne, *The Law and Practice*, vol. i, 14-16.
101　《联合国宪章》第 92 条。
102　《国际法院规约》第 3 条。
103　《规约》第 10 条第一款。

《规约》第 9 条提到了法官选举中的一个重要条件,每次选举时,选举人不仅应注意候选人必须具备必要的资格,并应注意务必使法官能够代表世界各主要文明体系及各主要法系。

法院的正、副院长任期 3 年,由法官选举产生。院长应当主持法院的一切会议,管理法院的工作并负责监督法院的行政管理[104]。法院的书记官长任期 7 年,由法官们选出,副书记官长也由法官们选出。

(三) 初始阶段:1)管辖权

国际法院适用的程序首先由《规约》决定。除《规约》之外,法院还制定了《法院规则》("《规则》")来决定诉讼各方以及法院在具体案件中适用程序的细节。法院制定《规则》的权力源自《规约》第 36 条的规定:"为实现其职能,法院应制定具体的规则,尤其是有关程序的规则。"现行的有效规则是国际法院在 1978 年制定的,最近一次修改发生在 2005 年[105]。

案件初步阶段包括有关管辖权和可受理性的争议,而对管辖权的争议是主要方面。在国际法院实践中,条约中的管辖权条款"在性质和效果上是(维权)方法性的、而非实体性的",其作用不在说明争端方具有某种实体权利与否,而在于说明它是否有权要求法院来维护这一实体权利——假如后者确实存在的话[106]。法院管辖权的基础是争端各方的同意[107]。

具体来说,申请国可以通过以下几种方式主张法院的管辖权,而是否具有管辖权则是属于法院权力范围之内的问题[108]:

第一,在第 36 条第一款下,《联合国宪章》本来可以规定法院对某些争端拥有管辖权,但宪章迄今并未做出这种规定。尽管宪章第 36 条第三款规定安理会可以"建议"争端当事方将争端提交给国际法院,但该款并没有明确赋予法院以管辖权[109]。

第二,在《规约》第 36 条第一款下,争议方可以通过缔结特别/临时协定

---

104 《国际法院规则》第 19 条。
105 参看法院官网:http://www.icj-cij.org/documents/index.php?p1=4&p2=3&p3=0。
106 ICJ, *South West Africa* (*Second Phase*) (*Ethiopia v. South Africa; Liberia v. South Africa*), ICJ Rep. (1966) 6, para. 64.
107 Rosenne, *The Law and Practice* vol. ii, 673.
108 《规约》第 36 条第六款。
109 安理会此类建议没有拘束力:T. Giegerich, "Article 36", in: B. Simma, D.-E. Khan, G. Nolte, A. Paulus(eds.), *The Charter of the United Nations: A Commentary* (3rd edn., Oxford: OUP, 2012), vol. i, at 1138.

(compromis)将案件提交法院[110]。这类协定严格意义上是管辖权协定,通常只涉及特定争端的提交。

第三,在第 36 条第一款中,争端方之一可以根据在争端方之间已生效的、不针对特定争端的条约中所规定的(争端解决)程序,来主张法院的管辖权。迄今为止,已经有约 300 个条约含有将条约解释或适用的争端交由国际法院裁判的条款,其中既有多边条约(约 130 个)又有双边条约(约 180 个)[111]。这种条约条款在性质上是协定性(compromissory)条款,涵盖一类或多类争端,允许依条约规定将争端以申请方式提交国际法院。这种条款中所包含的条件,一般被国际法院视为是限制管辖权的条件,不涉及可受理性问题[112],其适用后果是,一旦某一条件不被满足,法院会失去管辖权。

此类条款依照条约法来适用。以《美洲和平解决争端条约》(也称"波哥大协约")第 31 条为例[113],它依照《国际法院规约》第 36 条第二款的规定,赋予任一美洲国家以单方面提起国际法院诉讼的权利,可以涉及它们之间"所有"法律争议;该条约非缔约国基于上述第 36 条第二款下的对等原则(见下面论述),也可以提起此类诉讼。另外,从第 31 条可以引申出来下面的说法:只要该条约有效,上述单方面提起诉讼的权利就持续有效[114]。

第四,《规约》第 36 条第二款规定:"本规约各当事国得随时声明具有下列性质之一切法律争议,对于接受同样义务之任何国家,承认法院之管辖权为当然而具有强制性,不须另订特别协定:(a)条约之解释;(b)国际法之任何问题;(c)任何事实之存在,如经确定即属违反国际义务者;(d)因违反国际义务而应予以赔偿的性质及其范围。"此款中声明一般以书面形式做出,且有独特之处。这种声明并非国家间谈判的结果。当依据声明作为管辖权基础时,法院要仔细审查以确认

110　K. Oellers-Frahm,"Compromis",1 *EPIL*,712-714.

111　《国际法院报告(2018—2019)》,第 73 页。还可参见:https://www.icj-cij.org/en/treaties(这里罗列了 298 个双边或多边条约)。

112　ICJ, *Armed Activities on the Territory of the Congo* (*New Application*:2002) (*Democratic Republic of the Congo v. Rwanda*),Jurisdiction and Admissibility,Judgment of 3 February 2006,ICJ Rep. (2006) 18,para. 88.

113　缔结于 1948 年 4 月 30 日,生效于 1949 年 5 月 6 日。全文见:http://www.oas.org/juridico/english/treaties/a-42.html。

114　ICJ,*Question of the Delimitation of the Continental Shelf between Nicaragua and Colombia beyond 200 Nautical Miles from the Nicaraguan Coast*,Application by Nicaragua of 16 September 2013,at:http://www.icj-cij.org/docket/files/154/17532.pdf(浏览于 2014 年 11 月 10 日)(哥伦比亚于 2012 年 11 月 27 日宣布在当天单方面退出该条约,但是由于条约规定退出行为只能在一年后生效,尼加拉瓜在 2013 年 9 月 13 日向国际法院提出申请,要求法院确定两国之间大陆架边界以及双方各自的权利与义务)。

案件所涉事项确实属于声明内容范围之内。

实践表明,在解释这类声明时,法院采用的是限制性解释方法,因此一般的条约解释规则并不一定适用于对此类声明的解释[115]。有一种意见认为,这种声明带来的是"对世"义务,因此一旦某国做出这种声明,该国"就会在任何时候都可能发现自己针对新当事国负有在选择性管辖条款下的义务,这就是该国提交接受选择性条款声明的结果[116]。""选择性"是因为上述声明的做出与否都是《规约》缔约国的权利,而非义务。实际上,可以将这种声明看作一种持续有效的要约,因而其他国家也可以通过单方声明表示接受;这是一种互惠关系。在双方的管辖权声明都以对方"接受同样义务"为条件时,法院管辖权就在二者声明的交集之内建立起来,因而本款的适用结果是导致一个协议关系的建立,而这一协议所涵盖事项的范围可以宽于第36条第一款下所提到的普遍性条约。至于双方是否真正接受了同样的义务则是另一问题,要由法院自己决定。目前已有70个国家向联合国秘书长提交了这样的声明[117]。在联合国5个常任理事国中,只有英国提交了本条款下的声明。

很显然,国家在提交声明时可以对强制管辖权附加保留从而限制其范围;保留包括属事、属人和属时三方面。属人保留的数量是三种里最少的。

在属事方面,国家可能对影响其关键利益的事项做出保留。比如:在1946年8月2日提交的声明的保留中,美国排除了"美国认为实质上属于美国国内管辖的事项"[118]。几乎与美国同时,法国也做出了类似保留,但法国的保留被挪威在之后一个案件中成功利用:在"挪威贷款"案中,挪威主张自己同样具有法国在保留下所享有的权利,即挪威认为该事项属于其国内事务,因此国际法院对此案没有管辖权[119],法院支持了挪威的主张[120]。

在属人方面,一个著名的例子是英联邦国家对其相互之间的争端所作的保

---

115 ICJ, *Anglo-Iranian Oil Co. (Preliminary Objection) (UK v. Iran)*, Judgment of 22 July 1952, ICJ Rep. (1952) 93, at 105.

116 ICJ, *Case Concerning Right of Passage over Indian Territory (Preliminary Objections) (Portugal v. India)*, ICJ Rep. (1957) 125, 146.

117 《国际法院报告(2012—2013)》,A/68/4,2013年8月1日,第50段。

118 《国际法院年鉴(1946—1947)》,第214页。

119 ICJ, *Case of Certain Norwegian Loans (France v. Norway)*, Preliminary Objections, Judgment of 6 July 1957, ICJ Rep. (1957) 9, at 21-22.

120 Ibid., 23-24.

留[121]。印度直至1991年仍通过保留从其声明中排除它与自己不承认国家之间,或与自己无外交关系的国家之间,以及与不具有主权的国家和地区之间发生的纠纷[122]。

在属时方面,常被提及的保留是所谓的"比利时公式",因为这一保留是由比利时政府在1925年9月25日的声明中做出的;这种保留排除"在批准声明后产生的、因批准之后的情势或者事实而发生争端"[123]。当争端双方都做出了属时性保留时,法院就需要找出被二者排除时间中的最先时点以确定自己的管辖权。《规约》第36条第二款所认可的互惠原则也适用于这种保留。当争端一方未做出与对方相同的保留时,它仍然可以主张享有对方在该保留下所享有的权利。

在属人方面,一个著名的例子是英联邦国家对其相互之间的争端所做的保留[124]。印度直至1991年仍通过保留从其声明中排除它与自己不承认国家之间,或与自己无外交关系的国家之间,以及与不具有主权的国家和地区之间发生的纠纷[125]。

第36条第二款以及其之下所提交声明的目的,是来规范立案程序(seisin of the Court);而这一程序只对在条款下做出了声明的缔约方开放[126]。这一论点的意义在于:一旦立案成功,那么国际法院"必须处理"申请国所主张的事项,并对事项所涉及的管辖权、可受理性,以及实体问题,行使其所拥有的管辖权[127]。这样看来,立案这一程序本身就是与管辖权问题联系在一起的[128]。

第五,法院管辖权也可以在《规约》第36条第五款及第37条之下确立。第五款规定,只要争端当事国在《常设国际法院规约》下所做声明依然有效,且他们也是《国际法院规约》的缔约国,则常设国际法院的强制管辖权转移至国际法院,管辖权范围以声明的条件为限。第37条规定,如果现存有效的条约要求将某一事

---

[121] S. Alexandrov, *Reservations in Unilateral Declarations Accepting the Compulsory Jurisdiction of the International Court of Justice* (Dordrecht: Martinus Nijhoff, 1995), 120.

[122] 《国际法院年鉴(1990—1991)》,第82-83页。

[123] S. Alexandrov, *Reservations in Unilateral Declarations Accepting the Compulsory Jurisdiction of the International Court of Justice* (Dordrecht: Martinus Nijhoff, 1995), 40, footnote 160.

[124] 同上注,第120页。

[125] 《国际法院年鉴(1990—1991)》,第82-83页。

[126] ICJ, *Nottebohm Case* (*Guatemala v. Lichtenstein*), Preliminary Objections, Judgment of 18 November 1953, ICJ Rep. (1953) 111, at 122.

[127] 同上注,第123页。

[128] ICJ, *Maritime Delimitation and Territorial Questions between Qatar and Bahrain* (*Qatar v. Bahrain*), Jurisdiction and Admissibility, Judgment of 15 February 1995, ICJ Rep. (1995) 6, para. 43.

项提交国联建立的国际法庭或常设国际法院来审理,只要该事项当事方是《国际法院规约》的缔约国,该事项应移交至国际法院。需要指出的是,国际法院认为第 36 条第五款仅适用于 1945 年《国际法院规约》的签字国[129],而不包括嗣后被联大接受为会员国并因此自动成为《规约》成员国的情况[130]。在"1955 年 7 月 27 日空难案"中,国际法院认为保加利亚在 1921 年做出的声明在 1946 年常设国际法院解散后即失效;当 1955 年保加利亚加入联合国时,该声明已经不存在了;因此保加利亚当然可以重新在《规约》第 36 条第二款下做出接受法院强制管辖权的新声明[131]。

第六,国际法院实践中还演变出这样的做法:当某国以单方书面申请将案件提交给书记官长时,若另一争议国以其行为接受了法院管辖权或者参加了诉讼程序,法院对所提交案件也具有管辖权,这也就是所谓"延续管辖权"(*forum prorogatum*)[132],或译为"扩张管辖权"[133]。这个方式与上面所讲的特别协议方式不同,因为它产生于争端一方单方面向法院申请裁决,而另一方在此之后以行为表示同意接受法院的管辖权,所以双方的协议不是书面的[134]。相关案件可参看 1947 年"科孚海峡"案,其中阿尔巴尼亚就以这种方式接受了国际法院管辖权[135]。1949 年 4 月 9 日,联合国安理会建议将英国与阿尔巴尼亚之间的争端提交国际法院处理,英国随后在 1947 年 5 月 22 日向法院提出了单方申请[136];在 1947 年 7 月 2 日提交给法院秘书处的一封信函中,阿尔巴尼亚政府表示接受安理会的建议并准备"到国际法院出庭",且提到"其对国际法院管辖权的接受不构成先例"[137],这封信函"在法院看来,是阿尔巴尼亚对本院管辖权的自愿且明确的接受行为。"[138]后来,

---

[129] ICJ, *Case Concerning the Aerial Incident of July 27th, 1955 (Israel v. Bulgaria)*, Preliminary Objections, Judgment of 26 May 1959, ICJ Rep. (1959) 127, at 137-138.

[130] Ibid., 141-142.

[131] Ibid., 143-145.

[132] PCIJ, *Rights of Minorities in Upper Silesia (Minority Schools)*, Judgment of 26 April 1928, PCIJ Ser. A, No. 15 (1928), 24.

[133] President Bedjaoui, "The Forum Prorogatum before the International Court of Justice: The Resources of an Institution or the Hidden Face of Consensualism", 51 *ICJ Yearbook* (1996—1997) 216, at 217.

[134] Rosenne, *The Law and Practice*, vol. ii, 675.

[135] ICJ, *Corfu Channel Case (UK v. Albania)*, Judgment on Preliminary Objection, 25 March 1948, ICJ Rep. (1948) 15.

[136] Ibid., 18.

[137] Ibid., 19.

[138] Ibid., 27. 另参看:I. Y. Chung, *Legal Problems Involved in the Corfu Channel Incident* (Geneva: Librairie E. Droz, 1959), 55, 78-81.

国际法院依照双方所签订的特别协议确立了管辖权问题之后程序的管辖权[139]。

在1978年修改后的《规则》中,第38条第五款确认了上述法理。之后案例中,出现了争端一方直接依靠本条款来主张法院管辖权的做法[140]。可以说,这种管辖权出现在争端明朗之后,即在其被提交给司法机构之后[141]。

(四) 初始阶段:2) 受理性

同在初始阶段,国际法院还会对案件的可受理性问题做出决定;如果某一案件不能被受理,则案件中止,即使法院有管辖权也是一样的结果。针对管辖权和受理性初步反对理由(或说抗辩理由)的区分,菲茨莫里斯提出过一个简明的识别方法:

> "【受理性反对理由】提起的是在案件实体问题之外存在的、使得本案不可受理的请求;而【管辖权反对理由】提起的是该法庭对本案的实体或受理性均无权过问的请求。"[142]

格里塞尔的分类方式更为明了:

> "有关管辖权的抗辩理由,总是针对着案件双方对法院管辖权的同意的存在、有效性、范围而发;如果法院在某一案件中接受了这样的请求,则等于宣布法院对案件的任何方面都没有权力过问。相反,受理性抗辩理由针对的是与上述同意无关的任何程序性规则;当法院接受了这样的请求,并不意味着法院因此针对此案失去管辖权,而是提起案件的申请在程序上产生了问题。"[143]

---

139 ICJ, *Corfu Channel Case* (UK v. Albania), Judgment of 9 April 1949, ICJ Rep. (1949) 4, at 7.

140 比如:ICJ, *Case Concerning Certain Questions of Mutual Assistance in Criminal Matters* (*Djibouti v. France*), Judgment of 4 June 2008, ICJ Rep. (2008) 177, para. 63(该案中法院第一次通过这种途径确立了对实体问题的管辖权,并做出了针对该实体问题的判决).

141 H. Thirlway, *The Law and Procedure of the International Court of Justice: Fifty Years of Jurisprudence* (Oxford: OUP, 2013), vol. i, 710.

142 G. Fitzmaurice, "The Law and Procedure of the International Court of Justice, 1951—1954: Questions of Jurisdiction, Competence, and Procedure", 34 *BYIL* (1958) 1, at 12-13. 国际法院的案例法支持他的论点:H. Thirlway, "The Law and Procedure of the International Court of Justice 1960—1989", 71 *BYIL* (2000) 71, at 81.

143 E. Crisel, *Les exceptions incompétence et d'irrecevabilité dans la procédure de la CIJ*, Berne: Herbert Lang, 1968, 74-75, quoted in: H. Thirlway, "The Law and Procedure of the International Court of Justice 1960—1989", 71 *BYIL* (2000) 71, at 74, n. 7.

国际法院在实践中形成了下面较为固定的做法:当法院处于案件的初始阶段时,会遵循三个步骤[144],即:"(一)首先确定是否存在案件所宣称的争端[145]。若否,则法院会宣布自己没有管辖权[146],而案件不再进行下去[147];若是,则考虑管辖权是否存在。法院曾明确指出,争端的存在是由法院自己来决定的;那么,争端方所做的描述对法院的决定没有拘束力,相反,法院会把真实的争端与争端方对之所做的表述区分开来[148];(二)在考虑管辖权时,法院需借助于案件双方就此问题提出的抗辩。若没有管辖权,法院会在判决中宣布案件就此结束;若结论是法院有管辖权,则要考虑受理性初步反对理由[149];(三)在考虑受理性问题时,法院同样会借助于双方就此提起的抗辩,如果结论是法院不能受理本案,则它会在判决中如此宣告;如果结论相反,则法院会在判决中宣告案件将进入下一阶段:实体问题阶段。"

在这里值得注意的是,如果出现争端方之一不出庭的情况,另一方要求法院做出对之有利的判决时,国际法院必须确定自己对本案具有管辖权[150]。

(五) 案件实体阶段

国际法院在本阶段中决定案件的实体问题。该阶段的程序适用国际法院的《规约》和《规则》;提交文件以及开庭的时间由法院自己决定[151]。

实践中本阶段存在着一些有趣的特点。第一,双方可以通过协议终止某个案件的进程。在法院做出实体问题判决之前,当事方可以随时以书面方式告知法院已经达成终止审理的协议。接到通知后,法院应该做出决定,在其中注明案件因双方协议而终止,并将此案从法院的案件名单中删除[152]。

---

144 当然这是一般性的概括,因为在国际法院实践中存在着其他无法归类的初步反对意见,但是在进入实体阶段前法院必须加以处理:ICJ, *Nuclear Tests* (*Australia v. France*), Judgment of 20 December 1974, ICJ Rep. (1974) 253, para. 22.

145 PCIJ, *Mavrommatis Palestine Concessions* (*Greece/UK*), Ser. A, No. 2(1924), at 11.

146 ICJ, *South West Africa Cases* (*Ethiopia v. South Africa*; *Liberia v. South Africa*), Preliminary Objections, Judgment of 21 December 1962, ICJ Rep. (1962) 319, at 328.

147 ICJ, *Nuclear Tests* (*Australia v. France*), Judgment of 20 December 1974, ICJ Rep. (1974) 253, para. 55.

148 Ibid., paras. 29 and 55.

149 《规则》第79条第一款。该款暗示法院只考虑案件当事方提起的此类反对意见。又及:C. Tomushat, "Article 36", in: A. Zimmermann et al. (eds.), *Commentary*, 698.

150 《规约》第53条。

151 《规则》第30条和43条。

152 《规则》第88条。

第二,针对争端一方不出庭的情况,《规约》第 53 条规定:"一、当事国一方不到法院出庭或者不辩护其主张时,另一方得请求法院对自己的主张做有利裁判。二、法院于允准前项请求前,应查明不但依第 36 条及第 37 条法院对本案有管辖权,且请求之主张在事实及法律上均有根据。"当然,不出庭不一定只在实体阶段里才出现;相反,相关案例中的不出庭情况多数出现在初始阶段。

第三,《规约》第 55 条规定一切问题均应由出席之法官过半数决定,而且在不同意见票数相等时院长或替代他的法官有决定/加权票。第 57 条允许法官在判决后附上个别意见;在实践中,这项权利被解释为法官也可附上反对意见。

第四,第 59 条规定,法院判决除对于当事国及本案外不具有拘束力,因此在国际法院的司法实践中不存在遵循先例的原则。

第五,法院的判决是终审判决,不存在上诉程序。联合国任一成员国作为案件当事方时都负有义务遵行法院的判决[153]。如果一方不执行判决,另一方可以向安理会申诉,安理会有权建议或者决定执行判决的方式[154]。当双方对判决的意思及范围产生分歧时,法院应当在一方要求下做出解释[155]。法院解释判决的权力令一些成员国产生忧虑,并避免将争端提交法院解决。在法院解释判决时,它的管辖权是事先即已确定的,且法院的解释是对有关事项的最终且有效的决定。

(六) 咨询程序

在常设国际法院,咨询程序的规定出现在 1929 年版的法院规约中,而这一版在 1936 年才生效[156]。

在《联合国宪章》第 96 条第一款下,联合国大会和安理会可以请求法院"就任何法律问题"做出咨询意见。该条第二款规定,联合国的其他机构以及专门组织经联大授权也可以就"其工作范围内产生的法律问题"要求法院做出咨询意见。《规约》第 65 条规定,任何组织经《联合国宪章》授权或根据《联合国宪章》要求时,国际法院都可以就提出的法律问题给出咨询意见。当提出请求的组织告知法院

---

153 《宪章》第 94 条第一款。
154 《宪章》第 94 条第二款。
155 《规约》第 60 条。
156 LON, *Conference regarding the Revision of the Statute of the Permanent Court of International Justice, Minutes* (Geneva, 1929), from 390 ff, at www.icj-cij.org. Also see *Rules of Court*, adopted by the PCIJ on 24 March 1922, Arts. 71-74.

第十六章 和平解决争端

它需要一个即时答复或者法院发现迅速答复可行时,法院应该采取一切措施加快咨询程序的进度,并在不忽略程序本身目的的同时尽快庭审并合议[157]。在这里需要注意三点。

第一,咨询意见可能涉及特定的国家间争端,正如国际法院所说,

"咨询功能的目的不在于解决国家间的争端,而是向提起咨询请求的组织提供法律意见……请求所涉及的问题不包括特定争议这一事实并不导致法院拒绝行使咨询管辖权。"[158]

另一方面,咨询意见对国家间争端做出判断的例子也不再罕见。在这里,"判断"与"决定"的词义不一定重合,是否会形成新的发展值得关注。在"查戈斯群岛咨询意见"中[159],联大通过决议第71/292号要求国际法院对两个问题提供咨询意见,即 1)1968年,当查戈斯群岛被从毛里求斯剥离时,毛里求斯的非殖民化进程是否"合法"结束? 2)英国继续在查戈斯群岛执政的法律后果是什么[160]? 虽然第一个问题的表达方式是法律问题的表达方式,但是它并不是一个纯法律问题,也不是一个只限于联大领导的非殖化进程的问题。假设英国与毛里求斯之间已经存在一个有关领土主权的争端,联大能够避开两国之间的争端吗[161]? 国际法院的回答有两个方面,其一,联大的问题是在非殖民化进程框架下的问题,且联大提出的两个问题都与联大在这一进程下的作用具有不可分割的联系;其二,对于联大提出的法律问题两个国家(英国与毛里求斯)间存在不同解释的这一情况,并不构成一个"双边争端"[162]。可以说,法院与英国为代表的国家的侧重点不一样。但是,依照国际法院的案例法,对于法律问题的不同解释的确是"争端"的一种[163]。若此,

---

[157] 《规则》第103条。

[158] ICJ, *Legality of the Threat or Use of Nuclear Weapons*, Advisory Opinion of 8 July 1996, ICJ Rep. (1996) 226, para 15.

[159] ICJ, *Legal Consequences of the Separation of the Chagos Archipelago from Mauritius in* 1965, Advisory Opinion of 25 February 2019, ICJ Rep. (2019) 95.

[160] 联大认为非殖化"义务"体现在联大第1514(XV)号(1960年12月14日)、第2066(XX)号(1965年12月16日)、第2232(XXI)号(1966年12月20日)第2357(XXII)号(1967年12月19日)这几个决议之中:同上注,第1段和第58段。

[161] 同上注,第83段(一些向法院提交了书状的国家持此看法)。

[162] 同上注,第88-89段。

[163] PCIJ, *The Mavrommatis Palestine Concessions* (*Greece v. UK*), Judgment of 30 August 1924, PCIJ Ser. A, No. 2, at 11: "A dispute is a disagreement on a point of law or fact, a conflict of legal views or of interests between two persons".

"国家同意原则"的适用,在本案中是有可能的[164]。进一步说,如果法院在回答咨询问题时,超越了问题的范围[165],就可能导致规避"国家同意原则"的后果[166]。

第二,由于咨询管辖权涉及的主要是实体性问题,即权利与义务的问题,所以不能以"固有权力"来主张它的存在。如果成立司法机构的条约明确赋予此权力,那么它就存在,否则就没有这一权力[167]。实践中,咨询管辖权是许多。

第三,从"合理司法"角度来看,国际法院不会轻易回避咨询管辖权的行使,因为法院毕竟是联合国组织的组成机构之一,参与组织的职能是分内之事[168]。

某些多边公约或者国际行政法庭的规约也规定国际法院可以做有拘束力的咨询意见,比如:《维也纳国家与国际组织间及国际组织之间的条约法公约》[169],以及《联合国禁止非法贩卖麻醉品和精神药物公约》[170]。此外,联合国行政法庭《规约》[171]及国际劳工组织《规约》都授权国际法院作具有拘束力咨询意见的条款,不过前者的授权已被联大第50/54号决议(1996年1月29日)废止了,给出的原因是国际法院的决定对国际组织及其雇员之间争议的解决发挥的效果有限。但国际劳工组织《规约》的授权仍然有效,第12条规定:"1、当国际劳工局理事会或退休金管理委员会不满行政法庭确定管辖权的决定,或认为法庭的决定由于程序中的根本性错误而失效时,决定有效性的问题必须由理事会提请国际法院给出咨询意见。2、法院的咨询意见具有拘束力。"

此外,国际组织与驻在国间缔结的总部协定也可能含有类似条款,如《联合国

---

[164] ICJ, *Legal Consequences of the Separation of the Chagos Archipelago from Mauritius in 1965*, Advisory Opinion of 25 February 2019, ICJ Rep. (2019) 95, 261, Dissenting Opinion of Judge Donoghue, paras. 21-22.

[165] Judge Tomka's Declaration also expressed the same view: para. 8.

[166] 2019年5月22日,联大通过第73/295号决议,要求英国于2019年11月22日将行政当局撤出查戈斯群岛(决议第三段),英国没有理会。早期实践:PCIJ, *Status of Eastern Carelia*, Advisory Opinion, 23 July of 1923, PCIJ, Ser. B, No. 5; M. Pomerance, *The Advisory Function of the International Court in the League and U. N. Eras* (Baltimore: Johns Hopkins University Press, 1973), 68-69.

[167] C. Brown, "The Inherent Powers of International Courts and Tribunals", 76 *BYIL* (2005) 195, at 211-222.

[168] ICJ, *Legal Consequences of the Separation of the Chagos Archipelago from Mauritius in 1965*, Advisory Opinion of 25 February 2019, ICJ Rep. (2019) 95, para. 65.

[169] 第66条第二款。该公约缔结于1986年3月21日。文件编号 UN Doc. A/CONF. 129/15(1985)。全文参看25 *ILM* 543。

[170] 第32条第三款。该公约缔结于1988年12月19日。文件编号 UN Doc. E/CONF. 82/15(1988)。全文参见28 *ILM* 493。

[171] 《联合国行政法庭规约》第11条第三款,文件编号 UN Doc. AT/11/Rev. 4(1972)。

特权及豁免公约》[172],《联合国专门机构特权与豁免公约》[173]以及《国际原子能机构特权与豁免公约》[174]。《联合国特权及豁免公约》第 8 条规定:"一切有关公约解释与适用的分歧均应提交国际法院处理,除非当事方同意以其他方式解决。当联合国与成员国间发生争端时,应依据《联合国宪章》第 96 条以及《国际法院规约》第 65 条请求法院做出咨询意见,法院的意见应作为决定性的结论而被双方接受。"这些有关特权豁免的条约都允许国际组织参与咨询程序,因此实际上使后者成为国际法主体。

国际法院应该在通知安理会和直接相关的联合国成员国、其他国家以及国际组织的代表后,公开宣布咨询意见[175]。

(七) 修改判决

对判决修改的权力不同于管辖权问题。首先,如果当事方发现了判决时法院或当事方不知道的、对案件有决定性影响的事实,且这种无知并非因过失而造成时,该当事方可以申请法院修改判决,法院可以修改判决,而启动修改程序时也不需所有当事方的同意[176]。但这个程序受自判决之日起算的 10 年时效的限制[177]。其次,法院可以在双方都同意或者都申请时解释判决[178]。另外,法院有权先要求(至少)申请方证明已经履行着或履行了需要修改的判决,然后在开始修改程序[179]。2017 年 2 月 2 日,马来西亚政府向国际法院提出修改 2008 年判决的申请,原因是马来西亚在 2008 年判决宣布之后发现了新的证据,可以证明在本案关键日期,新加坡执政当局并不认为本案中的白礁岛属于新加坡主权的范围之内[180]。不过,2018 年 5 月,马来西亚代表通知法院双方同终止修改程序,法院因此将案

---

172 《公约》第 8 条第 30 节。该公约缔结于 1946 年 2 月 13 日。全文参看《联合国条约集》第一卷,第 15 页。

173 《公约》第 11 条第 32 节。全文参看《联合国条约集》第 33 卷,第 261 页。

174 《公约》第 10 条第 34 节。该公约缔结于 1959 年 7 月 1 日。全文参看《联合国条约集》第 374 卷,第 147 页。

175 《规约》第 67 条。

176 《规约》第 61 条。

177 《规约》第 61 条第五款。

178 《规约》第 60 条。

179 《规约》第 61 条第三款。

180 Malaysia, *Application for Revision of the Judgment of 23 May 2008 in the Case concerning Sovereignty over Pedra Branca/Pulau Batu Puteh, Middle Rocks and South Ledge* (*Malaysia/Singapore*) (*Malaysia v. Singapore*), para. 23: https://www.icj-cij.org/public/files/case-related/167/167-20170202-APP-01-00-EN.pdf.

件从案件名录中移除[181]。

(八) 临时措施(provisional or interim measures)

临时措施的历史与现代国际法中采取和平方式解决国际争端的发展是并行的[182]。它的目的是对最后实体判决的完整性提供预先性保护,以阻止争端任一方铤而走险,采取非和平手段进行维权,造成更大的争端,危害国际和平和稳定。

对临时措施权力的规定,可参看《国际法院规约》第41条的内容:

> "若争端具体情形有需要,本法院有权指定任何临时措施,以预先性保留争议双方的权利。在最终判决做出之前,法院须通知争议各方和联合国安理会其所指定的措施。"

在性质上临时措施的指定是一种附带性权力,即与争端中解决实体性问题的管辖权相联系的权力。只有在某一国际司法机构初步(prima facie)确定自己"可能"对某一案件具有实体性管辖权后,才能谈到该机构有权指定临时措施[183],使得争端不再恶化。这个做法已在国际法院的实践中确立[184]。

基于其性质,临时措施一般由法院/法庭以命令(order)的形式规定下来。这种形式从一方面证明了此类命令对争议双方都具有法律拘束力[185];另一方面,《联合国宪章》第94条的规定也说明这种命令具有法律拘束力。这个确立的规则也促使国际法院开始在指定临时措施时使用新的、具有命令性的措辞[186]。

如果在国际司法/仲裁机构命令采取临时措施后,承担执行义务的争端当事方拒不按照命令行为,则会产生国际不法行为,造成国家责任[187]。

---

181 ICJ, *Application for Revision of the Judgment of 23 May 2008 in the Case concerning Sovereignty over Pedra Branca/Pulau Batu Puteh, Middle Rocks and South Ledge (Malaysia/Singapore) (Malaysia v. Singapore)*, Order of 29 May 2018, ICJ Rep. (2018) 284, at 285.

182 S. Rosenne, *Provisional Measures in International Law* (New York: OUP, 2005), 12-21.

183 ICJ, *Anglo-Iranian Oil Co. (UK v. Iran)*, Provisional Measures, ICJ Rep. (1951) 89, at 92; *Fisheries Jurisdiction (UK v. Iceland)*, Provisional Measures, ICJ Rep. (1972) 12, para. 17; *Land, Island and Maritime Frontier Dispute (Application to Intervene) (El Salvadore/Honduras)*, Judgment of 11 September 1992, ICJ Rep. (1992) 92, para. 98.

184 K. Oellers-Frahm, "Article 41", in: A. Zimmermann et al. (eds.), *Commentary*, 935.

185 ICJ, *LaGrand (Germany v. US)*, Judgment of 27 June 2001, ICJ Rep. (2001) 466, para. 109.

186 S. Rosenne, *Provisional Measures in International Law* (New York: OUP, 2005), 40-41.

187 ICJ, *LaGrand (Germany v. US)*, Judgment of 27 June 2001, ICJ Rep. (2001) 466, para. 128 (Finding No. 5). Also, *The Arctic Sunrise Arbitration (Netherlands v. Russia)*, PCA Case No. 2014-02, Award on the Merits, 14 August 2015, https://pcacases.com/web/sendAttach/1438, paras. 337, 355, 360.

五、国际案例法形成的可能与统一性的问题

在国际层面上司法机构数量增多已经不是一个新问题,自联合国成立后70年以来这一问题就一直存在。除了国际法院外,在这里可以列举出其他一些著名的国际司法机构:国际刑事法院、前南国际刑事法庭、卢旺达国际刑事法庭、解决投资争端国际中心、世界贸易组织争端解决机构及其上诉机构、伊朗—美国求偿仲裁庭、国际海洋法法庭、位于瑞士苏黎世的联合国求偿法庭、欧洲人权法院、美洲人权法院以及欧洲联盟法院,等等[190]。在此之外,还需要考虑到众多仲裁机构的存在,特别是近些年来投资仲裁实践的发展。每一个常设机构都有自己的案例法,甚至成为独立研究的对象,所以在此不作全面讨论,而只是从案例的大量增多这一情况出发,讨论一下案例法中存在的几个普遍性问题。

第一,这些机构提供了国际争端的解决方式,但这些机构处理的很多案件都不再是单纯的国家间争端,同时会波及国际组织或个人在国际法下的权益。国际司法机构繁多会导致在案件实体问题管辖权的确认、实体问题所作结论上的差别[191]。这势必造成国际司法秩序的不可预见性,直接违背司法公正的理念,因此国际司法机构之间的合作与协调就十分必要。但怎么去协调?可否指定一个上诉法院,汇聚国际性司法机构的上诉请求?或者每一个领域里设立一个上诉法院?国际法院在处理国家间争端中,其权威性在涉及国际公法问题时格外突出,但如果把私人为当事一方的争端上诉到国际法院,实践上不可行(不仅要修订《国际法院规约》以扩大主体的范围,还要考虑到这样的案件数量众多,超过国际法院现有法官编制所允许的案件数量)。另一方面,有些国际性法庭设置了上诉机构,

---

[188] 参看欧洲人权法院《程序规则》第39条;1969年《美洲人权公约》第63条第二款;1982《联合国海洋法公约》附件六(《国际海洋法法庭规约》),第25条。

[189] 参看1976年《联合国贸易委员会仲裁规则》(UNCITRAL)第26条。这套规则经过必要修订,成为1982年《伊朗—美国求偿仲裁庭程序规则》,其中第26条与上述贸易委员会仲裁规则第26条的文字完全一致。

[190] Y. Shany, *The Competing Jurisdictions of International Courts and Tribunals* (New York: OUP, 2003), 5-7.

[191] J. Charney, "Is International Law Threatened by Multiple International Tribunals?" 271 *RdC* (1998) 101, at 117-131.

从而可能加剧案例法"碎片化"倾向[192]。

第二，国际法院以及其前身的规约、程序规则以及案例，为后来的国际性司法、仲裁机构所认可以至继承[193]，所以，在研究后者的实践时，国际法院的案例常常是必须考虑的参照系。比如，国际法院的咨询权力同样也为其他法院在本身特定使命的限制下所拥有[194]，那么在研究后者发布咨询意见实践中的问题时，就要参考前者实践适当修正思路[195]。另一方面，基于条约设立的司法、仲裁机构，在实践中常常注重本机构的先例，发展出自己的案例法体系[196]，造成国际案例中就法律问题所作的不同法律解释，把国际案例法是否统一的问题凸显出来。典型的例子是对"有效控制"（国际法院）和"普遍控制"（前南刑庭上诉庭）作为国家责任中归责标准的理解。国际法院的立场是，在仔细考虑了前南刑庭上诉庭判决中的论理之后，"无法接受上诉庭的观点"，因为在国家责任问题上，前南刑庭没有管辖权[197]。在国家责任与个人刑事责任之间，国际法院对涉及前者的案件的管辖权是没有异议的[198]。

第三，既然存在管辖权和实体判决上的不同看法，如果无法建立上诉法院的

---

[192] 比如，国际刑事法院自始就设有上诉庭。这一设置上诉庭的做法还在延续，比如，从 2015 年起，欧盟改变了既往依靠临时商事仲裁来解决投资者与东道国的投资争端的实践，开始推进设立"多边投资法院"；这一常设司法机构的组成就包括初级法院和上诉庭，并由常任法官来处理争端，在未来将取代欧盟与其他国家间基于双边贸易、投资条约（现有超过 1400 件）的争端解决机制安排。具体细节参看欧盟委员会官网：https：//trade. ec. europa. eu/doclib/press/index. cfm? id=1608。

[193] 比如：*Memorandum by the President of the Conference on Document A/CONF. 62/WP. 9*, A/CONF. 62/WP. 9/Add. 1, 31 March 1976, UNCLOS Ⅲ, Official Records, vol. v, at 122, para. 30.

[194]《欧洲人权公约》第 16 号附加议定书第 1 条第一款，2013 年 10 月 2 日通过，参见：www. echr. coe. int. ；《非洲人与人民权利宪章》附加议定书（建立非洲人与人民权利法院）第 4 条第一款，1998 年 6 月通过，2004 年 1 月 25 日生效，参见：www. african-court. org；《联合国海洋法公约》第 191 条。

[195] ITLOS, *Request for an advisory opinion submitted by the Sub-Regional Fisheries Commission* (SRFC), at: http：//www. itlos. org/index. php? id=252&L=0（浏览于 2014 年 11 月 10 日）。

[196] 比如伊朗—美国求偿法庭的决定和裁决中，伊朗和美国法官所引用先例中超过 60%来源于本法庭的案例：D. Charlotin, "A Data Analysis of the Iran-US Claims Tribunal's Jurisprudence—Lessons for International Dispute-Settlement Today", 10 *Journal of International Dispute Settlement* (2019) 443, at 463, Table 8. 关于国际法院与国际海洋法法庭引用先例的实践，参看：E. De Brabandere, "The Use of Precedent and External Case Law by the International Court of Justice and the International Tribunal for the Law of the Sea", 15 *Law and Practice of International Courts and Tribunals* (2016) 24, at 42-53.

[197] ICJ, *Application of the Convention on the Prevention and Punishment of the Crime of Genocide* (*Bosnia and Herzegovina v. Serbia and Montenegro*), Judgment of 26 February 2007, ICJ Rep. (2007) 43, para. 403.

[198] ICJ, *Application of the Convention on the Prevention and Punishment of the Crime of Genocide* (*Croatia v. Serbia*), Judgment of 3 February 2015, ICJ Rep. (2015) 3, para. 129.

话,是否可以遵循案例法自身的逻辑,从案例中引申出普遍性原则,推动国际案例法的成熟发展?在现有理论中可以找到两个"授权性"原则[199],作为国际案例法发展的基础,其一,承认案例法存在的普遍性法律原则;其二,承认案例法存在的习惯法原则。在此基础之上的发展取决于未来实践。

六、结　　论

和平解决争端的实践有超过100年的历史,近30年来的发展强劲,涌现了诸多司法、仲裁机构以及司法和仲裁案例[200],以至于出现或再现了"司法化"的说法[201]。可以说,这30年来的发展具有三个特点:1)强制管辖权的逐渐扩张;2)具有特别管辖权的常设司法机构的出现;3)"司法化"造成的问题。

首先,强制管辖权处于缓慢扩展过程之中,同时也一如既往地充满争议。国际法院所拥有的强制管辖权,在很长时间里都只适用于不到75个国家,撤销或第36条第二款下接受强制管辖权的声明或任其失效的情况也并不罕见[202]。世界贸易组织争端解决机制的强制而且排他性管辖权适用于所有被"争端解决与程序的谅解"这一文件的附件一所包含的协议有关的争端[203]。国际海洋法法庭的强制管辖权覆盖"立即释放"程序和临时措施程序[204]。

其次,30年来的国际实践中出现了国际海洋法法庭、世界贸易组织争端解决机制、国际刑事法院等具有特别管辖权的司法机构,在国际法相关领域里发挥所长,形成了各自的案例法体系。此外,最抢眼的发展是国际刑事司法机构在数量上的增长,包括前南法庭、卢旺达刑庭、塞拉利昂法庭、柬埔寨特别法庭、黎巴嫩特

199　B. B. Jia,"International Case Law in the Development of International Law",382 *RdC*(2015) 175,381-382.

200　T. Buergenthal,"Proliferation of International Courts and Tribunals: Is it Good or Bad?"14 *LJIL*(2001),267-275.

201　L. Helfer and A.-M. Slaughter,"Toward a theory of effective supranational adjudication",107 *Yale Law Journal* (1997),273-391; S. Katzenstein,"In the Shadow of Crisis: The Creation of International Courts in the Twentieth Century",55 *Harvard Journal of International Law* (2014),151-209; P. Sands,"Reflections on International Judicialization",27 *EJIL*(2016),885-900.

202　*ICJ Yearbook*(2018—2019),74(截至2019年7月31日,73个国家递交了《国际法院规约》第36条第二款下的声明,其中55个声明作了保留;自1951年以来声明失效或被撤销的统计,参见第74页上的脚注11,涉及15个国家)。

203　*United States-Sections* 301-310 *of the Trade Act of* 1974,WTO Doc WT/DS152/R,Report of the Panel,22 December 1999,para 7.43.

204　《联合国海洋法公约》第292条和第290条第五款。

别法庭,以及混合型刑事法庭[205]。这个趋势引起了"司法化"的讨论[206]。

最后,"司法化"的趋势同时也带来了问题[207],特别是在解决政治性突出的争议的时候,因为政治上的考量和时间安排并不总是与司法逻辑和日程重合。即使通过司法(和仲裁)路径来解决争端本身就是政治决定,但一旦司法(或仲裁)程序启动,程序规则的存在使得司法(或仲裁)进程倾向于独立于政治进程,从而造成可能的"脱节",削弱彼此本应发挥的影响。就和平解决争端而言,哪一种解决方式更有效尚不明朗,对这两个路径的协调和互补是值得继续研究的问题[208]。

---

[205] G. Werle and F. Jessberger, *Principles of International Criminal Law* (4th edn., Oxford: OUP, 2020), 30-34.

[206] A. Follesdal and G. Ulfstein (eds.), *Judicialization of International Law: A Mixed Blessing?* (Oxford: OUP, 2018).

[207] K. Alter, J. Gathii, and L. Helfer, "Backlash against International Courts in West, East and Southern Africa: Causes and Consequences", 27 *EJIL* (2016), 293-328.

[208] S. Mitchell and A. Owsiak, "Judicialization of the Sea: Bargaining in the Shadow of UNCLOS", 115 *AJIL* (2021), 579-621.

第十七章 诉诸战争权与相关问题

扩 展 阅 读

H. Waldock, "The regulation of the use of force by individual states in international law", 81 *RdC* (1952) 11; D. Bowett, *Self-Defence in International Law*, Manchester: Manchester University Press, 1958; I. Brownlie, *International Law and the Use of Force by States*, Oxford: OUP, 1963; J. Stone, *Legal Controls of International Conflict: A Treatise on the Dynamics of Disputes- and War-Law*, reprint, New York: Garland Publishing, 1973; O. Schachter, "Self-Defense and the Rule of Law", 83 *AJIL* (1989) 259; the same, "The Lawful Use of Force by a State against Terrorists in another Country", 19 *Israel Yearbook on Human Rights* (1989), 209; M. Weisburd, *Use of Force: The Practice of States since World War* II, University Park: Pennsylvania State University Press, 1997; B. Simma et al. (eds.), *The Charter of the United Nations: A Commentary*, 3rd edn., Oxford: OUP, 2012; T. Franck, *Recourse to Force: State Action against Threats and Armed Attacks*, Cambridge: CUP, 2002; S. Neff, *War and the Law of Nations: A General History*, Cambridge: CUP, 2005; E. Cannizzaro and P. Palchetti, *Customary International Law on the Use of Force: A Methodological Approach*, Leiden: Martinus Nijhoff, 2005; G. Corn el al., *The War on Terror and the Laws of War: A Military Perspective*, New York: OUP, 2009; M. Williamson, *Terrorism, War and International Law*, Surrey: Ashgate, 2009; N. Stürchler, *The Threat of Force in International Law*, Cambridge: CUP, 2007; T. Ruys, "*Armed Attack*" *and Article 51 of the UN Charter: Evolutions in Customary Law and Practice*, Cambridge: CUP, 2010; M. Weller, *Iraq and the Use of Force in International Law*, Oxford: OUP, 2010; N. Lubell, *Extraterritorial Use of Force Against Non-State Actors*, Oxford: OUP, 2010; O. Corten, *The Law Against War: The Prohibition on the Use of Force in Contemporary International Law*, Oxford:

Hart Publishing, 2012; T. Gazzini and N. Tsagourias(eds.), *The Use of Force in International Law*, Surrey: Ashgate, 2012; M. Weller (ed.), *The Oxford Handbook on the Use of Force*, Oxford: OUP, 2015; M. Shaw, *International Law*, Cambridge: CUP, 8th edn., 2017, Chapter 19; Y. Dinstein, *War, Aggression and Self-Defence*, Cambridge: CUP, 6th edn., 2017.

一、诉诸战争权

从国际法体系的角度看，诉诸战争是适用国际人道法/武装冲突法的前提条件，国际人道法目的是对战争行为和过程的制约[1]。自 20 世纪初以来，传统的战争规则仍然存在，但是发动战争或其他武装冲突的权利内容经历了根本性变化，在当今以联合国组织为基本表现形式的国际社会中，国家间使用武力的问题主要由联合国安理会来管辖，《联合国宪章》（"《宪章》"）和习惯法提供基本法律准则。换句话说，使用武力只能以合法方式进行，而合法性取决于"诉诸战争权"（Jus ad bellum）是否存在[2]。在《宪章》体制下，此类权利的来源有两个，要么是联合国安理会授权使用武力，要么是自卫权[3]。国际实践发展到承认这样简明的规则，是经过了 20 世纪的两次世界大战和无数武装冲突之后的结果。

需要明确的是，"诉诸战争权"这一表述是描述性的，不一定是最完善的说法。在 1945 年以后的国际实践中，使用武力的行为更多地被表述为"武装冲突"，而"战争"这一传统说法只具有描述性；但是，"使用武力权"或"诉诸武力权"与传统的说法又不完全契合。国际法中许多概念或理论一样，在历史长河中都会经过演变的过程，即使保持了原有的表示方式，也在内涵上有些许不同，所以这里沿用了"诉诸战争权"的用法，而没有将国家间使用武力的行为限定于传统意义的战争之中[4]。

在"联合国时代"，使用武力的规则已经有了深刻的变化。今天，在不断发展变化的国际局势中产生着新规则。下面第五节里将讨论有关自卫权的实践和规

---

  1 K. Okimoto, "The Relationship between Jus ad Bellum and Jus in Bello", in: M. Weller(ed.), *The Oxford Handbook on the Use of Force*(Oxford: OUP, 2015), 1209-1223.

  2 R. Kolb, "Origin of the Twin Terms jus ad bellum/jus in bello", *IRRC*(1997), No. 320, 553.

  3 Y. Dinstein, *War, Aggression and Self-Defence*(6th edn., Cambridge: CUP, 2017), 96-97.

  4 在厄立特里亚-埃塞俄比亚求偿委员会看来，"jus ad bellum"这个拉丁词的含义是"规范诉诸武力的国际法规则"：*Jus ad Bellum*(*Ethiopia's Claims* 1-8)(*Eritrea v. Ethiopia*), Eritrea Ethiopia Claims Commission, Partial Award of 19 December 2005, 45 *ILM* (2006) 430.

则,同时会增加对非国家实体使用武力所引发的自卫行动的讨论,第六节讨论安理会授权联合国成员国使用武力这一实践的成熟。

二、"诉诸战争权"的原则性规定

(一) 1945 年以来普遍接受的原则

这一原则的内容,就是禁止在国际关系中使用或威胁使用武力。然而,即使在 1945 年之前,禁止使用武力解决国家间争端也已被接受为国际关系中的原则,1928 年 8 月 27 日缔结于巴黎的《白里安—凯洛格公约》就是例证,该条约的正式名称为《关于废弃战争作为国家政策工具的普遍条约》[5]。在条约序言中,缔约方"深切地感到促进人类幸福是重要的职责;深信坦白地废弃战争作为实行国家政策工具的时机已经到来,借使现在各国人民间的和平友好关系可以永垂久远"。缔约方同样"深信各国彼此间关系的一切改变只能通过和平方法并且作为和平及有秩序调整的结果实现,此后任何签字国如用战争作为手段来谋求增进其国家利益,不得享受本条约给予的惠益"。在第 1 条中,缔约方以各国人民的名义郑重谴责以战争来解决国际纠纷,在相互关系上,他们将"废弃战争作为实行国家政策的工具"。正如缔约方所作的保留(包括美国在 1928 年 6 月 23 日所做声明)所表明的,该条约的立意并不排除自卫权,这一点被其他缔约方明确接受[6]。依照第 2 条,缔约方同意"它们之间可能发生的一切争端或冲突,不论其性质或起因如何,只能用和平方法加以处理或解决"。当时有 62 个国家签署了条约。

条约要求由序言内所列缔约方按照各自的宪法程序加以批准,并于所有批准书均交存华盛顿时在彼此之间立即生效。条约依规定生效后,应在一定期间开放,以使世界其他国家可以加入,加入书也保存于华盛顿,然后条约在该加入国和其他缔约方之间生效。该条约在 1929 年 7 月 24 日正式生效时,缔约国包括:阿富汗、阿尔巴尼亚、奥地利、保加利亚、中国、古巴、丹麦、多米尼加共和国、埃及、爱沙尼亚、埃塞尔比亚、芬兰、危地马拉、冰岛、匈牙利、拉脱维亚、利比里亚、立陶宛、荷兰、尼加拉瓜、挪威、巴拿马、秘鲁、葡萄牙、罗马尼亚、俄罗斯、塞尔维亚、克罗地亚和斯洛文尼亚王国、暹罗、西班牙、瑞典、土耳其。另外,四个国家在条约生效前

---

[5] 94 *LNTS* 57. 关于该文件的历史,参见 B. Roscher,"The 'Renunciation of War as an Instrument of National Policy",4 *Journal of the History of International Law* (2002),293-309.

[6] I. Brownlie, *International Law and the Use of Force by States* (Oxford: Clarendon Press, 1963), 236-237.

就表示了对它的支持(波兰、比利时、法国以及日本)。

该条约既没有终止条款,也未曾被缔约国终止过,因此仍然有效。纽伦堡国际军事法庭认为,该条约中禁止性规定的习惯法地位是毋庸置疑的,利用战争作为国家政策的工具构成该条约中所确立的犯罪行为[7]。在后续实践中,该条约的缺陷是显而易见的[8],因为它没有建立制裁机制[9],对战争的禁止性规定也不覆盖其他形式的武力行为[10]。

(二)《联合国宪章》第 2 条第三款与第四款

在使用武力问题上,《宪章》立场明确,其宗旨之一即"以和平方法且依正义及国际法之原则,调整或解决足以破坏和平之国际争端或情势"(第 1 条)。第 2 条第三款规定,"各会员国应以和平方法解决其国际争端,俾免危及国际和平、安全及正义。"第 2 条第四款规定,"各会员国在其国际关系上不得使用威胁或武力,或以与联合国宗旨不符之任何其他方法,侵害任何会员国或国家之领土完整或政治独立。"

《宪章》建立的集体安全机制,将使用武力的权力集中于联合国安理会手中[11],这与国际联盟的做法相反,后者将维护集体安全的权力完全留给了国联成员国,而不是集中于国联下设的机构手上,因此国联理事会在使用军事手段来维护国联盟约时只有建议的义务,即向成员国建议使用武装力量的义务[12]。再有,在国联的体制下,威胁或使用武力并未受到全面禁止,除了《国际联盟盟约》第 12 条"冷却期"(成员国同意在收到理事会调查报告或仲裁裁决或司法判决后 3 个月内不在彼此之间使用武力)和第 13 条这两个程度有限的规定(国联成员国承诺不对遵守仲裁裁决或司法判决的成员国使用武力)。所以,《宪章》第 2 条第四款的出现是国际关系中的新篇章。

---

7 41 *AJIL* (1947),216-218(其他文件也被引用以支持这一结论)。

8 D. Bowett,*Self-Defence in International Law* (Manchester: Manchester University Press,1958),137-138.

9 Q. Wright,"The Meaning of the Pact of Paris", 27 *AJIL* (1933) 39,57-58; K. Sellars, 'Crime *against Peace' and International Law*(Cambridge: CUP,2013),23-28.

10 A. Randelzhofer,"Article 2(4)", in: *UNC Commentary*, vol. i,116. 还可参见: D. Koplow,"A Nuclear Kellogg-Briand Pact: Proposing a Treaty for the Renunciation of Nuclear War as an Instrument of National Policy",42 *Syracuse Journal of International Law and Commerce* (2014—2015) 123.

11 参见《宪章》第 24 条第一款。又及: H. Kelsen,"Collective Security and Collective Self-Defense under the Charter of the United Nations",42 *AJIL* (1948) 783,786.

12 参见《国际联盟盟约》第 16 条。

在"尼加拉瓜案"中[13],国际法院在判决的第 190 段指出,尼加拉瓜与美国都承认《宪章》第 2 条第四款反映的是强行法规则[14]。另外,该原则也体现于 1970 年联合国大会第 2625(XXV)号决议的重要附件——《关于各国依联合国宪章建立友好关系及合作之国际法原则之宣言》("《国际法原则宣言》")——之中[15]。宣言第一个原则是:各国在其国际关系上应避免为侵害任何国家领土完整或政治独立之目的或以与联合国宗旨不符之任何其他方式使用威胁或武力。

关于《宪章》第 2 条第四款,有若干值得进一步研究的问题。

首先,"武力"一词可能既包括武装力量,也包括经济措施,例如抵制与禁运,比如《国际法原则宣言》就提及损害任何国家独立或领土完整的军事、经济以及其他任何形式的威胁[16]。

其次,国际法院认为,这一条款提及武力威胁,意味着在相关事实发生时存在着使用武力的明显意图;当然,这一使用武力的行为本身须是非法的[17],否则威胁就可能合法[18]。在《宪章》第 39 条之下,安理会具有是否存在"对和平的威胁"这一问题的判断权,而安理会实践已经发展到将此问题与使用武力之外的行为相联系的新做法;后一类行为本身可能导致国家使用武力情况的发生(这类行为包括:扩散、发展大规模杀伤性武器、使用雇佣军、国家以暴力形式分裂、毁灭环境的政策、跨国组织犯罪,等等)[19]。

最后,不针对领土完整与独立的使用武力行为在《宪章》下并非必然合法[20]。

13　ICJ, *Case concerning Military and Paramilitary Activities in and against Nicaragua* (*Nicaragua v. US*) Merits, Judgment of 27 June 1986, ICJ Rep. (1986) 14.

14　《维也纳条约法公约》第 53 条(标题为"与普遍国际法强制规律('强行法')抵触之条约")规定:"条约在缔结时与普遍国际法强制规律抵触者无效。就适用本公约而言,普遍国际法强制规律指国家之国际社会全体接受并公认为不许损抑且仅有以后具有同等性质之普遍国际法规律始得更改之规律。"

15　R. Rosenstock, "The Declaration on Principles of International Law Concerning Friendly Relations", 65 *AJIL* (1971) 713. *Also see* UNGA A/RES/42/22, "The Declaration on the Enhancement of the Effectiveness of the Principle of Refraining from the Threat or Use of Force in International Relations", 18 November 1987, adopted without a vote.

16　ICJ, *Legality of Threat or Use of Nuclear Weapons*, Advisory Opinion of 8 July 1996, ICJ Rep. (1996) 226, para. 47.

17　Ibid.

18　至于实践中存在的武力威胁的方式,参看:N. Stürchler, *The Threat of Force in International Law* (Cambridge: CUP, 2007), chapters 5-6.

19　S. Talmon, "The Security Council as World Legislature", 99 *AJIL* (2005) 175, 180-181.

20　T. Franck, *Recourse to Force: State Action against Threats and Armed Attacks* (Cambridge: CUP, 2002), at 12-13. 相反意见:D. Bowett, *Self-Defence in International Law* (Manchester: Manchester University Press, 1958), 142.

基于包括人道主义在内的理由而主张有权干涉他国的国家,可能为不可告人的目的滥用这项"权利"。早在"科孚海峡案"中,国际法院就认为这是国际法所禁止的[21]。实际上,全面禁止使用武力是联合国成立后前 40 年的基本原则[22]。

三、武装冲突的概念

(一) 武装冲突

当代用来表述"使用武力"(包括发动战争)的基本术语是"武装冲突",该词替代"战争"有充分的理由。有些学者认为国际人道法等同于武装冲突法[23],但武装冲突法的范围也许要大于国际人道法。原因在于,调整武装冲突(包括战争)行为的相关规则是国际人道法得以适用的前提。只有在冲突存在时,国际人道法才发挥作用,而现实中,使用武力的合法性往往是"后知后觉"——冲突发生后才有了对这一变化的性质的考虑,为下一步的解决方式提供基础,所以,即使在讲诉诸武力的权利这一问题时,也有必要了解现实中存在的使用武力的方式和情境。

(二) 武装冲突何时产生

在"塔迪奇案"中,前南国际刑庭上诉庭对此问题做出过里程碑式的判决。1995 年 8 月 10 日,前南国际刑庭初审庭驳回了被告塔迪奇对该案管辖权的抗辩;塔迪奇上诉至上诉庭,上诉庭在 1995 年 10 月 2 日做出判决[24]。

在上诉阶段,塔迪奇辩称,在被控罪行发生之时及所在之地,不论是国内层面还是国际层面,法律意义上的武装冲突并不存在。他的主张是建立在武装冲突仅限于"敌对行为实际发生在具体时空之中"这一理解之上。他辩称,普里耶多尔地区(被控罪行发生地)的冲突仅限于波斯尼亚塞族人的政治掌权,并没有武装战争(尽管承认有坦克的调动)[25]。

在分析了 1949 年《日内瓦公约》及其 1977 年议定书相关条款后,上诉庭

---

[21] ICJ Rep. (1949),4,at 35.

[22] M. Lachs,"General Course on Public International Law",169 *RdC* (1980) 9,162.

[23] C. Greenwood, "International Humanitarian Law and United Nations Military Operations", 1 *YIHL* (1998),4.

[24] ICTY,IT-94-I-AR72,*Decision on the Defence Motion for Interlocutory Appeal on Jurisdiction* ("Decision on Jurisdiction").

[25] Ibid.,para. 66.

认为:

> "在前述分析基础上,我们认为,只要国家之间诉诸武力,或一国的政府当局与有组织的武装团体之间或这些团体相互间存在持久的武装冲突,武装冲突就是存在的。"[26]

上诉庭同时指出:

> "国际人道法自此种武装冲突的发生起适用,不限于停战【的缔结】,直至实现普遍和平;或者,在国内冲突的情形下,直至实现和平解决。在那一刻到来之前,国际人道法持续适用于交战国领土全境,在国内冲突的情形下为一方控制的领土全境,不论战斗是否在那里实际发生。"[27]

上诉庭对武装冲突的界定反映了《日内瓦公约》及其议定书(特别是第二议定书)中的规则。此外,上诉庭认为,国际人道法自武装冲突开始时适用,历经停战直至实现普遍和平,在国内冲突情形下则为和平解决,其决定还认定,冲突状态的持续并不因期间出现临时停火协议而中断[28]。

可以说,该案确立了这么一个先例:持续一年左右的暴力足以令上诉庭确认该领土内存在着武装冲突。进一步说,上诉庭将武力行动的激烈程度作为判定武装冲突存在与否的标准。

然而,前南国际刑庭上诉庭的决定在实践中并未获得一致接受。例如,2006年11月1日,中国政府在联大第六委员会就国际法委员会关于"武装冲突对条约的影响"的条款草案发言[29],认为"国际法研究院于1985年在其相关决议中的定义,反映了对武装冲突的传统和普遍认识,值得借鉴。而南斯拉夫国际刑事法庭1995年在'塔迪奇'案中对武装冲突的定义,将一国内部不同武装团伙之间的冲突也包括在武装冲突的范围内,对该个案的审理也许有现实和特殊的意义,但作为一般性的规则似乎尚未获得普遍认可。"[30]

在1985年8月28日的赫尔辛基双年会上,国际法研究院就上述问题通过了决议,决议第1条将"武装冲突"定义为"含有武装行动的战争或国际冲突状态,此种武装行动的性质或程度有可能影响武装冲突各国之间或武装冲突各国与第三

---

26 ICTY, IT-94-I-AR72, *Decision on the Defence Motion for Interlocutory Appeal on Jurisdiction* ("Decision on Jurisdiction"), para. 70.

27 Ibid.

28 Ibid.

29 A/C. 6/61/SR. 18, 1 November 2006, para. 44.

30 Ibid., para. 46.

国之间条约的实施,而不论武装冲突各方或一方是否做出正式宣战或其他形式的宣言。"[31]

按照美国总统在 2001 年 11 月 13 日签署的《军事命令》,对在海外公民及设施与本土公民及财产所发动的袭击,就已达到了"需要动用美国武装力量"的武装冲突的规模[32]。这个命令有两个特点:1)是否存在武装冲突的判断,是由遭受攻击、利益受损的政府做出的;2)该命令并未提及支持国际恐怖主义的任何国家,因此,命令中涉及的武装冲突是在美国与恐怖组织之间发生的[33]。这个发展已经成为当今诉诸武力理论的基本问题之一[34]。

所以,不仅联大六委的讨论表明在此问题上各国之间还存在着分歧[35],而且,从联合国系统外的实践来看,这一分歧也是存在的。

四、侵略行为与侵略罪

(一) 侵略的概念

在古代,侵略的概念与正义战争的观念是交织在一起的,圣·奥古斯汀(公元 354—430 年)宣称,同样是使用武力,战争是为了惩戒恶行,而侵略是不正义的行为[36]。在国际联盟时代,使用武力受到了一定约束,但是并没有被禁止[37]。1924 年 10 月 2 日,国际联盟第五次大会通过《和平解决国际争端议定书》(亦即《日内瓦议定书》),试图为所有国家间争端设置强制性仲裁的条件,并将不愿提交仲裁的国家认定为侵略国,旨在弱化德、俄、美缺席国联的影响,但是,由于有关承认问题

---

[31] *Annuaire de l'institut de droit international*, *Résolutions 1957—1991* (Paris: Editions A. Pedone,1992),175.

[32] *Sassòli and Bourvier*, vol. ii, 2328.

[33] A. Paulus, and M. Vashakmadze, "Asymmetrical War and the Notion of Armed Conflict-A Tentative Conceptualization", 873 *IRRC* (2009) 95.

[34] T. Ruys, *"Armed Attack" and Article 51 of the UN Charter: Evolutions in Customary Law and Practice* (Cambridge: CUP, 2010), 126-139.

[35] A/CN.4/577, 17 January 2007, *Topical Summary of the Discussion held in the UNGA Sixth Committee*, paras. 83-84.

[36] A. Nussbaum, *A Concise History of the Law of Nations* (New York: The Macmillan Co., 1950), 40-42.

[37] J. Crawford, *Brownlie's Principles of Public International Law* (9th edn., Oxford: OUP, 2019), 717.

实践的混乱[38],20世纪30年代德国、意大利与日本的侵略行为并未引起国际联盟多大的反应。

《联合国宪章》相关规定与传统的侵略概念相去无几,它所"隐含的"国际冲突模式被认为包括了国家间侵略行为,从现在的角度去看,《宪章》的原则并未明显偏离传统的现实主义者对国际关系的看法[39]。

在20世纪50年代,国际社会曾试图对"侵略"进行定义,然而,众多尝试均无功而返[40],直到联合国大会在1974年12月14日一致通过了第3314(XXIX)号决议(其中提及联大第3105(XXVIII),2967(XXVII),2781(XXVII),2644(XXV),2549(XXIV),2420(XXIII),2330(XXII),1181(XII),895(IX),688(VII)与599(VI)号决议)。在通过该决议时,联大考虑了侵略定义问题特别委员会的报告[41],包括该特别委员会一致通过并提请联大通过的《侵略定义(草案)》,认为接受后者将有助于增进国际和平与安全。联大还呼吁"所有国家"杜绝一切侵略行为以及与《宪章》和《国际法原则宣言》不符的其他使用武力行为,并请安理会考虑该定义"作为在依《宪章》断定侵略行为是否存在的指导"。

在《侵略定义(草案)》中,联大指出,"侵略是非法使用武力最严重和最危险的形式;在一切类型大规模毁灭性武器存在的情况下,充满着可能发生世界冲突及其一切惨烈后果的威胁。"第1条将侵略定义为"一个国家使用武力侵犯另一个国家的主权、领土完整或政治独立,或以本《定义》所宣示的与联合国宪章不符的任何其他方式使用武力"。这里关键的条件是一国对另一国使用武力,因而忽略了侵略的其他可能表现形式。

第2条规定,"一个国家违反宪章的规定而首先使用武力,就构成侵略行为的显见证据,但安全理事会得按照宪章的规定下论断:根据其他有关情况,包括有关行为或其后果不甚严重的事实在内,没有理由可以确定已经发生了侵略行为。"因此,安理会控制该问题的定性,对侵略行为是否存在这一判断具有决定权。为了避免对第2条中侵略概念的宽泛解释,第3条对侵略行为做出了非穷尽列举[42],

---

38　参看本书第五章。

39　K. Holsti, *Peace and War: Armed Conflicts and International Order 1648—1989*, Cambridge: CUP,1991,268.

40　I. Brownlie, *International Law and the Use of Force by States* (Oxford: Clarendon Press,1963), 354-355. *Also see* B. Ferencz, "Defining Aggression: Where it Stands and Where it's Going", 66 *AJIL* (1972),491-508.

41　由联大第2330(XXII)号决议于1967年12月18日设立。

42　第4条(允许联合国安理会断定其他形式的侵略行为)。

包括：

(a) 一个国家的武装部队侵入或攻击另一个国家的领土；或因此种侵入或攻击而造成的任何军事占领，不论时间如何短暂，或使用武力吞并另一国家的领土或其一部分；

(b) 一个国家的武装部队轰炸另一个国家的领土，或一个国家对另一国家的领土使用任何武器。

(c) 一个国家的武装部队封锁另一个国家的港口或海岸；

(d) 一个国家的武装部队攻击另一个国家的陆、海、空军或商船和民航机；

(e) 一个国家违反其与另一个国家订立的协定所规定的条件使用其根据协定在接受国领土内驻扎的武装部队，或在协定终止后，延长该项武装部队在该国领土内的驻扎期间；

(f) 一个国家以其领土供另一个国家使用让该国用来对第三国进行侵略行为；

(g) 一个国家或以其名义派遣武装小队、武装团体非正规军或雇佣兵，对另一国家进行武力行为，其严重性相当于上述所列各项行为；或该国实际卷入了这些行为[43]。

第5条的重要性在于将侵略定性为破坏国际和平的罪行，而策划、煽动、命令或其他教唆或支持侵略的人将承担个人刑事责任，因侵略行为而取得的任何领土或特殊利益，均不得、亦不应被承认为合法所得。

该决议显示了相关国际实践的成熟，之后对侵略定义的发展和完善是以该决议为基础而完成的。

(二) 1998年《罗马规约》

在1998年罗马外交会议上，关于侵略罪是否应纳入《罗马规约》的争论持续到会议最后一刻，虽然规约中规定"法庭管辖权内罪行"的第5条包括侵略罪，但第5条第二款有一项妥协规定，"在依照第121条和第123条制定条款，界定侵略罪的定义，及规定本法院对这一犯罪行使管辖权的条件后，本法院即对侵略罪行使管辖权。这一条款应符合《联合国宪章》有关规定。"[44]

条款的设计旨在强调联合国安理会的地位，在国际刑事法院着手审理一国的

---

[43] 在"尼加拉瓜案"中，草案第3条g款被国际法院视为武装攻击的一种表象：ICJ, *Case concerning Military and Paramilitary Activities in and against Nicaragua (Nicaragua v. US)*, Merits, Judgment of 27 June 1986, ICJ Rep. (1986) 14, para. 195.

[44] S. Barriga and C Kress(eds.), *Crime of Aggression Library* (Cambridge: CUP, 2012), 5-8.

个人是否犯下侵略罪前,安理会必须就一国是否实施了侵略行为做出先行判断[45]。不过,2010年坎帕拉大会的最终结果是:1)接受了联大第3314号决议对侵略的定义[46];2)安理会对某一局势定性而通过的决议的作用凸显[47],但并不是启动国际刑事法院检察官调查程序的绝对前提[48]。在2017年12月14日,规约缔约国大会决议[49],将于2018年7月17日正式启动国际刑事法院对侵略罪的管辖权。在管辖权启动之后,《罗马规约》下惩罚罪行的体系就完整了,也使得国际法体系中针对侵略这一非法使用武力行为出现了与安理会权力平行的国际机构[50]。

实践中"侵略行为"这一用语也表达"侵略"的含义[51]。例如,《宪章》第39条规定:

> "安全理事会应断定任何和平之威胁、和平之破坏或侵略行为之是否存在,并应建议或依第41条及第42条规定决定采取何种办法,来维持或恢复国际和平及安全。"

值得留意的是,第39条并没有对"和平之威胁"、"和平之破坏"或"侵略行为"作区分,只要安理会判定其中之一存在,就可以动用本条之下的权力。实践中,安理会决议通常只提"和平之威胁"这一用语,即使决议是在授权成员国使用武力[52]。

五、自 卫 权

(一) 基本规则

尽管国际法禁止使用武力,但也存在例外。《国际联盟盟约》与《宪章》在体制

---

45 S. Barriga and C Kress (eds.), *Crime of Aggression Library* (Cambridge: CUP, 2012), 34-36. Also see A. Zimmermann, "Article 5", in: O. Triffterer (ed.), *Commentary on the Rome Statute of the International Criminal Court: Observers' Notes, Article by Article* (Munich: C. H. Beck, 2nd edn., 2008), 139.

46 ICC, RC/Res. 6, "The Crime of Aggression", 11 June 2010, Annex I, Art. 8*bis*(2).

47 Ibid., Art. 15*bis*(6)-(8).

48 Ibid., Art. 15*bis*(8) and (9). Also see D. Nsereko, "Aggression under the Rome Statute of the International Criminal Court", 71 *Nordic Journal of International Law* (2002) 497, at 505-513.

49 Resolution ICC-ASP/16/Res. 5, Assembly of States Parties, *Official Records*, 16th sess., 4-14 December 2017, vol. 1, 35.

50 B. B. Jia, "The Crime of Aggression as Custom and the Mechanisms for Determining an Act of Aggression", 109 *AJIL* (2015) 569-582.

51 ICC, RC/Res. 6, "The Crime of Aggression", 11 June 2010, Annex II, *Amendments to the Elements of Crimes*, Art. 8bis(1).

52 Y. Dinstein, *War, Aggression and Self-Defence* (6th edn., Cambridge: CUP, 2017), 330.

上的差异,决定了国联体制与《宪章》体制对自卫权的不同态度。前者既然不禁止使用武力(除了有限程度的遏制外),那么就没有必要特别规定成员国的自卫权,而后者既然全面禁止成员国威胁或使用武力,那么就必须要有单独的条款来宣示自卫权,以防集体安全体系由于安理会的不作为——不管出于什么原因——而形同虚设,导致受害国利益遭受无可挽回的损失。这个"反转"关系在《白里安-凯洛格公约》签署的时候就已经存在于国际实践之中[53]。

《宪章》第51条规定:

> "联合国任何会员国受武力攻击时,在安全理事会采取必要办法,以维持国际和平及安全以前,本宪章不得认为禁止行使单独或集体自卫之自然权利。会员国因行使此项自卫权而采取之办法,应立即向安全理事会报告,此项办法于任何方面不得影响该会按照本宪章随时采取其所认为必要行动之权责,以维持或恢复国际和平及安全。"

在1945年旧金山会议上,美国力推联合国的"国家安全"视角,这对第51条的出现有相当影响[54],同样,拉美国家的影响不可小觑[55]。

第51条在措辞上有几个问题值得注意。第一,自卫权在性质上是国家固有的权利,独立存在于《宪章》之外。虽然《宪章》并未言明,但有充分理由认为,非成员国也同样享有自卫权[56]。第二,在《宪章》中,第51条位于确立联合国安理会主导安全问题这一地位的第七章之中,安全理事会有权断定任何对和平之威胁、对和平之破坏或侵略行为之是否存在,并有权建议或依第41条及第42条规定决定应该采取的办法,来维持或恢复国际和平及安全[57]。因此,第51条要求成员国行使自卫权时应立即向安理会报告[58]。第三,第51条明确规定了这一权利的主体——联合国成员国。

---

53 I. Brownlie, *International Law and the Use of Force by States* (Oxford: Clarendon Press, 1963), 235-237(对于多数签署国家来说,废弃战争不等于放弃自卫权).

54 K. Holsti, *Peace and War: Armed Conflicts and International Order 1648—1989* (Cambridge: CUP, 1991), 266.

55 D. Bowett, *Self-Defence in International Law* (Manchester: Manchester University Press, 1958), 183-184. *Also see* the Inter-American Conference on War and Peace, *Act of Chapultepec* (*Declaration on Reciprocal Assistance and American Solidarity*), 3 March 1945, 39 *AJIL* (1945), Supp., 10; M. Canyes, "The Inter-American System and the Conference of Chapultepec", 39 *AJIL* (1945) 504.

56 O. Schachter, "Self-Defense and the Rule of Law", 83 *AJIL* (1989) 259.

57 《宪章》第39条。

58 ICJ, *Case concerning Military and Paramilitary Activities in and against Nicaragua* (*Nicaragua v. US*), Merits, Judgment of 27 June 1986, ICJ Rep. (1986) 14, para. 193.

同时，第 51 条的措辞也留下了未决的问题，比如何谓"武力攻击"？这一重要问题在实践中和学界都还有争议[59]，尽管对"武装冲突"一词的狭义理解（即使用武力的具体行为或具体的敌对行动）是主流意见[60]。与此相关的问题是，攻击行为是否应达到一定严重程度才构成"武力攻击"？在"钻井平台案"中，国际法院对此问题似乎给予了肯定回答：

"即使累积评估、并如前述暂搁置伊朗的责任问题，本法院也并不认为这些事件达到了法院在'针对尼加拉瓜的军事与准军事行动案'中认定的、使用武力的'最严重'形式这一标准，而构成对美国的武力攻击"[61]。

这是否构成对自卫规则的新发展尚无定论[62]。从此案判决全文来看，国际法院并未试图提出新的标准；相反，上述回答的原因，是证明"伊朗对美国船舶发射导弹"这一指责以及引发的国家责任的证据不足[63]。

在行使自卫权时，应遵循必要性与比例性原则[64]。这些原则在第 51 条下没有规定，但被认为是习惯法上自卫权的组成部分[65]。在"使用或威胁使用核武器的合法性"咨询意见中，国际法院指出，"行使自卫权时应遵循必要性与比例性要求是一项习惯国际法规则"[66]。在国际法院看来，是否是"必要"与"成比例"的自卫行动取决于案件的具体情况，在"钻井平台案"中，就美国在 1988 年 4 月 18 日对

59　A. Randelzhofer, "Article 51", in: *UNC Commentary*, vol. i, 794-796; C. Gray, *International Law and the Use of Force* (Oxford: OUP, 3rd edn., 2008), at 114; T. Ruys, *"Armed Attack" and Article 51 of the UN Charter: Evolutions in Customary Law and Practice* (Cambridge: CUP, 2010), 535-539.

60　Eritrea Ethiopia Claims Commission, Partial Award, *Jus ad Bellum* (Ethiopia's Claims 1-8), 19 December 2005, 45 *ILM* (2006) 430, para. 11.

61　ICJ, *Oil Platforms* (Iran v. US), Judgment of 6 November 2003, ICJ Rep. (2003) 161, para. 64.

62　W. Taft, IV, "Self-Defense and the *Oil Platforms* Decision", 29 *Yale Journal of International Law* (2004) 295.

63　ICJ, *Oil Platforms* (Iran v. US), Judgment of 6 November 2003, ICJ Rep. (2003) 161, paras. 59 and 64.

64　ICJ, *Case concerning Military and Paramilitary Activities in and against Nicaragua* (Nicaragua v. US), Merits, Judgment of 27 June 1986, ICJ Rep. (1986) 14, para. 194. 这里讲的"必要性"与国家责任规则中的"紧急状态"作为免责条款，是有区别的：O. Schachter, "The Lawful Use of Force by a State against Terrorists in Another Country", 19 *Israel Yearbook on Human Rights* (1989) 209, 225-231. 对比本书第十二章第五节。

65　在发动自卫行动前是否要求采取和平解决争端的方式：*Responsabilité de l'Allemagne à raison des dommages causés dans les colonies portugaises du sud de l'Afrique* (sentence sur le principe de la responsabilité) (Portugal v. Germany) （也称为"Naulilaa"案）, Award of 31 July 1928, 2 *UNRIAA* 1011, at 1027.

66　ICJ Rep. (1996) 226, para. 41.

伊朗船舶与石油平台采取的军事行动,国际法院否认其为"自卫意义上的、成比例的武力行为"[67]。比例性是指自卫的方式与范围不应与遭受武力攻击的严重程度不相对称,而并不要求自卫的方式必须与攻击的方式相同[68]。

再有,学界还存在着"即时性"(immediacy)的说法,假如自卫行为发动的时间大大晚于武装攻击的时间,就会产生自卫行为是否合法的问题[69],但是暂时的延迟是可以接受的[70]。反恐问题的出现又带来了"事件叠加"的新情况,即武力攻击是一个过程,由诸多攻击行为组成,而不是单一行为[71],这给上述原则的适用带来挑战。

由于这些原则适用于第51条的实施过程之中,那么惩罚性或报复性的行动不属于此项权利范围之内。

自卫的手段除了使用武力之外,似乎还应包括武力威胁,威胁本身不涉及直接动用武力,而是以自身军力的强盛使得对方放弃以武力攻击得到好处的想法[72]。

传统上,自卫行为属于自助的方式之一。《宪章》第51条反映了习惯法下的自卫权,一方面二者是平行存在的;另一方面,二者有交集,在《宪章》生效后,习惯法下该权利的适用范围受到第51条的限制。有学者主张,第51条反映了其制定时的习惯法[73],这样就可以解释国际法院在此问题上所持的一贯立场:自卫权的适用限定于武力攻击情形之中[74]。然而,对自卫权的扩大解释存续至今,例如美国在不同场合主张基于第51条保护其海外国民的权利[75]。但这种做法并没有

---

[67] ICJ Rep. (2003) 161, para. 77.

[68] ICJ, *Armed Activities on the Territory of the Congo (Democratic Republic of the Congo v. Uganda)*, Judgment of 19 December 2005, ICJ Rep. (2005) 168, para. 147.

[69] T. Gazzini, *The Changing Rules on the Use of Force in International Law* (Manchester: Juris Publishing, 2005), 143. 也有不提这一要求的学者: O. Schachter, "The Lawful Use of Force by a State against Terrorists in Another Country", 19 *Israel Yearbook on Human Rights* (1989) 209, at 219-220.

[70] Y. Dinstein, *War, Aggression and Self-Defence* (6th edn., Cambridge: CUP, 2017), 269, 287-288.

[71] ICJ, *Case concerning Military and Paramilitary Activities in and against Nicaragua (Nicaragua v. US)*, Merits, Judgment of 27 June 1986, ICJ Rep. (1986) 14, para. 231. 虽然国际法院在上述案件中没有否认这种说法,但基于事实证据的缺乏,最终没有就此做出法律结论。

[72] N. Stürchler, *The Threat of Force in International Law* (Cambridge: CUP, 2007), 265-268.

[73] I. Brownlie, *International Law and the Use of Force by States* (Oxford: Clarendon Press, 1963), 278-280.

[74] ICJ, *Armed Activities on the Territory of the Congo (Democratic Republic of the Congo v. Uganda)*, Judgment of 19 December 2005, ICJ Rep. (2005) 168, para. 148.

[75] M. Shaw, *International Law* (Cambridge: CUP, 7th edn., 2014), 822, 824-825.

发展为主流趋势。"9·11"事件之前,国家实践的趋势是将自卫行动纳入第51条的范畴,并要求在自卫行动开始前,确实存在对方的武力攻击,而非只去主张习惯法下的自卫权[76]。在这一事件之后,国家实践仍然延续了同一做法。

(二) 集体自卫

《宪章》第51条提及了这种形式的自卫行为;1949年《北大西洋公约》第5条正是以此概念为依据做出如下规定:

> "各缔约国同意对于欧洲或北美之一个或数个缔约国之武装攻击,应视为对缔约国全体之攻击。因此,缔约国同意如此种武装攻击发生,每一缔约国按照联合国宪章第51条所承认之单独或集体自卫权利之行使,应单独并会同其他缔约国采取视为必要之行动,包括武力之使用,协助被攻击之一国或数国以恢复并维持北大西洋区域之安全。此等武装攻击及因此而采取之一切措施,均应立即呈报联合国安全理事会,在安全理事会采取恢复并维持国际和平及安全之必要措施时,此项措施应即终止。"[77]

过去的《华沙条约》缔约原理与此类似[78]。

行使这种权利的早期例子包括"共策和平"决议或联合国大会第377(V)号决议[79],然而,随着时间的推移,这一做法逐渐失去了价值。

在"尼加拉瓜案"中,国际法院认为,行使集体自卫权利需要受害国事先宣布遭受武力攻击,并请求其他国家协助,这样才能保证自卫行动的合法性[80]。

1990年伊拉克入侵科威特后引发的第二次海湾战争,是"集体自卫"实践的实例,1991年1月16日起,联军的军事行动是遵照联合国安理会决议进行的—包括著名的授权成员国使用"一切必要手段"恢复该地区的国际和平与安全的第678号决议[81]。随后联军进一步的军事行动是否构成集体自卫行动仍有争议[82]。

在这一领域里的相关研究,要么是将这一概念认定为个体性的自卫权在条约

---

[76] Y. Dinstein, *War, Aggression and Self-Defence* (6th edn., Cambridge: CUP, 2017), 199-200.

[77] 34 UNTS 243.

[78] *Warsaw Treaty of Friendship, Cooperation and Mutual Assistance*, 1955, 219 UNTS 3, Art. 4.

[79] 许光建主编:《联合国宪章诠释》,山西教育出版社1999年版,第119-121页。

[80] ICJ, *Case concerning Military and Paramilitary Activities in and against Nicaragua (Nicaragua v. US)* Merits, Judgment of 27 June 1986, ICJ Rep. (1986) 14, paras. 103-105.

[81] 相关的决议还有安理会决议第661号(1990年8月6日)。

[82] N. Rostow, "The International Use of Force after the Cold War", 32 *Harvard International Law Journal* (1991) 411, 420.

或组织框架下的集合,要么是将之视为区域安全体制的基本原则,为进一步讨论作铺垫[83]。

(三) 预防性自卫

该学说也被称作(在面临武力攻击威胁时的)"预先性自卫"[84],它出现的原因是不断更新的现代化武器装备,使得被攻击的国家在自卫行动开始前遭到无法补救的损失。从历史上看,这一做法或其基本要素在1945年以前就已经存在于实践之中[85]。

1967年,埃及总统纳赛尔调集军队越过西奈半岛进军以色列,迫使联合国维和部队从西奈半岛与以色列国境交界处撤离,迫使以色列关闭了亚喀巴港,在叙利亚、伊拉克、约旦和沙特阿拉伯都向以色列边境集结军队后,以色列对埃及及其他阿拉伯国家发动了先发制人的攻击,在6天之内,以色列侵入埃及及其阿拉伯盟国的领土,占领了西奈半岛、约旦河西岸与加沙地带,以色列政府宣称,其攻击是自卫性质的,是为防止阿拉伯军队入侵所必需[86]。有意思的是,安理会与联合国大会都否决了谴责以色列"侵略"行为的提案。

1981年6月7日,以色列空军飞机摧毁了伊拉克在建的一个核反应堆,因为伊拉克此前曾宣布,核项目是为了发展有能力消灭以色列的武器。在轰炸后,以色列在联合国安理会声称,"【采取】消除这个危及以色列生存的可怕的核威胁【的举措】,以色列不过是在行使国际法以及《联合国宪章》中关于自卫的合法权利"[87]。但是,在1981年6月19日通过的安理会第487号决议中,安理会一致"谴责以色列明显违反《联合国宪章》与国际法准则的军事攻击"。

2001年10月7日,美国就其在阿富汗的军事行动照会联合国:"我们的自卫需要其他组织与国家的进一步行动。"[88]美国政府在后续声明中扩大了对预防性

---

83 D. Bowett, *Self-Defence in International Law* (Manchester: Manchester University Press, 1958), 245.

84 K. Szabó, *Anticipatory Action in Self-Defence: Essence and Limits under International Law* (The Hague: TMC Asser Press, 2014).

85 A. Deeks, "Taming the Doctrine of Pre-Emption", in: M. Weller(ed.), The Oxford Handbook on the Use of Force(Oxford: OUP, 2015), 661, at 665-669(概念上的不同造成实践中国家实践的不同); D. Tladi, "The Extraterritorial Use of Force Against Non-State Actors", 418 *RdC* (2020) 231, 284-286.

86 Y. Dinstein, *War, Aggression, and Self-Defence* (6th edn., Cambridge: CUP, 2017), 212.

87 20 *ILM* (1981) 996. *Also see* A. D'Amato, "Israel's Air Strike upon the Iraqi Nuclear Reactor", 77 *AJIL* (1983) 584.

88 S/2001/946.

自卫学说的外延[89],2002年9月17日发布的《美国国家安全战略》指出:

> "数世纪以来,国际法承认国家有权合法地采取行动,防卫迫在眉睫的攻击威胁,而无需遭受现实的攻击。学者与国际法学家通常将预先行动的合法性限定于'迫在眉睫的威胁'的存在——通常指代准备发动攻击的陆海空部队可以辨识的调动。我们必须调整'迫在眉睫的威胁'的概念,使之与今天对手的能力与目标相适应。美国长期保留采取预防性行动的权利,以消除对我们国家安全的足够威胁。威胁越大,行动的危险就越大——采取预先措施自卫防范的理由就越充足,即使敌人攻击的时间与地点存在不确定性。为防范或阻止我们对手的此种敌对行动,美国在必要时将预先行动。"[90]

该声明将预防性自卫学说置于国际法下[91]。值得注意的是,该声明未提及联合国安理会的作用[92],尽管在当今国际关系中,使用武力与安理会的权力是同一个问题的两个方面,而联合国成员国的集合代表了国际社会。在2006年3月发布的这个战略的新版本重申了上述理论,也再次强调了(在攻击发生前采取军事行动的)预防性自卫行动[93],但文件的这部分不再包括"国际法"这一字眼。

如此理解自卫权的问题在于,由于对威胁的评估是由行使自卫权的国家而非中立的国际组织所做出,过早的军事打击可能会构成侵略行为——特别是发动自卫行动的决定建立在对事实判断错误的基础上的时候[94]。

在该学说下使用武力势必会改变国际法的现行规则[95]。现在,对于预防性自卫的权利,国家实践未给予很多支持,但也没有全盘否定[96]。虽然第51条的目标

---

[89] M. Reisman and A. Armstrong,"The Past and Future of the Claim of Preemptive Self-Defense",100 *AJIL* (2006) 525,527-530.

[90] Part V,*at* www.whitehouse.gov/nsc/nssall.html(浏览于2006年8月11日).

[91] 第51条产生前的习惯法承认预先行动的权利: I. Brownlie, *International Law and the Use of Force by States*(Oxford: Clarendon Press,1963),366.

[92] A. Hall,"International Law and the Bush Doctrine",34 *Israel Yearbook on Human Rights*(2004) 193,212.

[93] *At* http://www.whitehouse.gov/nsc/nss/2006/nss2006.pdf(浏览于2006年8月11日).

[94] M. Waxman,"The Use of Force against States that *Might* have Weapons of Mass Destruction",31 *Michigan Journal of International Law*(2009) 1,7.

[95] A. Sofaer,"On the Necessity of Pre-emption",14 *EJIL* (2003) 209,212-214; A. Garwood-Gowers, "Pre-Emptive Self-Defence: A Necessary Development or the Road to International Anarchy?", 23 *Australian Yearbook of International Law* (2004) 51.

[96] M. Reiman and A. Armstrong,"The Past and Future of the Claim of Preemptive Self-Defense",100 *AJIL* (2006) 525,at 538-546.

与宗旨不支持按此学说对自卫权所作的解释[97],但实践中能否主张这种预防性权利仍然未决[98]。因此,国际法院认为,关于民主刚果共和国境内发动的,或将要发动的针对乌干达的敌对行动,乌干达最高统帅部所持立场包括了若干"预防性"的具体安全措施,但此种立场不符合国际法中自卫权的概念[99]。国际法院似乎坚持对自卫规则给予严格解释,即便考虑到案件中存在着非正规部队或恐怖组织活动的证据[100]。从一般意义上讲,自卫行动就是具有预见性的行为,因为它的启动是在对方武装攻击在进行的时候或刚完成的时候,目的是要阻止它的"顺利"完成[101]。

此外,非国家组织在不依附于任何国家的情况下采取武装行动时,相关国际法规则还处于发展阶段,尽管这种组织使用武力的情况已经成为当今国际关系中不可忽略的现象[102]。当然,即便是这种预防性权利的赞成者,对该权利可能的滥用也该保持适当的警惕。

六、联合国安理会授权使用武力的情况

与《宪章》第 51 条下的自卫机制(含集体自卫)相比,《宪章》第七章下存在诸多"集体安全"措施[103],比如第 41 条规定:安全理事会得决定所应采武力以外之办法,以实施其决议,并得促请联合国会员国执行此类办法。"此类办法"包括经济关系、铁路、海运、航空、邮、电、无线电及其他交通工具之局部或全部停止,以及外

---

[97] A. Randelzhofer, "Article 51", in *UNC Commentary*, vol. i, 803-804. Also see Y. Dinstein, *War, Aggression and Self-Defence* (Cambridge: CUP, 5th edn., 2011), 198.

[98] T. Ruys, *"Armed Attack" and Article 51 of the UN Charter: Evolutions in Customary Law and Practice* (Cambridge: CUP, 2010), 322-342.

[99] ICJ, *Armed Activities on the Territory of the Congo (Democratic Republic of the Congo v. Uganda)*, Judgment of 19 December 2005, ICJ Rep. (2005) 168.

[100] Ibid., para. 147.

[101] S. Murphy, "The Doctrine of Preemptive Self-Defence", 50 *Villanova Law Review* (2005) 699, 733-734.

[102] C. McDougall, *The Crime of Aggression under the Rome Statute of the International Criminal Court* (Cambridge: CUP, 2013), 106-110; D. Tladi, "The Extraterritorial Use of Force Against Non-State Actors", 418 *RdC* (2020) 231, 319-327.

[103] H. Kelsen, "Collective Security and Collective Self-Defense under the Charter of the United Nations", 42 *AJIL* (1948) 783, at 794.

交关系之断绝[104]。在第42条下,安全理事会如认为第41条所规定之办法为不足或已经证明为不足时,得采取必要之空海陆军行动,以维持或恢复国际和平及安全;此项行动得包括联合国会员国之空海陆军示威、封锁及其军事举动。这两个条款给予安理会以更多的选择。

为实现第42条的目的,第43条规定会员国通过特殊协议向安理会提供武装人员以及相关支援,但是这个规定迄今没能实现[105]。因此,安理会自己的实践中发展出两种替代方法:1)维和行动;2)安理会授权使用武力[106]。可以说,联合国安理会对第七章下授权使用武力的做法,原因是作为集体安全机制核心条款的第43条仍未被激活[107]。但是问题是:授权使用武力是否也需要有《宪章》条款作为基础?

一般来说,第39条被认为是集体安全的基本条款,其中就承认安理会决定采取何种措施的自主权力[108]。再有,在第24条第一款下,成员国确认了安理会在履行维护国际和平和安全的首要责任时是在代表成员国的利益。两个条款都对安理会的自主权力予以明确肯定,同时,除了在第24条第二款下提到符合《宪章》第1条、第2条之外,没有提到特别的限制。在第48条下,安理会还有权要求特定成员国执行安理会决议。

第678号决议(1990)体现了联合国安理会授权使用武力的具体做法。该决议授权同科威特政府合作的联合国成员国,采取一切必要措施,维护并执行第660号决议(1990)及随后的所有有关决议,并恢复该地区的国际和平与安全。1990年以来,安理会已超过六次使用类似措辞,即授权成员国采取"一切必要措施"。比如:第787号决议(1992)授权了这些手段,以确保严格执行关于南斯拉夫的第713号与第757号决议;第794号决议(1992)授权成员国采取一切必要措

---

[104] 就安理会在"冷战"前后适用第41条的情况,参看:M. Shaw, *International Law* (Cambridge: CUP, 8th edn., 2017), 951-958.

[105] L. Goodrich and A. Simons, *The United Nations and the Maintenance of International Peace and Security* (Washington: Brookings, Institute, 1955), 398-405.

[106] N. Blokker, "Outsourcing the Use of Force: Towards More Security Council Control of Authorized Operations?", in: M. Weller(ed.), *The Oxford Handbook on the Use of Force* (Oxford: OUP, 2015), 202, 203.

[107] 但不等于安理会没有其他方式来介入世界局势:M. Berdal and S. Economides(eds.), *United Nations Interventionism: 1991—2004* (Cambridge: CUP, 2007).

[108] Y. Dinstein, *War, Aggression, and Self-Defence* (6th edn., Cambridge: CUP, 2017), 333-334(他认为安理会的这项权力几乎是没有限制的). Also see I. Osterdahl, *Threat to the Peace: The Interpretation by the Security Council of Article 39 of the UN Charter* (Uppsala: Iustus Forlag, 1998), 28-30.

施,为人道救济行动建立安全环境。

在安理会实践中也存在着有争议的事例。在 2003 年美国发动了对伊拉克的武装攻击,依据的是安理会决议第 678 号(1990)、第 687 号(1991)、和第 1441 号(2002)[109]。后两个决议确认了安理会要求伊拉克政府裁减军备的决定被伊拉克政府实质性违反的事实[110]。美国及其盟国对上述决议(特别是第 678 号决议)所作的解释—授权其对伊拉克使用武力,与其他国家的看法相左[111]。这样有争议性的事例,说明安理会授权这一做法在面临实践中的复杂情况时,还需要进一步发展、完善,以符合《宪章》相关规则的真实含义。

七、其他使用武力的情形

(一) 报复

诉诸武力的实践是否包括"报复"在内是一个需要谨慎对待的问题。本书在《国际公法下卷:武装冲突中的解释与适用》中将另行讨论报复手段在武装冲突之中的存在[112],这样安排主要是考虑到报复在实践中经常是作为战争手段而存在的,故有"交战方报复"的理论(belligerent reprisal)。在和平时期使用这一手段是非法的[113],除非使用武力进行报复的措施符合自卫权的要求[114]。在武装冲突法的框架下,"报复"存在的目的,是促使敌方放弃违反有关武装冲突法的做法,从这个意义上说,武装冲突之中的报复行为,更容易得到国际实践的认可,所以,各国没有将武装冲突中的报复行为视为绝对非法的行为,而只是对之加以严格的限制条件。

实践中确实存在着把自卫与报复混着一起的做法[115],但是至少安理会的态度

---

109 Letter of 20 March 2003 from the Permanent Representative of the US to the President of the UNSC, S/2003/351, 21 March 2002.

110 M. Weller, *Iraq and the Use of Force in International Law* (Oxford: OUP, 2010), 152-182.

111 Ibid. , 184-185.

112 《国际公法下卷:武装冲突中的解释与适用》第十一章。

113 ICJ, *Legality of Threat or Use of Nuclear Weapons*, Advisory Opinion of 8 July 1996, ICJ Rep. (1996) 226, para. 46.

114 M. Shaw, *International Law* (Cambridge: CUP, 8th edn. , 2017), 860.

115 O. Schachter, "Self-Defense and the Rule of Law", 83 *AJIL* (1989) 259, at 271. 近期的例子包括美国在 1993 年对巴格达、1998 年对苏丹和阿富汗的攻击行动; T. Gazzini, *The Changing Rules on the Use of Force in International Law* (Manchester: Juris Publishing, 2005), 204.

对此是明确的：报复不是自卫的一种表现形态[116]。进一步说，在此类实践中报复主要是与预先性自卫的说法结合在一起，上面已经提到后者的争议性。不过，这方面的实践还在发展中[117]。

（二）人道主义干涉

在1999年的科索沃战争中[118]，北约在没有联合国安理会决议授权的情况下[119]，以人道主义灾难为理由，发动了对南斯拉夫联邦共和国的空袭（特别集中于科索沃省的相关地区）。这次事件是对"人道主义干涉"这一理论有效性的实测。安理会既没有事先授权，也没有在事后谴责；之后通过的第1244号决议等于接受了干涉后的现实，建立了联合国科索沃使团来管理整个科索沃省。虽然空袭确实发生了，但是它的发动所带来的法律问题从此挥之不去[120]，比如，通过武力进行干涉的行为就与《宪章》第2条第四款的规定发生冲突。

在当代国际法发展过程中，这个问题一直就是有争议的[121]，尽管在习惯法下不存在这样的规则[122]。同样，不管是对在海外侨民的保护[123]，还是"保护的责任"的说法，都无法跨越《宪章》第2条第四款、第51条，以及安理会授权所构成的框架。

为了施行、避免滥用2005年"全球高峰会议结论"中提到的"保护的责任"，联合国秘书长在2009年的报告中重申了上述高峰会议结论中的以下要点：1) "国际社会帮助国家行使这一责任"的意愿；2) 在国家未能履行这一责任时，国际社会将通过安理会、按照《宪章》来采取相应的集体行动[124]。但是，秘书长报告的立场也很明确，就是国家必须在安理会的主导下行动，且行动需符合《宪章》的规定，

116　D. Bowett, "Reprisals Involving Recourse to Armed Force", 66 *AJIL* (1972) 1, 2-10, 21-22.

117　C. Tams, "The Use of Force against Terrorists", 20 *EJIL* (2009) 359, at 391.

118　I. Brownlie and C. Apperley, "Kosovo Crisis Inquiry: Memorandum on the International Law Aspects", 49 *ICLQ* (2000) 879; P. Weckel, "L'emploi de la force contre la Yugoslavie ou la Charte fissurée", 104 *RGDIP* (2000) 30.

119　O. Corten, *The Law Against War* (Oxford: Hart Publishing, 2012), 355.

120　P. Hilpod, "Humanitarian Intervention: Is There a Need for a Legal Reappraisal?" 12 *EJIL* (2001) 437.

121　O. Schachter, "The Legality of Pro-Democratic Invasion", 78 *AJIL* (1984) 645, 647-650; J. Crawford, "Democracy and International Law", 44 *BYIL* (1993) 113.

122　J. Crawford, *Brownlie's Principles of Public International Law* (9th edn., Oxford: OUP, 2019), 728.

123　N. Ronzitti, *Rescuing Nations Abroad through Military Coercion and Intervention on Grounds of Humanity* (Oxford: OUP, 1985).

124　Report of the Secretary-General to the UNGA, A/63/677, "Implementing the Responsibility to Protect", 12 January 2009.

所以,"人道主义干涉"以及它可能覆盖的其他情况都只能在《宪章》现有规则体制控制之下才有可能获得合法性[125]。

(三) 反恐行动

这里讨论的不是武装冲突之中的恐怖手段,而是在和平时期出现的恐怖事件,以及其所带来的使用武力的问题[126]。所以,对抗恐怖事件的行为,既可以出于自卫权,也可以依靠安理会的授权。不过,有必要先梳理一下恐怖行为的内涵。

当今国际实践中尚缺乏对恐怖罪或恐怖主义罪的定义[127],在国际实践飞速发展的今天,这是很明显的缺陷[128]。究其原因,可以说在历史上恐怖活动的众多表现方式使得对它的定义也纷繁不一[129]。另一方面,随着20世纪由联合国推动的非殖民化运动的成功,恐怖活动的外在表现已经缩减,从而使得对它在法律上下定义逐渐成为可能,这一点在国际实践中通过国际条约的起草和编纂体现出来[130]。但是,直到20世纪90年代,国际实践还是以国际刑事条约的方式处理恐怖分子[131]。

自从2001年"9·11事件"以来,联合国体系下集体安全措施在反恐行动中的作用日益凸显[132]。联大下设的"反恐临时委员会"体现了这一趋势[133],委员会是联大在1997年1月16日通过决议第51/210号建立起来的,它的使命是起草一

---

[125] J. Crawford, *Brownlie's Principles of Public International Law* (9th edn., Oxford: OUP, 2019), 730-731.

[126] 恐怖行为作为战争手段: ICTY, *Prosecutor v. Stanislav Galić*, Case No. IT-98-29-T, Trial Judgment of 5 December 2003, paras. 132-133.

[127] 有些学者持相反意见,如: A. Cassese, *International Criminal Law* (Oxford: OUP, 2003),130. 实践中有可用的定义: K. Annan, "In Larger Freedom. Towards development, security and human rights for all", Report of the Secretary-General, UN Doc. A/59/2005, 21 March 2005, para. 91.

[128] M. Williamson, *Terrorism, War and International Law* (Surrey: Ashgate, 2009), Chapter 3.

[129] 据说有109种定义之多: P. van Krieken, *Terrorism and the International Legal Order* (The Hague: TMC Asser Institute, 2002), 14. Also see B. Saul, *Defining Terrorism in International Law* (Oxford: OUP, 2006), 1-9.

[130] 联合国文件第A/60/228号和附件一。又及: C. van den Wyngaert, *International Criminal Law* (*A Collection of International and European Instruments*) (3rd edn., Martinus Nijhoff, 2005).

[131] G. Guillame, "Terrorisme et droit international", 215 *RdC* (1989) 287.

[132] P. Klein, "Le droit international à l'épreuve du terrorisme", 321 *RdC* (2006) 287.

[133] 联合国在反恐活动中占有中心的地位。参看联大决议第49/60号,于1994年12月9日通过,并附有 *Declaration on Measures to Eliminate International Terrorism*;联大决议51/20号,于1996年12月17日通过,附有1994年决议宣言的补充宣言。还可看: B. Saul, *Defining Terrorism in International Law* (Oxford: OUP, 2006), 206-213.

部全面反恐公约和一部打击核恐怖活动的公约。反恐临时委员会成立后,已经成功推出了三个多边公约,即 1)《制止恐怖爆炸活动的国际公约》[134];2)《禁止资助恐怖活动的国际公约》[135];3)2005 年 4 月 4 日,该委员会一致同意接受打击核恐怖活动的公约草案[136],并要求联合国秘书长将它开放签字,公约草案由联大在 2005 年 4 月 13 日以决议方式通过(联大决议第 59/290 号)[137]。

第三个公约的主要特点,就是定义了一系列核恐怖行为,这些行为针对的目标包括核电站和核反应堆。其次,公约除适用于所规定的行为外,还适用于 1)威胁采取这些行为;或 2)参与此类行为的企图。再次,本公约规定了"或起诉或引渡"的义务,同时鼓励缔约国通过在情报、调查、引渡等方面的合作防止核恐怖袭击的发生。公约的缺点在于,它没有提及国际管辖权,没有赋予设在荷兰海牙的国际刑事法院以任何权力介入这类案件的审判。

与这些发展相比,反恐临时委员会起草全面反恐公约的工作则进度缓慢[138]。在联大第 60 次大会召开时,曾有可能通过此公约的草案,而委员会也事先向联大第六委员会建议,在大会开始后成立一个工作组专门处理草案的文字工作[139]。在 2005 年联大大会进行时,各国元首和政府首脑在他们所参与的高峰会议上,通过了列举他们讨论结果的文件——即"全球峰会结论",强烈谴责威胁国际和平和安全一切恐怖活动,不管它们所采取的形式、从事恐怖活动的个人身份、所要达到的目的;另外,该文件还强调了要尽力在联大第 60 次会议上完成全面反恐公约的缔结[140]。但全面反恐公约的讨论迄今仍在进行[141]。

尽管《全面反恐公约》草案在讨论过程中遇到诸多困难,它所体现的内容和对未来的影响仍然使它成为国际反恐合作领域中的一个主要文件。草案的原型是印度政府在 1998 年提出来的[142]。2002 年 1 月 30 日,联大反恐临时委员会通过了

---

134 该公约由联大于 1997 年 12 月 15 日通过,2001 年 5 月 21 日生效。全文参见 2149 *UNTS* 256。截至 2021 年 12 月 10 日,有 170 个缔约国。

135 该公约由联大于 1999 年 12 月 9 日通过,2002 年 4 月 10 日生效。全文参看 2178 *UNTS* 197。

136 A/AC. 252/2005/CRP. 1-3,公约草案作为附件。截至 2021 年 12 月 10 日,有 189 个缔约国。

137 全称是"制止核恐怖行为国际公约"。生效于 2007 年 7 月 7 日。截至 2021 年 12 月 10 日,共有 118 个缔约国。

138 UNGA A/RES/51/210,17 December 1996.

139 M. Hmoud, "Negotiating the Draft Comprehensive Convention on International Terrorism", 4 *JICJ* (2006) 1031.

140 A/RES/60/1, "World Summit Outcome", 16 September 2005.

141 UN Doc. ,SG/SM/10242/Rev. 2.

142 参看:http://legal.un.org/terrorism/index.html.

一个包括27个条款的文本[143],但是,就恐怖活动定义、该定义与民族解放运动的关系,以及公约不适用的例外情况(特别是对武装力量成员的可否适用)等问题[144],争持不下[145]。

公约草案规定,恐怖主义活动是对《宪章》原则的侵犯,也是对国际和平和安全的威胁。这一说法重申了1998年《国际刑事法院罗马规约》的序言。从这个意义上说,恐怖活动与《罗马规约》所打击的罪行具有同等危害性。如果构成对国际和平与安全的危险,那么至少安理会可以在《宪章》第39条之下授权受影响的成员国使用武力。

该草案还涉及了其他问题,比如资助恐怖活动的问题,尽管这样的问题已在其他国际条约中有所规定。本公约草案的特色表现在几个最有争议的规则上,即:第1、2和18条。第1条定义了公约里特别用语的含义(比如"武装力量"),第2条定义了公约所针对的恐怖活动的种类和个人责任的形式,这应该说是最重要的条款,它所列举的犯罪行为包括:采用、组织、赞助、命令、帮助、资助、鼓励或容忍公约所打击的恐怖活动,且这些活动是针对任何人的生命和安全,或针对国家或个人财产,其目的是在威吓公众,或逼迫一个政府或国际组织行为或不作为。第4条要求缔约国把第2条里所列举的行为定为国内法下的罪名。第5条强调缔约国要保证在处理公约打击的罪行时,不会因为政治、哲学、意识形态、种族、民族、宗教或其他借口,而免于追究刑事责任。第6条第一款赋予缔约国以属地和国籍刑事管辖权,该款用语表明公约将此规定表述为一个义务;相比而言,第二款允许缔约国依照客观属地、被动国籍和保护性原则行使管辖权。第9条规定了法人责任,其性质可以是刑事或民事的,也可以是在行政法下规定的责任,而且法人责任不能代替个人刑事责任。第11条第一款要求缔约国要么引渡要么审判犯罪嫌疑人。第14条规定,本公约所列恐怖行为都将被视作非政治性犯罪,成为可引渡行为。

不过,草案也强调了缔约国在行使公约的权利和义务时,要遵循主权平等和不干涉内政的国际法原则(第20条);对公约文字解释上产生的争议,缔约国要通过谈判解决,或通过国际法院来裁判(第23条)。另外,缔约国可以对约文提出保留(第23条第二款),也可以宣布退出公约(第26条)。公约将在收到第22份

---

143 草案原文参见联大第57次大会官方记录,第37号附件,A/57/37,委员会第六次会议报告,2002年1月28日至2月1日。
144 公约草案第18条。
145 参见联合国文件,GA/L/3292,2005年11月29日。

批准书后第31天起生效(第25条)。

上述草案针对的是个人刑事责任,因而有相关行为与相关领土之间真实联系的问题,且以上内容主要是在恐怖行为已经出现之后的措施。所以,草案还是反映了20世纪90年代以前的主流实践。

2016年,联大建议第六委员会设立工作组,来完善上述草案,并考虑在联合国框架下召开高级别会议[146]。

如果恐怖行为尚未发生,或正在发生,且对象是另一国的国家利益时[147],后者使用武力的问题就会首当其冲。如果此类行为的发源地是存在于某一外国领土上的恐怖组织,且该组织在该国政府的指挥或控制下,那么会产生后者的国家责任[148]。但是,对于该国政府来说,假如已经尽力维持秩序(包括与受害国协调行动)而无果,就不会产生国家责任[149]。不过,假如该国处于政治乱局之中,无法有效控制自己的领土,就会产生受害国对该恐怖组织使用武力的需要[150]。

在实践中,恐怖组织属于"非国家行为者"这一范畴[151]。《宪章》第51条并没有规定发动武装攻击的一方必须是国家[152],这就给针对恐怖行为的自卫行为提供了可能性[153],相关实践的事例和持赞成意见的学者也很多[154],可以说代表着未来实践发展的一个方向[155]。这里要提到两个实例。第一,在"9·11事件"后第一天,安理会一致同意通过了第1368号决议,在序言里就承认依照《宪章》行使的、固有的自卫权,决议正文确认了"9·11事件"为"恐怖攻击"。虽然决议正文宣布安理会做好了准备,将使用一切必要措施打击国际恐怖主义活动,但却没有再提及各国的自卫权。

146　A/RES/71/151,13 December 2016: https://legal.un.org/committees/terrorism.

147　O. Schachter 曾列举过几种情况:"The Lawful Use of Force by a State against Terrorists in Another Country",19 *Israel Yearbook on Human Rights*(1989) 209,at 212,215.

148　*Report of the ILC*(2001),UNGA OR,56th session,Suppl. No.10,A/56/10,29 ff,Art.8. *Also see* I. Brownlie,"International Law and the Activities of Armed Bands",7 *ICLQ*(1958) 712,at 734.

149　ICJ,*Armed Activities on the Territory of the Congo*(*Democratic Republic of the Congo v. Uganda*),Judgment of 19 December 2005,ICJ Rep.(2005) 168,para.303.

150　T. Ruys and S. Verhoeven,"Attacks by Private Actors and the Right of Self-Defence",10 *Journal of Conflict and Security Law*(2005) 289,at 309,315.

151　N. Lubell,*Extraterritorial Use of Force against Non-State Actors*(Oxford: OUP,2010),14-15.

152　S. Murphy,"Terrorism and the Concept of 'Armed Attack' in Article 51 of the U. N. Charter",43 *Harvard International Law Journal*(2002) 41,50.

153　Y. Dinstein,*War*,*Aggression and Self-Defence*(6th edn.,Cambridge: CUP,2017),241.

154　N. Lubell,*Extraterritorial Use of Force against Non-State Actors*(Oxford: OUP,2010),30-35. *Also see* G. Wettberg,*The International Legality of Self-Defence against Non-State Actors*(Berlin: Peter Lang,2007),139 ff.

155　C. Tams,"The Use of Force against Terrorists",20 *EJIL*(2009) 359,at 378-381.

但是,序言里对自卫权的确认无疑为相关国家使用武力提供了支持。另一方面,假如美国要求国际社会应对,安理会很可能会授权使用武力[156]。第二,在"9·11事件"后,北约组织第一次引用了其宪章第5条,并宣布:一旦对美国的攻击被确认"受境外指挥",这将被视为属于第5条所涵盖的行为,引发集体自卫的后果[157]。

反恐问题带来诸多新问题,比较突出的是针对自卫权的"即时性"要求、以及自卫权的防御性质[158]。另外,安理会尚未明确授权成员国使用武力来进行回应,而是建立了反恐委员会来跟踪安理会第1373号决议(2001)的执行情况,并在委员会下面增加了执行部[159]。在安理会决议第1368号(2001)前言中,安理会"决心使用一切手段反击恐怖袭击对国际和平和安全所造成的威胁",但在决议实体文字中不包括这样的说法,所以在授权问题上表现得十分谨慎。在解释这样的文字时,不排除国家认为即使前言也是决议的部分,或至少表现了安理会的立场,从而暗含着对成员国开放采取自卫行动的可能路径这一用意。这一用意在安理会第2249号决议中更为明显[160],决议正文中第五段呼吁("call upon")"有能力的成员国遵循国际法,采取一切必要措施……加强与协调共同努力来防止、制止'伊斯兰共和国'(ISIL)和其他组织的恐怖行为"。在解释与执行这一决议时,国家实践存在着明显的分歧,特别是针对决议是否允许成员国使用武力进行自卫这一问题[161],其中决定性的证据是决议并没有使用"授权"("authorize")一词[162]。在这里可以说,在《宪章》之外用武的尝试一直存在[163],但是尝试者也还是要说明自己的行为与国际法规则和原则相符合,从侧面体现了国际法在国际关系中的主导地位。

156　J. Delbrück, "The Fight against Global Terrorism: Self-Defense or Collective Security as International Police Action?", 44 *GYIL* (2001) 9.

157　参看北大西洋理事会2001年9月12日声明:http://www.nato.int/docu/pr/2001/p01-124e.htm(浏览于2013年11月12日)。

158　E. Myjer and N. White, "The Twin Towers Attack: An Unlimited Right to Self-Defence?" 7 *Journal of Conflict and Security Law* (2002) 5, 7-9; C. Tams, "The Use of Force against Terrorists", 20 *EJIL* (2009) 359, at 392.

159　比如:S/RES/1377/2001,12 November 2001。这是安理会成员国一致同意下通过的决议,包括一份全球反恐宣言,其中强调了联合国全体会员国一致反恐行动的重要性。

160　S/RES/2249(2015),20 November 2015.

161　D. Tladi, "The Extraterritorial Use of Force Against Non-State Actors", 418 *RdC* (2020) 231, 323-327.

162　对照联合国安理会第678号决议,1990年11月29日通过,正文第二段。决议也没有提到《宪章》第七章或"决定"一词。参看:O. Corten, "The Military Operations against the 'Islamic State' (ISIL or Da'esh)-2014", in: T. Ruys and O. Corten (eds.), *The Use of Force in International Law: A Case-based Approach* (Oxford: OUP, 2018) 873, 888-889.

163　马新民:《使用武力法:发展与挑战》,载《中国国际法年刊》(2013),第93页起,参见第135-139页。